内含DVD-ROM光碟一张
包括全部六类指数总体排名和分行业排名

"十三五"国家重点图书

Report on China Classified
Corporate Governance Index No.16
(2017)

中国公司治理分类指数报告No.16

（2017）

高明华　曹向东 等　著

中国出版集团　东方出版中心

高明华教授简历

高明华 南开大学经济学博士，北京大学经济学博士后，现为北京师范大学公司治理与企业发展研究中心主任，经济与工商管理学院教授，博导，国家社科基金重大项目首席专家，中国公司治理论坛主席。兼任教育部工商管理类专业教学指导委员会委员，新华社特约经济分析师，上海证券交易所首届信息披露咨询委员会委员，中国投资协会民营投资专业委员会副会长，中国行为法学会企业治理分会副会长，中国出版集团顾问委员会委员，中新社特约专家，凤凰财经研究院特邀经济学家，海南仲裁委员会仲裁员，中华工商时报专家顾问，多所重点大学研究机构的学术委员或研究员，多个政府机构和企业的咨询专家。先后就职于南开大学、北京大学和中国银行总行。

2001年初，高明华创立北京师范大学公司治理与企业发展研究中心，这是最早的公司治理专门研究机构之一。早在20世纪90年代初期，作为最早研究中国公司治理问题的学者之一，高明华就提出了国有资产三级运营体系的设想，对国企公司治理进行了较深入的探索。其关于国有资产三级运营体系、国企分类改革和分类治理、国企董事会治理、国企负责人分类和分层、企业负责人自我约束等观点均为国家及有关政府机构所采纳。27年来，作为中国公司治理理论的探索者和先行者，高明华及其研究团队取得了丰硕的成果，奠定了其在学术界的领先地位。2007年，在国内外率先提出"中国公司治理分类指数"概念，并创立"中国公司治理分类指数数据库"，推出"中国公司治理分类指数系列报告"，目前已出版6类16部指数报告，出版指数报告居国内首位，并建成了国内最大规模的公司治理分类指数专业性数据库。中国公司治理分类指数系列被国内外专家认为是"可以列入公司治理评级史册的重要研究成果"。2014年10月，发起成立"中国公司治理论坛"。

高明华主持及参与的国内外各类重要课题40余项，独立、合作出版著译作52部，发表论文和研究报告近300篇。相关成果（包括合作）曾获第十届和第十一届孙冶方经济科学奖等各种奖励，其代表性著述主要有：《关于建立国有资产运营体系的构想》(1994)、《权利配置与企业效率》(1999)、《公司治理：理论演进与实证分析》(2001)、《公司治理学》(2009)、《中国国有企业公司治理分类指引》(2016)、《政府规制与国有垄断企业公司治理》(2016)、《公司治理与国有企业改革》(2017)、"中国公司治理分类指数报告系列"(2009～2017)(包括高管薪酬、自愿性信息披露、财务治理、企业家能力、董事会治理和中小投资者权益保护等6类16部)，主编"治理译丛"(4部)和"公司治理与国企改革研究丛书"(8部)。

研究方向：公司治理、国资监管与国企改革、民营企业发展、资本市场等。

国家社会科学基金重大项目(批准号 14ZDA025)阶段性成果
国家社会科学基金重点项目(批准号 12AZD059)阶段性成果
北京师范大学双一流建设支持项目

课 题 组 组 长: 高明华

课 题 组 副 组 长: 曹向东　　　张惠琳

课 题 撰 稿 人: 高明华　　　曹向东　　　张惠琳　　　王健忠　　　国伊宁
　　　　　　　　　彭　圣　　　高　婷　　　王远东　　　王得文　　　程恒森
　　　　　　　　　任　辉　　　万真真　　　赵　旋

数 据 库 开 发: 于学德

数据采集和录入: 万真真　　　程恒森　　　胡晓玲　　　王丽莹　　　林涵倩
　　　　　　　　　　黎瑞枫　　　薛鹏辉　　　杨　蕤　　　高　婷　　　丁文杰
　　　　　　　　　　彭　圣　　　王远东　　　杨博星　　　朱沛青　　　陈　娟
　　　　　　　　　　王重云　　　崔　妍　　　张　成　　　王得文　　　李禹桥
　　　　　　　　　　吴美典子　　李妍姝　　　王健忠　　　郭秋婕　　　管　旭
　　　　　　　　　　张惠琳　　　步　朗　　　孙　芳　　　杨镇恺　　　王小龙
　　　　　　　　　　赵　旋　　　贾丽静　　　曹向东　　　龙　琳　　　陆　萍
　　　　　　　　　　李珏颖　　　吴丹萍　　　国伊宁　　　王佳蕊　　　徐楚妍

数 据 核 实: 曹向东　　　王得文　　　张惠琳　　　万真真
　　　　　　　　国伊宁　　　高　婷　　　彭　圣　　　王健忠
　　　　　　　　赵　旋　　　王远东

课 题 组 秘 书: 曹向东

目 录

第一编 总 论

第二编　中小投资者权益保护指数

第三编　董事会治理指数

第四编　企业家能力指数

第五编　财务治理指数

第六编　自愿性信息披露指数

第七编　高管薪酬指数

第八编 政 策 建 议

中国公司治理分类
指数报告No.16
（2017）

Report on China
Classified Corporate
Governance Index
No.16（2017）

第一编
总　论

导　论

　　2017 年，是国家"十三五"规划第二年，同时又是国有企业混合所有制改革年，也是资本市场加强监管的一年，更是党的"十九大"开启改革新征程的一年，在这样一个重要年份，评价中国资本市场的进程，评价上市公司的治理现状，对于深化国有企业改革，完善资本市场，对于中国企业的健康发展，无疑具有特别的意义。

　　自 2007 年开始，中国公司治理分类指数研究已经历经 11 个年头。截至本年度（2017），我们的公司治理研究创造了四个全国之最的成绩：一是出版公司治理指数报告种类最多，有 6 类；二是出版公司治理指数报告数量最多，有 16 部；三是列入国家重点图书的公司治理指数报告最多，"十二五"期间的 12 部报告，全部被列入"十二五"国家重点图书，本年度又列入"十三五"国家重点图书；四是建成了全国最大规模的、专业性的"中国公司治理分类指数数据库"。也由此，"中国公司治理分类指数报告系列"被国内外专家认为是"可以列入公司治理评级史册的重要研究成果"。

　　已出版的中国公司治理指数报告包括：中国上市公司高管薪酬指数报告（2009/2011/2013）、中国上市公司（自愿性）信息披露指数报告（2010/2012/2014）、中国上市公司财务治理指数报告（2011/2013/2015）、中国上市公司企业家能力指数报告（2012/2014）、中国上市公司董事会治理指数报告（2013/2015）、中国上市公司中小投资者权益保护指数报告（2015）、《中国公司治理分类指数报告 No.15（2016）》。2016 年前的公司治理指数报告都是按"类"出版的，每类指数报告不仅有大量的指数数据分析，更有对指数数据的各种有效性检验，而后者证明了指数数据的客观性和可靠性。

　　多年来对指数数据的有效性检验已无需重复，更加之研究资源条件（主要是研究力量）和环境所限，使得之前按"类"出版公司治理指数报告已变得非常困难。更重要的是，作为一项探索性研究，每类隔年开发和出版一次，指数数据缺乏年度连贯性，不能完全建立起连续和平衡的面板数据，而社会对我们指数数据的需求越来越大。于是，从 2016 年度开始，我们在过去 9 年开展中国上市公司治理水平评价成功经验的基础上，集中研究资源，同时开发 6 类公司治理指数，以对中国公司治理水平进行多维度、全景式评价，帮助使用者从不同维度了解中国公司治理，尤其便于为研究人员、投资者、政府和企业提供时间序列的大数据支持，有人还建议我们基于不同方式尝试在 6 类指数基础上构造一个综合的公司治理指数

（我们不太赞同这样做,原因见下文叙述）,以了解上市公司的整体治理水平。

　　基于这种考虑,我们把过去的6类独立的指数报告合并,每年的指数报告只出版一部,这部公司治理指数报告同时涵盖6类指数。6类指数报告的合并,无疑使报告的规模大幅扩张,为此,就只能撤下部分内容,包括已无多少必要的指数数据有效性检验、每年度的文献综述（因每年增加的指数研究文献并不多）,以及全部的6类指数排名。但其实,6类指数排名并非撤下,而是用光盘形式附在报告中。由于光盘容量较大,6类指数排名除了原来的总体排名外,还增加了分行业排名。对于其中的高管薪酬指数,还增加了高管薪酬绝对值排名。

　　2016年的《中国公司治理分类指数报告》第一次以"新面目"问世,即把原来按"类"单独出版的公司治理指数报告整合到一个报告中,"类"没有变,但报告整体化了,同年度的指数数据全面化了,本年度继续沿用整合化的报告。

一、为什么公司治理评价要分类

　　公司治理研究属于多学科研究领域,包括经济学（主要是新制度经济学、微观金融学）、工商管理（主要是战略管理学、财务学）、法学（主要是民商法学、诉讼法学）、政治学（主要是政府监管）、社会学（主要是社会责任）等。在公司治理评价研究上,不同学科的研究者往往侧重点不同,如法学家侧重从国家层面来研究各国的公司治理相关法规是否健全和到位。法学家对公司治理的评价很难从微观的企业层面来研究,因为立法和执法都是国家层面的问题,不是企业所能左右的。经济学家和管理学家对公司治理评价的研究则主要着眼于微观的企业层面,但是,在如何评价公司治理上,却存在着分歧。有的学者侧重公司治理整体的评价,有的学者则侧重公司治理不同方面或类型的评价。

　　公司治理涉及投资者（股东）、董事会、监事会、经理层、财务治理、信息披露、利益相关者（或社会责任）、政府监管等许多方面,显然,要从整体上评价一家企业的公司治理水平,几乎是不可能的,即使做到了,也是不全面的。一方面,公司治理涉及面广,在评价中不可能考虑到所有方面;另一方面,也是更重要的,公司治理的不同方面,或者不同维度,没有清晰的界限,不同方面往往存在着交叉。比如,投资者权益保护（有学者称之为股东治理）不可能不涉及董事会,因为董事会是投资者的代理人;也不能不涉及财务治理,因为股东是重要的财务主体,其与其他财务主体存在财权配置问题;也不能不涉及信息披露,因为股东的一项重要权利就是知情权。再比如,董事会治理不能不涉及股东治理,因为董事是股东选举产生的,董事会的构成取决于股东不同的投票方式,有的国家则主要取决于股东持股比例（如中国）;也不能不涉及经理层,因为总经理（CEO）是董事会选聘的,其贡献是由董事会评估的,与贡献对应的报酬是由董事会决定的;也不能不涉及信息披露,因为独立董事是外在于企业的,需要充分的信息才能进行科学决策和对经理层进行有效监督。还比如,利益相关者涉及股东、董事、高管、员工、债权人、供应商、客户、社会居民（尤其是周边居民）等众多群体,他们与企业都有密切的关系,有的还贡献了专用性投资,评价利益相关者治理水平显然与股东治理、董事会治理、财务治理、社会责任等都有交叉。如此等等，不一而足。界限很难分清，如何从这些方面或维度进行整合，一些指标到底应该放在哪个维度中，难以有一致的意见。

顺便提及一点，有学者提出"经理层治理"这个概念，我们认为这个概念是不成立的。经理层可以参与治理，如进入董事会，但进入董事会的经理人员不能很多，英美发达国家一般是 1～2 名，否则，董事会对经理层的监督就失去了意义，董事会就不能独立了。反过来，董事会也不能为了独立性而拒绝任何经理人员（尤其是总经理）进入，因为经理人员是走在市场最前沿的一群人，他们最了解市场，最了解竞争对手，最了解行业发展态势，因此，董事会的战略决策离不开经理人员，经理人员是战略决策的起草者，只不过不是战略决策的最终决定者，最终决定权掌握在董事会手中。由此，1～2 名经理人员进入董事会足矣。经理人员是董事会战略决策的执行者，尽管拥有独立的日常经营决策权，但需要董事会的监督（不是干预）和指导。可见，总体上，经理人员属于被治理者。在公司治理结构中，治理主体主要是股东和董事会，不是经理层，经理层是治理的客体，因此，不存在"经理层治理"的概念。

既然难以从整体上评价公司治理水平，分类评价就是必要的了。近年来，有学者专注于评价公司治理的某个方面，其中，对董事会治理水平、信息披露水平进行评价的相对较多，也有对社会责任进行评价的，但由于对社会责任的界定争议太大，加之绝大部分企业没有社会责任报告，在年报中体现的社会责任内容又无一致的格式和标准，因此，社会责任评价难以做到客观。自 2007 年起，我们开始对公司治理进行分类评价，在国内最早使用"中国公司治理分类指数"的概念。最初，我们设计了 8 类公司治理指数，包括投资者权益保护、董事会治理、企业家能力、财务治理、信息披露、高管薪酬、社会责任、政府监管。由于各方面限制，没有一次性研制，而是隔年研制一个"新类"，同时继续评估已开发的"旧类"。至 2016 年，我们研制完成前 6 类，出版了 15 部公司治理指数报告。

分类评价公司治理水平，不需要严格分清不同类型之间的界限（因为这种严格的界限是不存在的），而是允许不同公司治理方面评价时的部分指标（只是少部分）的交叉（这种交叉是必须的，原因在于公司治理的不同方面本身就有交叉），这一点，在整体评价时是难以做到的。由于允许少部分指标的交叉，从而分类评价对某一个方面来说，指标更全面，评价结果也更客观，这一点对于整体评价来说同样也是做不到的，因为指标过多就会出现不同方面的重复，而作为一个整体是不允许有重复指标的。更重要的是，分类评价可以使监管者、投资者、董事会、经理层等各利益相关者更容易判断公司治理问题到底出在哪里，从而精准给出解决的方案，这是公司治理分类评价的最大优点。

二、中小投资者权益保护指数

2015 年，我们在国内首次对中国全部上市公司的中小投资者权益保护水平进行了测度，2016 年进行了第二次测度。测度结果表明，中国上市公司中小投资者权益保护水平尽管有所提高，但仍然非常不到位。本年度是第三次测度。

在我们开发的 6 类公司治理指数中,按开发时间,中小投资者权益保护指数是最后一类,但本报告却把它列为首位,因为,我们认为,中小投资者权益保护在公司治理中应居于核心地位。尽管严格来说,各类投资者权益应该平等得到保护,这是各国法律尤其是市场经济发达国家的法律都明确规定的。然而现实却是,中小投资者是最容易受到权益侵害的一个群体,尤其是在市场经济不成熟、法律不健全、存在一股独大的国家,中国无疑是在列的。即使是西方市场经济成熟的国家,之所以有专门的保护中小投资者权益的法律规定,也是因为其弱势地位。当然,在英美法系国家,投资者基本上都是"中小"的,甚至都是"小"的。当前,中国国有企业改革如火如荼,国有企业发展混合所有制必须要吸引更多的中小投资者参与,而中小投资者参与国有企业混合所有制改革的最大担忧就是其权益如何得到切实保护;民营企业要发展壮大,同样需要吸引更多的中小投资者的参与,单纯依赖于"一股独大"来实现其增长,无异于缘木求鱼,自断双臂。因此,把中小投资者权益保护置于核心地位,不是要忽视大投资者的权益,而是为了更好地实现各类投资者权益,实现共同增长。

何为"中小投资者"? 从字面上理解,中小投资者是相对于大投资者(大股东)而言。但大投资者也是一个相对概念。在一个较小规模企业中的大投资者,置于一个规模很大的企业中,则可能就是中小投资者,甚至是小小投资者。因此,中小投资者只能是限定在一个企业内的相对概念,换言之,中小投资者是指某个企业内相对于大投资者的其他投资者。这里,还有两点需要进一步明晰:

(1)中小投资者概念应该限定在什么企业内?

无疑,应该是有多个投资者或投资主体多元化的企业,但这样的企业大体有三类:一是合伙制企业,二是有限责任公司,三是股份制公司(包括非上市的股份制公司和上市的股份制公司)。

合伙制企业是指由两人或两人以上按照协议投资,共同经营、共负盈亏的企业。很显然,在合伙制企业里,由于信息共享,且共同经营,企业尽管有多个投资者,但不存在中小投资者权益保护的问题。尽管也可能有部分投资者不参与经营,从而可能遭受一定风险,但合伙制企业的出资人通常不会太多,而且具有参与经营的法定权力,因此这种风险在法律上是可以避免的。

有限责任公司由 50 个以下的股东出资设立,每个股东以其所认缴的出资额对公司承担有限责任。这类公司筹资规模小,一般适合于中小企业。这类企业不必发布年报,看似存在信息不对称,有些投资者因不参与决策和经营而可能遭受风险,但因投资者人数有限,出资额有限,承担有限责任,而且投资者参与决策和监督的成本低,因此风险总体是可控的。从中小投资者权益保护角度,这类企业似乎也难以纳入考虑范围。

股份制公司是指由 3 人或 3 人以上(即至少 3 人)的利益主体,以集股经营的方式自愿结合的一种企业组织形式。其主要特征是:发行股票,股东众多,所有权分散,风险较大,收益波动性大。尤其是其中的上市公司,由于投资者多而分散,参与决策和监督的成本较高,尽管要求依法公布公司信息,但信息不对称程度仍然很高,代理问题仍然严重,投资风险仍然较大。此时,中小投资者权益保护问题就变得相当突出。

综合三类企业的特点,从中小投资者权益保护角度来看,最应该针对的是股份制公司,尤其是其中的上市公司。

（2）与中小投资者相对的大投资者如何界定？

没有大投资者或大股东的界定，就谈不上中小投资者及其权益保护问题。那么，哪个或哪些投资者可以被界定为大投资者？是第一大股东，还是前几大股东，比如前五大股东，抑或前十大股东？其实，这难以有一定之规，这要看投资者是否对企业具有实际控制力。现实的股份制公司尤其是上市的股份制公司中，更尤其是中国的上市公司中，普遍存在"一股独大"现象，这个"独大"的股东通常就是第一大股东，也就是一个公司中出资比例最大的投资者，对于这种公司，除了第一大股东，其他股东都可以列为中小投资者，他们的权益最容易受到侵害。但是，也存在"几股共大"的公司，即一个公司中共存几个持股比例相近的大股东，这几位出资者尽管也有大小之分，但由于比较接近，彼此可以互相制衡，他们的利益在公司中基本上可以得到保证。而除这几位股东之外的其他投资者，就可以认为是其权益容易受到侵害的中小投资者。从这个角度来看，中小投资者是指一个公司中除了拥有实际控制力的投资者之外的其他投资者。

总之，从权益保护角度来看，中小投资者可以界定为：股份制公司中，除对公司拥有实际控制力的大股东之外的其他投资者。

那么，如何评价中小投资者权益保护水平？

在目前存在的其他有关中小投资者权益保护的评价中，存在一些明显的评价缺陷，导致中小投资者权益保护的真实水平难以反映出来，主要表现在：一是评价依据的标准偏低，不能反映中国与发达国家之间的差距；二是评价指标不完整，不能完整反映中小投资者的权利以及保障中小投资者行权的制度环境；三是指标权重的确定过于主观，使得评价结果有些随意；四是数据来源缺乏可持续性，样本选择少或缺乏典型性，使得评价难以纵向比较；五是公司治理与投资者权益保护的法律法规被分割开来。

本报告借鉴国内外已有中小投资者权益保护评价研究成果，基于国内既有的相关法律法规，特别参照国际先进的中小投资者权益保护规范，提出了中小投资者权益保护四个维度的指标体系，即知情权、决策与监督权、收益权和维权环境。我们认为，信息不对称是大股东和经营者侵占的前提条件，中小投资者决策和监督权缺失是大股东和经营者侵占的权力基础，收益权是中小投资者权益保护的直接体现，维权环境体现了中小投资者权益保护的救济手段，因此，知情权、决策与监督权、收益权和维权环境是中小投资者权益保护的四个不可分割的组成部分。

知情权维度主要从公司定期报告披露的及时性，年报预披露时间与实际披露时间的一致性，预告业绩与实际业绩的一致性，公司是否因违规而被监管机构公开批评、谴责或行政处罚，外部审计是否出具标准无保留意见，公司是否建立与投资者沟通平台，分析师和媒体关注度，独立董事过去三年的任职经历是否详细披露，可预见的财务风险是否披露等方面，来考察中小投资者对于公司经营决策关键信息的知情权落实情况。

决策与监督权维度主要从是否采用网络投票制、是否实行累积投票制、是否采用中小投资者表决单独计票、独立董事比例、有无单独或者合计持有公司10%以上股份的股东提出召开临时股东大会、独立董事是否担任本公司董事长、有无单独或者合并持有公司 3% 以上股份的股东提出议案、三个委员会是否设立(审计、提名、薪酬)、审计委员会主席是否由独立董事担任、独立董事董事会实际出席率、董事长是否来自大股东单位等方面,来考察中小投资者行使权利和监督代理人的情况。

收益权维度主要从个股收益率是否大于或等于市场收益率、现金分红、股票股利、财务绩效、增长率、是否 ST(境内上市公司连续两年亏损,被进行特别处理的股票)、是否有中小股东收益权的制度安排(分红权)等方面,来考察中小投资者的投资回报情况,包括现实的回报和可预期的回报。

维权环境维度主要从股东诉讼及赔偿情况,控制性股东是否因直接或者间接转移、侵占公司资产受到监管机构查处,是否建立违规风险准备金制度,投资者关系建设情况,董事会或股东大会是否定期评估内部控制,各专门委员会是否在内部控制中发挥作用,是否披露存在重大内部控制缺陷,风险控制委员会设置情况,股价异动等方面,来考察中小投资者权益维护方面的制度建设情况。

上述四个维度中,决策权、监督权、收益权是中小投资者的天然权利,在任何国家,法律也都明确中小投资者享有这些权利,并非只有大股东才拥有这些权利。由于大股东经常处于控制地位,大股东的这些权利是可以得到保证的,但中小投资者的这些权利却经常丧失,甚至被人为侵占和剥夺。要实现这些权利,中小投资者还必须拥有公司经营信息的知情权,没有充分的知情权,决策权、监督权、收益权将无从谈起。即使有了充分的知情权,但如果维权环境偏紧,则这些权利仍然难以落实。因此,知情权、决策与监督权、收益权、维权环境四个方面应该作为一个不可分割的整体,构成完整的中小投资者权益保护系统。

评价中小投资者权益保护的目的是希望对广大中小投资者产生导向作用,促使中小投资者高度重视自身的权益维护,引导中小投资者理性投资,降低中小投资者的投资风险,帮助监管机构实现针对性监管。同时,促使中国公司按照国际规范,落实中小投资者的各项权益,实现公司的长期、有效和规范运作。具体包括以下几个方面:(1)帮助政府监管机构了解中小投资者遭遇的侵害类型及程度,促使政府加强中小投资者权益保护的立法和执法工作,使政府监管更加有的放矢。(2)帮助中小投资者降低信息不对称程度,使投资者更好地了解自己的代理人即董事会的治理情况以及由此产生的潜在风险,从而有效规避投资风险,提升投资收益。(3)帮助公司了解自身对中小投资者权益保护的情况,督促自己不断提升对中小投资者权益保护的水平,避免类似内幕交易和利益输送等侵害行为的发生,以增强中小投资者的投资信心,获得更多的融资机会。(4)防止股市炒作误导中小投资者,避免股市崩盘风险,促使资本市场真实反映公司信息,引导股票价格客观反映公司业绩,推动资本市场实现稳定发展并走向成熟。(5)助推国有企业发展混合所有制取得成功。国有企业混合所有制改革是国资和民资的混合,进入国企的民资,基本上属于中小投资者。鉴于目前大股东和经营者侵害中小投资者权益的普遍性而造成的中小投资者的忧虑,如何有针对性地加强对进入国企的民资的保护,是政府和国企必须考虑的首要问题。(6)为上市公司中小投资者权益保护的实证研究提供服务平台和数据支持。

三、董事会治理指数

2013年、2015年和2016年,我们对中国全部上市公司的董事会治理水平进行了三次测度,测度结果表明,中国上市公司的董事会治理水平低下,董事会治理亟须改革和改进。本年度是第四次测度。

何谓董事会治理? 我们认为,董事会治理是董事会作为治理主体,通过一系列正式或非正式制度安排,进行有效治理,实现委托人的利益诉求和公司的可持续发展。其主要内容包括:(1) 董事会作为代理人如何做到对委托人尽职尽责? (2) 董事会作为决策者如何做到科学决策? (3) 董事会作为监督者如何做到监督到位而不会被经营者(被监督者)所干扰? (4) 董事会作为利益主体如何做到既有动力又不被利益所"俘虏"(激励与约束)? (5) 董事会作为责任主体如何为自己的决策和监督错误、失误独立承担责任?

目前理论界存在着把董事会治理泛化的现象,即把董事会治理混同于或基本混同于公司治理。这种混同在20世纪80年代之前的西方发达国家非常普遍,那时的公司治理在现今被称为"狭义的公司治理"。"狭义的公司治理"的核心是股东利益至上,董事会一切问题的核心就是股东利益,这就是所谓的公司治理的股东价值观。其实,那时不是把董事会治理混同于公司治理,而是等同于公司治理,这是那个时代公司治理研究的局限性所在。因为,由于所有权和经营权的分离,董事会作为股东的代理人,是不可能全心全意为股东服务的,尽管理论上他们应该如此。于是,20世纪80年代之后,有了更广义的公司治理。这里的"广义",一方面是指公司治理不仅仅是为了股东,还有股东之外的其他利益相关者,如经理、员工、债权人等,当然,股东是核心;另一方面,既然董事会不可能全心全意为股东服务,就必须有单独的股东治理(在日本、德国等国家还有监事会治理)。股东治理的存在,意味着股东不能把全部希望都寄托在其代理人董事会身上,他们必须积极参与到公司治理中来。由此,股东治理和董事会治理就成为两个互相补充的公司治理的重要方面。不同的主体,职责不同,从而治理的内容也就不同,需要区别对待,因此不能再回到20世纪80年代之前,把董事会治理等同于或混同于公司治理。

那么,如何评价董事会治理水平?

从根本上说,董事会治理评价是对董事会治理质量的评价,这种质量评价的实质是评估董事会在多大程度上代表投资者的利益。也就是说,是否代表投资者,在多大程度上代表投资者,是董事会治理评价的全部内容。但在现有的董事会治理评价中,却存在严重的评价缺陷,导致董事会治理的真实水平难以反映出来,主要表现在:一是重形式评价,轻实质评价;二是由于把董事会治理混同于公司治理,从而在董事会治理评价中,把一些不属于董事会治理范畴的指标纳入董事会治理评价指标体系中,如股权结构;三是把董事会治理评价等同于董事会业绩评价,或者把董事会业绩作为董事会治理评价的重要内容,这无疑是对董事会治理的误解或错误认识;四是一些指标或者无法判断董事会治理的有效性,或者不具有可操作性,主观性很强,难以对董事会治理的有效性作出判断,如"董事会规模"和"董事会会议次数"。

本报告借鉴国内外已有的董事会治理评价研究成果,参照国际先进的董事会治理规范,同时也考虑国内既有的相关法律法规,提出了董事会治理四个维度的指标体系,即董事会结构、独立董事独立性、董事会行为和董事激励与约束。如此确定的指标体系和评价结果接近国际标准,高于国内既有法律和政策规定。

董事会结构维度主要从外部董事比例,有无外部非独立董事,两职是否合一,董事长是否来自大股东单位,有无小股东代表,有无职工董事,董事学历,年龄等于和超过 60 岁的董事比例,是否设置审计、薪酬和提名委员会等方面来衡量董事会成员构成和机构设置情况,以此来评价董事会结构的有效性。

独立董事独立性维度主要从审计委员会主席是否由独立董事担任,独立董事中有无财务专家、法律专家、其他企业高管,是否存在政府背景,独立董事是否担任本公司董事长,是否同时在多家公司担任独立董事,独立董事实际出席董事会比例,独立董事津贴是否超过 10 万元,是否详细披露独立董事过去三年的任职经历等方面,来衡量独立董事的专业素质和履职情况,以此来评价独立董事是否能够实现独立履职。

董事会行为维度主要从内部董事和外部董事是否有明确的沟通制度、投资者关系建设、是否存在董事会提交的决议事项或草案被股东大会撤销或者否决的情况、是否有规范的《董事会议事规则》、财务控制、董事会是否有明确的高管考评和激励制度、是否披露股东大会出席率等方面来衡量董事会行为相关制度的建立和执行情况,以此来评价董事会的实际履职情况。

董事激励与约束维度主要从执行董事薪酬是否与其业绩相吻合,股东诉讼及赔偿情况,董事会成员是否遭到监管机构处罚或谴责,是否有明确的董事考核或薪酬制度,是否公布董事考评/考核结果,是否披露董事薪酬情况,是否有董事会会议记录或者董事会备忘录,是否有董事行为准则相关的规章制度,独立董事是否明确保证年报内容的真实性、准确性和完整性或不存在异议等方面来衡量董事激励和约束制度的建立和执行情况,以此来评价董事激励与约束机制的健全程度和有效性,尤其是约束机制的健全程度和有效性。

在四个维度中,前两个维度侧重从形式上来评价董事会治理制度的健全程度,后两个维度则侧重从实质上来评价董事会治理的有效性。董事会治理制度没有形式上的健全,就不可能产生实质上的有效。但反过来,董事会治理制度有了形式上的健全,却未必产生实质上的有效。董事会治理制度只有在形式上健全后充分落到实处,才能实现董事会治理的真正有效。在现实中,从监管机构的要求看,中国上市公司董事会的设置近乎完美,但董事会治理却仍然不断遭到诟病。在我们对 2012～2016 年四个年度董事会治理的评估中,及格公司(60 分及以上)的比例分别只有 11.54%、5.93%、6.67% 和 8.27%。如此之低的及格率恰恰反映了中国上市公司董事会治理形式和实质的高度背离和不对称。因此,要全面了解中国上市公司董事会治理的质量和效果,就不能仅仅满足于形式上的评价,更要重视实质上的评价,实现形式和实质的高度统一。

评价董事会治理的目的是希望对中国已上市公司和计划上市公司的董事会治理发挥导

向作用,促使中国公司按照国际标准,不仅从形式上,更要从实质上,实现中国公司董事会的全方位规范化运作,并引导投资者的投资方向,降低投资者的投资风险,帮助监管机构实现针对性监管。具体包括以下几个方面:(1)帮助投资者尤其是中小投资者降低信息不对称程度,使投资者更好地了解自己的代理人即董事会的治理情况以及由此产生的潜在风险和价值,从而有效规避投资风险,提升投资收益。(2)帮助政府监管机构了解上市公司董事会的运作和相关政策法规的执行情况,从而使政府监管更加有的放矢,并促使政府对公司董事会的运作施以规范化引导。(3)帮助公司了解自身董事会治理存在的问题,督促自己不断提高董事会治理的质量,以增强投资者的投资信心,获得更多的融资机会。(4)向投资者和其他利益相关者及时提供真实、完整的信息,是董事会的重要职责,市场获得可靠、及时和完整的信息,有利于保证股票价格与公司真实业绩的吻合度,而这种吻合是资本市场成熟的重要标志。(5)为上市公司董事会治理实证研究提供服务平台和数据支持。

四、企业家能力指数

2012 年,我们在国内首次对中国全部上市公司的企业家(CEO)能力进行了测度,2014 年和 2016 年又进行了两次测度。三次测度结果表明,中国上市公司 CEO 由于不具有独立性,以及责任机制不到位,CEO 能力的发挥受到严重制约,企业家能力处于低下水平。本年度是第四次测度。

何谓企业家?熊彼特在 1934 年出版的《经济发展理论》中指出,企业家就是创新者。按照熊彼特的观点,社会任何领域都存在企业家,不仅有企业界企业家,也有政界企业家、教育界企业家、学界企业家等,这可以说是广义的企业家。本报告的企业家是指企业界企业家,指的是狭义的企业家。

在熊彼特的创新意义上,企业内的企业家显然不是一个人,也不是几个人,而是多个人,甚至是一种集体行为。那么,我们对企业家的评价是针对一个人,还是针对几个人,或者是针对一个企业家群体?

企业的发展需要创新,创新者越多,创新越活跃,企业发展就越充满生机和活力。不过,如果因此而评价多个企业家(即创新者),或者是评价一个企业家群体,那么我们的评价对于企业家市场的形成和发育就没有多少针对性意义。因此,对企业家的评价只能针对一个特定的创新者。

那么,如何选择这个特定的创新者?无疑,这个创新者只能是企业的领袖,因为企业的领袖是企业家的典型代表。在现实的企业中,企业的领袖一般有两个人选,或者是董事长,或者是总经理(或称总裁,或称 CEO)。如果两职由同一人担任,那就不存在选择的难题;如果两职由两个不同的人担任(这是绝大多数企业的情况),那么选择哪一个来评价?

其实,这个难题是人为制造的,原因在于我们中很多人把董事长和总经理的职能误解了。在中国,董事长通常被确定为公司的"一把手",董事长的权力要大于总经理。其实,公司治理层是通过契约来规范的,是没有"一把手"概念的,董事会是一个会议体,董事的权力是平等的,董事长仅仅是"董事会的发言人"或"董事会召集人",并不是凌驾于其他董事和总经理之上的领导者,向总经理授权进行企业正常经营管理工作的是董事会而不是董事长。因此,应在厘清董事会职能的前提下,高度重视 CEO 的独立性和能动性,应使 CEO 在法律框架和恪守董事会战略决策的前提下发挥其最大潜能。况且,在企业实践中,董事长也有很多属于兼职角色,这些董事长既不在公司领薪(一般在股东单位或自身所在单位领薪),也不负责公司经营管理工作,如果我们评价的对象是董事长,则意味着不是所有的董事长都能进入我们的评价范围,这就使评价失去了一般性。而 CEO 则是所有公司都具有的角色,况且我们评价的目的是引导政府、企业和投资者要高度重视总经理的地位,尊重总经理在不违反董事会决策下的自由裁量权并且独立承担责任,就此看来,我们所选择的企业家的典型代表就只能是总经理(或总裁,或 CEO)了。

那么,如何评价企业家能力?

近些年,国内外相关学者对企业家能力及评价进行了深入的研究。然而,已有的研究却存在三个方面的不足:一是在理论研究方面,各个理论视角都仅仅停留在某一层面上对企业家的界定,没有一个完整的、有说服力的概念界定,或者仅把评估对象确定为相同规模的企业,或者忽视企业家关系网络能力的评估。二是在实证研究方面,大部分学者对企业家能力的研究主要聚焦在理论分析的定性研究层面,实证研究明显不足,因为缺少连续的、可比较的、客观性强的大数据支持。三是简单地将人力资源测评方法用于企业家能力评价。人力资源测评只是基于个人背景和经历(基本上都是个人提供的成功的经历)所作的一种比较主观的潜在能力评价,至于被评对象的实际能力,尤其是其诚信水平,是难以测评出来的。

本年度我们借鉴国际先进的评价标准,基于中国国情,着眼于推动职业经理人市场的完善,提出了企业家人力资本、关系网络能力、社会责任能力和战略领导能力四个维度的指标体系,力求对中国企业家能力作出全面的、客观的评价。

企业家人力资本维度主要从学历(最高学历)、工作年限、工作经历变更、是否担任其他公司的独立董事、是否有海外留学和工作经历、选聘路径等几个方面进行评价。这些方面对于一家要聘任 CEO 的公司来说,并非是现实的企业家能力,而是潜在的企业家能力。尽管如此,企业家人力资本却是企业家能力中最基础的能力。一旦存在某种或某些动力机制,这些潜在的企业家能力就会很快变成现实的企业家能力,如企业家的激励或约束机制,通过这些动力机制,能够促使 CEO 产生把潜在能力变成现实能力的欲望。当然,这些动力机制不属于企业家能力评价的范围。

企业家关系网络能力维度主要从政府官员是否到企业访问、CEO 是否陪同政府官员出国访问、是否担任党代表、是否担任人大代表、是否担任政协委员、是否在军队任过职、CEO任职期间是否获得相关荣誉称号、是否在行业协会任职、是否曾经在政府部门任职等几个方面进行评价。从规范的市场规则角度,关系网络能力是不应该纳入企业家能力评价范围的,因为关系网络可能存在"寻租"问题。然而,关系网络并不必然产生"寻租",而正常的关系网络也能够为企业带来资源,进而能够促进企业发展。况且,把关系网络能力纳入评价范围,有助于我们判断中国企业家更偏重于哪个方面能力的培养,或者比较企业家哪个方面的能力更加突出。比如,人力资本与关系网络能力是否存在替代关系,关系网络能力是否更多地通过履行社会责任而获得,等等,了解这些问题对于发展和培养中国的经理人市场无疑是意义非凡的。

企业家社会责任能力维度主要从企业是否捐赠慈善事业、CEO 是否在非营利组织兼职(如担任理事)、CEO 个人有没有被证监会谴责、有没有产品质量或安全等问题的重大投诉事件、员工的收入增长率是否不低于公司利润增长率、有无现金分红、有无债权人和股东诉讼等几个方面进行评价。企业的持续发展包含着众多利益相关者的努力和投入,其中很多投入具有高度的专用性,一旦损失将难以收回,如员工投入了专用技能和劳动,社区居民可能承受了企业释放的环境污染,顾客可能承担了因产品质量低劣对身心造成的损害,等等,无疑这些利益相关者的努力和投入必须从企业得到回报。把社会责任能力考虑到企业家能力评价中,目的是引导企业家树立强烈的社会责任意识,承担起更多的社会责任。更重要的是,对利益相关者承担责任,是企业家诚信意识和水平的重要反映,没有这种责任担当,就不能称之为企业家。

企业家战略领导能力维度主要从 CEO 贡献、国际化程度、企业员工数、企业总资产、企业在行业中的地位、企业有无完整的 ERP 系统(企业资源计划)、企业有无制定战略目标和计划等方面进行评价。企业家战略领导能力实际上是企业家各种能力的综合体现,企业家其他方面的能力最终要落实在其战略领导能力上。在存在一个成熟的经理人市场的情况下,CEO 必须本着对企业利益相关者高度负责的精神,以其敏锐的市场和战略意识,恪尽职守,尽最大努力制定出科学的和可行的企业经营决策,一旦董事会批准该决策,CEO 就必须坚决贯彻和执行。不过,需要特别强调的是,CEO 绝不是被动地执行董事会批准的决策,被动接受董事会决策的 CEO 不是真正意义上的企业家。作为 CEO,他(她)的企业家能力实际上更多地体现在日常经营决策的制定和执行中,战略性决策更多的是指明方向,是框架式的,具体如何落实,需要靠 CEO 的开拓和创新。也正是这一点,体现出我们把 CEO 作为评价对象的原因所在。

评价企业家能力的目的是希望对企业家市场选择发挥导向作用,进而促进中国经理人市场(或称企业家市场)的发展,具体说,就是要促使政府和社会各界认识到:(1) CEO 的独立性和能动性以及问责机制是至关重要的,这样才能促使 CEO 能够在恪守法律和董事会战略决策的前提下发挥其最大潜能。(2)高能力的企业家只能产生于职业化的经理人市场,从而高度重视职业经理人市场的建设。(3)经理人完备信息的披露是职业经理人市场建立的要件,这些信息中,不仅有潜在能力的信息,更有实际能力的信息;不仅有成功的信息,也有不成功的信息。在充分、真实的信息中,体现着企业家诚信经营、敢于创新和担当的品质和精神。经理人市场必须有惩戒机制,即必须能够让不诚信的经理人承担隐瞒信息的代价。(4)选聘 CEO 的权力必须回归董事会,只有在董事会独立选聘并对选错承担责任的情况下,董事会才有动力选出最有能力的企业家。

五、财务治理指数

2010 年，我们在国内首次对中国全部上市公司的财务治理水平进行了测度。2012 年、2014 年和 2016 年又进行了三次测度。四次测度结果表明，中国上市公司的财务治理非常不理想，权利配置不合理，内控不力，监督不严，激励和约束不到位，中国上市公司的财务治理亟须改进。本年度是第五次测度。

财务治理是关于企业财权配置、财务控制、财务监督和财务激励的一系列正式和非正式制度安排，这些制度安排通过财权配置将各个财务主体紧密联系起来，同时通过财务控制、财务监督和财务激励对财务主体形成合理的控制、监督和激励。较高的财务治理质量不仅能够合理配置各财务主体的权责利，有力控制各个财务环节，有效监督财务行为，还能适当激励财务主体，是公司正常运行的关键保障。

财权配置、财务控制、财务监督和财务激励是财务治理的四个不可分割的部分，是我们借鉴国内外已有财务治理研究成果，参照国际先进的财务治理规范，同时也考虑国内既有的相关法律法规而提出来的。其中，财权配置是指财务决策权在各个财务主体之间的配置和落实，主要的财务主体包括股东（股东大会）、董事会、总经理（CEO）、首席财务官（CFO）。当然还有其他利益相关者，如政府、员工等，但这些利益相关者的财权是可以包含在董事会中的，但这种"包含"必须有一个前提，那就是董事会是以股东为核心的所有利益相关者的代理人，作为这种代理人，董事会与经理层是监督与被监督的关系，进一步说，董事会是必须独立于经理层的，否则，就容易发生董事会和经理层"同体"现象，其他财务主体的利益将无法得到保证。在董事会治理缺乏独立性的情况下，即使形式上反映了各财务主体的利益，各财务主体的利益也得不到切实保证。因此，公允的财权配置可以实现公司分权制衡，杜绝独裁，保障财务活动的合法性和透明度。

财务控制是指财务权力的执行过程，具体包括企业的内部控制体系和风险控制体系。健全的财务控制能够从程序上保证财务信息生成的合法、合规，提高财务信息的真实性和准确性，从而保证财务主体决策的科学性和可行性。2001 年和 2002 年，美国安然和世界通讯两家公司爆发财务丑闻，促成了萨班斯-奥克斯利法案（Sarbanes-Oxley Act）的出台。该法案的核心就是强化财务控制，包括三个方面：一是建立公众公司会计监察委员会，对会计师事务所提供的上市审计服务进行监管；二是对上市公司高管人员造假予以重罚；三是在美上市企业必须建立内部控制体系。这被认为是美国自 20 世纪 30 年代经济大萧条以来涉及范围最广、处罚措施最严厉、影响力最大的上市公司法案。该法案的全称是《公众公司会计改革和投资者保护法案》。不难看出，财务控制在投资者权益保护中具有重要作用。

财务监督是指对财务权力执行的监督。这种监督需要相应的机制设计，包括企业内部监督机制和外部监督机制。内部监督主要来自董事会，尤其是其中的审计委员会；外部监督主要来自外部审计机构和政府监管部门，当然也包括广大投资者，甚至包括公众。而监督机制要有效发挥作用,有赖于信息的公开、全面和真实,有赖于董事会的独立性,有赖于外部审计机构的中立性,更有赖于政府监管部门的立法和执法的公信力。

财务激励是指对财务主体投入的回报,这种投入既包括资金资本的投入(如股东的资金投入),也包括人力资本的投入(如企业高管和员工的人力投入)。有投入就必须有相应的权力和利益,前者即财务权力,后者即财务激励。财务激励是财务治理的驱动器,适当的财务激励能够有效激发企业各利益主体的工作热情和积极性,降低经营者的道德风险。在财务激励中,核心的是股东利益,如果股东合理的回报得不到保证,将会影响股东投资的信心,进而会影响资本市场的稳定。

以上四个方面中,财权配置是财务治理的核心和基础,合理的、有效的财权配置能够协调各个利益相关者的利益,从而有利于形成合力;财务控制和财务监督是手段,前者重在财权执行,后者重在对财权执行的监督;财务激励是财权执行的结果,财权最终要落实在利益方面,没有财务激励,各财务主体就不可能形成合力。财务治理的四个维度,不是独立发挥作用的,它们共同构成了财务治理系统,只有系统性发挥作用,才能保证企业的健康和可持续发展。

那么,如何评价财务治理水平?

基于我们提出的财务治理的四个方面(或维度),即财权配置、财务控制、财务监督和财务激励,我们设计了既具有科学性和客观性,又具有可操作性和稳定性的指标体系。由于借鉴了国际先进的财务治理规范,因此,如此确定的指标体系和评价结果接近国际标准,高于国内既有法律和政策规定。

财权配置维度主要从关联交易是否提交(临时)股东大会讨论通过、独立董事薪酬和高管股票期权是否通过(临时)股东大会、两权分离度、董事会是否提出清晰的财务目标、内部董事与外部董事是否有明确的沟通交流制度、独立董事比例、独立董事中是否有财务或会计方面的专家、董事长和总经理是否两职分离、CFO是否具有高级职称或相关资格认证等方面来衡量各财务主体的权利是否得到合理配置,以此评价财权配置的有效性。需要注意的是,如果财权配置过于形式化,尽管表面上看各个财务主体都可以在财权配置中找到自己的"位置",但这并不能保证财权配置的有效性。

财务控制维度主要从董事会或股东大会是否定期评估内部控制、各专门委员会是否在内部控制中起作用、董事会或股东大会是否披露具体内部控制措施、风险控制委员会设置情况如何、公司财务弹性、公司对外部资金依赖程度、是否披露可预见的财务风险因素、是否ST公司等方面来衡量企业内部控制体系和风险控制体系的健全程度,以此评价财务主体决策的科学性、可行性和抗风险性。

财务监督维度主要从审计委员会设置,外部审计是否出具标准无保留意见,公司网站是否披露当年和过去连续三年财务报告,公司是否披露公司发展前景的相关信息,公司是否披露关联方交易状况,公司是否对会计政策的变化作出解释,公司是否因违规而被监管部门公开批评、谴责或行政处罚等方面来衡量企业内外部监督机制的到位情况,以此评价内外部监督机制的效果。

　　财务激励维度主要从现金分红、股票股利分配、高管薪酬支付的合理性、薪酬委员会设置情况、公司是否采用股票期权激励政策、员工报酬增长率是否不低于公司营业收入增长率等方面来衡量各财务主体的收益保障情况,以此评价财务主体的动力。

　　评价财务治理的目的是希望对中国已上市公司和计划上市公司的财务治理发挥导向作用,促使中国公司按照国际标准,尊重各财务主体的权益,实现中国公司财务运作的规范化,从而降低财务风险,提高抗风险能力。具体包括以下几个方面:(1)有助于投资者进行理性投资,塑造投资者长期投资的信心。财务治理评价可使投资者尤其是中小投资者认识到公司的潜在风险和价值,从而有效规避投资风险,提升投资收益。由于中国目前中小投资者权益受到大股东和经营者的侵害比较普遍,因此,财务治理对于中国中小投资者权益保护,具有特殊的意义。(2)有助于监管者进行针对性监管,严防财务欺诈。财务治理评价可以帮助政府监管机构了解公司财务运作的规范化程度,尤其是能够洞悉国家有关财务运作的法律法规的落实情况,从而使政府监管更加有的放矢,并促使政府通过经济和法律手段对公司的财务运作施以规范化引导。(3)有助于企业及时发现潜在风险,防患于未然。财务治理评价可使公司了解自身财务治理中存在的问题,督促公司不断提高财务治理水平,不仅有助于发现本公司与其他公司财务治理的差距,而且也有助于发现本公司财务治理与国际水平的差距,从而及时弥补不足和缺陷,从而保证投资者的投资信心,获得更多的融资机会。(4)有助于资本市场反映公司真实信息,实现资本市场有序运行。财务治理评价可以发现信息失真,信息失真会加大投资者投资的财务风险,从而导致投资者转移投资方向。因此,财务治理评价能够引导公司披露真实信息,进而促使资本市场的股票价格反映公司真实绩效,股票价格和公司真实绩效的吻合是资本市场成熟的重要标志,也是防止股市动荡甚至"股灾"的重要因素。(5)有助于大数据平台建设,深化财务治理理论研究和实证分析。近些年财务治理研究总体落后于公司治理其他方面的研究,一个重要原因是缺乏财务治理的大数据支持。财务治理评价所赖以支撑的数据库提供了深化财务治理理论研究和实证分析的平台,而且基于大数据的财务治理研究更加符合现实。

六、自愿性信息披露指数

　　2010年和2012年,我们对中国全部上市公司的信息披露水平进行了测度,测度结果表明,中国"能不说就不说"的现象非常普遍。"能不说就不说"属于自愿性信息披露范畴,而强制性信息披露则不存在多大问题,于是,从2014年开始,我们对中国上市公司信息披露的评价改为专门对其中的自愿性信息披露的评价,2016年又进行了第二次评价。两次评价结果证明,在中国上市公司中,"能不说就不说"现象不仅普遍,而且非常严重。本年度是对自愿性信息披露的第三次评价,也是对信息披露的第五次评价。

　　自愿性信息披露(Voluntary Disclosures)是相对于强制性信息披露而言的。自愿性信息披露的关键词是"自愿"。"自愿",顾名思义,就是可披露也可不披露。披露了,使用者欢迎;不披露,监管者也不会追究,因为监管者没有追究的法律依据,但并不意味着其他需求者(尤其是投资者)不追究或不计较;投资者追究与否,取决于投资者权益保护的法律是否健全(如有无集体诉讼和集体索赔法律);更多的投资者是计较的,至于如何计较,这就涉及市场机制了,即投资者可以"用脚投票"。投资者是上市公司信息的最大需求者,也是上市公司的核心利益相关者,投资者不投资,公司上市就没有意义了。但投资者投资依赖其所获取的信息,不同投资者的信息需求不同。随着市场的完善,越来越多的投资者的投资趋于理性,他们不再满足于监管机构强制要求公司披露的信息,而是通过更多的信息来最大限度地降低自己的投资风险,即追求所谓信息的"有用性",而强制性披露难以满足许多投资者所要求的"有用性"。如果投资者难以获得他们认为"有用"的信息,他们就会认为投资有风险,从而不投、少投、转投,如果很多投资者不投、少投、转投,则这家公司就可能被并购或倒闭,这就是投资者的"用脚投票"。从这个角度讲,自愿性信息披露并不是可有可无的,是上市公司吸引投资者的不可或缺的重要方式。

不论是自愿性信息披露还是强制性信息披露,都没有统一的国际标准。在一个国家是自愿性披露的信息,在另一个国家可能是强制性披露的信息。一般来说,市场发育程度越高,相应的法律制度就越完善,就越注重自愿性信息披露,通过投资者"用脚投票"来促使上市公司自愿披露更多的信息;相反,市场发育程度越低,相应的法律制度就越不完善,"用脚投票"的效果就越低,通过自愿披露信息就难以满足投资者投资要求,从而就越强调强制性信息披露。但这是一种比较理想的状态,实际情况比理论推导的情况要糟糕得多。原因在于,企业都是追求最大利益的"经济人",都有投机取巧的本性,只要不违背法律规则,对自己不利的信息就尽量不披露。因此,即使在市场经济高度发达的英美等国家,也通过大量的规则甚至法律,强制性要求上市公司披露更多的信息。我们不难看到,尽管英美等国家市场经济很发达,但其强制性披露信息的范围远远大于市场经济还不太完善的中国。

然而,由于市场千变万化,投资者的信息需求也是多种多样,而规则和法律都是由人制定出来的,每个人的理性都是有限的,从而,再细致的强制性披露的信息也难以满足投资者理性投资对信息的需求。另外,企业外部的利益相关者也绝不仅仅是单一的投资者,供应商、客户、居民(尤其是企业周边居民)都是企业的重要利益相关者,他们对企业也有各种各样的信息需求,而其中很多信息难以纳入强制性范畴。显然,自愿性信息披露不是可有可无的,而是必需的。比如,高管薪酬结构及额度信息。该项信息在英美等国家的披露是很完整的,即不仅要披露高管薪酬总额,还要披露薪酬结构以及各部分的额度,如固定薪金、奖金、股票、股票期权、养老金等。但这些信息在中国属于自愿性披露范畴,在上市公司披露的信息中,几乎没有几家公司披露该项信息。那么,该项信息对于投资者是否必需?回答是肯定的,因为通过该项信息,投资者可以了解高管的长期薪酬和短期薪酬构成,进而了解高管行为是满足于企业短期发展还是立足于企业长期发展。再比如,董事任职经历,英美等国家的公司对该项信息的披露也很详细,但在中国则属于自愿性披露范畴。该项信息对投资者同样至关重要。原因在于:董事(会)是投资者的代理人,他们要代表投资者对经营者进行监督。通过董事任职经历的详细披露,投资者可以了解董事是否与经营者有关联,以此判断董事和经营者是否存在合谋的可能性;对于中小投资者而言,还需要了解董事是否与大股东有关联,以此判断董事是否仅代表大股东,进而可能侵害中小投资者的利益。

自愿性信息披露也是企业诚信经营的重要体现。诚信意味着企业必须向包括投资者在内的利益相关者及时披露真实、全面的信息,这不仅是为了使投资者降低投资风险,更是为了增强投资者的投资信心。因为,投资者"被骗"一次容易,第二次"被骗"就难了,多次"被骗"几乎不可能,而且,"被骗"具有扩散效应,失去投资者意味着企业经营的失败。对于供应商、客户等利益相关者来说,也是如此。

总之,自愿性信息披露尽管是"自愿"的,但不是可有可无的。企业要想获得可持续发展,就不能仅仅满足于强制性信息披露,而必须高度重视自愿性信息披露。尽管自愿性信息披露增加了信息披露的成本,但相对于企业所由此获得的投资者信心和其他利益相关者的信赖,以及企业的良好声誉和长期发展,这些成本支付是非常值得的。

那么,如何评价自愿性信息披露水平?

在既有的其他相关研究中,主要采取三种形式对自愿性信息披露进行评价:一是由分析师和相关实践人员评价,但不公布指标体系和计算方法。显然这种评价的结果难以验证,而难以验证就不能让使用者监督,不能监督就难以保证其客观性,会有很大程度的主观性,投资者使用的针对性很差;二是选择年报中具有代表性的指标作为衡量自愿性信息披露的指标。这种评价用个别指标来替代范围较广的自愿性信息整体,有以偏概全的倾向,投资者难以通过这种评价克服自己的投资风险,与第一种形式的评价相同,投资者使用时基本没有针对性;三是自己构建体系庞大的自愿性信息披露指标体系,但很多指标难以获得数据,尤其是难以获得连续数据,因此操作性较差,难以连续进行跟踪和比较分析。

本报告借鉴国内外已有的自愿性信息披露评价研究成果,基于国内信息披露相关法律法规,特别参照国际先进的信息披露规范,立足于投资者权益保护,提出了自愿性信息披露四个维度的指标体系,即治理结构、治理效率、利益相关者和风险控制。

治理结构维度主要评价董事会构成、董事学历和任职经历(不含兼职、社会称号等)、专门委员会构成、监事会构成和成员、高管层学历、高管层任职经历(不低于三年)(不含兼职、社会称号)等方面的信息披露情况。这些信息的披露对于投资者了解代理人(董事会、监事会、经理层)有无可能代表自己作为委托人的利益,以及是否着眼于企业发展(尤其是长期发展)具有重要价值。

治理效率维度主要评价股东大会(包括临时股东大会)股东出席率、股东大会(包括临时股东大会)投票机制、董事考评制度及结果、董事会议事规则、董事会召开方式、独立董事参与决策、高管薪酬结构及额度、高管层关系网络等方面的信息披露情况。这些信息的披露重在评估治理结构的有效性,对于投资者了解代理人的实际履职效果具有重要价值。

利益相关者维度主要评价投资者关系建设情况、社会责任、债权人情况、债务人情况、供应商情况、客户情况等方面的信息披露情况。这些信息的披露对于投资者了解自己的利益是否得到尊重和保护具有重要价值。其中,投资者关系信息是企业直接针对投资者的沟通渠道和沟通方式的信息,而社会责任以及债权人、债务人、供应商、客户等方面的信息,则能让投资者详细了解企业其他利益相关者对自己利益的影响,使投资者能够以更加理性的心态来对待多元化的企业经营,这无疑也是对投资者的一种尊重。

风险控制维度主要评价企业发展战略目标、盈利能力、营运能力、偿债能力、发展能力、会计师事务所、宏观形势对企业的影响、行业地位(或市场份额)、竞争对手等方面的信息披露情况。这些信息的披露对于投资者降低投资风险,获得稳定的投资回报具有重要价值。

不难看出,基于自愿性信息披露四个维度设计的指标体系,能够使投资者全方位了解企业,从而满足自己理性投资的信息需求。在这四个维度中,投资者不仅能够从形式上了解代理人是否有可能代表自己作为委托人的利益,而且能够了解到代理人的实际履职效果;不仅能够了解自己与企业的沟通渠道和方式,感觉到自己受到尊重的程度,而且能够了解自己投资的风险大小。显然,这种基于投资者保护的自愿性信息披露四维度评价,是一种全方位的评价,也是一种更客观的评价。

评价自愿性信息披露的目的是希望中国上市公司改变"能不说就不说"的旧观念,树立"能说的都要说"的新理念,具体包括如下几个方面:(1)自愿性信息披露不是可有可无的,它对投资者理性投资具有重要价值,而投资者基于"有用信息"进行投资对企业的发展尤其是长期发展具有重要影响。(2)在市场不成熟尤其是法律不健全的情况下,自愿性信息披露应更多地转化为强制性信息披露,单纯靠自愿是不能满足投资者理性投资对信息的需求的。(3)法律规则要具有很强的威慑作用,如果因信息披露不到位而使投资者遭受严重损失,即使这些信息披露属于自愿性的,企业负责人也必须要承担重大责任,并给予高成本的处罚。(4)自愿性信息披露对董事会的科学决策和对经理层的有效监督也具有重要影响。独立董事是外在于企业的,而独立董事拥有参与战略决策以及对经理层进行监督的权力。独立董事的科学决策和对经理层的有效监督高度依赖充分、真实的信息披露,这其中也包括自愿披露的信息。否则,就会产生决策科学性差和监督失效的可能,而这些直接影响企业的发展。

七、高管薪酬指数

2007年,当我们开始进行中国公司治理分类评价时,首选的便是高管薪酬指数,即高管薪酬合理性评价。然而遗憾的是,由于没有开发数据库系统,只是运用传统的方法采集数据,加之经验不足,导致数据丢失严重。2008年,我们从头再来,仍是因首次开发,经验缺乏,研究工作进展缓慢,当我们于2009年5月完成首部《中国上市公司高管薪酬指数报告2008》时,各上市公司新的年度报告已经公布,出版的价值已经降低。于是,我们再次采集新年度的数据,最终完成并出版国内首部《中国上市公司高管薪酬指数报告2009》。2011年、2013年和2016年,我们又进行了三次评价。四次评价结果表明,中国上市公司高管薪酬存在比较严重的不合理问题,包括激励过度和激励不足。本年度是第五次评价。

高管薪酬是一个敏感而又十分重要的问题。20世纪80年代末90年代初,英国率先发起公司治理运动,并很快波及整个世界,其起因就是公司高管薪酬大大超过公司绩效而且过快增长,由此引起公众和股东的大为不满。在此背景下,1995 年 7 月 15 日英国发表了《格林伯里报告》(Greenbury Report),其核心就是关于公司董事会报酬决定和相应说明的《最佳做法准则》。

20 多年后的今天,我们却仍犯着当初公司治理运动发生时和发生前的错误。不过,这种错误在中国发生了部分变种,即高管薪酬人为减少导致公司业绩的更大幅度下滑。而规范的公司治理中,高管薪酬与公司业绩应该是吻合的。这说明,我们的公司治理还没有真正融入全球公司治理运动之中,公司化改革在较大程度上还是形式上的。

中国在高管薪酬上出现的问题,与市场(尤其是资本市场和经理人市场)不成熟、不完善存在着密切的关系,而这种不完善导致了严重的"内部人控制(Insider Control)"。"内部人控制"在 20 世纪 30 年代的美国就已出现,中国也在 20 年前出现"内部人控制",但今天看来,这个问题仍然十分突出。

对于国有企业来说,"内部人控制"的突出特征是"行政干预下的内部人控制",这种"内部人控制"是市场不完善下的一个"怪胎"。一方面,政府仍然控制着国有企业的大部分权力;另一方面,国有企业又总是处于失控之中,高管薪酬高于其实际贡献过度增长,就是其中的一个重要表现,而薪酬的过快增长,无疑是对国有资产、投资者和民众利益的剥夺。这两个方面看似是一个悖论,其实两者之间具有必然的联系,前者是后者的直接原因。正是由于政府控制过多,企业才会向政府隐瞒真实信息,或上报虚假信息,而政府与企业之间的代理链条过长,以及政府对企业的非现场决策又使这种隐瞒和虚报成为可能。在政府不了解企业真实信息的情况下,企业高管就可以利用其所控制的国有资产任意所为,如豪华的办公设施、过高的福利待遇和超标准的在职消费等。近几年,高管薪酬又部分走向了反面,即政府主导下的"一刀切式"的降薪,而这种方式的降薪,加之强力反腐,使得高管在薪酬获取上胆战心惊,很多国有企业的高管薪酬由此偏离了其对企业的实际贡献,即出现了激励不足。尽管"内部人控制"得到了部分缓解,但由此产生的企业改革和发展不力,也严重侵害了投资者权益,其中也包括国有投资者的权益。显然,政府主导下的国有企业公司治理改革,其成本是很高的,效果则是不明显的。

对于非国有企业来说,"内部人控制"则主要来自市场不完善。中国市场不完善的最重要表现,一是信息披露不充分,透明度不高;二是企业上市的目的主要(甚至是首要)是圈钱,而不是完善公司治理。这种不完善的市场会产生三个方面的负面效应:其一,高管人员不能及时、充分地向投资者(尤其是中小投资者)报告公司的真实经营绩效;其二,高管人员可能会利用内部信息人为地操纵股价,甚至可能为了巨额套现而制造虚假信息;其三,董事会难以对高管人员进行有效监督,而是常常形成利益共同体。显然,在不成熟的市场上,试图使高管人员的未来利益与公司和投资者的利益有机结合起来,是很难实现的。

中国市场的不完善,最核心的是法规不完善。例如,现行的证券交易法规对信息披露的及时性、完备性和真实性的规定是不到位的,对中小投资者保护的立法更是严重缺失。相对而言,西方发达国家一般都有投资者集体诉讼制度,这种制度对于保护中小投资者利益是非常有效的。在这种制度下,投资者特别是中小投资者一旦发现利益遭受损害,其直接的反应就是集体诉讼和索赔。由于投资者无须为集体诉讼支付诉讼费,而且,如果索赔成功,发起的律师事务所将获得约占总赔偿金额30％左右的分成,这就极大地鼓舞了律师事务所和投资者的诉讼热情,这无疑意味着违规者的成本大大增加。再如,我国公司法对高管的约束也过软。《公司法》第142条规定,"公司董事、监事、高级管理人员在任职期间每年转让的股票不得超过其所持有本公司股票总数的25％"。这种规定对高管人员辞职以后抛售股票没有任何约束作用,从而成为他们辞职套现的直接原因。

显然,市场的不成熟和法规的不完善,特别是法律执行的不严格,导致守规的收益大大低于违规的收益,或者违规的成本远远低于违规的收益,法规的惩戒作用大大降低。这恐怕是高管人员敢于钻法规空子、视投资者利益为儿戏、过分追逐自身利益最大化的主要原因。

其实,在完善的市场上,高管薪酬的高低并不是由某个政府机构说了算的。高管的薪酬可能很高,也可能很低,但不管高低,均是由市场决定的,也是投资者认可的。这是因为:第一,完善的市场使董事会可以在市场上选聘高管人员,并使董事会对选错人负起责任来;第二,完善的市场要求高管薪酬及其相关信息必须对外公开,以接受政府、投资者和公众监督;第三,完善的市场意味着制度安排的强化,而强化的制度安排大大提高了高管的违规成本,使其远远高于违规的收益。

在涉及报酬问题时,很多国有企业还沿袭着过去的思维逻辑,即先讲贡献,再讲报酬。而市场选择恰恰相反,是先讲报酬,再讲贡献。但如果贡献达不到报酬支付的要求,则意味着经营者违反了合同,该经营者就要被解聘;如果贡献超过报酬支付要求,则会给予奖励。在这种情况下,经营者要求的薪酬与其贡献将是基本吻合的。

如何评价目前中国上市公司高管薪酬,这既是一个理论问题,又是一个技术问题。在现实中,人们总感觉高管的薪酬过高了,于是谴责声不断。其实,这种感觉正确与否,需要进行科学的分析。实际上,相对于公司绩效,高管的薪酬有偏高的,也有偏低的,当然,也有适度的。只是关注高管薪酬的绝对值是没有多少意义的,因为高管对企业的贡献不同。因此,有必要对高管薪酬的合理性进行科学评估。

如何评估高管薪酬的合理性? 显然,对高管薪酬的评估难以采取前面五种指数的方法。对高管薪酬的合理性进行评估,只能基于企业绩效,或者准确地说,是基于高管对企业的实际贡献。同时,由于各行业性质不同,还需要考虑不同行业对高管实际贡献的影响。本报告所作的工作就是考虑企业绩效,运用科学的方法,计算出上市公司的高管薪酬指数,以此评价高管薪酬的合理性。通过这一研究,既希望能对高管激励制度研究及公司治理理论的完善有所贡献,同时也希望能有效服务于公司治理实践,充分发挥其信号显示作用,为股东、董事会、经营者、政府及其他利益相关者提供一个高管薪酬治理的"晴雨表"。

八、本报告内容和特色

本报告是作为第三方评价机构的北京师范大学公司治理与企业发展研究中心研制和发

布的年度公司治理指数成果。报告以国际通行的公司治理规范,尤其借鉴了《G20/OECD公司治理准则(2015)》的基本精神,同时基于中国的制度架构和现实国情,分类设计了中国公司治理评价指标体系,在此基础上,运用科学的方法,计算出了 2016 年 2840 家上市公司的中小投资者权益保护指数、董事会治理指数、企业家能力指数、财务治理指数和自愿性信息披露指数,以及 2829 家上市公司的高管薪酬指数,并进行了排序和比较分析。

本报告是对中国资本市场开放以来上市公司中小投资者权益保护、董事会治理、企业家能力、财务治理、自愿性信息披露和高管薪酬合理性的全面评估,在很多方面填补了国内外在公司治理评价研究方面的空白。报告全面评估了中国上市公司六方面治理的现状,深刻揭示了中国上市公司六方面治理存在的问题,对于全面、客观地反映中国上市公司的治理水平,了解政府在公司治理方面的立法和执法现状,具有非常重要的现实意义。同时,报告又构成了中国公司治理理论和实证研究的重要基础,是企业强化公司治理以保证企业可持续发展的重要依据,是监管机构加强公司治理立法和执法的重要参考。更为重要的是,报告对于提升投资者尤其是中小投资者的权益保护意识,引导投资者理性投资,降低投资风险,具有重要的参考价值。另外,报告对于助推国有企业深化改革,尤其是混合所有制改革,也具有重要的现实指导意义。

(一) 本报告主要内容

本报告主要内容包括八编 25 章内容。

报告的第一编是总论,包括导论和第 1 章,第八编只包括第 25 章,中间六编 23 章是对六类公司治理指数的统计分析,这六编的结构基本相同,包括总体指数统计分析、分项指数统计分析(高管薪酬指数没有分项指数,故没有该部分分析)、所有制比较统计分析、年度比较统计分析。具体内容如下:

(1) 设计了全面、客观、专业、可连续、可验证、可重复的中小投资者权益保护、董事会治理、企业家能力、财务治理、自愿性信息披露评价指标体系。根据各指标体系计算出来的五类公司治理指数具有科学性、可靠性和可比性。据此,公司可以发现公司治理五个方面的不足和潜在风险,促使公司提升公司治理水平;投资者可以发现具有更大投资价值和更低投资风险的投资对象;监管机构可以发现资本市场中潜在的风险点和潜在的违规因素,并及时予以矫正,从而为投资者创造更好的投资环境。

(2) 基于公司绩效计算了高管薪酬指数并进行了评价。本报告基于公司绩效,并考虑行业因素,计算出了高管薪酬指数,然后根据统计学的四分之一分位法,将高管薪酬激励划分为激励过度、激励不足和激励适中三个区间。与其他五类公司治理指数不同的是,高管薪酬指数不是越高越好,也不是越低越好,而是数值越居中越好,表明激励与绩效是匹配的,而两端的数据表明激励与绩效偏离较大,薪酬制度是低效率的。从高管薪酬绝对值与高管薪酬指数的比较看,高管薪酬绝对值高的不一定激励过度,高管薪酬绝对值低的也不一定激励不足,衡量高管薪酬合理与否要结合公司业绩,即应该考虑相对薪酬。

(3) 全样本、全方位评估了中国上市公司中小投资者权益保护、董事会治理、企业家能力、财务治理、自愿性信息披露、高管薪酬六方面的治理水平。本报告对沪深两市近乎全部A股上市公司(只剔除年报不完整的少量公司),从总体、地区、行业、上市板块等多角度评价了中国上市公司六方面的治理水平。研究发现,中国上市公司中小投资者权益保护指数、董事会治理指数、企业家能力指数、财务治理指数、自愿性信息披露指数都基本符合正态分布,总体指数平均值无一达到 60 分,及格率(60 分及以上)分别是 1.65%、8.27%、0%、19.61%和15.53%,总体上都处于低下水平,尤其是企业家能力。高管薪酬指数均值359.6567 分,其中激励适中、激励过度和激励不足三个区间的高管薪酬指数均值分别是79.7638 分、1265.8065 分和 13.6885 分,三个区间相差很大。从地区看,东部在中小投资者权益保护、企业家能力、财务治理和自愿性信息披露四类指数上,都是最高的;西部在董事会治理指数上是最高的;而东北除了中小投资者权益保护指数排名第三外,在其他四个指数上都是最低的。在高管薪酬指数上,东部激励适中和激励过度的比例都是最高的,中部激励不足的比例是最高的,中部激励适中和激励过度的比例都是最低的。从行业看,除了金融业在中小投资者权益保护指数、董事会治理指数、财务治理指数都排名第一外,其他行业在六个指数上没有特别的规律性。从上市板块看,深市中小企业板在中小投资者权益保护指数、企业家能力指数、自愿性信息披露指数和高管薪酬激励适中占比上都位居第一,深市创业板在财务治理指数上位居第一,深市主板(不含中小企业板)在董事会治理指数上位居第一,而沪市的总体表现相对差一些。

(4) 中小投资者权益保护、董事会治理、企业家能力、财务治理、自愿性信息披露都从四个维度或分项全面评估了中国上市公司五方面的治理水平。其中,中小投资者权益保护指数分解为知情权、决策与监督权、收益权和维权环境四个分项指数。四个分项指数均值无一达到 60 分;知情权分项指数均值最高;但对于中小投资者权益保护最具有实质意义的决策与监督权以及收益权两个分项指数的均值则很低,都未达到 40 分。董事会治理指数分解为董事会结构、独立董事独立性、董事会行为和董事激励与约束四个分项指数。四个分项指数均值无一达到 60 分,只是独立董事独立性分项指数均值接近 60 分,但其形式大于实质;董事会行为以及董事激励与约束两个分项指数均值都略超 50 分;董事会结构分项指数均值则刚刚超过 40 分。对于董事会治理来说,董事会行为以及董事激励与约束两个分项指数更具有实质性意义。企业家能力指数分解为人力资本、关系网络能力、社会责任能力和战略领导能力四个分项指数。四个分项指数中,只有社会责任能力分项指数均值略超 60 分,其他三项都在 28 分以下,这意味着 CEO 因不具有独立性而难以发挥最大潜能。财务治理指数分解为财权配置、财务控制、财务监督和财务激励四个分项指数。四个分项指数的均值差异较大。财务监督和财务控制两个分项指数均值都略超 70 分;财权配置分项指数均值略超40 分;财务激励分项指数则还不到 30 分。自愿性信息披露指数分解为治理结构、治理效率、利益相关者、风险控制四个分项指数。除了利益相关者分项指数超过 60 分外,其他三个分项指数的均值都在 43~47 分之间,都处于较低水平。

(5) 从所有制角度对中国上市公司中小投资者权益保护、董事会治理、企业家能力、财务治理、自愿性信息披露、高管薪酬等六方面的治理水平作了深入的比较分析。从均值上比较,在中小投资者权益保护指数、董事会治理指数、企业家能力指数、财务治理指数和自愿性信息披露指数上,都是非国有控股公司高于国有控股公司;除了在董事会治理指数上地方国有企业控股公司高于中央国有企业控股公司外,在其他四个指数上,都是中央企业控股公司高于地方国有企业控股公司。对于高管薪酬指数,非国有控股公司大大高于国有控股公司,中央企业控股公司高于地方国有企业控股公司;非国有控股公司薪酬激励适中和过度的比例都高于国有控股公司,而国有控股公司薪酬激励不足的比例远高于非国有控股公司,中央企业控股公司和地方国有企业控股公司在薪酬激励适中、过度和不足中的占比相差不大。需要注意的是,在比较高管薪酬指数时,没有考虑客观存在的政府赋予部分国有企业的垄断因素。

(6) 对中国上市公司中小投资者权益保护、董事会治理、企业家能力、财务治理、自愿性信息披露、高管薪酬等六方面的治理水平作了深入的年度比较分析。从均值上比较,对于中小投资者权益保护指数,2014~2016 年连续上升;对于董事会治理指数,2012~2015 年连续下降,2016 年略有回升;对于企业家能力指数,2011~2016 年连续下降,尤其是 2016 年下降明显;对于财务治理指数,2012~2016 年连续上升,但仍没有达到 2012 年的最高值;对于自愿性信息披露指数,2015 年比 2013 年有所下降,但 2016 年大幅上升 9.2301 分。高管薪酬从绝对值上比较,2012~2016 年均增长 46.97%,但 2016 年比 2015 年下降 19.95%;从薪酬指数看,2012~2016 年从 130.49 分上升到 359.66 分,2016 年比 2015 年提高 46.92 分;相比 2015 年,2016 年薪酬绝对值下降,薪酬指数却上升,反映了高管薪酬激励下降带来了更大幅度的公司业绩下降。

(7) 基于本报告六类公司治理指数大数据,从公司治理本质出发,并结合中国联通混改和乐视资金困局两个案例,提出了中国企业应立足于健全利益相关者制衡机制的政策建议。

(二) 本报告主要特色

本报告中的公司治理指数分为六类,六类公司治理指数既有共性也有各自的特色。

六类公司治理指数的共性特色表现在以下六个方面:

(1) 指标体系设计借鉴国际通行的公司治理规范。全球经济一体化是世界经济发展趋势,中国也有越来越多的企业走向海外,与全球市场融为一体。同时,各国公司治理尽管有自己的特点,但趋同的方面越来越多,发达国家长期以来形成的规范的公司治理,正逐渐演化为国际通行的治理规范,像《G20/OECD 公司治理准则》,正在世界许多国家得到重视和贯彻。在指标设计时引入国际通行的标准,有助于引导中国企业尽快融入国际体系,有助于中国企业的国际化。

(2) 指标评分标准清晰。评分标准模糊、难以分层是指标评分之大忌,是产生主观评价的主要根源。为此,在确定指标体系时,一方面力求指标标准清晰可辨;另一方面,对于容易产生主观判断的部分指标,制定近乎苛刻的分层标准。由于评分标准清晰,加之对数据录入人员进行严格的培训,尽管评价对象是全部 A 股上市公司,数据量庞大,但仍能保证数据的高准确度。

（3）全样本评价。本报告的评价对象是沪深两市 A 股全部上市公司,这与既有研究只是抽样评价形成明显区别。抽样评价得出的结果不能代表全部,尤其是其中的所谓"最佳"只能是抽样中的"最佳",而不是真正的"最佳",无法得到上市公司的普遍认同。更有甚者,个别评价依赖于部分专家的主观推荐,指标体系只是针对推荐出来的公司,这种评价无疑是极不严肃的。

（4）数据来源公开可得,评价具有连续性。指标数据全部可以从证监会、公司年报、公司网站等公开的权威渠道取得,避免通过问卷调查等主观性很强、不能连续、调查对象不稳定的渠道获取数据,从而使公司治理指数评价具有连续性,评价对象高度稳定,评价结果更加客观,可以长期跟踪分析。

（5）评价标准全公开,评价结果可验证。这是本报告的最大特色。11 年来,我们一直秉持这一做法,这种做法极具挑战性和风险性,因为标准全公开意味着每个公司和研究者都可以验证评价结果的准确性和客观性,从而容不得我们犯错误。该系列指数报告曾经是唯一全面公开评价标准的研究成果,现在已经产生示范效果,近年来也有其他相近研究公开其评价标准。

（6）避免模糊指标。在既有评价研究中,存在不少模糊指标。以董事会治理评价为例,有研究者把董事会规模、会议次数等纳入评价指标。其实,董事会规模多大、董事会会议次数多少才是最佳的,难以断定,从而无法给出公认的客观标准。没有公认的客观标准,就不能得出评价结果。像这类指标,只能说,它们对董事会治理有影响,但不是董事会治理本身。在本报告中,指标体系设计均按照既有法律法规,尤其是遵从国际规范,所有指标均有公认的标准,这保证了评价结果的客观性和可比性。

六类公司治理指数各自的特色表现在如下方面:

（1）对于中小投资者权益保护指数,指标体系分为权利行使和权利行使保障两个层面。前者包括决策与监督权以及收益权两个维度,后者包括知情权和维权环境两个维度;前者对中小投资者更具有实质意义,后者则要保障中小投资者权益得到落实。这种指标体系的设计,可以全面评价中小投资者权益保护的实际水平。

（2）对于董事会治理指数,要回归"董事会"。董事会治理是公司治理的重要组成部分,甚至是核心范畴,但不是全部。因此,本报告克服了既有研究中混沌不清的缺陷,把不属于董事会治理的指标予以剔除(如股东大会、股权结构、监事会等),基于董事会作为股东的代理人和经营者的监督者以及本身作为利益主体的角度来设计指标体系,从形式上和实质上全面评价董事会治理的水平。

（3）对于企业家能力指数,指标体系设计充分考虑企业家的潜在能力和现实能力。为了反映企业家能力的全貌,在指标设计上,不仅有反映企业家潜在能力信息的指标,如教育水平、工作年限、工作经历、选聘路径等,更有反映企业家实际能力信息的指标,如关系网络、社会责任、对企业的实际贡献等;不仅有反映企业家成功信息的指标,如被聘为独立董事、担任人大代表、实施企业国际化战略等,也有反映不成功信息的指标,如贷款诉讼(未按期偿还)、投资者低回报或无回报、被监管机构谴责等。在指标体系中,要能够体现企业家诚信经营、敢于创新和担当的品质和精神。

（4）对于财务治理指数,指标体系设计借鉴国际财务报告准则。在全球资本市场趋于一体化的情况下,采用国际财务报告准则,财务报告将具有透明度和可比性,从而可以大大降低公司的会计成本,提高公司运营绩效。因此,将国际财务报告准则部分引入财务治理指标体系,有助于加快企业财务治理的规范化程度,也有利于提升其国际化水平。

（5）对于自愿性信息披露指数,从投资者权益保护角度设计指标体系。信息披露的目的是吸引投资者关注和投资,投资者理性投资的前提也是充分、真实和及时的信息披露。无疑,投资者是上市公司所披露的信息的主要使用者,因此,自愿性信息披露评价指标体系的设计必须紧密围绕投资者,以投资者为核心,使投资者使用时具有很强的针对性。基于这种考虑,指标体系要全面但又不宜过多,要使投资者利用有限的知识了解他们所需要的全面信息。同时,指标体系要具有可连续的数据支持,可以使投资者进行连续的跟踪分析,以引导投资者立足于公司的长远发展,而不是仅仅满足于短期回报。本报告的四个维度指标体系就是基于以上原则而设计的。其中,治理结构维度反映代理人是否可能代表投资者,治理效率维度反映代理人是否实际代表投资者,利益相关者维度反映投资者是否得到尊重,风险控制维度反映投资者投资的实际结果。

（6）对于高管薪酬指数,基于绩效对高管薪酬进行客观评价。既有的高管薪酬研究大都基于高管薪酬绝对值,这种研究简单地把高薪酬等同于高激励,或者把低薪酬等同于低激励,其结果便是盲目攀比。而本报告的研究表明,考虑企业绩效因素后可以对高管的实际贡献作出客观评价,考虑到高管的实际贡献,则高薪酬未必是高激励,低薪酬也未必是低激励,这种评价有利于避免高管薪酬的攀比效应。

第1章

中国公司治理分类指数指标体系、计算方法和评价范围

如导论所述,公司治理涉及很多方面,如投资者权益保护、董事会治理、企业家能力、财务治理、信息披露、高管薪酬、社会责任、政府监管等诸多方面,本报告基于已经相对成熟的、连续出版的"中国公司治理分类指数报告系列",只包括其中的中小投资者权益保护、董事会治理、企业家能力、财务治理、自愿性信息披露、高管薪酬六个方面。

1.1 中国公司治理分类指数研究的两个关键问题

与已经出版的6类15部指数报告一样,本报告采取的方法是"指数"形式。在指数研究中,有两大关键问题,分别是指数涉及的指标体系选择和指标权重设计,这两个方面构成了指数研究的核心内容。

在指标体系上,考虑到公司治理是一个国际话题,以及全球经济一体化的发展,本报告各类指数在制定指标体系上,既参照国际先进的公司治理规范,包括国际组织的公司治理准则和市场经济发达国家的公司治理准则,也借鉴国内外已有的公司治理评价研究结果,同时也考虑国内既有的相关法律法规。如此确定的指标体系和评价结果接近国际标准,高于国内既有法律和政策规定,是对各类公司治理水平的真实反映。本报告基本沿用已出版的6类15部公司治理指数报告的评价体系,并根据国际国内公司治理变化趋势对个别指标作了微调。

在指标权重设计上,目前常见的方法主要有专家打分法、因子分析法、层次分析法等方法。就技术层面而言,这些方法各有优劣,并没有一种公认的合理方法。具体而言,专家打分法是一种主观定权方法,其优势在于简单实用,容易构造指标权重,但是其不足在于这种方法主观性太强,对专家经验的依赖程度很高;因子分析法是一种客观定权方法,其优势在于较为客观,通过提取主要因子的方法即可完成权重设计,但其劣势在于随着时间的推移和数据的变化,各指标权重将会发生变化,这将导致指数结果在年度之间不可比较,从而给跨年度分析带来困扰,而跨年度比较是本报告系列指数的一个重要内容;层次分析法是一种主观和客观相结合的方法,其优势在于将定性分析和定量分析相结合,用决策者的经验来判断

和衡量目标能否实现的标准之间的相对重要程度,并给出每个决策方案的标准权重,它不仅适用于存在不确定性和主观信息的情况,还允许以合乎逻辑的方式运用经验、洞察力和直觉,由于其具有主观打分和客观定权相结合的特点,其劣势就在于同样会受到这两种因素的影响,同时其操作也相对复杂。

从近年来指数研究的情况来看,以算术平均值作为指标权重(即等权重)的处理方法得到了越来越多的青睐。例如,樊纲等(2011)在其得到广泛引用的《中国市场化指数》设计中,就使用算术平均值处理方法来替代以往使用的层次分析法,并且他们的稳健性分析表明,采用算术平均值处理方法得到的结果与其他方法是非常接近的,这说明算术平均值处理方法是可行的,特别是在评价指标较多的情况下更是如此。其他类似的研究还包括美国传统基金会(The Heritage Foundation)和加拿大弗雷泽研究所(The Fraser Institute)的"经济自由度测度",以及香港中文大学的"亚洲银行竞争力测度"等项目。

本报告在指标权重选择方法上,对中小投资者权益保护、董事会治理、财务治理、自愿性信息披露四类指数,均采用目前国际通行的等权重方法。但企业家能力则采用了层次分析法(AHP)。这主要是因为企业家能力指数的四个维度具有明显的重要性区分。具体方法将在以下各节中说明。

1.2　中小投资者权益保护指数指标体系及计算方法

1.2.1　中小投资者权益保护指数指标体系

本报告基于国际规范的中小投资者权益保护规范,同时考虑中国中小投资者的立法和执法状况,从知情权、决策与监督权、收益权和维权环境四个维度来计算中小投资者权益保护指数,据此来评价上市公司的中小投资者权益保护质量,具体包括 4 个一级指标(维度),37 个二级指标。其中,衡量知情权的指标包括 10 个二级指标;衡量决策与监督权的指标包括 11 个二级指标;衡量收益权的指标包括 7 个二级指标;衡量维权环境的指标包括 9 个二级指标(见表 1-1)。

表 1-1　中小投资者权益保护指数指标体系

一级指标	二　级　指　标	评　价　标　准
知情权 (MIK)	1. 是否按时披露公司定期报告	包括一季度报、半年报、三季度报和年报,每项分值 0.25 分
	2. 年报预披露时间与实际披露时间是否一致	A. 基本一致(延后在 10 天之内,包括提前,1 分); B. 差距较大(延后在 10～30 天,0.5 分); C. 差距很大(延后在 30 天以上,0 分)
	3. 预告业绩与实际业绩是否一致	A. 实际的数据落入预测区间(1 分); B. 没有落入预测区间(0 分)

续　表

一级指标	二 级 指 标	评 价 标 准
知情权 (MIK)	4. 公司是否因违规而被证监会、证交所等部门公开批评、谴责或行政处罚	A. 是(−1分);B. 否(0分)
	5. 外部审计是否出具标准无保留意见	A. 是(1分);B. 否(0分)
	6. 上市公司是否开通微信/微博/网站/投资者咨询电话或在线互动平台	重点关注网站、微博、微信和投资者咨询电话或在线互动平台四项,每一项分值 0.25 分
	7. 分析师关注度	用会计年度内分析师发布研究报告的次数衡量,标准化处理为0~1区间数值
	8. 是否详细披露独立董事过去三年的任职经历	A. 详细披露(1分); B. 笼统披露(0.5分); C. 未披露(0分)
	9. 媒体关注度	用会计年度内主要财经媒体*报道次数衡量,标准化处理为0~1区间数值
	10. 是否披露可预见的财务风险因素	A. 是(1分);B. 否(0分)
决策与监督权 (MIE)	11. 是否采用网络投票制	A. 是(1分);B. 否(0分)
	12. 是否实行累积投票制	A. 是(1分);B. 否(0分)
	13. 是否采用中小投资者表决单独计票	A. 是(1分);B. 否(0分)
	14. 独立董事比例	A. 独立董事比例≥2/3(1分); B. 1/2≤独立董事比例<2/3(0.7分); C. 1/3≤独立董事比例<1/2(0.35分); D. 独立董事比例<1/3(0分)
	15. 有无单独或者合计持有公司10%以上股份的股东提出召开临时股东大会	A. 是(1分);B. 否(0分)
	16. 独立董事是否担任本公司董事长	A. 是(1分);B. 否(0分)
	17. 有无单独或者合并持有公司3%以上股份的股东提出议案	A. 是(1分);B. 否(0分)
	18. 三个委员会是否设立(审计、提名、薪酬)	A. 0个(0分); B. 1个(0.35分); C. 2个(0.7分); D. 3个(1分)
	19. 审计委员会主席是否由独立董事担任	A. 是(1分);B. 否(0分);C. 未披露(0分)
	20. 独立董事的董事会实际出席率	公司所有独立董事实际出席董事会次数的总和/公司所有独立董事应出席董事会次数的总和
	21. 董事长是否来自大股东单位	A. 是(0分);B. 否(1分)
收益权 (MIR)	22. 个股收益率是否大于或等于市场收益率	A. 是(1分);B. 否(0分)

续 表

一级指标	二级指标	评价标准
收益权 (MIR)	23. 现金分红	现金分红占净利润的比例(过去三年平均值),标准化处理为0~1区间数值
	24. 股票股利	股票股利情况,标准化处理为0~1区间数值
	25. 财务绩效	取ROA(资产收益率),标准化处理为0~1区间数值
	26. 增长率	取营业收入增长率,标准化处理为0~1区间数值
	27. 是否ST	A. 是(—1分);B. 否(0分)
	28. 是否有中小股东收益权的制度安排(分红权)	A. 是(1分);B. 否(0分)
维权环境 (MII)	29. 股东诉讼及赔偿情况	A. 有股东诉讼且有赔偿(0分); B. 有股东诉讼无赔偿(0.5分); C. 无股东诉讼(1分)
	30. 控股股东(实际控制人)是否因直接或者间接转移、侵占上市公司资产受到监管机构查处	A. 是(—1分);B. 否(0分)
	31. 是否建立违规风险准备金制度	A. 是(1分);B. 否(0分)
	32. 投资者关系建设情况	A. 关于投资者关系建设没有任何说明或者笼统说明(0分); B. 只说明有《投资者关系管理制度》,但没有具体内容(0.5分); C. 详细披露投资者关系沟通细节或接待措施(1分)
	33. 董事会或股东大会是否定期评估内部控制	A. 有《报告》且有出处或全文(1分); B. 有《报告》但无出处或全文(0.5分); C. 没有《报告》(0分)
	34. 各专门委员会是否在内部控制中发挥作用	A. 是(1分);B. 否(0分)
	35. 是否披露存在重大内部控制缺陷	A. 重大缺陷(—1分); B. 重要缺陷(—0.7分); C. 一般缺陷(—0.35分); D. 无缺陷(0分)
	36. 风险控制委员会设置情况如何	A. 设置且独董比例不低于2/3(1分); B. 设置但独董比例低于2/3(0.5分); C. 未设置(0分)
	37. 是否存在股价异动	A. 是(—1分);B. 否(0分)

注: * 主要财经媒体包括中国证券报、证券时报、上海证券报、证券日报、中国改革报、金融时报、证券市场周刊,入选标准为中国证监会指定信息披露媒体。

对于中小投资者权益保护指数指标体系,简要解释如下:

(1) 知情权维度

知情权维度包括 10 个二级指标,主要考察中小投资者对于公司经营决策关键信息的知情权。其中,指标 1、2 和 3 从定期报告角度,评价中小投资者对公司经营定期报告知情权的掌握情况;指标 4 和 5 是从外部监管和审计角度,评价中小投资者对重大监管和审计事项知情权的掌握情况;指标 6 至 10 则是从中小投资者参与决策所需要的其他重要信息来评价中小投资者的知情权。

(2) 决策与监督权维度

决策与监督权维度包括 11 个二级指标,主要考察中小投资者行使权利和监督代理人的情况。其中,指标 11、12 和 13 从直接角度评价中小投资者行使权利和监督代理人情况;指标 14 至 21 从间接角度评价中小投资者行使权利和监督代理人情况。

(3) 收益权维度

收益权维度包括 7 个二级指标,主要考察上市公司为中小投资者提供的投资回报情况,是中小投资者权益保护的目标。其中,指标 22、23 和 24 从直接收益角度评价上市公司中小投资者回报情况;指标 25 至 28 从间接收益和制度角度评价上市公司中小投资者回报情况。

(4) 维权环境维度

维权环境维度包括 9 个二级指标,主要考察中小投资者权益维护方面的制度建设情况。其中,指标 29 和 30 主要是从行政司法角度反映中小投资者的权益维护;指标 31 至 36 主要是从内部治理角度反映中小投资者的权益维护;指标 37 则是从股价波动角度反映中小投资者的权益维护。

1.2.2　中小投资者权益保护指数计算方法

首先要考虑计分方法。按计分方法分类,中小投资者权益保护指数指标体系中的 37 个二级指标可以分为三类:一是 0/1(或 −1/0)变量,使用该种计分方法的二级指标有 19 个,包括指标 3、4、5、10、11、12、13、15、16、17、19、21、22、27、28、30、31、34 和 37;二是程度变量,按照某个指标的质量高低对指标进行分层,使用该种计分方法的二级指标有 11 个,包括指标 1、2、6、8、14、18、29、32、33、35 和 36。第三类是连续变量,有的比例指标数据本身就是连续数据,在[0,1]区间,可以直接采用原始数据,这类指标有 1 个,即指标 20;有的指标数据尽管是连续数据,但超越[0,1]区间,通过标准化[①]折算到[0,1]区间,这类指标有 6 个,包括指标 7、9、23、24、25、26。

接着要考虑权重的确定。我们认为,本报告所选择的中小投资者权益保护指数的四个维度(一级指标)和 37 个指标(二级指标)并无孰轻孰重的区分,因此,为了避免主观性偏差,在计算中小投资者权益保护指数时,不论是四个维度还是每个维度内的单个指标,都采用算术平均值(等权重)处理方法来设定指标权重,即首先针对某个一级指标内的所有二级指标

---

① 标准化的方法为:标准化数值＝(指标得分−样本最小值)/(样本最大值−样本最小值)。

进行等权重计算,然后对四个一级指标进行等权重计算,以此得出中小投资者权益保护指数。具体计算方法如下:

(1) 二级指标赋值:根据表 1-1 对每个二级指标 $I_i(i=1, 2, \cdots, 37)$ 进行打分和计算,使每个二级指标的取值均位于 0~1 的数值区间。

(2) 计算四个分项指数:对隶属于同一个一级指标的二级指标的得分进行简单平均,并转化为百分制,得到四个一级指标得分,即中小投资者知情权分项指数、中小投资者决策与监督权分项指数、中小投资者收益权分项指数和中小投资者维权环境分项指数。具体计算公式如下:

$$MIK = \frac{1}{10}(\sum_{i=1}^{10} I_i + 1) \times 100$$

$$MIE = \frac{1}{11}\sum_{i=11}^{21} I_i \times 100$$

$$MIR = \frac{1}{7}(\sum_{i=22}^{28} I_i + 1) \times 100$$

$$MII = \frac{1}{9}(\sum_{i=29}^{37} I_i + 3) \times 100$$

其中,MIK、MIE、MIR 和 MII 分别代表知情权分项指数、决策与监督权分项指数、收益权分项指数和维权环境分项指数。

需要特别说明的是,由于知情权分项指数、收益权分项指数和维权环境分项指数中有几个二级指标(指标 4、27、30、35、37)有部分负分取值,为了保证所有四个一级指标(维度)都位于[0, 100]区间,在对每个一级指标(维度)进行分项指数计算时,对负值进行简单调整,即对负分指标加上一个相应的正值,从而使每个分项指数落在[0, 100]区间,具体就是对涉及的一级指标 MIK、MIR 和 MII,分别加上正值1、1、3。

但是,这种方法对于获得负分(即应处罚或谴责)的企业,无异于是一种"奖励"。因此,为保证真实性和客观性,在相应的分项指数计算出来后,需要对这些企业扣减与负分相对应的分值。对于每个负分项,扣减的分值是:$\frac{1}{n} \times 100$,式中,n 是负分项所在分项指数所包含的指标数。

具体而言,在知情权分项指数(MIK)中,有 10 个指标,其中有 1 个负分指标(二级指标4),对得负分的企业,需要在该分项指数中扣减 $\frac{1}{10} \times 100$ 分。在收益权(MIR)中,有 7 个指标,其中有 1 个负分指标(二级指标27),需要在该分项指数中扣减 $\frac{1}{7} \times 100$ 分。在维权环境(MII)中,有 9 个指标,其中有 3 个负分指标(二级指标30、35 和37),对于得—1分的企业,均扣减 $\frac{1}{9} \times 100$ 分。需要注意的是,指标 35 是程度指标,企业有—1、—0.7、—0.35 和 0 四个不同得分,对于得分－0.7 的企业,扣减 $\frac{0.7}{9} \times 100$ 分;对于得分－0.35 的企业,则扣减 $\frac{0.35}{9} \times 100$ 分。如果扣减后分项指数出现负分情况,则该分项指数最低为 0 分。

这种扣减分方法在本年度开始采用,为了使不同年度具有可比性,对之前年度的中小投资者权益保护指数数据库也进行了同样的调整。

(3) 计算总指数:将根据二级指标计算得到的一级指标加总并进行简单平均,便得到了中国上市公司中小投资者权益保护指数,其计算公式为:

$$CCMII^{BNU} = \frac{1}{4}(MIK + MIE + MIR + MII)$$

公式中,$CCMII^{BNU}$ 代表中国上市公司中小投资者权益保护指数("北京师范大学中小投资者权益保护指数")。

1.3　董事会治理指数指标体系及计算方法

1.3.1　董事会治理指数指标体系

本报告以董事会治理质量评价为核心,以《上市公司治理准则》为基准,综合考虑《公司法》、《证券法》、《关于在上市公司建立独立董事制度的指导意见》等国内有关上市公司董事会治理的法律法规,以及《G20/OECD 公司治理准则(2015)》和标准普尔公司治理评级系统等国际组织和机构有关公司治理的准则指引,借鉴国内外已有的董事会评价指标体系,从董事会结构、独立董事独立性、董事会行为和董事激励与约束四个维度对董事会治理质量通过指数形式作出评价。其中董事会结构维度包括 11 个二级指标,独立董事独立性维度包括 10 个二级指标,董事会行为维度包括 7 个二级指标,董事会激励与约束维度包括 9 个二级指标,参见表 1－2。

表 1－2　董事会治理指数指标体系

一级指标	二　级　指　标	评　价　标　准
董事会结构（BS）	1. 外部董事比例	A. 独立董事比例≥2/3(1分); B. 独立董事比例<2/3,外部董事比例≥2/3(0.7分); C. 1/2≤外部董事比例<2/3(0.35分); D. 外部董事比例<1/2(0分)
	2. 有无外部非独立董事	A. 有(1分);B. 无(0分)
	3. 两职分离	A. 是(1分);B. 否(0分)
	4. 董事长是否来自大股东单位	A. 是(0分);B. 否(1分)

一级指标	二　级　指　标	评　价　标　准
董事会结构（BS）	5. 有无小股东代表（是否实行累积投票制）	A. 是(1分)；B. 否(0分)
	6. 有无职工董事	A. 有(1分)；B. 无(0分)
	7. 董事学历	A. 高中及以下或未披露(0分)； B. 专科(0.35分)； C. 本科(0.7分)； D. MBA(1分)； E. EMBA(1分)； F. 其他类型硕士(1分)； G. 博士(1分)
	8. 年龄超过 60 岁（包括 60 岁）的董事比例	A. 比例≥1/3(0分)；B. 比例<1/3(1分)
	9. 审计委员会设置情况	A. 设置且独立董事比例为100%(1分)； B. 设置但独立董事比例低于100%或未披露独董比例(0.5分)； C. 未设置或未披露(0分)
	10. 薪酬委员会设置情况	A. 设置且独立董事比例不低于50%(1分)； B. 设置且独立董事比例低于50%或未披露独董比例(0.5分)； C. 未设置或未披露(0分)
	11. 提名委员会设置情况	A. 设置且独立董事比例不低于50%(1分)； B. 设置且独立董事比例低于50%或未披露独董比例(0.5分)； C. 未设置或未披露(0分)
独立董事独立性（BI）	12. 审计委员会主席是否由独立董事担任	A. 是(1分)；B. 否或未披露(0分)
	13. 独立董事中有无财务专家	A. 有(1分)；B. 无或未披露(0分)
	14. 独立董事中有无法律专家	A. 有(1分)；B. 无或未披露(0分)
	15. 独立董事中有无其他企业高管	A. 有(1分)；B. 无或未披露(0分)
	16. 独立董事中是否有人曾就职于政府部门或人大政协（人大、政协可以是现任）	A. 是(0分)；B. 否或未披露(1分)
	17. 独立董事是否担任本公司董事长	A. 是(1分)；B. 否(0分)
	18. 在多家公司担任独立董事情况（包括本公司）	A. 只有 1 家(1分)； B. 2~3 家(0.5分)； C. 4 家及以上(0分)

续　表

一级指标	二级指标	评价标准
独立董事独立性（BI）	19. 独立董事董事会实际出席率	公司所有独立董事实际出席董事会次数的总和/公司所有独立董事应出席董事会次数的总和
	20. 独立董事津贴是否超过10万元（税前，不包括10万）	A. 是（0分）；B. 否（1分）
	21. 是否详细披露独立董事过去三年的任职经历	A. 详细披露（1分）； B. 笼统披露（0.5分）； C. 未披露（0分）
董事会行为（BB）	22. 内部董事与外部董事是否有明确的沟通制度	A. 是（1分）；B. 否（0分）
	23. 投资者关系建设情况	A. 关于投资者关系建设没有任何说明（0分）； B. 只说明有《投资者关系管理制度》，但没有具体内容（0.5分）； C. 详细披露投资者关系沟通细节或接待措施（1分）
	24. 是否存在董事会提交的决议事项或草案被股东大会撤销或者否决的情况	A. 是（0分）；B. 否（1分）
	25. 《董事会议事规则》的说明	A. 未披露任何信息（0分）； B. 只作一般性说明（0.5分）； C. 详细介绍议事规则（1分）
	26. 财务控制	作者同期"财务治理指数"中"财务控制分项指数（FC）"[①]得分转化为[0，1]的得分区间，即FC/100
	27. 董事会是否有明确的高管考评和激励制度	A. 是（1分）；B. 否（0分）
	28. 股东大会（包括临时股东大会）股东出席率	A. 不披露（0分）； B. 不完全披露（0.5分）； C. 完全披露（1分）
董事激励与约束（BIR）	29. 执行董事薪酬是否与其业绩相吻合	根据作者同期"高管薪酬指数"[②]中"激励区间"进行判断，如激励适中，则得1分；过度或不足，则得0分
	30. 股东诉讼及赔偿情况	A. 有股东诉讼且有赔偿（0分）； B. 有股东诉讼但无赔偿（0.5分）； C. 无股东诉讼（1分）
	31. 董事会成员是否遭到监管机构处罚或谴责	A. 是（−1分）；B. 否（0分）
	32. 是否有明确的董事考核或薪酬制度	A. 是（1分）；B. 否（0分）
	33. 是否公布董事考评/考核结果	A. 是（1分）；B. 否（0分）

续 表

一级指标	二 级 指 标	评 价 标 准
董事激励与约束（BIR）	34. 是否披露董事薪酬情况	A. 逐一披露(1分)； B. 笼统披露(0.5分)； C. 无披露(0分)
	35. 是否有董事会会议记录或者董事会备忘录	A. 是(1分)；B. 否(0分)
	36. 是否有董事行为准则相关的规章制度	A. 是(1分)；B. 否(0分)
	37. 独立董事是否明确保证年报内容的真实性、准确性和完整性或不存在异议	A. 是(1分)；B. 否(0分)

注：① 作者同期完成的"中国上市公司财务治理指数"从财权配置、财务控制、财务监督和财务激励四个方面来评价上市公司财务治理水平，其中财务控制包括 8 个二级指标，主要考察企业的财务权力执行过程，包括企业是否有一个健全的内部控制体系和风险控制体系等。② 作者同期完成的"中国上市公司高管薪酬指数"以调整后的高管薪酬与营业收入的比值作为高管薪酬合理性评价标准，并按照四分之一分位数法将所有上市公司分为激励不足、激励适中和激励过度三类。由于执行董事均为公司高管，高管薪酬与执行董事薪酬基本上是等价的。

对于董事会治理指数指标体系，简要解释如下：

（1）董事会结构维度

董事会结构维度衡量董事会成员构成和机构设置情况，侧重从形式上评价董事会结构的有效性，包括编号 1～11 的 11 个二级指标。其中指标 1 和 2 衡量董事会成员构成中独立董事和外部董事情况。指标 3 和 4 衡量董事长的独立性。指标 5 和 6 衡量董事会中有无小股东和职工等利益相关者代表。由于很多公司没有明确说明哪位董事是小股东代表，而累积投票制是反映小股东参与治理的重要指标，因此，可以用指标"是否实行累积投票制"来代替指标"有无小股东代表"。指标 7 和 8 衡量董事成员的学历和年龄构成。指标 9～11 衡量董事会下设专门委员会情况，在专门委员会中，审计、薪酬和提名三个委员会是最为重要的。

（2）独立董事独立性维度

独立董事独立性维度衡量独立董事专业素质和履职情况，主要从形式上来评价独立董事的独立性，包括指标编号 12～21 的 10 个二级指标。指标 12"审计委员会主席是否由独立董事担任"之所以单独提出来，是因为审计委员会的设置主要是为了提高公司财务信息的可靠性和诚信度，提高审计师的独立性，防范舞弊或其他违规和错误等。对于审计委员会来说，它的独立性可以说是确保审计委员会有效性的前提，审计委员会的主席由独立董事来担任相对另外两个委员会来说要更重要。指标 13～16 反映独立董事的背景及来源。指标 17 反映独立董事作用的发挥和董事长参与决策和监督的独立性。指标 18 反映独立董事的时间、精力投入程度，同时在多家公司担任独立董事可能会限制独立董事时间和精力的安排。指标 19 是反映独立董事履职情况的非常重要的指标。指标 20 从报酬上反映独立董事独立于公司的情况。独立董事要保证其独立性，就不应该以从公司领取报酬为目的，津贴只是对独立董事履职的一种象征性鼓励,与公司规模或利润无关。10万元津贴标准的制定是参考了纽约证券交易所10万美元的相关规定。指标21反映董事会对独立董事任职情况的披露是否详细,以使股东尤其是中小股东能够判断独立董事是否满足独立性的基本要求。

（3）董事会行为维度

董事会行为维度侧重从实质上来衡量董事会的实际履职情况,主要是相关制度的建立及其执行情况,包括编号22～28的7个二级指标。其中指标22反映外部董事信息获取及其与内部董事沟通制度的建设情况。指标23反映董事会作为投资人的代理人对投资者关系的重视和维护情况。指标24反映董事会的决策质量和违反股东意志情况。指标25衡量董事会运作的规范性。《上市公司治理准则》对此有明确规定,其中第四十四条明确指出"上市公司应在公司章程中规定规范的董事会议事规则,确保董事会高效运作和科学决策"。指标26反映董事会对公司内部控制和风险控制的监督和执行情况。《G20/OECD公司治理指引》（2015）对此给予特别强调,该《指引》指出：董事会应"确保公司会计和财务财告系统（包括独立审计）的完整性,并确保适当的管理控制系统到位,特别是风险管理系统、财务和经营控制系统,以及合规系统"。指标27反映董事会关于高管考评制度的建立情况,因为对高管的考评是董事会的重要职能。指标28反映董事会作为股东大会的召集人,对股东大会召开效果的披露情况。

（4）董事激励与约束维度

董事激励与约束维度衡量董事激励和约束制度的建立和执行情况,主要从实质上评价董事激励与约束机制,尤其是约束机制的有效性,包括编号29～37的9个二级指标。其中指标29考察执行董事薪酬激励的合理性。执行董事是公司经营者,经营者的薪酬必须与其贡献相对应,对此,标准普尔公司治理评价系统中有明确说明,即薪酬应该与绩效匹配（Performance Based Pay）。指标30考察董事会对股东是否尽到了受托责任,其中赔偿情况反映董事会对股东利益诉求的反馈是否到位。指标31是通过考察外部监管机构的介入来反映董事会的履职是否合规。指标32、33和34考察董事薪酬制度的建立和执行情况。《G20/OECD公司治理准则》（2015）、《标准普尔公司治理评价系统》,以及中国的《上市公司治理准则》对于董事薪酬制度都有相关规定。中国《上市公司治理准则》第72条规定："董事会、监事会应当向股东大会报告董事、监事履行职责的情况、绩效评价结果及其薪酬情况,并予以披露。"指标35考察董事会的履职程序是否完备。董事会会议记录或董事会备忘录一旦经董事会通过,便对董事具有法律约束力。中国《上市公司治理准则》第47条规定："董事会会议记录应完整、真实,董事会秘书对会议所议事项要认真组织记录和整理,出席会议的董事、董事会秘书和记录人应在会议记录上签名,董事会会议记录应作为公司重要档案妥善保存,以作为日后明确董事责任的重要依据。"指标36考察董事行为准则等制度的完备和执行。《G20/OECD公司治理准则》（2015）中指出："董事会应当适用严格的职业道德标准,应当考虑利益相关者的利益。"指标37考察独立董事对董事会的约束作用。《G20/OECD公司治理准则》（2015）明确指出："董事会应当对公司风险管理系统的监督以及确保报告系统的完整性承担最终责任。"该指标对独立董事自身（涉及明晰责任问题）和董事会整体均具有约束作用。

1.3.2　董事会治理指数计算方法

首先是计分方法。董事会治理指数指标体系中的 37 个二级指标,按赋值方法可以分为三类。第一类是 0/1(或−1/0)变量,使用该种赋值方法的指标有 23 个,包括指标 2、3、4、5、6、8、12、13、14、15、16、17、20、22、24、27、29、31、32、33、35、36、37,这类指标以董事会治理有效性作为判断依据,有利于董事会治理有效性得 1 分,否则 0 分,例如指标"3. 两职合一",董事长和总经理两职合一不利于董事长独立性的发挥,本指标如果选"是"则赋值 0 分,否则赋值 1 分。指标"31. 董事会成员是否遭到监管机构处罚或谴责"原来是 0/1 指标,本年度修改为−1/0 指标,即惩罚性指标,如果受到处罚或谴责,则赋值−1 分,否则赋值 0 分。需要说明的是,有些指标,如"审计委员会主席是否由独立董事担任",对于董事会的独立性非常重要,应该向其代理人(即全体股东)披露,对于不披露者,赋予 0 分,以促使公司向全体股东披露这些信息。第二类是程度变量,按照某个指标的质量高低对指标分层赋值,使用该种赋值方法的指标有 12 个,包括指标 1、7、9、10、11、18、21、23、25、28、30、34。其中,指标 9、10、11、25、28 在 2013 年和 2015 年两次评估时为 0/1 变量,2016 年起改为程度变量,以使评价更加严谨。第三类是连续变量,有 2 个指标,即指标 19 和 26,取值在[0,1]区间内。

然后是权重确定。我们认为,本报告所选择的董事会治理指数的四个维度(一级指标)和 37 个指标(二级指标)并无孰轻孰重的区分,因此,为了避免主观性偏差,在计算董事会治理指数时,不论是四个维度还是每个维度内的单个指标,都采用算术平均值(等权重)处理方法来设定指标权重,即首先针对某个一级指标内的所有二级指标进行等权重计算,然后对所有一级指标进行等权重计算,以此得出董事会治理指数。具体计算方法如下:

(1) 二级指标赋值:根据赋值标准对每个上市公司的二级指标 $B_i(i=1,2,\cdots,37)$ 进行打分和计算,使每个二级指标的取值均位于 0~1 的数值区间。其中指标 B_{26} "财务控制"调用作者同期"财务治理指数"中"财务控制分项指数(FC)"得分,指标 B_{29} "执行董事薪酬是否与其业绩相吻合"调用作者同期"高管薪酬指数"中"激励区间"数据。

(2) 计算四个分项指数:对隶属于同一个一级指标的二级指标的得分进行简单平均,并转化为百分制,得到四个一级指标得分,即董事会结构分项指数、独立董事独立性分项指数、董事会行为分项指数和董事激励与约束分项指数。具体计算公式如下:

$$BS = \frac{1}{11}\sum_{i=1}^{11}B_i \times 100$$

$$BI = \frac{1}{10}\sum_{i=12}^{21}B_i \times 100$$

$$BB = \frac{1}{7}\sum_{i=22}^{28}B_i \times 100$$

$$BIR = \frac{1}{9}\left(\sum_{i=29}^{37}B_i + 1\right) \times 100$$

其中,BS、BI、BB 和 BIR 分别代表董事会结构分项指数、独立董事独立性分项指数、董事会行为分项指数、董事激励与约束分项指数。

需要特别说明的是,在董事激励与约束分项指数中,指标 31"董事会成员是否遭到监管机构处罚或谴责"是负分取值,为保证该分项指数与其他三个分项指数一样都位于$[0, 100]$区间,对负值进行简单调整,即对该负分指标加上一个相应的正值 1。

但是,这种方法对于获得负分(即应处罚或谴责)的企业,无异于是一种"奖励"。因此,为保证真实性和客观性,在董事激励与约束分项指数计算出来后,需要对这些企业扣减与负分相对应的分值$\frac{1}{9} \times 100$,式中 9 是董事激励与约束分项指数的指标数。如果扣减后该分项指数出现负分情况,则该分项指数最低为 0 分。

这种扣减分方法在本年度开始采用,为了使不同年度具有可比性,对之前年度的董事会治理指数数据库也进行了同样的调整。

(3) 计算总指数:四个一级指标(董事会结构、独立董事独立性、董事会行为、董事激励与约束)的得分简单平均,得到中国上市公司董事会治理指数。

$$CCBI^{BNU} = \frac{1}{4}(BS + BI + BB + BIR)$$

上面公式中,$CCBI^{BNU}$ 代表中国上市公司董事会治理指数("北京师范大学董事会治理指数")。

1.4　企业家能力指数指标体系及计算方法

1.4.1　企业家能力指数指标体系

企业家能力并不是孤立的单一能力,而是多种能力的集合,即企业家能力是一种能力束。第一,企业家的人力资本是企业家能力的基础,可以通过其受教育程度、相关工作经验、在位工作时间等来测量。第二,企业家的战略领导能力对企业发展具有关键作用,尤其是在当今企业内外部环境瞬息万变的时代,企业家是否具有战略领导能力成为企业能否获得持续发展的决定性因素。第三,关系网络能力也是企业家能力的一个重要方面。人们常常发现,一家企业的成败往往与企业家是否拥有广泛的社会交往和联系紧密相关。国外许多研究发现,公司高管的社会背景作为公司的一个特征,如同公司的股权结构、多元化经营一样,会对公司价值产生影响。第四,企业家的社会责任能力是企业作为社会细胞对社会的贡献能力。企业发展史不断警示人们,企业想要实现可持续发展,应着眼于企业社会责任的建设,其中不仅包括对股东的经济责任,还包括对企业其他利益相关者的社会责任。

基于此,本报告从企业家的人力资本、关系网络能力、社会责任能力和战略领导能力四个方面来计算企业家能力指数,据此来评价上市公司的企业家能力,具体包括四个一级指标 (维度)和31个二级指标。其中,人力资本维度包括7个二级指标,关系网络能力维度包括 9个二级指标,社会责任能力维度包括8个二级指标,战略领导能力维度包括7个二级指标 (参见表1-3)。

表1-3 企业家能力指数指标体系

一级指标	二级指标	评价标准
人力资本 (EH)	1. 企业家(CEO)的最高学历	A. 高中及以下或未披露(0分); B. 专科(0.35分); C. 本科(0.7分); D. MBA(1分); E. EMBA(1分); F. 其他类型硕士(1分); G. 博士(1分)
	2. 企业家工作年限	A. 0~10年(0分); B. 10~20年(0.35分); C. 20~30年(0.7分); D. 30年及以上(1分)
	3. 企业家工作经历的变更	A. 0家(0分); B. 1~2家(0.5分); C. 3家及以上(1分)
	4. 是否担任其他公司的独立董事	A. 是(1分);B. 否(0分)
	5. 是否有海外留学经历(半年以上)	A. 是(1分);B. 否(0分)
	6. 是否有海外工作经历(半年以上)	A. 是(1分);B. 否(0分)
	7. CEO的选聘路径	A. 外部选聘(1分); B. 内部提拔(0分); C. 未披露(0分)
关系网络能力 (EN)	8. 政府官员是否到企业访问	A. 省部级及以上(1分); B. 地市级及以下(0.5分); C. 否(0分)
	9. CEO是否陪同政府官员出国访问	A. 省部级及以上(1分); B. 地市级及以下(0.5分); C. 否(0分)
	10. 是否担任党代表	A. 全国(1分); B. 省(0.7分); C. 地市级及以下(0.35分); D. 否(0分)
	11. 是否担任人大代表	A. 全国(1分); B. 省(0.7分); C. 地市级及以下(0.35分); D. 否(0分)

一级指标	二 级 指 标	评 价 标 准
关系网络能力（EN）	12. 是否担任政协委员	A. 全国(1分)； B. 省(0.7分)； C. 地市级及以下(0.35分)； D. 否(0分)
	13. 是否在军队任过职	A. 是(1分)；B. 否(0分)
	14. CEO 任职期间是否获得相关荣誉称号	A. 全国(1分)； B. 省(0.7分)； C. 地市级及以下(0.35分)； D. 否(0分)
	15. 是否在行业协会任职	A. 全国(1分)； B. 省(0.7分)； C. 地市级及以下(0.35分)； D. 否(0分)
	16. 是否曾经在政府部门任职	A. 中央(1分)； B. 省部级(0.7分)； C. 地市级及以下(0.35分)； D. 没有(0分)
社会责任能力（ER）	17. 企业是否在 2016 年度捐赠慈善事业	A. 是(1分)；B. 否(0分)
	18. 是否在非营利组织兼职(如担任理事等)	A. 是(1分)；B. 否(0分)
	19. 2016 年度 CEO 个人是否被证监会谴责	A. 是(−1分)；B. 否(0分)
	20. 有没有产品质量或安全等问题的重大投诉事件	A. 是(−1分)；B. 否(0分)
	21. 员工收入增长率是否不低于公司利润增长率	A. 是(1分)；B. 否(0分)
	22. 现金分红	标准化
	23. 是否有贷款诉讼	A. 是(−1分)；B. 否(0分)
	24. 股东诉讼及赔偿情况	A. 有股东诉讼且有赔偿(0分)； B. 有股东诉讼无赔偿(0.5分)； C. 无股东诉讼(1分)
战略领导能力（ES）	25. 高管贡献	标准化
	26. 国际化程度	海外收入/总收入，标准化
	27. 企业员工数	标准化
	28. 企业总资产	标准化
	29. 企业在行业中的地位	按行业(18 个)标准化
	30. 企业有无完整的 ERP 系统	A. 有(1分)；B. 无(0分)
	31. 企业有无制定战略目标和计划	A. 有(或披露)(1分)； B. 无(或没有披露)(0分)

对于企业家能力指数指标体系,简要解释如下:

(1) 人力资本维度

企业家人力资本维度包括 7 个二级指标,可以通过其受教育程度、相关工作经验、在位工作时间等来测量。其中,指标 1 和 5 从教育角度评价企业家的人力资本水平;指标 2 从工作年限角度评价企业家人力资本水平;指标 3、4、6 和 7 从企业家个人工作经历角度评价其人力资本水平。这里需要说明的是,指标 7 中,集团内或企业内的选聘,大股东派出并任命的 CEO 均属于内部任命。

(2) 关系网络能力维度

企业家关系网络能力维度包括 9 个二级指标,主要包括企业家是否有完善的政府关系和社会关系等。其中,指标 8、9、10、11、12、13 和 16 评价企业家与政府的关系网络能力;指标 14 和 15 评价企业家在行业中的关系网络能力。

(3) 社会责任能力维度

企业家社会责任能力维度包括 8 个二级指标,主要考察企业家在社会责任方面作出的贡献。其中,指标 17 和 18 从公益事业角度评价企业家的社会责任;指标 19、20、21、22 和 23 从公司主要利益相关者(政府、客户、员工、股东、债权人等)角度评价企业家的社会责任;指标 24 评价股东的诉讼请求及实现,该指标是 2016 年评价时新增加的指标。需要注意的是,企业家对社会公益的贡献不是以绝对额来衡量的,而是以公益行为来衡量的,因为企业规模和利润不同,对社会公益的贡献额度必然有差异,但爱心无价。

(4) 战略领导能力维度

企业家战略领导能力维度包括 7 个二级指标。其中,指标 25"高管贡献"指的是剔除企业资产规模、负债比率、增长机会、第一大股东持股比例、政府补贴和行业等影响因素后,高管对企业业绩的实际贡献,反映了高管努力的实际结果。该指标利用企业业绩回归的残差(即实际企业业绩与估计企业业绩的差值)代表高管贡献,由于残差有正有负,因此我们将残差形式的高管贡献指标进一步标准化,将其转化为位于[0,1]区间的小数。指标 26 评价企业家在任期间公司的国际化水平;指标 27 和 28 评价企业家对企业人员和资产的控制能力;指标 29 评价企业家在任期间企业的行业地位,是由企业的营业收入按行业(19 个①)进行标准化来计算;指标 30 评价企业家在任期间企业的办公现代化的程度;指标 31 评价企业家在任期间企业的战略规划,反映企业家的长远规划能力。

1.4.2　企业家能力指数计算方法

首先是计分方法。企业家能力指数指标体系中的 31 个二级指标可以分为四类:第一类是 0/1(或-1/0)变量,使用该种计分方法的二级指标有 13 个,包括指标 4、5、6、7、13、17、18、19、20、21、23、29 和 30。第二类是程度变量,按照某个指标的质量高低对指标进

---

① 按中国证监会《上市公司行业分类指引》(2012 年修订),上市公司分为 19 个行业,2016 年有上市公司的行业是 18 个。

行分层,使用该种计分方法的二级指标有 12 个,包括指标 1、2、3、8、9、10、11、12、14、15、16 和 24。第三类变量为连续变量,为便于分析,我们将其标准化为[0,1]区间,使用该种计分方法的二级指标有 5 个,包括指标 22、25、27、28、29。需要说明的是,第 22 个指标在 2016 年之前的评价中是 0/1 变量,2016 年评价开始改为标准化后的连续变量,这种改变更能反映公司现金分红的客观实际。第四类变量是比值,使用该变量的指标只有 1 个,即指标 26。考虑到该指标过小,为便于分析,也进行了标准化。

然后是权重确定。我们认为,企业家能力指数的四个维度具有明显的重要性区分。最重要的当数企业家的战略领导能力,这是企业家自身能力大小的最重要的现实体现;其次是企业家的社会责任能力,它关系到企业的可持续发展;再次是企业家的人力资本,它反映的是企业家的潜在能力,需要一些因素(如市场竞争、权责清晰、薪酬和声誉激励、内外部约束等)把它们激发出来;最后是企业家的关系网络能力。在中国,关系网络曾被视为企业家的重要能力,在畸形的政商关系下往往被异化,但正常的关系网络还是有必要的。总之,企业家能力指数的四个维度按重要性依次是:战略领导能力、社会责任能力、人力资本、关系网络能力。

由于能够很容易确定四个维度重要性的顺序,因此,本报告采用 AHP(层次分析法)方法来确定四个维度的权重,但每个维度内的二级指标是难以区分重要性的,因此,仍然采用等权重方法。

AHP 方法是国际上比较常用的一种确定权重的方法,由美国学者萨蒂(T. L. Saaty)于 20 世纪 70 年代初提出。AHP 方法是一种解决多目标复杂问题的定性与定量相结合的决策分析方法。它不仅适用于存在不确定性和主观信息的情况,还允许以合乎逻辑的方式运用经验、洞察力和直觉。使用 AHP 方法的基本步骤如下:

(1)建立层次结构模型

在深入分析的基础上,将各个因素按照不同属性自上而下地分解成若干层次,同一层的因素从属于上一层的因素或对上层因素有影响,同时又支配下一层的因素或受到下层因素的影响。最上层为目标层,通常只有 1 个因素,最下层通常为方案或对象层,中间可以有一个或几个层次,通常为准则或指标层。当准则过多时(譬如多于 9 个)应进一步分解出子准则层。

(2)构造成对比较矩阵

从层次结构模型的第二层开始,对于从属于上一层每个因素的同一层因素,用成对比较法和 1~9 比较尺度构建成对比较矩阵,直到最下层。

(3)计算权向量并作一致性检验

对每个成对比较矩阵计算最大特征根及对应特征向量,利用一致性指标、随机一致性指标和一致性比率作一致性检验。若检验通过,特征向量(归一化后)即为权向量;若不通过,需重新构建成对比较矩阵。

(4)计算组合权向量并作组合一致性检验

计算最下层对目标的组合权向量,并根据公式作组合一致性检验,若检验通过,则可按照组合权向量表示的结果进行决策,否则需要重新考虑模型或重新构造那些一致性比率较大的成对比较矩阵。

在实际应用 AHP 法时,可使用已有的计算机软件来处理相关数据。因此,大多数情况下,我们要做的工作是对相关指标之间的重要性进行排序。在本报告中,为了计算企业家能力指数,需要确定各项指标在其所属体系中的权重。由于企业家能力指数指标体系的层次关系非常明确,我们仅需要确定指标的重要性比较矩阵。二级指标数目较多,各指标之间的重要性不易排序,因此将属于同一个一级指标的二级指标视为重要性相同。而对于四个一级指标(维度)而言,其重要性排序已如前所述。

本报告企业家能力指数的具体计算方法如下:

(1) 二级指标赋值:根据评价标准对每个上市公司的 31 个二级指标 $E_i(i=1, 2, \cdots, 31)$ 进行打分和计算,使各个二级指标的取值均位于 0~1 的数值区间。

(2) 计算四个分项指数:将隶属于同一个一级指标的二级指标得分进行相加,然后将该二级指标的得分转化成百分制,得到企业家人力资本分项指数、企业家关系网络能力分项指数、企业家社会责任能力分项指数、企业家战略领导能力分项指数。具体计算公式如下:

$$EH = \frac{1}{7} \sum_{i=1}^{7} E_i \times 100$$

$$EN = \frac{1}{9} \sum_{i=8}^{16} E_i \times 100$$

$$ER = \frac{1}{8} \left(\sum_{i=17}^{24} E_i + 3 \right) \times 100$$

$$ES = \frac{1}{7} \sum_{i=25}^{31} E_i \times 100$$

其中,EH 代表人力资本分项指数,EN 代表关系网络能力分项指数,ER 代表社会责任能力分项指数,ES 代表战略领导能力分项指数。

需要特别说明的是,由于企业家社会责任能力分项指数(维度)有三个二级指标(指标19、20、23)有部分负分取值,为保证该分项指数与其他三个分项指数都位于[0, 100]区间,在对企业家社会责任能力分项指数进行计算时,对负值进行简单调整,即对负分指标加上一个相应的正值。由于该分项指数有三个负分指标,故加上正值 3。

但是,这种方法对于获得负分(即应处罚或谴责)的企业,无异于是一种"奖励"。因此,为保证真实性和客观性,在企业家能力分项指数计算出来后,对得负分的企业,需要扣减与负分相对应的分值。对于每个负分指标,扣减的分值是 $\frac{1}{8} \times 100$,式中 8 是企业家社会责任能力分项指数(维度)的二级指标数目。如果扣减后该分项指数出现负分情况,则该分项指数最低为 0 分。

这种扣减分方法在本年度开始采用,为了使不同年度具有可比性,对之前年度的企业家能力指数数据库也进行了同样的调整。

（3）计算总指数：将四个一级指标（人力资本、关系网络能力、社会责任能力、战略领导能力）按照重要性进行排序。如前所述，我们认为，战略领导能力最为重要，其次是社会责任能力，再次是人力资本，最后是关系网络能力，我们据此构造成对比较矩阵，如表 1-4 所示。

表 1-4　企业家能力指数四个一级指标成对比较矩阵

企业家能力指数	人 力 资 本	关 系 网 络	社 会 责 任	战 略 领 导
人力资本	1	2	1/2	1/3
关系网络	1/2	1	1/3	1/4
社会责任	2	3	1	1/2
战略领导	3	4	2	1

我们通过计算权向量，并作了一致性检验，获得通过。最后，用 AHP 方法计算所得的权重依次为：人力资本 0.2207，关系网络能力 0.1804，社会责任能力 0.2695，战略领导能力 0.3294，由此得到某上市公司企业家能力指数：

$$CCEI^{BNU} = 0.2207 \times EH + 0.1804 \times EN + 0.2695 \times ER + 0.3294 \times ES$$

其中，$CCEI^{BNU}$ 代表中国上市公司企业家能力指数（"北京师范大学企业家能力指数"）。

1.5　财务治理指数指标体系及计算方法

1.5.1　财务治理指数指标体系

本报告基于国际财务报告准则和通行的财务治理规范，同时参考中国既有法律和规定，从财权配置、财务控制、财务监督和财务激励四个维度（一级指标）和 31 个二级指标来计算财务治理指数，据此来评价上市公司的财务治理质量。其中，财权配置维度包括 9 个二级指标，财务控制维度包括 8 个二级指标，财务监督维度包括 8 个二级指标，财务激励维度包括 6 个二级指标（见表 1-5）。

表 1-5　财务治理指数指标体系

一级指标	二 级 指 标	评 价 标 准
财权配置 （FA）	1. 关联交易是否提交（临时）股东大会讨论通过	A. 是（1分）；B. 否（0分）
	2. 独立董事薪酬和高管股票期权是否通过（临时）股东大会	A. 两项都通过股东大会（如果没有高管股票期权，则只计独董薪酬一项）（1分）；B. 独立董事报酬通过股东大会（0.5分）；C. 高管股票期权通过股东大会（0.5分）；D. 两项都没有通过股东大会（0分）

续 表

一级指标	二 级 指 标	评 价 标 准
财权配置（FA）	3. 两权分离度[(1)]	现金流权/控制权
	4. 董事会是否提出清晰的财务目标	A. 是(1分);B. 否(0分)
	5. 内部董事与外部董事是否有明确的沟通交流制度	A. 是(1分);B. 否(0分)
	6. 独立董事比例	A. 独立董事比例≥2/3(1分); B. 1/2≤独立董事比例<2/3(0.7分); C. 1/3≤独立董事比例<1/2(0.35分); D. 独立董事比例<1/3(0分)
	7. 独立董事中是否有财务或会计方面的专家	A. 是(1分);B. 否或未披露(0分)
	8. 董事长和总经理是否两职分离	A. 是(1分);B. 否(0分)
	9. CFO是否具有高级职称或相关资格认证	A. 是(1分);B. 否或未披露(0分)
财务控制（FC）	10. 董事会或股东大会是否定期评估内部控制	A. 有《报告》且有出处或全文(1分); B. 有《报告》但无出处或全文(0.5分); C. 没有《报告》(0分)
	11. 各专门委员会是否在内部控制中起作用	A. 是(1分);B. 否(0分)
	12. 董事会或股东大会是否披露具体内部控制措施	A. 详细说明(1分); B. 笼统说明(0.5分); C. 无说明(0分)
	13. 风险控制委员会设置情况如何	A. 设置且独立董事比例不低于2/3(1分); B. 设置但独立董事比例低于2/3(0.5分); C. 未设置(0分)
	14. 公司财务弹性[(2)]	标准化
	15. 公司对外部资金依赖程度[(3)]	标准化
	16. 是否披露可预见的财务风险因素	A. 是(1分);B. 否(0分)
	17. 是否ST	A. 是(−1分);B. 否(0分)
财务监督（FS）	18. 审计委员会设置情况如何	A. 设置且独立董事比例为100%(1分); B. 设置但独立董事比例低于100%或未披露独立董事比例(0.5分); C. 未设置或未披露(0分)
	19. 外部审计是否出具标准无保留意见	A. 是(1分);B. 否(0分)
	20. 公司网站是否披露当年财务报告	A. 是(1分);B. 否(0分)
	21. 公司网站是否披露过去连续三年财务报告	A. 是(1分);B. 否(0分)
	22. 公司是否披露公司发展前景的相关信息	A. 是(1分);B. 否(0分)

续 表

一级指标	二 级 指 标	评 价 标 准
财务监督 (FS)	23. 公司是否披露关联方交易状况	A. 是(1分);B. 否(0分)
	24. 当公司会计政策发生变化时,是否作出解释	A. 未变更(1分); B. 变更并作出解释(0.5分); C. 变更但未作出解释(0分)
	25. 公司是否因违规而被证监会、证交所等监管部门公开批评、谴责或行政处罚	A. 是(-1分);B. 否(0分)
财务激励 (FI)	26. 现金分红	近三年现金分红占净利润的比例,标准化
	27. 股票股利分配	标准化
	28. 高管薪酬支付是否合理[4]	A. 是(1分);B. 否(0分)
	29. 薪酬委员会设置情况如何	A. 设置且独立董事比例不低于50%(1分); B. 设置但独立董事比例低于50%或未披露独立董事比例(0.5分); C. 未设置或未披露(0分)
	30. 公司是否采用股票期权激励政策	A. 是(1分);B. 否(0分)
	31. 员工报酬增长率是否不低于公司营业收入增长率	A. 是(1分);B. 否(0分)

注:(1) 本报告采用与拉波塔、洛佩兹-德-西拉内斯和施莱弗(La-Porta, Lopez-de-Silanes & Shleifer, 1999)类似的方法,通过层层追溯上市公司股权控制链(Control Chain)的方式来找出最终控制人。两权分离度是所有权与控制权的比值。其中,控制权又称投票权,用控制链条上最弱的一环表示;所有权又称现金流权,用控制链条上各所有权比例的乘积表示。(2) 本报告采用"经营活动产生的现金流量净额/总资产"表示财务弹性。(3) 本报告采用"(投资产生的现金流出−经营活动产生的现金流出)/投资产生的现金流出"表示外部资金依赖度。(4) 根据作者同期完成的"中国高管薪酬指数"中"激励区间"进行判断,如激励适中,则视为合理,得1分;如过度或不足,则视为不合理,得0分。

对于财务治理指数指标体系,简要解释如下:

(1) 财权配置维度

财权配置维度包括9个二级指标,主要考察上市公司的各利益相关主体是否有适当的财务决策权,是否能够行使好自己的财务决策权。其中,指标1、2和3从股东角度出发,评价上市公司的股东是否有效执行了财务决策权;指标4、5、6和7从董事会角度出发,评价上市公司的董事会是否有效执行了财务决策权;指标8从总经理角度出发,评价上市公司的总经理是否有效执行了财务决策权;指标9从首席财务官(CFO)角度出发,评价上市公司的CFO是否有效执行了财务决策权。需要说明的是,2016年开始,指标2评价内容与之前评价相比略作调整,由关注董事薪酬是否通过股东大会聚焦到关注独立董事薪酬是否通过股东大会,并将独立董事薪酬与高管股票期权分别考虑,这种变化可以更加准确地反映股东的决策权。

(2) 财务控制维度

财务控制维度包括8个二级指标,主要考察企业的财务权力执行过程,包括企业是否有一个健全的内部控制体系和风险控制体系等。其中,指标 10、11 和 12 评价上市公司内部控制制度及其运行的有效性;指标 13 评价上市公司风险控制委员会的建立和健全情况;指标 14、15、16 和 17 评价上市公司的财务风险状况。

（3）财务监督维度

财务监督维度包括 8 个二级指标,主要考察企业各个职能部门及其他利益相关者对财务权力执行过程的监督,包括企业的内部监督机制(审计委员会、财务信息披露)以及外部监督机制(外部审计师)。其中,指标 18 评价上市公司内部监督机制运行状况;指标 19 评价上市公司外部监督机制运行状况;指标 20、21、22、23、24 和 25 评价上市公司财务信息披露质量。这里需要说明的是指标 24,"当公司会计政策发生变化时,是否作出解释",我们认为,严格意义上讲,在法律、法规以及国家会计制度既定的情况下,会计政策是不允许随意变更的。上市公司会计政策变更本身就是财务治理质量较差的表现。如果上市公司变更了会计政策且未作出任何解释,情况就更加严重了。

（4）财务激励维度

财务激励维度包括 6 个二级指标,主要考察企业是否具有足够有效的财务激励机制。其中,指标 26、27 评价上市公司对股东的激励情况;指标 28、29 和 30 评价上市公司对高管的激励情况;指标 31 评价上市公司对员工的激励情况。需要说明的是,指标 30"公司是否采用股票期权激励政策",虽然目前实施股票期权激励的上市公司还是少数,股票期权激励的效果也有待商榷,但国际经验告诉我们,随着资本市场的成熟,股权激励是一种有效的激励手段。因此,我们将股票期权激励纳入指标体系,以反映上市公司对高管人员的财务激励。

1.5.2　财务治理指数计算方法

首先是计分方法。财务治理指数指标体系中的 31 个二级指标可以分为四类:一是 0/1(或−1/0)变量,使用该种计分方法的二级指标有 18 个,包括指标 1、4、5、7、8、9、11、16、17、19、20、21、22、23、25、28、30 和 31。需要说明的是,指标 28"高管薪酬支付是否合理",该指标利用本年度对高管薪酬指数的评价结果,若高管薪酬激励适中,认为其高管薪酬支付合理,赋值 1;若高管薪酬激励不足或过度,则认为其高管薪酬支付不合理,赋值 0。二是程度变量,按照某个指标的质量高低对指标进行分层,使用该种计分方法的二级指标有 8 个,包括指标 2、6、10、12、13、18、24 和 29。需要说明的是,指标 6"独立董事比例",根据中国证监会的规定要达到 1/3,由于要求很低,几乎每家上市公司的独立董事比例都达到了 1/3,这使得独立董事比例这个指标失去了可分性。为了区分不同上市公司董事会的独立性,我们按照国际规范,采用了更加严格的独立性标准。指标 10"董事会或股东大会是否定期评估内部控制",考虑到年报对内部控制的披露程度不同,我们将原来的 0/1 变量改为程度变量,以准确反映上市公司对内部控制的重视程度。三是连续变量,为便于分析,我们将其标准化,使用该种计分方法的二级指标有 4 个,包括指标 14、15、26、27。四是实际值变量,即实际值就是得分,这类只有一个指标,即指标 3。

然后是权重确定。我们在 2011 年和 2013 年评估中国上市公司财务治理时,曾采用

AHP 方法确定权重,后来课题组讨论认为,四个维度难以区分孰重孰轻,即使区分,也难免有主观性,于是在 2015 年评价时改为等权重。具体方法如下:

(1) 二级指标赋值:根据表 1-5 对各个二级指标 $F_i(i=1, 2, \cdots, 31)$ 进行打分和计算,使各个二级指标的取值均位于 0~1 的数值区间。

(2) 计算四个分项指数:对隶属于同一个一级指标的二级指标的得分进行简单平均,并转化为百分制,得到四个一级指标得分,即财权配置分项指数、财务控制分项指数、财务监督分项指数和财务激励分项指数。具体计算公式如下:

$$FA = \frac{1}{9}\sum_{i=1}^{9} F_i \times 100$$

$$FC = \frac{1}{8}\left(\sum_{i=10}^{17} F_i + 1\right) \times 100$$

$$FS = \frac{1}{8}\left(\sum_{i=18}^{25} F_i + 1\right) \times 100$$

$$FI = \frac{1}{6}\sum_{i=26}^{31} F_i \times 100$$

其中,FA 代表财权配置分项指数,FC 代表财务控制分项指数,FS 代表财务监督分项指数,FI 代表财务激励分项指数。

需要特别说明的是,在财务控制和财务监督两个分项指数中,各有一个二级指标有负分取值(即指标 17 和 25),为了保证每个一级指标(维度)都位于[0, 100]区间,在对每个一级指标(维度)进行分项指数计算时,对负值进行简单调整,即对每个负分指标各加上一个相应的正值 1,从而使每个分项指数落在[0, 100]区间。

但是,这种方法对于获得负分(即应处罚或谴责)的企业,无异于是一种"奖励"。因此,为保证真实性和客观性,在财务控制和财务监督两个分项指数计算出来后,需要对这些企业扣减与负分相对应的分值 $\frac{1}{8} \times 100$,式中 8 是财务控制和财务监督两个分项指数的指标数目。如果扣减后该分项指数出现负分情况,则该分项指数最低为 0 分。

这种扣减分方法在本年度开始采用,为了使不同年度具有可比性,对之前年度的财务治理指数数据库也进行了同样的调整。

(3) 计算总指数:将四个一级指标(财权配置、财务控制、财务监督和财务激励)的得分简单平均,得到中国上市公司财务治理指数:

$$CCFI^{BNU} = \frac{1}{4}(FA + FC + FS + FI)$$

公式中,$CCFI^{BNU}$ 代表中国上市公司财务治理指数("北京师范大学财务治理指数")。

1.6 自愿性信息披露指数指标体系及计算方法

1.6.1 自愿性信息披露指标体系

本报告借鉴国内外已有的自愿性信息披露评价研究成果,基于国内信息披露相关法律法规,特别参照国际先进的信息披露规范,立足于投资者权益保护,提出了自愿性信息披露四个一级指标(维度)和31个二级指标的指标体系,即治理结构方面的自愿性信息披露(简称"治理结构")、治理效率方面的自愿性信息披露(简称"治理效率")、利益相关者方面的自愿性信息披露(简称"利益相关者")和风险控制方面的自愿性信息披露(简称"风险控制")。其中治理结构维度包括8个二级指标,治理效率维度包括8个二级指标,利益相关者维度包含6个二级指标,风险控制维度包括9个二级指标,参见表1-6。

表1-6 自愿性信息披露指数指标体系

一级指标	二 级 指 标	评 价 标 准
治理结构 (GS)	1. 董事会构成	A. 未披露或模糊披露董事会构成(0分); B. 明确披露董事会构成(1分)
	2. 董事学历	A. 不披露(0分); B. 不完全披露(0.5分); C. 完全披露(1分)
	3. 董事任职经历(不含兼职、社会称号等)	A. 不完全披露(0分); B. 完全披露(1分)
	4. 专门委员会构成	A. 未披露任何信息(0分); B. 只作一般性说明(0.5分); C. 详细介绍委员会成员的情况(1分)
	5. 监事会构成	A. 未披露或模糊披露监事会构成(0分); B. 明确披露监事会构成(1分)
	6. 监事会成员	A. 未披露任何信息(0分); B. 只披露个人背景信息或只披露履职情况(0.5分); C. 既披露个人背景信息也披露履职情况(1分)
	7. 高管层学历	A. 不披露(0分); B. 不完全披露(0.5分); C. 完全披露(1分)
	8. 高管层任职经历(不低于三年)(不含兼职、社会称号)	A. 不完全披露(0分); B. 完全披露(1分)
治理效率 (GE)	9. 股东大会(包括临时股东大会)股东出席率	A. 不披露(0分); B. 不完全披露(0.5分); C. 完全披露(1分)

续　表

一级指标	二 级 指 标	评 价 标 准
治理效率 （GE）	10. 股东大会（包括临时股东大会）投票机制的说明	A. 不披露(0 分)； B. 不完全披露(0.5 分)； C. 完全披露(1 分)
	11. 董事考评制度及结果的说明	A. 未披露任何信息(0 分)； B. 只披露考评制度但没有考评结果(0.5 分)； C. 既披露考评制度也披露考评结果(1 分)
	12.《董事会议事规则》的说明	A. 未披露任何信息(0 分)； B. 只作一般性说明(0.5 分)； C. 详细介绍议事规则(1 分)
	13. 董事会召开方式的说明	A. 不披露(0 分)； B. 披露(1 分)
	14. 独立董事同意、质疑或否决董事会某项决议的说明	A. 不披露(0 分)； B. 披露(1 分)
	15. 高管薪酬结构及额度	A. 不披露(0 分)； B. 不完全披露(0.5 分)； C. 完全披露(1 分)
	16. 高管层关系网络	A. 未披露任何信息(0 分)； B. 明确披露高管层关系网络(1 分)
利益 相关者 （SH）	17. 投资者关系建设情况的说明	A. 没有任何说明(0 分)； B. 只说明有《投资者关系管理制度》,但没有具体内容(0.5 分)； C. 详细披露投资者关系沟通或接待措施,或者给出《投资者关系管理制度》的出处(1 分)
	18. 社会责任	A. 未披露任何信息(0 分)； B. 只披露参与社会公益或环保情况(0.5 分)； C. 披露社会责任报告或可持续发展报告(1 分)
	19. 债权人情况	A. 不披露(0 分)； B. 披露(1 分)
	20. 债务人情况	A. 不披露(0 分)； B. 披露(1 分)
	21. 供应商情况	A. 不披露(0 分)； B. 披露(1 分)
	22. 客户情况	A. 不披露(0 分)； B. 披露(1 分)
风险控制 （RC）	23. 企业发展战略目标	A. 不披露(0 分)； B. 披露(1 分)
	24. 盈利能力分析	A. 不披露(0 分)； B. 披露(1 分)

一级指标	二　级　指　标	评　价　标　准
风险控制 (RC)	25. 营运能力分析	A. 不披露(0分); B. 披露(1分)
	26. 偿债能力分析	A. 不披露(0分); B. 披露(1分)
	27. 发展能力分析	A. 不披露(0分); B. 披露(1分)
	28. 关于现聘会计师事务所的说明	A. 没有任何说明(0分); B. 笼统披露(0.5分); C. 详细披露(1分)
	29. 宏观形势对公司业绩影响的 分析	A. 不披露(0分); B. 披露(1分)
	30. 行业地位(或市场份额)分析	A. 不披露(0分); B. 披露(1分)
	31. 竞争对手分析	A. 不披露(0分); B. 披露(1分)

对于自愿性信息披露指数指标体系,简要解释如下:

(1) 治理结构信息披露维度

治理结构信息披露衡量与公司治理结构相关的信息披露情况,包括董事会和监事会的构成及成员情况、高层管理人员学历及经历情况,以及专门委员会的构成情况,包括编号1~8的8个二级指标,这些指标所反映的信息对于投资者和其他利益相关者了解代理人是否能够着眼于企业发展和满足各利益相关者的利益诉求具有重要价值。其中指标1衡量上市公司是否明确披露了董事会结构,包括董事类型(执行董事或内部董事、独立董事、外部非独立董事),以及相应的人数和兼职情况。指标2和3衡量关于董事个人背景的相关信息的披露情况。指标4衡量董事会下设的各专门委员会的信息披露情况,包括专门委员会召集人信息、委员会成员构成等。指标5和6衡量有关监事类型(外部监事、内部监事,股东监事、员工监事等),以及监事会成员方面的自愿性信息披露情况。指标7和8衡量有关高层管理人员个人背景信息的披露情况。

(2) 治理效率信息披露维度

治理效率信息披露维度衡量关于股东大会和董事会的召开情况、独立董事履职情况、董事考评,以及高层管理人员薪酬和关系网络等与公司治理效率相关信息的披露情况,包括编号9~16的8个指标。这些指标所反映的信息对于投资者和其他利益相关者评估公司的治理效率有着至关重要的作用。其中指标9和10考察公司股东大会召开及投票机制(包括法定投票、累积投票、举手表决、代理投票等)方面的信息披露情况。只有公司详细说明了每次股东大会(包括临时股东大会)的股东出席率以及投票机制,现有和潜在投资者,以及其他利益相关者才能判断股东大会的合法性和有效性。指标 11 衡量公司和投资者对董事的约束是否到位,反映董事的实际履职情况。指标 12 和 13 衡量公司董事会决策和监督的有效性,其中董事会召开方式包括通讯会议和现场会议等,会议方式不同,董事会履职的效果就会不同。指标 14 衡量独立董事提出的意见是否能被公司记录并进行披露,也反映着独立董事的独立性情况。指标 15 衡量高层管理人员薪酬的合理性,以及高管是否着眼于公司长期发展。指标 16 衡量高层管理人员的社会影响力,该类信息也有助于判断高层管理人员是否存在不规范交易问题。

　　(3) 利益相关者信息披露维度

　　利益相关者信息披露维度衡量公司对投资者、债权人、债务人、供应商、客户等利益相关者利益保护有关的信息的披露情况,包括编号 17～22 的 6 个指标。其中,指标 17 衡量公司在投资者保护方面的措施是否到位,如公司是否披露与投资者的沟通或接待措施,或者是否建立《投资者关系管理制度》。指标 18 考察公司履行社会责任的情况,如节能环保、参与社会公益,以及是否发布社会责任报告等。指标 19、20、21 和 22 衡量公司对于排名前几位的主要债权人、债务人、供应商及客户信息的披露情况,其中对于债权人和债务人,公司还应披露他们与公司是否具有关联关系。

　　(4) 风险控制信息披露维度

　　风险控制信息披露维度衡量公司经营风险及控制方面的信息分析与披露情况,包括编号 23～31 的 9 个指标。其中,指标 23 衡量公司是否明确披露至少三年的发展战略目标及经营计划。指标 24、25、26 和 27 衡量公司是否对自身的财务状况进行了分析并且进行了披露。指标 28 衡量公司对于会计师事务所聘任情况的说明。会计师事务所对公司进行独立审计,是投资人权益的重要维护者,对其聘任的相关信息进行披露,可以防止出现会计师事务所与公司存在私下交易的现象,有效地控制风险。指标 29、30 和 31 衡量宏观环境对企业发展的影响、行业竞争优势或劣势,以及竞争对手的竞争策略等,这些信息有助于投资者了解公司所处环境及地位,并对公司日后的发展作出预测。

1.6.2　自愿性信息披露指数计算方法

　　首先是计分方法。自愿性信息披露指数指标体系中的 31 个二级指标得分区间都为[0,1],按赋值方法可以分为两类。第一类是 0/1 变量,使用该种赋值方法的指标有 19 个,包括指标 1、3、5、8、13、14、16、19、20、21、22、23、24、25、26、27、29、30、31。这类指标以企业年报中是否披露了理应披露的相关信息作为判断依据。明确披露相关信息的得 1 分,否则得 0 分。第二类是程度变量,按照某个指标的信息披露程度高低对指标分层赋值,使用该种赋值方法的指标有 12 个,包括指标 2、4、6、7、9、10、11、12、15、17、18、28。这类指标将年报中的相关信息披露程度分为三种,并按照披露程度的高低进行得分高低的赋值。

　　然后是权重确定。我们认为,自愿性信息披露指数的四个维度具有基本同等的重要性,每个维度内的二级指标也具有基本同等的重要性,为了避免主观性偏差,本报告计算自愿性信息披露指数时所涉及的所有一级指标和二级指标都设置为等权重。首先针对某个一级指

标内的所有二级指标进行等权重计算,然后对所有四个一级指标进行等权重计算,以此得出自愿性信息披露指数。具体计算方法如下:

(1)二级指标赋值:根据赋值标准对每个上市公司的 31 个二级指标 $V_i(i=1, 2, \cdots,$ 31) 进行打分和计算,使各个二级指标的取值均位于 0~1 的数值区间。

(2)计算四个分项指数:对隶属于同一个一级指标的二级指标的得分先进行加总,再简单平均,然后转化为百分制,得到四个一级指标得分,即治理结构分项指数、治理效率分项指数、利益相关者分项指数和风险控制分项指数。

$$GS = \frac{1}{8} \sum_{i=1}^{8} V_i \times 100$$

$$GE = \frac{1}{8} \sum_{i=9}^{16} V_i \times 100$$

$$SH = \frac{1}{6} \sum_{i=17}^{22} V_i \times 100$$

$$RC = \frac{1}{9} \sum_{i=23}^{31} V_i \times 100$$

其中,GS 代表治理结构分项指数,GE 代表治理效率分项指数,SH 代表利益相关者分项指数,RC 代表风险控制分项指数。

(3)计算总指数:对四个一级指标(治理结构、治理效率、利益相关者和风险控制)的得分进行简单平均,得到上市公司自愿性信息披露指数。

$$CCVDI^{BNU} = \frac{1}{4}(GS + GE + SH + RC)$$

$CCVDI^{BNU}$ 代表中国上市公司自愿性信息披露指数("北京师范大学自愿性信息披露指数")。

1.7 高管薪酬指数变量及计算方法

1.7.1 高管薪酬指数评价变量

评价高管薪酬,必须首先对公司高管作出界定。对于如何界定公司高管,理论界有不同的认识和理解,主要有五种观点:(1)董事长;(2)总经理(或 CEO);(3)董事长和总经理两人;(4)除董事长和总经理外,还包括党委书记和工会主席;(5)所有高层管理人员,既包括董事长和总经理,也包括副职。我们认为,从研究高管薪酬角度,不能把研究仅集中于某个高管,把研究扩展到高级管理层,更易于得到普遍适用的规律性结论。而且,高管的绩效是整个团队共同努力的结果。因此,我们将高管激励延伸至高管团队的激励,本报告所评价的高管是指公司执行层,包括总经理(或 CEO)、副总经理,以及执行董事(含担任执行董事的董事长)和董事会秘书。由于各公司高管人员的人数并不一致,为了保证评价的客观性和同一性,本报告在计算高管薪酬指数时,仅包括年报披露的薪酬最高的前三位高管成员。如无特别说明,本报告提及的高管薪酬均为薪酬最高的前三位高管的平均薪酬。

本报告对高管薪酬的评价不是单纯针对薪酬总额,而是在企业经营业绩的基础上对高管薪酬进行比较研究。换言之,本报告是基于经营业绩的薪酬评价,即用高管薪酬与企业营业收入之比来计算高管薪酬指数。相关变量说明如下:

(1) 2016 年年报披露的薪酬最高的前三名高管的薪酬(不含股权激励)。

(2) 2016 年年报披露的公司年度营业收入。

对于实施期权激励的公司,先将高管的股权收入折算成货币形式,然后将股权收入与披露的年薪相加再进行比较,最终确定前三名高管的薪酬。期权激励主要包括股票期权、虚拟股票、限定股票、股票增值权、股票奖励和业绩股票。由于目前中国公司高管期权激励基本上都是股票期权,因此,本报告只计算股票期权。将股票期权折算成货币收入的方法是:

高管的股权收入=2016 年末可以行权的股票数量×(年均股价−行权股价)

前三位高管平均薪酬的具体计算方法:

前三位高管平均薪酬=薪酬最高的前三位高管薪酬之和(含股票期权)÷3

1.7.2　高管薪酬指数计算方法

本报告在高管薪酬指数设计方法上采用基准法,即首先选择每个行业的基准公司,然后计算各行业全部公司的基准值,最后以该基准值为标杆,计算出各公司高管人员薪酬指数,并按照数值大小排序。计算步骤和公式如下:

(1) 计算第 j 个行业第 i 个上市公司薪酬最高前三位高管的平均薪酬与营业收入的比值,计算公式是:

$$X_{ij}=\frac{i\ 公司薪酬最高前三位高管的薪酬平均值}{i\ 公司营业收入}$$

其中,高管薪酬是折算成货币形式的收入,包括基本工资、各项奖金、福利、补贴和各种津贴,以及股票期权。

(2) 找出 X_{ij} 的中位值,以位居该中位值的那家公司作为第 j 个行业的基准公司,令:

$$Y_j=X_{ij}\ 的中位值$$

(3) 把 Y_j 相加,再除以行业总数,得到所有上市公司薪酬最高前三位高管的薪酬平均值与营业收入的比值(Z),计算公式是:

$$Z=\frac{\sum Y_j}{n}$$

其中,n 是行业总数,根据《上市公司行业分类指引(2012 年修订)》,上市公司分为 19 大类行业,但 2016 年样本中有 18 个行业有上市公司,故行业数定为 18。

(4) 将 X_{ij} 除以 Z,得到第 j 个行业第 i 个上市公司的高管薪酬指数,计算公式是:

$$CCECI^{BNU} = \frac{X_{ij}}{Z} \times 100 \text{ ①}$$

$CCECI^{BNU}$ 代表中国上市公司高管薪酬指数("北京师范大学高管薪酬指数")。

将 $CCECI^{BNU}$ 值按照大小进行排名,即可得到基于经营业绩的上市公司高管薪酬指数排行榜。理论上讲,某家上市公司的 $CCECI^{BNU}$ 值越接近 100,该公司的高管薪酬激励越适度。在排名中,对所有上市公司按照四分位法进行分类,即按照高管薪酬指数将 2829 家上市公司进行降序排列,排名在前四分之一的公司确定为激励过度,排名在后四分之一的公司确定为激励不足,中间的公司定为激励适中,这样的划分考虑了行业差距的影响。

1.7.3 高管薪酬指数比较方法

为了进一步找出不同行业、不同地区、不同控股类型、不同板块上市公司高管薪酬指数的特点,分别比较不同类别上市公司的高管薪酬指数,具体方法如下:

(1) 将上市公司高管薪酬指数按行业进行排名,方法是:

① 各行业中激励适中公司所占比重的行业间排名:将各行业中激励适中公司数目除以该行业所有公司的数目,得出百分比,然后按照百分比的大小对各行业进行排名。百分比越大,说明该行业激励适中的公司数量相对越多,该行业整体的薪酬激励水平越合理。

② 各行业中激励过度公司所占比重的行业间排名:将各行业中激励过度公司数目除以该行业所有公司的数目,得出百分比,然后按照百分比的大小对各行业进行排名。百分比越大,说明该行业激励过度的公司数量相对越多,该行业整体的薪酬水平越趋于激励过度。

③ 各行业中激励不足公司所占比重的行业间排名:将各行业中激励不足公司数目除以该行业所有公司的数目,得出百分比,然后按照百分比的大小对各行业进行排名。百分比越大,说明该行业激励不足的公司数量相对越多,该行业整体的薪酬水平越趋于激励不足。

④ 行业间高管薪酬指数排名:用各个行业的公司高管薪酬指数排名的中位值来代表各个行业的公司高管薪酬指数,然后把各个行业的公司高管薪酬指数中位值按照由高到低的顺序进行排名。理论上讲,将每个行业的中位值与 100 来比较,如果越接近 100,则该行业的高管薪酬越适度。

(2) 将上市公司高管薪酬指数按地区进行排名,方法是:

以东部、中部、西部和东北上市公司高管薪酬指数的中位值来代表四个地区的公司高管薪酬指数,然后按照该中位值的大小进行排序。

(3) 将上市公司高管薪酬指数按控股类型进行排名,方法是:

为了更细致地进行比较,我们将所有公司按控股类型划分为国有绝对控股公司、国有强相对控股公司、国有弱相对控股公司、国有参股公司、无国有股份公司等五种类型(关于所有

---

① 此处乘以 100,是因为假设全部上市公司的高管薪酬指数为 100。

制的定义详见本章 1.8 节），分别确定出激励适中、激励过度和激励不足的公司在各类型上市公司中所占的比重，然后按照比重的大小对这五种所有制的公司进行排名。

1.8　中国公司治理分类指数评价范围及相关概念

1.8.1　评价范围

本报告的数据截至 2016 年 12 月 31 日，评价样本也是截至这个日期的全部 A 股上市公司。截至 2016 年 12 月 31 日，沪深两市有上市公司 3132 家，其中只在 B 股上市的公司有 100 家，A、B 股同时上市的公司有 85 家。考虑到年报的完整性，剔除 2016 年 5 月 1 日之后上市的 192 家公司，同时剔除只在 B 股上市的 100 家公司，得到样本 2840 家，占全部 A 股上市公司的 93.67%，占全部 A、B 股上市公司的 90.68%，可以说，基本等同于全样本评价。2840 家 A 股上市公司中，沪市主板 1086 家，深市主板（不含中小企业板）466 家，深市中小企业板 784 家，深市创业板 504 家。需要注意的是，高管薪酬指数样本是 2829 家上市公司，原因是出现了 11 家公司高管零薪酬或未披露高管薪酬的不正常现象，故予以剔除。

1.8.2　相关概念

中国公司治理分类指数评价，可能会受到控股类型、地区和行业等方面的影响，因此，需要对数据统计和指数计算中涉及的相关概念作出界定。

（1）控股或所有制类型

中国上市公司有不同的控股或所有制类型，不同控股类型对公司治理有不尽相同的影响。我们将所有公司按控股情况分为国有绝对控股公司、国有强相对控股公司、国有弱相对控股公司、国有参股公司和无国有股份公司等五种类型。参照《股份有限公司国有股股东行使股权行为规范意见》第五条规定，并结合本报告研究的实际情况，我们对这五种所有制类型的界定是：

A. 国有绝对控股公司：公司的国有股比例下限为 50%（不含 50%）；

B. 国有强相对控股公司：国有股股东为第一股东，公司的国有股比例上限为 50%（含 50%），下限为 30%（不含 30%）；

C. 国有弱相对控股公司：国有股股东为第一大股东，持股比例小于 30%（含 30%）；

D. 国有参股公司：有国有股东，但国有股东不符合上述三条标准；

E. 无国有股份公司：上述四种情形以外的公司。

在上述五类公司中，最后两类其实就是典型的民有或民营控股上市公司，或称非国有控股上市公司。

（2）地区

处于不同地区的公司的市场化程度、制度完善程度、环境条件等是不同的，所以地区也是影响公司治理指数的基本因素。按照中华人民共和国行政区域划分,中国大陆有 31 个省、直辖市和民族自治区(不包括台湾、香港和澳门)。这些行政区域又可以划分为东部、中部、西部和东北等四个地区,其中,东部地区包括北京、福建、广东、海南、河北、江苏、山东、上海、天津、浙江等 10 个行政区域,中部地区包括安徽、河南、湖北、湖南、江西、山西等 6 个行政区域,西部地区包括重庆、甘肃、广西、贵州、内蒙古、宁夏、青海、陕西、四川、西藏、新疆、云南等 12 个行政区域,东北地区包括黑龙江、吉林、辽宁等 3 个行政区域。

(3) 行业

中国证监会 2012 年修订的《上市公司行业分类指引》将上市公司行业分为 19 个门类,具体分类结构与代码如下:A. 农、林、牧、渔业;B. 采矿业;C. 制造业;D. 电力、热力、燃气及水生产和供应业;E. 建筑业;F. 批发和零售业;G. 交通运输、仓储和邮政业;H. 住宿和餐饮业;I. 信息传输、软件和信息技术服务业;J. 金融业;K. 房地产业;L. 租赁和商务服务业;M. 科学研究和技术服务业;N. 水利、环境和公共设施管理业;O. 居民服务、修理和其他服务业;P. 教育;Q. 卫生和社会工作;R. 文化、体育和娱乐业;S. 综合。在本报告的 2840 家样本上市公司中,除了 O. 居民服务、修理和其他服务业外,其他 18 个行业均有上市公司。

在 18 个大类行业中,制造业是上市公司最多的行业。本报告 2840 家公司样本中,制造业企业共 1775 家。按照中国证监会 2012 年修订的《上市公司行业分类指引》,制造业还可以细分为 31 个小类,分别是 C13. 农副食品加工业;C14. 食品制造业;C15. 酒、饮料和精制茶制造业;C16. 烟草制品业;C17. 纺织业;C18. 纺织服装、服饰业;C19. 皮革、毛皮、羽毛及其制品和制鞋业;C20. 木材加工和木、竹、藤、棕、草制品业;C21. 家具制造业;C22. 造纸和纸制品业;C23. 印刷和记录媒介复制业;C24. 文教、工美、体育和娱乐用品制造业;C25. 石油加工、炼焦和核燃料加工业;C26. 化学原料和化学制品制造业;C27. 医药制造业;C28. 化学纤维制造业;C29. 橡胶和塑料制品业;C30. 非金属矿物制品业;C31. 黑色金属冶炼和压延加工业;C32. 有色金属冶炼和压延加工业;C33. 金属制品业;C34. 通用设备制造业;C35. 专用设备制造业;C36. 汽车制造业;C37. 铁路、船舶、航空航天和其他运输设备制造业;C38. 电气机械和器材制造业;C39. 计算机、通信和其他电子设备制造业;C40. 仪器仪表制造业;C41. 其他制造业;C42. 废弃资源综合利用业;C43. 金属制品、机械和设备修理业。2015 年及之前我们出版的指数报告对制造业细分行业都有分析,自 2016 年度报告开始,限于篇幅,不再对制造业细分类型进行分析。

中国公司治理分类
指数报告No.16
（2017）

Report on China
Classified Corporate
Governance Index
No.16（2017）

第二编
中小投资者
权益保护指数

第 2 章

中小投资者权益保护总体指数排名及比较

根据第 1 章确定的中小投资者权益保护指数评价方法,以及我们评估获得的 2016 年度 2840 家上市公司样本指数数据,本章对这些公司的中小投资者权益保护指数进行排名,然后分别从地区、行业、上市板块三个角度进行比较分析。

2.1 中小投资者权益保护指数总体分布及排名

基于上市公司 2016 年的公开数据,根据本报告构建的中小投资者权益保护指数指标体系和指数计算方法,对 2840 家上市公司中小投资者权益保护指数进行计算,从而得到中国上市公司中小投资者权益保护指数的整体排名情况(详见附带光盘附表 I-1 和 I-2)。

2.1.1 中小投资者权益保护指数总体分布

2016 年上市公司中小投资者权益保护指数的总体得分情况参见表 2-1。

表 2-1 2016 年上市公司中小投资者权益保护指数总体情况

项 目	公司数目	平均值	中位值	最大值	最小值	标准差	偏度系数	峰度系数
数 值	2840	47.6970	48.1803	68.1120	15.8190	6.4364	−0.6006	1.3555

从表 2-1 可以看出,2016 年上市公司中小投资者权益保护指数最大值 68.1120 分,最小值 15.8190 分,平均值 47.6970 分,中位值 48.1803 分,标准差 6.4364,样本的得分情况整体偏低。

为进一步了解中小投资者权益保护指数在各个得分区间的分布情况,我们将中小投资者权益保护指数在有分布的区域以 5 分为间隔,划分为[0,15)、[15,20)、[20,25)、[25,30)、[30,35)、[35,40)、[40,45)、[45,50)、[50,55)、[55,60)、[60,65)、[65,70)和[70,100]13 个区间(公司数目为 0 的指数区间合并),每个指数区间的企业数目和所占比重参见表 2-2 和图 2-1。

表 2-2 2016 年上市公司中小投资者权益保护指数区间分布

指 数 区 间	公 司 数 目	占 比(%)	累计占比(%)
[0, 15)	0	0.00	0.00
[15, 20)	4	0.14	0.14
[20, 25)	10	0.35	0.35
[25, 30)	24	0.85	1.34
[30, 35)	49	1.73	3.06
[35, 40)	216	7.61	10.67
[40, 45)	576	20.28	30.95
[45, 50)	895	31.51	62.46
[50, 55)	754	26.55	89.01
[55, 60)	265	9.33	98.35
[60, 65)	43	1.51	99.86
[65, 70)	4	0.14	100.00
[70, 100]	0	0.00	100.00
总 计	2840	100.00	—

　　从表 2-2 和图 2-1 可以看出,中小投资者权益保护指数在[40,55)区间的公司数量最多,总计为 2225 家,总计占到 78.35%。及格(达到 60 分)的公司只有 47 家,及格率只有1.65%,且分数均在[60,65)、[65,70)两个区间,没有得分超过 70 分的公司。这说明中国上市公司中小投资者权益保护水平整体很低。从表 2-1 反映出来的整体分布偏离正态分布的程度来看,偏度系数为-0.6006,峰度系数为 1.3555,中小投资者权益保护指数分布为负偏态分布,基本满足正态分布。

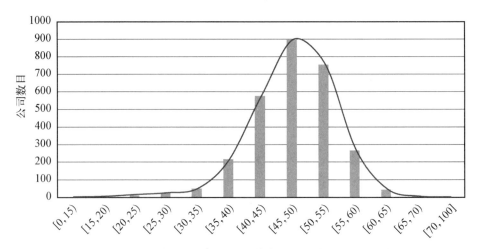

图 2-1 2016 年上市公司中小投资者权益保护指数区间分布

2.1.2　中小投资者权益保护指数前后 100 名

表 2-3 给出了 2840 家上市公司中排名前 100 家和最后 100 家公司的中小投资者权益保护指数情况。可以看出,前 100 名公司的中小投资者权益保护指数均值为 60.4482 分,比 2015 年提高 1.6709 分;而后 100 名公司的中小投资者权益保护指数均值为 30.4219 分,比 2015 年降低 0.5564 分。从标准差看,在上述两类样本中,前 100 名公司的分数差异要小于后 100 名公司。

表 2-3　2016 年上市公司中小投资者权益保护指数前后 100 名情况

	平均值	中位值	最大值	最小值	标准差
前 100 名	60.4482	59.8441	68.1120	58.3247	1.9349
后 100 名	30.4219	31.8885	35.5759	15.8190	4.7788
总　体	47.6970	48.1803	68.1120	15.8190	6.4364

我们对 2840 家上市公司的中小投资者权益保护指数进行从大到小降序排列,中小投资者权益保护指数越高,说明上市公司中小投资者权益保护水平越高。表 2-4 是中小投资者权益保护指数排名前 100 的上市公司情况。

表 2-4　2016 年上市公司中小投资者权益保护指数排名(前 100 名)

排　名	代　码	公司简称	指　数	排　名	代　码	公司简称	指　数
1	600548	深高速	68.1120	16	600016	民生银行	62.4098
2	002041	登海种业	66.1538	17	600837	海通证券	62.4029
3	600000	浦发银行	65.1557	18	300234	开尔新材	62.3787
4	300084	海默科技	65.0750	19	300498	温氏股份	62.2876
5	000690	宝新能源	64.3275	20	601601	中国太保	62.2070
6	601939	建设银行	63.6835	21	600036	招商银行	62.1295
7	002637	赞宇科技	63.5538	22	002022	科华生物	62.0685
8	002105	信隆健康	63.0952	23	002669	康达新材	61.7692
9	601318	中国平安	63.0454	24	600395	盘江股份	61.6889
10	000563	陕国投 A	63.0413	25	600115	东方航空	61.6321
11	601688	华泰证券	62.9642	26	000333	美的集团	61.4298
12	000513	丽珠集团	62.8038	27	002606	大连电瓷	61.4225
13	002518	科士达	62.6990	28	600382	广东明珠	61.3066
14	600522	中天科技	62.5545	29	000400	许继电气	61.2250
15	600015	华夏银行	62.4633	30	002136	安纳达	61.1268

续 表

排 名	代 码	公司简称	指 数	排 名	代 码	公司简称	指 数
31	002503	搜于特	61.0999	62	002493	荣盛石化	59.2883
32	002519	银河电子	61.0872	63	601288	农业银行	59.2606
33	600999	招商证券	61.0348	64	300085	银之杰	59.2570
34	002007	华兰生物	60.9819	65	000042	中洲控股	59.2134
35	300207	欣旺达	60.8195	66	300048	合康新能	59.2038
36	002206	海利得	60.8137	67	600114	东睦股份	59.1958
37	002252	上海莱士	60.7920	68	000338	潍柴动力	59.1776
38	002502	骅威文化	60.7867	69	600477	杭萧钢构	59.1639
39	000002	万科 A	60.5817	70	002756	永兴特钢	59.1627
40	002411	必康股份	60.5720	71	002294	信立泰	59.0457
41	601766	中国中车	60.5295	72	300097	智云股份	58.9828
42	600690	青岛海尔	60.4273	73	000001	平安银行	58.9442
43	601111	中国国航	60.4177	74	300160	秀强股份	58.8357
44	002539	云图控股	60.2280	75	002221	东华能源	58.8100
45	600998	九州通	60.1258	76	300115	长盈精密	58.7987
46	600335	国机汽车	60.0883	77	600155	宝硕股份	58.7827
47	600030	中信证券	60.0865	78	000022	深赤湾 A	58.7769
48	002056	横店东磁	59.9561	79	000615	京汉股份	58.7689
49	601607	上海医药	59.9080	80	002068	黑猫股份	58.7415
50	002327	富安娜	59.8940	81	002310	东方园林	58.7347
51	000538	云南白药	59.7941	82	000766	通化金马	58.7219
52	000006	深振业 A	59.7883	83	002332	仙琚制药	58.6942
53	603306	华懋科技	59.7742	84	002685	华东重机	58.6906
54	300306	远方光电	59.7568	85	002350	北京科锐	58.6546
55	300121	阳谷华泰	59.7465	86	300068	南都电源	58.6113
56	300482	万孚生物	59.7297	87	002120	韵达股份	58.6105
57	000726	鲁泰 A	59.7206	88	601088	中国神华	58.5940
58	002002	鸿达兴业	59.5686	89	002311	海大集团	58.5651
59	002478	常宝股份	59.5031	90	002247	帝龙文化	58.5504
60	601579	会稽山	59.4413	91	002057	中钢天源	58.5270
61	600196	复星医药	59.3311	92	601899	紫金矿业	58.4991

排　名	代　码	公司简称	指　数	排　名	代　码	公司简称	指　数
93	002020	京新药业	58.4815	97	000888	峨眉山A	58.4155
94	002303	美盈森	58.4666	98	000056	皇庭国际	58.4106
95	002217	合力泰	58.4473	99	000610	西安旅游	58.3687
96	300173	智慧松德	58.4471	100	002051	中工国际	58.3247

从表 2-4 可以看出,中小投资者权益保护指数最高的是沪市主板上市公司深高速(68.1120),排在第二、三位的分别是深市中小企业板的登海种业(66.1538)和沪市主板的浦发银行(65.1557)。有 15 家公司连续两年出现在前 100 名中,它们是浦发银行、宝新能源、陕国投 A、华泰证券、海通证券、中国太保、东方航空、招商证券、中信证券、上海医药、云南白药、银之杰、信立泰、宝硕股份、合力泰。① 有 6 家公司连续三年出现在前 100 名中,分别是浦发银行、宝新能源、陕国投 A、中国太保、招商证券和信立泰。

进一步对中小投资者权益保护指数前 100 家上市公司的地区、行业、控股类型和上市板块进行观察,结合附带光盘附表 I-1、I-2,我们发现,前 100 家上市公司中,从地区来看,东部、中部、西部和东北各有 83 家、7 家、7 家和 3 家,各占所在地区上市公司总数的 4.40%、1.75%、1.72% 和 2.04%。从行业来看,主要分布在制造业(57 家)、金融业(15 家)、批发和零售业(7 家)、房地产业(5 家),各占所在行业上市公司总数的 3.21%、26.32%、4.73% 和4.00%。从控股类型来看,国有控股公司有 33 家、非国有控股公司有 67 家,分别占两类公司总数的 3.21% 和 3.70%。其中,在国有控股公司中,中央企业控股的公司有 15 家,占中央企业控股上市公司总数的 4.20%;地方国企控股的公司有 18 家,占地方国企控股上市公司总数的 2.68%。从上市板块看,深市主板(不含中小企业板)、深市中小企业板、深市创业板和沪市主板各有 18 家、36 家、14 家和 32 家,分别占所在板块上市公司总数的 3.86%、4.59%、2.78% 和 2.95%。

需要注意的是,中小投资者权益保护指数最高的前 100 名在地区、行业和控股类型中的分布,并不能完全说明某个地区、行业和控股类型整体表现就好,因为各地区、行业和控股类型的上市公司数量不同。比如,制造业进入前 100 名的公司数多于金融业,但金融业进入前100 名的占比更高,无疑金融业表现更好。再如,中央国有控股公司进入前 100 名的公司数少于地方国有控股公司,但前者占比却远高于后者,显然中央国有控股的公司表现较好。

图 2-2 直观地反映了中小投资者权益保护指数前 100 名的变化。可以看出,前 100 名上市公司的中小投资者权益保护指数的分布并不平坦,最高分 68.1120 分,最低分58.3247 分,绝对差距 9.7873 分,排名在前 10 的企业间的指数波动较大,但排在 10 名之后的企业间得分差距并不大。绝大多数企业分数在 60 分附近浮动。60 分以上有 47 家,60 分

① 2015 年上市公司中小投资者权益保护指数(前 100 名),参见《中国公司治理分类指数报告 No.15(2016)》,第63～66 页。

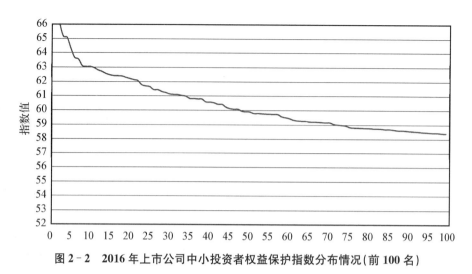

图 2-2   2016 年上市公司中小投资者权益保护指数分布情况(前 100 名)

以下有 53 家,并且前 100 名的指数得分全都在 58 分以上,相较于 2015 年有所提高。

表 2-5 为中小投资者权益保护指数排名最后 100 的上市公司情况。

表 2-5   2016 年上市公司中小投资者权益保护指数排名(后 100 名)

排名	代码	公司简称	指数值	排名	代码	公司简称	指数值
2741	600156	华升股份	35.5759	2759	002084	海鸥卫浴	34.6964
2742	600851	海欣股份	35.5421	2760	600279	重庆港九	34.5004
2743	000892	欢瑞世纪	35.5322	2761	300038	梅泰诺	34.4916
2744	600460	士兰微	35.4885	2762	600289	亿阳信通	34.4546
2745	600844	丹化科技	35.4654	2763	300423	鲁亿通	34.4175
2746	600855	航天长峰	35.4532	2764	000796	凯撒旅游	34.2538
2747	603726	朗迪集团	35.3132	2765	600822	上海物贸	34.2517
2748	300028	金亚科技	35.2722	2766	600758	红阳能源	34.1644
2749	600781	辅仁药业	35.2157	2767	002608	*ST 舜船	34.0699
2750	600258	首旅酒店	35.1149	2768	000950	*ST 建峰	34.0573
2751	600730	中国高科	35.0851	2769	600707	彩虹股份	34.0331
2752	600858	银座股份	35.0327	2770	000995	*ST 皇台	33.9656
2753	603318	派思股份	35.0091	2771	600891	秋林集团	33.9631
2754	000803	*ST 金宇	34.9971	2772	600818	中路股份	33.9320
2755	000835	长城动漫	34.9542	2773	600785	新华百货	33.8683
2756	300029	天龙光电	34.9502	2774	600733	S*ST 前锋	33.7204
2757	600653	申华控股	34.9198	2775	002366	台海核电	33.6931
2758	600767	运盛医疗	34.7648	2776	600847	万里股份	33.6148

排　名	代　码	公司简称	指 数 值	排　名	代　码	公司简称	指 数 值
2777	601991	大唐发电	33.6034	2809	002211	宏达新材	28.8868
2778	002522	浙江众成	33.4040	2810	600760	中航黑豹	28.7378
2779	600408	安泰集团	33.2841	2811	002306	中科云网	28.7245
2780	000611	*ST 天首	33.2165	2812	000691	ST 亚太	28.1459
2781	600860	*ST 京城	33.2153	2813	002192	融捷股份	28.1287
2782	002490	*ST 墨龙	33.1202	2814	601005	*ST 重钢	28.1101
2783	600652	游久游戏	33.0465	2815	000668	荣丰控股	27.9297
2784	600225	*ST 松江	33.0434	2816	002207	准油股份	27.8977
2785	002263	大东南	32.6906	2817	002248	华东数控	27.8030
2786	600399	抚顺特钢	32.6310	2818	002070	众和股份	27.7424
2787	600091	ST 明科	32.5343	2819	000629	*ST 钒钛	27.5529
2788	300399	京天利	32.5101	2820	601010	文峰股份	27.2811
2789	600401	海润光伏	32.2763	2821	300380	安硕信息	27.1184
2790	000595	*ST 宝实	32.1930	2822	600869	智慧能源	26.5744
2791	000932	华菱钢铁	31.5841	2823	600747	大连控股	26.4874
2792	600006	东风汽车	31.5454	2824	600725	ST 云维	26.3455
2793	600870	厦华电子	31.3609	2825	600654	中安消	25.9415
2794	002052	同洲电子	31.1990	2826	000403	ST 生化	25.3840
2795	600391	成发科技	31.1357	2827	600228	*ST 昌九	23.4144
2796	600139	西部资源	30.9402	2828	600145	*ST 新亿	23.2356
2797	000670	盈方微	30.7054	2829	600556	ST 慧球	22.8659
2798	600710	*ST 常林	30.5235	2830	000511	*ST 烯碳	22.6052
2799	600873	梅花生物	30.3551	2831	300372	欣泰电气	22.3368
2800	000755	*ST 三维	30.3241	2832	600247	ST 成城	22.0373
2801	600432	*ST 吉恩	30.2648	2833	600423	柳化股份	21.4074
2802	000782	美达股份	30.0634	2834	600696	*ST 匹凸	21.0489
2803	002504	弘高创意	29.7535	2835	002473	圣莱达	20.6787
2804	000020	深华发 A	29.5346	2836	601519	大智慧	20.1280
2805	000410	沈阳机床	29.4301	2837	600234	ST 山水	19.4307
2806	000982	中银绒业	29.3069	2838	600806	*ST 昆机	18.9789
2807	601558	华锐风电	29.1114	2839	600680	ST 上普	18.7133
2808	600319	亚星化学	28.9576	2840	000693	ST 华泽	15.8190

从表 2-5 可以看出,中小投资者权益保护指数最低的三名分别是深市主板的 ST 华泽(15.8190)、沪市主板的 ST 上普(18.7133)和*ST 昆机(18.9789)。在最后 100 名中,ST 公司有 43 家,占全部 ST 公司的比例为 58.11%。

结合附带光盘附表 I-1、I-2,从地区分布看,中小投资者权益保护指数后 100 名公司中,东部、中部、西部和东北各有 48 家、10 家、31 家和 11 家,分别占所在地区上市公司总数的 2.54%、2.50%、7.64% 和 7.48%,从相对值(比例)角度,西部和东北表现较差。从行业分布看,制造业有 66 家,批发和零售业有 8 家,信息传输、软件和信息技术服务业有 8 家,房地产业有 6 家,采矿业有 4 家,分别占所在行业上市公司总数的 3.72%、5.41%、4.52%、4.80% 和 5.48%,从相对值(比例)角度,采矿业和批发与零售业表现较差。从控股类型看,国有控股公司有 34 家,非国有控股公司有 66 家,分别占同类上市公司总数的 3.30% 和 3.64%,从相对值(比例)角度,非国有控股公司表现较差。在国有控股公司中,最终控制人为中央企业的公司有 10 家,占全部央企控股上市公司的 2.80%;地方国企控股的公司有 24 家,占全部地方国企控股上市公司的 3.57%,从相对值(比例)角度,地方国企控股的公司表现略差。从上市板块看,深市主板(不含中小企业板)、深市中小企业板、深市创业板和沪市主板各有 21 家、15 家、7 家和 57 家,分别占所在板块上市公司数的 4.51%、1.91%、1.39% 和 5.25%,从相对值(比例)角度,沪市主板和深市主板(不含中小企业板)表现较差。

图 2-3 为最后 100 名上市公司中小投资者权益保护指数分布情况(按倒数排列,即指数最后一位作为倒数第一位)。可以看出,最后 14 家公司的指数得分波动较大,整体上比较平缓。最后 100 名上市公司中小投资者权益保护指数分布在 15~36 分之间,最高分 35.5759 分,最低分 15.8190 分,绝对差距 19.7569 分。绝大多数上市公司中小投资者权益保护指数的分布处于 25~35 分之间,但低于 20 分的仍有 4 家公司,相较于 2015 年,低分企业增多。

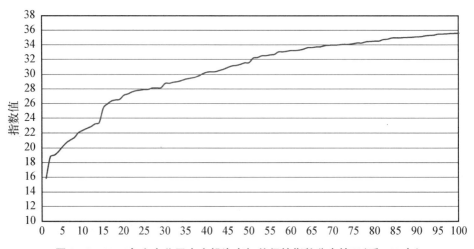

图 2-3　2016 年上市公司中小投资者权益保护指数分布情况(后 100 名)

2.2　分地区中小投资者权益保护指数比较

根据东部、中部、西部和东北四大地区的划分,四个地区上市公司中小投资者权益保护指数总体情况如表 2-6 所示。

表 2-6　2016 年不同地区上市公司中小投资者权益保护指数排名及比较

排名	地　区	公司数目	平 均 值	中 位 值	最 大 值	最 小 值	标 准 差
1	东部	1887	48.2922	48.6368	68.1120	18.7133	6.2158
2	中部	400	47.4112	47.9330	61.2250	19.4307	5.9730
3	东北	147	45.9883	46.8947	61.4225	22.0373	7.0231
4	西部	406	45.8308	46.1593	65.0750	15.8190	7.1602
总　体		2840	47.6970	48.1803	68.1120	15.8190	6.4364

由表 2-6 可知,各地区上市公司中小投资者权益保护指数均值最高的地区为东部(48.2922),其次分别是中部(47.4112)和东北(45.9883),西部(45.8308)排在最后一位,中小投资者权益保护指数最大值出于东部地区,最小值出于西部地区。总体来看,中小投资者权益保护指数的地区间差异不是很大。

图 2-4 可以直观地看出四个地区上市公司中小投资者权益保护之间的差异。

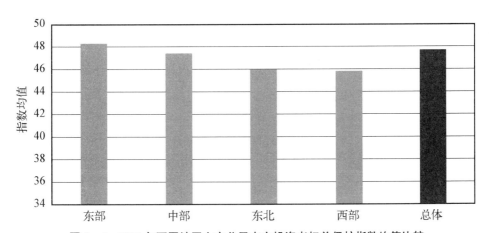

图 2-4　2016 年不同地区上市公司中小投资者权益保护指数均值比较

从图 2-4 可以看出,四个地区中,除东部地区外,中部、西部和东北地区上市公司中小投资者权益保护指数均值都低于总体均值。东部地区的中小投资者权益保护指数高于其他三个地区,这说明由于东部地区经济发达,市场经济发展较其他地区相对更为成熟,中小投资者权益保护也更好一些。

2.3　分行业中小投资者权益保护指数比较

用各个行业上市公司中小投资者权益保护指数的平均值来代表各个行业的上市公司中小投资者权益保护指数,然后将各行业的上市公司中小投资者权益保护指数平均值按照从高到低的顺序进行排名,具体排名结果参见表 2-7。

表 2-7　2016 年不同行业上市公司中小投资者权益保护指数排名及比较

排名	行业名称	公司数目	平均值	中位值	最大值	最小值	标准差
1	金融业(J)	57	54.0947	54.5101	65.1557	39.8356	6.3502
2	卫生和社会工作(Q)	7	51.4501	52.9321	56.0986	45.6718	3.8253
3	水利、环境和公共设施管理业(N)	33	49.1180	49.9135	58.4155	40.2257	5.0303
4	交通运输、仓储和邮政业(G)	87	49.0615	48.4996	68.1120	34.5004	5.4840
5	建筑业(E)	77	48.6009	48.9954	59.1639	29.7535	5.6314
6	农、林、牧、渔业(A)	44	48.0790	48.4546	66.1538	37.2168	6.3736
7	制造业(C)	1775	47.6874	48.2406	63.5538	18.7133	6.3917
8	信息传输、软件和信息技术服务业(I)	177	47.5332	48.5469	59.2570	20.1280	6.5207
9	租赁和商务服务业(L)	40	47.5201	47.4735	57.7684	34.2538	5.2667
10	科学研究和技术服务业(M)	23	47.3854	47.6776	56.2427	36.8705	4.9287
11	电力、热力、燃气及水生产和供应业(D)	96	47.3235	46.2293	64.3275	33.6034	5.5138
12	文化、体育和娱乐业(R)	41	47.0785	46.9964	60.7867	35.5322	5.9119
13	采矿业(B)	73	46.9735	48.7157	65.0750	15.8190	8.1200
14	房地产业(K)	125	46.3820	47.2106	60.5817	21.0489	6.6830
15	批发和零售业(F)	148	46.3578	47.1612	61.3066	22.0373	6.7816
16	综合(S)	23	45.5005	45.7204	53.2061	36.3993	4.3831
17	教育(P)	3	44.7326	45.5228	46.4261	42.2489	2.1978
18	住宿和餐饮业(H)	11	43.4503	43.4731	56.1574	28.7245	8.6668
	总体	2840	47.6970	48.1803	68.1120	15.8190	6.4364

　　从表 2-7 可以看出,在 18 个行业中,有 6 个行业的中小投资者权益保护指数均值高于总体均值(47.6970),这 6 个行业的行业最大均值与总体均值的绝对差距为 6.3977 分;低于总体均值的行业有 12 个,总体均值与这 12 个行业的行业最小均值之间的绝对差距为 4.2467 分。显然,高分区行业的内部差距大于低分区行业。上市公司中小投资者权益保护指数最高的三个行业是金融业(J)(54.0947),卫生和社会工作(Q)(51.4501),水利、环境和公共设施管理业(N)(49.1180),金融业(J)连续三年排名第一。中小投资者权益保护水平最差的三个行业是住宿和餐饮(H)(43.4503),教育(P)(44.7326)和综合(S)(45.5005)。需要注意的是,教育行业(P)只有 3 家上市公司,难以反映该行业中小投资者权益保护的实际平均水平。

　　进一步,利用图 2-5 来显示行业间在中小投资者权益保护上的差异。可以看出,图形整体呈现较为平缓的变动趋势,各行业上市公司的中小投资者保护水平除金融业(J)、卫生和社会工作(Q)明显高于整体水平以外,其他各行业上市公司中小投资者权益保护指数呈现平缓的变化。

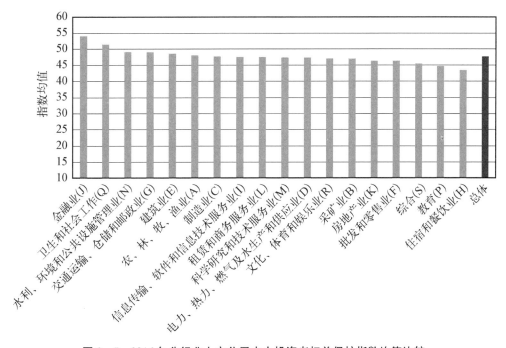

图 2-5　2016 年分行业上市公司中小投资者权益保护指数均值比较

2.4　分上市板块中小投资者权益保护指数比较

　　按照深市主板(不含中小企业板)、深市中小企业板、深市创业板和沪市主板的划分,来比较不同板块上市公司的中小投资者权益保护指数,结果参见表 2-8。

表2-8　2016年不同板块上市公司中小投资者权益保护指数排名及比较

排名	上市板块	公司数目	平均值	中位值	最大值	最小值	标准差
1	深市中小企业板	784	49.0084	49.2573	66.1538	20.6787	5.9380
2	深市创业板	504	48.3689	48.6870	65.0750	22.3368	5.5510
3	深市主板(不含中小企业板)	466	47.4687	48.2033	64.3275	15.8190	6.7890
4	沪市主板	1086	46.5364	46.9257	68.1120	18.7133	6.7891
	总　体	**2840**	**47.6970**	**48.1803**	**68.1120**	**15.8190**	**6.4364**

从表2-8可以看出,2840家上市公司中,沪市主板有1086家,占比38.24%;深交所有1754家企业,占比61.76%。在深交所上市的1754家企业中,中小企业板有784家,创业板有504家,除中小企业板以外的主板有466家。中小投资者权益保护指数平均值从高到低排列依次为深市中小企业板(49.0084)、深市创业板(48.3689)、深市主板(不含中小企业板)(47.4687)和沪市主板(46.5364)。深市在中小投资者权益保护方面的表现好于沪市;深市中小企业板和创业板上市公司中小投资者权益保护水平好于沪深主板上市公司(深市主板不含中小企业板)。

图2 6更直观地反映了不同板块的上市公司中小投资者权益保护指数的差异。可以看到,深市中小企业板和创业板上市公司的中小投资者权益保护指数均高于总体均值,其他两个板块上市公司的中小投资者权益保护指数均低于总体均值。

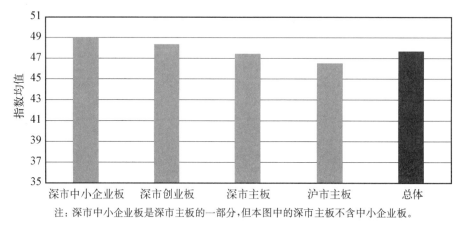

注:深市中小企业板是深市主板的一部分,但本图中的深市主板不含中小企业板。

图2-6　2016年不同板块上市公司中小投资者权益保护指数均值比较

2.5　本章小结

本章分别从总体、地区、行业及上市板块等方面对2016年上市公司的中小投资者权益保护指数进行了比较与分析。主要结论如下:

（1）从总体看，中国上市公司中小投资者权益保护指数最大值 68.1120，最小值 15.8190，平均值 47.6970，标准差 6.4364，样本的得分情况整体偏低。中小投资者权益保护指数分布较为集中，有 78.35% 的公司集中在[40，55)区间，及格率仅为 1.65%。

（2）从地区看，东部地区上市公司中小投资者权益保护指数均值最高，为 48.2922 分，明显高于其他三个地区。西部地区最低，为 45.8308 分。中小投资者权益保护指数的地区间差异不是很大。

（3）从行业看，上市公司中小投资者权益保护指数最高的三个行业是金融业（J）（54.0947），卫生和社会工作（Q）（51.4501），水利、环境和公共设施管理业（N）（49.1180），金融业（J）中小投资者权益保护指数连续三年排名第一；最差的三个行业是住宿和餐饮业（H）（43.4503），教育（P）（44.7326）和综合（S）（45.5005）。需要注意的是，教育行业（P）只有 3 家上市公司，难以反映该行业中小投资者权益保护的实际平均水平。

（4）从上市板块看，中小投资者权益保护指数均值从大到小依次是深市中小企业板（49.0084）、深市创业板（48.3689）、深市主板（不含中小企业板）（47.4687）和沪市主板（46.5364）。深市中小企业板和创业板上市公司中小投资者权益保护水平好于深沪主板上市公司（深市主板不含中小企业板）。

第 3 章
中小投资者权益保护分项指数排名及比较

第 2 章从总体上对中国上市公司中小投资者权益保护指数作了排名,并从地区、行业以及上市板块三个角度进行了分类汇总和分析。本章按照中小投资者权益保护指数四个维度的划分,把中小投资者权益保护指数分解为知情权、决策与监督权、收益权和维权环境四个分项指数,对这四个分项指数进行排名和比较分析。

3.1 中小投资者权益保护分项指数总体情况

本报告以 2016 年沪深主板(含中小企业板)和深市创业板 2840 家上市公司作为样本,计算获得了 2016 年中国上市公司中小投资者权益保护的四个分项指数,其描述性统计结果参见表 3-1。

表 3-1 2016 年上市公司中小投资者权益保护分项指数描述性统计结果

分 项 指 数	公司数目	平均值	中位值	最大值	最小值	标准差
知情权	2840	57.9181	60.0830	87.3963	5.2694	11.3400
决策与监督权	2840	38.2866	39.5455	66.8182	12.2727	9.0030
收益权	2840	38.5055	37.5658	66.1332	0.0000	10.6557
维权环境	2840	56.0779	55.5556	88.8889	0.0000	14.7471

从表 3-1 中可以看出,四个分项指数平均得分都未达到 60 分的及格水平。其中,知情权分项指数的平均值最大,决策与监督权分项指数的平均值最小,知情权和维权环境两个分项指数的平均得分明显高于决策与监督权以及收益权两个分项指数的平均得分,说明上市公司在知情权和维权环境方面做得相对好一点,而在决策与监督权以及收益权方面则还很差;在标准差方面,维权环境分项指数的标准差最大,说明各上市公司在维权环境方面的差距高于其他三个分项指数。

图 3-1 直观地反映了中小投资者权益保护四个分项指数的平均值和中位值的差异。可以看出,四个分项指数的平均值和中位值的排序大体一致,只是决策与监督权、收益权颠倒了位置。

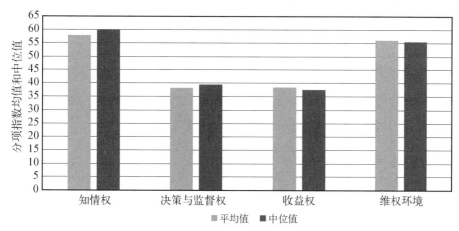

图 3-1　2016 年上市公司中小投资者权益保护分项指数比较

3.2　知情权分项指数排名及比较

中小投资者知情权分项指数侧重从定期报告披露、披露时间、预告业绩与实际业绩的一致性、违规信息披露、外部审计意见、披露便捷性、分析师关注度、媒体关注、独立董事经历披露、财务风险披露等角度来评价中小投资者的知情权状况。本节主要是对中小投资者知情权分项指数排名的各种情况进行比较说明和分析。

3.2.1　知情权分项指数总体分布

基于 2840 家上市公司中小投资者知情权的各项指标,我们得出了每家上市公司中小投资者知情权分项指数。以 10 分为间隔,可以将知情权分项指数划分为 10 个区间段,每个分数区间段的公司数目和所占比重参见表 3-2。

表 3-2　2016 年上市公司中小投资者知情权分项指数区间分布

指 数 区 间	公 司 数 目	占　比(%)	累计占比(%)
[0, 10)	1	0.04	0.04
[10, 20)	8	0.28	0.32
[20, 30)	40	1.41	1.73
[30, 40)	163	5.74	7.46
[40, 50)	332	11.69	19.15
[50, 60)	775	27.29	46.44
[60, 70)	1087	38.27	84.72
[70, 80)	431	15.18	99.89

指数区间	公司数目	占　比(%)	累计占比(%)
[80,90)	3	0.11	100.00
[90,100]	0	0.00	100.00
总　计	2840	100.00	—

由表3-2可见,2016年上市公司中小投资者知情权分项指数分布比较集中,主要集中在[50,60)和[60,70)两个区间内,总计有1862家公司,占样本总数的65.56%。

图3-2直观地描绘了中小投资者知情权分项指数的分布区间。可以看出,2016年上市公司中小投资者知情权分项指数从低分到高分,公司数目呈负偏态分布,偏度系数是-0.7490。

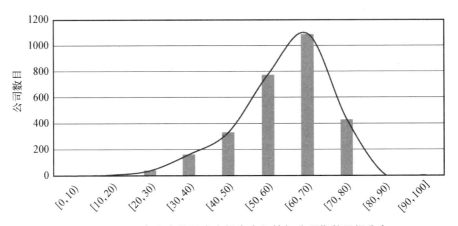

图3-2　2016年上市公司中小投资者知情权分项指数区间分布

3.2.2　分地区知情权分项指数比较

按照东部、中部、西部和东北四个地区的划分,我们进一步统计了不同地区上市公司中小投资者知情权分项指数,参见表3-3。

表3-3　2016年不同地区上市公司中小投资者知情权分项指数排名及比较

排名	地区	公司数目	平均值	中位值	最大值	最小值	标准差
1	东部	1887	58.8827	60.2437	87.3963	15.7673	10.9079
2	中部	400	57.3843	60.0000	78.4335	15.3986	11.7565
3	西部	406	55.3216	58.2676	80.5238	12.6087	11.9001
4	东北	147	54.1600	57.4896	75.4817	5.2694	12.1355
总　体		2840	57.9181	60.0830	87.3963	5.2694	11.3400

从表3-3可以看到,2016年度,中小投资者知情权分项指数在东部、中部、西部和东北四个地区的差别不算很大。其中,东部上市公司的中小投资者知情权分项指数均值最高,为

58.8827 分,东北地区的中小投资者知情权分项指数均值最低,为 54.1600 分,两者绝对差距为 4.7227 分。中小投资者知情权分项指数最大值出自东部,最小值出自东北。

图 3-3 直观地反映了四个地区上市公司中小投资者知情权分项指数均值的差异。可以看到,不同地区上市公司中小投资者知情权分项指数均值相差较为明显,除东部地区外,其他地区中小投资者知情权分项指数均值都低于总体均值。

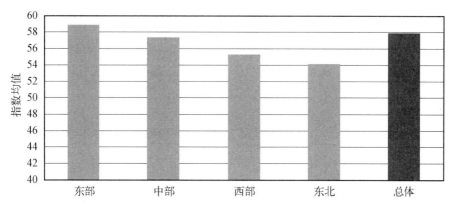

图 3-3　2016 年不同地区上市公司中小投资者知情权分项指数均值比较

3.2.3　分行业知情权分项指数比较

用各个行业内的上市公司中小投资者知情权分项指数的平均值来代表各个行业的上市公司中小投资者知情权分项指数,然后把各个行业的上市公司中小投资者知情权分项指数按照由高到低的顺序进行排名,具体排名结果参见表 3-4。

表 3-4　2016 年不同行业上市公司中小投资者知情权分项指数排名及比较

排名	行　　业	公司数目	平均值	中位值	最大值	最小值	标准差
1	教育(P)	3	62.5587	60.7884	71.6387	55.2490	8.3371
2	卫生和社会工作(Q)	7	62.1515	60.7469	78.4440	46.8567	10.0793
3	水利、环境和公共设施管理业(N)	33	61.6964	60.7884	79.2739	32.1006	9.8687
4	金融业(J)	57	60.2975	60.2437	78.7385	31.8041	12.0635
5	建筑业(E)	77	60.2079	61.6440	79.1791	28.7863	11.2133
6	文化、体育和娱乐业(R)	41	59.3870	60.5394	78.5579	27.5725	11.8547
7	电力、热力、燃气及水生产和供应业(D)	96	59.1396	60.1841	78.1535	27.6087	8.6506
8	科学研究和技术服务业(M)	23	58.7895	58.5321	77.5050	40.4044	9.0796
9	信息传输、软件和信息技术服务业(I)	177	58.3390	60.5394	80.5238	22.8728	12.0974
10	采矿业(B)	73	58.1810	60.2490	79.0868	20.5487	12.4373

续　表

排名	行　　业	公司数目	平均值	中位值	最大值	最小值	标准差
11	制造业(C)	1775	57.9955	60.1140	79.3516	5.2694	11.2542
12	交通运输、仓储和邮政业(G)	87	57.6401	60.1245	77.2922	25.1660	11.3622
13	租赁和商务服务业(L)	40	57.3663	60.0207	77.1368	30.0000	12.9474
14	农、林、牧、渔业(A)	44	56.2953	57.6476	82.1420	27.8419	13.1514
15	房地产业(K)	125	56.2299	57.8629	87.3963	25.7971	11.2561
16	批发和零售业(F)	148	55.5094	57.7075	76.9344	22.5362	11.2414
17	综合(S)	23	52.3574	55.6586	61.1770	37.5725	7.6868
18	住宿和餐饮业(H)	11	49.2260	52.4323	71.6026	25.3986	14.6506
	总　　体	2840	57.9181	60.0830	87.3963	5.2694	11.3400

　　从表3-4可以看出,18个行业中,有11个行业的中小投资者知情权分项指数均值高于总体均值(57.9181),这11个行业的行业最大均值与总体均值的绝对差距为4.6406分;其他7个行业的上市公司中小投资者知情权分项指数均值低于总体均值,总体均值与这7个行业的行业最小均值的绝对差距为8.6921分。显然,知情权分项指数的高分区行业内部差距小于低分区行业。上市公司中小投资者知情权分项指数均值排名前三位的行业分别是教育(P),卫生和社会工作(Q),水利、环境和公共设施管理业(N)。但需要注意的是,教育行业(P)只有3家上市公司,难以反映该行业知情权的实际平均水平。排名最后三位的行业分别是住宿和餐饮业(H),综合(S),批发和零售业(F)。中小投资者知情权分项指数最大值出自房地产业(K),最小值出自制造业(C)。

　　图3-4直观地反映了不同行业中小投资者知情权分项指数均值的差异。可以看到,排

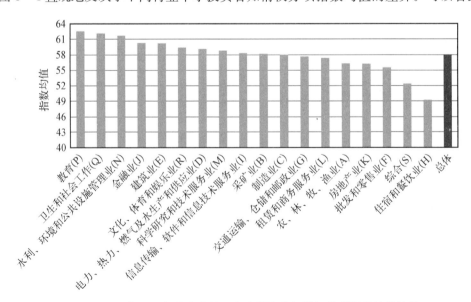

图3-4　2016年不同行业上市公司中小投资者知情权分项指数均值比较

名最高的三个行业的中小投资者知情权分项指数均值明显高于其他行业；排名最低的两个行业的中小投资者知情权分项指数均值则明显低于其他行业；其他各行业从高到低差异并不太明显。

3.2.4　分上市板块知情权分项指数比较

考虑到中小企业板和创业板的特殊性，我们将上市公司划分为深市主板（不含中小企业板）、深市中小企业板、深市创业板和沪市主板，对不同板块上市公司的中小投资者知情权分项指数进行综合比较，结果如表 3-5 所示。

表 3-5　2016 年不同板块上市公司中小投资者知情权分项指数排名及比较

排名	上 市 板 块	公司数目	平 均 值	中 位 值	最 大 值	最 小 值	标准差
1	深市创业板	504	60.1635	60.7858	79.7303	22.7899	10.2901
2	深市中小企业板	784	59.3544	60.4123	82.1420	17.6140	10.5363
3	沪市主板	1086	56.4710	58.4959	80.5238	15.0725	11.7925
4	深市主板（不含中小企业板）	466	56.4455	58.3687	87.3963	5.2694	11.9654
	总　体	2840	57.9181	60.0830	87.3963	5.2694	11.3400

从表 3-5 可以看出，深市创业板上市公司中小投资者知情权分项指数均值最高，为 60.1635 分，其后依次是深市中小企业板和沪市主板，排在最后的是深市主板（不含中小企业板），均值为 56.4455 分。四个板块中，中小投资者知情权分项指数最大值和最小值均出现在深市主板（不含中小企业板）。

图 3-5 可以直观地反映出四个板块上市公司中小投资者知情权的差异。可以看出，深市创业板和深市中小企业板上市公司中小投资者知情权分项指数均值差异不大，都明显高于总体均值较多；沪市主板和深市主板（不含中小企业板）上市公司中小投资者知情权分项指数均值则低于总体均值；深市创业板和深市中小企业板上市公司中小投资者知情权分项指数均值明显高于沪、深两个主板（深市不含中小企业板）上市公司。

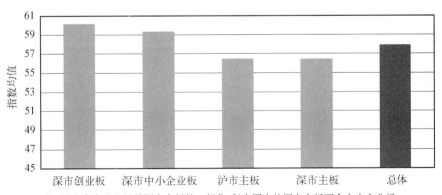

注：深市中小企业板是深市主板的一部分，但本图中的深市主板不含中小企业板。

图 3-5　2016 年不同板块上市公司中小投资者知情权分项指数均值比较

3.3　决策与监督权分项指数排名及比较

中小投资者决策与监督权分项指数侧重在投票方式、独立董事履行职责、行使临时股东大会倡议权、行使股东大会提案权、专门委员会设置、董事长来源等方面,评价中小投资者参与公司决策和履行对经营者监督方面的问题。本节主要对决策与监督权分项指数排名的各种情况进行比较分析。

3.3.1　决策与监督权分项指数总体分布

我们将中小投资者决策与监督权分项指数整体得分情况以 10 分为间隔,划分成 8 个区间段(公司数目为 0 的指数区间合并),得到的结果参见表 3-6。

表 3-6　2016 年上市公司中小投资者决策与监督权分项指数区间分布

指 数 区 间	公 司 数 目	占　比(%)	累计占比(%)
[0, 10)	0	0.00	0.00
[10, 20)	25	0.88	0.88
[20, 30)	315	11.09	11.97
[30, 40)	1667	58.70	70.67
[40, 50)	643	22.64	93.31
[50, 60)	168	5.92	99.23
[60, 70)	22	0.77	100.00
[70, 100]	0	0.00	100.00
总　计	2840	100.00	—

由表 3-6 可以看出,中小投资者决策与监督权分项指数非常集中,主要分布在[30,40)和[40,50)两个区间内,总计有 2310 家公司,占样本总数的 81.34%;尤其是在[30,40)区间,有 1667 家公司,占样本总数的 58.70%。

图 3-6 直观地反映了上市公司中小投资者决策与监督权分项指数的区间分布。可以看出,2016 年上市公司中小投资者决策与监督权分项指数从低分到高分,公司数目呈正偏态分布,偏度系数是 0.2679。

3.3.2　分地区决策与监督权分项指数比较

从东部、中部、西部和东北四个地区的划分来看,东部上市公司中小投资者决策与监督权分项指数均值最高,为 38.5090 分;其次是东北,为 38.2276 分;再次是西部,为 37.8067 分;中部最低,为 37.7459 分。总体来看,这四个地区上市公司中小投资者决策与监

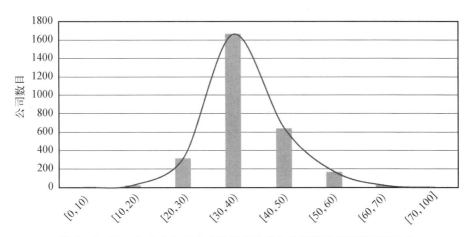

图 3-6　2016 年上市公司中小投资者决策与监督权分项指数区间分布

督权分项指数差别很小,最高的东部与最低的中部之间的中小投资者决策与监督权分项指数绝对差距仅为 0.7631 分,参见表 3-7。

表 3-7　2016 年不同地区上市公司中小投资者决策与监督权分项指数排名及比较

排　名	地　　区	公司数目	平　均　值	中　位　值	最　大　值	最　小　值	标　准　差
1	东部	1887	38.5090	39.5455	66.8182	12.2727	8.9361
2	东北	147	38.2276	39.5455	66.6434	15.4545	9.1888
3	西部	406	37.8067	39.2204	66.8182	12.2727	9.2588
4	中部	400	37.7459	39.5455	65.4545	15.4545	8.9772
总　　体		**2840**	**38.2866**	**39.5455**	**66.8182**	**12.2727**	**9.0030**

图 3-7 更直观地反映了四个地区上市公司中小投资者决策与监督权分项指数均值的差异。可以看出,只有东部上市公司中小投资者决策与监督权分项指数均值高于总体均值,其他三个地区都低于总体均值。在四个地区中,中小投资者决策与监督权分项指数最大值和最小值均出自东部和西部(并列)。

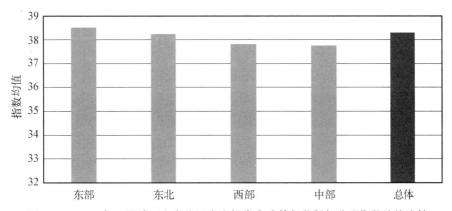

图 3-7　2016 年不同地区上市公司中小投资者决策与监督权分项指数均值比较

3.3.3　分行业决策与监督权分项指数比较

按照 18 个行业的划分,不同行业上市公司中小投资者决策与监督权分项指数均值排名参见表 3-8。

表 3-8　2016 年不同行业上市公司中小投资者决策与监督权分项指数排名及比较

排名	行　　业	公司数目	平均值	中位值	最大值	最小值	标准差
1	金融业(J)	57	47.2256	47.4506	66.6116	30.2020	9.0600
2	卫生和社会工作(Q)	7	41.7532	42.7273	48.6364	30.4545	6.2458
3	农、林、牧、渔业(A)	44	40.0940	39.5455	60.6061	20.6061	9.2341
4	交通运输、仓储和邮政业(G)	87	39.5360	39.5455	66.6434	12.2727	9.8490
5	教育(P)	3	39.4636	39.5455	39.5455	39.2998	0.1419
6	住宿和餐饮业(H)	11	39.0040	42.7273	48.6364	15.4545	11.8190
7	综合(S)	23	38.9236	39.3340	57.7273	24.5455	9.8256
8	建筑业(E)	77	38.8874	39.5455	60.0568	15.4545	9.5990
9	采矿业(B)	73	38.8115	39.1667	66.8182	12.2727	10.3970
10	水利、环境和公共设施管理业(N)	33	38.7842	39.5455	63.6364	29.7811	7.4422
11	租赁和商务服务业(L)	40	38.7163	39.5455	57.7273	12.2727	9.9443
12	批发和零售业(F)	148	38.5842	39.5455	57.7273	18.6364	8.3550
13	信息传输、软件和信息技术服务业(I)	177	38.0992	39.5455	63.6364	18.6364	8.4207
14	制造业(C)	1775	37.9521	39.3290	66.8182	12.2727	8.9275
15	电力、热力、燃气及水生产和供应业(D)	96	37.4903	39.3461	66.8182	15.2922	8.8693
16	房地产业(K)	125	37.2436	39.5455	57.7273	12.2727	8.1156
17	科学研究和技术服务业(M)	23	37.1881	39.1667	56.9008	24.5455	7.8552
18	文化、体育和娱乐业(R)	41	37.0328	39.0909	54.5455	21.3636	8.2193
	总　　体	2840	38.2866	39.5455	66.8182	12.2727	9.0030

由表 3-8 可知,18 个行业中,有 12 个行业的中小投资者决策与监督权分项指数均值高于总体均值,这 12 个行业的最大均值与总体均值的绝对差距为 8.9390 分;其他 6 个行业的决策与监督权分项指数均值低于总体均值,总体均值与这 6 个行业的最小均值的绝对差距为 1.2538 分。显然,中小投资者决策与监督权分项指数高分区行业的内部差距远大于低分区行业。18 个行业中,上市公司中小投资者决策与监督权分项指数均值排名前三的行业分别是金融业(J),卫生和社会工作(Q),农、林、牧、渔业(A);排在最后三位的分别是文化、体育和娱乐业(R),科学研究和技术服务业(M),房地产业(K)。中小投资者决策与监督权分

项指数最大值出自采矿业(B),制造业(C),电力、热力、燃气及水生产和供应业(D)(三个行业并列),最小值出自交通运输、仓储和邮政业(G),采矿业(B),租赁和商务服务业(L),制造业(C)和房地产业(K)(五个行业均有最小值)。

　　图3-8直观地反映了不同行业上市公司中小投资者决策与监督权分项指数均值的差异。可以看到,除了排名第一的金融业(J)和排名第二的卫生和社会工作(Q)上市公司中小投资者决策与监督权分项指数均值远高于其他行业外,其他行业上市公司中小投资者决策与监督权分项指数均值从大到小差别不大,较为平缓。

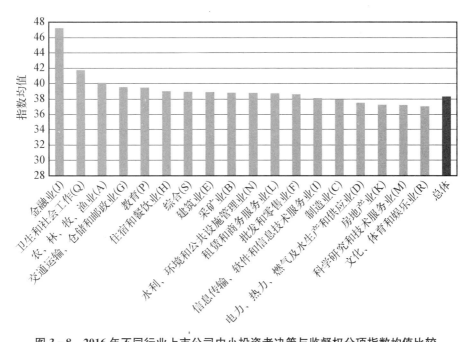

图 3-8　2016 年不同行业上市公司中小投资者决策与监督权分项指数均值比较

3.3.4　分上市板块决策与监督权分项指数比较

　　按照四个上市板块的划分,对不同板块上市公司中小投资者决策与监督权分项指数进行综合比较,结果如表3-9和图3-9所示。

表 3-9　2016 年不同板块上市公司中小投资者决策与监督权分项指数排名及比较

排名	上市板块	公司数目	平均值	中位值	最大值	最小值	标准差
1	深市中小企业板	784	38.8637	39.5455	66.8182	14.0404	8.6044
2	沪市主板	1086	38.6152	39.5455	66.8182	12.2727	9.8779
3	深市主板(不含中小企业板)	466	38.3352	39.2614	66.8182	20.3535	8.7805
4	深市创业板	504	36.6357	36.8182	66.8182	21.3636	7.5499
总体		2840	38.2866	39.5455	66.8182	12.2727	9.0030

从表 3-9 和图 3-9 可以看出,四个板块中,深市中小企业板以 38.8637 分位居第一,沪市主板中小投资者决策与监督权分项指数均值以 38.6152 分位居第二,深市主板(不含中小企业板)以 38.3352 分位居第三,这三个板块中小投资者决策与监督权分项指数均值高于总体均值;深市创业板以 36.6357 分位居最后一位,这个板块中小投资者决策与监督权分项指数均值低于总体均值;四个板块中最高者与最低者之间的均值绝对差距为 2.2280 分,差距不大。四个板块均存在中小投资者决策与监督权分项指数最大值(并列),而最小值出自沪市主板。

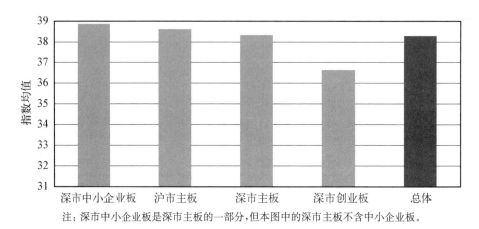

注:深市中小企业板是深市主板的一部分,但本图中的深市主板不含中小企业板。

图 3-9　2016 年不同板块上市公司中小投资者决策与监督权分项指数均值比较

3.4　收益权分项指数排名及比较

中小投资者收益权分项指数侧重从个股收益率、现金分红、股利分配、财务绩效、营业收入增长率、是否 ST、保证收益的制度安排等角度来衡量上市公司中小投资者收益权的保障情况。本节就中小投资者收益权分项指数从不同角度进行比较和分析。

3.4.1　收益权分项指数总体分布

本报告计算了 2840 家样本上市公司的中小投资者收益权分项指数,我们将其划分为 8 个区间段,每组以 10 分为间隔(公司数目为 0 的指数区间合并),所有上市公司的中小投资者收益权分项指数分布如表 3-10 和图 3-10 所示。

表 3-10　2016 年上市公司中小投资者收益权分项指数区间分布

指 数 区 间	公 司 数 目	占　比(%)	累计占比(%)
[0, 10)	56	1.97	1.97
[10, 20)	4	0.14	2.11

指 数 区 间	公 司 数 目	占　比(%)	累计占比(%)
[20, 30)	486	17.11	19.23
[30, 40)	1466	51.62	70.85
[40, 50)	76	2.68	73.52
[50, 60)	743	26.16	99.68
[60, 70)	9	0.32	100.00
[70, 100]	0	0.00	100.00
总　计	2840	100.00	—

　　由表 3-10 和图 3-10 可知,大部分公司落在[30,40)和[50,60)两个区间内,总计有2209 家公司,占比为 77.78%;落在 [40,50)区间的公司只有 76 家,占比 2.68%;不同区间公司数分布不一。

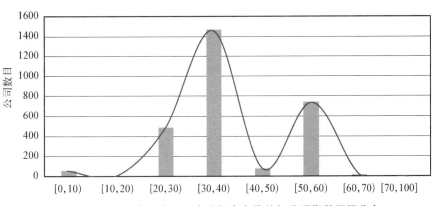

图 3-10　2016 年上市公司中小投资者收益权分项指数区间分布

3.4.2　分地区收益权分项指数比较

　　将上市公司按照东部、中部、西部和东北四个地区划分,不同地区上市公司中小投资者收益权分项指数均值参见表 3-11。

表 3-11　2016 年不同地区上市公司中小投资者收益权分项指数排名及比较

排　名	地　区	公 司 数 目	平 均 值	中 位 值	最 大 值	最 小 值	标 准 差
1	中部	400	38.9148	37.5625	58.1040	0.0000	10.7694
2	东部	1887	38.8172	37.5733	66.1332	0.0000	10.0699
3	东北	147	37.4613	37.5504	54.9211	0.0000	12.0274
4	西部	406	37.0314	37.5327	62.1164	0.0000	12.4142
总　体		2840	38.5055	37.5658	66.1332	0.0000	10.6557

由表 3-11 可知,中部上市公司中小投资者收益权分项指数均值最高,为 38.9148 分;其次是东部地区,为 38.8172 分;东北地区排在第三位,为 37.4613 分;西部地区中小投资者收益权分项指数均值排在最后,为 37.0314 分;最高与最低地区的绝对差距为 1.8834 分,差距不大。在四个地区中,中小投资者收益权分项指数最大值出自东部,最小值为 0 分,四个地区均有最小值。

图 3-11 更直观地反映了不同地区上市公司中小投资者收益权分项指数均值的差异。可以看出,不同地区上市公司中小投资者收益权分项指数均值的差别不大。中部和东部两个地区的上市公司中小投资者收益权分项指数均值略高于总体均值,东北和西部两个地区中小投资者收益权分项指数差异较小,均值略低于总体均值。

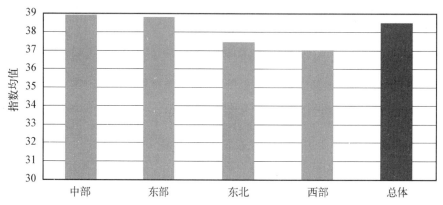

图 3-11　2016 年不同地区上市公司中小投资者收益权分项指数均值比较

3.4.3　分行业收益权分项指数比较

按照行业划分,不同行业上市公司中小投资者收益权分项指数也会存在差别。按照中小投资者收益权分项指数均值从大到小的顺序,将不同行业上市公司中小投资者收益权分项指数均值的排名列在表 3-12 中。

表 3-12　2016 年不同行业上市公司中小投资者收益权分项指数排名及比较

排名	行　业	公司数目	平均值	中位值	最大值	最小值	标准差
1	金融业(J)	57	41.3118	37.5372	53.8797	23.1604	9.3305
2	建筑业(E)	77	41.0512	37.5663	56.9423	0.0000	10.4859
3	农、林、牧、渔业(A)	44	40.5481	37.6730	66.1332	8.5078	11.8331
4	采矿业(B)	73	39.9273	37.6803	54.8770	0.0000	14.2229
5	交通运输、仓储和邮政业(G)	87	39.6575	37.5535	54.9211	23.1496	9.0325
6	制造业(C)	1775	38.7978	37.5732	62.1150	0.0000	10.7825
7	电力、热力、燃气及水生产和供应业(D)	96	38.6593	37.5480	62.1164	23.0572	9.7289

续　表

排名	行　　业	公司数目	平均值	中位值	最大值	最小值	标准差
8	综合(S)	23	38.4504	37.5366	56.9302	23.1314	9.4987
9	批发和零售业(F)	148	38.3045	37.5343	56.8698	0.0000	9.8459
10	卫生和社会工作(Q)	7	37.9273	37.6700	40.0258	37.2707	0.9377
11	房地产业(K)	125	37.5390	37.6085	62.0753	8.0953	9.9632
12	科学研究和技术服务业(M)	23	36.4143	37.4857	51.9317	23.0967	10.5343
13	租赁和商务服务业(L)	40	36.0257	37.5523	56.1100	22.9596	9.6369
14	水利、环境和公共设施管理业(N)	33	36.0251	37.5311	51.9253	13.8482	8.7693
15	文化、体育和娱乐业(R)	41	35.7968	37.5393	52.1076	23.1970	9.1252
16	信息传输、软件和信息技术服务业(I)	177	35.2264	37.5620	56.5230	0.0000	9.6081
17	住宿和餐饮业(H)	11	32.2381	37.4703	55.1920	0.0000	18.5660
18	教育(P)	3	25.7970	37.5737	37.5927	2.2248	20.4142
总　体		2840	38.5055	37.5658	66.1332	0.0000	10.6557

从表 3-12 中可以看出,18 个行业中,有 7 个行业的中小投资者收益权分项指数均值高于总体均值,这 7 个行业的最大均值与总体均值的绝对差距为 2.8063 分;其他 11 个行业的收益权分项指数均值低于总体均值,总体均值与这 11 个行业的最小均值的绝对差距为 12.7085 分。显然,中小投资者收益权分项指数高分区行业的内部差距远小于低分区行业。上市公司中小投资者收益权分项指数均值排名前三位的行业分别是金融业(J),建筑业(E),农、林、牧、渔业(A);最后三位分别是教育(P),住宿和餐饮业(H),以及信息传输、软件和信息技术服务业(I)。需要注意的是,教育行业只有 3 家企业,难以反映该行业收益权的实际平均水平。中小投资者收益权分项指数最大值出自农、林、牧、渔业(A),中小投资者收益权分项指数最小值为 0 分,建筑业(E)、采矿业(B)、制造业(C)、批发和零售业(F)、信息传输、软件和信息技术服务业(I),以及住宿和餐饮业(H)6 个行业都有最小值。

图 3-12 更直观地反映了不同行业上市公司中小投资者收益权分项指数均值的差异。可以看出,图形整体呈现较为平缓的变动趋势,高分区差距较小;在低分区,如果不考虑样本量很少的教育业(P),则住宿和餐饮业(H)中小投资者收益权分项指数明显低于其他行业。

3.4.4　分上市板块收益权分项指数比较

按照前述四个上市板块的划分,对不同板块上市公司中小投资者收益权分项指数进行综合比较,结果如表 3-13 和图 3-13 所示。

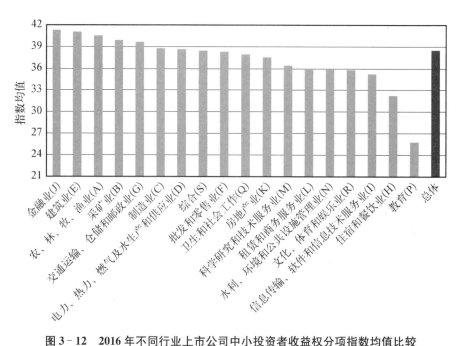

图 3-12 2016 年不同行业上市公司中小投资者收益权分项指数均值比较

表 3-13 2016 年不同板块上市公司中小投资者收益权分项指数排名及比较

排名	上 市 板 块	公司数目	平 均 值	中 位 值	最 大 值	最 小 值	标 准 差
1	沪市主板	1086	39.5984	37.5702	62.1164	0.0000	10.7120
2	深市中小企业板	784	38.7055	37.5749	66.1332	0.0000	10.1818
3	深市创业板	504	37.8381	37.5766	61.0098	22.9942	9.7233
4	深市主板(不含中小企业板)	466	36.3437	37.5151	62.0753	0.0000	11.8586
	总 体	2840	38.5055	37.5658	66.1332	0.0000	10.6557

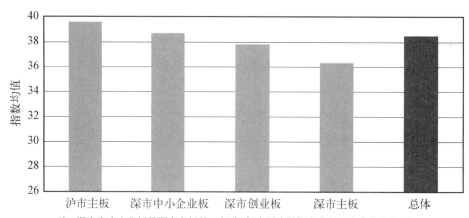

注：深市中小企业板是深市主板的一部分，但本图中的深市主板不含中小企业板。

图 3-13 2016 年不同板块上市公司中小投资者收益权分项指数均值比较

从表3-13和图3-13可以看出,沪市主板上市公司中小投资者收益权分项指数均值最高;深市中小企业板上市公司中小投资者收益权分项指数均值位居第二;深市创业板中小投资者收益权分项指数均值排在第三;深市主板(不含中小企业板)中小投资者收益权分项指数均值最小,比第一位的沪市主板低3.2547分。四个板块中,沪市主板和深市中小板中小投资者收益权分项指数均值高于总体均值;深市创业板和深市主板(不含中小企业板)中小投资者收益权分项指数均值低于总体均值,中小投资者收益权分项指数最大值出自深市中小企业板,最小值为0分,沪市主板、深市中小企业板和深市主板(不含中小企业板)三个板块均有最小值。

3.5 维权环境分项指数排名及比较

中小投资者维权环境分项指标侧重从股东诉讼及赔偿、实际控制人是否因违规而遭处罚或谴责、是否建立违规风险准备金制度、投资者关系建设、内部控制、各专门委员会的作用、是否披露存在重大内部控制缺陷、风险控制机构设置,以及是否出现股价异动等方面来评估中小投资者的维权环境情况。本节就中小投资者维权环境分项指数从不同角度进行比较和分析。

3.5.1 维权环境分项指数总体分布

我们把中小投资者维权环境分项指数以10分为间隔划分为10个组,所有上市公司中小投资者维权环境分项指数如表3-14。

表3-14 2016年上市公司中小投资者维权环境分项指数区间分布

指 数 区 间	公 司 数 目	占 比(%)	累计占比(%)
[0, 10)	9	0.32	0.32
[10, 20)	13	0.46	0.77
[20, 30)	106	3.73	4.51
[30, 40)	318	11.20	15.70
[40, 50)	500	17.61	33.31
[50, 60)	739	26.02	59.33
[60, 70)	628	22.11	81.44
[70, 80)	505	17.78	99.23
[80, 90)	22	0.77	100.00
[90, 100]	0	0.00	100.00
总 计	2840	100.00	—

由表 3－14 可知,上市公司中小投资者维权环境分项指数主要分布在[40,50)、[50,60)、[60,70)和[70,80)四个区间,共有公司 2372 家公司,占样本总数的 83.52%。

图 3－14 直观地描绘了中小投资者维权环境分项指数的分布区间。可以看出,2016 年上市公司中小投资者维权环境分项指数从低分到高分,公司数目呈负偏态分布,偏度系数是－0.4996。

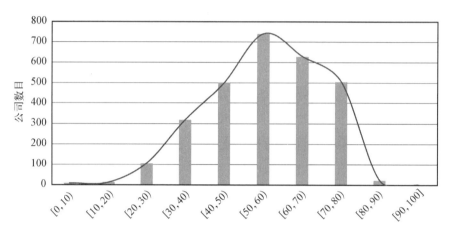

图 3－14   2016 年上市公司中小投资者维权环境分项指数区间分布

3.5.2   分地区维权环境分项指数比较

按照东部、中部、西部和东北四个地区的划分,各地区上市公司中小投资者维权环境分项指数比较参见表 3－15。

表 3－15   2016 年不同地区上市公司中小投资者维权环境分项指数排名及比较

排 名	地 区	公司数目	平 均 值	中 位 值	最 大 值	最 小 值	标 准 差
1	东部	1887	56.9599	58.8889	88.8889	0.0000	14.5173
2	中部	400	55.6000	55.5556	77.7778	8.8889	14.2675
3	东北	147	54.1043	55.5556	83.3333	0.0000	15.5711
4	西部	406	53.1637	55.5556	83.3333	0.0000	15.5348
总 体		2840	56.0779	55.5556	88.8889	0.0000	14.7471

由表 3－15 可知,东部上市公司中小投资者维权环境分项指数均值最高,为 56.9599 分;其次是中部和东北;西部上市公司中小投资者维权环境分项指数均值最低,为 53.1637 分;最高与最低之间的绝对差距为 3.7962 分,差距较小。在四个地区中,中小投资者维权环境分项指数最大值出自东部,最小值为 0 分,东部、东北和西部均有最小值。

图 3－15 更直观地反映了不同地区上市公司中小投资者维权环境分项指数均值的差异。可以看到,只有东部上市公司中小投资者维权环境分项指数均值超过总体均值,其他三个地区上市公司中小投资者维权环境分项指数均值都低于总体均值。

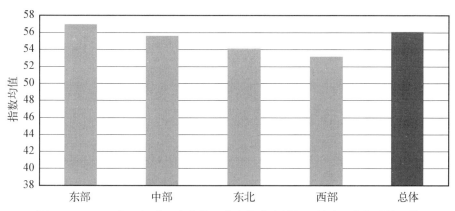

图 3-15 2016 年不同地区上市公司中小投资者维权环境分项指数均值比较

3.5.3 分行业维权环境分项指数比较

按照 18 个行业大类划分,各行业上市公司中小投资者维权环境分项指数排名见表 3-16。

表 3-16 2016 年不同行业上市公司中小投资者维权环境分项指数排名及比较

排名	行 业	公司数目	平均值	中位值	最大值	最小值	标准差
1	金融业(J)	57	67.5439	70.0000	83.3333	36.6667	12.0400
2	卫生和社会工作(Q)	7	63.9683	66.6667	77.7778	33.3333	16.4036
3	水利、环境和公共设施管理业(N)	33	59.9663	66.6667	77.7778	25.5556	14.8980
4	交通运输、仓储和邮政业(G)	87	59.4125	58.8889	88.8889	33.3333	11.9368
5	信息传输、软件和信息技术服务业(I)	177	58.4683	58.8889	77.7778	11.1111	14.8259
6	租赁和商务服务业(L)	40	57.9722	55.5556	77.7778	27.7778	14.2645
7	科学研究和技术服务业(M)	23	57.1498	55.5556	77.7778	33.3333	13.0862
8	文化、体育和娱乐业(R)	41	56.0976	55.5556	77.7778	33.3333	13.7552
9	制造业(C)	1775	56.0044	55.5556	88.8889	0.0000	14.7318
10	农、林、牧、渔业(A)	44	55.3788	55.5556	77.7778	25.5556	13.3289
11	房地产业(K)	125	54.5156	55.5556	83.3333	0.0000	15.4578
12	建筑业(E)	77	54.2569	55.5556	83.3333	14.4444	13.3094
13	电力、热力、燃气及水生产和供应业(D)	96	54.0046	55.5556	83.3333	20.0000	13.8407
14	住宿和餐饮业(H)	11	53.3333	61.1111	77.7778	31.1111	18.2236
15	批发和零售业(F)	148	53.0330	55.5556	77.7778	20.0000	14.7432

续　表

排名	行　　业	公司数目	平 均 值	中 位 值	最 大 值	最 小 值	标 准 差
16	综合(S)	23	52.2705	55.5556	70.0000	25.5556	13.2382
17	教育(P)	3	51.1111	47.7778	72.2222	33.3333	19.6576
18	采矿业(B)	73	50.9741	55.5556	83.3333	0.0000	17.1563
	总　　体	2840	56.0779	56.0779	88.8889	0.0000	14.7471

由表 3-16 可以看出,18 个行业中,有 8 个行业的中小投资者维权环境分项指数均值高于总体均值,这 8 个行业的最大均值与总体均值的绝对差距为 11.4660 分;其他 10 个行业的维权环境分项指数均值低于总体均值,总体均值与这 10 个行业的最小均值的绝对差距为 5.1038 分。显然,中小投资者收益权分项指数高分区行业的内部差距远大于低分区行业。上市公司中小投资者维权环境分项指数均值排在前三位的行业分别是金融业(J),卫生和社会工作(Q),水利、环境和公共设施管理业(N);而采矿业(B),教育(P),综合(S)排名最后三位。需要注意的是,教育行业(P)只有 3 家上市公司,难以反映该行业的实际平均水平。中小投资者维权环境分项指数最大值出自制造业(C),交通运输、仓储和邮政业(G)(两个行业并列),最小值出自制造业(C),房地产业(K)和采矿业(B)(三个行业均有最小值0)。

图 3-16 直观地反映了不同行业上市公司中小投资者维权环境分项指数均值的差异。可以看到,中小投资者维权环境分项指数最高的行业和最低的行业之间的差距还是比较大的,尤其是金融业(J),卫生和社会工作(Q)两个行业比较突出。

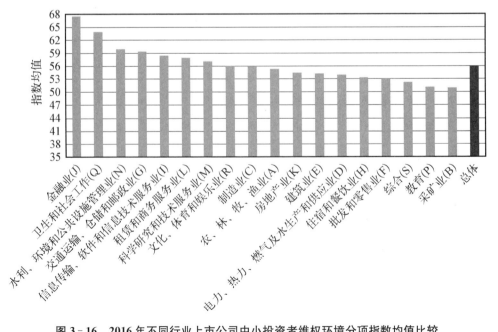

图 3-16　2016 年不同行业上市公司中小投资者维权环境分项指数均值比较

3.5.4 分上市板块维权环境分项指数比较

按照四个上市板块的划分,对不同板块上市公司中小投资者维权环境分项指数进行综合比较,结果如表 3-17 和图 3-17 所示。

表 3-17 2016 年不同板块上市公司中小投资者维权环境分项指数排名及比较

排名	上 市 板 块	公司数目	平 均 值	中 位 值	最 大 值	最 小 值	标准差
1	深市中小企业板	784	59.1100	61.1111	88.8889	11.1111	14.3416
2	深市创业板	504	58.8382	58.8889	77.7778	0.0000	13.4016
3	深市主板(不含中小企业板)	466	58.7506	58.8889	83.3333	0.0000	14.7901
4	沪市主板	1086	51.4610	53.3333	88.8889	0.0000	14.4575
总　体		**2840**	**56.0779**	**56.0779**	**88.8889**	**0.0000**	**14.7471**

从表 3-17 可以看出,深市中小企业板块上市公司中小投资者维权环境分项指数均值最高;深市创业板和深市主板(不含中小企业板)中小投资者维权环境分项指数均值分别排第二和第三;沪市主板中小投资者维权环境分项指数均值排在最后,且与排名最高的深市中小企业板块上市公司中小投资者维权环境分项指数均值相差很大,绝对差额为7.6490 分。

从图 3-17 可以更直观地看出,深市中小企业板、深市创业板和深市主板(不含中小企业板)上市公司中小投资者维权环境分项指数均值高于总体均值,三个板块差距不大;沪市主板上市公司中小投资者维权环境分项指数均值显著低于总体均值,与其他三个板块相比差距较大。在四个板块中,中小投资者维权环境分项指数最大值出自深市中小企业板和沪市主板(并列),最小值出自深市创业板、深市主板(不含中小企业板)和沪市主板(并列)。

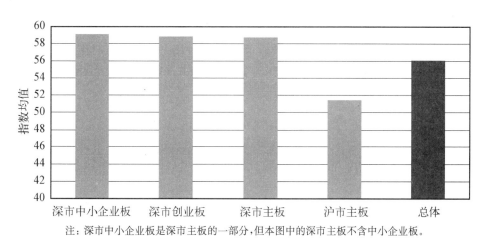

注:深市中小企业板是深市主板的一部分,但本图中的深市主板不含中小企业板。

图 3-17 2016 年不同板块上市公司中小投资者维权环境分项指数均值比较

3.6　本章小结

　　本章从总体、地区、行业和上市板块四个方面,对中小投资者权益保护的四个分项指数,即知情权、决策与监督权、收益权、维权环境进行了全面分析,通过分析我们发现:

　　(1) 从中小投资者权益保护四个分项指数比较来看,四个分项指数都未达到 60 分的及格水平,知情权分项指数均值最大,决策与监督权分项指数均值最小。从指数分布区间来看,知情权分项指数主要集中在[50,70)区间,公司数占样本总数的 65.56%;决策与监督权分项指数主要集中在 [30,50)区间,公司数占样本总数的 81.34%;收益权分项指数主要集中在[30,40)和[50,60)两个区间,公司数占比为 77.78%;维权环境分项指数主要集中在[40,80)区间,占样本总数的 83.52%。

　　(2) 从地区来看,知情权分项指数均值从高到低依次是东部、中部、西部和东北;决策与监督权分项指数均值从高到低依次是东部、东北、西部和中部;收益权分项指数均值从高到低依次是中部、东部、东北和西部;维权环境分项指数均值从高到低依次是东部、中部、东北和西部。总体看,在其中的三个分项指数中,东部都是位列第一,表现较好。

　　(3) 从行业来看,知情权分项指数均值最高的前三位是教育(P),卫生和社会工作(Q),以及水利、环境和公共设施管理业(N);决策与监督权分项指数均值最高的前三位是金融业(J),卫生和社会工作(Q),农、林、牧、渔业(A);收益权分项指数均值最高的前三位是金融业(J),建筑业(E),农、林、牧、渔业(A);维权环境分项指数均值最高的前三位是金融业(J),卫生和社会工作(Q),水利、环境和公共设施管理业(N)。其中,在三个分项指数中,金融业(J)都名列第一,这说明金融业(J)上市公司的中小投资者权益保护相对较好。

　　(4) 从上市板块来看,知情权分项指数均值从高到低依次是深市创业板、深市中小企业板、沪市主板、深市主板(不含中小企业板);决策与监督权分项指数均值从高到低依次是深市中小企业板、沪市主板、深市主板(不含中小企业板)、深市创业板;收益权分项指数均值从高到低依次是沪市主板、深市中小企业板、深市创业板、深市主板(不含中小企业板);维权环境分项指数均值从高到低依次是深市中小企业板、深市创业板、深市主板(不含中小企业板)、沪市主板。总体看,在中小投资者权益保护四个分项指数中,深市中小企业板表现相对较好,而深市主板(不含中小企业板)则表现较差。

第 4 章

中小投资者权益保护指数的所有制比较

根据第1章的控股或所有制类型划分,中国的上市公司可以分为国有绝对控股公司、国有强相对控股公司、国有弱相对控股公司、国有参股公司和无国有股份公司五种类型,还可以进一步归类为国有控股公司和非国有控股公司两个大类。那么,国有控股上市公司和非国有控股上市公司的中小投资者权益保护是否有差别,差别有多大,本章将对此进行分析。

4.1 中小投资者权益保护指数总体的所有制比较

4.1.1 中小投资者权益保护总体指数比较

表4-1按照不同所有制上市公司的中小投资者权益保护指数均值进行了降序排列。

表4-1 2016年不同所有制上市公司中小投资者权益保护指数排名及比较

排名	所有制性质	公司数目	平均值	中位值	最大值	最小值	标准差
1	国有绝对控股公司	250	48.3762	48.7054	63.6835	18.7133	6.1158
2	国有参股公司	710	48.0492	48.4702	66.1538	15.8190	6.4688
3	国有强相对控股公司	443	47.6992	48.0541	68.1120	18.9789	6.2539
4	无国有股份公司	1101	47.5213	48.0677	62.6990	19.4307	6.4323
5	国有弱相对控股公司	336	47.0204	47.3165	65.1557	21.4074	6.7892
总 体		2840	47.6970	48.1803	68.1120	15.8190	6.4364

根据表4-1,从整体上看,五类上市公司的中小投资者权益保护指数均值没有很大的差异,也都未达到及格线,说明中小投资者权益保护水平仍普遍较低。其中,国有绝对控股公司的中小投资者权益保护指数均值最高,为48.3762,其后依次是国有参股公司(48.0492)、国有强相对控股公司(47.6992)、无国有股份公司(47.5213),国有弱相对控股公司中小投资者权益保护指数均值最低,为47.0204。进一步从中位值分析,中小投资者权益保护指数中

位值从高到低依次为国有绝对控股公司、国有参股公司、无国有股份公司、国有强相对控股公司和国有弱相对控股公司。从标准差看,国有弱相对控股公司的标准差最大,国有绝对控股公司的标准差最小,两者相差 0.6734,说明各所有制类型上市公司间的内部差距不是很大。

　　为更直观地反映不同所有制上市公司中小投资者权益保护指数的差异,图 4-1 按照第一大股东中的国有股份比例从大到小进行了排序。可以看出,随着国有股比例降低,在三种国有控股公司中,中小投资者权益保护水平略有下降,但国有参股公司却出现上升,再到无国有股份公司,又略有下降,总体呈现"S"形状。这可能意味着,在中国目前资本市场和法律制度不健全的情况下,股权适度集中对中小投资者保护有一定益处,国有参股由于在不同投资者之间产生了一定的制衡,对于中小投资者权益保护也具有一定的作用。从与总体均值的比较看,国有绝对控股公司、国有参股公司和国有强相对控股公司的中小投资者权益保护指数均值高于总体均值,其他两类上市公司的中小投资者权益保护指数均值低于总体均值。

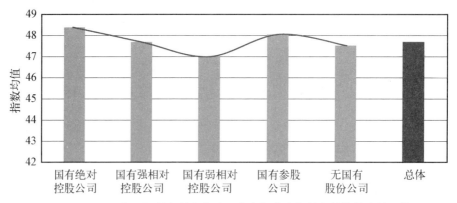

图 4-1　2016 年不同所有制上市公司中小投资者权益保护指数均值比较

　　我们进一步将五种所有制类型上市公司按国有股份比例进行归类,将国有绝对控股公司、国有强相对控股公司和国有弱相对控股公司归类为国有控股公司,将国有参股公司和无国有股份公司归类为非国有控股公司,比较两大类公司的中小投资者权益保护水平,如表4-2所示。

表 4-2　2016 年国有控股和非国有控股上市公司中小投资者权益保护指数排名及比较

排名	所有制性质	公司数目	平均值	中位值	最大值	最小值	标准差
1	非国有控股公司	1811	47.7283	48.2685	66.1538	15.8190	6.4500
2	国有控股公司	1029	47.6420	48.0229	68.1120	18.7113	6.4153
	总　体	2840	47.6970	48.1803	68.1120	15.8190	6.4364

　　从表 4-2 可以看出,2016 年上市公司中,国有控股公司 1029 家,中小投资者权益保护指数最大值为 68.1120,最小值为 18.7113,均值为 47.6420;非国有控股公司 1811 家,最大值为 66.1538,最小值为 15.8190,均值为 47.7283。从整体看,非国有控股与国有控股公司

在平均值、中位值上的差距都很小,但不管是平均值还是中位值,非国有控股公司都高于国有控股公司。

根据实际控制人的性质,我们还可以将国有控股上市公司进一步区分为最终控制人为中央企业的国有控股公司(或称"中央企业控股公司")和最终控制人为地方国企的国有控股公司(或称"地方国企控股公司")。表 4-3 比较了两类国有控股公司与民资股东控股的上市公司(即非国有控股公司)的中小投资者权益保护指数。

表 4-3 2016 年不同最终控制人上市公司中小投资者权益保护指数排名及比较

排名	最终控制人	公司数目	平均值	中位值	最大值	最小值	标准差
1	中央国有企业	357	48.0764	48.5495	63.6835	18.7133	6.4149
2	民资股东	1811	47.7283	48.2685	66.1538	15.8190	6.4500
3	地方国有企业	672	47.4112	47.8313	68.1120	18.9789	6.4082
总 体		2840	47.6970	48.1803	68.1120	15.8190	6.4364

从表 4-3 可以看出,中央企业控股公司的中小投资者权益保护指数均值最高,地方国企控股公司的中小投资者权益保护指数均值最低,且低于总体均值,三类公司的中小投资者权益保护指数总体差异并不明显。

4.1.2 中小投资者权益保护分项指数总体比较

中小投资者权益保护指数包括知情权、决策与监督权、收益权和维权环境四个分项指数,对五类所有制上市公司的四个分项指数进行比较,如表 4-4 所示。

表 4-4 2016 年不同所有制上市公司中小投资者权益保护分项指数均值比较

所有制类型	知情权	决策与监督权	收益权	维权环境
国有绝对控股公司	60.0109	38.2954	39.4784	55.7200
国有强相对控股公司	57.4672	38.2481	39.5509	55.5305
国有弱相对控股公司	56.1515	38.7106	37.8721	55.3472
国有参股公司	58.2605	38.3502	38.3261	57.2598
无国有股份公司	57.9427	38.1296	38.1728	55.8401
总 体	57.9181	38.2866	38.5055	56.0779

从表 4-4 可以看出,知情权分项指数从高到低依次为国有绝对控股公司、国有参股公司、无国有股份公司、国有强相对控股公司和国有弱相对控股公司;决策与监督权分项指数从高到低依次为国有弱相对控股公司、国有参股公司、国有绝对控股公司、国有强相对控股公司和无国有股份公司;收益权分项指数从高到低依次为国有强相对控股公司、国有绝对控股公司、国有参股公司、无国有股份公司和国有弱相对控股公司;维权环境分项指数从高到

低依次为国有参股公司、无国有股份公司、国有绝对控股公司、国有强相对控股公司和国有弱相对控股公司。总体上看,国有参股公司中小投资者权益保护的表现相对比较突出,除了在收益权分项指数上位居第三外,在其他三个分项指数中都居前两位。

图4-2更直观地反映了不同所有制类型上市公司中小投资者权益保护四个分项指数的差异。可以看出,五类所有制上市公司中在四个分项指数中都是知情权分项指数最高,其次是维权环境分项指数,决策与监督权分项指数以及收益权分项指数则明显低于其他两个分项指数。各所有制类型上市公司在每个分项指数上差别较小。

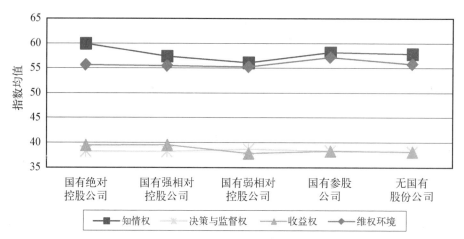

图4-2　2016年不同所有制上市公司中小投资者权益保护分项指数均值比较

我们进一步将国有绝对控股公司、国有强相对控股公司和国有弱相对控股公司合并,视为国有控股公司,将国有参股公司和无国有股份公司合并,视为非国有控股公司,两者的比较见表4-5。可以看出,国有控股公司在决策与监督权以及收益权两个分项指数上略高于非国有控股公司,但在知情权和维权环境两个分项指数上则略低于非国有控股公司。

表4-5　2016年国有控股与非国有控股上市公司中小投资者权益保护分项指数均值比较

所有制类型	知 情 权	决策与监督权	收 益 权	维权环境
国有控股公司	57.6556	38.4106	38.9851	55.5167
非国有控股公司	58.0673	38.2161	38.2329	56.3967
总　体	**57.9181**	**38.2866**	**38.5055**	**56.0779**

图4-3更直观地反映了国有控股公司与非国有控股公司中小投资者权益保护四个分项指数的差异。可以发现,国有控股公司和非国有控股公司在四个分项指数上的差异均不明显。

在表4-6中,我们根据实际控制人的类型,将国有控股上市公司进一步划分为中央企业控股的国有控股公司和地方国企控股的国有控股公司,对两类国有控股公司与民资股东控股上市公司(非国有控股公司)中小投资者权益保护在四个分项指数上进行比较。可以看

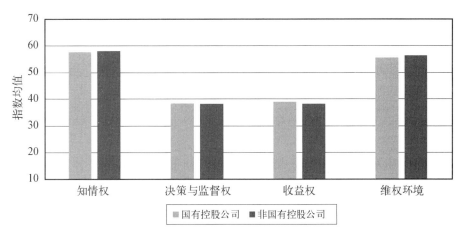

图 4 - 3　2016 年国有控股与非国有控股上市公司中小投资者权益保护分项指数均值比较

出,中央企业控股公司在知情权、决策与监督权和维权环境三个分项指数上均高于地方国企控股公司,且在知情权和维权环境两个分项指数上优势较明显,但在维权环境分项指数上略低于民资控股上市公司。此外,在收益权分项指数上则是地方国企控股公司的表现更好一些,高于中央企业控股公司和民资控股上市公司。

表 4 - 6　2016 年不同最终控制人上市公司中小投资者权益保护分项指数均值比较

最终控制人	知　情　权	决策与监督权	收　益　权	维权环境
中央国有企业	59.3030	38.5222	38.4144	56.0660
地方国有企业	56.7804	38.3513	39.2883	55.2249
民资股东	58.0673	38.2161	38.2329	56.3967
总　体	**57.9181**	**38.2866**	**38.5055**	**56.0779**

图 4 - 4 更直观地反映了中央企业控股公司和地方国企控股公司在中小投资者权益保

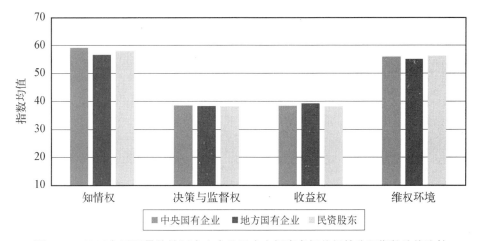

图 4 - 4　2016 年不同最终控制人上市公司中小投资者权益保护分项指数均值比较

护四个分项指数上的差异。可以看到,不同最终控制人的上市公司在决策与监督权分项指数上的均值差异最小,相比之下在其他三个分项指数上的均值差异则明显一些。

4.2   分地区中小投资者权益保护指数的所有制比较

4.2.1   分地区中小投资者权益保护总体指数比较

按照四个地区的划分标准,我们来比较四个地区上市公司的中小投资者权益保护指数的差异,参见表4-7。

表4-7   2016年不同地区国有控股与非国有控股上市公司中小投资者权益保护指数比较

地区	所有制类型	公司数目	平均值	中位值	最大值	最小值	标准差
东部	国有控股公司	579	48.3899	48.5715	68.1120	18.7133	6.2886
	非国有控股公司	1308	48.2490	48.6579	66.1538	20.1280	6.1852
	总 体	1887	48.2922	48.6368	68.1120	18.7133	6.2158
中部	国有控股公司	187	47.1465	47.7427	61.2250	23.4144	6.1594
	非国有控股公司	213	47.6436	48.0909	60.9819	19.4307	5.8090
	总 体	400	47.4112	47.9330	61.2250	19.4307	5.9730
西部	国有控股公司	196	46.3168	46.2674	63.0413	18.9789	6.8069
	非国有控股公司	210	45.3773	45.8815	65.0750	15.8190	7.4625
	总 体	406	45.8308	46.1593	65.0750	15.8190	7.1602
东北	国有控股公司	67	46.4389	47.2728	56.8407	29.4301	6.2121
	非国有控股公司	80	45.6109	46.4122	61.4225	22.0373	7.6550
	总 体	147	45.9883	46.8947	61.4225	22.0373	7.0231

从表4-7可以看出,除中部地区国有控股公司中小投资者权益保护指数均值略低于非国有控股公司外,其余三个地区国有控股公司中小投资者权益保护均值都高于非国有控股公司。对于中位值,东北和西部地区的国有控股公司中小投资者权益保护指数高于非国有控股公司,而东部与中部地区则恰好与之相反,非国有控股公司的中小投资者权益保护指数高于国有控股公司。

图4-5更直观地反映了四个地区中不同所有制上市公司中小投资者权益保护指数均值的差异。可以看到,中部、西部和东北三个地区的国有控股公司与非国有控股公司的中小投资者权益保护水平均值间的差异较明显,东部地区两类公司的中小投资者权益保护指数均值基本持平。

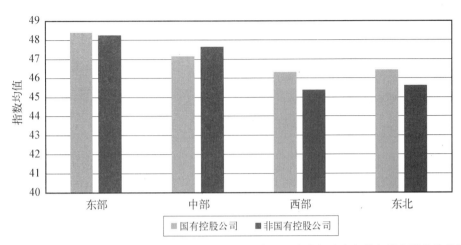

图 4－5　2016 年不同地区国有控股与非国有控股上市公司中小投资者权益保护指数均值比较

4.2.2　分地区中小投资者权益保护分项指数比较

我们继续对四个地区国有控股与非国有控股上市公司的中小投资者权益保护分项指数均值进行比较分析(参见表 4－8)。可以看出,对于知情权分项指数,除东部地区非国有控股公司略高于国有控股公司外,其他三个地区该分项指数均值均为国有控股公司高于非国有控股公司;在决策与监督权分项指数上,东部与中部地区的国有控股公司的指数均值高于非国有控股公司,而西部与东北地区则为非国有控股公司的指数均值高于国有控股公司;四个地区的国有控股公司在收益权分项指数均值上均大于非国有控股公司,其中西部地区差异最大;在维权环境分项指数上,与决策与监督权情况相反,东部与中部地区的非国有控股公司的指数均值高于国有控股公司,而西部与东北地区的国有控股公司的指数均值高于非国有控股公司。

表 4－8　2016 年不同地区国有控股与非国有控股上市公司中小投资者权益保护分项指数均值比较

地区	所有制类型	知　情　权	决策与监督权	收　益　权	维权环境
东部	国有控股公司	58.7978	38.9583	39.2346	56.5688
	非国有控股公司	58.9203	38.3102	38.6324	57.1330
	总　　体	58.8827	38.5090	38.8172	56.9599
中部	国有控股公司	58.0878	38.1306	38.9647	54.4029
	非国有控股公司	57.6446	37.4081	38.8709	56.6510
	总　　体	57.3843	37.7459	38.9148	55.6000
西部	国有控股公司	55.8577	37.3295	38.5028	53.5771
	非国有控股公司	54.8212	38.2522	35.6581	52.7778
	总　　体	55.3216	37.8067	37.0314	53.1637

地区	所有制类型	知 情 权	决策与监督权	收 益 权	维权环境
东北	国有控股公司	54.6292	37.6217	38.2976	55.2073
	非国有控股公司	53.7669	38.7351	36.7609	53.1806
	总　　体	54.1600	38.2276	37.4613	54.1043

　　为了便于比较,我们计算出四个地区非国有控股公司中小投资者权益保护四个分项指数均值与对应的国有控股公司中小投资者权益保护四个分项指数均值的差值,由此可以反映四个地区两类所有制上市公司中小投资者权益保护四个分项指数的差异,如图4-6所示。可以明显看出,东部非国有控股公司在知情权和维权环境方面的表现略好于国有控股公司;中部非国有控股公司在维权环境方面的表现好于国有控股公司;西部和东北非国有控股公司在决策与监督权的表现略好于国有控股公司;西部和东北国有控股公司在知情权、收益权和维权环境三个方面的表现都好于非国有控股公司;四个地区在收益权上均是国有控股公司高于或显著高于非国有控股公司。

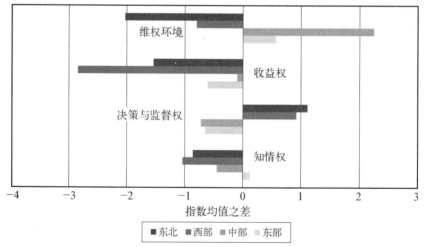

注：指数均值之差＝非国有控股公司中小投资者权益保护分项指数均值－国有控股公司中小投资者权益保护分项指数均值。

图4-6　2016年不同地区国有控股与非国有控股公司中小投资者权益保护分项指数均值之差值比较

4.3　分行业中小投资者权益保护指数的所有制比较

4.3.1　分行业中小投资者权益保护总体指数比较

　　我们选择制造业(C),电力、热力、燃气及水生产和供应业(D),交通运输、仓储和邮政业

（G），信息传输、软件和信息技术服务业（I），金融业（J）和房地产业（K）这六个上市公司较多且具有代表性的行业，对这六个行业上市公司中小投资者权益保护指数进行比较，结果如表4-9所示。

表4-9　2016年不同行业国有控股与非国有控股上市公司中小投资者权益保护指数比较

行　业	所有制类型	公司数目	平均值	中位值	最大值	最小值	标准差
制造业（C）	国有控股公司	504	47.1641	47.7771	61.2250	18.7133	6.5516
	非国有控股公司	1271	47.8950	48.3679	63.5538	19.4307	6.3179
	总　体	1775	47.6874	48.2406	63.5538	18.7133	6.3917
电力、热力、燃气及水生产和供应业（D）	国有控股公司	80	46.8855	46.0372	58.2163	33.6034	5.2781
	非国有控股公司	16	49.5131	50.9817	64.3275	40.8994	6.2996
	总　体	96	47.3235	46.2293	64.3275	33.6034	5.5138
交通运输、仓储和邮政业（G）	国有控股公司	67	49.6563	49.6908	68.1120	34.5004	5.5735
	非国有控股公司	20	47.0691	46.3771	56.0534	39.4973	4.7742
	总　体	87	49.0615	48.4996	68.1120	34.5004	5.4840
信息传输、软件和信息技术服务业（I）	国有控股公司	31	48.1852	49.3739	56.0402	38.3458	5.2383
	非国有控股公司	146	47.3948	48.4109	59.2570	20.1280	6.7693
	总　体	177	47.5332	48.5469	59.2570	20.1280	6.5207
金融业（J）	国有控股公司	40	54.5117	54.8225	65.1557	39.8356	6.5209
	非国有控股公司	17	53.1134	53.7146	63.0454	44.1773	6.0027
	总　体	57	54.0947	54.5101	65.1557	39.8356	6.3502
房地产业（K）	国有控股公司	61	46.7237	47.2995	60.5817	33.0434	6.2217
	非国有控股公司	64	46.0563	47.1049	59.2134	21.0489	7.1288
	总　体	125	46.3820	47.2106	60.5817	21.0489	6.6830

从表4-9可以看出，交通运输、仓储和邮政业（G），金融业（J），信息传输、软件和信息技术服务业（I）及房地产业（K）这四个行业的国有控股公司中小投资者权益保护指数均值高于非国有控股公司，且差距较明显；其余两个行业则是非国有控股公司中小投资者权益保护指数均值高于国有控股公司。六大行业中，国有控股公司与非国有控股公司中小投资者权益保护指数均值相差最大的行业是电力、热力、燃气及水生产和供应业（D），非国有控股公司高出国有控股公司2.6276分，交通运输、仓储和邮政业（G）紧随其后，国有控股公司高出非国有控股公司2.5872分。另外，除制造业（C）中的国有控股公司和非国有控股公司的标准差基本持平外，其他五个行业在标准差上均有较明显差异，其中信息传输、软件和信息技术服务业（I）和房地产业（K）的非国有控股公司中小投资者权益保护水平的离散程度较大。

图4-7更直观地反映了六个行业国有控股公司与非国有控股公司中小投资者权益保护指数的差异。六个行业中,国有控股公司和非国有控股公司中小投资者权益保护指数均值最高的都是金融业(J),而最低的都是房地产业(K)。

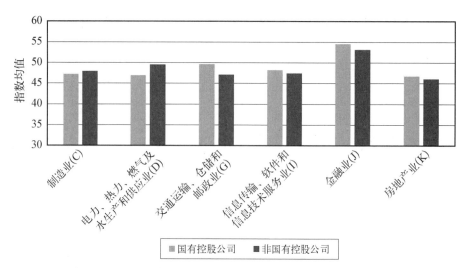

图4-7　2016年不同行业国有控股与非国有控股上市公司中小投资者权益保护指数均值比较

4.3.2　分行业中小投资者权益保护分项指数比较

表4-10对六个行业国有控股公司与非国有控股公司的中小投资者权益保护分项指数进行了比较。可以看出,不同行业两类公司中小投资者权益保护分项指数情况各有千秋。在知情权分项指数中,金融业(J),交通运输、仓储和邮政业(G)和房地产业(K)的国有控股公司高于非国有控股公司,其余三个行业为非国有控股公司高于国有控股公司;在决策与监督权分项指数上,交通运输、仓储和邮政业(G),信息传输、软件和信息技术服务业(I),房地产业(K)以及金融业(J)四个行业的国有控股公司高于非国有控股公司,其他两个行业均为非国有控股公司高于国有控股公司;在收益权分项指数上,除了电力、热力、燃气及水生产和供应业(D),以及金融业(J)两个行业的非国有控股公司高于国有控股公司外,其他四个行业均为国有控股公司高于非国有控股公司;在维权环境分项指数上,除交通运输、仓储和邮政业(G),信息传输、软件和信息技术服务业(I)两个行业国有控股公司高于非国有控股公司外,其他四个行业都是非国有控股公司均值高于国有控股公司。

表4-10　2016年不同行业国有控股与非国有控股上市公司中小投资者权益保护分项指数均值比较

行　　业	所有制类型	知情权	决策与监督权	收益权	维权环境
制造业(C)	国有控股公司	57.5428	37.3996	38.8418	54.8721
	非国有控股公司	58.1750	38.1712	38.7803	56.4534
	总　　体	57.9955	37.9521	38.7978	56.0044

续　表

行　业	所有制类型	知　情　权	决策与监督权	收　益　权	维　权　环　境
电力、热力、燃气及水生产和供应业(D)	国有控股公司	58.4999	37.1543	38.6241	53.2639
	非国有控股公司	62.3377	39.1706	38.8357	57.7083
	总　体	59.1396	37.4903	38.6593	54.0046
交通运输、仓储和邮政业(G)	国有控股公司	58.1325	40.7167	39.7428	60.0332
	非国有控股公司	55.9908	35.5806	39.3716	57.3333
	总　体	57.6401	39.5360	39.6575	59.4125
信息传输、软件和信息技术服务业(I)	国有控股公司	56.4493	39.7801	36.9055	59.6057
	非国有控股公司	58.7402	37.7423	34.8699	58.2268
	总　体	58.3390	38.0992	35.2264	58.4683
金融业(J)	国有控股公司	61.8865	47.9921	40.6682	67.5000
	非国有控股公司	56.5584	45.4223	42.8260	67.6471
	总　体	60.2975	47.2256	41.3118	67.5439
房地产业(K)	国有控股公司	57.3545	37.4458	38.4152	53.6794
	非国有控股公司	55.1580	37.0510	36.7038	55.3125
	总　体	56.2299	37.2436	37.5390	54.5156

　　我们进一步计算出六个行业非国有控股公司中小投资者权益保护四个分项指数均值与对应的国有控股公司中小投资者权益保护四个分项指数均值的差值,由此可以反映这六个行业两类所有制公司中小投资者权益保护四个分项指数的差异,参见图4-8。

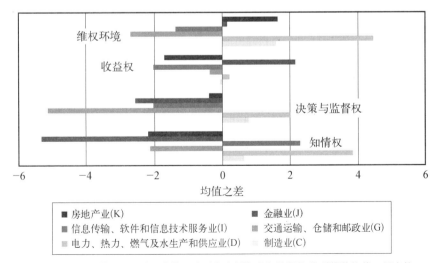

注:指数均值之差=非国有控股公司中小投资者权益保护分项指数均值－国有控股公司中小投资者权益保护分项指数均值。

图 4 - 8　2016 年不同行业国有控股与非国有控股公司中小投资者权益保护分项指数均值之差值比较

图中可见,电力、热力、燃气及水生产和供应业(D)在四个分项指数上都是非国有控股公司高于国有控股公司,尤其是在知情权和维权环境两个分项指数上优势明显;交通运输、仓储和邮政业(G)的国有控股公司在决策与监督方面的优势较明显,四个分项指数均为国有控股公司优于非国有控股公司;信息传输、软件和信息技术服务业(I)除知情权分项指数外,其他三个分项指数都是国有控股公司高于非国有控股公司。

4.4 本 章 小 结

本章从所有制或控股类型角度对 2016 年沪深两市 2840 家上市公司中小投资者权益保护指数及四个分项指数进行了统计和分析,主要结论如下:

关于中小投资者权益保护总体指数:(1)国有控股公司和非国有控股公司的中小投资者权益保护指数均值均未达到及格水平。(2)随着国有股比例降低,中小投资者权益保护水平总体呈现"S"形状,这可能意味着,在中国目前资本市场情况下,股权适度集中对中小投资者保护有一定益处,国有参股由于在不同投资者之间产生了一定的制衡,对于中小投资者权益保护也具有一定的作用。(3)非国有控股公司中小投资者权益保护水平总体上略好于国有控股公司。(4)最终控制人为中央企业的国有控股公司的中小投资者权益保护水平略好于最终控制人为地方国企的国有控股公司,也略好于非国有控股公司。(5)从地区看,除中部地区非国有控股公司中小投资者权益保护指数均值略高于国有控股公司外,其余三个地区都是国有控股公司好于非国有控股公司。(6)从行业看,六个行业中,交通运输、仓储和邮政业(G),金融业(J),信息传输、软件和信息技术服务业(I)及房地产业(K)四个行业的国有控股公司中小投资者权益保护指数均值高于非国有控股公司,且差距较明显;国有控股公司和非国有控股公司中小投资者权益保护指数均值最高的都是金融业,最低的都是房地产业。

关于中小投资者权益保护分项指数:(1)五类所有制上市公司在四个分项指数中的知情权和维权环境两个分项指数上的分值较高,而决策与监督权以及收益权两个分项指数则明显低于前两个分项指数。(2)国有参股公司中小投资者权益保护的表现相对比较突出,除了在收益权分项指数上位居第三外,在其他三个分项指数中都居前两位。(3)从最终控制人角度,除收益权分项指数为地方国企控股公司高于中央企业控股公司外,中央企业控股公司在其他三个分项指数上均高于地方国企控股公司;非国有控股公司在维权环境分项指数的表现最好。(4)从地区看,四个地区国有控股公司在中小投资者权益保护四个分项指数上的表现总体好于非国有控股公司,尤其在收益权分项指数上,四个地区(尤其是西部和东北)均是国有控股公司显著高于非国有控股公司。(5)从行业看,六个行业中,电力、热力、燃气及水生产和供应业(D)在四个分项指数上都是非国有控股公司高于国有控股公司;交通运输、仓储和邮政业(G)的国有控股公司在决策与监督方面的优势较明显,四个分项指数均为国有控股公司优于非国有控股公司;信息传输、软件和信息技术服务业(I)除知情权分项指数外,其他三个分项指数都是国有控股公司高于非国有控股公司。

第 5 章

中小投资者权益保护指数的年度
比较(2014～2016)

2015 年和 2016 年连续两年我们开始对 2014 年和 2015 年中国上市公司中小投资者权益保护水平进行了测度,今年是第三次测度。本章将从总体、地区、行业、所有制和上市板块五个角度,比较分析 2014 年、2015 年和 2016 年三个年度的中国上市公司中小投资者权益保护水平,以了解中小投资者权益保护水平的发展趋势,进而对完善中国中小投资者权益保护制度提供参考。

5.1　中小投资者权益保护指数总体的年度比较

对 2014 年、2015 年和 2016 年三个年度中国上市公司中小投资者权益保护的评价,样本公司数分别是 2514 家、2655 家和 2840 家,基本上是对全部上市公司的评价。比较 2014～2016 年三个年度的样本上市公司中小投资者权益保护指数,以及知情权、决策与监督权、收益权和维权环境四个分项指数,结果参见表 5 - 1。

表 5 - 1　2014～2016 年上市公司中小投资者权益保护指数均值比较

年　份	样 本 量	总体指数	分　项　指　数			
			知 情 权	决策与监督权	收 益 权	维权环境
2014	2514	43.1670	54.7728	35.6674	27.7833	54.4444
2015	2655	45.7782	57.2432	40.0962	40.9259	44.8475
2016	2840	47.6970	57.9181	38.2866	38.5055	56.0779

由表 5 - 1 可知,2014 年、2015 年和 2016 年中小投资者权益保护指数均值分别为 43.1670 分、45.7782 分和 47.6970 分,总体呈上升趋势。相比 2014 年,2015 年中小投资者权益保护指数均值提高 2.6112 分;相比 2015 年,2016 年中小投资者权益保护指数均值提高 1.9188 分。从分项指数看,四个分项指数中 2014 年最低的是收益权分项指数,2015 年和 2016 年最低的都为决策与监督权。2014～2016 年,知情权分项指数均值连续上升,2015 年

知情权分项指数均值较 2014 年提高 2.4704 分,但 2016 年只比 2015 年有微小提高。决策与监督权以及收益权两个分项指数的均值都是 2015 年比 2014 年提高,但 2016 年出现下降,分别下降 1.8096 分和 2.4204 分;维权环境分项指数均值则是在 2015 年大幅下降,降幅为 9.5969 分,而 2016 年又大幅上升,升幅为 11.2304 分,波动较大。

　　图 5-1 更直观地反映了 2014～2016 年中小投资者权益保护总体指数和四个分项指数的变化情况。可以看出,三个年度中小投资者权益保护总体指数均值差别不大,逐年略有提高,2016 年的指数均值最高。从分项指数看,在知情权分项指数上,2015 年较 2014 年的上升幅度大于 2016 年较 2015 年上升的幅度;在决策与监督权以及收益权两个分项指数上,2016 年指数均值较 2015 年有所下降,但仍明显高于 2014 年,尤其是收益权分项指数;在维权环境分项指数上,2016 年明显高于 2015 年,与 2014 年接近。

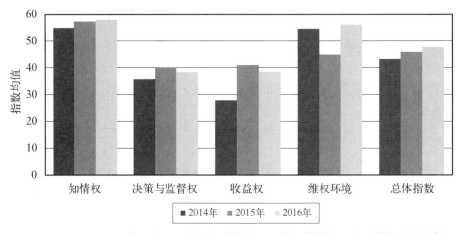

图 5-1　2014～2016 年上市公司中小投资者权益保护总体指数和分项指数均值比较

　　为了弄清导致中小投资者权益保护指数波动的具体原因,表 5-2 比较了 2014～2016 年三个年度中小投资者权益保护指数的具体指标。

表 5-2　2014～2016 年上市公司中小投资者权益保护指数具体指标比较

一级指标	二 级 指 标	2014 年	2015 年	2016 年
知情权 (*MIK*)	1. 是否按时披露公司定期报告	0.9819	0.9874	0.9764
	2. 年报预披露时间与实际披露时间是否一致	0.9320	0.9503	0.9560
	3. 预告业绩与实际业绩是否一致	0.0119	0.1363	0.3004
	4. 公司是否因违规而被证监会、证交所等部门公开批评、谴责或行政处罚	−0.0979	−0.1024	−0.1391
	5. 外部审计是否出具标准无保留意见	0.9614	0.9665	0.9630
	6. 上市公司是否开通微信/微博/网站/投资者咨询电话或在线互动平台	0.4320	0.4105	0.4142
	7. 分析师关注度	0.0611	0.0988	0.1148

续　表

一级指标	二　级　指　标	2014 年	2015 年	2016 年
知情权 (MIK)	8. 是否详细披露独立董事过去三年的任职经历	0.5372	0.5471	0.5695
	9. 媒体关注度	0.0069	0.0157	0.0078
	10. 是否披露可预见的财务风险因素	0.7486	0.8166	0.7680
决策与 监督权 (MIE)	11. 是否采用网络投票制	0.8305	0.9620	0.9577
	12. 是否实行累积投票制	0.2013	0.0753	0.2627
	13. 是否采用中小投资者表决单独计票	0.3210	0.6019	0.3324
	14. 独立董事比例	0.3601	0.3503	0.3582
	15. 有无单独或者合计持有公司 10% 以上股份的股东提出召开临时股东大会	0.0040	0.0026	0.0014
	16. 独立董事是否担任本公司董事长	0.0052	0.0041	0.0028
	17. 有无单独或者合并持有公司 3% 以上股份的股东提出议案	0.0036	0.0008	0.0042
	18. 三个委员会是否设立(审计、提名、薪酬)	0.8768	0.9150	0.8729
	19. 审计委员会主席是否由独立董事担任	0.1639	0.1571	0.1461
	20. 独立董事的董事会实际出席率	0.8392	0.9788	0.9649
	21. 董事长是否来自大股东单位	0.3178	0.3627	0.3081
收益权 (MIR)	22. 个股收益率是否大于或等于市场收益率	0.2852	0.4249	0.3993
	23. 现金分红	0.0052	0.0047	0.0047
	24. 股票股利	0.0052	0.0105	0.0216
	25. 财务绩效	0.0051	0.6167	0.6119
	26. 增长率	0.0013	0.0154	0.0139
	27. 是否 ST	−0.0175	−0.0158	−0.0261
	28. 是否有中小股东收益权的制度安排(分红权)	0.6695	0.8230	0.6930
维权环境 (MII)	29. 股东诉讼及赔偿情况	0.9660	0.9554	0.9829
	30. 控股股东(实际控制人)是否因直接或者间接转移、侵占上市公司资产受到监管机构查处	−0.0091	−0.0128	−0.0148
	31. 是否建立违规风险准备金制度	0.0020	0.0064	0.0021
	32. 投资者关系建设情况	0.5207	0.4729	0.4801
	33. 董事会或股东大会是否定期评估内部控制	0.8441	0.9605	0.9688
	34. 各专门委员会是否在内部控制中发挥作用	0.3934	0.4392	0.4845
	35. 是否披露存在重大内部控制缺陷	−0.0365	−0.1276	−0.1304
	36. 风险控制委员会设置情况如何	0.0199	0.0218	0.0243
	37. 是否存在股价异动	−0.3775	−0.7695	−0.3032

由表 5-2 可知,在知情权分项指数的 10 个二级指标中,指标"1. 是否按时披露公司定期报告"尽管 2016 年略有下降,但总体保持很高水平;指标"2. 年报预披露时间与实际披露时间是否一致"连续提高,始终保持在高位水平;指标"3. 预告业绩与实际业绩是否一致"尽管连续上升,但仍处于很低水平,意味着投资者获取的预告业绩的真实性需要提高,以免对投资者造成投资误导;指标"4. 公司是否因违规而被证监会、证交所等部门公开批评、谴责或行政处罚"连续下降,意味着违规者有所减少,当然也意味着监管机构的监管力度有所加强;指标"5. 外部审计是否出具标准无保留意见"尽管 2016 年有所下降,但仍保持高位,不过也可能意味着外部审计的非独立性较强;指标"6. 上市公司是否开通微信/微博/网站/投资者咨询电话或在线互动平台"2015 年有所提高,2016 年又微降,处于偏低水平,说明公司与投资者的交流平台还可以进一步完善;指标"7. 分析师关注度"尽管三年连续上升,但仍处于低位,说明分析师分析的针对性需要提高;指标"8. 是否详细披露独立董事过去三年的任职经历"三年连续上升,但还是偏低;指标"9. 媒体关注度"2015 年微升,2016 年又微降,处于很低水平,说明媒体在监督公司中的作用有待于加强;指标"10. 是否披露可预见的财务风险因素"2015 年上升,2016 年下降,尽管已处于较高水平,但完善的空间仍然很大。

在决策与监督权分项指数的 11 个二级指标中,指标"11. 是否采用网络投票制"2015 年较大幅度提升,尽管 2016 年微降,但仍处于高水平上,不过需要注意网络投票的形式化问题;指标"12. 是否实行累积投票制"2015 年较大幅度下降,2016 年又较大幅度提升,但仍然只是 26% 的低下水平;指标"13. 是否采用中小投资者表决单独计票"2015 年较大幅度上升,但 2016 年又较大幅度下降,处于 33% 的低水平上;指标"14. 独立董事比例"三年基本上没有多大变化,处于 35% 左右的水平上,而这恰是中国证监会规定的 1/3 的最低比例,这意味着独立董事制度的形式化还非常严重;指标"15. 有无单独或者合计持有公司 10% 以上股份的股东提出召开临时股东大会"三年连续下降,处于极低水平,2016 年仅有 0.14%,这说明中小股东基本没有可能提请召开临时股东大会;指标"16. 独立董事是否担任本公司董事长"三年连续下降,2016 年只有 0.28%,这意味着董事会的职责还很不明确;指标"17. 有无单独或者合并持有公司 3% 以上股份的股东提出议案"2015 年下降,2016 年上升,但也只有 0.42%,这意味着中小股东的提案权也几近于无;指标"18. 三个委员会是否设立(审计、提名、薪酬)"2015 年上升,2016 年下降,但仍居 87.29% 的高位,不过需要注意,设立了这三个委员会并不意味着它们一定能够发挥作用;指标"19. 审计委员会主席是否由独立董事担任"三年连续下降,从 16.39% 降到了 14.61%,处于很低的水平,这意味着审计委员会基本上不独立;指标"20. 独立董事的董事会实际出席率"2015 年上升,2016 年略有下降,但仍居 96.49% 的高位,不过要注意,中国上市公司计算独立董事实际出席率时是包括委托投票和电话会议等形式的,而不是真正意义上的现场出席;指标"21. 董事长是否来自大股东单位"三年基本处于 30% 略高的水平,这意味着董事长绝大部分都来自大股东单位,这对中小股东可能会有负面影响。

在收益权分项指数的 7 个二级指标中,指标"22. 个股收益率是否大于或等于市场收益率"2015 年较大幅度上升,2016 年有所下降,处于 39.93% 的低位,这意味着股东收益偏低;指标"23. 现金分红"2015 年略有下降,2016 年与 2015 年持平,处于 0.47% 的极低水平;指标"24. 股票股利"尽管三年连续上升,但仍只有 2.16% 的公司分配股利;指标"25. 财务绩效"2015 年大幅上升,2016 年基本与 2015 年持平,刚过 60 分;指标"26. 增长率"三年都处于很低的水平;指标"27. 是否 ST"2015 年上升,2016 年下降,但总体上 ST 公司占比不高;指标"28. 是否有中小股东收益权的制度安排(分红权)"2015 年较大幅度上升,2016 年又较大幅度下降,有 69.30% 的公司建立了这类制度,并不算高。

在维权环境分项指数的 9 个二级指标中,指标"29. 股东诉讼及赔偿情况"三年一直维持在 95% 以上的高位,但需要注意,这与中国缺乏股东诉讼及赔偿的法律制度有关;指标"30. 控股股东(实际控制人)是否因直接或者间接转移、侵占上市公司资产受到监管机构查处"三年连续下降,受到查处的实际控制人并不多,这同样与制度缺失有关;指标"31. 是否建立违规风险准备金制度"三年都处于很低的水平,99% 以上的公司没有该类制度;指标"32. 投资者关系建设情况"三年总体变化不大,只有不到 50% 的公司投资者关系相对较好;指标"33. 董事会或股东大会是否定期评估内部控制"三年连续上升,2016 年有 96.88% 的公司的董事会或股东大会定期评估内部控制,但该数据反映不出这种评估的实际效果;指标"34. 各专门委员会是否在内部控制中发挥作用"三年连续上升,但专门委员会发挥作用的公司只有 48.45%,反映内部控制效果有限;指标"35. 是否披露存在重大内部控制缺陷"三年连续下降,内部控制缺陷的披露需要进一步加强;指标"36. 风险控制委员会设置情况如何"三年连续上升,但仍处于很低的水平,2016 年只有 2.43% 的公司设置了风险控制委员会;指标"37. 是否存在股价异动"2015 年大幅下降,2016 年又大幅上升,股价异动仍有较大风险。

5.2　分地区中小投资者权益保护指数的年度比较

按照四个地区的划分,将 2014～2016 年三个年度不同地区的中小投资者权益保护总体指数,以及四个分项指数进行比较,从而更清晰地了解不同地区中小投资者权益保护在不同年度的变化,如表 5-3 所示。

表 5-3　2014～2016 年不同地区上市公司中小投资者权益保护指数均值比较

地　区	年　份	总体指数	分　项　指　数				总体指数排名
			知情权	决策与监督权	收益权	维权环境	
东部	2014	43.3713	55.2955	35.4075	28.3215	54.4607	1
	2015	46.3490	58.3801	40.4071	41.4665	45.1425	1
	2016	48.2907	58.8827	38.5090	38.8172	56.9599	1
中部	2014	43.0186	53.5783	35.5611	27.4429	55.4920	2
	2015	44.9573	55.3368	39.2081	40.8048	44.4796	2
	2016	47.4112	57.3843	37.7459	38.9148	55.6000	2

续　表

地　区	年　份	总体指数	分　项　指　数				总体指数排名
			知情权	决策与监督权	收益权	维权环境	
西部	2014	42.6059	54.0067	36.5027	26.3563	53.5580	3
	2015	44.6428	55.2858	39.8204	39.0671	44.3980	3
	2016	45.8300	55.3216	37.8067	37.0314	53.1637	4
东北	2014	42.6057	53.7344	36.8494	26.0320	53.8072	4
	2015	43.9923	53.5918	39.3779	39.5957	43.4038	4
	2016	45.9883	54.1600	38.2276	37.4613	54.1043	3

由表 5-3 可知,从中小投资者权益保护总体指数看,四个地区的总体指数均值近三年都持续上升,但每年的上升幅度都不大,在 2 分左右;东部和中部地区连续三年都位居第一和第二,西部和东北地区 2014 年和 2015 年分别位列第三和第四,2016 年东北地区上升到第三,西部地区倒退到第四。从四个分项指数看,在知情权分项指数上,东部、中部与西部三个地区连续三年都是上升的,而东北地区 2015 年下降,2016 年又上升;东部 2016 年知情权分项指数均值最高。在决策与监督权以及收益权两个分项指数上,四个地区在 2015 年上升,2016 年下降;2015 年两个分项指数的均值都大于 2014 年和 2016 年的指数均值;2016 年,东部决策与监督权分项指数最高,中部收益权分项指数最高。在维权环境分项指数上,四个地区近三年都在 2015 年时最低,2016 年较 2015 年有较明显的好转;2016 年,东部维权环境分项指数最高。

图 5-2 更加直观地反映了 2014~2016 年三个年度各地区中小投资者权益保护总指数均值的波动。可以看出,四个地区的中小投资者权益保护指数均值在三个年度中都为连续上升的趋势,且四个地区的指数均值差别不大。

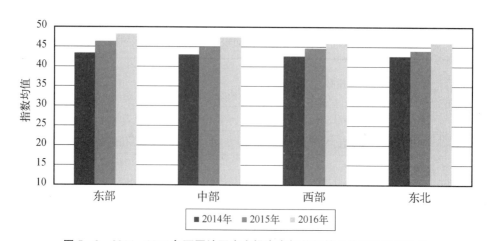

图 5-2　2014~2016 年不同地区中小投资者权益保护总体指数均值比较

5.3 分行业中小投资者权益保护指数的年度比较

将 2014～2016 年三个年度不同行业的中小投资者权益保护总体指数以及四个分项指数进行比较,以了解不同行业中小投资者权益保护在不同年度的变化,结果如表 5-4 所示。

表 5-4 2014～2016 年不同行业上市公司中小投资者权益保护指数均值比较

行 业	年 份	总体指数	分 项 指 数			
			知情权	决策与监督权	收益权	维权环境
农、林、牧、渔业(A)	2014	42.7225	54.2903	36.5568	24.3763	55.6667
	2015	44.0867	54.4538	38.5939	39.7808	43.5185
	2016	48.0790	56.2953	40.0940	40.5481	55.3788
采矿业(B)	2014	43.6720	56.0581	35.7773	27.2650	55.5878
	2015	43.5126	55.6446	39.3508	35.7367	43.3181
	2016	46.9735	58.1810	38.8115	39.9273	50.9741
制造业(C)	2014	43.1381	54.7994	35.2801	27.6051	54.8678
	2015	45.8573	57.3809	40.0348	40.8581	45.1555
	2016	47.6874	57.9955	37.9521	38.7978	56.0044
电力、热力、燃气及水生产和供应业(D)	2014	44.1874	56.6041	36.0883	28.4067	55.6504
	2015	45.1713	56.7773	40.7022	39.4727	43.7328
	2016	47.3235	59.1396	37.4903	38.6593	54.0046
建筑业(E)	2014	43.1050	56.4913	35.1240	27.7911	53.0135
	2015	46.4236	59.4730	40.9465	40.6584	44.6166
	2016	48.6009	60.2079	38.8874	41.0512	54.2569
批发和零售业(F)	2014	43.1360	53.6763	37.6602	27.0239	54.1834
	2015	43.8596	54.7753	39.1890	39.4786	41.9955
	2016	46.3578	55.5094	38.5842	38.3045	53.0330
交通运输、仓储和邮政业(G)	2014	43.4791	55.9543	35.4714	27.1274	55.3635
	2015	45.9160	56.9287	39.9482	42.0821	44.7051
	2016	49.0615	57.6401	39.5360	39.6575	59.4125

续　表

行　业	年　份	总体指数	分　项　指　数			
			知情权	决策与监督权	收益权	维权环境
住宿和餐饮业（H）	2014	40.9603	45.9368	40.1653	24.7090	53.0303
	2015	40.4914	50.2985	37.1610	35.0109	39.4949
	2016	43.4503	49.2260	39.0040	32.2381	53.3333
信息传输、软件和信息技术服务业（I）	2014	40.1289	52.3039	31.0482	30.0656	47.0978
	2015	47.3265	59.2932	39.6315	44.4273	45.9540
	2016	47.5332	58.3390	38.0992	35.2264	58.4683
金融业（J）	2014	49.8155	58.4564	46.5328	32.4900	61.7829
	2015	53.5322	62.3184	49.4680	46.6960	55.6463
	2016	54.0947	60.2975	47.2256	41.3118	67.5439
房地产业（K）	2014	43.6355	54.6224	38.4435	27.3010	54.1751
	2015	43.5925	53.9639	39.4199	39.7010	41.2852
	2016	46.3820	56.2299	37.2436	37.5390	54.5156
租赁和商务服务业（L）	2014	45.6461	58.5542	33.9394	31.2484	58.8426
	2015	47.6881	59.9429	39.4378	43.6796	47.6923
	2016	47.5201	57.3663	38.7163	36.0257	57.9722
科学研究和技术服务业（M）	2014	41.6164	56.0100	31.5702	27.8752	51.0101
	2015	49.9269	59.7685	42.1362	41.0500	44.7531
	2016	47.3854	58.7895	37.1881	36.4143	57.1498
水利、环境和公共设施管理业（N）	2014	43.5476	51.5356	37.0280	29.2164	56.4103
	2015	48.0749	60.5654	40.3220	44.1530	47.2593
	2016	49.1180	61.6964	38.7842	36.0251	59.9663
卫生和社会工作（Q）	2014	43.6228	55.3054	27.5000	43.0745	48.6111
	2015	52.0282	61.9884	43.1818	52.9427	50.0000
	2016	51.4501	62.1515	41.7532	37.9273	63.9683
文化、体育和娱乐业（R）	2014	43.4380	53.1464	38.0251	31.1627	51.4176
	2015	46.6340	60.2488	38.8541	44.5011	42.9321
	2016	47.0785	59.3870	37.0328	35.7968	56.0976

续　表

行　业	年　份	总体指数	分　项　指　数			
			知情权	决策与监督权	收益权	维权环境
综合(S)	2014	41.1781	54.8146	37.6894	22.6711	49.5370
	2015	43.3818	52.9961	40.2557	37.1196	43.1556
	2016	45.5005	52.3574	38.9236	38.4504	52.2705

注：由于教育(P)在 2014 年和 2015 年两个年度里都只有 1 家上市公司,2016 年也只有 3 家上市公司,难以反映该行业的实际水平,故在比较时将其剔除。

由表 5-4 可知,从中小投资者权益保护总体指数看,有 11 个行业三年连续上升;有 3 个行业 2015 年下降,2016 年上升;有 3 个行业在 2015 年上升,2016 年下降,下降幅度都不大。相比 2014 年,2015 上升幅度最大的 3 个行业是卫生和社会工作(Q),科学研究和技术服务业(M),信息传输、软件和信息技术服务业(I),分别上升 8.4054 分、8.3105 分和 7.1976 分;相对于 2015 年,2016 年上升幅度总体不大,上升幅度最高的是农、林、牧、渔业,上升幅度只有 3.9923 分。

从四个分项指数看,在知情权分项指数上,有 8 个行业三年连续上升,三年中上升幅度最大的是水利、环境和公共设施管理业(N),极差[①]达到 10.1608 分;有 2 个行业 2015 年下降,2016 年上升;有 6 个行业 2015 年上升,2016 年下降;有 1 个行业三年连续下降,但下降幅度都不大。相对于 2015 年,2016 年 10 个上升行业的上升幅度都不大。

在决策与监督权分项指数上,只有农、林、牧、渔业(A)行业连续三年上升;有 1 个行业 2015 年下降,2016 年上升;另外 15 个行业都是 2015 年上升,2016 年下降。相对 2015 年,2016 年下降幅度最大的行业是科学研究和技术服务业(M),下降 4.9481 分。相对 2014 年,2015 年上升幅度最大的行业是卫生和社会工作(Q),上升 15.6818 分。

在收益权分项指数上,有 4 个行业三年连续上升;其余 13 个行业都是 2015 年上升,2016 年下降。相比 2014 年,2015 年上升的行业中,上升幅度大多较大,上升幅度超过 10 分的行业有 15 个,其中上升幅度最大的行业是农、林、牧、渔业(A),上升 15.4045 分。相比 2015 年,2016 年上升的 4 个行业中,上升幅度最大的行业是采矿业(B),上升 4.1906 分;2016 年下降的 13 个行业中,下降幅度最大的行业是卫生和社会工作(Q),下降 15.0154 分。

在维权环境分项指数上,只有卫生和社会工作行业(Q)连续三年上升,其他 16 个行业都是 2015 年下降,2016 年上升,也就是说,全部 17 个行业在 2016 年都是上升的。相比 2015 年,2016 年有 14 个行业上升幅度超过 10 分,其中上升幅度最大的行业是交通运输、仓储和邮政业(G),上升 14.7074 分,但农、林、牧、渔业(A),采矿业(B),电力、热力、燃气及水生产和供应业(D),批发和零售业(F),租赁和商务服务业(L)5 个行业 2016 年的指数均值仍低于 2014 年的指数均值。

---

① 极差是一组数据最大值和最小值之差,也称全距。

　　图 5-3 显示了 17 个行业三个年度的中小投资者权益保护总体指数变化,可以看出,金融业(J)在三个年度中都排名第一。住宿和餐饮业(H)总体指数均值在 2015 年和 2016 年中都排在末位;信息传输、软件和信息技术服务业(I)的总体指数均值在 2014 年居于末位。

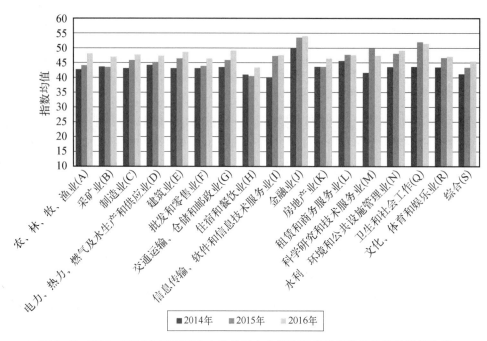

图 5-3　2014～2016 年不同行业上市公司中小投资者权益保护总体指数均值比较

5.4　分所有制中小投资者权益保护指数的年度比较

　　依照第 1 章的五种所有制类型的划分,对 2014～2016 年三个年度中小投资者权益保护总体指数和四个分项指数进行所有制比较,结果参见表 5-5 Panel A。另外,进一步将样本按照国有控股公司和非国有控股公司分类,统计信息见表 5-5 Panel B。

表 5-5　2014～2016 年不同所有制上市公司中小投资者权益保护指数均值比较

所有制类型	年份	总体指数	分 项 指 数				总体指数排名
			知情权	决策与监督权	收益权	维权环境	
Panel A　按照五类所有制公司分类							
国有绝对控股公司	2014	44.3483	56.7246	36.7554	27.7777	56.1354	1
	2015	45.3315	57.5453	39.0220	38.9280	45.8305	3
	2016	48.3762	60.0109	38.2954	39.4784	55.7200	1

所有制类型	年份	总体指数	分 项 指 数				总体指数排名
			知情权	决策与监督权	收益权	维权环境	
国有强相对控股公司	2014	43.8729	55.5650	36.8703	26.8723	56.1840	2
	2015	45.0541	56.5195	40.2755	40.5484	42.8729	4
	2016	47.6992	57.4672	38.2481	39.5509	55.5305	3
国有弱相对控股公司	2014	43.8729	55.5650	36.8703	26.8723	56.1840	4
	2015	44.8021	55.6476	40.0769	39.0277	44.4562	5
	2016	47.0204	56.1515	38.7106	37.8721	55.3472	5
国有参股公司	2014	43.7029	54.4938	36.8887	27.4342	55.9948	3
	2015	46.4085	57.9186	40.1177	41.8617	45.7361	1
	2016	48.0492	58.2605	38.3502	38.3261	57.2598	2
无国有股份公司	2014	42.3097	54.0019	33.9210	28.5129	52.8031	5
	2015	46.1187	57.5134	40.3196	41.6370	45.0049	2
	2016	47.5213	57.9427	38.1296	38.1728	55.8401	4
Panel B　按照国有控股公司和非国有控股公司分类							
国有控股公司	2014	43.9128	55.7356	37.1371	27.1073	55.6713	1
	2015	45.0641	56.5732	39.8589	39.6590	44.1653	2
	2016	47.6420	57.6556	38.4106	38.9851	55.5167	2
非国有控股公司	2014	42.6677	54.1283	34.6836	28.2357	53.6233	2
	2015	46.2258	57.6631	40.2450	41.7200	45.2751	1
	2016	47.7283	58.0673	38.2161	38.2329	56.3967	1

从表 5 - 5 Panel A 可知,五类所有制上市公司中小投资者权益保护总体指数均值连续三个年度都是上升的,其中无国有股份公司在三个年度的上升幅度最大,极差为 5.2116;2016 年,国有绝对控股公司中小投资者权益保护总体指数均值最高,为 48.3762 分。

在知情权分项指数上,五类所有制公司连续三年均是上升,其中无国有股份公司上升幅度最大,极差为 3.9408 分;2016 年,国有绝对控股公司中小投资者知情权分项指数均值最高,为 60.0109 分。

在决策与监督权分项指数上,五类所有制公司都是 2015 年上升,2016 年下降;相比 2014 年,2015 年无国有股份公司上升幅度最大,上升 6.3986 分;2016 年五类公司下降幅度都不是很大,下降幅度最大的是无国有股份公司,下降 2.19 分;2016 年,国有弱相对控股公司中小投资者决策与监督权分项指数均值最高,为 38.7106 分。

在收益权分项指数上,除了国有绝对控股公司三个年度连续上升外,其他四类公司都是 2015 年上升,2016 年下降;相比 2014 年,2015 年上升幅度都较大,都超过了 10 分,上升幅度最大的是国有参股公司,上升 14.4275 分;相比 2015 年,2016 年下降幅度都不是很大,下降幅度最大的是国有参股公司,下降 3.5356 分;2016 年,国有强相对控股公司中小投资者收益权分项指数均值最高,为 39.5509 分。

在维权环境分项指数上,五类所有制公司都是 2015 年较大幅度下降,2016 年较大幅度上升,波动较大;相比 2014 年,2015 年下降幅度都超过 7 分,下降幅度最大的是国有强相对控股公司,下降 13.3111 分;相比 2015 年,2016 年上升幅度都超过 9 分,上升幅度最大的也是国有强相对控股公司,上升 12.6576 分;2016 年,国有参股公司中小投资者维权环境分项指数均值最高,为 57.2598 分。

图 5 - 4 则更清晰地反映了五类所有制上市公司在 2014～2016 年三个年度中小投资者权益保护指数均值的变化。可以看到,五类所有制上市公司总体指数均值差距不大。

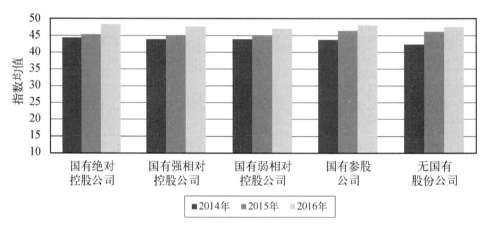

图 5 - 4　2014～2016 年不同所有制上市公司中小投资者权益保护总体指数均值比较

从表 5 - 5 Panel B 可知,把五类所有制公司归纳为国有控股公司和非国有控股公司后,在总体指数均值上,两类公司都是连续三年上升,2014 年国有控股公司高于非国有控股公司,2015 年和 2016 年则都是非国有控股公司高于国有控股公司。在知情权分项指数上,两类公司都是连续三年上升,但非国有控股公司升幅大于国有控股公司,且 2015 年和 2016 年,非国有控股公司都高于国有控股公司。在决策与监督权以及收益权两个分项指数上,两类公司都是 2015 年上升,2016 年下降;2016 年两个分项指数都是国有控股公司略大于非国有控股公司。在维权环境分项指数上,两类公司都是 2015 年下降,2016 年上升,且变动幅度相近;2015 年和 2016 年,都是非国有控股公司高于国有控股公司。

5.5　分上市板块中小投资者权益保护指数的年度比较

按照深市主板(不含中小企业板)、深市中小企业板、深市创业板和沪市主板的划分,对 2014～2016 年不同板块上市公司中小投资者权益保护指数进行比较,结果参见表 5 - 6。

表 5-6　2014～2016 年不同板块上市公司中小投资者权益保护指数均值比较

上市板块	年份	总体指数	分 项 指 数				总体指数排名
			知情权	决策与监督权	收益权	维权环境	
深市主板（不含中小企业板）	2014	44.4578	53.6672	39.1315	26.4006	58.6319	2
	2015	44.8528	54.3768	38.9154	38.9398	47.1793	3
	2016	47.4687	56.4455	38.3352	36.3437	58.7506	3
深市中小企业板	2014	45.3329	54.5416	38.6694	28.4326	59.6878	1
	2015	47.9302	59.4683	41.3580	41.6503	49.2443	1
	2016	49.0084	59.3544	38.8637	38.7055	59.1100	1
深市创业板	2014	37.7285	53.4384	23.8954	32.1317	41.4483	4
	2015	47.3989	59.7012	39.1573	43.6499	47.0872	2
	2016	48.3689	60.1635	36.6357	37.8381	58.8382	2
沪市主板	2014	43.0627	56.0248	36.3895	26.2351	53.6015	3
	2015	43.9458	55.8943	40.1094	40.1596	39.6198	4
	2016	46.5364	56.4710	38.6152	39.5984	51.4610	4

由表 5-6 可见,从总体指数看,四个板块上市公司都是连续三年上升,其中由于深市创业板在 2014 年的指数均值过低,使其三年中的变化幅度最明显,极差达到 10.6404 分。此外,从排名上看,深市中小企业板总体指数均值连续三年排名第一,深市创业板总体指数均值在 2014 年位于最后一名,沪市主板总体指数均值在 2015 年和 2016 年连续两年排名末位。

从分项指数看,在知情权分项指数上,深市主板(不含中小企业板)和深市创业板都是三年连续上升;深市中小企业板在 2015 年上升,2016 年略有下滑;沪市主板在 2015 年有小幅下降,2016 年回升;2016 年,深市创业板知情权分项指数均值最高,为 60.1635 分。

在决策与监督权分项指数上,除了深市主板(不含中小企业板)连续下降外,其他三个板块都是 2015 年上升,2016 年下降,四个板块 2016 年全部下降,下降幅度最大的是深市创业板,下降 2.5216 分,但该板块 2015 年的上升幅度也最大,上升 15.2619 分;2016 年,深市中小企业板决策与监督权分项指数均值最高,为 38.8637 分。

在收益权分项指数上,四个板块都是 2015 年较大幅度上升,上升幅度都在 11 分以上,上升幅度最高的是沪市主板,上升 13.9245 分;2016 年四个板块都出现下降,但下降幅度有一定差距,下降幅度最大的是深市创业板,下降 5.8118 分;2016 年,沪市主板收益权分项指数最高,为 39.5984 分。

在维权环境分项指数上,除了深市创业板连续三年上升外,其他三个板块都是 2015 年下降,2016 年上升;四个板块 2016 年都是较大幅度上升,上升幅度最大的是沪市主板,上升 11.8412 分,但该板块 2015 年的下降幅度也最大,为 13.9817 分;2016 年,深市中小企业板块维权环境分项指数均值最高,为 59.1100 分。

由图 5-5 可更直观地看出四个板块上市公司中小投资者权益保护指数在 2014~2016 年三个年度的变化。可以看到,四个板块总体指数得分都是上升的,且 2015 年的上升幅度大于 2016 年的上升幅度。

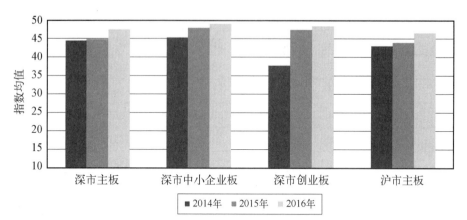

注:深市中小企业板是深市主板的一部分,但本图中的深市主板不含中小企业板。

图 5-5 2014~2016 年不同板块上市公司中小投资者权益保护总体指数均值比较

5.6 本章小结

本章分别从总体、地区、行业、所有制和上市板块角度,对 2014 年、2015 年和 2016 年上市公司中小投资者权益保护指数进行了比较,主要结论如下:

(1) 从总体来看,2014~2016 年,上市公司中小投资者权益保护总体指数均值连续上升,但每年升幅都不大。从四个分项指数看,知情权分项指数均值连续上升;决策与监督权以及收益权两个分项指数的均值都是 2015 年比 2014 年提高,但 2016 年出现下降;维权环境分项指数均值 2015 年大幅下降,2016 年又大幅上升,波动较大。

(2) 从地区来看,2014~2016 年,四个地区中小投资者权益保护总体指数均值连续上升,但每年升幅度都不大;东部和中部地区连续三年都位居第一和第二。从四个分项指数看,在知情权分项指数上,东部、中部与西部连续三年都是上升的,而东北地区 2015 年比 2014 年有所下降,2016 年回升;在决策与监督权以及收益权两个分项指数上,四个地区都在 2015 年上升,2016 年下降,2015 年的指数均值都大于 2014 年和 2016 年的指数均值;在维权环境分项指数上,四个地区近三年都在 2015 年时最低,2016 年较 2015 年有较明显的好转。

(3) 从行业来看,2014~2016 年,从中小投资者权益保护总体指数看,有 11 个行业三年连续上升;有 3 个行业 2015 年下降,2016 年上升;有 3 个行业在 2015 年上升,2016 年下降,但下降幅度都不大。从四个分项指数看,在知情权分项指数上,有 8 个行业三年连续上升;有 2 个行业 2015 年下降,2016 年上升;有 6 个行业 2015 年上升,2016 年下降;有 1 个行业三年连续下降,但下降幅度都不大。在决策与监督权分项指数上,有 1 个行业连续三年上升;有 1 个行业 2015 年下降,2016 年上升;另外 15 个行业都是 2015 年上升,2016 年下降。在收益权分项指数上,有 4 个行业三年连续上升;其余 13 个行业都是 2015 年上升,2016 年下降。在维权环境分项指数上,有 1 个行业连续三年上升,其他 16 个行业都是 2015 年下降,2016 年上升;也就是说,全部 17 个行业在 2016 年都是上升的。

(4) 从所有制来看,在总体指数均值上,国有控股公司和非国有控股公司都是连续三年上升,2015 年和 2016 年都是非国有股份公司高于国有股份公司。在知情权分项指数上,两类公司都是连续三年上升,但非国有控股公司升幅大于国有控股公司,且 2015 年和 2016 年,非国有控股公司都高于国有控股公司。在决策与监督权以及收益权两个分项指数上,两类公司都是 2015 年上升,2016 年下降;2016 年两个分项指数都是国有控股公司略大于非国有控股公司。在维权环境分项指数上,两类公司都是 2015 年下降,2016 年上升,且变动幅度相近;2015 年和 2016 年,都是非国有控股公司高于国有控股公司。

(5) 从上市板块来看,在总体指数上,四个板块上市公司都是连续三年上升,深市中小企业板总体指数均值连续三年排名第一。从分项指数看,在知情权分项指数上,深市主板(不含中小企业板)和深市创业板都是三年连续上升;深市中小企业板在 2015 年上升,2016 年略有下滑;沪市主板在 2015 年有小幅下降,2016 年回升。在决策与监督权分项指数上,除了深市主板(不含中小企业板)连续下降外,其他三个板块都是 2015 年上升,2016 年下降,四个板块 2016 年全部下降,下降幅度最大的是深市创业板,但该板块 2015 年的上升幅度也最大。在收益权分项指数上,四个板块都是 2015 年较大幅度上升,2016 年又都出现下降,下降幅度最大的是深市创业板。在维权环境分项指数上,除了深市创业板连续三年上升外,其他三个板块都是 2015 年下降,2016 年上升;四个板块 2016 年都是较大幅度上升,上升幅度最大的是沪市主板。

中国公司治理分类
指数报告No.16
（2017）

Report on China
Classified Corporate
Governance Index
No.16（2017）

第三编
董事会治理
指数

第 6 章
董事会治理总体指数排名及比较

根据第 1 章确定的董事会治理指数评价方法,以及我们评估获得的 2016 年度 2840 家样本上市公司指数数据,本章对这些公司的董事会治理指数进行排名,然后分别从地区、行业、上市板块三个角度进行比较分析。

6.1 董事会治理指数总体分布及排名

基于上市公司 2016 年的公开数据,根据本报告构建的董事会治理指数指标体系和指数计算方法,我们对 2840 家上市公司董事会治理指数进行计算,可以得到中国上市公司董事会治理指数的整体排名情况(详见附带光盘附表Ⅱ-1 和Ⅱ-2)。

6.1.1 董事会治理指数总体分布

2016 年上市公司董事会治理指数的总体情况参见表 6-1。

表 6-1 2016 年上市公司董事会治理指数总体情况

项 目	公司数目	平 均 值	中 位 值	最 大 值	最 小 值	标准差	偏度系数	峰度系数
数 值	2840	50.7744	50.8381	71.4653	26.9062	6.4770	−0.0236	0.0733

从表 6-1 可以看出,2016 年上市公司董事会治理指数最大值 71.4653,最小值 26.9062,平均值 50.7744,中位值 50.8381,标准差 6.4770,全部样本得分整体偏低。

为进一步了解董事会治理总体指数在各个得分区间的分布情况,我们将董事会治理指数以 5 分为间隔,划分为[0,25)、[25,30)、[30,35)、[35,40)、[40,45)、[45,50)、[50,55)、[55,60)、[60,65)、[65,70)、[70,75)和[75,100]12 个区间(公司数目为 0 的指数区间合并),每个得分区间的企业数目和所占比重参见表 6-2 和图 6-1。

从表 6-2 和图 6-1 可以看出,董事会治理指数在[50,55)区间的公司数最多,有 833 家,占样本总数的 29.33%。87.04%的上市公司董事会治理指数分布在[40,60)区间,

表 6-2　2016 年上市公司董事会治理指数区间分布

指 数 区 间	公司数目(家)	占　比(%)	累计占比(%)
[0, 25)	0	0.00	0.00
[25, 30)	3	0.11	0.11
[30, 35)	21	0.74	0.85
[35, 40)	109	3.84	4.68
[40, 45)	367	12.92	17.61
[45, 50)	792	27.89	45.49
[50, 55)	833	29.33	74.82
[55, 60)	480	16.90	91.73
[60, 65)	193	6.80	98.52
[65, 70)	39	1.37	99.89
[70, 75)	3	0.11	100.00
[75, 100]	0	0.00	100.00
总　计	2840	100.00	—

有 2472 家公司。值得关注的是,91.73%的上市公司的董事会治理指数不及格(以 60 分作为及格线),及格的公司只有 235 家,及格率为 8.27%,且超过 65 分的只有 42 家。这说明中国上市公司董事会治理水平整体偏低,还有很大的提升空间。从表 6-1 反映的整体分布偏离正态分布的程度看,偏度系数为-0.0228,峰度系数为 0.0740,董事会治理指数分布基本满足正态分布,略为负偏态,较陡峭。

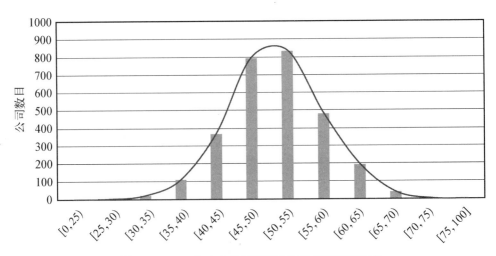

图 6-1　2016 年上市公司董事会治理指数区间分布

6.1.2　董事会治理指数前后 100 名

表 6-3 给出了 2840 家上市公司中排名前 100 家和最后 100 家公司的董事会治理指数情况。可以看出,前 100 名公司的董事会治理指数均值为 64.9737,比 2015 年提高 0.7986 分;而最后 100 名公司的董事会治理均值为 36.1988,比 2015 年降低 0.4704 分。从标准差来看,在上述两类样本中,前 100 名公司得分的差异较后 100 名要小。

表 6-3　2016 年上市公司董事会治理指数前后 100 名情况

	平 均 值	中 位 值	最 大 值	最 小 值	标 准 差
前 100 名	64.9737	64.5013	71.4653	62.6213	2.0343
后 100 名	36.1988	36.9363	39.0720	26.9062	2.6139
总　体	50.7724	50.8194	71.4653	26.9062	6.4766

我们对 2840 家上市公司的董事会治理指数从大到小降序排列,董事会治理指数越高,说明上市公司董事会治理水平越高。表 6-4 是董事会治理指数排名前 100 的上市公司情况。

表 6-4　2016 年上市公司董事会治理指数排名(前 100 名)

排 名	代 码	公司简称	指 数	排 名	代 码	公司简称	指 数
1	002654	万润科技	71.4653	17	000056	皇庭国际	66.9500
2	600679	上海凤凰	70.9613	18	300456	耐威科技	66.9259
3	000023	深天地 A	70.5581	19	002555	三七互娱	66.8076
4	000973	佛塑科技	69.6374	20	600999	招商证券	66.6381
5	600734	实达集团	68.9765	21	300441	鲍斯股份	66.3572
6	002507	涪陵榨菜	68.5318	22	000507	珠海港	66.3424
7	002509	天广中茂	68.2355	23	000090	天健集团	66.3105
8	000430	张家界	67.9078	24	002181	粤传媒	66.3057
9	002294	信立泰	67.8795	25	000886	海南高速	66.2909
10	002709	天赐材料	67.7688	26	000623	吉林敖东	66.0814
11	600548	深高速	67.7398	27	002539	云图控股	66.0033
12	300383	光环新网	67.7182	28	002396	星网锐捷	65.9718
13	002156	通富微电	67.6928	29	000557	西部创业	65.9673
14	300328	宜安科技	67.4720	30	002093	国脉科技	65.8817
15	002357	富临运业	67.4150	31	000070	特发信息	65.8514
16	002649	博彦科技	67.0000	32	000551	创元科技	65.7300

排 名	代 码	公司简称	指 数	排 名	代 码	公司简称	指 数
33	600958	东方证券	65.7168	64	300204	舒泰神	63.7596
34	000560	昆百大 A	65.7130	65	300255	常山药业	63.6457
35	300254	仟源医药	65.6166	66	000993	闽东电力	63.5581
36	000635	英力特	65.5009	67	002022	科华生物	63.5508
37	600326	西藏天路	65.4030	68	002105	信隆健康	63.5197
38	300327	中颖电子	65.3735	69	002096	南岭民爆	63.4971
39	000153	丰原药业	65.3545	70	300207	欣旺达	63.4885
40	601009	南京银行	65.3104	71	002596	海南瑞泽	63.4846
41	002750	龙津药业	65.1096	72	002106	莱宝高科	63.3779
42	000936	华西股份	65.0858	73	300111	向日葵	63.3568
43	002233	塔牌集团	64.9368	74	000933	*ST 神火	63.3530
44	300159	新研股份	64.9040	75	000815	美利云	63.2733
45	000676	智度股份	64.7958	76	601588	北辰实业	63.2708
46	300100	双林股份	64.7517	77	300392	腾信股份	63.2438
47	000605	渤海股份	64.7417	78	002342	巨力索具	63.1438
48	002700	新疆浩源	64.6186	79	000637	茂化实华	63.1217
49	002218	拓日新能	64.6105	80	002783	凯龙股份	63.1191
50	300370	安控科技	64.5025	81	002099	海翔药业	63.0900
51	300084	海默科技	64.5000	82	000610	西安旅游	63.0892
52	000806	银河生物	64.3527	83	300342	天银机电	63.0715
53	002020	京新药业	64.2966	84	000736	中房地产	63.0301
54	002060	粤水电	64.1529	85	000987	越秀金控	63.0298
55	000762	西藏矿业	64.1302	86	600329	中新药业	63.0158
56	300359	全通教育	64.1027	87	300218	安利股份	62.9764
57	000913	*ST 钱江	63.9907	88	002250	联化科技	62.9512
58	000776	广发证券	63.9768	89	300044	赛为智能	62.9351
59	002313	日海通讯	63.9662	90	300211	亿通科技	62.9246
60	300222	科大智能	63.9088	91	002298	中电鑫龙	62.8707
61	000798	中水渔业	63.8710	92	002084	海鸥卫浴	62.8653
62	300085	银之杰	63.7755	93	002110	三钢闽光	62.7798
63	002088	鲁阳节能	63.7741	94	002676	顺威股份	62.7662

排　名	代　码	公司简称	指　数	排　名	代　码	公司简称	指　数
95	000916	华北高速	62.7207	98	600685	中船防务	62.6527
96	000513	丽珠集团	62.6820	99	000498	山东路桥	62.6375
97	000659	珠海中富	62.6727	100	002542	中化岩土	62.6213

从表 6-4 可以看出,董事会治理指数最高的前三名分别来自深市中小企业板、沪市主板和深市主板,依次分别是万润科技(71.4653)、上海凤凰(70.9613)和深天地 A(70.5581)。有 26 家公司 2016 年和 2015 年连续两年出现在前 100 名中,它们是万润科技、深天地 A、涪陵榨菜、信立泰、天赐材料、光环新网、通富微电、富临运业、天健集团、粤传媒、海南高速、星网锐捷、国脉科技、特发信息、中颖电子、塔牌集团、拓日新能、安控科技、广发证券、银之杰、舒泰神、科华生物、海南瑞泽、莱宝高科、天银机电、丽珠集团。[①] 其中有 7 家连续三年出现在前 100 名中,它们是深天地 A、通富微电、粤传媒、特发信息、塔牌集团、广发证券和海南瑞泽。

结合光盘附表Ⅱ-1、Ⅱ-2,从地区看,在前 100 家公司中,东部、中部、西部和东北各有 73 家、10 家、16 家和 1 家,分别占四个地区上市公司总数的 3.87%、2.50%、3.94% 和 0.68%;从行业看,前 100 家公司主要分布在制造业(61 家)、信息传输、软件和信息技术服务业(9 家)、交通运输、仓储和邮政业(5 家)、建筑业(5 家)、房地产业(4 家)与金融业(4 家),分别占所在行业上市公司总数的 3.44%、5.08%、5.75%、6.49%、3.20% 和 7.02%;从控股类型看,国有控股公司有 38 家,非国有控股公司有 62 家,分别占同类全部上市公司的 3.69% 和 3.42%;在进入前 100 的 38 家国有控股公司中,最终控制人为中央企业的公司有 8 家,占全部央企控股公司的 2.24%;最终控制人为地方国企的公司有 30 家,占全部地方国企控股公司的 4.46%。从上市板块看,深市主板(不含中小企业板)、深市中小企业板、深市创业板和沪市主板各有 33 家、35 家、22 家和 10 家,分别占所在板块全部上市公司的 7.08%、4.46%、4.37% 和 0.92%。

需要注意的是,董事会治理指数得分最高的前 100 名在地区、行业和控股类型中的分布,并不能完全说明某个地区、行业和控股类型整体表现就好,因为各地区、行业和控股类型的上市公司数量不同。比如,制造业尽管有 62 家进入前 100,但比例却低于金融业,而后者却只有 4 个公司进入前 100。从这个角度看,金融业反而表现略好一些。

图 6-2 为前 100 名上市公司董事会治理指数的分布情况。可以看出,在前 100 名中,前几名公司的董事会治理指数下降较快,而后较平缓下降;最高分 71.4653 分,最低分 62.6213 分,绝对差距 8.8440 分,说明有一定的差异。

表 6-5 为董事会治理指数排名后 100 的上市公司情况。

---

① 2015 年上市公司董事会治理指数排名(前 100 名),参见《中国公司治理分类指数报告 No.15(2016)》,第 125～128 页。

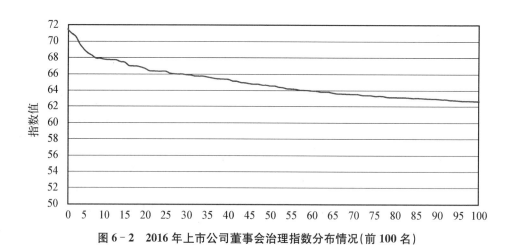

图 6-2　2016 年上市公司董事会治理指数分布情况(前 100 名)

表 6-5　2016 年上市公司董事会治理指数排名(后 100 名)

排　名	代　码	公司简称	指　数	排　名	代　码	公司简称	指　数
2741	600530	交大昂立	39.0720	2762	600426	华鲁恒升	38.3022
2742	600322	天房发展	39.0625	2763	601020	华钰矿业	38.2587
2743	600176	中国巨石	39.0575	2764	600861	北京城乡	38.2457
2744	600562	国睿科技	39.0409	2765	600146	商赢环球	38.1960
2745	600621	华鑫股份	39.0123	2766	600537	亿晶光电	38.0972
2746	600745	中茵股份	38.9150	2767	600066	宇通客车	38.0679
2747	600081	东风科技	38.8923	2768	603227	雪峰科技	38.0607
2748	600636	*ST 爱富	38.8823	2769	600767	运盛医疗	38.0498
2749	600642	申能股份	38.8785	2770	601866	中远海发	38.0175
2750	300033	同花顺	38.8198	2771	603020	爱普股份	37.9699
2751	601668	中国建筑	38.7592	2772	600515	海航基础	37.8944
2752	600206	有研新材	38.7311	2773	600781	辅仁药业	37.8839
2753	600518	康美药业	38.7191	2774	600403	*ST 大有	37.8326
2754	603885	吉祥航空	38.7051	2775	603077	和邦生物	37.8201
2755	000564	供销大集	38.5691	2776	600237	铜峰电子	37.8111
2756	600021	上海电力	38.5599	2777	601989	中国重工	37.4933
2757	600289	亿阳信通	38.5304	2778	002569	步森股份	37.4351
2758	600069	银鸽投资	38.4983	2779	600182	S 佳通	37.3828
2759	601231	环旭电子	38.4934	2780	600757	长江传媒	37.3596
2760	000488	晨鸣纸业	38.3036	2781	600761	安徽合力	37.3152
2761	600818	中路股份	38.3026	2782	600884	杉杉股份	37.2964

续　表

排　名	代　码	公司简称	指　数	排　名	代　码	公司简称	指　数
2783	600643	爱建集团	37.2721	2812	600570	恒生电子	35.2209
2784	002535	林州重机	37.2067	2813	600460	士兰微	35.1779
2785	600184	光电股份	37.1783	2814	600795	国电电力	35.1462
2786	601888	中国国旅	37.1617	2815	600200	江苏吴中	35.0469
2787	601677	明泰铝业	37.0671	2816	601118	海南橡胶	35.0427
2788	600179	安通控股	37.0120	2817	600006	东风汽车	34.9164
2789	600782	新钢股份	36.9990	2818	600058	五矿发展	34.8187
2790	600023	浙能电力	36.9919	2819	601010	文峰股份	34.7943
2791	601388	怡球资源	36.8807	2820	603788	宁波高发	34.6609
2792	600193	创兴资源	36.6422	2821	600027	华电国际	34.6174
2793	600657	信达地产	36.5613	2822	603838	四通股份	34.5453
2794	600839	四川长虹	36.5400	2823	601985	中国核电	34.5143
2795	603116	红蜻蜓	36.4662	2824	601519	大智慧	34.4684
2796	600169	太原重工	36.3908	2825	600230	沧州大化	34.3943
2797	600701	工大高新	36.3621	2826	600556	ST 慧球	34.2364
2798	600705	中航资本	36.0626	2827	600007	中国国贸	34.0562
2799	600266	北京城建	35.9998	2828	600421	仰帆控股	33.7162
2800	000668	荣丰控股	35.9629	2829	600873	梅花生物	33.5947
2801	600070	浙江富润	35.9593	2830	600311	荣华实业	32.7160
2802	603989	艾华集团	35.8951	2831	600086	东方金钰	32.7100
2803	603022	新通联	35.8857	2832	600742	一汽富维	32.6134
2804	603368	柳州医药	35.8303	2833	603601	再升科技	32.0050
2805	600895	张江高科	35.7481	2834	600696	*ST 匹凸	31.9524
2806	600707	彩虹股份	35.6820	2835	601991	大唐发电	31.7366
2807	600606	绿地控股	35.6211	2836	600022	山东钢铁	30.3235
2808	600011	华能国际	35.6072	2837	600060	海信电器	30.3039
2809	600295	鄂尔多斯	35.4495	2838	600145	*ST 新亿	27.0534
2810	300029	天龙光电	35.3515	2839	600856	中天能源	26.9204
2811	603568	伟明环保	35.2871	2840	603318	派思股份	26.9062

从表 6-5 可以看出,董事会治理指数最低的三名都来自沪市主板,分别是派思股份(26.9062)、中天能源(26.9204)和*ST 新亿(27.0534)。在后 100 名中,ST 公司有 5 家,占

全部 ST 公司的 9.46%。

　　结合附带光盘附表Ⅱ-1、Ⅱ-2,从地区看,东部、中部、西部和东北各有 60 家、17 家、14 家和 9 家,分别占所在地区全部上市公司总数的 3.18%、4.25%。3.45% 和 6.12%,从相对值(比例)角度看,东北地区表现相对较差;从行业看,制造业(C)、电力、热力、燃气及水生产和供应业(D),房地产业(K),批发和零售业(G)各有 54 家、9 家、8 家和 6 家,分别占所在行业全部上市公司总数的 3.04%、9.38%、6.40% 和 4.05%,从相对值(比例)角度看,电力、热力、燃气及水生产和供应业(D)以及房地产业(K)表现较差。从控股类型看,国有控股公司有 44 家,非国有控股公司有 56 家,分别占同类全部上市公司的 4.28% 和 3.09%。从相对值(比例)角度看,国有控股公司表现较差。其中,最终控制人为中央企业的上市公司有 23 家,最终控制人是地方国企的上市公司有 21 家,分别占同类全部上市公司总数的 6.44% 和 3.13%,中央控股企业表现并不尽如人意。从上市板块来看,沪市主板有 93 家,深市主板有 3 家(不含中小企业板),在同类板块全部上市公司中的占比分别是 8.56% 和 0.64%,沪市主板表现较差。可能的原因是,近两年深市加强了对上市公司信息披露的要求,增加了像"披露股东大会(包括临时股东大会)股东出席率"等条款,而沪市则没有相关要求,使得沪市的整体得分偏低。

　　图 6-3 为后 100 名上市公司董事会治理指数的分布情况(按倒数排列,即指数最后一位作为倒数第一位)。可以看出,后 100 名上市公司董事会治理指数分布在 26~40 分,最高分 39.0720 分,最低分 26.9062 分,绝对差距 12.1658 分,排名最后几位公司的董事会治理指数下降很快。

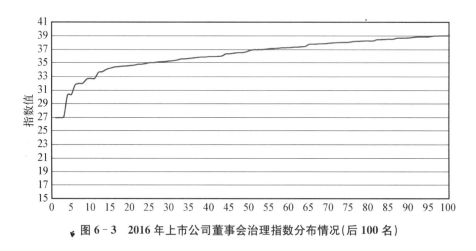

图 6-3　2016 年上市公司董事会治理指数分布情况(后 100 名)

6.2　分地区董事会治理指数比较

　　根据东部、中部、西部和东北四大地区的划分,来比较四个地区上市公司董事会治理指数,结果参见表 6-6。

表 6 - 6   2016 年不同地区上市公司董事会治理指数排名及比较

排 名	地　区	公司数目	平 均 值	中 位 值	最 大 值	最 小 值	标 准 差
1	西部	406	51.1314	51.0914	68.5318	27.0534	6.5921
2	东部	1887	50.9205	50.9753	71.4653	30.3039	6.4044
3	中部	400	50.3158	50.2990	67.9078	32.7100	6.4549
4	东北	147	49.1597	49.0978	66.0814	26.9062	6.9042
总　体		2840	50.7744	50.8381	71.4653	26.9062	6.4770

由表 6 - 6 可知,各地区上市公司董事会治理指数均值由大到小分别为西部(51.1314)、东部(50.9205)、中部(50.3158)和东北(49.1597)。董事会治理指数最高和最低的公司分别来自东部和东北。总体来看,除了东北地区董事会治理指数均值较低之外,其他三个地区之间的差异不是很大。

图 6 - 4 可以直观地看出四个地区上市公司董事会治理之间的差异。

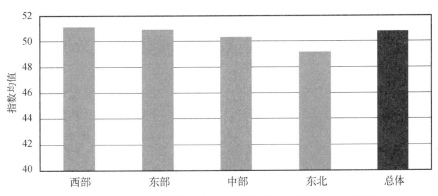

图 6 - 4   2016 年不同地区上市公司董事会治理指数均值比较

从图 6 - 4 可以看出,四个地区中,西部和东部地区上市公司董事会治理指数均值高于总体均值(50.7744);中部和东北地区上市公司董事会治理指数均值则低于总体均值。西部地区上市公司董事会治理指数高于东部、中部和东北,可能与该地区公司的上市时间普遍较晚有关,因为公司上市越晚,受到的制度监管越严格,董事会治理水平越高;而东北地区则可能受传统企业的观念影响较深,董事会治理表现略差。

6.3 分行业董事会治理指数比较

用各个行业上市公司董事会治理指数的平均值来代表各个行业的上市公司董事会治理指数,然后将各行业的上市公司董事会治理指数平均值按照从高到低的顺序进行排名,具体排名结果参见表 6 - 7。

表6-7　2016年不同行业上市公司董事会治理指数排名及比较

排名	行　业　名　称	公司数目	平均值	中位值	最大值	最小值	标准差
1	金融业(J)	57	52.6865	53.1022	66.6381	36.0626	6.9113
2	科学研究和技术服务业(M)	23	52.0579	52.3556	60.6137	41.5370	6.1545
3	教育(P)	3	52.0097	52.9875	56.8700	46.1716	5.4158
4	水利、环境和公共设施管理业(N)	33	51.8969	52.5093	67.9078	35.2871	7.0180
5	信息传输、软件和信息技术服务业(I)	177	51.7639	51.0585	67.7182	34.2364	6.4194
6	农、林、牧、渔业(A)	44	51.4686	52.1819	63.8710	35.0427	6.2550
7	文化、体育和娱乐业(R)	41	51.2896	52.0768	62.0718	37.3596	5.3165
8	租赁和商务服务业(L)	40	51.2067	51.3300	66.3057	37.1617	6.1687
9	交通运输、仓储和邮政业(G)	87	51.1708	50.7954	67.7398	37.0120	6.7524
10	建筑业(E)	77	51.0032	50.5920	66.3105	36.6422	6.1734
11	制造业(C)	1775	50.9548	51.0572	71.4653	26.9062	6.3371
12	综合(S)	23	50.0854	50.9484	65.7300	35.0469	7.9384
13	卫生和社会工作(Q)	7	49.6250	49.3651	59.3448	39.5296	6.5136
14	住宿和餐饮业(H)	11	49.5488	48.7004	56.8413	41.0533	5.1839
15	电力、热力、燃气及水生产和供应业(D)	96	49.3859	49.9426	64.7417	26.9204	7.5809
16	房地产业(K)	125	49.3615	49.1634	66.9500	31.9524	7.1563
17	采矿业(B)	73	48.8536	48.2479	64.5000	32.7160	6.4936
18	批发和零售业(F)	148	48.6917	48.4951	65.7130	34.7943	6.1884
	总　体	2840	50.7744	50.8381	71.4653	26.9062	6.4770

　　从表6-7可以看出,在18个行业中,董事会治理指数均值高于总体均值(50.7744)的行业有11个,这11个行业的最大均值与总体均值的绝对差距是1.9121;董事会治理指数均值低于总体均值的行业有7个,总体均值与这7个行业的最小均值的绝对差距是2.0827。显然,高分区的行业间差距略小于低分区的行业间差距。上市公司董事会治理指数最高的三个行业是金融业(J)(52.6865)、科学研究和技术服务业(M)(52.0579)和教育(P)(52.0097)。需要注意的是,2016年教育行业上市公司数量由2015年的1家增加至3家,首次与其他行业上市公司董事会治理水平进行比较便名列第三,但由于样本量过小,较难反映该行业上市公司董事会治理的实际平均水平。董事会治理水平最差的三个行业是批发和零售业(F)(48.6917)、采矿业(B)(48.8536)、房地产业(K)(49.3615)。

　　整体来看,各行业上市公司董事会治理水平差异不大。随着2016年监管力度加强、防范金融风险意识的增强,以及企业创新创业的需求加大,金融业(J)、科学研究和技术服务业(M)等行业的董事会治理得以强化;而批发和零售业(F)、采矿业(B)以及房地产业(K)等可能由于行业不景气,间接导致董事会治理指数较差。

图 6‑5 进一步显示了行业间上市公司董事会治理指数的差别。可以看出,各行业上市公司董事会治理指数中的大部分(12 个行业)集中在[50,53]这一范围内,占到总体的83.80%,各行业上市公司董事会治理水平之间差距不大。

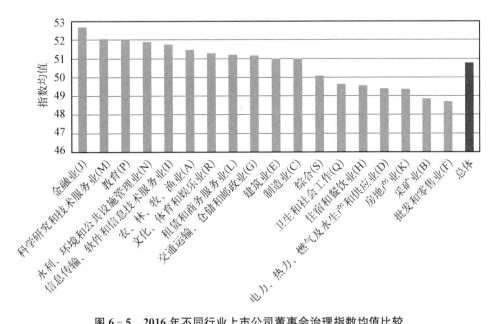

图 6‑5　2016 年不同行业上市公司董事会治理指数均值比较

6.4　分上市板块董事会治理指数比较

按照深市主板(不含中小企业板)、深市中小企业板、深市创业板和沪市主板的上市板块划分,我们比较了不同板块上市公司的董事会治理指数,结果参见表 6‑8。

表 6‑8　2016 年不同板块上市公司董事会治理指数排名及比较

排名	上市板块	公司数目	平均值	中位值	最大值	最小值	标准差
1	深市主板(不含中小企业板)	466	53.6603	53.6718	70.5581	35.9629	5.9936
2	深市中小企业板	784	52.9118	52.5179	71.4653	37.2067	5.5382
3	深市创业板	504	52.5810	52.2104	67.7182	35.3515	5.4467
4	沪市主板	1086	47.1545	47.0867	70.9613	26.9062	6.0809
总体		2840	50.7744	50.8381	71.4653	26.9062	6.4770

从表 6－8 可以看出,2840 家上市公司中有 1086 家在上交所上市,占比 38.24%;有
1754 家在深交所上市,占比 61.76%。在深交所上市的 1754 家公司中,有 784 家在中小企
业板上市,504 家在创业板上市,466 家在中小企业板以外的深市主板上市。董事会治理指
数平均值从高到低排列依次为深市主板(不含中小企业板,53.6603)、深市中小企业板
(52.9118)、深市创业板(52.5810)和沪市主板(47.1545)。整体上看,深市上市公司的董事
会治理水平明显好于沪市上市公司,这说明深交所对所辖公司的监管力度大于上交所。另
一方面,深交所主板(不含中小企业板)的董事会治理平均水平高于中小企业板,也高于创业
板,这反映了在中小型企业中,家族或个人治理仍是主流的治理模式,董事会治理意识还没
有有效建立起来。

图 6－6 更直观地反映了不同上市板块的上市公司董事会治理指数的差异。可以看到,
深市主板(不含中小企业板)、深市中小企业板和深市创业板上市公司的董事会治理指数均
值都高于总体均值(50.7744);而沪市主板上市公司的董事会治理指数则低于总体均值。

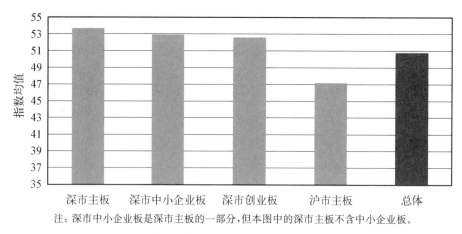

注:深市中小企业板是深市主板的一部分,但本图中的深市主板不含中小企业板。

图 6－6　2016 年不同板块上市公司董事会治理指数均值比较

6.5　本 章 小 结

本章计算了沪深两市 2016 年共计 2840 家上市公司的董事会治理指数,并分别从总体、
地区、行业、上市板块等四个角度全面评价了中国上市公司董事会治理水平,结论如下:

(1) 从总体看,2016 年上市公司董事会治理指数最大值 71.4653,最小值 26.9062,平均
值 50.7744,标准差 6.4770。全部样本得分整体偏低,87.04% 的上市公司董事会治理指数
分布在[40,60)区间,及格率仅为 8.27%。

(2) 从地区看,西部地区上市公司董事会治理指数均值较高,为 51.1314;东北地区董事
会治理指数均值最低,为 49.1597。除了东北地区,其他三个地区上市公司董事会治理指数
的地区间差异不是很大。

（3）从行业看，上市公司董事会治理均值位居前三的行业是金融业（J）（52.6865）、科学研究和技术服务业（M）（52.0579）、教育（P）（52.0097）；最后三位是批发和零售业（F）（48.6917）、采矿业（B）（48.8536）、房地产业（K）（49.3615）。值得注意的是，教育行业只有3家上市公司，难以反映该行业董事会治理的实际平均水平。总体来看，各行业上市公司董事会治理水平之间差距不大。

（4）从上市板块看，董事会治理指数均值从高到低依次为深市主板（不含中小企业板）（53.6603）、深市中小企业板（52.9118）、深市创业板（52.5810）和沪市主板（47.1545）。深市上市公司董事会治理水平明显好于沪市上市公司。

第7章
董事会治理分项指数排名及比较

第6章从总体上对中国上市公司董事会治理指数进行了排名,并从地区、行业、上市板块三个角度进行了分类汇总和分析。本章按照对董事会治理四个维度的划分,把董事会治理指数分解为董事会结构、独立董事独立性、董事会行为和董事激励与约束四个分项指数,根据上市公司董事会治理分项指数数据,对上市公司在不同维度下的董事会治理分项指数进行排名和比较分析。

7.1 董事会治理分项指数总体情况

依据我们评估的 2840 家上市公司董事会治理指数数据,2016 年中国上市公司董事会治理四个分项指数的描述性统计结果参见表 7 - 1。

表 7 - 1　2016 年上市公司董事会治理分项指数描述性统计结果

分 项 指 数	公司数目	平 均 值	中 位 值	最 大 值	最 小 值	标 准 差
董事会结构	2840	40.5016	39.6465	87.1901	5.4545	9.9132
独立董事独立性	2840	59.3846	60.0000	90.0000	14.8214	11.5672
董事会行为	2840	51.0926	53.0251	90.5951	10.9985	14.2633
董事激励与约束	2840	52.1185	55.5556	77.7778	11.1111	9.3689

从表 7 - 1 中可以看出,董事会治理四个分项指数的平均值均未达到 60 分的及格水平,并且相差较大。独立董事独立性分项指数均值最大,为 59.3846。董事会结构分项指数均值最小,为 40.5016;董事激励与约束分项指数和董事会行为分项指数均值居中。董事会行为分项指数的标准差最大,说明各上市公司在董事会行为方面的差距高于其他三个分项指数。需要注意的是,独立董事独立性分项指数均值较大,这可能与独立董事独立性衡量指标偏重于形式上的独立性有关。独立董事形式上的独立是指独立董事任职符合国家法律和政策上的规定,但未必在实质上实现了独立。董事会结构虽然是董事会建设和发展的基础,但其内

部结构的不规范、下设机构的缺失、对利益相关者的忽视,使得董事会结构分项指数在四个
分项指数中最低。

图 7-1 直观地反映了董事会治理四个分项指数的均值和中位值的差异。可以看出,整
体来看,四个分项指数的均值和中位数是基本一致的,独立董事独立性分项指数均值和中位
值最高,董事会结构分项指数均值和中位值都是最低的。

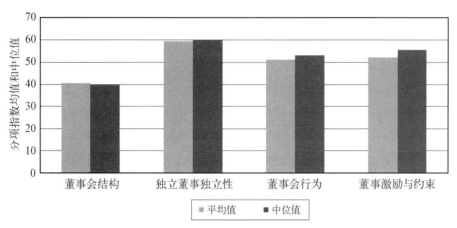

图 7-1 2016 年上市公司董事会治理分项指数比较

7.2 董事会结构分项指数排名及比较

董事会结构分项指数侧重从形式上考察上市公司董事会成员构成和机构设置的合理性
和有效性。本报告中董事会结构分项指数包括 11 个二级指标,分别从董事会成员组成、董
事受教育程度、年龄,以及相关委员会的设置等角度来评价董事会结构状况。本节主要是对
董事会结构分项指数排名的各种情况进行比较说明和分析。

7.2.1 董事会结构分项指数总体分布

基于 2840 家上市公司董事会结构的各项指标,我们得出了每家上市公司董事会结构分
项指数。以 10 分为间隔,可以将董事会结构分项指数划分为 10 个区间段,每个分数区间段
的公司数目和所占比重参见表 7-2。

表 7-2 2016 年上市公司董事会结构分项指数区间分布

指 数 区 间	公 司 数 目	占 比(%)	累计占比(%)
[0, 10)	4	0.14	0.14
[10, 20)	46	1.62	1.76
[20, 30)	374	13.17	14.93

续　表

指 数 区 间	公 司 数 目	占　比(%)	累计占比(%)
[30，40)	1110	39.08	54.01
[40，50)	985	34.68	88.70
[50，60)	245	8.63	97.32
[60，70)	63	2.22	99.54
[70，80)	9	0.32	99.86
[80，90)	4	0.14	100.00
[90，100]	0	0.00	100.00
总　　计	2840	100.00	—

由表 7-2 可见,2016 年董事会结构分项指数在除 [90，100]以外的各个区间都有上市公司存在,董事会结构分项指数主要分布在[20，50)区间,共计 2469 家公司,占样本总数的 86.94%。

由图 7-2 可以直观地看出上市公司董事会结构分项指数的分布区间。可以看到,2016 年上市公司董事会结构分项指数从低分到高分,公司数目分布呈现正偏态分布,偏度系数是 0.2847。

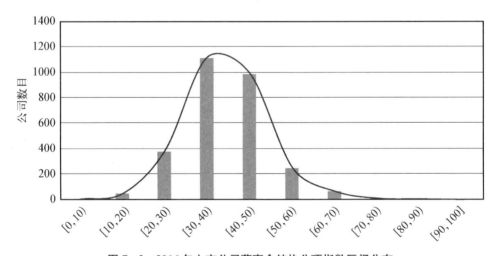

图 7-2　2016 年上市公司董事会结构分项指数区间分布

7.2.2　分地区董事会结构分项指数比较

按照四个地区的划分,我们统计了不同地区上市公司的董事会结构分项指数,参见表 7-3。

从表 7-3 可以看到,四个地区中,西部上市公司的董事会结构分项指数均值最高,为

41.3930 分,东北上市公司的董事会结构分项指数均值最低,为 39.8477 分,两者绝对差距为 1.5453 分。董事会结构分项指数最大值出自东部,最小值出自东北。

表 7-3 2016 年不同地区上市公司董事会结构分项指数比较

排 名	地 区	公司数目	平均值	中位值	最大值	最小值	标准差
1	西部	406	41.3930	39.9242	78.8182	14.2424	9.6920
2	东部	1887	40.4096	39.5868	87.1901	7.7273	9.9828
3	中部	400	40.2714	39.6970	67.5758	11.2727	9.3304
4	东北	147	39.8477	39.7403	65.3030	5.4545	11.0532
总 体		2840	40.5016	39.6465	87.1901	5.4545	9.9132

图 7-3 直观地反映了四个地区上市公司董事会结构分项指数均值的差异。可以看到,不同地区的上市公司董事会结构分项指数均值相差不是很大,西部的董事会结构分项指数均值高于总体均值,其余三个地区的董事会结构分项指数低于总体均值。

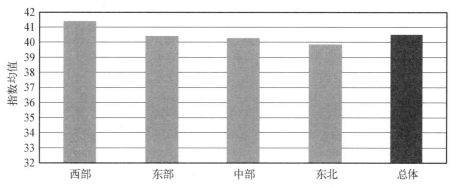

图 7-3 2016 年不同地区上市公司董事会结构分项指数均值比较

7.2.3 分行业董事会结构分项指数比较

按照中国证券监督委员会对 18 个行业的划分,用各个行业内的上市公司董事会结构分项指数的平均值来代表各个行业的上市公司董事会结构分项指数,然后把各个行业的上市公司董事会结构分项指数按照由高到低的顺序进行排名,具体排名结果参见表 7-4。

表 7-4 2016 年不同行业上市公司董事会结构分项指数排名及比较

排名	行 业	公司数目	平均值	中位值	最大值	最小值	标准差
1	金融业(J)	57	52.7567	49.3706	83.4545	26.9697	12.2490
2	交通运输、仓储和邮政业(G)	87	43.4555	43.8384	82.8926	16.1039	10.9958
3	采矿业(B)	73	43.3075	40.9091	67.5000	20.7143	11.3325

排名	行　　业	公司数目	平 均 值	中 位 值	最 大 值	最 小 值	标准差
4	水利、环境和公共设施管理业(N)	33	42.6087	40.0000	65.6364	23.5537	8.6356
5	住宿和餐饮业(H)	11	42.0253	47.7778	57.2727	25.5455	10.3295
6	文化、体育和娱乐业(R)	41	41.8678	40.2273	58.7879	27.7273	8.7798
7	教育(P)	3	41.4941	40.9091	46.2500	37.3232	4.4920
8	科学研究和技术服务业(M)	23	40.9034	39.6465	63.6364	25.1515	9.1134
9	电力、热力、燃气及水生产和供应业(D)	96	40.8815	40.0175	67.2727	16.3636	9.5923
10	信息传输、软件和信息技术服务业(I)	177	40.8666	40.1299	66.6234	18.1818	9.0164
11	卫生和社会工作(Q)	7	40.7941	40.2273	57.4675	27.8283	11.2401
12	建筑业(E)	77	40.7111	39.7403	61.5341	19.0341	8.3611
13	房地产业(K)	125	40.6999	40.2273	65.9596	16.2626	9.4050
14	租赁和商务服务业(L)	40	40.4422	39.5960	66.3636	15.3247	9.9587
15	批发和零售业(F)	148	40.0607	39.6373	72.1212	19.2424	9.2418
16	制造业(C)	1775	39.7612	39.2857	87.1901	5.4545	9.7290
17	综合(S)	23	39.4016	39.9174	58.0000	13.6364	10.5451
18	农、林、牧、渔业(A)	44	39.3256	38.7626	64.7107	14.2929	10.0947
总　体		**2840**	**40.5016**	**39.6465**	**87.1901**	**5.4545**	**9.9132**

　　从表 7-4 可以看出,有 13 个行业的董事会结构分项指数均值高于总体均值(40.5016),这 13 个行业的董事会结构分项指数最大均值与总体均值的绝对差距为12.2551 分;其他 5 个行业的上市公司董事会结构分项指数均值低于总体均值,总体均值与这 5 个行业的最低均值的绝对差距为 1.1760 分。显然董事会结构分项指数高分区行业的内部差距远高于低分区行业。上市公司董事会结构分项指数均值排名前三位的行业分别是金融业(J),交通运输、仓储和邮政业(G),以及采矿业(B);排名最后三位的行业是农、林、牧、渔业(A),综合(S)和制造业(C)。董事会结构分项指数最大值和最小值均出自制造业(C)。

　　图 7-4 直观地反映了不同行业上市公司董事会结构分项指数均值的差异。可以看到,得分最高的金融业与其他行业相比,差异较为明显,其他各行业董事会结构分项指数均值相差不大。

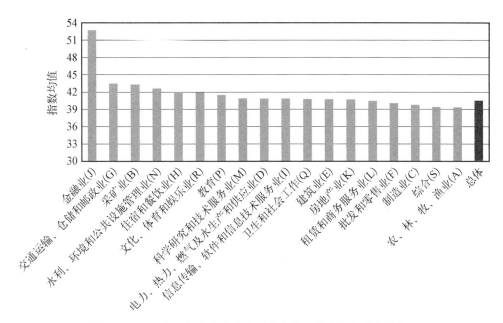

图 7-4 2016 年不同行业上市公司董事会结构分项指数均值比较

7.2.4 分上市板块董事会结构分项指数比较

根据公司上市的四个板块划分,对不同板块上市公司的董事会结构分项指数进行综合比较,结果如表 7-5 所示。

表 7-5 2016 年不同上市板块上市公司董事会结构分项指数排名及比较

排名	上市板块	公司数目	平均值	中位值	最大值	最小值	标准差
1	深市主板(不含中小企业板)	466	43.8781	42.9040	87.1901	16.6667	9.7843
2	深市中小企业板	784	40.3595	39.5455	67.0909	14.2929	8.8180
3	沪市主板	1086	39.8599	39.3939	84.5041	5.4545	11.0116
4	深市创业板	504	38.9836	39.0404	67.2727	17.0455	8.3528
	总 体	2840	40.5016	39.6465	87.1901	5.4545	9.9132

从表 7-5 可以看出,深市主板(不含中小企业板)上市公司董事会结构分项指数的均值最高,为 43.8781 分,深市创业板上市公司董事会结构分项指数均值最低,为 38.9836 分,位居中间的深市中小企业板和沪市主板的董事会结构分项指数均值与最后的深市创业板之间的差别不大。四个板块中,董事会结构分项指数最大值出自深市主板(不含中小企业板),最小值出自沪市主板。

图 7-5 可以直观地反映出四个上市板块上市公司董事会结构分项指数的差异。可以看出,深市主板(不含中小企业板)的上市公司董事会结构分项指数均值高于总体均值;而深市中小企业板、深市创业板和沪市主板上市公司董事会治理指数均值则低于总体均值。

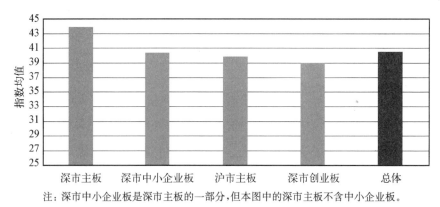

注：深市中小企业板是深市主板的一部分，但本图中的深市主板不含中小企业板。

图 7-5　2016 年不同板块上市公司董事会结构分项指数均值比较

7.3　独立董事独立性分项指数排名及比较

独立董事独立性分项指数衡量独立董事专业素质和履职情况，主要从形式上来评价独立董事的独立性。本报告中独立董事独立性分项指数包括 10 个二级指标，主要涉及独立董事专业素质、来源、任职情况、津贴和信息披露等方面。本节主要对独立董事独立性分项指数排名的各种情况进行比较分析。

7.3.1　独立董事独立性分项指数总体分布

根据独立董事独立性分项指数的分布，我们将独立董事独立性分项指数以 10 分为间隔，划分成 10 个区间，得到的结果参见表 7-6。

表 7-6　2016 年上市公司独立董事独立性分项指数区间分布

指 数 区 间	公 司 数 目	占　比(%)	累计占比(%)
[0, 10)	0	0.00	0.00
[10, 20)	1	0.04	0.04
[20, 30)	16	0.56	0.60
[30, 40)	99	3.49	4.08
[40, 50)	382	13.45	17.54
[50, 60)	750	26.41	43.94
[60, 70)	919	32.36	76.30
[70, 80)	573	20.18	96.48
[80, 90)	94	3.31	99.79
[90, 100]	6	0.21	100.00
总　　计	2840	100.00	—

由表 7 - 6 可以看出,独立董事独立性分项指数主要分布在[40,80)区间,总计有2624 家公司,占样本总数的 92.39%。相对于其他三个分项指数,上市公司在独立董事独立性分项指数上得分较高。原因在于,中国很多上市公司设立独立董事其实是为了满足中国证监会的强制性要求,或者说,是满足于形式上的独立性要求,而不是更多地追求实质上的独立性。

图 7 - 6 可以直观地反映出上市公司独立董事独立性分项指数的区间分布。可以看出,2016 年上市公司独立董事独立性分项指数从低分到高分,公司数目呈负偏态分布,偏度系数是-0.2596。

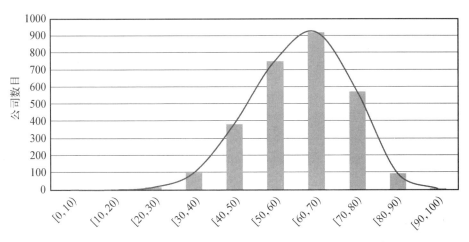

图 7 - 6　2016 年上市公司独立董事独立性分项指数区间分布

7.3.2　分地区独立董事独立性分项指数比较

从东部、中部、西部和东北四个地区的划分来看,西部上市公司的独立董事独立性分项指数均值最高,为 60.5308 分;其次是东部,为 59.3311 分;再次是中部,为 59.0042 分;东北最低,为 57.9415 分。最高的西部与最低的东北之间的绝对差距为 2.5893 分,参见表 7 - 7。

表 7 - 7　2016 年不同地区上市公司独立董事独立性分项指数排名及比较

排　名	地　区	公司数目	平　均　值	中　位　值	最　大　值	最　小　值	标　准　差
1	西部	406	60.5308	60.0000	90.0000	20.0000	11.6056
2	东部	1887	59.3311	60.0000	90.0000	14.8214	11.4789
3	中部	400	59.0042	60.0000	90.0000	29.3333	11.8866
4	东北	147	57.9415	60.0000	89.8246	20.0000	11.5634
总　体		2840	59.3846	60.0000	90.0000	14.8214	11.5672

图 7 - 7 更直观地反映了四个地区上市公司独立董事独立性分项指数均值的差异。可以看出,只有西部上市公司的独立董事独立性分项指数均值高于总体均值,其他三个地区都

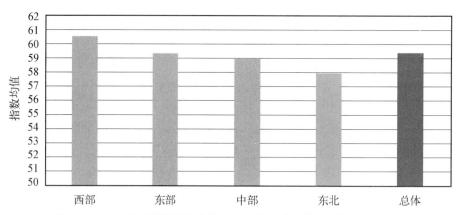

图 7 - 7　2016 年不同地区上市公司独立董事独立性分项指数均值比较

低于总体均值。

7.3.3　分行业独立董事独立性分项指数比较

用各个行业内的上市公司独立董事独立性分项指数的平均值来代表各个行业的上市公司独立董事独立性分项指数,然后把各个行业的上市公司独立董事独立性分项指数按照由高到低的顺序进行排名,具体排名结果参见表 7 - 8。

表 7 - 8　2016 年不同行业上市公司独立董事独立性分项指数排名及比较

排名	行　　业	公司数目	平均值	中位值	最大值	最小值	标准差
1	教育(P)	3	69.9099	70.0000	79.7297	60.0000	9.8652
2	科学研究和技术服务业(M)	23	63.2982	65.0000	80.0000	30.0000	14.0866
3	综合(S)	23	61.9899	60.0000	79.8333	35.0000	12.2873
4	农、林、牧、渔业(A)	44	60.8079	60.0000	80.0000	35.0000	12.0567
5	信息传输、软件和信息技术服务业(I)	177	60.4599	60.0000	90.0000	30.0000	11.0076
6	住宿和餐饮业(H)	11	59.9498	55.0000	80.0000	49.8182	10.5237
7	交通运输、仓储和邮政业(G)	87	59.9494	60.0000	89.8182	29.7297	11.6440
8	建筑业(E)	77	59.8865	60.0000	85.0000	40.0000	10.9664
9	制造业(C)	1775	59.8062	60.0000	90.0000	25.0000	11.2436
10	卫生和社会工作(Q)	7	59.2857	60.0000	70.0000	40.0000	10.9653
11	文化、体育和娱乐业(R)	41	59.0287	60.0000	80.0000	40.0000	11.1980
12	租赁和商务服务业(L)	40	58.8629	59.9194	75.0000	40.0000	10.1234
13	批发和零售业(F)	148	58.6859	60.0000	89.8246	20.0000	12.6519
14	水利、环境和公共设施管理业(N)	33	58.4960	60.0000	75.0000	30.0000	11.0557

续　表

排名	行　　　业	公司数目	平 均 值	中 位 值	最 大 值	最 小 值	标准差
15	采矿业（B）	73	57.7475	59.7619	80.0000	20.0000	13.7263
16	电力、热力、燃气及水生产和供应业（D）	96	57.6248	59.6866	80.0000	14.8214	13.1840
17	房地产业（K）	125	55.6560	55.0000	90.0000	20.0000	11.8973
18	金融业（J）	57	53.1850	53.5185	75.0000	20.0000	11.4809
	总　　体	2840	59.3846	60.0000	90.0000	14.8214	11.5672

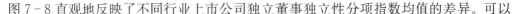

由表 7-8 可知,18 个行业中,有 9 个行业的独立董事独立性分项指数均值高于总体均值(59.3846),这 9 个行业的行业均值最大值与总体均值的绝对差距是 10.5253 分;其他 9 个行业的独立董事独立性分项指数均值低于总体均值,总体均值与这 9 个行业的最小均值的绝对差距是 6.1996 分。独立董事独立性分项指数行业高分区的内部差距大于低分区行业。上市公司独立董事独立性分项指数均值排名前三位的行业分别是教育(P),科学研究和技术服务业(M),综合(S);排在后三位的分别是金融业(J),房地产业(K),以及电力、热力、燃气及水生产和供应业(D)。需要注意的是,教育行业(P)只有 3 家上市公司,很难反映该行业上市公司独立董事独立性的实际平均水平。独立董事独立性分项指数最大值出自信息传输、软件和信息技术服务业(I),制造业(C),以及房地产业(K)(并列),最小值出自电力、热力、燃气及水生产和供应业(D)。

图 7-8 直观地反映了不同行业上市公司独立董事独立性分项指数均值的差异。可以

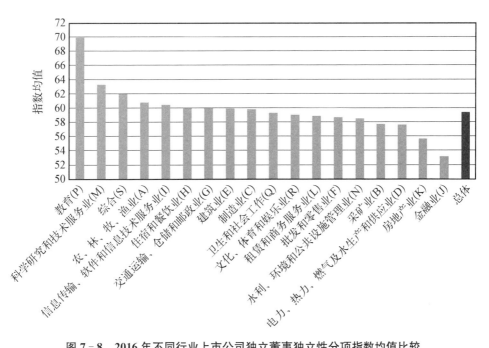

图 7-8　2016 年不同行业上市公司独立董事独立性分项指数均值比较

看到,除了排名前两位的教育(P)以及科学研究和技术服务业(M)明显高于其他行业,最后两位的金融业(J)和房地产业(K)明显低于其他行业之外,其他各行业上市公司独立董事独立性分项指数均值从大到小差别不大,较为平缓。

7.3.4　分上市板块独立董事独立性分项指数比较

按照四个市场板块的划分,对不同板块上市公司的独立董事独立性分项指数进行综合比较,结果如表7-9所示。

表7-9　2016年不同板块上市公司独立董事独立性分项指数排名及比较

排名	上　市　板　块	公司数目	平均值	中位值	最大值	最小值	标准差
1	深市创业板	504	60.9967	60.0000	90.0000	25.0000	11.5662
2	深市主板(不含中小企业板)	466	60.2642	60.0000	90.0000	28.7143	11.9866
3	深市中小企业板	784	60.0511	60.0000	90.0000	25.0000	10.6661
4	沪市主板	1086	57.7779	60.0000	89.4444	14.8214	11.8304
	总　体	2840	59.3846	60.0000	90.0000	14.8214	11.5672

从表7-9可以看出,深市创业板的上市公司独立董事独立性分项指数均值以60.9967分位居第一位,深市主板(不含中小企业板)以60.2642分位居第二,深市中小企业板以60.0511分位居第三位,沪市主板以57.7779分位居最后一位,与前三名差距较大,最高者与最低者之间的均值差距为3.2188分。

图7-9直观地反映了四个板块上市公司独立董事独立性分项指数的差异。可以看到,只有沪市主板上市公司独立董事独立性分项指数均值低于总体均值,其他三个板块都高于总体均值。

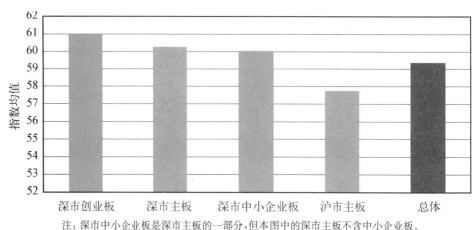

注:深市中小企业板是深市主板的一部分,但本图中的深市主板不含中小企业板。

图7-9　2016年不同板块上市公司独立董事独立性分项指数均值比较

7.4　董事会行为分项指数排名及比较

董事会行为分项指数主要衡量董事会行为相关制度的建立及其执行情况,侧重从实质上来衡量董事会的实际履职情况。本报告中董事会行为分项指数包括 7 个二级指标,涉及董事会会议、董事之间的沟通制度、董事会议事规则、董事会对高管的考评和激励制度、董事会财务控制、投资者关系制度等方面。本节就董事会行为分项指数从不同角度进行比较和分析。

7.4.1　董事会行为分项指数总体分布

根据 2840 家样本上市公司的董事会行为分项指数,我们将其划分为 10 个区间,每个区间以 10 分为间隔,所有上市公司的董事会行为分项指数分布如表 7－10 所示。

表 7－10　2016 年上市公司董事会行为分项指数区间分布

指 数 区 间	公 司 数 目	占　比(%)	累计占比(%)
[0,10)	0	0.00	0.00
[10,20)	4	0.14	0.14
[20,30)	266	9.37	9.51
[30,40)	415	14.61	24.12
[40,50)	623	21.94	46.06
[50,60)	570	20.07	66.13
[60,70)	685	24.12	90.25
[70,80)	267	9.40	99.65
[80,90)	9	0.31	99.96
[90,100]	1	0.04	100.00
总　　计	2840	100.00	——

由表 7－10 可知,董事会行为分项指数位于[60,70)区间的上市公司最多,有 685 家,占上市公司样本总数的 24.12%。大部分上市公司分布在[30,70)区间,有 2293 家公司,占上市公司样本总数的 80.74%。

图 7－10 直观地反映了上市公司董事会行为分项指数的分布情况。可以看到,上市公司董事会行为分项指数分布并不是一条平滑的曲线,偏度系数是－0.1258,呈负偏态分布。

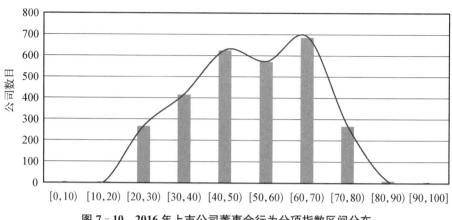

图 7 - 10　2016 年上市公司董事会行为分项指数区间分布

7.4.2　分地区董事会行为分项指数比较

将上市公司按照东部、中部、西部和东北四个地区划分,不同地区上市公司董事会行为分项指数均值参见表 7 - 11。

表 7 - 11　2016 年不同地区上市公司董事会行为分项指数排名及比较

排 名	地 区	公司数目	平 均 值	中 位 值	最 大 值	最 小 值	标 准 差
1	东部	1887	51.5273	53.0767	90.5951	20.0094	14.0108
2	西部	406	51.2470	53.0025	81.6853	17.0823	14.4590
3	中部	400	50.0014	51.3012	81.6689	10.9985	14.7284
4	东北	147	48.0560	46.8767	77.0113	19.2199	15.2432
总 体		**2840**	**51.0926**	**53.0251**	**90.5951**	**10.9985**	**14.2633**

由表 7 - 11 可知,东部上市公司的董事会行为分项指数均值最高,为 51.5273 分;其次是西部地区,为 51.2470 分;中部地区比西部地区略低,为 50.0014 分;东北地区董事会行为分项指数均值最低,为 48.0560 分,最高与最低地区的绝对差距为 3.4713 分。在四个地区中,董事会行为分项指数最大值出自东部,最小值出自中部。

图 7 - 11 更直观地反映了四个地区上市公司董事会行为分项指数均值的差异。可以看出,除东北地区明显低于其他三个地区外,东部、西部和中部地区的上市公司的董事会行为分项指数均值的差别不大。其中,东部和西部上市公司的董事会行为分项指数均值高于总体均值,其他两个地区的董事会行为分项指数均值则低于总体均值。

7.4.3　分行业董事会行为分项指数比较

按照董事会行为分项指数均值从大到小的顺序,将不同行业上市公司董事会行为分项指数均值的排名列在表 7 - 12 中。

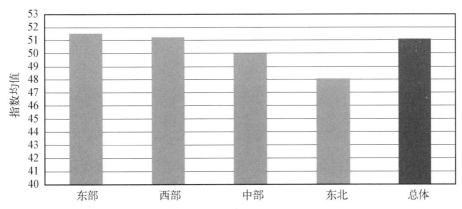

图 7-11　2016 年不同地区上市公司董事会行为分项指数均值比较

表 7-12　2016 年不同行业上市公司董事会行为分项指数排名及比较

排名	行　　业	公司数目	平均值	中位值	最大值	最小值	标准差
1	信息传输、软件和信息技术服务业（I）	177	54.1596	54.7911	76.4135	20.9367	12.1066
2	农、林、牧、渔业（A）	44	53.9731	56.6534	77.2011	22.7732	13.8118
3	水利、环境和公共设施管理业（N）	33	53.2842	58.4114	76.3536	20.9997	16.5856
4	租赁和商务服务业（L）	40	52.8828	53.9881	82.5761	21.8545	15.7181
5	科学研究和技术服务业（M）	23	52.8222	54.8092	74.4562	24.5175	13.5706
6	金融业（J）	57	52.2702	50.2069	77.1308	22.6877	14.0959
7	建筑业（E）	77	51.8999	51.2829	77.2167	20.9704	15.6045
8	住宿和餐饮业（H）	11	51.7755	53.0326	72.7945	28.1336	15.1564
9	制造业（C）	1775	51.7508	53.0955	90.5951	10.9985	14.1100
10	房地产业（K）	125	49.5790	47.9354	81.6446	20.4257	14.8287
11	文化、体育和娱乐业（R）	41	48.7065	49.5560	74.5956	20.0848	13.0021
12	交通运输、仓储和邮政业（G）	87	48.4687	46.8674	76.3373	20.9725	14.4054
13	卫生和社会工作（Q）	7	47.6267	46.0153	74.6232	21.9136	21.0871
14	批发和零售业（F）	148	46.5834	48.6038	77.1091	20.0094	13.7385
15	采矿业（B）	73	46.5665	45.0060	76.2830	22.7744	13.6592
16	电力、热力、燃气及水生产和供应业（D）	96	46.4333	45.0828	88.8153	22.7294	15.4623
17	综合（S）	23	45.3271	43.3375	76.3207	24.4822	15.0187
18	教育（P）	3	37.3755	37.9602	45.9446	28.2217	8.8759
总　　体		2840	51.0926	53.0251	90.5951	10.9985	14.2633

　　从表 7 - 12 中可以看出,18 个行业中,有 9 个行业的董事会行为分项指数均值高于总体均值(51.0926),这 9 个行业的行业均值最大值与总体均值的绝对差距是 3.0670 分;其他 9 个行业的董事会行为分项指数均值低于总体均值,总体均值与这 9 个行业的最小均值的绝对差距是 13.7171 分。董事会行为分项指数行业高分区的内部差距远低于低分区行业。上市公司董事会行为分项指数均值排名前三位的行业分别是信息传输、软件和信息技术服务业(I)、农、林、牧、渔业(A),以及水利、环境和公共设施管理业(N);最后三位分别是教育(P)、综合(S),以及电力、热力、燃气及水生产和供应业(D)。需要注意的是,教育行业(P)只有 3 家上市公司,很难反映该行业上市公司董事会行为的实际平均水平。董事会行为分项指数最大值和最小值均出自制造业(C)。

　　图 7 - 12 更直观地反映了不同行业上市公司董事会行为分项指数均值的差异。可以看出,董事会行为分项指数行业均值高于总体均值的 9 个行业均值差异不大,但行业均值低于总体均值的 9 个行业则逐次递减,尤其是最后一位的教育(P)明显不如其他行业,可见教育行业新上市的两家公司,虽然董事会结构和独立董事独立性方面表现较好,但涉及董事会行为等关乎董事会治理实质的方面,还是远不如其他上市公司。

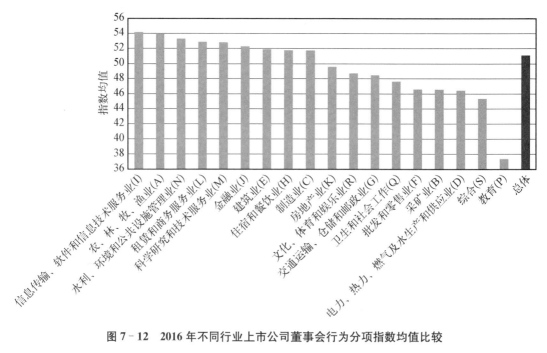

图 7 - 12　2016 年不同行业上市公司董事会行为分项指数均值比较

7.4.4　分上市板块董事会行为分项指数比较

　　按照四大上市板块的划分,对不同板块上市公司的董事会行为分项指数进行综合比较,结果如表 7 - 13 所示。

　　从表 7 - 13 可以看出,深市主板(不含中小企业板)上市公司的董事会行为分项指数均值最高;深市创业板上市公司董事会行为分项指数均值位居第二;深市中小企业板上市公司

表 7 - 13　2016 年不同板块上市公司董事会行为分项指数排名及比较

排名	上 市 板 块	公司数目	平 均 值	中 位 值	最 大 值	最 小 值	标 准 差
1	深市主板(不含中小企业板)	466	58.1860	58.4274	88.8153	22.6043	11.8150
2	深市创业板	504	57.8303	60.1778	76.3817	26.3513	10.3964
3	深市中小企业板	784	57.8212	60.1977	90.5951	29.8563	10.7292
4	沪市主板	1086	40.0645	38.7573	77.1006	10.9985	11.9237
总　体		**2840**	**51.0926**	**53.0251**	**90.5951**	**10.9985**	**14.2633**

董事会行为分项指数均值排在第三;沪市主板的均值最小,比第一位深市主板(不含中小企业板)低 18.1215 分,差距较大,这说明沪市主板上市公司虽然普遍上市时间较长,但其董事会履职情况在实质上并不乐观。在四个板块中,董事会行为分项指数最大值出自深市中小企业板,最小值出自沪市主板。

图 7 - 13 直观地反映了四个板块上市公司董事会行为分项指数的差异。可以看到,除了沪市主板的董事会行为分项指数远低于其他三个上市板块,并且低于总体均值外,其他三个板块相差不大,且都高于总体均值。

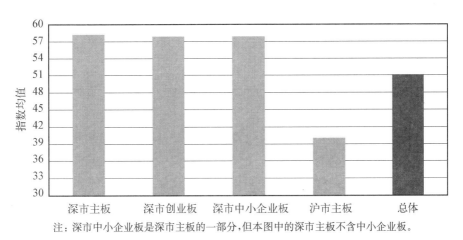

注:深市中小企业板是深市主板的一部分,但本图中的深市主板不含中小企业板。

图 7 - 13　2016 年不同板块上市公司董事会行为分项指数均值比较

7.5　董事激励与约束分项指数排名及比较

董事激励与约束分项指数衡量董事激励和约束制度的建立和执行情况,主要从实质上评价董事激励与约束机制,尤其是约束机制的有效性。本报告中董事激励与约束分项指数包括 9 个二级指标,涉及执行董事薪酬是否与其业绩相吻合、股东诉讼及赔偿情况、董事会成员是否遭到监管机构处罚或谴责、是否有明确的董事考核或薪酬制度、是否公布董事考核结果、是否披露董事薪酬情况、是否有董事会会议记录、是否有董事行为准则相关的规章制度,以及独立董事是否明确保证年报内容的真实性、准确性和完整性或不存在异议等方面。本节就董事激励与约束分项指数从不同角度进行比较和分析。

7.5.1　董事激励与约束分项指数总体分布

我们把董事激励与约束分项指数以 10 分为间隔划分为 9 个区间(公司数目为 0 的指数区间合并),所有上市公司的董事激励与约束分项指数如表 7‐14 所示。

表 7‐14　2016 年上市公司董事激励与约束分项指数区间分布

指 数 区 间	公 司 数 目	占　比(%)	累计占比(%)
[0, 10)	0	0.00	0.00
[10, 20)	8	0.28	0.28
[20, 30)	46	1.62	1.90
[30, 40)	109	3.84	5.74
[40, 50)	913	32.15	37.89
[50, 60)	1330	46.83	84.72
[60, 70)	414	14.58	99.30
[70, 80)	20	0.70	100.00
[80, 100]	0	0.00	100.00
总　计	2840	100.00	—

由表 7‐14 可知,董事激励与约束分项指数主要分布在[40,70)区间范围内,共有 2657 家公司,占样本上市公司总数的 93.56%,其中在[50,60)区间的上市公司最多,共 1330 家,占上市公司样本总数的 46.83%。

从图 7‐14 中可以更直观地看出,董事激励与约束分项指数分布较集中,偏度系数为 −0.4464,呈负偏态分布。

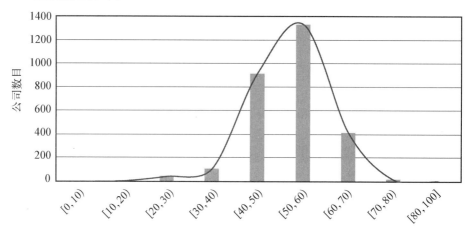

图 7‐14　2016 年上市公司董事激励与约束分项指数区间分布

7.5.2 分地区董事激励与约束分项指数比较

按照东部、中部、西部和东北四个地区的划分,各地区上市公司董事激励与约束分项指数比较参见表 7－15。

表 7－15 2016 年不同地区上市公司董事激励与约束分项指数排名及比较

排 名	地 区	公司数目	平 均 值	中 位 值	最 大 值	最 小 值	标 准 差
1	东部	1887	52.4142	55.5556	77.7778	11.1111	9.0291
2	中部	400	51.9861	55.5556	77.7778	22.2222	9.3736
3	西部	406	51.3547	55.5556	77.7778	11.1111	10.7587
4	东北	147	50.7937	55.5556	66.6667	22.2222	9.3777
总 体		2840	52.1185	55.5556	77.7778	11.1111	9.3689

由表 7－15 可知,东部上市公司的董事激励与约束分项指数均值最高,为 52.4142 分;其次是中部和西部,东北上市公司的董事激励与约束分项指数均值最低,为 50.7937 分,最高与最低之间的绝对差距为 1.6205 分,差别不大。在四个地区中,董事激励与约束分项指数最大值出自东部、中部、西部(并列),最小值出自东部和西部(并列),西部的标准差最大。

图 7－15 更直观地反映了四个地区上市公司董事激励与约束分项指数均值的差异。可以看到,东部的上市公司董事激励与约束分项指数均值略超过总体均值,其他三个地区的上市公司董事激励与约束分项指数均值则低于总体均值。

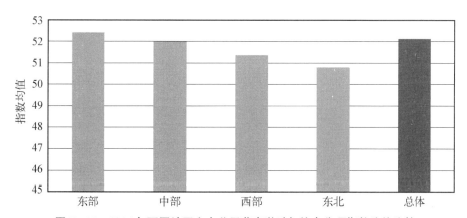

图 7－15 2016 年不同地区上市公司董事激励与约束分项指数均值比较

7.5.3 分行业董事激励与约束分项指数比较

按照 18 个行业大类划分,各行业上市公司董事激励与约束分项指数排名见表 7－16。

由表 7－16 可以看出,18 个行业中,董事激励与约束分项指数均值高于总体均值的行业有 9 个,这 9 个行业董事激励与约束分项指数最大均值与总体均值的绝对差距为 7.1408

表 7-16　2016 年不同行业上市公司董事激励与约束分项指数排名及比较

排名	行　业	公司数目	平均值	中位值	最大值	最小值	标准差
1	教育(P)	3	59.2593	55.5556	66.6667	55.5556	6.4150
2	文化、体育和娱乐业(R)	41	55.5556	55.5556	66.6667	44.4444	8.2402
3	综合(S)	23	53.6232	55.5556	77.7778	33.3333	10.6743
4	水利、环境和公共设施管理业(N)	33	53.1987	55.5556	66.6667	22.2222	10.2091
5	交通运输、仓储和邮政业(G)	87	52.8097	55.5556	66.6667	22.2222	8.8806
6	租赁和商务服务业(L)	40	52.6389	55.5556	66.6667	22.2222	9.3292
7	电力、热力、燃气及水生产和供应业(D)	96	52.6042	55.5556	66.6667	33.3333	8.6800
8	金融业(J)	57	52.5341	55.5556	77.7778	22.2222	10.1287
9	制造业(C)	1775	52.5008	55.5556	77.7778	22.2222	9.0209
10	农、林、牧、渔业(A)	44	51.7677	55.5556	66.6667	16.6667	12.7236
11	信息传输、软件和信息技术服务业(I)	177	51.5694	55.5556	77.7778	11.1111	10.3586
12	建筑业(E)	77	51.5152	55.5556	66.6667	11.1111	9.1303
13	房地产业(K)	125	51.5111	55.5556	77.7778	11.1111	10.8476
14	科学研究和技术服务业(M)	23	51.2077	44.4444	77.7778	44.4444	8.6969
15	卫生和社会工作(Q)	7	50.7937	50.0000	55.5556	44.4444	4.9985
16	批发和零售业(F)	148	49.4369	44.4444	66.6667	22.2222	8.2920
17	采矿业(B)	73	47.7930	44.4444	66.6667	11.1111	11.2163
18	住宿和餐饮业(H)	11	44.4444	44.4444	55.5556	22.2222	10.2439
	总　体	2840	52.1185	55.5556	77.7778	11.1111	9.3689

分;低于总体均值的行业有 9 个,总体均值与这 9 个行业董事激励与约束分项指数最小均值的绝对差距为 7.6741 分。低分区行业的内部差距与高分区行业相差无几。董事激励与约束分项指数最大值和最小值都出自多个行业(并列)。上市公司董事激励与约束分项指数均值排名前三位的行业分别是教育(P),文化、体育和娱乐业(R),综合(S);排名最后三位的行业分别是住宿和餐饮业(H),采矿业(B),以及批发和零售业(F)。需要注意的是,教育行业(P)只有 3 家上市公司,很难反映该行业上市公司独立董事独立性的实际平均水平。

图 7-16 直观地反映了不同行业上市公司董事激励与约束分项指数均值的差异。可以看到,董事激励与约束分项指数最高的行业和最低的行业之间的差距还是比较大的,尤其是第一名教育行业显著高于其他行业,最后一名住宿和餐饮业(H)显著低于其他行业,其余行业董事激励与约束分项指数均值也有一定的差距。

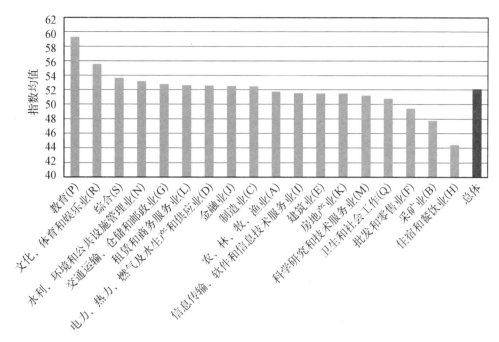

图 7-16　2016 年不同行业上市公司董事激励与约束分项指数均值比较

7.5.4　分上市板块董事激励与约束分项指数比较

按照四大上市板块的划分,对不同板块上市公司的董事激励与约束分项指数进行综合比较,结果如表 7-17 所示。

表 7-17　2016 年不同板块上市公司董事激励与约束分项指数排名及比较

排名	上 市 板 块	公司数目	平 均 值	中 位 值	最 大 值	最 小 值	标 准 差
1	深市中小企业板	784	53.4155	55.5556	77.7778	22.2222	8.7575
2	深市创业板	504	52.5132	55.5556	77.7778	22.2222	8.8445
3	深市主板(不含中小企业板)	466	52.3128	55.5556	77.7778	11.1111	10.0087
4	沪市主板	1086	50.9157	55.5556	77.7778	11.1111	9.6114
	总　体	2840	52.1185	55.5556	77.7778	11.1111	9.3689

从表 7-17 可以看出,深市中小企业板上市公司的董事激励与约束分项指数均值最高。深市创业板和深市主板(不含中小企业板)的董事激励与约束分项指数均值分别排第二和第三,沪市主板的董事激励与约束分项指数均值排在最后。

图 7-17 直观地反映了四个板块上市公司董事激励与约束分项指数均值的差异。可以看到,沪市主板上市公司董事激励与约束分项指数均值低于总体均值,其他三个板块上市公司董事激励与约束分项指数均值都高于总体均值。

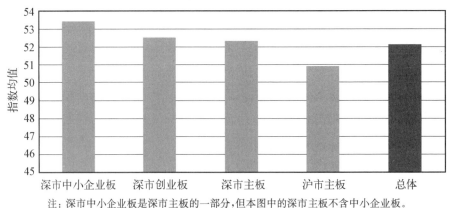

注:深市中小企业板是深市主板的一部分,但本图中的深市主板不含中小企业板。

图 7 - 17 2016 年不同板块上市公司董事激励与约束分项指数均值比较

7.6 本章小结

本章从总体、地区、行业、上市板块四个方面,对董事会治理的四个分项指数,即董事会结构、独立董事独立性、董事会行为、董事激励与约束进行了全面分析,主要结论如下:

(1) 从董事会治理四个分项指数比较看,独立董事独立性分项指数最高,董事会结构分项指数最低。从指数分布区间来看,董事会结构分项指数主要分布在[20,50)区间,共计2469家公司,占样本总数的86.94%;独立董事独立性分项指数主要分布在[40,80)区间,总计有2624家公司,占样本总数的92.39%;董事会行为分项指数主要分布在[30,70)区间,有2293家公司,占上市公司样本总数的80.74%;董事激励与约束分项指数主要分布在[40,70)区间,共有2657家公司,占样本上市公司总数的93.56%。总体上看,四个分项指数分布都比较集中。

(2) 从地区来看,董事会结构和独立董事独立性两个分项指数均值从高到低依次都是西部、东部、中部和东北;董事会行为分项指数均值从高到低依次是东部、西部、中部和东北;董事激励与约束分项指数均值从高到低依次是东部、中部、西部和东北。总体看,在四个分项指数中,东部上市公司表现较好,东北上市公司表现较差。

(3) 从行业来看,董事会结构分项指数均值最高的三个行业分别是金融业(J),交通运输、仓储和邮政业(G)以及采矿业(B);独立董事独立性分项指数均值最高的三个行业是教育(P),科学研究和技术服务业(M),以及综合(S);董事会行为分项指数均值最高的三个行业是信息传输、软件和信息技术服务业(I)、农、林、牧、渔业(A)以及水利、环境和公共设施管理业(N);董事激励与约束分项指数均值最高的三个行业是教育(P),文化、体育和娱乐业(R),以及综合(S)。需要注意的是,教育行业(P)只有3家上市公司,难以反映四个分项指数的实际平均水平。总体来看,各行业在四个分项指数中的表现各有侧重。

(4) 从上市板块来看,董事会结构分项指数均值从高到低依次是深市主板(不含中小企业板）、深市中小企业板、沪市主板和深市创业板；独立董事独立性分项指数均值从高到低依次是深市创业板、深市主板（不含中小企业板）、深市中小企业板、沪市主板；董事会行为分项指数均值从高到低依次是深市主板（不含中小企业板）、深市创业板、深市中小企业板、沪市主板；董事激励与约束分项指数均值从高到低依次是深市中小企业板、深市创业板、深市主板（不含中小企业板）、沪市主板。总体看，在董事会治理四个分项指数中，深市主板（不含中小企业板）表现较好，而沪市主板则表现较差。

第 8 章

董事会治理指数的所有制比较

根据第 1 章的控股或所有制类型划分,本章对 2016 年 2840 家样本上市公司的董事会治理指数及四个分项指数从所有制角度进行比较分析,以了解国有控股公司和非国有控股公司在董事会治理方面存在的异同。

8.1 董事会治理指数总体的所有制比较

8.1.1 董事会治理总体指数比较

不同的所有制会对上市公司董事会治理产生影响,表 8 - 1 比较了不同所有制上市公司总体的董事会治理指数,并按照均值从高到低的顺序进行了排名。

表 8 - 1 2016 年不同所有制上市公司董事会治理指数排名及比较

排名	所有制类型	公司数目	平 均 值	中 位 值	最 大 值	最 小 值	标 准 差
1	国有参股公司	710	51.6320	51.7354	70.5581	32.7100	6.1924
2	国有弱相对控股公司	336	50.9731	50.5713	70.9613	32.6134	7.0064
3	无国有股份公司	1101	50.7919	50.8508	71.4653	26.9062	6.3246
4	国有强相对控股公司	443	50.0910	50.1482	68.5318	30.3039	6.6234
5	国有绝对控股公司	250	49.2050	49.1615	65.5009	34.5143	6.5612
总　体		2840	50.7744	50.8381	71.4653	26.9062	6.4770

从表 8 - 1 可以看出,中国上市公司董事会治理指数总体较低,平均值为 50.7744 分,未达到 60 分的及格水平。五类所有制公司的董事会治理指数均值差异不大,最大值和最小值之差仅为 2.4270 分。国有参股公司的董事会治理指数均值最高,为 51.6320 分,其后是国有弱相对控股公司(50.9731)、无国有股份公司(50.7919)和国有强相对控股公司(50.0910),国有绝对控股公司的董事会治理指数均值最低,为 49.2050。董事会治理指数中

位值从高到低依次为国有参股公司、无国有股份公司、国有弱相对控股公司、国有强相对控股公司和国有绝对控股公司。最大值和最小值均来自无国有股份公司。从标准差来看,国有参股公司最低,国有弱相对控股公司最高,总体上,五类所有制公司的离散程度差别不大。

图 8-1 按照第一大股东中的国有股份比例从大到小进行了排序,可以更直观地反映不同所有制上市公司董事会治理指数均值的差异。可以发现,五类所有制公司董事会治理水平差别不大,国有弱相对控股公司、国有参股公司和无国有股份公司的董事会治理指数高于总体均值,国有绝对控股公司、国有强相对控股公司的董事会治理指数则低于总体均值。

进一步观察不同所有制上市公司董事会治理指数之间的差异,可以发现,随着第一大股东中的国有股比例的降低,董事会治理指数先逐渐上升,后逐渐降低,呈现"倒 U"形关系。即上市公司的控股方持股比例越大,董事会治理指数越低,这说明,适度降低股权集中度可能是提高公司董事会治理水平的比较有效的方式。这与我们之前出版的《中国上市公司董事会治理指数报告 2013》《中国上市公司董事会治理指数报告 2015》和《中国公司治理分类指数报告 No.15(2016)》中的结论是完全一致的。

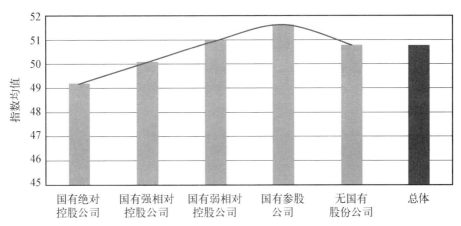

图 8-1　2016 年不同所有制上市公司董事会治理指数均值比较

我们进一步将国有绝对控股公司、国有强相对控股公司和国有弱相对控股公司归类为国有控股公司,将国有参股公司和无国有股份公司归类为非国有控股公司(民资控股公司),表 8-2 比较了国有控股公司和非国有控股公司董事会治理指数的差异。

表 8-2　2016 年国有控股与非国有控股上市公司董事会治理指数排名及比较

排名	控股类型	公司数目	平均值	中位值	最大值	最小值	标准差
1	非国有控股公司	1811	51.1213	51.2886	71.4653	26.9062	6.2848
2	国有控股公司	1029	50.1638	50.0100	70.9613	30.3039	6.7621
总　体		2840	50.7744	50.8381	71.4653	26.9062	6.4770

从表 8-2 可知,国有控股公司与非国有控股公司的董事会治理指数总体均值差距不大,两者相差仅为 0.9575 分。非国有控股公司董事会治理指数均值略高于国有控股公司。

　　我们进一步将国有控股公司按照实际控制人划分为中央企业控股公司和地方国企控股公司,表 8-3 对两类国有控股公司与非国有控股公司进行了比较,并按照均值从高到低的顺序进行了排序。可以发现,就两类国有控股公司来说,地方国企控股公司有 672 家,其董事会治理指数均值为 50.3565 分,中央企业控股公司有 357 家,其董事会治理指数均值为 49.8011 分,两者之间差距为 0.5554 分,差距并不明显。董事会治理指数的最大值、最小值均来自非国有控股上市公司。

表 8-3　2016 年不同最终控制人上市公司董事会治理指数排名及比较

排名	最终控制人	公司数目	平均值	中位值	最大值	最小值	标准差
1	民资股东	1811	51.1213	51.2886	71.4653	26.9062	6.2848
2	地方国有企业	672	50.3565	50.1399	70.9613	30.3039	6.7562
3	中央国有企业	357	49.8011	49.7396	66.6381	31.7366	6.7679
	总　体	2840	50.7744	50.8381	71.4653	26.9062	6.4770

8.1.2　董事会治理分项指数总体比较

　　董事会治理指数包括董事会结构、独立董事独立性、董事会行为和董事激励与约束四个分项指数,表 8-4 对五类所有制上市公司的四个董事会治理分项指数进行了比较。

表 8-4　2016 年不同所有制上市公司董事会治理分项指数均值比较

所有制类型	董事会结构	独立董事独立性	董事会行为	董事激励与约束
国有绝对控股公司	42.8285	57.2369	46.0658	50.6889
国有强相对控股公司	42.9489	58.0943	47.6279	51.6930
国有弱相对控股公司	42.7188	58.9894	48.9435	53.2407
国有参股公司	39.8906	60.4916	54.0329	52.1127
无国有股份公司	38.7060	59.7982	52.3879	52.2757
总　体	40.5016	59.3846	51.0926	52.1185

　　从表 8-4 可以看出,四个分项指数中,仅国有参股公司的独立董事独立性分项指数均值刚达到 60 分的及格水平,其他三类分项指数均值均未及格,且存在较大的差异。董事会结构分项指数从高到低依次为国有强相对控股公司、国有绝对控股公司、国有弱相对控股公司、国有参股公司和无国有股份公司;独立董事独立性分项指数从高到低依次为国有参股公司、无国有股份公司、国有弱相对控股公司、国有强相对控股公司和国有绝对控股公司;董事会行为分项指数从高到低依次为国有参股公司、无国有股份公司、国有弱相对控股公司、国有强相对控股公司和国有绝对控股公司;董事激励与约束分项指数相差不大,从高到低依次为国有弱相对控股公司、无国有股份公司、国有参股公司、国有强相对控股公司和国有绝对

控股公司。需要注意的是，董事会行为作为最能从实质上反映董事会治理有效性的方面，其指数均值在五类所有制上市公司中差异相对较大，且国有参股公司要好于其他四类所有制上市公司。

　　图 8-2 更直观地反映了不同所有制上市公司董事会治理四个分项指数均值的差异。可以发现，从总体上看，独立董事独立性分项指数最高，董事会结构分项指数最低，三类国有控股公司的董事激励与约束分项指数高于董事会行为分项指数，两类非国有控股公司的董事会行为分项指数高于或略高于董事激励与约束分项指数。在董事会结构方面，三类国有控股公司差别不大，并且三类国有控股公司要好于两类非国有控股公司。在独立董事独立性和董事会行为方面，在含有国有股份的四类所有制公司中，随着第一大股东中的国有股比例的降低，这两类分项指数均呈不断上升态势，无国有股份公司则略低于国有参股公司，但明显高于其他三类国有控股公司，这反映非国有控股公司更加注重独立董事的作用（尽管更多的还是局限于形式），同时也开始注重董事会的实质性作用。在董事激励与约束方面，随着第一大股东中的国有股比例降低，该分项指数先升后降，国有弱相对控股公司高于其他所有制公司。从整体看，适度降低第一大股东持股比例，完善相应的法律制度，对于优化董事会结构和行为，增强独立董事独立性，规范董事激励与约束，可能具有一定的积极意义。

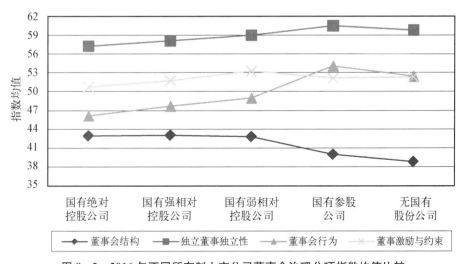

图 8-2　2016 年不同所有制上市公司董事会治理分项指数均值比较

　　我们进一步将国有绝对控股公司、国有强相对控股公司和国有弱相对控股公司归类为国有控股公司，将国有参股公司和无国有股份公司归类为非国有控股公司，两类所有制上市公司董事会治理分项指数均值的比较参见表 8-5。可以看出，在董事会结构分项指数上，国有控股公司高于非国有控股公司，差距为 3.6741 分。在独立董事独立性、董事会行为和董事激励与约束三个分项指数上，非国有控股公司高于国有控股公司，尤其在董事会行为分项指数上高出较多，差距为 5.3548 分。这可能说明，相对于非国有控股公司，国有控股公司形式上的董事会治理更明显一些。

表 8-5 2016 年国有控股与非国有控股上市公司董事会治理分项指数均值比较

控 股 类 型	董事会结构	独立董事独立性	董事会行为	董事激励与约束
国有控股公司	42.8445	58.1783	47.6780	51.9544
非国有控股公司	39.1704	60.0700	53.0328	52.2118
总 体	**40.5016**	**59.3846**	**51.0926**	**52.1185**

图 8-3 更直观地反映了国有控股公司和非国有控股公司董事会治理四个分项指数均值的上述差异。可以看出,两类公司除了董事激励与约束分项指数比较接近外,其他三个分项指数的差别还是比较明显的。

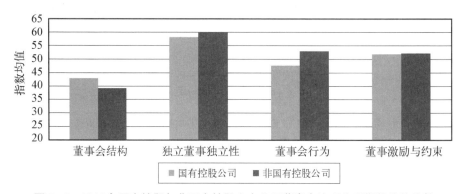

图 8-3 2016 年国有控股与非国有控股上市公司董事会治理分项指数均值比较

根据实际控制人的类型,我们将国有控股上市公司进一步划分为中央企业控股公司和地方国企控股公司,两者的比较参见表 8-6。可以看出,中央企业控股公司与地方国企控股公司在董事会治理四个分项指数上各有所长,但是差异不是很大。在董事会结构和董事会行为两个分项指数上,中央企业控股公司高于或略高于地方国企控股公司,而在独立董事独立性及董事激励与约束两个分项指数上,则是地方国企控股公司高于中央企业控股公司。

表 8-6 2016 年不同最终控制人上市公司董事会治理分项指数均值比较

最终控制人	董事会结构	独立董事独立性	董事会行为	董事激励与约束
中央国有企业	43.5335	56.6531	47.7260	51.2916
地方国有企业	42.4785	58.9886	47.6524	52.3065
民资股东	39.1704	60.0700	53.0328	52.2118
总 体	**40.5016**	**59.3846**	**51.0926**	**52.1185**

图 8-4 更直观地反映了不同最终控制人类型上市公司董事会治理四个分项指数均值的差异。可以发现,两类国有控股公司与非国有控股公司的董事会治理分项指数相差不大。在董事会结构分项指数上,两类国有控股公司都高于非国有控股公司;在独立董事独立性分项指数上,两类国有控股公司都低于非国有控股公司;在董事会行为分项指数上,两类国有

控股公司基本持平,但都低于非国有控股公司;在董事激励与约束分项指数上,地方国企控股公司与非国有控股公司相差不大,都高于中央企业控股公司。两类国有控股公司在不同分项指数上表现的不一致性,可能部分说明,最终控制人控制严格并非意味着董事会治理的规范性更好,因为最终控制人并不代表所有利益相关者。

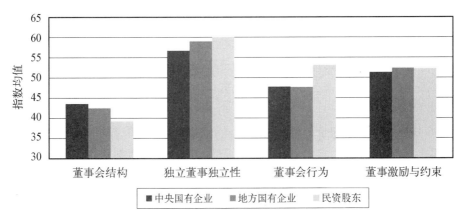

图 8－4　2016 年不同最终控制人上市公司董事会治理分项指数均值比较

8.2　分地区董事会治理指数的所有制比较

8.2.1　分地区董事会治理总体指数比较

按照四个地区的划分,我们进一步统计了不同地区国有控股和非国有控股上市公司的董事会治理指数,参见表 8－7。

表 8－7　2016 年不同地区国有控股与非国有控股上市公司董事会治理指数比较

地区	所有制类型	公司数目	平均值	中位值	最大值	最小值	标准差
东部	国有控股公司	579	50.0721	49.5802	70.9613	30.3039	6.9382
	非国有控股公司	1308	51.2961	51.4795	71.4653	31.9524	6.1187
	总　体	1887	50.9205	50.9753	71.4653	30.3039	6.4044
中部	国有控股公司	187	49.9960	50.1501	67.9078	34.9164	6.7146
	非国有控股公司	213	50.5965	50.4491	66.8076	32.7100	6.2202
	总　体	400	50.3158	50.2990	67.9078	32.7100	6.4549
西部	国有控股公司	196	51.3201	51.4448	68.5318	35.6820	6.2748
	非国有控股公司	210	50.9552	51.0060	67.4150	27.0534	6.8853
	总　体	406	51.1314	51.0914	68.5318	27.0534	6.5921

续　表

地区	所有制类型	公司数目	平均值	中位值	最大值	最小值	标准差
东北	国有控股公司	67	48.0417	47.9149	61.2874	32.6134	6.2094
	非国有控股公司	80	50.0961	50.6602	66.0814	26.9062	7.3441
	总　体	147	49.1597	49.0978	66.0814	26.9062	6.9042

从表 8-7 可以看出,除西部地区外,其他三个地区非国有控股上市公司的董事会治理指数均值都高于国有控股上市公司,但每个地区国有控股公司和非国有控股公司的差异并不大。

图 8-5 直观地反映了四个地区国有控股上市公司与非国有控股上市公司董事会治理指数均值的差异。可以看出,在国有控股公司董事会治理上,西部最好,其后依次是东部和中部,东北最差;在非国有控股公司董事会治理上,东部最好,其后依次是西部和中部,东北地区依旧最差。

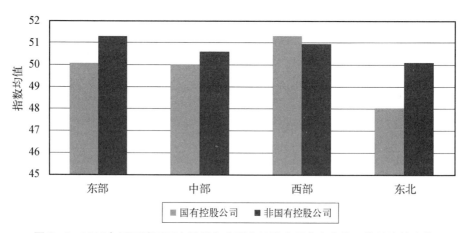

图 8-5　2016 年不同地区国有控股与非国有控股公司董事会治理指数均值比较

8.2.2　分地区董事会治理分项指数比较

接下来,我们对四个地区国有控股与非国有控股上市公司的董事会治理分项指数均值进行比较分析,参见表 8-8。

表 8-8　2016 年不同地区国有控股与非国有控股上市公司董事会治理分项指数均值比较

地区	所有制类型	董事会结构	独立董事独立性	董事会行为	董事激励与约束
东部	国有控股公司	43.2190	57.4250	47.3226	52.3220
	非国有控股公司	39.1660	60.1748	53.3885	52.4550
	总　体	40.4096	59.3311	51.5273	52.4142

续　表

地区	所有制类型	董事会结构	独立董事独立性	董事会行为	董事激励与约束
中部	国有控股公司	42.2946	58.8715	47.4810	51.3369
	非国有控股公司	38.4952	59.1207	52.2141	52.5561
	总　体	40.2714	59.0042	50.0014	51.9861
西部	国有控股公司	42.8766	60.3609	50.1724	51.8707
	非国有控股公司	40.0084	60.6893	52.2500	50.8730
	总　体	41.3930	60.5308	51.2470	51.3547
东北	国有控股公司	41.0499	56.3689	44.0016	50.7463
	非国有控股公司	38.8409	59.2586	51.4515	50.8333
	总　体	39.8477	57.9415	48.0560	50.7937

　　由表 8-8 可以看出,四个地区上市公司董事会治理在四个分项指数上并没有一致的排序。对于国有控股公司来说,西部地区在独立董事独立性和董事会行为两个分项指数上都拔得头筹,在董事会结构和董事激励与约束两个分项指数上都排在第二;东部地区在董事会结构和董事激励与约束两个分项指数上都排名第一,在独立董事独立性和董事会行为两个分项指数上都排名第三;东北地区在董事会结构、独立董事独立性、董事会行为和董事激励与约束四个分项指数上都位居末尾。对于非国有控股公司来说,西部地区在董事会结构和独立董事独立性两个分项指数上都位居第一,在董事会行为分项指数上位列第二;东部地区在董事会行为分项指数上位列第一,在董事会结构、独立董事独立性和董事激励与约束三个分项指数上都位居第二;中部地区在董事激励和约束分项指数上位居第一;东北地区则在董事会行为和董事激励与约束两个分项指数上位居末位,总体表现略差。

　　为了便于比较,我们计算出四个地区非国有控股公司董事会治理四个分项指数均值与对应的国有控股公司董事会治理四个分项指数均值的差值,由此可以反映四个地区两类所有制上市公司董事会治理四个分项指数的差异,如图 8-6 所示。可以看出,在董事会结构分项指数上,四个地区均是国有控股公司优于非国有控股公司;在独立董事独立性和董事会行为两个分项指数上,四个地区的非国有控股公司表现优于国有控股公司;在董事激励与约束分项指数上,除了西部外,其他三个地区均是非国有控股公司略优于国有控股公司;总体看,在四个地区中,国有控股公司与非国有控股公司各有所长,在董事会结构分项指数上,国有控股公司表现更为突出;而在独立董事独立性和董事会行为两个分项指数上,非国有控股公司表现更加突出;在董事激励与约束分项指数上,非国有控股公司比国有控股公司表现略好一些。

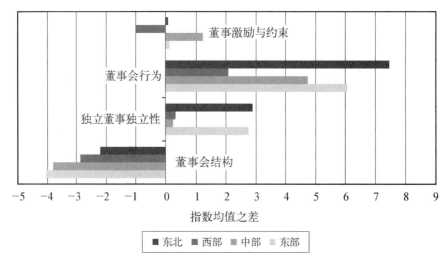

注：指数均值之差＝非国有控股公司董事会治理分项指数均值－国有控股公司董事会治理分项指数均值。

图 8-6   2016 年不同地区国有与非国有控股公司董事会治理分项指数均值之差值比较

8.3   分行业董事会治理指数的所有制比较

8.3.1   分行业董事会治理总体指数比较

我们选择上市公司较多，且具有代表性的六个行业，即制造业（C），电力、热力、燃气及水生产和供应业（D），交通运输、仓储和邮政业（G），信息传输、软件和信息技术服务业（I），金融业（J）和房地产业（K），对这六个行业上市公司的董事会治理指数进行比较，参见表 8-9。

表 8-9   2016 年不同行业国有控股与非国有控股上市公司董事会治理指数比较

行　业	所有制类型	公司数目	平均值	中位值	最大值	最小值	标准差
制造业（C）	国有控股公司	504	50.0431	50.0231	70.9613	30.3039	6.6434
	非国有控股公司	1271	51.3163	51.4581	71.4653	26.9062	6.1770
	总　体	1775	50.9548	51.0572	71.4653	26.9062	6.3371
电力、热力、燃气及水生产和供应业（D）	国有控股公司	80	49.1968	49.9426	64.7417	31.7366	7.1505
	非国有控股公司	16	50.3317	50.3684	64.6186	26.9204	9.6719
	总　体	96	49.3859	49.9426	64.7417	26.9204	7.5809
交通运输、仓储和邮政业（G）	国有控股公司	67	51.8030	51.4517	67.7398	38.0175	6.1689
	非国有控股公司	20	49.0528	47.8892	67.4150	37.0120	8.2495
	总　体	87	51.1708	50.7954	67.7398	37.0120	6.7524

续 表

行 业	所有制类型	公司数目	平均值	中位值	最大值	最小值	标准差
信息传输、软件和信息技术服务业(I)	国有控股公司	31	50.3246	49.2725	61.7726	36.3621	5.7128
	非国有控股公司	146	52.0695	51.9054	67.7182	34.2364	6.5367
	总 体	177	51.7639	51.0585	67.7182	34.2364	6.4194
金融业(J)	国有控股公司	40	52.8428	53.4872	66.6381	36.0626	6.8679
	非国有控股公司	17	52.3188	52.4106	63.9768	37.2721	7.2114
	总 体	57	52.6865	53.1022	66.6381	36.0626	6.9113
房地产业(K)	国有控股公司	61	49.5700	48.7677	66.2909	35.9998	7.3964
	非国有控股公司	64	49.1628	49.5237	66.9500	31.9524	6.9725
	总 体	125	49.3615	49.1634	66.9500	31.9524	7.1563

　　从表8-9可以看出,六个代表性行业中,制造业(C),电力、热力、燃气及水生产和供应业(D),信息传输、软件和信息技术服务业(I)三个行业的非国有控股公司董事会治理指数均值高于国有控股公司;其他三个行业的国有控股公司董事会治理指数则高于非国有控股公司。总体来看,各行业的国有控股公司与非国有控股公司各有所长。

　　图8-7更直观地反映了六个行业国有控股公司与非国有控股公司董事会治理指数的差异。可以看到,六个行业中,国有控股公司董事会治理指数均值最高的行业是金融业(J),其后依次是交通运输、仓储和邮政业(G),信息传输、软件和信息技术服务业(I),制造业(C),房地产业(K),最低的是电力、热力、燃气及水生产和供应业(D);非国有控股公司董事会治理指数均值最高的行业也是金融业(J),其后依次是信息传输、软件和信息技术服务业(I),制造业(C),电力、热力、燃气及水生产和供应业(D),房地产业(K),最低的是交通运输、仓储和邮政业(G)。总体看,国有控股公司和非国有控股公司在金融业(J)的董事会治理水

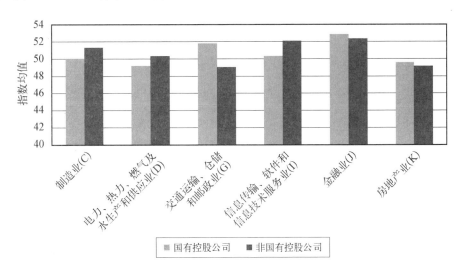

图8-7　2016年不同行业国有控股与非国有控股上市公司董事会治理指数均值比较

平都比较好,国有控股公司在交通运输、仓储和邮政业(G)等事关民生的基础行业的董事会治理水平也相对较好,而非国有控股公司则在信息传输、软件和信息技术服务业(I)等高科技行业的董事会治理水平较好。

8.3.2　分行业董事会治理分项指数比较

接下来,我们对六个行业国有控股与非国有控股上市公司的董事会治理分项指数进行比较,参见表8-10。可以看出,与地区一样,不同行业两类所有制上市公司董事会治理分项指数排序也不一致。在董事会治理四个分项指数上,对于国有控股公司来说,在董事会结构、董事会行为和董事激励与约束三个分项指数上,金融业(J)好于其他行业;在独立董事独立性分项指数上,交通运输、仓储和邮政业(G)表现较好。对于非国有控股公司来说,在董事会结构分项指数上,依旧是金融业(J)表现较好,其与第二位的电力、热力、燃气及水生产和供应业(D)分差达 9.6945 分,这可能与金融行业的监管力度较大,以及其较强的国际融合度有关;在独立董事独立性和董事会行为两个分项指数上,信息传输、软件和信息技术服务业(I)表现较好;在董事激励与约束分项指数上,制造业(C)的表现优于其他行业。

表 8-10　2016 年不同行业国有控股与非国有控股上市公司董事会治理分项指数均值比较

行　　业	所有制类型	董事会结构	独立董事独立性	董事会行为	董事激励与约束
制造业(C)	国有控股公司	41.9819	57.9957	48.3210	51.8739
	非国有控股公司	38.8807	60.5241	53.1109	52.7494
	总　　体	39.7612	59.8062	51.7508	52.5008
电力、热力、燃气及水生产和供应业(D)	国有控股公司	40.8980	57.5947	45.3083	52.9861
	非国有控股公司	40.7986	57.7751	52.0585	50.6944
	总　　体	40.8815	57.6248	46.4333	52.6042
交通运输、仓储和邮政业(G)	国有控股公司	45.7515	60.1615	48.1482	53.1509
	非国有控股公司	35.7637	59.2387	49.5422	51.6667
	总　　体	43.4555	59.9494	48.4687	52.8097
信息传输、软件和信息技术服务业(I)	国有控股公司	43.4885	58.1935	48.8996	50.7168
	非国有控股公司	40.3099	60.9411	55.2764	51.7504
	总　　体	40.8666	60.4599	54.1596	51.5694
金融业(J)	国有控股公司	53.7187	52.0038	51.3432	54.3056
	非国有控股公司	50.4931	55.9645	54.4514	48.3660
	总　　体	52.7567	53.1850	52.2702	52.5341
房地产业(K)	国有控股公司	41.4704	56.0018	47.7113	53.0965
	非国有控股公司	39.9655	55.3264	51.3592	50.0000
	总　　体	40.6999	55.6560	49.5790	51.5111

　　为了便于比较,我们计算了六个代表性行业非国有控股公司董事会治理四个分项指数均值与对应的国有控股公司董事会治理四个分项指数均值的差值,由此可以反映这六个代表性行业两类所有制上市公司董事会治理四个分项指数的差异,如图 8-8 所示。可以看出,在董事会结构分项指数上,六个行业的国有控股公司都优于非国有控股公司,尤其是在交通运输、仓储和邮政业(G),国有控股公司分项指数均值高于非国有控股公司 9.9878 分;在独立董事独立性分项指数上,交通运输、仓储和邮政业(G)以及房地产业(K)两个行业国有控股公司略优于非国有控股公司,其他四个行业均是非国有控股公司好于国有控股公司;在董事会行为分项指数上,六个行业的非国有控股公司都优于国有控股公司,尤其是电力、热力、燃气及水生产和供应业(D)以及信息传输、软件和信息技术服务业(I)两个行业的非国有控股公司的表现比较突出;在董事激励与约束分项指数上,除制造业(C)以及信息传输、软件和信息技术服务业(I)两个行业外,其他四个行业都是国有控股公司优于非国有控股公司,尤其是金融业(J)国有控股公司的表现较为突出。总体看,在六个代表性行业中,国有控股公司在董事会结构和董事激励与约束两个分项指数上好于或略好于非国有控股公司,而在独立董事独立性和董事会行为两个分项指数上,则是非国有控股公司表现更为突出。不难看出,国有控股公司的董事会治理在形式上略高一筹,尤其表现在董事会结构以及各种激励约束制度(主要是约束制度)的设立上,但在董事会的实质治理行为上,则是非国有控股公司相对更好一些。

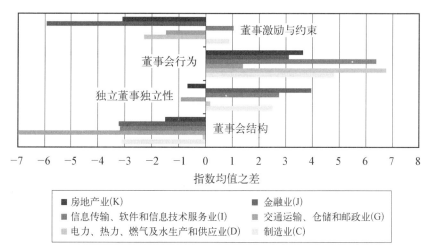

注:指数均值之差=非国有控股公司董事会治理分项指数均值-国有控股公司董事会治理分项指数均值。

图 8-8　2016 年不同行业国有控股与非国有控股上市公司董事会治理分项指数均值之差值比较

8.4　本 章 小 结

　　本章对 2016 年沪深两市国有控股公司与非国有控股公司的董事会治理指数及四个分项指数进行了统计和比较分析,主要结论如下:

关于董事会治理总体指数：(1)随着第一大股东中的国有股比例的降低,董事会治理指数先逐渐上升,后逐渐降低,呈现"倒U"形关系,即上市公司的控股方持股比例越大,董事会治理指数越低,这说明,适度降低股权集中度可能是提高公司董事会治理水平的比较有效的方式。(2)国有控股公司董事会治理水平与非国有控股公司差距不大,非国有控股公司略优于国有控股公司。(3)最终控制人是中央企业的国有控股公司的董事会治理水平与最终控制人是地方国有企业的国有控股公司相比相差也不大,后者略优于前者。(4)从地区看,除西部地区国有控股公司董事会治理水平明显好于非国有控股公司外,其他三个地区的非国有控股公司都好于国有控股公司。(5)从行业看,在六个代表性行业中,国有控股公司和非国有控股公司的董事会治理指数均值最高的行业都是金融业,各行业的国有控股公司与非国有控股公司各有所长。

关于董事会治理分项指数：(1)在董事会结构方面,三类国有控股公司差别不大,都好于两类非国有控股公司;在独立董事独立性和董事会行为方面,在含有国有股份的四类所有制公司中,随着第一大股东中的国有股比例的降低,这两类分项指数呈不断上升态势,无国有股份公司略低于国有参股公司,但明显高于其他三类国有控股公司,这反映出非国有控股公司更加注重独立董事的作用(尽管形式化还比较严重),同时也开始注重董事会的实质性作用;在董事激励与约束方面,随着第一大股东中的国有股比例降低,该分项指数先上升后下降。总体看,适度降低第一大股东持股比例,对于董事会治理的规范化具有一定积极意义。(2)在董事会结构分项指数上,中央企业控股公司高于地方国企控股公司,两类国有控股公司都高于非国有控股公司;在独立董事独立性分项指数上,地方国企控股公司高于中央企业控股公司,但两类国有控股公司都低于非国有控股公司;在董事会行为分项指数上,两类国有控股公司相差不大,但都低于非国有控股公司;在董事激励与约束分项指数上,地方国企控股公司高于中央企业控股公司,与非国有控股公司基本持平。(3)从地区看,在董事会结构分项指数上,四个地区均是国有控股公司优于非国有控股公司;在独立董事独立性和董事会行为两个分项指数上,四个地区的非国有控股公司优于国有控股公司;在董事激励与约束分项指数上,除西部地区外,其他三个地区都是非国有控股公司优于国有控股公司。(4)从行业看,在六个代表性行业中,国有控股公司在董事会结构和董事激励与约束两个分项指数上好于或略好于非国有控股公司,而在独立董事独立性和董事会行为两个分项指数上,则是非国有控股公司表现更为突出。以上说明,国有控股公司的董事会治理在形式上略高一筹,但在董事会的实质治理行为上,则是非国有控股公司相对更好一些。

第 9 章

董事会治理指数的年度比较(2012～2016)

2013 年、2015 年和 2016 年,我们对 2012 年、2014 年和 2015 年的中国上市公司董事会治理水平进行了三次测度,今年是第四次测度。本章将从总体、地区、行业、所有制和上市板块五个角度,比较分析四个年度中国上市公司董事会治理水平,以便了解董事会治理质量是否有所改进以及改进程度,以期对董事会治理的完善有所启示。

9.1 董事会治理指数总体的年度比较

我们对 2012 年、2014 年、2015 年和 2016 年四个年度董事会治理进行了评价,样本公司数分别是 2314 家、2514 家、2655 家和 2840 家,基本上涵盖了全部上市公司。比较 2012 年、2014 年、2015 年和 2016 年样本上市公司的董事会治理指数,以及董事会结构、独立董事独立性、董事会行为和董事激励与约束四个分项指数,结果参见表 9 - 1。

表 9 - 1 2012～2016 年上市公司董事会治理指数均值比较

年　份	样 本 量	总体指数	分　项　指　数			
			董事会结构	独立董事独立性	董事会行为	董事激励与约束
2012	2314	51.8466	49.6966	58.8121	47.4252	51.4525
2014	2514	50.2667	49.0601	57.0975	42.6572	52.2518
2015	2655	50.2584	40.2751	60.5699	48.6130	51.5756
2016	2840	50.7744	40.5016	59.3846	51.0926	52.1185

由表 9 - 1 可知,2014 年和 2015 年上市公司董事会治理指数均值都有所下降,2016 年略有回升,但仍低于 2012 年的水平。在四个分项指数中,相比 2015 年,董事会结构、董事会行为和董事激励与约束三个分项指数都有所上升,其中董事会行为分项指数上升幅度最大,为 2.4796,独立董事独立性分项指数有所下降。需要说明的是,为了准确反映上市公司董事会成员履职是否合规,我们将指标"31. 董事会成员是否遭到监管机构处罚或谴责"由原来

的"0/1 变量"变为"－1/0 变量"(是为－1,否为 0),因为被处罚或遭谴责对企业和投资者都会带来负面影响。为了具有可比性,其他年度该指标也作了相应修改。

　　图 9-1 更加直观地描绘了四个年度董事会治理指数的变化情况。可以看出,四个年度董事会治理总体指数均值差别不大,2012 年最高,2014 年与 2015 年基本持平,2016 年略有上升。从分项指数看,在董事会结构分项指数上,2016 年比 2015 年略有上升,但这两个年度都明显低于 2014 年和 2012 年;在独立董事独立性分项指数上,2016 年较 2015 年有所下降,但仍高于 2014 年和 2012 年;在董事会行为分项指数上,2016 年明显高于前三个年度;在董事激励与约束分项指数上,四个年度差别很小,2016 年略高于 2015 年和 2012 年,但略低于2014 年。这说明,2015 年股灾后,政府部门监管力度有所加强,上市公司董事会治理意识有所上升,实质意义上的董事会治理有所提高(主要体现在董事会行为上),但形式上的董事会治理仍处在满足法律法规"最低要求"的阶段(主要体现在独立董事独立性上),董事会治理水平的提高仍然任重而道远。

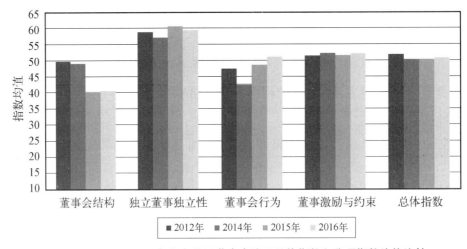

图 9-1　2012～2016 年上市公司董事会治理总体指数和分项指数均值比较

　　为了弄清导致董事会治理分项指数波动的来源,表 9-2 比较了 2012 年、2014 年、2015 年和 2016 年中国上市公司董事会治理指数的具体指标。

表 9-2　2012～2016 年上市公司董事会治理指数具体指标比较

一级指标	二　级　指　标	2012 年	2014 年	2015 年	2016 年
董事会结构(BS)	1. 外部董事比例	0.0360	0.0295	0.0294	0.0313
	2. 有无外部非独立董事	0.0359	0.0255	0.0166	0.0254
	3. 两职分离	0.7597	0.5382	0.7510	0.7225
	4. 董事长是否来自大股东单位	0.2770	0.3178	0.3627	0.3081
	5. 有无小股东代表(是否实行累积投票制)	0.0985	0.2013	0.0753	0.2627
	6. 有无职工董事	0.0337	0.0259	0.0241	0.0162

一级指标	二　级　指　标	2012 年	2014 年	2015 年	2016 年
董事会 结构 （BS）	7. 董事学历	0.7798	0.7876	0.8097	0.7862
	8. 年龄超过 60 岁(包括 60 岁)的董事比例	0.8591	0.8560	0.8584	0.8662
	9. 审计委员会设置情况	0.9045	0.9049	0.4812	0.4627
	10. 薪酬委员会设置情况	0.9330	0.9284	0.5405	0.5241
	11. 提名委员会设置情况	0.7494	0.7816	0.4814	0.4498
独立董事 独立性 （BI）	12. 审计委员会主席是否由独立董事担任	0.2031	0.1639	0.1571	0.1484
	13. 独立董事中有无财务专家	0.8885	0.9021	0.8964	0.8570
	14. 独立董事中有无法律专家	0.4866	0.4960	0.5352	0.5387
	15. 独立董事中有无其他企业高管	0.6132	0.6850	0.6761	0.6261
	16. 独立董事中是否有人曾就职于政府部门 或人大、政协(人大、政协可以是现任)	0.6188	0.7243	0.7397	0.7384
	17. 独立董事是否担任本公司董事长	0.0043	0.0052	0.0041	0.0028
	18. 在多家公司担任独立董事情况(包括本 公司)	0.7310	0.4566	0.6557	0.6424
	19. 独立董事董事会实际出席率	0.8631	0.8392	0.9788	0.9649
	20. 独立董事津贴是否超过 10 万元(税前,不 包括 10 万元)	0.8997	0.9002	0.8667	0.8525
	21. 是否详细披露独立董事过去三年的任职 经历	0.5728	0.5372	0.5471	0.5695
董事会 行为 （BB）	22. 内部董事与外部董事是否有明确的沟通 制度	0.0078	0.0072	0.0087	0.0035
	23. 投资者关系建设情况	0.5949	0.5207	0.4729	0.4801
	24. 是否存在董事会提交的决议事项或草案 被股东大会撤销或者否决的情况	0.9853	0.9865	0.9966	0.9958
	25.《董事会议事规则》的说明	0.6893	0.6734	0.3153	0.3320
	26. 财务控制	0.5719	0.4550	0.6645	0.7084
	27. 董事会是否有明确的高管考评和激励制度	0.4166	0.3433	0.4083	0.4373
	28. 股东大会(包括临时股东大会)股东出席率	0.0540	0.0000	0.5367	0.6194
董事激励 与约束 （BIR）	29. 执行董事薪酬是否与其业绩相吻合	0.4996	0.5099	0.4998	0.4982
	30. 股东诉讼及赔偿情况	0.9909	0.9660	0.9554	0.9829
	31. 董事会成员是否遭到监管机构处罚或谴责	−0.0380	−0.0251	−0.0493	−0.0437
	32. 是否有明确的董事考核或薪酬制度	0.2433	0.2904	0.2750	0.2845

续　表

一级指标	二　级　指　标	2012 年	2014 年	2015 年	2016 年
董事激励与约束（BIR）	33. 是否公布董事考评/考核结果	0.0095	0.0151	0.0098	0.0070
	34. 是否披露董事薪酬情况	0.9855	0.9558	0.9693	0.9725
	35. 是否有董事会会议记录或者董事会备忘录	0.0428	0.0446	0.0309	0.0324
	36. 是否有董事行为准则相关的规章制度	0.0082	0.0060	0.0060	0.0021
	37. 独立董事是否明确保证年报内容的真实性、准确性和完整性或不存在异议	0.9270	0.9650	0.9944	0.9982

　　由表 9-2 可知,四个年度中,在董事会结构分项指数的 11 个二级指标中,指标"1. 外部董事比例"和"2. 有无外部非独立董事"前三个年度连续下降,2016 年有所提升,但仍然很低,表明 2016 年外部董事(包括独立董事和外部非独立董事)开始受到较多的重视,但要有效发挥作用还需要作出更多努力;指标"3. 两职分离"2014 年下降,2015 年上升,2016 年又有所下降,总体上,中国多数上市公司的董事长和总经理是分开的,但董事长过多干预总经理日常决策权的情况仍没有得到改善,而这点从该指标上是难以反映的;指标"4. 董事长是否来自大股东单位"前三个年度上升,2016 年有所下降,偏低的数值反映了董事长绝大部分来自大股东单位,意味着大股东对企业有过大的影响;指标"5. 有无小股东代表(是否实行累积投票制)"2014 年上升,2015 年下降,2016 年又上升,且波动较大,但总体上累积投票的比例还很低;指标"6. 有无职工董事"四个年度连续下降,比例很低,反映职工董事还没有得到认可;指标"7. 董事学历"前三个年度上升,2016 年略有下降,总体上本科以上学历的董事比例在不断提高;指标"8. 年龄超过 60 岁(包括 60 岁)的董事比例"基本上保持稳定,较高的数值反映了 60 岁以上的董事在董事会中不占多数;指标"9. 审计委员会设置情况""10. 薪酬委员会设置情况"和"11. 提名委员会设置情况"总体上是走低趋势,反映了三个委员会的设置越来越不合理,其作用还不能有效发挥。

　　在独立董事独立性分项指数的 10 个二级指标中,指标"12. 审计委员会主席是否由独立董事担任"四个年度连续下降,且处于很低水平,意味着审计委员会的独立性很差;指标"13. 独立董事中有无财务专家"2014 年略有上升,此后连续下降,尽管如此,仍有 85% 以上的公司的独立董事中是有财务专家的;指标"14. 独立董事中有无法律专家"四个年度连续上升,但占比仍然不高,公司合规性需要进一步加强;指标"15. 独立董事中有无其他企业高管"2014 年有所提高,但此后连续下降,2016 年有近 40% 的公司的独立董事中没有其他公司高管,这意味着独立董事中有不少人对公司经营不甚了解;指标"16. 独立董事中是否有人曾就职于政府部门或人大、政协(人大、政协可以是现任)"总体上是上升的,2016 年与 2015 年基本持平,这意味着越来越多的有政府背景的人到企业兼职;指标"17. 独立董事是否担任本公司董事长"2014 年略有提升,此后连续下降,比例很低,这从一个侧面反映了董事会的独立性很差;指标"18. 在多家公司担任独立董事情况(包括本公司)"2014 年较大幅度下降,2015 年又较大幅度上升,2016 年略有下降,这意味着同时兼任几家公司独立董事的情况还比较多,从而影响其发挥作用;指标"19. 独立董事董事会实际出席率"近两年保持较高的比例,这是一个好现象,但由于实际出席率包括非现场董事会会议,因此,该指标难以反映独立董事在董事会中的实际作用;指标"20. 独立董事津贴是否超过 10 万元(税前,不包括 10 万元)"2014 年上升,此后连续下降,意味着报酬超过 10 万元的独立董事在增加,而这是影响独立董事独立性的重要因素;指标"21. 是否详细披露独立董事过去三年的任职经历"2014 年下降,此后连续上升,但仍有 40％以上的公司不披露独立董事连续三年的任职经历,直接影响着投资者尤其是中小投资者对独立董事的选择和监督。

在董事会行为分项指数的 7 个二级指标中,指标"22. 内部董事与外部董事是否有明确的沟通制度"前三个年度保持平稳,2016 年大幅下降,意味着目前有 95％以上的公司没有建立这种制度;指标"23. 投资者关系建设情况"前三个年度连续下降,2016 年有所上升,总体上还很不理想;指标"24. 是否存在董事会提交的决议事项或草案被股东大会撤销或者否决的情况"四个年度都保持很高的比例,理论上说,该比例越高越好,但由于中国法律不完善,这个高比例反而可能反映董事会只是大股东的"橡皮图章";指标"25.《董事会议事规则》的说明"前三个年度连续下降,而且 2015 年下降幅度很大,2016 年略有回升,但仍处于低水平,这意味着大多数公司的董事会议事规则缺失或有严重缺陷;指标"26. 财务控制"2014 年下降,此后连续上升,且上升幅度较大,这意味着财务控制和财务监督在不断加强;指标"27. 董事会是否有明确的高管考评和激励制度"2014 年下降,此后连续上升,但比例仍偏低,意味着董事会的高管考评和激励制度还很不健全;指标"28. 股东大会(包括临时股东大会)股东出席率"近三年有大幅度提升,意味着投资者越来越重视股东大会的有效性。

在董事会激励与约束分项指数的 9 个二级指标中,指标"29. 执行董事薪酬是否与其业绩相吻合"四个年度基本保持平稳,吻合度不算高;指标"30. 股东诉讼及赔偿情况"四个年度都保持很高的水平,但由于中国关于股东诉讼和索赔的相关立法严重缺失,这个高数值反而可能反映股东诉讼和索赔无法可依;指标"31. 董事会成员是否遭到监管机构处罚或谴责"2015 年下降,2016 年略有提升,近两年基本上保持 4％左右的处罚率;指标"32. 是否有明确的董事考核或薪酬制度"四个年度保持相对平稳,数值偏低,意味着很多公司的董事考核或薪酬制度还很不完善;指标"33. 是否公布董事考评/考核结果"2014 年有所上升,此后连续下降,而且数值很低,99％的公司不披露董事考评或考核结果;指标"34. 是否披露董事薪酬情况"四个年度一直保持很高水平;指标"35. 是否有董事会会议记录或者董事会备忘录"四个年度一直处于很低水平,2016 年近 97％的公司没有建立董事会备忘录制度;指标"36. 是否有董事行为准则相关的规章制度"四个年度都处于非常低的水平,99％以上的公司没有或没有披露董事会行为相关制度;指标"37. 独立董事是否明确保证年报内容的真实性、准确性和完整性或不存在异议"四个年度都处于很高水平,且连续上升,近两年几乎达到 100％,但从近些年不断曝光的年报问题看,独立董事的独立性还很差。

9.2　分地区董事会治理指数的年度比较

用各地区上市公司董事会治理总体指数,以及董事会结构、独立董事独立性、董事会行为和董事激励与约束四个分项指数的平均值来代表各地区上市公司董事会治理情况,分别比较不同地区 2012 年、2014 年、2015 年和 2016 年董事会治理的差异,结果见表 9-3。

表 9-3　2012～2016 年不同地区上市公司董事会治理指数均值比较

地　区	年　份	总体指数	分　项　指　数				总体指数排名
			董事会结构	独立董事独立性	董事会行为	董事激励与约束	
东部	2012	52.1206	49.6929	59.0708	48.0436	51.6749	1
	2014	50.2684	48.9373	56.7206	42.8083	52.6072	2
	2015	50.4278	40.3700	60.4467	49.1716	51.7228	2
	2016	50.9205	40.4096	59.3311	51.5273	52.4142	2
中部	2012	51.1319	48.9875	57.9780	46.3752	51.1871	3
	2014	49.7207	48.0151	57.3733	41.9351	51.5592	4
	2015	49.8865	39.6478	60.4903	48.1033	51.3046	3
	2016	50.3158	40.2714	59.0042	50.0014	51.9861	3
西部	2012	51.9480	50.8373	58.5893	47.3086	51.0567	2
	2014	51.0058	50.9167	58.1421	43.3402	51.6242	1
	2015	50.4752	40.7816	61.4578	48.1095	51.5521	1
	2016	51.1314	41.3930	60.5308	51.2470	51.3547	1
东北	2012	50.3741	48.6091	58.7010	43.5027	50.6838	4
	2014	49.7304	48.3695	58.1005	40.9401	51.5114	3
	2015	48.5777	39.4127	59.9072	44.4432	50.5477	4
	2016	49.1597	39.8477	57.9415	48.0560	50.7937	4

根据表 9-3,从董事会治理总体指数看,四个年度中,东部和中部两个地区的总体指数均值都是 2014 年下降,此后连续上升;西部和东北两个地区则是前三个年度下降,2016 年上升;西部和东部在近三年分别占据第一和第二的位置,中部和东北在近两年分别位居第三和第四;在四个年度中,东北有三个年度位居末位。

从四个分项指数看,在董事会结构分项指数上,2016 年四个地区相较 2015 年都略有上升,但仍较大幅度低于 2012 年和 2014 年两个年度。在独立董事独立性分项指数上,2016 年四个地区相较 2015 年都略有下降,其中,东北地区下降幅度最大,下降了 1.9657 分。在董事会行为分项指数上,四个地区近两年都是连续提升,2016 年都为四个年度中最高,可见上市公司越来越注重董事会实质上的作用。其中,东北地区相比 2015 年上升幅度最大,上升了 3.6128 分,但仍为四个地区中最低。在董事激励与约束分项指数上,2016 年东部、中部和东北都略有上升,西部略有下降,但变化幅度都不大。

图 9-2 显示了四个地区董事会治理总体指数的变化。可以看出,2016 年四个地区相比 2015 年都有一定提升。四个年度东部和西部表现较好,东北地区的表现则较差。

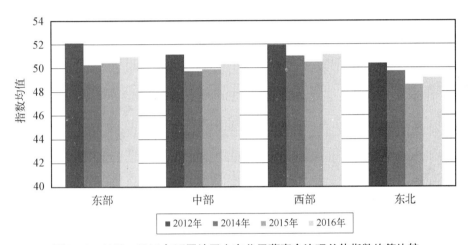

图 9-2 2012～2016 年不同地区上市公司董事会治理总体指数均值比较

9.3 分行业董事会治理指数的年度比较

用各行业上市公司董事会治理总体指数,以及董事会结构、独立董事独立性、董事会行为和董事激励与约束四个分项指数的平均值来代表各行业上市公司董事会治理情况,分别比较不同行业 2012 年、2014 年、2015 年和 2016 年董事会治理水平的差异,结果参见表 9-4。

表 9-4 2012～2016 年不同行业上市公司董事会治理指数均值比较

行 业	年 份	总体指数	分 项 指 数			
			董事会结构	独立董事独立性	董事会行为	董事激励与约束
农、林、牧、渔业(A)	2012	51.9521	49.2741	58.9423	47.1230	52.4691
	2014	53.3501	51.5785	60.5000	46.1830	55.1389
	2015	49.5628	38.7398	59.3818	49.4681	50.6614
	2016	51.4685	39.3256	60.8079	53.9731	51.7677

续 表

行 业	年 份	总体指数	分 项 指 数			
			董事会结构	独立董事独立性	董事会行为	董事激励与约束
采矿业(B)	2012	51.6178	49.7309	57.0607	48.9975	50.6823
	2014	50.4975	50.2145	59.0580	44.0864	48.6312
	2015	49.0398	41.0768	58.1763	45.6125	51.2938
	2016	48.8536	43.3075	57.7475	46.5665	47.7930
制造业(C)	2012	51.7724	49.1963	58.8384	47.4177	51.6371
	2014	50.2434	48.3955	57.0059	42.7593	52.8128
	2015	50.5653	39.7456	61.2551	49.5624	51.6979
	2016	50.9548	39.7612	59.8062	51.7508	52.5008
电力、热力、燃气及水生产和供应业(D)	2012	51.2467	50.6491	58.5701	43.8196	51.9481
	2014	50.3685	49.6323	58.8008	41.5505	51.4905
	2015	49.9423	41.9915	59.6376	44.0825	54.0574
	2016	49.3859	40.8815	57.6248	46.4333	52.6042
建筑业(E)	2012	53.1895	49.4457	58.5202	52.3119	52.4802
	2014	50.5832	50.8567	59.6818	44.6158	51.1785
	2015	50.7771	40.1488	59.5975	49.6061	53.7559
	2016	51.0032	40.7111	59.8865	51.8999	51.5152
批发和零售业(F)	2012	51.4891	50.1455	60.0271	49.0060	50.7778
	2014	49.5713	49.4804	57.8591	40.9456	50.0000
	2015	48.6940	39.8619	59.7678	44.3528	50.7937
	2016	48.6917	40.0607	58.6859	46.5834	49.4369
交通运输、仓储和邮政业(G)	2012	53.0385	50.5281	58.9228	49.0955	53.6075
	2014	50.9757	49.8959	58.3951	43.4855	52.1262
	2015	50.5468	42.6532	58.4677	48.1856	52.8807
	2016	51.1708	43.4555	59.9494	48.4687	52.8097
住宿和餐饮业(H)	2012	54.2590	54.5959	62.6717	47.9167	51.8519
	2014	49.4663	52.4703	59.5455	43.4253	42.4242
	2015	49.6568	40.3565	60.6044	46.1513	51.5152
	2016	49.5488	42.0253	59.9498	51.7755	44.4444

续　表

行　业	年　份	总体指数	分　项　指　数			
			董事会结构	独立董事独立性	董事会行为	董事激励与约束
信息传输、软件和信息技术服务业(I)	2012	49.2834	47.3182	59.8364	49.7390	48.2398
	2014	48.0171	49.8415	53.5821	39.8254	52.8192
	2015	50.3765	40.4353	59.5740	50.4239	51.0728
	2016	51.7639	40.8666	60.4599	54.1596	51.5694
金融业(J)	2012	56.0669	62.6741	56.4566	54.5950	50.5420
	2014	53.3607	61.3309	59.3488	47.2799	49.4832
	2015	50.4431	49.5428	56.7413	50.1367	45.3515
	2016	52.6865	52.7567	53.1850	52.2702	52.5341
房地产业(K)	2012	52.5342	51.0853	60.0771	47.7616	51.2128
	2014	50.4838	51.8365	57.6894	41.6937	50.7155
	2015	48.6150	40.4784	59.1977	44.9496	49.8342
	2016	49.3615	40.6999	55.6560	49.5790	51.5111
租赁和商务服务业(L)	2012	52.7840	49.4710	57.8812	51.4031	52.3810
	2014	51.5749	49.8702	58.5417	49.5729	52.3148
	2015	50.0233	40.0187	58.4777	50.7422	50.8547
	2016	51.2067	40.4422	58.8629	52.8828	52.6389
科学研究和技术服务业(M)	2012	50.8180	41.6093	62.5116	53.4722	45.6790
	2014	50.6820	46.9216	57.7273	49.0487	53.0303
	2015	52.3374	42.2470	65.6276	50.2403	51.2346
	2016	52.0579	40.9034	63.2982	52.8222	51.2077
水利、环境和公共设施管理业(N)	2012	52.2696	51.4597	61.3366	46.0404	50.2416
	2014	51.8324	50.7598	56.1539	49.5014	54.9145
	2015	51.6509	41.8793	61.3376	50.6089	52.7778
	2016	51.8969	42.6087	58.4960	53.2842	53.1987
卫生和社会工作(Q)	2012	47.3709	46.9095	53.2222	37.5000	51.8519
	2014	45.0260	46.2695	53.7500	31.4732	48.6111
	2015	51.6158	41.6111	64.0000	49.7409	51.1111
	2016	49.6250	40.7941	59.2857	47.6267	50.7937

续　表

行　　业	年　份	总体指数	分　项　指　数			
			董事会结构	独立董事独立性	董事会行为	董事激励与约束
文化、体育和娱乐业(R)	2012	53.2457	51.6794	59.1406	49.1072	53.0556
	2014	50.9243	51.0905	58.6207	41.6872	52.2989
	2015	49.4388	41.0871	60.2256	43.2019	53.2407
	2016	51.2896	41.8678	59.0287	48.7065	55.5556
综合(S)	2012	50.3377	49.7220	58.6950	41.9237	51.0101
	2014	49.5955	48.8417	56.6667	40.3274	52.5463
	2015	48.3532	40.1366	59.0013	41.6082	52.6667
	2016	50.0854	39.4016	61.9899	45.3271	53.6232

注：由于教育(P)在 2012 年、2014 年和 2015 年三个年度里都只有 1 家上市公司,2016 年也只有 3 家上市公司,难以反映该行业的实际水平,故在比较时将其剔除。

我们从表 9-4 中可以看出：

第一,从董事会治理总体指数看,四个年度中,有 7 个行业前三个年度连续下降,2016 年上升;有 3 个行业 2014 年下降,此后两个年度连续上升;有 1 个行业 2014 年上升,2015 年下降,2016 年又上升;2016 年上升的 11 个行业中,除信息传输、软件和信息技术服务业(I)董事会治理指数均值高于 2012 年外,其余 10 个行业 2016 年指数均值都仍低于 2012 年。用极差来衡量,这 11 个行业中四个年度里变动幅度最大的行业是金融业(J),为 5.6238 分。有 3 个行业一直下降,但下降幅度都不大。其他 3 个行业都是 2014 年下降,2015 年上升,2016 年又下降,用极差衡量,这 3 个行业中四个年度里变动幅度最大的行业是卫生和社会工作(Q),为 6.5898 分。相比 2015 年,2016 年增长幅度最大的行业是金融业(J),提高了 2.2434 分,上升到了第一名,下降幅度最大的行业是卫生和社会工作(Q),下降了 1.9908 分。

第二,从董事会结构分项指数看,有 7 个行业前三个年度连续下降,2016 年上升;有 6 个行业 2014 年上升,2015 年下降,2016 年又上升;有 1 个行业 2014 年上升,此后两个年度连续下降;有 3 个行业四个年度连续下降。用极差来衡量,变动幅度在 10 分以上的有 8 个行业,其中住宿和餐饮业(H)变动幅度最大,为 14.2394 分。与 2015 年相比,2016 年有 13 个行业是上升的,其中金融业(J)和采矿业(B)增长较快,分别提高 3.2139 分和 2.2307 分,科学研究和技术服务业(M)下降幅度最大,下降 1.3436 分。

第三,从独立董事独立性分项指数看,有 3 个行业 2014 年下降,此后两个年度连续上升;有 3 个行业 2014 年上升,2015 年下降,2016 年又上升;有 7 个行业 2014 年下降,2015 年上升,2016 年又下降;有 2 个行业 2014 年上升,此后两个年度连续下降;有 2 个行业前三个年度连续上升,2016 年下降。用极差来衡量,四个年度里变动幅度在 5 分以上的有 6 个行业,其中卫生和社会工作(Q)变动幅度最大,为 10.7778 分。与 2015 年相比,2016 年综合(S)上升较快,上升幅度为 2.9886 分;卫生和社会工作(Q)、金融业(J)和房地产业(K)下降较快,下降幅度分别为 4.7143 分、3.5563 分和 3.5417 分。总体来说,下降行业的下降幅度大于上升行业的上升幅度。

第四,从董事会行为分项指数看,有 15 个行业 2014 年下降,此后两个年度连续上升;有 1 个行业四个年度连续上升;有 1 个行业 2014 年下降,2015 年上升,2016 年又下降。用极差衡量,变动幅度超过 10 分的有 2 个行业,其中卫生和社会工作(Q)变动幅度最大,为 18.2677 分。与 2015 年相比,2016 年住宿和餐饮业(H),文化、体育和娱乐业(R),以及房地产业(K)三个行业上升较快,上升幅度分别为 5.6242 分、5.5046 分和 4.6294 分;卫生和社会工作(Q)下降了 2.1142 分。

第五,从董事激励与约束分项指数看,有 1 个行业 2014 年下降,此后两个年度连续上升;有 4 个行业 2014 年上升,2015 年下降,2016 年又上升;有 3 个行业前三个年度连续下降,2016 年上升;有 1 个行业四个年度连续上升;有 7 个行业 2014 年下降,2015 年上升,2016 年又下降;有 1 个行业 2014 年上升,此后两个年度连续下降。用极差来衡量,变动幅度超过 5 分的有 3 个行业,其中住宿和餐饮业(H)变动幅度最大,为 9.4277 分。与 2015 年相比,金融业(J),文化、体育和娱乐业(R)2016 年上升较大,上升幅度分别为 7.1826 分和 2.3149 分;住宿和餐饮业(H)、采矿业(B)下降较大,下降幅度分别为 7.0708 分和 3.5008 分。

图 9-3 显示了 17 个行业董事会治理总体指数的变化。从总体指数排名看,各行业排名变化较大,2012 年和 2014 年金融业(J)都位居第 1 名,2015 年下降到第 7 位,2016 年又回到第1名;批发和零售业(F)2012 年排在第 12 名,2014 年和 2015 年分别排在第 14 名和第 15 名,2016 年下降到第 17 名。

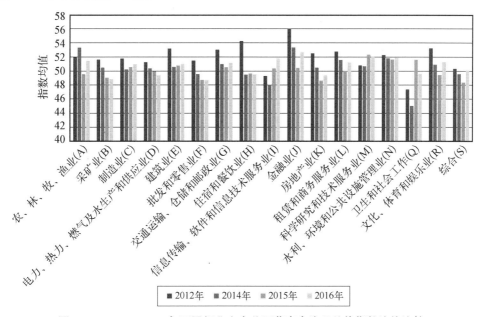

图 9-3 2012～2016 年不同行业上市公司董事会治理总体指数均值比较

9.4 分所有制董事会治理指数的年度比较

按照五类所有制的划分,用各所有制上市公司董事会治理总体指数,以及董事会结构、独立董事独立性、董事会行为和董事激励与约束四个分项指数的平均值来代表各所有制上市公司董事会治理情况,分别比较 2012 年、2014 年、2015 年和 2016 年不同所有制上市公司的董事会治理水平的差异,结果参见表 9-5 Panel A。另外,进一步将样本按照国有控股公司和非国有控股公司分类,统计信息见表 9-5 Panel B。

表 9-5 2012～2016 年不同所有制上市公司董事会治理指数均值比较

所有制类型	年 份	总体指数	分 项 指 数				总体指数排名
			董事会结构	独立董事独立性	董事会行为	董事激励与约束	
Panel A 按照五类所有制公司分类							
国有绝对控股公司	2012	51.4031	50.2349	57.4871	47.4476	50.4428	4
	2014	50.1058	51.1554	56.9731	42.2198	50.0748	4
	2015	49.3766	41.2992	58.3869	45.5225	52.2976	5
	2016	49.2050	42.8285	57.2369	46.0658	50.6889	5
国有强相对控股公司	2012	52.4394	51.8172	58.7547	46.9145	52.2714	2
	2014	50.8971	51.7851	57.4272	42.4139	51.9623	2
	2015	50.2174	42.3986	59.8447	45.9109	52.7152	3
	2016	50.0910	42.9489	58.0943	47.6279	51.6930	4
国有弱相对控股公司	2012	53.0617	51.6198	59.7199	48.2375	52.6696	1
	2014	51.1572	51.4312	58.8584	42.3985	51.9406	1
	2015	50.6113	42.6243	60.9209	46.6504	52.2496	2
	2016	50.9731	42.7188	58.9894	48.9435	53.2407	2
国有参股公司	2012	51.7116	49.1394	59.2114	46.7108	51.7847	3
	2014	50.8016	49.0825	58.0491	43.7062	52.3686	3
	2015	50.8390	39.5999	60.9727	50.7473	52.0361	1
	2016	51.6320	39.8906	60.4916	54.0329	52.1127	1
无国有股份公司	2012	51.4014	48.3006	58.7642	47.6497	50.8912	5
	2014	49.6559	46.8572	56.2183	42.5691	52.9789	5
	2015	50.0913	38.8125	61.1757	49.9558	50.4211	4
	2016	50.7919	38.7060	59.7982	52.3879	52.2757	3

续　表

所有制类型	年　份	总体指数	分　项　指　数				总体指数排名
			董事会结构	独立董事独立性	董事会行为	董事激励与约束	
Panel B　按照国有控股公司和非国有控股公司分类							
国有控股公司	2012	52.3419	51.3032	58.7004	47.4875	51.8767	1
	2014	50.7393	51.4971	57.7080	42.3523	51.3999	1
	2015	50.0843	42.1442	59.7231	46.0042	52.4655	2
	2016	50.1638	42.8445	58.1783	47.6780	51.9544	2
非国有控股公司	2012	51.4904	48.5412	58.8924	47.3805	51.1474	2
	2014	49.9503	47.4291	56.6888	42.8613	52.8220	2
	2015	50.3676	39.1034	61.1007	50.2483	51.0178	1
	2016	51.1213	39.1704	60.0700	53.0328	52.2118	1

从表9-5 Panel A可以看出:

第一,从董事会治理总体指数看,国有绝对控股公司和国有强相对控股公司四个年度连续下降,但2016年下降幅度较小;国有弱相对控股公司前三个年度连续下降,2016年上升,但上升幅度不大;国有参股公司和无国有股份公司都是2014年下降,此后两个年度连续上升,但2016年上升幅度也都不大。五类所有制公司2016年指数均值都低于2012年。由此可以推断,在推进国有企业混合所有制改革的过程中,非国有资本加入到国有企业中,或许会促使国有企业董事会治理水平的提高。

第二,在董事会结构分项指数上,国有绝对控股公司2014年上升,2015年下降,2016年又上升;国有强相对控股公司、国有弱相对控股公司和国有参股公司都是前三个年度连续下降,2016年上升;无国有股份公司是连续下降。相比2015年,2016年四类包含国有股份的上市公司的董事会结构分项指数均值都略有上升。

第三,在独立董事独立性分项指数上,五类所有制公司都是2014年下降,2015年上升,2016年又下降。相比2015年,2016年国有弱相对控股公司下降幅度最大,为1.9315分。

第四,在董事会行为分项指数上,五类所有制公司都是2014年下降,此后两个年度连续上升。但国有绝对控股公司2016年指数均值仍低于2012年,其他四类所有制公司2016年指数均值都为四个年度里最高。相比2015年,2016年国有参股公司董事会行为分项指数均值上升幅度最大,为3.2856分。

第五,在董事激励与约束分项指数上,国有绝对控股公司和国有强相对控股公司都是2014年下降,2015年上升,2016年又下降;国有弱相对控股公司2014年下降,此后两个年度连续上升;国有参股公司和无国有股份公司都是2014年上升,2015年下降,2016年又上升。相比2015年,2016年无国有股份公司上升幅度最大,为1.8546分;国有绝对控股公司下降幅度最大,为1.6087分。

图 9-4 显示了五类所有制公司董事会治理总体指数的变化。从总体指数排名可以看出,2012 年和 2014 年各类所有制公司排名是一致的,2015 年国有参股公司由第 3 名上升为第 1 名,国有弱相对控股公司变为第 2 名,无国有控股公司由第 5 名超过国有绝对控股公司成为第 4 名。2016 年,国有参股公司和国有弱相对控股公司分别保持第 1 名和第 2 名,无国有股份公司和国有强相对控股公司名次互换,变为第 3 名。

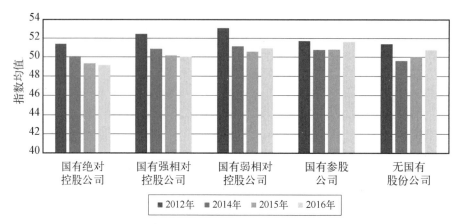

图 9-4　2012~2016 年不同所有制上市公司董事会治理总体指数均值比较

从表 9-5 Panel B 可以看出:

从董事会治理总体指数看,国有控股公司在 2014 年和 2015 年两个年度连续下降,2016 年略有上升;非国有控股公司在 2014 年有所下降,在 2015 年、2016 年两个年度连续上升,并且在 2015 年超过了国有控股公司。

从董事会分项指数看,在董事会结构分项指数上,国有控股公司 2014 年上升,2015 年大幅下降,2016 年又小幅上升;非国有控股公司 2014 年和 2015 年连续下降,其中 2015 年下降幅度较大,2016 年又小幅上升。在独立董事独立性分项指数上,两类公司都是 2014 年下降,2015 年上升,2016 年又下降,上升或下降的幅度都不大。在董事会行为分项指数上,两类公司都是 2014 年较大幅度下降,2015 年和 2016 年连续上升,其中非国有控股公司 2015 年上升幅度较大。在董事激励与约束分类指数上,国有控股公司 2014 年下降,2015 年上升,2016 年又下降;非国有控股公司则是 2014 年上升,2015 年下降,2016 年又上升,但是两类公司变动的幅度都不大。

9.5　分上市板块董事会治理指数的年度比较

用各板块上市公司董事会治理总体指数,以及董事会结构、独立董事独立性、董事会行为和董事激励与约束四个分项指数的平均值来代表各板块上市公司董事会治理情况,分别比较不同板块 2012 年、2014 年、2015 年和 2016 年董事会治理的差异,结果见表 9-6。

表 9 - 6　2012～2016 年不同板块上市公司董事会治理指数均值比较

上市板块	年　份	总体指数	分　项　指　数				总体指数排名
			董事会结构	独立董事独立性	董事会行为	董事激励与约束	
深市主板(不含中小板)	2012	52.6166	51.7457	60.1841	47.8039	50.7329	2
	2014	51.6781	52.6955	59.1442	43.6831	51.1896	2
	2015	52.5003	42.8089	61.7426	53.3751	52.0744	1
	2016	53.6603	43.8781	60.2642	58.1860	52.3128	1
深市中小企业板	2012	54.5878	51.6751	60.6847	52.7491	53.2422	1
	2014	52.2196	50.2642	58.3194	46.6633	53.6316	1
	2015	52.2990	39.9465	61.7237	55.7185	51.8070	2
	2016	52.9118	40.3595	60.0511	57.8212	53.4155	2
深市创业板	2012	46.8065	42.6673	54.2004	43.6007	46.7576	4
	2014	46.6613	41.9404	50.1979	39.1420	55.3650	4
	2015	51.5132	39.6964	61.6840	52.9851	51.6874	3
	2016	52.5810	38.9836	60.9967	57.8303	52.5132	3
沪市主板	2012	51.0653	49.4066	58.2028	44.6526	51.9993	3
	2014	49.5323	49.2023	57.9199	40.5210	50.4859	3
	2015	47.2103	39.5979	58.7196	39.3928	51.1308	4
	2016	47.1545	39.8599	57.7779	40.0645	50.9157	4

从表 9 - 6 可以看出:

第一,从董事会治理总体指数看,深市主板(不含中小企业板)、深市中小企业板和深市创业板三个上市板块都是 2014 年下降,此后两个年度连续上升;沪市主板则是四个年度连续下降,但 2016 年下降幅度很小。与 2015 年相比,2016 年董事会治理总体指数上升的三个上市板块中,深市主板(不含中小企业板)增长幅度最大,为 1.1600 分。

第二,从董事会结构分项指数看,深市主板(不含中小企业板)2014 年上升,2015 年下降,2016 年又上升,其中 2015 年下降幅度较大,达 9.8866 分;深市中小企业板和沪市主板都是前三个年度连续下降,2016 年微升,其中 2015 年下降幅度较大,深市中小企业板下降 10.3177 分,沪市主板下降 9.6044 分;深市创业板四个年度连续下降,但每年的下降幅度都不大。

第三,从独立董事独立性分项指数看,四个上市板块都是 2014 年下降,2015 年上升,2016 年又下降,其中深市创业板 2015 年上升幅度较大,为 11.4861 分。2016 年下降幅度最大的是深市中小企业板,下降 1.6726 分。

第四,从董事会行为分项指数看,深市主板(不含中小企业板)、深市中小企业板和深市创业板都是 2014 年下降,此后两个年度连续上升,其中 2015 年上升幅度都比较大,上升幅度最大的是深市创业板,上升 13.8431 分;沪市主板前三个年度连续下降,2016 年上升。四个板块中,相比 2015 年,2016 年上升幅度较大的是深市创业板和深市主板(不含中小企业板),分别上升 4.8452 分和 4.8109 分。

第五,从董事激励与约束分项指数看,深市主板(不含中小企业板)四个年度连续上升,但每年上升幅度都不大;深市中小企业板和深市创业板都是 2014 年上升,2015 年下降,2016 年又上升,其中深市创业板 2014 年上升幅度较大,上升 8.6074 分;沪市主板是 2014 年下降,2015 年上升,2016 年又下降。与 2015 年相比,2016 年上升的三个上市板块中,上升幅度最大的为深市中小企业板,为 1.6085 分。

图 9-5 显示了四个板块上市公司四个年度董事会治理总体指数的变化情况。从排名上来看,深市中小企业板 2012 年和 2014 年均排在第一名,2015 年和 2016 年都排在第二名;深市主板(不含中小企业板)在 2012 年和 2014 年均排在第二名,在 2015 年和 2016 年都排在第一名;沪市主板前两年为第三名,近两年下降到第四名;深市创业板前两年为第四名,近两年上升到第三名。从指数均值来看,深市中小企业板、深市主板(不含中小企业板)和深市创业板在 2015 年和 2016 年都比较接近,而且明显高于沪市主板。深市创业板上市公司在经过了 2014 年前后的高管辞职套现、高超募等一系列问题的爆发与整改后,其董事会治理水平在 2015 年有了明显的提升。

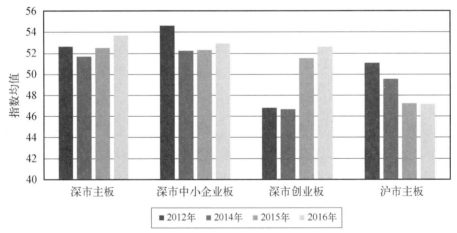

注:深市中小企业板是深市主板的一部分,但本图中的深市主板不含中小企业板。

图 9-5　2012～2016 年不同板块上市公司董事会治理总体指数均值比较

9.6　本 章 小 结

本章从总体、地区、所有制、行业和上市板块等角度分别比较了 2012 年、2014 年、2015 年和 2016 年中国上市公司的董事会治理水平,主要结论如下:

第一,从总体看,2014 年和 2015 年上市公司董事会治理指数均值都有所下降,2016 年略有回升,但仍低于 2012 年的水平。在四个分项指数中,相比 2015 年,董事会结构、董事会行为和董事激励与约束三个分项指数都有所上升,其中董事会行为分项指数上升幅度最大,为 2.4796 分,独立董事独立性分项指数有所下降。

第二,从地区看,四个年度中,东部和中部两个地区的董事会治理总体指数均值都是 2014 年下降,此后连续上升;西部和东北两个地区则是前三个年度下降,2016 年上升,整体看变化幅度都不大;在董事会结构分项指数上,2016 年四个地区相较 2015 年都略有上升,但仍较大幅度低于 2012 年和 2014 年两个年度;在独立董事独立性分项指数上,2016 年四个地区相较 2015 年都略有下降,其中,东北地区下降幅度最大;在董事会行为分项指数上,四个地区近两年都是连续上升,2016 年都为四个年度中最高;在董事激励与约束分项指数上,2016 年东部、中部和东北都略有上升,西部略有下降,但变化幅度都不大。

第三,从行业看,在董事会治理总体指数上,四个年度中,有 7 个行业前三个年度连续下降,2016 年上升;有 3 个行业 2014 年下降,此后两个年度连续上升;有 1 个行业 2014 年上升,2015 下降,2016 年又上升;2016 年上升的 11 个行业中,用极差来衡量,四个年度里变动幅度最大的行业是金融业(J),为 5.6238 分。

在董事会结构分项指数上,有 7 个行业前三个年度连续下降,2016 年上升;有 6 个行业 2014 年上升,2015 年下降,2016 年又上升;有 1 个行业 2014 年上升,此后两个年度连续下降;有 3 个行业四个年度连续下降。用极差来衡量,变动幅度在 10 分以上的有 8 个行业,其中住宿和餐饮业(H)变动幅度最大,为 14.2394 分。

在独立董事独立性分项指数上,有 3 个行业 2014 年下降,此后两个年度连续上升;有 3 个行业 2014 年上升,2015 年下降,2016 年又上升;有 7 个行业 2014 年下降,2015 年上升,2016 年又下降;有 2 个行业 2014 年上升,此后两个年度连续下降;有 2 个行业前三个年度连续上升,2016 年下降。用极差来衡量,四个年度里变动幅度在 5 分以上的有 6 个行业,其中卫生和社会工作(Q)变动幅度最大,为 10.7778 分。

在董事会行为分项指数上,有 15 个行业 2014 年下降,此后两个年度连续上升;有 1 个行业四个年度连续上升;有 1 个行业 2014 年下降,2015 年上升,2016 年又下降。用极差衡量,变动幅度超过 10 分的有 2 个行业,其中卫生和社会工作(Q)变动幅度最大,为 18.2677 分。

在董事激励与约束分项指数上,有 1 个行业 2014 年下降,此后两个年度连续上升;有 4 个行业 2014 年上升,2015 年下降,2016 年又上升;有 3 个行业前三个年度连续下降,2016 年上升;有 1 个行业四个年度连续上升;有 7 个行业 2014 年下降,2015 年上升,2016 年又下降;有 1 个行业 2014 年上升,此后两个年度连续下降。用极差来衡量,变动幅度超过 5 分的有 3 个行业,其中住宿和餐饮业(H)变动幅度最大,为 9.4277 分。

第四,从所有制看,在董事会治理总体指数上,国有控股公司在 2014 年和 2015 年两个年度连续下降,2016 年略有上升;非国有控股公司在 2014 年有所下降,在 2015 年、2016 年两个年度连续上升,并且在 2015 年超过了国有控股公司。在董事会结构分项指数上,国有控股公司2014年上升,2015年大幅下降,2016年又小幅上升;非国有控股公司2014年和2015年连续下降,其中2015年下降幅度较大,2016年又小幅上升。在独立董事独立性分项指数上,两类公司都是2014年下降,2015年上升,2016年又下降,上升或下降的幅度都不大。在董事会行为分项指数上,两类公司都是2014年较大幅度下降,2015年和2016年连续上升,其中非国有控股公司2015年上升幅度较大。在董事激励与约束分类指数上,国有控股公司2014年下降,2015年上升,2016年又下降;非国有控股公司则是2014年上升,2015年下降,2016年又上升,但是两类公司变动的幅度都不大。

第五,从上市板块看,在董事会治理总体指数上,深市三个板块都是2014年下降,此后两个年度连续上升;沪市主板则是四个年度连续下降,但2016年下降幅度很小。在董事会结构分项指数上,深市主板(不含中小企业板)2014年上升,2015年下降,2016年又上升;深市中小企业板和沪市主板都是前三个年度连续下降,2016年微升;深市创业板四个年度连续下降。在独立董事独立性分项指数上,四个上市板块都是2014年下降,2015年上升,2016年又下降,其中深市创业板2015年上升幅度较大。在董事会行为分项指数上,深市三个板块都是2014年下降,此后两个年度连续上升;沪市主板前三个年度连续下降,2016年上升。在董事激励与约束分项指数上,深市主板(不含中小企业板)四个年度连续上升;深市中小企业板和深市创业板都是2014年上升,2015年下降,2016年又上升;沪市主板是2014年下降,2015年上升,2016年又下降。

中国公司治理分类
指数报告No.16
（2017）

Report on China
Classified Corporate
Governance Index
No.16（2017）

第四编
企业家能力
指数

第 10 章
企业家能力总体指数排名及比较

根据第 1 章确定的企业家能力指数评价方法,以及我们评估获得的 2016 年度 2840 家样本上市公司指数数据,本章对这些上市公司的企业家能力指数进行总体排名和分析,然后分别从地区、行业和上市板块等三个角度依次进行比较和分析。

10.1 企业家能力指数总体分布及排名

基于上市公司 2016 年的公开数据,根据本报告构建的企业家能力指数指标体系和指数计算方法,对 2840 家上市公司企业家能力指数进行计算,可以得到中国上市公司企业家能力指数的整体排名情况。

10.1.1 企业家能力指数总体分布

2016 年上市公司企业家能力指数总体得分情况参见表 10-1。

表 10-1 2016 年上市公司企业家能力指数总体情况

项 目	公司数目	平均值	中位值	最大值	最小值	标准差	偏度系数	峰度系数
数 值	2840	30.7387	31.0186	51.5065	5.4729	5.9927	−0.3871	0.7109

从表 10-1 可以看出,2016 年上市公司企业家能力指数最大值 51.5065,最小值 5.4729,平均值 30.7387,中位值 31.0186,标准差 5.9927,全部样本得分整体偏低。相对于 2016 年度(2015 年数据)的评价,本年度企业家能力指数有一定下降,平均值从 34.1865 降至 30.7387,降幅为 3.4478 分,出现较大幅度的下滑,这意味着经理层越来越不独立,其潜能发挥受到很大抑制,这需要引起相关机构和企业注意。

为进一步了解企业家能力指数在各个区间的分布情况,我们将企业家能力指数以 5 分为间隔进行区间划分,由于企业家能力指数最大值为 51.5065,最小值为 5.4729,故可以划分为[0, 5)、[5, 10)、[10, 15)、[15, 20)、[20, 25)、[25, 30)、[30, 35)、[35, 40)、[40,

45)、[45，50)、[50，55)、[55，100]等12个区间(公司数目为0的指数区间合并),每个得分区间的企业数目和所占比重参见表10-2。

表 10-2　2016 年上市公司企业家能力指数区间分布

指 数 区 间	公 司 数 目	占　比(%)	累计占比(%)
[0，5)	0	0.00	0.00
[5，10)	8	0.28	0.28
[10，15)	28	0.99	1.27
[15，20)	88	3.10	4.37
[20，25)	328	11.55	15.92
[25，30)	740	26.06	41.97
[30，35)	976	34.37	76.34
[35，40)	538	18.94	95.28
[40，45)	116	4.08	99.37
[45，50)	16	0.56	99.93
[50，55)	2	0.07	100.00
[55，100]	0	0.00	100.00
总　计	2840	100.00	—

从表10-2可以看出,企业家能力指数在[30,35)区间的公司数最多,为976家,占样本总数的34.37%。95.00%的上市公司的企业家能力指数分布在[20,45)区间,有2698家公司。值得关注的是,在2840家上市公司中,没有一家公司的企业家能力指数达到60分以上。如果以60分作为及格线,这意味着,所有上市公司的企业家能力均"不及格"。这说明中国上市公司企业家能力水平整体偏低,还有很大的提升空间。

图10-1更直观地显示了企业家能力指数在各个区间的分布情况。结合表10-1,可以

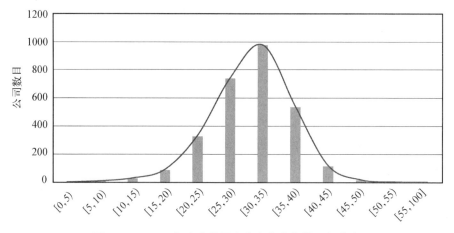

图 10-1　2016 年上市公司企业家能力指数区间分布

看出,企业家能力指数的偏度系数为−0.3871,峰度系数为0.7109,峰度系数与标准差的比例是0.1186,基本符合正态分布,且分布较集中。

10.1.2　企业家能力指数前后100名

表10-3给出了2840家上市公司中排名前100名和后100名公司的企业家能力指数情况。可以看出,前100名公司的企业家能力指数均值为43.1349,比2015年下降3.8013分;而后100名公司的企业家能力均值为15.3616,比2015年下降3.1001分。从标准差来看,在上述两类样本中,前100名公司得分的差异较后100名略小。

表10-3　2016年上市公司企业家能力指数前后100名情况

	平均值	中位值	最大值	最小值	标准差
前100名	43.1349	42.6453	51.5065	40.6788	2.2773
后100名	15.3616	16.1275	18.9924	5.4729	3.1324
总　体	**30.7376**	**31.0186**	**51.5065**	**5.4729**	**5.9922**

我们对2840家上市公司的企业家能力指数从大到小降序排列,企业家能力指数越高,说明上市公司企业家能力水平越高。表10-4是企业家能力指数排名前100的上市公司情况。

表10-4　2016年上市公司企业家能力指数排名(前100名)

排名	代码	公司简称	CEO	指数值	排名	代码	公司简称	CEO	指数值
1	601939	建设银行	王祖继	51.5065	14	601628	中国人寿	林岱仁	45.4334
2	601857	中国石油	汪东进	51.1808	15	601801	皖新传媒	翟凌云	45.4325
3	002582	好想你	石聚彬	49.6506	16	000625	长安汽车	朱华荣	45.3122
4	000100	TCL集团	李东生	49.5336	17	002022	科华生物	丁　伟	45.1563
5	300244	迪安诊断	陈海斌	47.0316	18	000665	湖北广电	毕　华	45.1414
6	603818	曲美家居	赵瑞海	46.8754	19	300211	亿通科技	王振洪	44.7697
7	600028	中国石化	戴厚良	46.7759	20	000810	创维数字	施　驰	44.7041
8	000009	中国宝安	陈政立	46.7501	21	002183	怡亚通	周国辉	44.6599
9	000806	银河生物	刘　杰	46.5410	22	002251	步步高	王　填	44.6360
10	601398	工商银行	易会满	46.4810	23	002733	雄韬股份	张华农	44.4313
11	002527	新时达	Nicholas Lee Cheng Syan	45.9719	24	002595	豪迈科技	张　岩	44.2107
					25	300119	瑞普生物	李守军	44.1891
12	000338	潍柴动力	谭旭光	45.5748	26	002533	金杯电工	唐崇健	44.1543
13	300218	安利股份	姚和平	45.4479	27	601988	中国银行	陈四清	44.1091

排名	代　码	公司简称	CEO	指 数 值	排名	代　码	公司简称	CEO	指 数 值
28	300053	欧比特	颜　军	44.0542	57	002714	牧原股份	秦英林	42.2012
29	600837	海通证券	瞿秋平	43.9896	58	601186	中国铁建	庄尚标	41.9834
30	300084	海默科技	郑子琼	43.9705	59	300138	晨光生物	卢庆国	41.9520
31	600036	招商银行	田惠宇	43.8320	60	601021	春秋航空	王　煜	41.9468
32	002260	德奥通航	Michael Creed	43.6203	61	600050	中国联通	陆益民	41.9310
					62	300236	上海新阳	方书农	41.9153
33	000065	北方国际	王粤涛	43.5673	63	002335	科华恒盛	陈成辉	41.8580
34	002051	中工国际	罗　艳	43.5340	64	002171	楚江新材	姜　纯	41.7369
35	002414	高德红外	黄　立	43.5288	65	000850	华茂股份	左志鹏	41.7153
36	002321	华英农业	曹家富	43.4356	66	002793	东音股份	方秀宝	41.7074
37	300174	元力股份	官伟源	43.3803	67	002472	双环传动	吴长鸿	41.7030
38	002299	圣农发展	傅光明	43.2477	68	002644	佛慈制药	孙　裕	41.6922
39	300381	溢多利	陈少美	43.2198	69	002103	广博股份	王君平	41.6619
40	002737	葵花药业	关彦斌	43.1674	70	002743	富煌钢构	戴　阳	41.6385
41	002449	国星光电	王　森	43.1314	71	000002	万科 A	郁　亮	41.6033
42	300373	扬杰科技	梁　勤	42.9193	72	002230	科大讯飞	刘庆峰	41.5629
43	600031	三一重工	向文波	42.8043	73	600606	绿地控股	张玉良	41.4580
44	000411	英特集团	姜巨舫	42.7843	74	300453	三鑫医疗	雷凤莲	41.3513
45	600584	长电科技	王新潮	42.7834	75	600115	东方航空	马须伦	41.3445
46	600843	上工申贝	张　敏	42.7655	76	002302	西部建设	吴志旗	41.3428
47	300001	特锐德	Siegfried Arno Ruhland	42.7467	77	300070	碧水源	方　灏	41.3275
					78	002080	中材科技	刘　颖	41.3231
48	600704	物产中大	周冠女	42.7395	79	000333	美的集团	方洪波	41.2935
49	600315	上海家化	谢文坚	42.6943	80	300032	金龙机电	Tjoa Mui Liang	41.2866
50	000055	方大集团	熊建明	42.6846					
51	300263	隆华节能	孙建科	42.6061	81	002307	北新路桥	熊保恒	41.2633
52	600059	古越龙山	傅建伟	42.5597	82	000881	中广核技	张兰水	41.2046
53	002717	岭南园林	尹洪卫	42.5215	83	601288	农业银行	赵　欢	41.1825
54	002781	奇信股份	余少雄	42.3584	84	300284	苏交科	王军华	41.1662
55	002131	利欧股份	王相荣	42.3446	85	002611	东方精工	邱业致	41.1101
56	300068	南都电源	陈　博	42.2347	86	601101	昊华能源	张　伟	41.1048

排名	代　码	公司简称	CEO	指　数　值	排名	代　码	公司简称	CEO	指　数　值
87	002470	金正大	万连步	41.0726	94	300296	利亚德	李　军	40.8423
88	002239	奥特佳	丁　涛	41.0240	95	002215	诺普信	卢柏强	40.7641
89	002068	黑猫股份	周敏建	41.0199	96	600671	天目药业	祝　政	40.7568
90	000979	中弘股份	崔　崴	40.9368	97	600176	中国巨石	张毓强	40.7442
91	002532	新界泵业	许敏田	40.9366	98	002486	嘉麟杰	杨世滨	40.7339
92	601928	凤凰传媒	吴小平	40.9319	99	600373	中文传媒	傅伟中	40.7171
93	300087	荃银高科	张　琴	40.8752	100	600332	白云山	李楚源	40.6788

从表 10-4 可以看出,企业家能力指数最高的前三名分别是沪市主板上市公司建设银行的王祖继(51.5065)、沪市主板上市公司中国石油的汪东进(51.1808)和深市中小企业板上市公司好想你的石聚彬(49.6506)。而 2015 年企业家能力指数评价结果的前三位潘刚(伊利股份)、仇建平(巨星科技)与王民(徐工机械)均未进入今年的前 100 位。有 25 位 CEO连续出现在 2016 年和 2015 年两个年度的前 100 名,他们分别是中国石油的汪东进、好想你的石聚彬、TCL 集团的李东生、潍柴动力的谭旭光、安利股份的姚和平、亿通科技的王振洪、步步高的王填、雄韬股份的张华农、豪迈科技的张岩、金杯电工的唐崇健、海默科技的郑子琼、北方国际的王粤涛、中工国际的罗艳、圣农发展的傅光明、扬杰科技的梁勤、三一重工的向文波、特锐德的 Siegfried Arno Ruhland、晨光生物的卢庆国、科华恒盛的陈成辉、佛慈制药的孙裕、西部建设的吴志旗、农业银行的赵欢、利亚德的李军、嘉麟杰的杨世滨。这里值得注意的是,中国石化和新时达虽然更换了 CEO,但是两家公司前后两任CEO 分别在 2016 年和 2017 年的年度评价中进入了前 100。[①] 另外,有 6 位 CEO 连续出现在 2016 年、2015 年与 2013 年三个年度的前 100 名,他们分别是中国石油的汪东进、TCL 集团的李东生、安利股份的姚和平、豪迈科技的张岩、中工国际的罗艳、三一重工的向文波。

结合附带光盘附表Ⅲ-1、Ⅲ-2,从地区看,前 100 家上市公司中,东部、中部、西部和东北各有 72 家、19 家、7 家和 2 家,分别占所在地区上市公司数的 3.82%、4.75%、1.72%和1.36%,从相对值(占比)看,中部地区上市公司的 CEO 表现较好。从行业看,制造业有58 家,金融业有 7 家,文化体育和娱乐业以及农、林、牧、渔业均有 3 家,分别占所在行业全部上市公司数的 3.27%、12.28%、9.76%和 9.09%,从相对值(占比)看,金融业上市公司的CEO 表现较好。从控股类型看,国有控股公司有 38 家,非国有控股公司有 62 家,分别占同类型上市公司总数的 3.69%和 3.42%,从相对值(占比)看,国有控股公司的 CEO 表现略

①　2015 年上市公司企业家能力指数排名(前 100 名),参见《中国公司治理分类指数报告 No.15(2016)》,第189~192 页。

好。在38家国有控股公司中,中央企业控股的公司有21家,地方国企控股的公司有17家,分别占同类型公司总数的5.88%和2.53%,从相对值(占比)看,央企控股公司的CEO表现较好。从上市板块来看,深市主板(不含中小企业板)、深市中小企业板、深市创业板和沪市主板分别有15家、37家、20家和28家,分别占所在板块全部上市公司数的3.22%、4.72%、3.97%和2.58%。从相对值(占比)看,深市中小企业板上市公司CEO表现较好。

图10-2为前100名上市公司企业家能力指数分布情况。可以看出,前100名上市公司企业家能力指数分布在40~52分,最高分51.5065,最低分40.6788,绝对差距9.8277,差距较去年略有缩小。绝大多数分布在42分上下,前几名相对比较突出。

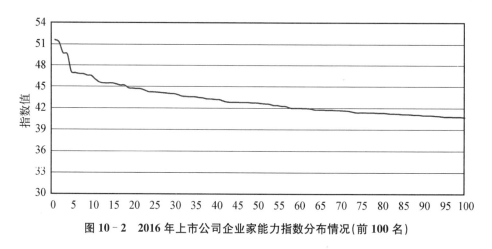

图10-2　2016年上市公司企业家能力指数分布情况(前100名)

表10-5为企业家能力指数排名后100的上市公司情况。

表10-5　2016年上市公司企业家能力指数排名(后100名)

排名	代码	公司简称	CEO	指数值	排名	代码	公司简称	CEO	指数值
2741	600624	复旦复华	蒋国兴	18.9924	2751	600491	龙元建设	赖朝辉	18.5846
2742	600784	鲁银投资	鹿凡伟	18.9899	2752	002175	东方网络	马昕	18.5590
2743	600701	工大高新	姚永发	18.9853	2753	002125	湘潭电化	谭新乔	18.4227
2744	002423	*ST中特	王志林	18.9762	2754	601107	四川成渝	甘勇义	18.3971
2745	000611	*ST天首	邱士杰	18.8619	2755	603029	天鹅股份	吴俊英	18.3705
2746	000514	渝开发	王安金	18.8528	2756	600691	阳煤化工	姚瑞军	18.3181
2747	000537	广宇发展	王晓成	18.7973	2757	600507	方大特钢	钟崇武	18.2982
2748	000573	粤宏远A	钟振强	18.6732	2758	600358	国旅联合	施亮	18.1355
2749	600853	龙建股份	田玉龙	18.6533	2759	002459	天业通联	王巍	18.0925
2750	300368	汇金股份	孙景涛	18.6396	2760	600054	黄山旅游	章德辉	17.9437

排名	代 码	公司简称	CEO	指 数 值	排名	代 码	公司简称	CEO	指 数 值
2761	600753	东方银星	王文胜	17.9174	2789	600249	两面针	林钻煌	16.2276
2762	600133	东湖高新	杨　涛	17.8677	2790	600608	*ST 沪科	蒋　炜	16.1963
2763	600187	国中水务	尹　峻	17.8327	2791	000670	盈方微	李　元	16.0587
2764	002638	勤上股份	陈永洪	17.8309	2792	600234	ST 山水	陆麟育	15.9028
2765	300317	珈伟股份	李　雳	17.8228	2793	600352	浙江龙盛	阮伟祥	15.8129
2766	002211	宏达新材	何百祥	17.7977	2794	002313	日海通讯	彭　健	15.7155
2767	000488	晨鸣纸业	陈洪国	17.7312	2795	600765	中航重机	黎学勤	15.6749
2768	600615	丰华股份	涂建敏	17.6398	2796	000595	*ST 宝实	周家锋	15.5002
2769	000005	世纪星源	郑列列	17.6235	2797	600550	保变电气	刘淑娟	15.4434
2770	002452	长高集团	马　晓	17.5940	2798	300125	易世达	吴爱福	15.3832
2771	600390	*ST 金瑞	杜维吾	17.5724	2799	002114	罗平锌电	李尤立	15.3746
2772	601558	华锐风电	马　忠	17.4386	2800	600273	嘉化能源	汪建平	15.2880
2773	300132	青松股份	华建军	17.4299	2801	600528	中铁工业	邓元发	15.2226
2774	600596	新安股份	吴严明	17.4091	2802	600265	ST 景谷	蓝来富	15.1804
2775	600145	*ST 新亿	庞建东	17.3638	2803	600653	申华控股	池　冶	15.0898
2776	002343	慈文传媒	马中骏	17.3421	2804	000509	华塑控股	李　宏	15.0588
2777	002395	双象股份	罗红兵	17.3244	2805	600209	罗顿发展	余　前	14.7353
2778	600707	彩虹股份	张春宁	17.2519	2806	600110	诺德股份	沙雨峰	14.7058
2779	002697	红旗连锁	曹世如	17.2151	2807	000995	*ST 皇台	李学继	14.4449
2780	000802	北京文化	夏陈安	17.1717	2808	002517	恺英网络	王　悦	14.2952
2781	600543	莫高股份	杜广真	17.1713	2809	600732	*ST 新梅	魏　峰	14.1196
2782	600898	三联商社	薛　超	17.1589	2810	600984	建设机械	李长安	14.1106
2783	002736	国信证券	岳克胜	16.9998	2811	600766	园城黄金	郝周明	14.0538
2784	000089	深圳机场	陈繁华	16.8162	2812	000033	*ST 新都	陈辉汉	13.9733
2785	002110	三钢闽光	邱德立	16.7930	2813	000673	当代东方	王春芳	13.8804
2786	600767	运盛医疗	徐慧涛	16.7751	2814	600581	*ST 八钢	张志刚	13.7229
2787	002178	延华智能	许　星	16.6636	2815	000505	*ST 珠江	王春立	13.6902
2788	601003	柳钢股份	黄元民	16.2291	2816	600620	天宸股份	张震频	13.5190

续　表

排名	代码	公司简称	CEO	指 数 值	排名	代码	公司简称	CEO	指 数 值
2817	002140	东华科技	崔从权	13.4480	2829	000557	西部创业	柏 青	11.1481
2818	600307	酒钢宏兴	阮 强	13.3270	2830	000511	*ST 烯碳	范志明	10.9057
2819	600203	福日电子	温春旺	13.2302	2831	000987	越秀金控	王恕慧	10.6998
2820	600725	ST 云维	凡 剑	13.2166	2832	600247	ST 成城	申方文	10.4870
2821	600696	*ST 匹凸	周可君	13.1278	2833	600806	*ST 昆机	常宝强	9.8114
2822	002306	中科云网	王禹皓	12.9883	2834	002608	*ST 舜船	高 松	9.3111
2823	600150	中国船舶	吴 强	12.9846	2835	000403	ST 生化	史曜瑜	8.7311
2824	600555	海航创新	廖虹宇	12.6431	2836	600311	荣华实业	刘 永	8.1112
2825	600397	安源煤业	胡运生	12.5134	2837	300372	欣泰电气	刘桂文	7.4720
2826	002388	新亚制程	许雷宇	12.4439	2838	601005	*ST 重钢	李仁生	7.0863
2827	000007	全新好	智德宇	12.2249	2839	000408	*ST 金源	肖 瑶	6.9799
2828	600139	西部资源	王 成	12.0852	2840	600733	S*ST 前锋	徐 建	5.4729

从表 10-5 可以看出,企业家能力指数最低的三名分别是沪市主板上市公司 S*ST 前锋的徐建(5.4729)、深市主板上市公司 *ST金源的肖瑶(6.9799)和沪市主板上市公司 *ST重钢的李仁生(7.0863)。后 100 名公司中,ST 公司有 18 家,占全部 ST 公司的 24.32%。

结合附带光盘附表Ⅲ-1、Ⅲ-2,从地区分布来看,后 100 名中,东部、中部、西部和东北各有 49 家、15 家、28 家和 8 家,分别占所在地区全部上市公司数的 2.60%、3.75%、6.90%和 5.44%。从相对值(占比)看,西部地区上市公司的 CEO 表现较差。从行业分布看,制造业,住宿和餐饮业,综合,科学研究和技术服务业,文化、体育和娱乐业各有 53 家、3 家、3 家、2 家和 3 家,占所在行业全部上市公司数的 2.99%、27.27%、13.04%、8.70%和 7.32%。从相对值(占比)看,住宿和餐饮业,以及综合行业的上市公司 CEO 表现较差。从控股类型看,国有控股公司 43 家,非国有控股公司 57 家,分别占同类型公司总数的 4.18%和 3.15%。从相对值(占比)看,国有控股公司的 CEO 表现较差。在 43 家国有控股公司中,中央企业控股的公司 12 家,地方国企控股的公司 31 家,分别占同类型公司总数的 3.36%和 4.61%。从相对值(占比)看,地方国企控股的公司的 CEO 表现较差。从上市板块看,深市主板(不含中小企业板)、深市中小企业板、深市创业板和沪市主板各有 21 家、20 家、5 家和 54 家,分别占各板块上市公司总数的 4.51%、2.55%、0.99%和 4.97%。从相对值(占比)看,沪深主板(深市主板不含中小企业板)上市公司的 CEO 表现较差。

图 10-3 为后 100 名上市公司企业家能力指数分布情况(按倒数排列,即指数最后一位作为倒数第一位)。可以看出,后 100 名上市公司企业家能力指数分布在 5～19 分,内部差

距较大,最高分 18.9924,最低分 5.4729,绝对差距 13.5195 分,有较大的差距。绝大多数上市公司企业家能力水平处于 12～18 分之间。

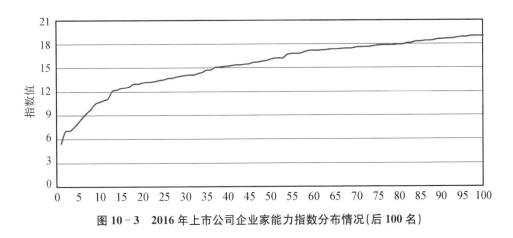

图 10-3 2016 年上市公司企业家能力指数分布情况(后 100 名)

10.2 分地区企业家能力指数比较

按照东部、中部、西部、东北的地区划分,对各地区上市公司的企业家能力指数进行比较,结果参见表 10-6。

表 10-6 2016 年不同地区上市公司企业家能力指数比较

排名	地 区	公司数目	平均值	中位值	最大值	最小值	标准差
1	东部	1887	31.2177	31.4387	51.5065	9.3111	5.7344
2	中部	400	31.0526	31.6483	49.6506	8.7311	6.1933
3	西部	406	28.9500	29.7775	46.5410	5.4729	6.4655
4	东北	147	28.6761	29.2720	43.1674	7.4720	6.0289
总 体		2840	30.7387	31.0186	51.5065	5.4729	5.9927

由表 10-6 可知,各地区上市公司企业家能力指数均值由大到小分别为东部(31.2177)、中部(31.0526)、西部(28.9500)和东北(28.6761)。企业家能力指数最高的公司来自东部,最低的公司来自西部。从总体来看,东部与中部形成一个集团,均值在 31 分;西部和东北形成一个集团,均值在 28 分,两个集团出现分化的趋势。

图 10-4 可以直观地看出四个地区上市公司企业家能力之间的差异。可以看出,四个地区中,东部和中部地区的上市公司企业家能力指数均值略高于总体均值;西部和东北地区上市公司企业家能力指数均值都明显低于总体均值。

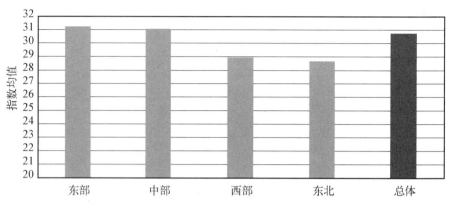

图 10-4   2016 年不同地区上市公司企业家能力指数均值比较

10.3   分行业企业家能力指数比较

用各个行业上市公司企业家能力指数的平均值来代表各个行业的上市公司企业家能力指数,然后将各行业的上市公司企业家能力指数平均值按照从高到低的顺序进行排名,具体排名结果参见表 10-7。

表 10-7   2016 年不同行业上市公司企业家能力指数排名及比较

排名	行 业 名 称	公司数目	平均值	中位值	最大值	最小值	标 准 差
1	卫生和社会工作(Q)	7	34.3330	32.7347	47.0316	24.5590	7.4125
2	农、林、牧、渔业(A)	44	32.6173	33.1637	43.4356	15.1804	6.4930
3	制造业(C)	1775	31.3405	31.8011	49.6506	6.9799	5.7286
4	教育(P)	3	30.9630	31.3055	32.6369	28.9467	1.8688
5	批发和零售业(F)	148	30.8625	31.1857	44.6360	10.4870	6.2924
6	金融业(J)	57	30.8625	30.8577	51.5065	16.9998	7.4117
7	文化、体育和娱乐业(R)	41	30.4291	31.7730	45.4325	13.8804	7.3068
8	科学研究和技术服务业(M)	23	30.2415	31.5145	41.1662	15.3832	5.9387
9	采矿业(B)	73	30.0147	29.6946	51.1808	8.1112	7.2081
10	建筑业(E)	77	29.9059	29.8022	43.5673	13.4480	7.1442
11	信息传输、软件和信息技术服务业(I)	177	29.8035	29.7657	42.3446	14.2952	5.1055
12	租赁和商务服务业(L)	40	29.7924	29.4488	44.6599	18.1355	5.3822
13	交通运输、仓储和邮政业(G)	87	29.0787	28.6567	41.9468	11.1481	5.2323

续　表

排名	行　业　名　称	公司数目	平均值	中位值	最大值	最小值	标准差
14	水利、环境和公共设施管理业（N）	33	28.8043	29.8327	41.3275	17.6235	5.2287
15	电力、热力、燃气及水生产和供应业（D）	96	28.5867	29.2763	40.0861	9.3111	5.4573
16	房地产业（K）	125	28.2618	28.6167	41.6033	5.4729	6.2462
17	综合（S）	23	27.6492	27.0646	46.7501	13.5190	7.8260
18	住宿和餐饮业（H）	11	25.1026	26.3087	37.8374	12.2249	9.3455
	总　体	2840	30.7387	31.0186	51.5065	5.4729	5.9927

从表 10-7 可以看出，2016 年全部 2840 家上市公司企业家能力指数总体均值为
30.7387。其中，只有 6 个行业的上市公司企业家能力指数均值高于总体均值，这 6 个行业
的行业最大均值与总体均值之间的绝对差距为 3.5943；有 12 个行业的上市公司企业家能力
指数均值低于总体均值，总体均值与这 12 个行业的最小均值之间的绝对差距为 5.6361。前
6 个行业的内部差距远小于后 12 个行业，即企业家能力指数行业低分区的内部差距较大。
企业家能力指数最高的三个行业是卫生与社会工作（34.3330），农、林、牧、渔业（32.6173），
制造业（31.3405）。企业家能力指数最差的三个行业是住宿和餐饮业（25.1026），综合
（27.6492），房地产业（28.2618）。

图 10-5 进一步显示了行业间上市公司企业家能力指数的差别。可以看出，各行业上
市公司企业家能力指数中的大部分集中在 [28,32] 这一范围内，除了排名前两位的卫生与

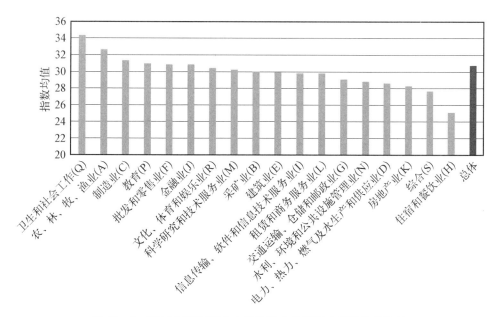

图 10-5　2016 年不同行业上市公司企业家能力指数均值比较

社会工作,农、林、牧、渔业,以及排名最后一位的住宿与餐饮业以外,图形整体呈现出较为平缓的变动趋势。

10.4   分上市板块企业家能力指数比较

根据深市主板(不含中小企业板)、深市中小企业板、深市创业板和沪市主板四个上市板块的划分,来比较不同板块上市公司的企业家能力指数,结果参见表10-8。

表 10-8   2016 年不同板块上市公司企业家能力指数排名及比较

排名	上 市 板 块	公司数目	平均值	中位值	最大值	最小值	标准差
1	深市中小企业板	784	31.6198	31.7946	49.6506	9.3111	5.6323
2	深市创业板	504	31.4976	31.8221	47.0316	7.4720	5.3869
3	沪市主板	1086	30.1346	30.5010	51.5065	5.4729	6.2403
4	深市主板(不含中小企业板)	466	29.8434	30.2040	49.5336	6.9799	6.3247
	总 体	2840	30.7387	31.0186	51.5065	5.4729	5.9927

从表 10-8 可以看出,企业家能力指数平均值从高到低排列依次为深市中小企业板(31.6198)、深市创业板(31.4976)、沪市主板(30.1346)和深市主板(不含中小企业板,29.8434)。整体上看,深市创业板和深市中小企业板上市公司的企业家能力水平好于沪市主板和深市主板(不含中小企业板)上市公司,这部分说明了,随着公司达到成熟规模,股本增大,企业家能力有弱化趋向。

图 10-6 更直观地反映了不同板块上市公司企业家能力指数的差异。可以看到,深市中小企业板和深市创业板上市公司的企业家能力指数均值都高于总体均值;而沪市主板和深市主板(不含中小企业板)上市公司的企业家能力指数都低于总体均值。

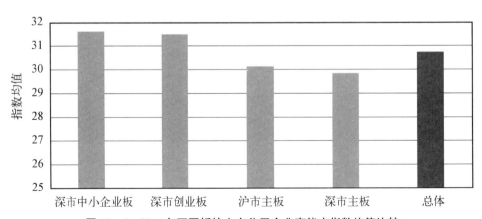

图 10-6   2016 年不同板块上市公司企业家能力指数均值比较

10.5 本 章 小 结

本章计算了沪深两市 2016 年共计 2840 家上市公司的企业家能力指数,并分别从总体、地区、行业、上市板块等角度评价了中国上市公司企业家能力水平。主要结论如下:

(1) 从总体看,2016 年中国上市公司企业家能力指数均值是 30.7387,得分较低,且与 2015 年相比有所降低,所有上市公司企业家能力指数都处于不及格的区间。企业家能力指数主要分布在[25,45)区间,共有 2698 家公司,占比为 95%。

(2) 从地区看,上市公司企业家能力指数均值由大到小依次为东部(31.2177)、中部(31.0526)、西部(28.9500)和东北(28.6761),西部和东北明显低于东部和中部。

(3) 从行业看,上市公司企业家能力指数位居前三位的行业是卫生与社会工作(34.3330),农、林、牧、渔业(32.6173),制造业(31.3405)。企业家能力水平最低的三个行业是住宿和餐饮业(25.1026),综合(27.6492),房地产业(28.2618)。企业家能力指数的行业间差别不大。

(4) 从上市板块看,企业家能力指数均值从高到低依次是深市中小企业板、深市创业板、沪市主板和深市主板(不含中小企业板)。深市中小企业板和深市创业板上市公司企业家能力指数均值高于沪深主板(深市主板不含中小企业板)上市公司。

第 11 章

企业家能力分项指数排名及比较

第 10 章从总体上对中国上市公司企业家能力指数作了排名,并从地区、行业、上市板块三个角度进行了分类汇总和分析。本章按照对企业家能力指数四个维度的划分,把企业家能力指数分解为人力资本、关系网络能力、社会责任能力和战略领导能力四个分项指数,对这四个分项指数进行排名和比较分析。

11.1 企业家能力分项指数总体情况

本报告以 2016 年沪深主板(含中小企业板)和深市创业板 2840 家上市公司样本,计算获得了 2016 年中国上市公司企业家能力四个分项指数,其描述性统计结果参见表 11-1。

表 11-1 2016 年上市公司企业家能力分项指数描述性统计结果

分 项 指 数	公司数目	平均值	中位值	最大值	最小值	标准差
人力资本	2840	27.7907	26.4286	85.7143	0.0000	9.9466
关系网络能力	2840	6.0524	0.0000	66.6667	0.0000	8.2193
社会责任能力	2840	62.0654	62.5544	87.6584	0.0000	14.7497
战略领导能力	2840	20.6075	23.7805	63.4458	0.0635	8.9283

从表 11-1 中可以看出,企业家能力四个分项指数中,如以 60 分作为及格线,则除社会责任能力分项指数外,其他三个分项指数的平均值均未达到及格水平,而且距离及格线相差较大。企业家社会责任能力分项指数的均值最大,为 62.0654 分,其标准差也最大,说明企业家的社会责任能力总体较高,但彼此之间差异较大。企业家人力资本和战略领导能力两个分项指数整体水平居中,均值分别为 27.7907 分和 20.6075 分。企业家关系网络能力分项指数的均值最低,仅为个位数,说明上市公司企业家关系网络能力普遍很差。需要特别说明的是,企业家社会责任能力分项指数较高,与本报告对社会责任的认识以及相应的指标设计有关。企业家社会责任能力指标包括 7 个二级指标,主要涉及两个

角度,一是公益行为;二是对主要利益相关者(政府、客户、员工、股东、债权人等)的责任。关于企业家对社会公益的贡献,不能以绝对额来评价,而是以公益行为来评价,因为企业规模和利润不同,对社会公益的贡献额度必然有差异,但爱心无价;对于利益相关者的责任,有的可能因信息披露缺陷而使得分较高,如指标"有没有产品质量或安全等问题的重大投诉事件",没有投诉并不意味着产品质量绝对没有问题;再比如指标"有无贷款诉讼",没有贷款诉讼也不意味着企业征信水平一定很高。这是社会责任评价方面的一个难以避免的缺憾。

　　图 11-1 直观地反映了企业家能力四个分项指数的均值差异。可以明显看出,四个分项指数均值的差异较大。但需要注意的是,由于各分项指标体系的设计不同,不同指标之间的可比性有限。

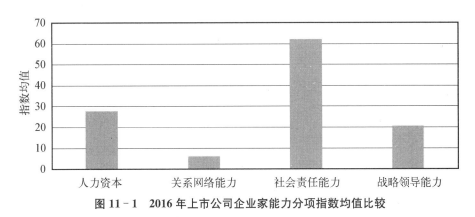

图 11-1　2016 年上市公司企业家能力分项指数均值比较

11.2　企业家人力资本分项指数排名及比较

　　企业家人力资本分项指数主要从企业家最高学历、工作年限、工作经历变更、是否担任其他公司的独立董事、是否有海外留学及工作经历(半年以上),以及选聘路径等 7 个方面来对企业家能力进行考察。本节主要是对企业家人力资本分项指数排名的各种情况进行比较说明和分析。

11.2.1　企业家人力资本分项指数总体分布

　　基于 2840 家上市公司企业家人力资本的各项指标,我们得出了每家上市公司企业家人力资本分项指数。以 10 分为间隔,可以将企业家人力资本分项指数划分为 10 个区间段,每个分数区间段的公司数目和所占比重参见表 11-2。

　　由表 11-2 可见,2016 年上市公司企业家人力资本分项指数在 9 个分数段上有分布,企业家人力资本分项指数主要分布在[10,40)区间,有 2548 家公司,占样本总体的 89.72%,比较集中。

表 11－2　2016 年上市公司企业家人力资本分项指数区间分布

指 数 区 间	公 司 数 目	占　比（%）	累计占比（%）
[0，10)	20	0.70	0.70
[10，20)	455	16.02	16.73
[20，30)	1334	46.97	63.70
[30，40)	759	26.73	90.42
[40，50)	183	6.44	96.87
[50，60)	58	2.04	98.91
[60，70)	21	0.74	99.65
[70.80)	8	0.28	99.93
[80，90)	2	0.07	100.00
[90，100]	0	0.00	100.00
总　计	2840	100.00	—

　　图 11－2 可以直观地看出上市公司企业家人力资本分项指数的分布区间。可以看到，2016 年上市公司企业家人力资本分项指数从低分到高分，呈正偏态分布。

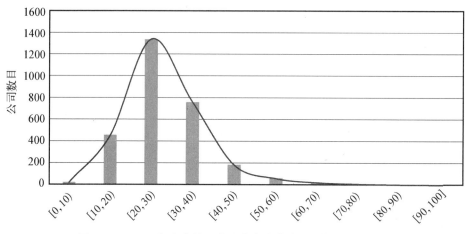

图 11－2　2016 年上市公司企业家人力资本分项指数区间分布

11.2.2　分地区企业家人力资本分项指数比较

　　按照四个地区的划分，我们统计了不同地区上市公司企业家人力资本分项指数，参见表 11－3。

　　从表 11－3 可以看到，四个地区中，西部地区上市公司企业家人力资本分项指数均值最高，为 28.0542 分，东北地区上市公司企业家人力资本分项指数均值最低，为 27.6093 分，两者绝对差距为 0.4449 分，说明企业家人力资本分项指数均值的地区间差距不大。企业家人

表 11-3 2016 年不同地区上市公司企业家人力资本分项指数排名及比较

排名	地 区	公司数目	平均值	中位值	最大值	最小值	标准差
1	西部	406	28.0542	27.1429	78.5714	5.0000	9.2686
2	中部	400	27.8429	27.1429	60.0000	5.0000	9.3038
3	东部	1887	27.7371	26.4286	85.7143	0.0000	10.3243
4	东北	147	27.6093	24.2857	52.8571	12.1429	8.4720
总 体		2840	27.7907	26.4286	85.7143	0.0000	9.9466

力资本分项指数最大值和最小值都出自东部,其中最大值为 85.7143 分,最小值为 0 分,东部地区上市公司企业家人力资本最大的标准差也反映出其内部差距较大。

图 11-3 直观地反映了四个地区上市公司企业家人力资本分项指数均值的差异。可以看到,不同地区上市公司企业家人力资本分项指数均值之间的差距很小,都在 0.5 分以内。西部和中部地区的企业家人力资本分项指数均值都大于总体均值,而东部与东北地区的企业家人力资本分项指数均值则略低于总体均值。

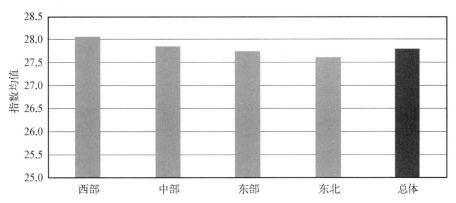

图 11-3 2016 年不同地区上市公司企业家人力资本分项指数均值比较

11.2.3 分行业企业家人力资本分项指数比较

用各个行业内的上市公司企业家人力资本分项指数的平均值来代表各个行业的上市公司企业家人力资本分项指数,然后把各个行业的上市公司企业家人力资本分项指数按照由高到低的顺序进行排名,具体排名结果参见表 11-4。

表 11-4 2016 年不同行业上市公司企业家人力资本分项指数排名及比较

排名	行 业	公司数目	平均值	中位值	最大值	最小值	标准差
1	金融业(J)	57	33.3459	31.4286	67.1429	19.2857	10.0011
2	卫生和社会工作(Q)	7	30.2041	27.1429	45.7143	20.0000	10.4468
3	采矿业(B)	73	29.9902	28.5714	78.5714	5.0000	10.6456

排名	行　业	公司数目	平均值	中位值	最大值	最小值	标准差
4	批发和零售业(F)	148	29.0299	28.5714	57.1429	10.0000	9.0910
5	农、林、牧、渔业(A)	44	28.9935	26.7857	60.0000	14.2857	10.4687
6	水利、环境和公共设施管理业(N)	33	28.8745	24.2857	67.1429	15.0000	10.7099
7	房地产业(K)	125	28.5200	27.1429	60.0000	5.0000	9.3547
8	交通运输、仓储和邮政业(G)	87	27.9228	27.1429	52.8571	10.0000	8.9331
9	文化、体育和娱乐业(R)	41	27.8746	24.2857	52.8571	15.0000	9.4227
10	信息传输、软件和信息技术服务业(I)	177	27.6231	24.2857	78.5714	7.1429	9.7785
11	制造业(C)	1775	27.4962	26.4286	85.7143	0.0000	10.1116
12	建筑业(E)	77	27.2727	24.2857	62.1429	10.0000	9.9689
13	电力、热力、燃气及水生产和供应业(D)	96	26.9866	27.1429	57.1429	10.0000	7.4499
14	住宿和餐饮业(H)	11	26.6883	27.1429	35.7143	15.0000	5.1535
15	租赁和商务服务业(L)	40	26.0893	24.2857	67.1429	10.0000	11.7681
16	综合(S)	23	25.9627	24.2857	50.0000	10.0000	11.1067
17	科学研究和技术服务业(M)	23	25.7764	24.2857	48.5714	5.0000	8.4348
18	教育(P)	3	16.4286	20.0000	24.2857	5.0000	10.1267
	总　体	2840	27.7907	26.4286	85.7143	0.0000	9.9466

从表 11-4 可以看出,有 9 个行业的企业家人力资本分项指数均值高于总体均值 27.7907 分,这 9 个行业的行业均值最大值与总体均值的绝对差距是 5.5552 分 。其他 9 个行业的上市公司企业家人力资本分项指数均值低于总体均值,总体均值与这 9 个行业的最小均值的绝对差距是 11.3621 分。企业家人力资本分项指数行业高分区的内部差距远小于低分区。上市公司企业家人力资本分项指数均值排名前三位的行业分别是金融业(J),卫生和社会工作(Q),采矿业(B);排名最后三位的行业是教育(P),科学研究和技术服务业(M),综合(S)。企业家人力资本分项指数最大值和最小值均出自制造业(C)。需要注意的是,教育行业(P)只有 3 家上市公司,难以反映该行业上市公司企业家人力资本的实际平均水平。

图 11-4 直观地反映了不同行业企业家人力资本分项指数均值的差异。不难发现,金融业(J)明显地高于其他行业,而教育行业(P)企业家人力资本则明显地远低于其他各个行业。不过,由于教育行业只有 3 家上市公司,难以反映该行业企业家能力的实际平均水平。

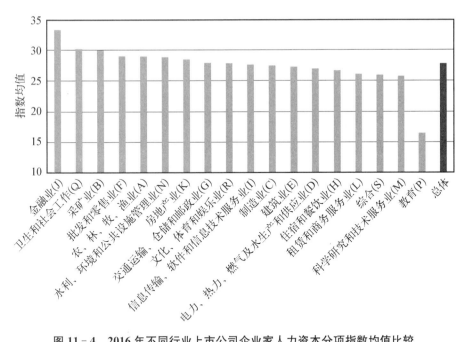

图 11‑4　2016 年不同行业上市公司企业家人力资本分项指数均值比较

11.2.4　分上市板块企业家人力资本分项指数比较

根据上市公司四个板块的划分,即深市主板(不含中小企业板)、沪市主板、深市中小企业板和深市创业板,对不同板块上市公司的企业家人力资本分项指数进行综合比较,结果如表 11‑5 所示。

表 11‑5　2016 年不同板块上市公司企业家人力资本分项指数排名及比较

排名	上 市 板 块	公司数目	平均值	中位值	最大值	最小值	标准差
1	深市主板(不含中小企业板)	466	29.8130	28.5714	74.2857	5.0000	9.8971
2	深市创业板	504	28.4793	24.2857	85.7143	5.0000	11.6431
3	沪市主板	1086	27.2172	26.4286	67.1429	0.0000	8.6928
4	深市中小企业板	784	26.9406	24.2857	74.2857	5.0000	10.2390
	总　体	2840	27.7907	26.4286	85.7143	0.0000	9.9466

从表 11‑5 可以看出,深市主板(不含中小企业板)上市公司企业家人力资本分项指数均值最高,为 29.8130 分;第二名是深市创业板,其企业家人力资本分项指数均值为 28.4793 分;排在第三的是沪市主板,其企业家人力资本分项指数均值为 27.2172 分;排在最后的是深市中小企业板,但与沪市主板相差很小,其企业家人力资本分项指数均值为 26.9406 分。四个板块中,企业家人力资本分项指数最大值出自深市创业板,最小值出自沪市主板。

图 11-5 可以直观地反映出四个板块上市公司企业家人力资本分项指数的差异。可以看出,深市主板(不含中小企业板)和深市创业板企业家人力资本分项指数均值高于总体均值;而沪市主板、深市中小企业板上市公司企业家人力资本分项指数均值相近,均低于总体均值。

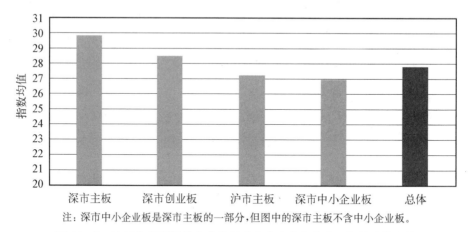

注：深市中小企业板是深市主板的一部分,但图中的深市主板不含中小企业板。

图 11-5   2016 年不同板块上市公司企业家人力资本分项指数均值比较

11.3   企业家关系网络能力分项指数排名及比较

企业家关系网络能力分项指数主要从政府官员是否到企业访问,企业家是否陪同高级官员出国访问,是否担任党代表、人大代表、政协委员,是否曾在军队、行业协会以及政府部门任职和任职期间是否获得相关荣誉称号等 9 个方面来对企业家能力进行考察。本节主要对企业家关系网络能力分项指数排名的各种情况进行比较说明和分析。

11.3.1   企业家关系网络能力分项指数总体分布

基于 2840 家上市公司企业家关系网络能力的各项指标,我们得出了每家上市公司企业家关系网络能力分项指数。以 10 分为间隔,可以将企业家关系网络能力分项指数划分为 8 个区间段(公司数目为 0 的指数区间合并),每个分数区间段的公司数目和所占比重参见表 11-6。

表 11-6   2016 年上市公司企业家关系网络能力分项指数区间分布

指 数 区 间	公 司 数 目	占 比(%)	累计占比(%)
[0, 10)	1961	69.05	69.05
[10, 20)	679	23.91	92.96
[20, 30)	129	4.54	97.50

续　表

指 数 区 间	公 司 数 目	占　比(%)	累计占比(%)
[30,40)	53	1.87	99.37
[40,50)	17	0.60	99.96
[50,60)	0	0.00	99.96
[60,70)	1	0.04	100.00
[70,100]	0	0.00	100.00
总　　计	2840	100.00	—

由表 11-6 可见,2016 年上市公司企业家关系网络能力分项指数除了[50,60)和[70,100]区间外均有分布,企业家关系网络能力分项指数分布主要集中在[0,20)区间,有2640 家公司,占样本总数的 92.96%,分布很集中。特别需要指出的是,2016 年上市公司企业家关系网络能力分项指数中,有 1423 家上市公司得分为 0,占全体上市公司的 50.11%。

图 11-6 可以直观地看出上市公司企业家关系网络能力分项指数的分布区间。可以看到,2016 年上市公司企业家关系网络能力分项指数从低分到高分的公司数目呈明显下降趋势,大部分公司的指数得分很低,得分主要集中在低分区间。关系网络能力的低水平可能与近几年的强力反腐有一定关系。

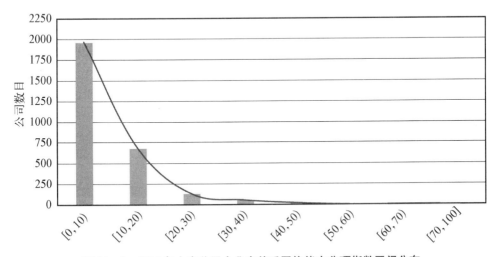

图 11-6　2016 年上市公司企业家关系网络能力分项指数区间分布

11.3.2　分地区企业家关系网络能力分项指数比较

按照四个地区的划分,我们进一步统计了四个地区上市公司企业家关系网络能力分项指数,参见表 11-7。

表 11－7   2016 年不同地区上市公司企业家关系网络能力分项指数排名及比较

排 名	地 区	公司数目	平 均 值	中 位 值	最 大 值	最 小 值	标 准 差
1	中部	400	7.9472	5.5556	48.8889	0.0000	9.7978
2	东部	1887	5.7790	0.0000	66.6667	0.0000	8.0226
3	东北	147	5.6803	0.0000	41.1111	0.0000	8.1711
4	西部	406	5.5405	3.8889	48.8889	0.0000	7.1415
总 体		2840	6.0452	0.0000	66.6667	0.0000	8.2193

从表 11－7 可以看到,四个地区中,中部地区上市公司企业家关系网络能力分项指数均值最高,为 7.9472 分,西部地区上市公司企业家关系网络能力分项指数均值最低,为 5.5405 分,两者绝对差距为 2.4067 分;企业家关系网络能力分项指数最大值出自东部,各地区均出现了最小值 0 分。

图 11－7 直观地反映了四个地区上市公司企业家关系网络能力分项指数均值的差异。可以看到,不同地区上市公司企业家关系网络能力分项指数均值有一定差距,中部地区的企业家关系网络能力分项指数明显地高于总体均值,其余三个地区的企业家关系网络能力分项指数相差不大,均低于总体均值。

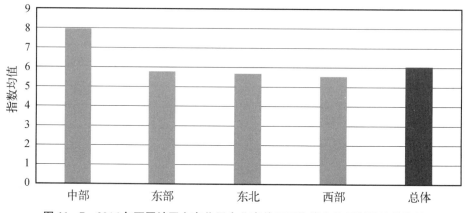

图 11－7   2016 年不同地区上市公司企业家关系网络能力分项指数均值比较

11.3.3   分行业企业家关系网络能力分项指数比较

用各个行业内的上市公司企业家关系网络能力分项指数的平均值来代表各个行业的上市公司企业家关系网络能力分项指数,然后把各个行业的上市公司企业家关系网络能力分项指数按照由高到低的顺序进行排名,具体排名结果参见表 11－8。

从表 11－8 可以看出,有 7 个行业的企业家关系网络能力分项指数均值高于总体均值,这 7 个行业的最大均值与总体均值的绝对差距是 4.9270 分;其他 11 个行业的上市公司企

表 11-8　2016 年不同行业上市公司企业家关系网络能力分项指数排名及比较

排名	行　　业	公司数目	平均值	中位值	最大值	最小值	标准差
1	农、林、牧、渔业(A)	44	10.9722	5.5556	48.3333	0.0000	13.3978
2	教育(P)	3	10.7407	7.7778	18.8889	5.5556	7.1434
3	建筑业(E)	77	8.6219	5.5556	33.3333	0.0000	9.3470
4	水利、环境和公共设施管理业(N)	33	7.7946	5.5556	35.5556	0.0000	8.6452
5	住宿和餐饮业(H)	11	6.5657	0.0000	18.8889	0.0000	8.1567
6	制造业(C)	1775	6.5427	3.8889	66.6667	0.0000	8.5035
7	文化、体育和娱乐业(R)	41	6.3550	0.0000	30.5556	0.0000	8.7277
8	卫生和社会工作(Q)	7	5.3968	0.0000	26.6667	0.0000	9.7379
9	科学研究和技术服务业(M)	23	5.3623	3.8889	18.8889	0.0000	6.2036
10	电力、热力、燃气及水生产和供应业(D)	96	5.2025	3.8889	39.4444	0.0000	6.4260
11	租赁和商务服务业(L)	40	4.7500	0.0000	22.7778	0.0000	6.5649
12	房地产业(K)	125	4.5378	0.0000	41.1111	0.0000	6.5813
13	批发和零售业(F)	148	4.4144	0.0000	41.1111	0.0000	7.2383
14	金融业(J)	57	4.3762	0.0000	30.0000	0.0000	7.2611
15	信息传输、软件和信息技术服务业(I)	177	4.3252	0.0000	44.4444	0.0000	7.3268
16	交通运输、仓储和邮政业(G)	87	4.2593	0.0000	18.8889	0.0000	5.2641
17	综合(S)	23	3.7198	0.0000	22.2222	0.0000	6.3419
18	采矿业(B)	73	3.3409	0.0000	33.3333	0.0000	5.9573
	总　体	2840	6.0452	0.0000	66.6667	0.0000	8.2193

业家关系网络能力分项指数均值低于总体均值,总体均值与行业最小均值的绝对差距为 2.7043 分。行业最大均值与总体均值的绝对差距小于总体均值与行业最小均值的绝对差距,说明企业家关系网络能力分项指数行业高分区的内部差距较大。上市公司企业家关系网络能力分项指数均值排名前三位的行业分别是农、林、牧、渔业(A),教育(P),建筑业(E);排名最后三位的行业是采矿业(B),综合(S),交通运输、仓储和邮政业(G)。企业家关系网络能力分项指数最大值出自制造业(C),除了教育业(P),其余各行业均有最小值 0。需要注意的是,教育行业(P)只有 3 家上市公司,难以反映该行业上市公司企业家关系网络能力的实际平均水平。

图 11-8 直观地反映了不同行业企业家关系网络能力分项指数均值的差异。可以看到,各行业上市公司企业家关系网络能力分项指数相互之间有一定的差距,均值最高的农、林、牧、渔业(A)是均值最低的采矿业(B)行业均值的 3 倍多。

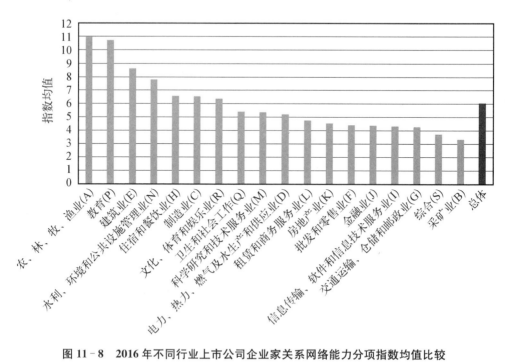

图 11-8　2016 年不同行业上市公司企业家关系网络能力分项指数均值比较

11.3.4　分上市板块企业家关系网络能力分项指数比较

根据上市公司四个上市板块的划分,对不同板块上市公司企业家关系网络能力分项指数进行综合比较,结果如表 11-9 所示。

表 11-9　2016 年不同板块上市公司企业家关系网络能力分项指数排名及比较

排名	上市板块	公司数目	平均值	中位值	最大值	最小值	标准差
1	深市中小企业板	784	7.5184	5.5556	48.8889	0.0000	9.3566
2	深市创业板	504	6.6556	3.8889	41.1111	0.0000	8.7630
3	深市主板(不含中小企业板)	466	5.6354	0.0000	66.6667	0.0000	8.4582
4	沪市主板	1086	4.8742	0.0000	44.4444	0.0000	6.6442
	总　体	2840	6.0452	0.0000	66.6667	0.0000	8.2193

从表 11-9 可以看出,深市中小企业板上市公司企业家关系网络能力分项指数均值最高,为 7.5184 分;第二名为深市创业板,均值为 6.6556 分;第三、第四名分别为深市主板(不含中小企业板)和沪市主板,分别为 5.6354 分与 4.8742 分。四个板块中,企业家关系网络

能力分项指数最大值出自深市主板(不含中小企业板),各板块均有最小值 0 分。

　　图 11-9 可以直观地反映出四个板块上市公司企业家关系网络能力分项指数的差异。可以看出,深市中小企业板和深市创业板的上市公司企业家关系网络能力分项指数均值高于总体均值;而深市主板(不含中小企业板)和沪市主板上市公司企业家关系网络能力分项指数均值则低于总体均值。

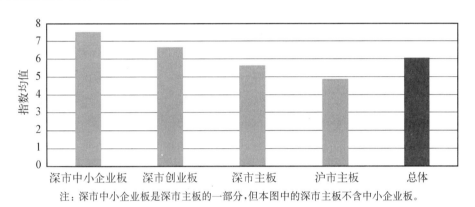

　　注:深市中小企业板是深市主板的一部分,但本图中的深市主板不含中小企业板。

图 11-9　2016 年不同板块上市公司企业家关系网络能力分项指数均值比较

11.4　企业家社会责任能力分项指数排名及比较

　　企业家社会责任能力分项指数主要从企业是否在 2016 年捐赠慈善事业,企业家是否在非营利组织兼职,是否被证监会谴责,是否有产品质量或安全等问题的重大投诉事件,是否有股息分红、贷款诉讼、股东诉讼,以及员工收入增长率是否不低于公司利润增长率等 8 个方面来对企业家社会责任能力进行考察。本节主要对企业家社会责任能力分项指数排名的各种情况进行比较和分析。

11.4.1　企业家社会责任能力分项指数总体分布

　　基于 2840 家上市公司企业家社会责任能力的各项指标,我们得出了每家上市公司企业家社会责任能力分项指数。以 10 分为间隔,可以将企业家社会责任能力分项指数划分为10 个区间段,每个区间段的公司数目和所占比重参见表 11-10。

表 11-10　2016 年上市公司企业家社会责任能力分项指数区间分布

指 数 区 间	公 司 数 目	占　比(%)	累计占比(%)
[0, 10)	21	0.74	0.74
[10, 20)	37	1.30	2.04
[20, 30)	61	2.15	4.19

续　表

指 数 区 间	公 司 数 目	占　比(%)	累计占比(%)
[30，40)	170	5.99	10.18
[40，50)	4	0.14	10.32
[50，60)	430	15.14	25.46
[60，70)	1066	37.54	62.99
[70，80)	1006	35.42	98.42
[80，90)	45	1.58	100.00
[90，100]	0	0.00	100.00
总　　计	2840	100.00	—

　　从表11-10可以发现,2016年上市公司企业家社会责任能力分项指数区间分布与其他几个分项指数相比更加分散:从区间[0,10)到区间[80,90)均有分布。但其中大部分上市公司企业家社会责任能力分项指数集中在区间[50,80),共有2502家公司,占总体的88.10%。与其他三个分项指数相比,得分明显高出许多。

　　图11-10可以直观地看出上市公司企业家社会责任能力分项指数的区间分布。可以看到,2016年上市公司企业家社会责任能力分项指数的分布比较分散,但主要集中在[50,80)区间,尤其是[60,80)区间。

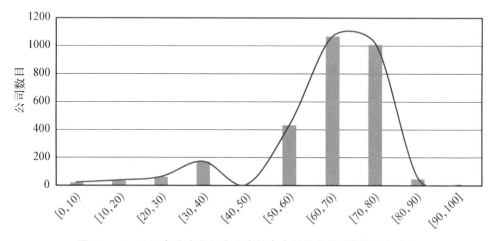

图 11-10　2016年上市公司企业家社会责任能力分项指数区间分布

11.4.2　分地区企业家社会责任能力分项指数比较

　　按照四个地区的划分,我们进一步统计了不同地区上市公司企业家社会责任能力分项指数,参见表11-11。

表 11 - 11　2016 年不同地区上市公司企业家社会责任能力分项指数排名及比较

排　名	地　区	公司数目	平均值	中位值	最大值	最小值	标准差
1	东部	1887	63.1069	62.5621	87.6294	0.0000	13.6694
2	中部	400	62.1585	62.5509	87.6584	0.0000	14.5652
3	西部	406	58.7569	62.5248	87.5594	0.0000	17.9593
4	东北	147	57.5805	62.5186	87.5419	0.0000	16.6565
总　体		2840	62.0654	62.5544	87.6584	0.0000	14.7497

从表 11 - 11 可以看到,四个地区中,东部上市公司企业家社会责任能力分项指数均值最高,为 63.1069 分,排名第二的中部地区与其差别不大,均值为 62.1585 分;东北地区上市公司企业家社会责任能力分项指数均值最低,为 57.5805 分。最大值出现在中部地区;最小值为 0 分,各地区都有出现。

图 11 - 11 直观地反映了四个地区上市公司企业家社会责任能力分项指数均值的差异。可以看到,除东部和中部地区上市公司企业家社会责任能力分项指数均值相近以外,其他两个地区上市公司企业家社会责任能力分项指数均值与东部和中部地区有较大差距,东部和中部地区的企业家社会责任能力分项指数高于总体均值,而西部和东北地区的企业家社会责任能力分项指数明显低于总体均值。

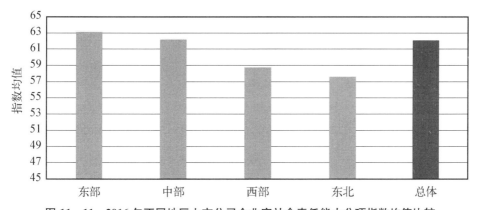

图 11 - 11　2016 年不同地区上市公司企业家社会责任能力分项指数均值比较

11.4.3　分行业企业家社会责任能力分项指数比较

用各个行业上市公司企业家社会责任能力分项指数的平均值来代表各个行业的上市公司企业家社会责任能力分项指数,然后把各个行业的上市公司企业家社会责任能力分项指数按照由高到低的顺序进行排名,具体排名结果参见表 11 - 12。

从表 11 - 12 可以看出,有 8 个行业的上市公司企业家社会责任能力分项指数均值高于总体均值,这 8 个行业的最大均值与总体均值之间的绝对差距是 5.8118 分;其他 10 个行业的上市公司企业家社会责任能力分项指数均值低于总体均值,总体均值与这 10 个行业的最

表 11-12 2016 年不同行业上市公司企业家社会责任能力分项指数排名及比较

排名	行 业	公司数目	平均值	中位值	最大值	最小值	标准差
1	卫生和社会工作(Q)	7	67.8772	75.0000	87.5168	37.5116	15.9094
2	教育(P)	3	66.6849	62.5418	75.0000	62.5130	7.2011
3	农、林、牧、渔业(A)	44	65.4099	75.0000	87.5653	25.0000	13.9738
4	租赁和商务服务业(L)	40	64.8780	65.7466	75.0716	25.0000	12.6384
5	文化、体育和娱乐业(R)	41	63.1432	62.5548	87.5700	12.5081	16.5352
6	制造业(C)	1775	62.9078	62.5647	87.6584	0.0000	14.1685
7	信息传输、软件和信息技术服务业(I)	177	62.5754	62.5442	87.5663	25.0113	11.8813
8	水利、环境和公共设施管理业(N)	33	62.5659	62.5313	76.4361	12.5000	15.3484
9	金融业(J)	57	60.8876	62.5317	87.5396	12.5522	14.5859
10	批发和零售业(F)	148	60.5140	62.5301	87.5889	0.0691	16.3250
11	采矿业(B)	73	60.1597	62.5279	76.5649	0.0000	17.1465
12	交通运输、仓储和邮政业(G)	87	59.6759	62.5497	87.5408	12.5000	13.3114
13	房地产业(K)	125	59.4513	62.5344	87.5148	0.0000	16.9917
14	电力、热力、燃气及水生产和供应业(D)	96	59.0430	62.5368	75.2472	0.0000	15.6852
15	建筑业(E)	77	58.3141	62.5203	87.5446	12.5043	18.2108
16	科学研究和技术服务业(M)	23	58.1952	62.5400	75.0817	0.0000	20.1584
17	综合(S)	23	55.1885	62.5000	75.0278	25.0537	16.6905
18	住宿和餐饮业(H)	11	47.1815	50.0000	75.0725	12.5000	21.5561
	总 体	2840	62.0654	62.5544	87.6584	0.0000	14.7497

小均值之间的绝对差距是 14.8839 分。总体均值与行业最小均值的绝对差距大于行业最大均值与总体均值的绝对差距,说明企业家社会责任能力分项指数行业低分区的内部差距较大。上市公司企业家社会责任能力分项指数均值排名前三位的行业分别是卫生和社会工作(Q)、教育(P)、农、林、牧、渔业(A);排名最后三位的行业是住宿和餐饮业(H)、综合(S)、科学研究和技术服务业(M)。需要注意的是,教育行业(P)只有 3 家上市公司,难以反映该行业上市公司企业家社会责任能力的实际平均水平。

图 11-12 直观地反映了不同行业上市公司企业家社会责任能力分项指数均值的差异。可以看到,均值最大的前 4 个行业的上市公司企业家社会责任能力分项指数均

值有较大优势,均值最小的后 2 个行业(尤其是均值最小的行业)与其他行业的差距较大。

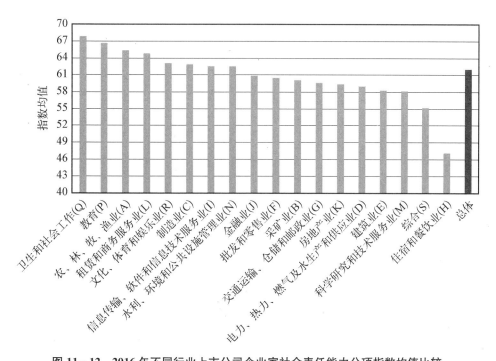

图 11 - 12　2016 年不同行业上市公司企业家社会责任能力分项指数均值比较

11.4.4　分上市板块企业家社会责任能力分项指数比较

按照四个上市板块的划分,对不同板块上市公司企业家社会责任能力分项指数进行综合比较,结果如表 11 - 13 所示。

表 11 - 13　2016 年不同板块上市公司企业家社会责任能力分项指数排名及比较

排名	上 市 板 块	公司数目	平均值	中位值	最大值	最小值	标准差
1	深市创业板	504	64.8749	62.5651	87.6294	0.0000	11.9463
2	深市中小企业板	784	63.8994	62.5866	87.5889	0.0000	13.7135
3	沪市主板	1086	60.4005	62.5471	87.6584	0.0000	15.7966
4	深市主板(不含中小企业板)	466	59.8213	62.5192	87.5778	0.0000	15.7865
总 体		**2840**	**62.0654**	**62.5544**	**87.6584**	**0.0000**	**14.7497**

从表 11 - 13 可以看出,深市创业板上市公司企业家社会责任能力分项指数均值最高,为 64.8749 分,第二名为深市中小企业板,均值为 63.8994 分;第三、第四名分别为沪市主板和深市主板(不含中小企业板),其企业家社会责任能力分项指标均值分别为 60.4005 分和59.8213 分。

由图 11-13 可以直观地反映出四个板块上市公司企业家社会责任能力分项指数的差异。可以看出,四个板块明显分为两个大组,深市创业板和深市中小企业板的上市公司企业家社会责任能力分项指数均值高于总体均值;而沪市主板和深市主板(不含中小企业板)上市公司企业家社会责任能力分项指数均值则低于总体均值。

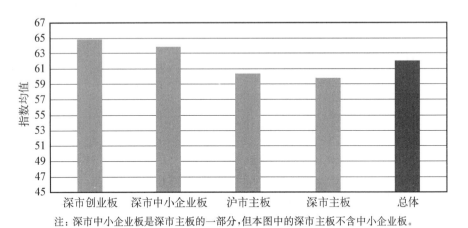

注:深市中小企业板是深市主板的一部分,但本图中的深市主板不含中小企业板。

图 11-13   2016 年不同板块上市公司企业家社会责任能力分项指数均值比较

11.5   企业家战略领导能力分项指数排名及比较

企业家战略领导能力分项指数主要从企业家(高管)贡献、企业国际化程度、企业员工数量、企业总资产、企业在行业中的地位、企业有无 ERP 系统,以及企业有无制定战略目标和计划等 7 个方面来对企业家能力进行考察。本节主要对企业家战略领导能力分项指数排名的各种情况进行比较和分析。

11.5.1   企业家战略领导能力分项指数总体分布

基于 2840 家上市公司企业家战略领导能力的各项指标,我们得出了每家上市公司企业家战略领导能力分项指数。以 10 分为间隔,可以将企业家战略领导能力分项指数划分为 8 个区间段(公司数目为 0 的指数区间合并),每个区间段的公司数目和所占比重参见表 11-14。

表 11-14   2016 年上市公司企业家战略领导能力分项指数区间分布

指 数 区 间	公 司 数 目	占 比(%)	累计占比(%)
[0, 10)	485	17.08	17.08
[10, 20)	664	23.38	40.46
[20, 30)	1384	48.73	89.19

续　表

指 数 区 间	公 司 数 目	占 　 比（％）	累计占比（％）
[30，40)	269	9.47	98.66
[40，50)	31	1.09	99.75
[50，60)	6	0.21	99.96
[60，70)	1	0.04	100.00
[70，100]	0	0.00	100.00
总 　 计	2840	100.00	—

　　由表 11-14 可见，2016 年上市公司企业家战略领导能力分项指数分布在[0，70)的各个区间，主要集中分布在[0，30)区间，共有 2533 家公司，占比为 89.19％。

　　图 11-14 直观地显示了上市公司企业家战略领导能力分项指数的分布区间。可以看出，企业家战略领导能力分项指数分布较为集中，在 60 分"及格"线以上的公司只有 1 家，说明 2016 年各上市公司企业家战略领导能力表现不佳，这可能与经济普遍下行有关。

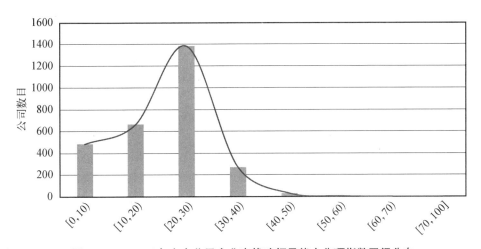

图 11-14　2016 年上市公司企业家战略领导能力分项指数区间分布

11.5.2　分地区企业家战略领导能力分项指数比较

　　按照四个地区的划分，我们进一步统计了不同地区上市公司的企业家战略领导能力分项指数，参见表 11-15。

表 11-15　2016 年不同地区上市公司企业家战略领导能力分项指数排名及比较

排 名	地 区	公司数目	平均值	中位值	最大值	最小值	标准差
1	东部	1887	21.3912	24.0713	63.4458	0.0635	8.9847
2	中部	400	20.4075	24.0373	43.7191	5.3312	8.4962

续　表

排名	地　区	公司数目	平　均　值	中　位　值	最　大　值	最　小　值	标　准　差
3	东北	147	18.3365	21.4490	37.0191	1.7032	8.3737
4	西部	406	17.9840	19.3088	45.5638	3.0431	8.6491
总　体		2840	20.6075	23.7805	63.4458	0.0635	8.9283

从表 11 - 15 可以看到,四个地区上市公司企业家战略领导能力相互之间有一定差距,东部上市公司企业家战略领导能力分项指数均值最高,为 21.3912 分;其次是中部,得分为 20.4075 分;东北与西部排在最后两位,其得分分别是 18.3365 分和 17.9840 分。

图 11 - 15 直观地反映了四个地区上市公司企业家战略领导能力分项指数均值的差异。可以看到,不同地区上市公司企业家战略领导能力分项指数均值有一定差距。只有东部地区上市公司的企业家战略领导能力分项指数均值略高于总体均值。

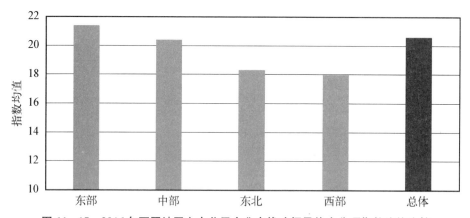

图 11 - 15　2016 年不同地区上市公司企业家战略领导能力分项指数均值比较

11.5.3　分行业企业家战略领导能力分项指数比较

用各个行业的上市公司企业家战略领导能力分项指数的平均值来代表各个行业的上市公司企业家战略领导能力分项指数,然后把各个行业的上市公司企业家战略领导能力分项指数按照由高到低的顺序进行排名,具体排名结果参见表 11 - 16。

表 11 - 16　2016 年不同行业上市公司企业家战略领导能力分项指数排名及比较

排名	行　　业	公司数目	平　均　值	中　位　值	最　大　值	最　小　值	标　准　差
1	卫生和社会工作(Q)	7	25.5022	33.7718	40.0879	10.0221	14.2625
2	科学研究和技术服务业(M)	23	23.9881	25.3530	40.1817	8.8579	8.4738
3	教育(P)	3	22.5502	24.1662	24.5785	18.9059	3.1628
4	批发和零售业(F)	148	22.3155	25.2240	44.4956	6.0470	9.5774

排名	行　　业	公司数目	平均值	中位值	最大值	最小值	标准差
5	制造业(C)	1775	21.6700	24.3345	47.1711	3.6264	8.1753
6	建筑业(E)	77	20.0842	23.2231	58.7302	7.9708	10.4915
7	农、林、牧、渔业(A)	44	20.0702	22.5845	42.1790	6.7964	10.0715
8	采矿业(B)	73	19.9760	22.0584	54.7230	3.0431	10.4635
9	综合(S)	23	19.3530	17.2726	48.2080	4.2492	10.9878
10	金融业(J)	57	19.1390	18.8325	63.4458	0.0635	14.3163
11	文化、体育和娱乐业(R)	41	18.5601	12.2838	40.5523	8.0436	10.4078
12	交通运输、仓储和邮政业(G)	87	18.4127	18.4854	45.5672	6.1367	9.5561
13	信息传输、软件和信息技术服务业(I)	177	18.4054	23.0330	46.6526	6.4522	8.0430
14	电力、热力、燃气及水生产和供应业(D)	96	17.5476	12.7884	41.1549	7.2764	8.5994
15	租赁和商务服务业(L)	40	17.2829	13.2949	43.0746	7.2361	9.3102
16	住宿和餐饮业(H)	11	16.1283	10.0602	43.4706	6.6087	11.5567
17	房地产业(K)	125	15.5638	10.7062	40.1740	2.5422	8.4483
18	水利、环境和公共设施管理业(N)	33	12.6414	10.5660	24.3691	1.7032	5.9926
	总　体	2840	20.6075	23.7805	63.4458	0.0635	8.9283

从表 11-16 可以看出,只有 5 个行业的上市公司企业家战略领导能力分项指数均值高于总体均值,这 5 个行业的最大均值与总体均值的绝对差距是 4.8947 分;其他 13 个行业的上市公司企业家战略领导能力分项指数均值低于总体均值,总体均值与这 13 个行业的最小均值的绝对差距是 7.9661 分,总体均值与行业最小均值的绝对差距大于行业最大均值与总体均值的绝对差距,说明企业家战略领导能力分项指数行业低分区的内部差距较大。上市公司企业家战略领导能力分项指数均值排名前三位的行业分别是卫生和社会工作(Q)、科学研究和技术服务业(M)、教育(P);排名最后三位的行业是水利、环境和公共设施管理业(N),房地产业(K),以及住宿和餐饮业(H)。需要注意的是,教育行业(P)只有 3 家上市公司,难以反映该行业上市公司企业家战略领导能力的实际平均水平。

图 11-16 直观地反映了不同行业上市公司企业家战略领导能力分项指数均值的差异。可以看到,各行业上市公司企业家战略领导能力分项指数均值有一定差距,卫生和社会工作(Q)和科学研究和技术服务业(M)明显地领先于其他各个行业,而排在最后的水利、环境和公共设施管理业(N)与其他产业相比相差较大。

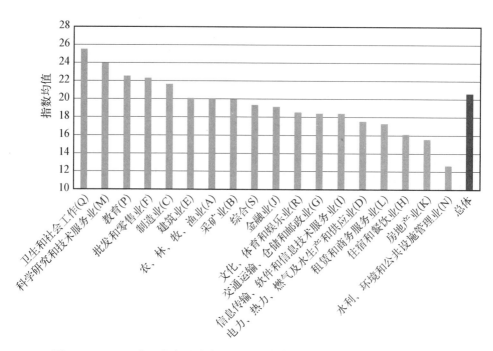

图 11 - 16　2016 年不同行业上市公司企业家战略领导能力分项指数均值比较

11.5.4　分上市板块企业家战略领导能力分项指数比较

按照四个上市板块的划分,对不同板块上市公司企业家战略领导能力分项指数进行综合比较,结果如表 11 - 17 所示。

表 11 - 17　2016 年不同板块上市公司企业家战略领导能力分项指数排名及比较

排名	上 市 板 块	公司数目	平均值	中位值	最大值	最小值	标准差
1	深市中小企业板	784	21.5447	24.3089	47.1711	5.6005	8.5142
2	沪市主板	1086	21.1612	24.1158	63.4458	2.7131	9.3615
3	深市创业板	504	19.8171	23.3344	43.4892	6.4522	8.3322
4	深市主板(不含中小企业板)	466	18.5951	20.5127	45.5638	0.0635	8.8377
总　体		**2840**	**20.6075**	**23.7805**	**63.4458**	**0.0635**	**8.9283**

从表 11 - 17 可以看出,深市中小企业板上市公司企业家战略领导能力分项指数均值最高,为 21.5447 分,第二名为沪市主板,为 21.1612 分,但两者相差仅 0.3835 分;第三、第四名分别为深市创业板和深市主板(不含中小企业板),其企业家战略领导能力分项指数均值分别为 19.8171 分和 18.5951 分。

图 11 - 7 直观地反映出四个板块上市公司企业家战略领导能力分项指数的差异。可以看出,深市中小企业板和沪市主板的上市公司企业家战略领导能力分项指数均值高于总体均值;而深市创业板和深市主板的上市公司企业家战略领导能力分项指数均值则低于总体均值。

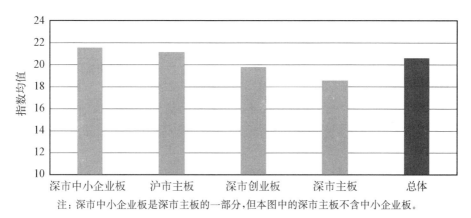

注：深市中小企业板是深市主板的一部分,但本图中的深市主板不含中小企业板。

图 11 - 17　2016 年不同板块上市公司企业家战略领导能力分项指数均值比较

11.6　本 章 小 结

本章从总体、地区、行业、上市板块四个方面,对企业家能力的四个分项指数,即人力资本、关系网络能力、社会责任能力、战略领导能力进行了全面分析,通过分析我们发现:

(1) 从企业家能力四个分项指数比较看,社会责任能力分项指数最高,关系网络能力分项指数最低,四个分项指数均值的差异较大。从指数分布区间看,人力资本分项指数主要集中在[10, 40)区间,有 2548 家公司,占样本总数的 89.72%;关系网络能力分项指数主要集中在[0, 20)区间,有 2640 家公司,占样本总数的 92.96%;社会责任能力分项指数主要集中在 [50, 80) 区间,有 2502 家公司,占样本总数的 88.10%;战略领导能力分项指数主要集中在[0, 30)区间,共有 2533 家公司,占比为 89.19%。需要注意的是,由于各分项指标体系的设计不同,不同指标之间的可比性有限。如企业家社会责任能力分项指数较高,一个重要原因是企业家对社会公益的贡献,不以绝对额来评价,而是以公益行为来评价。

(2) 从地区来看,企业家人力资本分项指数均值从高到低依次是西部、中部、东部、东北;企业家关系网络能力分项指数均值从高到低依次是中部、东部、东北和西部;企业家社会责任能力分项指数均值从高到低依次是东部、中部、西部和东北;企业家战略领导能力分项指数均值从高到低依次是东部、中部、东北与西部。总体看,在四个分项指数中,东部相对较好,东北相对较差。

(3) 从行业来看,上市公司企业家人力资本分项指数均值排名前三位的行业分别是金融业(J),卫生和社会工作(Q),采矿业(B);上市公司企业家关系网络能力分项指数均值排名前三位的行业分别是农、林、牧、渔业(A),教育(P),建筑业(E);上市公司企业家社会责任能力分项指数均值排名前三位的行业分别是卫生和社会工作(Q),教育(P),农、林、牧、渔业(A);上市公司企业家战略领导能力分项指数均值排名前三位的行业分别是卫生和社会工作(Q)、科学研究和技术服务业(M)、教育(P)。在四个分项指数中,除了卫生和社会工作(Q)总体表现相对较好外,各行业排名并没有表现出特别的规律性。另外,教育行业只有

3家上市公司,其均值的典型性有限。

　　(4) 从上市板块来看,企业家人力资本分项指数均值从高到低依次是深市主板(不含中小企业板)、深市创业板、沪市主板和深市中小企业板;企业家关系网络能力分项指数均值从高到低依次是深市中小企业板、深市创业板、深市主板(不含中小企业板)和沪市主板;企业家社会责任能力分项指数均值从高到低依次是深市创业板、深市中小企业板、沪市主板和深市主板(不含中小企业板);企业家战略领导能力分项指数均值从高到低依次是深市中小企业板、沪市主板、深市创业板和深市主板(不含中小企业板)。总体看来,深市中小企业板和深市创业板的表现相对较好,深市主板(不含中小企业板)和沪市主板的表现稍差。

第 12 章

企业家能力指数的所有制比较

根据第 1 章的控股或所有制类型划分,本章对 2016 年 2840 家样本上市公司的企业家能力指数及四个分项指数进行比较分析,以了解国有控股公司和非国有控股公司在企业家能力方面存在的异同。

12.1 企业家能力指数总体的所有制比较

12.1.1 企业家能力总体指数比较

不同的所有制会对上市公司企业家能力产生影响,表 12 - 1 比较了不同所有制上市公司的企业家能力指数,并按照均值从高到低的顺序进行了排序。

表 12 - 1 2016 年不同所有制上市公司企业家能力指数排名及比较

排名	所有制类型	公司数目	平 均 值	中 位 值	最 大 值	最 小 值	标 准 差
1	国有参股公司	710	31.3177	31.5516	46.7501	6.9799	5.7812
2	国有绝对控股公司	250	31.1530	30.8132	51.5065	12.9846	6.5269
3	无国有股份公司	1101	30.7497	31.0234	49.6506	7.4720	5.9248
4	国有强相对控股公司	443	30.3902	30.6093	46.4810	5.4729	5.9198
5	国有弱相对控股公司	336	29.6304	29.9625	49.5336	9.3111	6.1815
总　体		2840	30.7387	31.0186	51.5065	5.4729	5.9927

从表 12 - 1 可以看出,五种所有制类型公司的企业家能力指数均值都远低于 60 分的及格线。国有参股公司的企业家能力指数均值最高,为 31.3177,其后分别是国有绝对控股公司(31.1530)、无国有股份公司(30.7497)和国有强相对控股公司(30.3902),国有弱相对控股公司的企业家能力指数均值最低,为 29.6304。最大均值与最小均值的绝对差距为 1.6873,差距不大。从中位值看,也是国有参股公司企业家能力指数最大,国有弱相对公司

企业家能力指数最低。从标准差看,国有绝对控股公司的标准差最大,国有参股公司的标准差最小,反映了不同国有参股公司的企业家能力指数之间的差距较小。

图 12-1 更直观地反映了不同所有制上市公司企业家能力指数的差异。可以看出,不同所有制上市公司的企业家能力指数均值相差不大。国有参股公司、国有绝对控股公司以及无国有股份公司的企业家能力指数均值高于总体均值,国有强相对控股公司和国有弱相对控股公司的企业家能力指数均值低于总体均值。

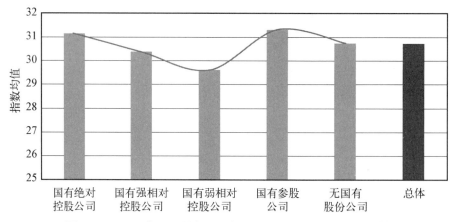

图 12-1 2016 年不同所有制上市公司企业家能力指数均值比较

如果按照第一大股东中的国有股份比例从大到小排列,可以看出,随着第一大股东中的国有持股比例的降低,企业家能力指数均值先下降后上升,再下降,呈现"S"形状,国有绝对控股公司和国有参股公司的企业家能力指数是两个"波峰"。

我们进一步将国有绝对控股公司、国有强相对控股公司和国有弱相对控股公司归类为国有控股公司,将国有参股公司和无国有股份公司归类为非国有控股公司,表 12-2 比较了国有控股公司和非国有控股公司的企业家能力指数。

表 12-2 2016 年国有控股和非国有控股上市公司企业家能力指数排名及比较

排名	所有制	公司数目	平均值	中位值	最大值	最小值	标准差
1	非国有控股公司	1811	30.9724	31.3039	49.6506	6.9799	5.8739
2	国有控股公司	1029	30.3274	30.5641	51.5065	5.4729	6.1777
	总体	2840	30.7387	31.0186	51.5065	5.4729	5.9927

从表 12-2 可以看出,2016 年上市公司中,国有控股上市公司 1029 家,企业家能力指数最大值为 51.5065,最小值为 5.4729,均值为 30.3274,中位值为 30.5641,标准差为 6.1777。非国有控股上市公司 1811 家,最大值为 49.6507,最小值为 6.9799,均值为 30.9724,中位值为 31.3039,标准差为 5.8739。从 2016 年上市公司企业家能力指数的平均值和中位值来看,非国有控股公司均高于国有控股公司,其中国有控股公司企业家能力指数均值与非国有控股公司相差 0.6450,总体差距不大。就标准差反映的离散程度看,国有控股公司的离散程

度更高。

　　根据实际控制人的性质,我们还可以将国有控股上市公司进一步区分为最终控制人为中央国有企业的国有控股上市公司(中央企业控股公司)和最终控制人为地方国有企业的国有控股上市公司(地方国企控股公司)。表 12-3 比较了两类国有控股公司与最终控制人为民资股东的非国有控股公司的企业家能力指数。可以看出,中央企业控股公司企业家能力指数的均值高于非国有控股公司和地方国企控股公司,非国有控股公司企业家能力指数的中位值高于中央企业控股公司和地方国企控股公司。不过,它们之间的差距并不大。

表 12-3　2016 年不同最终控制人上市公司企业家能力指数排名及比较

排名	最终控制人	公司数目	平 均 值	中 位 值	最 大 值	最 小 值	标 准 差
1	中央国有企业	357	30.9867	30.7815	51.5065	12.9846	6.3695
2	民资股东	1811	30.9724	31.3039	49.6506	6.9799	5.8739
3	地方国有企业	672	29.9772	30.4850	45.5748	5.4729	6.0490
总　体		2840	30.7387	31.0186	51.5065	5.4729	5.9927

12.1.2　企业家能力分项指数总体比较

　　企业家能力指数包括人力资本、关系网络能力、社会责任能力和战略领导能力四个分项指数,表 12-4 对五类所有制上市公司的四个企业家能力分项指数进行了比较。

表 12-4　2016 年不同所有制上市公司企业家能力分项指数均值比较

所有制类型	人力资本	关系网络能力	社会责任能力	战略领导能力
国有绝对控股公司	28.8857	5.6622	60.5373	22.5915
国有强相对控股公司	28.3908	5.2671	60.0931	21.1870
国有弱相对控股公司	27.3618	5.9226	59.9737	19.3089
国有参股公司	28.2294	6.7668	63.0821	20.8444
无国有股份公司	27.1487	6.0173	63.1887	20.1673
总　体	27.7907	6.0452	62.0654	20.6075

　　从表 12-4 可以看出,五类所有制上市公司的四个企业家能力分项指数存在一定差异。人力资本分项指数从高到低依次为国有绝对控股公司、国有强相对控股公司、国有参股公司、国有弱相对控股公司和无国有股份公司;关系网络能力分项指数从高到低依次为国有参股公司、无国有股份公司、国有弱相对控股公司、国有绝对控股公司和国有强相对控股公司;社会责任能力分项指数从高到低依次为无国有股份公司、国有参股公司、国有绝对控股公司、国有强相对控股公司和国有弱相对控股公司;战略领导能力分项指数从高到低依次为国有绝对控股公司、国有强相对控股公司、国有参股公司、无国有股份公司和国有弱相对控股公司。

图 12－2 更直观地反映了不同所有制上市公司企业家能力四个分项指数的差异。可以看出,五类所有制上市公司中,四个分项指数中最高的都是社会责任能力分项指数,关系网络能力分项指数则普遍很低。随着第一大股东中的国有股比例的降低,人力资本分项指数总体呈现下降态势,这表明国有控股公司尤其是国有绝对控股公司有较好的人力资本优势;在关系网络能力分项指数上,非国有控股公司高于国有控股公司,这表明非国有控股公司有较强的意愿建立关系网络;社会责任能力分项指数呈先下降后上升两边较高中间较低的"U"字形,说明对这个分项指数而言,国有弱相对控股公司的表现较差;战略领导能力分项指数同样也是国有弱相对控股公司的表现较差。

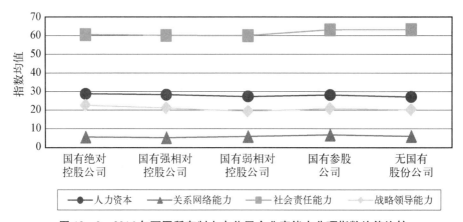

图 12－2　2016 年不同所有制上市公司企业家能力分项指数均值比较

我们进一步将国有绝对控股公司、国有强相对控股公司和国有弱相对控股公司归类为国有控股公司,将国有参股公司和无国有股份公司归类为非国有控股公司,两者的比较见表12－5。可以看出,在人力资本和战略领导能力两个分项指数上,国有控股公司高于非国有控股公司;在关系网络能力和社会责任能力两个分项指数上,则是国有控股公司低于非国有控股公司。

表 12－5　2016 年国有控股与非国有控股上市公司企业家能力分项指数均值比较

所有制类型	人力资本	关系网络能力	社会责任能力	战略领导能力
国有控股公司	28.1751	5.5772	60.1620	20.9150
非国有控股公司	27.5724	6.3111	63.1469	20.4327
总　体	**27.7907**	**6.0452**	**62.0654**	**20.6075**

图 12－3 更直观地反映了国有控股公司与非国有控股公司企业家能力四个分项指数的差异。可以发现,在四个分项指数上,两大类公司之间差距并不是很大。

根据实际控制人的类型,我们将国有控股上市公司进一步划分为中央企业控股公司和地方国企控股公司,两类国有控股公司与最终控制人是民资股东的非国有控股上市公司的企业家能力的四个分项指数均值的比较参见表12－6。可以看到,中央企业控股公司

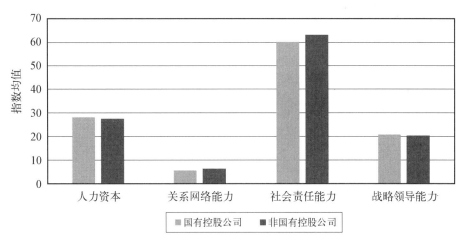

图 12‐3　2016 年国有控股与非国有控股公司企业家能力分项指数均值比较

在人力资本分项指数上高于地方国企控股公司,并且两者都高于非国有控股公司;在关系网络能力和社会责任能力这两个分项指数上,则是中央企业控股公司低于地方国企控股公司,并且两者都低于非国有控股公司;在战略领导能力分项指数上,中央企业控股公司高于地方国企控股公司,非国有控股公司低于中央企业控股公司但高于地方国企控股公司。

表 12‐6　2016 年不同最终控制人上市公司企业家能力分项指数均值比较

最终控制人	人 力 资 本	关系网络能力	社会责任能力	战略领导能力
中央国有企业	29.1497	5.2848	59.5267	22.9434
地方国有企业	27.6573	5.7325	60.4996	19.8374
民资股东	27.5724	6.3111	63.1469	20.4327
总　体	**27.7907**	**6.0452**	**62.0654**	**20.6075**

图 12‐4 更直观地反映了中央企业控股公司、地方国企控股公司和非国有控股公司的

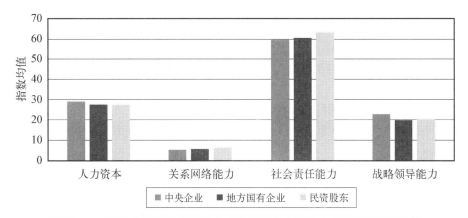

图 12‐4　2016 年不同最终控制人上市公司企业家能力分项指数均值比较

企业家能力四个分项指数的差异。可以看到,在四个分项指数上,中央企业控股公司、地方国企控股公司和非国有控股公司各有优劣,在每个分项指数上三者的差距不太大。

12.2　分地区企业家能力指数的所有制比较

根据四个地区的划分,我们对各个地区不同所有制形式的上市公司企业家能力指数及其分项指数进行比较分析。

12.2.1　分地区企业家能力总体指数比较

根据四个地区的划分,我们对四个地区上市公司企业家能力总体指数进行了统计,参见表 12-7。

表 12-7　2016 年不同地区国有控股与非国有控股上市公司企业家能力指数比较

地区	所有制类型	公司数目	平均值	中位值	最大值	最小值	标准差
东部	国有控股公司	579	31.1818	31.1901	51.5065	9.3111	5.9689
	非国有控股公司	1308	31.2336	31.5535	47.0316	12.2249	5.6297
	总　体	1887	31.2177	31.4387	51.5065	9.3111	5.7344
中部	国有控股公司	187	30.0770	30.6774	45.4325	12.5134	6.0136
	非国有控股公司	213	31.9091	32.1306	49.6506	8.7311	6.2358
	总　体	400	31.0526	31.6483	49.6506	8.7311	6.1933
西部	国有控股公司	196	28.3249	29.2203	45.3122	5.4729	6.8005
	非国有控股公司	210	29.5333	30.2348	46.5410	6.9799	6.0949
	总　体	406	28.9500	29.7775	46.5410	5.4729	6.4655
东北	国有控股公司	67	29.5010	29.2720	41.2046	18.6533	4.9691
	非国有控股公司	80	27.9852	29.2026	43.1674	7.4720	6.7443
	总　体	147	28.6761	29.2720	43.1674	7.4720	6.0289

从表 12-7 可以看出,东部、中部和西部国有控股上市公司的企业家能力指数均值和中位值都低于非国有控股公司,只有东北地区国有控股公司的企业家能力指数均值和中位值高于非国有控股公司,但是东北地区企业家能力指数总体却落后于其他三个地区。

图 12-5 直观地反映了四个地区不同所有制上市公司企业家能力指数均值的差异。可以看出,中部地区非国有控股公司企业家能力最高,东北地区非国有控股公司企业家能力最低;整体来看,国有控股公司的表现略差于非国有控股公司。

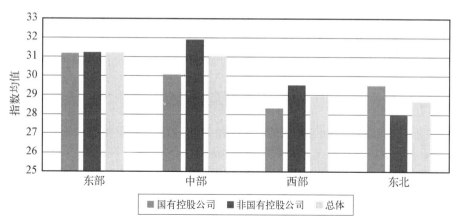

图 12-5　2016 年不同地区国有控股与非国有控股上市公司企业家能力指数均值比较

12.2.2　分地区企业家能力分项指数比较

接下来,我们对四个地区国有控股与非国有控股上市公司的企业家能力分项指数均值进行比较分析,参见表 12-8。

表 12-8　2016 年不同地区国有控股与非国有控股上市公司企业家能力分项指数均值比较

地　区	所有制类型	人力资本	关系网络能力	社会责任能力	战略领导能力
东部	国有控股公司	28.6911	5.1602	61.1824	22.5566
	非国有控股公司	27.3149	6.0529	63.9589	20.8754
	总　体	27.7371	5.7790	63.1069	21.3912
中部	国有控股公司	27.4293	6.5241	60.8399	19.5811
	非国有控股公司	28.2059	9.1967	63.3162	21.1331
	总　体	27.8429	7.9472	62.1585	20.4075
西部	国有控股公司	26.9971	5.9325	57.1509	17.8940
	非国有控股公司	29.0408	5.1746	60.2558	18.0679
	总　体	28.0542	5.5405	58.7569	17.9840
东北	国有控股公司	29.2431	5.4975	58.2614	19.2890
	非国有控股公司	26.2411	5.8333	57.0101	17.5387
	总　体	27.6093	5.6803	57.5805	18.3365

为了便于比较,我们计算出四个地区非国有控股公司企业家能力四个分项指数均值与对应的国有控股公司企业家能力四个分项指数均值的差值,由此可以反映四个地区两类所有制上市公司企业家能力四个分项指数的差异,如图 12-6 所示。可以看出,在人力资本分项指数上,中部和西部两个地区国有控股公司低于非国有控股公司,而东部和东北两个地区国有控股公司优于非国有控股公司,而且东北地区国有控股公司比非国有控股公司有较大

的领先优势;在关系网络能力分项指数上,除了西部地区国有控股公司略好于非国有控股公司外,其他三个地区都是非国有控股公司好于国有控股公司;在社会责任能力分项指数上,东部、中部和西部三个地区都是非国有控股公司优于国有控股公司,而东北地区则是国有控股公司优于非国有控股公司;在战略领导能力分项指数上,东部和东北两个地区国有控股公司优于非国有控股公司,而中部和西部两个地区国有控股公司低于非国有控股公司。此外,需要指出的是,中部地区上市公司的四个分项指数均值都是国有控股公司低于非国有控股公司,西部地区上市公司在除关系网络能力分项指数外的其他三个分项指数上,都是非国有控股公司好于国有控股公司,东北地区上市公司在除关系网络能力分项指数外的其他三个分项指数上,都是国有控股公司好于非国有控股公司。

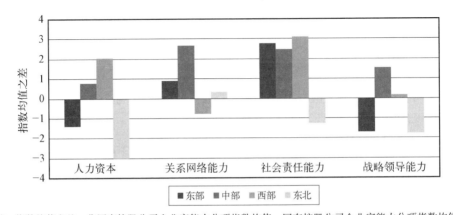

注:指数均值之差=非国有控股公司企业家能力分项指数均值-国有控股公司企业家能力分项指数均值。

图 12-6　2016 年不同地区国有控股与非国有控股上市公司企业家能力分项指数均值之差值比较

12.3　分行业企业家能力指数的所有制比较

我们选择上市公司较多且具有代表性的六个行业,即制造业(C),电力、热力、燃气及水生产和供应业(D),交通运输、仓储和邮政业(G),信息传输、软件和信息技术服务业(I),金融业(J)和房地产业(K),从所有制角度对这六个行业上市公司的企业家能力指数以及分项指数进行比较分析。

12.3.1　分行业企业家能力总体指数比较

六个代表性行业不同所有制上市公司的企业家能力指数比较参见表 12-9。

从表 12-9 可以看出,在六个代表性行业中,制造业(C)和交通运输、仓储和邮政业(G)两个行业的国有控股公司企业家能力指数均值低于非国有控股公司;电力、热力、燃气及水生产和供应业(D),信息传输、软件和信息技术服务业(I),金融业(J)和房地产业(K)四个行业的国有控股公司企业家能力指数均值高于非国有控股公司,但是从绝对数值上看,差异不是很明显。

表 12 – 9　2016 年不同行业国有控股与非国有控股上市公司企业家能力指数比较

行　业	所有制类型	公司数目	平均值	中位值	最大值	最小值	标准差
制造业(C)	国有控股公司	504	30.9322	31.3974	49.5336	7.0863	5.9367
	非国有控股公司	1271	31.5023	31.8815	49.6506	6.9799	5.6381
	总　体	1775	31.3405	31.8011	49.6506	6.9799	5.7286
电力、热力、燃气及水生产和供应业(D)	国有控股公司	80	28.8723	29.5811	40.0861	9.3111	5.5833
	非国有控股公司	16	27.1588	28.3348	33.7010	17.8327	4.6724
	总　体	96	28.5867	29.2763	40.0861	9.3111	5.4573
交通运输、仓储和邮政业(G)	国有控股公司	67	28.5665	27.8972	41.3445	11.1481	5.2048
	非国有控股公司	20	30.7948	29.8138	41.9468	21.0064	5.0784
	总　体	87	29.0787	28.6567	41.9468	11.1481	5.2323
信息传输、软件和信息技术服务业(I)	国有控股公司	31	30.5729	29.9573	41.9310	18.9853	5.2401
	非国有控股公司	146	29.6401	29.7610	42.3446	14.2952	5.0798
	总　体	177	29.8035	29.7657	42.3446	14.2952	5.1055
金融业(J)	国有控股公司	40	31.3184	31.1307	51.5065	16.9998	8.1707
	非国有控股公司	17	29.7898	30.0879	39.9746	20.5660	5.2725
	总　体	57	30.8625	30.8577	51.5065	16.9998	7.4117
房地产业(K)	国有控股公司	61	28.3509	28.6167	41.6033	5.4729	5.9921
	非国有控股公司	64	28.1769	28.2202	41.4580	12.6431	6.5254
	总　体	125	28.2618	28.6167	41.6033	5.4729	6.2462

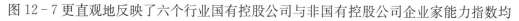

图 12 – 7 更直观地反映了六个行业国有控股公司与非国有控股公司企业家能力指数均

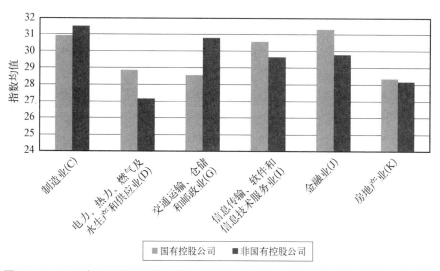

图 12 – 7　2016 年不同行业国有控股与非国有控股上市公司企业家能力指数均值比较

值的差异。可以看出,六个行业中,国有控股公司企业家能力指数均值最高的是金融业(J),最低的是房地产业(K);非国有控股公司企业家能力指数均值最高的是制造业(C),最低的是电力、热力、燃气及水生产和供应业(D)。

12.3.2 分行业企业家能力分项指数比较

六个行业国有控股与非国有控股上市公司的企业家能力分项指数比较结果参见表12-10。可以看出,在人力资本分项指数上,电力、热力、燃气及水生产和供应业(D),交通运输、仓储和邮政业(G),金融业(J)和房地产业(K)四个行业的国有控股公司高于非国有控股公司,其他两个行业则相反;在关系网络能力分项指数上,除了制造业(C)和房地产业(K)外,其他四个行业都是国有控股公司高于非国有控股公司;在社会责任能力分项指数上,只有电力、热力、燃气及水生产和供应业(D)的国有控股公司高于非国有控股公司,其他五个行业的国有控股公司均低于非国有控股公司;在战略领导能力分项指数上,除了交通运输、仓储和邮政业(G)的非国有控股公司好于国有控股公司外,其他五个行业均是国有控股公司好于非国有控股公司。

表 12-10 2016 年不同行业国有控股与非国有控股上市公司企业家能力分项指数均值比较

行　　业	所有制类型	人力资本	关系网络能力	社会责任能力	战略领导能力
制造业(C)	国有控股公司	27.5014	6.0306	61.2220	22.0869
	非国有控股公司	27.4941	6.7458	63.5763	21.5047
	总　体	27.4962	6.5427	62.9078	21.6700
电力、热力、燃气及水生产和供应业(D)	国有控股公司	27.2768	5.5278	59.2697	17.8565
	非国有控股公司	25.5357	3.5764	57.9093	16.0028
	总　体	26.9866	5.2025	59.0430	17.5476
交通运输、仓储和邮政业(G)	国有控股公司	28.3262	4.4444	58.8234	17.1834
	非国有控股公司	26.5714	3.6389	62.5320	22.5307
	总　体	27.9228	4.2593	59.6759	18.4127
信息传输、软件和信息技术服务业(I)	国有控股公司	27.5115	5.1075	61.9031	20.9375
	非国有控股公司	27.6468	4.1591	62.7181	17.8677
	总　体	27.6231	4.3252	62.5754	18.4054
金融业(J)	国有控股公司	33.6250	5.7222	58.9401	21.1921
	非国有控股公司	32.6891	1.2092	65.4699	14.3080
	总　体	33.3459	4.3762	60.8876	19.1390
房地产业(K)	国有控股公司	29.6956	3.8798	58.0585	16.5464
	非国有控股公司	27.3996	5.1649	60.7787	14.6272
	总　体	28.5200	4.5378	59.4513	15.5638

为了便于比较,我们计算出六个行业非国有控股公司企业家能力四个分项指数均值与对应的国有控股公司企业家能力四个分项指数均值的差值,由此可以反映六个行业两类所有制上市公司企业家能力四个分项指数的差异,参见图 12-8。可以看出,在人力资本分项指数上,房地产业(K),交通运输、仓储和邮政业(G),电力、热力、燃气及水生产和供应业(D)和金融业(J)国有控股公司的表现相对较好,而信息传输、软件和信息技术服务业(I)非国有控股公司的表现则相对较好,制造业(C)国有控股公司和非国有控股公司非常接近;在关系网络能力分项指数上,国有控股公司表现较好的是金融业(J),电力、热力、燃气及水生产和供应业(D),信息传输、软件和信息技术服务业(I)和交通运输、仓储和邮政业(G),其中金融业(J)尤为明显;在社会责任能力分项指数上,只有电力、热力、燃气及水生产和供应业(D)国有控股公司的表现较好,其他均为非国有控股公司的表现较好;在战略领导能力分项指数上,除了交通运输、仓储和邮政业(G)非国有控股公司优于国有控股公司外,其他五个行业的国有控股公司均优于非国有控股公司,其中金融业(J)尤为明显。

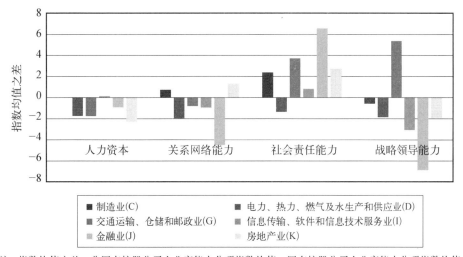

注:指数均值之差=非国有控股公司企业家能力分项指数均值-国有控股公司企业家能力分项指数均值。

图 12-8　2016 年不同行业国有与非国有控股公司企业家能力分项指数均值之差值比较

12.4　本 章 小 结

本章从所有制角度对 2016 年沪深两市 2840 家上市公司企业家能力指数及 4 个分项指数进行了统计和分析,结论如下:

关于企业家能力总体指数:(1)随着第一大股东中的国有持股比例的降低,企业家能力指数均值先下降后上升,再下降,呈现"S"形状,国有绝对控股公司和国有参股公司的企业家能力是两个"波峰"。(2)总体上,国有控股公司企业家能力指数均值低于非国有控股公司。(3)中央企业控股公司企业家能力指数均值高于地方国企控股公司和非国有控股公司,非国有控股公司企业家能力指数的中位值高于中央企业控股公司和地方国企控股公司。不过,它们之间的差距并不大。(4)从地区看,东部、中部和西部国有控股上市公司的企业家能力指数均值和中位值都低于非国有控股公司,只有东北地区国有控股公司的企业家能力指数均值和中位值高于非国有控股公司。(5)从行业看,六个代表性行业中,制造业(C)和交通运输、仓储和邮政业(G)两个行业的国有控股公司企业家能力指数均值低于非国有控股公司,其他四个行业的国有控股公司企业家能力指数均值高于非国有控股公司。

　　关于企业家能力分项指数:(1)随着第一大股东中的国有股比例的降低,人力资本分项指数总体呈现下降态势,表明国有控股公司尤其是国有绝对控股公司有较好的人力资本优势;在关系网络能力分项指数上,非国有控股公司高于国有控股公司,表明非国有控股公司有较强的意愿建立关系网络;社会责任能力分项指数呈先下降后上升两边较高中间较低的"U"字形,国有弱相对控股公司的表现较差;战略领导能力分项指数,同样也是国有弱相对控股公司的表现较差。(2)在人力资本和战略领导能力两个分项指数上,国有控股公司高于非国有控股公司;在关系网络能力和社会责任能力两个分项指数上,则是国有控股公司低于非国有控股公司。(3)中央企业控股公司在人力资本分项指数上高于地方国企控股公司,两者都高于非国有控股公司;在关系网络能力和社会责任能力这两个分项指数上,则是中央企业控股公司低于地方国企控股公司,两者都低于非国有控股公司;在战略领导能力分项指数上,中央企业控股公司高于地方国企控股公司,非国有控股公司低于中央企业控股公司但高于地方国企控股公司。(4)从地区看,中部地区上市公司的四个分项指数均值都是国有控股公司低于非国有控股公司,西部地区上市公司在除关系网络能力分项指数外的其他三个分项指数上,都是非国有控股公司好于国有控股公司,东北地区上市公司在除关系网络能力分项指数外的其他三个分项指数上,都是国有控股公司好于非国有控股公司。(5)从行业看,在六个代表性行业中,在人力资本分项指数上,房地产业(K)、交通运输、仓储和邮政业(G)、电力、热力、燃气及水生产和供应业(D)和金融业(J)国有控股公司的表现相对较好;在关系网络能力分项指数上,国有控股公司表现较好的是金融业(J)、电力、热力、燃气及水生产和供应业(D)、信息传输、软件和信息技术服务业(I)和交通运输、仓储和邮政业(G),其中金融业(J)尤为明显;在社会责任能力分项指数上,只有电力、热力、燃气及水生产和供应业(D)国有控股公司的表现较好;在战略领导能力分项指数上,除了交通运输、仓储和邮政业(G)非国有控股公司优于国有控股公司外,其他五个行业的国有控股公司均优于非国有控股公司,其中金融业(J)尤为明显。

第 13 章
企业家能力指数的年度比较(2011~2016)

2012 年、2014 年和 2016 年,我们对 2011 年、2013 年和 2015 年三个年度的中国上市公司企业家能力水平进行了三次测度,今年是第四次测度。本章将从总体、地区、行业、所有制和上市板块等多个角度,比较分析四个年度中国上市公司企业家能力水平,以便了解企业家能力水平是否有所提高以及提高程度,以期对企业家能力的完善有所启示。需要说明的是,由于评价对象是 CEO,而很多公司的 CEO 可能有变化,所以这种比较不是对同一 CEO 的纵向比较,而是一定程度上反映公司选择 CEO 方式的变化。

13.1 企业家能力指数总体的年度比较

四次评估的样本公司不断增加,2011 年度有 1939 家,2013 年度有 2293 家,2015 年度有 2655 家,2016 年度有 2840 家,基本上是对全部上市公司 CEO 的评价。比较四年样本中的上市公司企业家能力指数,以及人力资本、关系网络能力、社会责任能力和战略领导能力四个分项指数,结果见表 13-1 和图 13-1。这里需要指出的是,因为 2011 年、2013 年我们在计算企业家能力指数时使用的是均值法,而我们在计算 2015 年、2016 年企业家能力指数时则使用 AHP 方法,所以本章涉及的所有 2011 年和 2013 年企业家能力指数都是利用第 1 章里提到的 AHP 方法重新计算的。

表 13-1 2011~2016 年上市公司企业家能力指数均值比较

年 份	样 本 量	总体指数	分 项 指 数			
			人力资本	关系网络能力	社会责任能力	战略领导能力
2011	1939	35.7148	31.1754	12.7898	65.0234	27.3325
2013	2293	34.8096	29.2561	8.4286	67.3003	26.3960
2015	2655	34.1865	28.4504	6.9136	61.6291	30.5138
2016	2840	30.7387	27.7907	6.0452	62.0654	20.6075

由表 13-1 和图 13-1 可知,2016 年上市公司企业家能力指数均值为 30.7387,在四次评价中,企业家能力总体指数连续下降。从四个分项指数看,人力资本和关系网络能力两个分项指数连续下降;社会责任能力分项指数在 2013 年上升,但 2015 年却又下降,2016 年又略微上升;战略领导能力分项指数在 2013 年下降,但 2015 年又上升,2016 年又有所下降。相对于 2015 年,2016 年变化幅度最大的是战略领导能力分项指数,下降了 9.9063 分,这与经济下行压力不无关系。

在四个年度中,企业家社会责任能力都是最高的,人力资本和战略领导能力两个分项指数比较接近,而关系网络能力则都是最低的,2016 年下降到只有 6.0452 分,这与政府的强力反腐行动应该有一定关联。

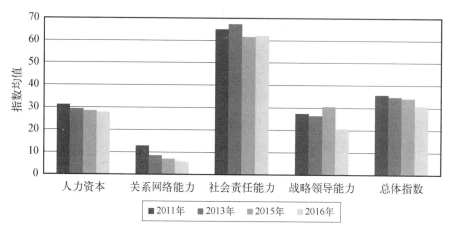

图 13-1　2011～2016 年上市公司企业家能力总体指数和分项指数均值比较

为了弄清楚导致企业家能力分项指数波动的来源,表 13-2 比较了 2011 年、2013 年、2015 年和 2016 年中国上市公司企业家能力指数的具体指标。由于 2016 年对 2015 年企业家能力进行评价时,对其中的三个指标有一定调整,所以表 13-2 列出的数据中,这三个指标只比较近两年,其他指标均是四年数据比较。

表 13-2　2011～2016 年上市公司企业家能力指数具体指标比较

一级指标	二　级　指　标	2011 年	2013 年	2015 年	2016 年
人力资本 (EH)	1. 企业家(CEO)的最高学历	0.8105	0.7897	0.7958	0.7721
	2. 企业家工作年限	0.4749	0.7086	0.7390	0.7455
	3. 企业家工作经历的变更	0.4564	0.2933	0.2989	0.2715
	4. 是否担任其他公司的独立董事	0.0454	0.0231	0.0064	0.0053
	5. 是否有海外留学经历(半年以上)	0.0526	0.0567	0.0411	0.0377
	6. 是否有海外工作经历(半年以上)	0.0387	0.0297	0.0222	0.0190
	7. CEO 的选聘路径	0.3038	0.1217	0.0881	0.0944

一级指标	二 级 指 标	2011 年	2013 年	2015 年	2016 年
关系网络能力（EN）	8. 政府官员是否到企业访问	0.5786	0.3184	0.2893	0.2657
	9. CEO 是否陪同政府官员出国访问	0.0201	0.0126	0.0058	0.0072
	10. 是否担任党代表	0.0215	0.0116	0.0042	0.0056
	11. 是否担任人大代表	0.0696	0.0543	0.0444	0.0383
	12. 是否担任政协委员	0.0392	0.0329	0.0275	0.0234
	13. 是否在军队任过职	0.0227	0.0131	0.0072	0.0053
	14. CEO 任职期间是否获得相关荣誉称号	0.1797	0.1326	0.1052	0.0746
	15. 是否在行业协会任职	0.1606	0.1271	0.1088	0.1002
	16. 是否曾经在政府部门任职	0.0589	0.0543	0.0300	0.0238
社会责任能力（ER）	17. 企业是否在该年捐赠慈善事业	0.5967	0.6886	0.6753	0.6923
	18. 是否在非营利组织兼职(如理事等)	0.0980	0.1151	0.0444	0.0423
	19. 该年度 CEO 个人是否被证监会谴责	−0.0062	−0.0083	−0.0136	−0.0144
	20. 有没有产品质量或安全等问题的重大投诉事件	−0.0309	−0.1025	−0.0603	−0.0775
	21. 员工收入增长率是否不低于公司利润增长率	0.4368	0.5076	0.6275	0.6148
	22. 现金分红情况	0.6524	0.7745	0.0047	0.0047
	23. 是否有贷款诉讼	−0.0872	−0.0911	−0.1164	−0.0951
	24. 股东诉讼及赔偿			0.9554	0.9829
战略领导能力（ES）	25. 高管贡献	0.6222	0.9353	0.5975	0.6777
	26. 国际化程度	0.3455	0.1094	0.1054	0.1204
	27. 企业员工数	0.0117	0.0028	0.0116	0.0134
	28. 企业总资产	0.0033	0.0027	0.0029	0.0029
	29. 企业在行业中的地位			0.0073	0.0358
	30. 企业有无完整的 ERP 系统	0.5838	0.5063	0.4139	0.5722
	31. 企业有无制定战略目标和计划			0.9974	0.9799

由表 13-2 可知,四个年度中,在人力资本分项指数的 7 个二级指标中,指标"2. 企业家工作年限"连续上升,表明企业更重视企业家工作经验的积累;指标"4. 是否担任其他公司的独立董事"连续下降,表明独立董事声誉机制仍得不到重视;指标"5. 是否有海外留学经历(半年以上)"和"6. 是否有海外工作经历(半年以上)"自 2013 年以来连续下降,表明企业家选择的国际化趋于下降;指标"7. CEO 的选聘路径"总体呈下降趋势,表明企业家主要是内部选择,市场化程度还严重不足。

在关系网络能力分项指数的 9 个二级指标中,除了指标"9. CEO 是否陪同政府官员出国访问"和"10. 是否担任党代表"2016 年较 2015 年有微小上升外,其他所有的指标都连续下降,虽然关系网络能力在企业家能力指数计算中所占权重最低,但这无疑是总体指数下降的重要因素。这种下降表明近几年的强力反腐,确实直接影响到了企业家关系网络的建立,也意味着之前的企业家关系网络存在着较多的畸形政商关联。企业家关系网络并非一定会带来畸形的政商关联,需要正确处理,建立"亲"、"清"的政商关系。

在社会责任能力分项指数的 8 个二级指标中,指标"17. 企业是否在该年捐赠慈善事业"2013 年、2015 年、2016 年维持在近 70% 的水平,反映企业家的社会捐赠意识保持稳定;指标"18. 是否在非营利组织兼职(如理事等)"总体呈下降趋势,反映了企业家不太热衷于非营利行为;指标"19. 该年度 CEO 个人是否被证监会谴责"连续下降,间接反映了 CEO 的不独立,即 CEO 在企业中通常不是直接责任人,即使问责,也是问责董事长,CEO 通常是附属角色;指标"21. 员工收入增长率是否不低于公司利润增长率"2015 年、2016 年保持在60% 以上的水平,或者说,近 40% 的公司员工收入与公司利润增长没有同步增长;指标"22. 现金分红情况"2015 年下降幅度很大,2016 年保持不变,仍处于很低的水平;指标"24. 股东诉讼及赔偿"近两年保持在很高的水平,看起来非常理想,但也在很大程度上反映了由于法律缺位或不到位,股东诉讼或索赔无门的现状。

在战略领导能力分项指数的 7 个二级指标中,指标 25 到 30,基本反映了企业发展在曲折中前进。指标"31. 企业有无制定战略目标和计划"尽管在 2016 年略有下降,也仍保持在高位,表明绝大部分企业有明确的目标,不过,从指标 25 到 30 可以看出,企业目标的实现程度还是有限的。

13.2　分地区企业家能力指数的年度比较

为体现不同地区上市公司企业家能力情况,我们统计了各地区上市公司企业家能力指数,以及人力资本、关系网络能力、社会责任能力和战略领导能力四个分项指数的平均值,用来分别比较不同地区 2011 年、2013 年、2015 年与 2016 年企业家能力的差异,结果见表13 - 3。

表 13 - 3　2011～2016 年不同地区上市公司企业家能力指数均值比较

地　区	年　份	总体指数	分　项　指　数				总体指数排名
			人力资本	关系网络能力	社会责任能力	战略领导能力	
东部	2011	37.0764	31.8740	13.3074	66.9994	29.0979	1
	2013	35.2368	29.4781	8.2526	68.2440	26.8683	1
	2015	34.6479	28.4254	6.6235	62.4186	31.4443	1
	2016	31.2177	27.7371	5.7790	63.1069	21.3912	1

地　区	年　份	总体指数	分　项　指　数				总体指数排名
			人力资本	关系网络能力	社会责任能力	战略领导能力	
中部	2011	33.9689	29.2953	12.7987	62.6896	25.1964	2
	2013	34.5201	28.0449	10.0252	67.5119	25.2811	2
	2015	34.4646	28.0531	8.9871	62.3719	29.8810	2
	2016	31.0526	27.8429	7.9472	62.1585	20.4075	2
西部	2011	32.9734	29.9420	11.2642	61.0806	23.8978	4
	2013	33.3583	29.1603	6.8552	64.0466	25.5780	4
	2015	32.4660	28.9519	6.1198	58.6928	27.7916	3
	2016	28.9500	28.0542	5.5405	58.7569	17.9840	3
东北	2011	33.0709	31.8843	11.3815	60.5721	23.2441	3
	2013	34.3554	30.0510	10.5247	64.1865	25.8840	3
	2015	32.3946	28.4658	7.0970	57.8315	28.0703	4
	2016	28.6761	27.6093	5.6803	57.5805	18.3365	4

由表 13-3 可以看出,第一,从企业家能力总体指数看,四个年度中,东部是连续下降的,中部、西部和东北三个地区 2013 年上升,此后连续下降,2016 年处于最低水平。第二,从人力资本分项指数看,东部、西部和东北四年连续下降,中部地区则是先降后小幅上升又下降,总体呈下降态势。第三,从关系网络能力分项指数看,四个地区都是连续下降。2013 年下降幅度最大的地区是东部,从 2011 年的 13.3074 分降至 8.2526 分,降幅达 5.0548 分;2015 年下降幅度最大的地区是东北,从 2013 年的 10.5247 分降至 7.0970 分,降幅达3.4277 分;2016 年下降幅度最大的地区也是东北,从 2015 年的 7.0970 分降至 5.6803 分,降幅为 1.4167 分。第四,从社会责任能力分项指数看,东部和西部地区是先升再降又升,中部和东北地区则是 2013 年上升,此后连续下降。第五,从战略领导能力分项指数看,四个年度中除了东部是先降后升再降以外,其他三个地区都是 2011 年至 2015 年连续上升,2016 年下降,其中 2015 年中部地区上升幅度最大,从 2013 年的 25.2811 分上升至 29.8810 分,上升了 4.5999 分;2016 年东部地区下降幅度最大,从 31.4443 分下降到 21.3912 分,下降10.0531 分。

图 13-2 显示了四个地区企业家能力总体指数的变化。从总体指数排名看,2011 年和2013 年的排名是相同的,自高到低依次是东部、中部、东北和西部;2015 年和 2016 年的排名是相同的,自高到低依次是东部、中部、西部和东北,东部和中部地区四个年度都是排在前两位。

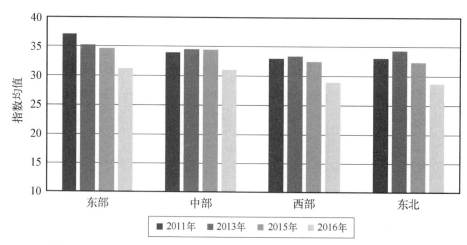

图 13‐2 2011~2016 年不同地区上市公司企业家能力总体指数均值比较

13.3 分行业企业家能力指数的年度比较

用各行业上市公司企业家能力总体指数,以及人力资本、关系网络能力、社会责任能力和战略领导能力四个分项指数的平均值来代表各行业上市公司企业家能力情况,分别比较不同行业 2011 年、2013 年、2015 年和 2016 年企业家能力水平的差异,结果参见表 13‐4。需要说明的是,由于《中国上市公司企业家能力指数报告 2012》使用的是《上市公司行业分类(2001 年)》,《中国上市公司企业家能力指数报告 2014》、《中国公司治理分类指数报告 No.15(2016)》和本报告使用的是《上市公司行业分类(2012 年)》,两个行业分类标准存在差异。为统一比较口径,仅将行业划分未发生变化的 10 个行业的企业家能力指数进行比较,这 10 个行业分别为:A. 农、林、牧、渔业,B. 采矿业,C. 制造业,D. 电力、热力、燃气及水生产和供应业,E. 建筑业,F. 批发和零售业,G. 交通运输、仓储和邮政业,I. 信息传输、软件和信息技术服务业,J. 金融业,K. 房地产业。

表 13‐4 2011~2016 年不同行业上市公司企业家能力指数均值比较

行　业	年　份	总体指数	分　项　指　数			
			人力资本	关系网络能力	社会责任能力	战略领导能力
农、林、牧、渔业(A)	2011	34.3684	32.9454	15.4655	64.3340	21.1579
	2013	35.4346	30.8776	12.7302	67.3980	24.7712
	2015	33.0225	27.2959	10.2249	61.9386	25.6870
	2016	32.6173	28.9935	10.9722	65.4099	20.0702
采矿业(B)	2011	35.4672	33.0370	12.4333	62.9286	27.2425
	2013	33.8269	30.5300	6.3710	65.3802	25.2571

行 业	年 份	总体指数	分 项 指 数			
			人力资本	关系网络能力	社会责任能力	战略领导能力
采矿业(B)	2015	33.3749	30.9198	3.9041	62.5539	27.2870
	2016	30.0147	29.9902	3.3409	60.1597	19.9760
制造业(C)	2011	35.9897	29.4597	13.1841	65.2762	28.8938
	2013	35.2253	28.3266	8.8984	68.7298	26.8539
	2015	35.1252	27.8084	7.5701	63.0875	32.2409
	2016	31.3405	27.4962	6.5427	62.9078	21.6700
电力、热力、燃气及水生产和供应业(D)	2011	32.5048	33.9030	10.5471	60.9578	20.3146
	2013	33.2295	30.9524	6.8357	65.9679	22.4249
	2015	31.3885	28.7560	6.1486	58.7635	24.5782
	2016	28.5867	26.9866	5.2025	59.0430	17.5476
建筑业(E)	2011	38.7762	30.1844	16.4565	69.3533	31.7397
	2013	32.7491	27.5370	9.7031	61.2377	25.5546
	2015	32.2773	28.5714	8.1612	54.6137	29.6930
	2016	29.9059	27.2727	8.6219	58.3141	20.0842
批发和零售业(F)	2011	35.2311	31.1320	12.4247	63.7183	27.1608
	2013	33.9472	30.8424	7.2682	62.4754	27.2980
	2015	34.2401	29.2906	5.0076	60.6917	31.9244
	2016	30.8625	29.0299	4.4144	60.5140	22.3155
交通运输、仓储和邮政业(G)	2011	34.9088	31.2757	10.1270	66.9643	24.6887
	2013	33.9336	31.1317	5.0072	63.4045	24.5052
	2015	32.3857	30.6526	5.0480	60.5531	25.4735
	2016	29.0787	27.9228	4.2593	59.6759	18.4127
信息传输、软件和信息技术服务业(I)	2011	36.9031	35.3461	11.3014	66.3894	27.8429
	2013	35.0535	.30.3480	9.0313	67.5214	25.8937
	2015	33.4593	27.9902	5.6475	61.9451	29.0493
	2016	29.8035	27.6231	4.3252	62.5754	18.4054
金融业(J)	2011	41.9428	39.9184	17.9429	68.8224	34.4513
	2013	37.0652	37.7992	8.4384	63.6583	30.4940

行　　业	年　份	总体指数	分　项　指　数			
			人力资本	关系网络能力	社会责任能力	战略领导能力
金融业(J)	2015	29.8698	33.0904	4.4785	47.4943	27.1982
	2016	30.8625	33.3459	4.3762	60.8876	19.1390
房地产业(K)	2011	32.0858	31.4826	9.8164	63.2298	19.2054
	2013	32.5684	29.8229	5.5005	63.6659	23.7895
	2015	31.3972	29.4456	4.1915	58.8710	25.1266
	2016	28.2618	28.5200	4.5378	59.4513	15.5638

从表 13-4 可以看出：

第一，从企业家能力总体指数看，四个年度中农、林、牧、渔业(A)，电力、热力、燃气及水生产和供应业(D)，房地产业(K)先升后降；采矿业(B)，制造业(C)，建筑业(E)，交通运输、仓储和邮政业(G)，信息传输、软件和信息技术服务业(I)连续下降；金融业(J)先降后升；批发和零售业(F)先降后升又降。

第二，从人力资本分项指数看，四个年度中农、林、牧、渔业(A)，金融业(J)前三个年度下降，2016 年上升；制造业(C)，电力、热力、燃气及水生产和供应业(D)，批发和零售业(F)，交通运输、仓储和邮政业(G)，信息传输、软件和信息技术服务业(I)，房地产业(K)连续下降；采矿业(B)和建筑业(E)先降后升又降。

第三，从关系网络能力分项指数看，四个年度中农、林、牧、渔业(A)，建筑业(E)，房地产业(K)前三个年度下降，2016 年上升；交通运输、仓储和邮政业(G)先降后升又降；其他行业均为连续下降。

第四，从社会责任能力分项指数看，四个年度中采矿业(B)，制造业(C)2013 年上升，此后连续下降；建筑业(E)，金融业(J)前三个年度下降，2016 年上升；批发和零售业(F)，交通运输、仓储和邮政业(G)连续下降；其他行业先升后降又升。

第五，从战略领导能力分项指数看，四个年度中农、林、牧、渔业(A)，电力、热力、燃气及水生产和供应业(D)，批发和零售业(F)和房地产业(K)前三个年度上升，2016 年下降；金融业(J)连续下降；其他行业均为先降后升又降。

图 13-3 显示了 10 个行业企业家能力总体指数的变化。从总体指数排名看，2011 年和 2013 年都是金融业(J)排名第一，2015 年制造业(C)排名第一，2016 年农、林、牧、渔业(A)排名第一，金融业(J)在 2015 年排在了垫底的位置，房地产业(K)在 2011 年、2013 年和 2016 年都是最后一名。这里我们要专门分析一下金融业(J)，在 10 个行业中金融业起伏比较大，2011 至 2015 年每一个分项指数的降幅都比较大，而且是连续下降，这也使得 2011 和 2013 年排名第一的金融业(J)在 2015 年排在了 10 个行业的末尾，但 2016 年有两个分项指数下降，两个分项指数上升，总体指数有小幅上升。

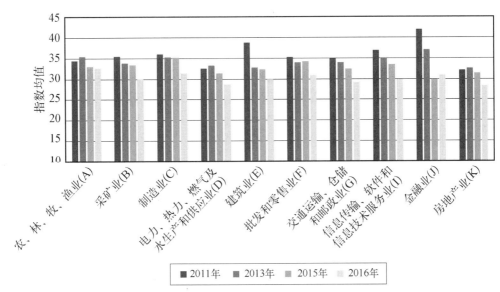

图 13‑3　2011～2016 年不同行业上市公司企业家能力总体指数均值比较

13.4　分所有制企业家能力指数的年度比较

按照五类所有制或控股类型的划分,用各所有制上市公司企业家能力总体指数,以及人力资本、关系网络能力、社会责任能力和战略领导能力四个分项指数的平均值来代表各所有制上市公司企业家能力情况,分别比较 2011 年、2013 年、2015 年与 2016 年不同所有制上市公司的企业家能力水平的差异,结果参见表 13‑5 Panel A。另外,进一步将样本按照国有控股公司和非国有控股公司分类,统计信息见表 13‑5 Panel B。

表 13‑5　2011～2016 年不同所有制上市公司企业家能力指数均值比较

所有制类型	年　份	总体指数	分　项　指　数				总体指数排名
			人力资本	关系网络能力	社会责任能力	战略领导能力	
Panel A　按照五类所有制公司分类							
国有绝对控股公司	2011	36.6200	30.8870	11.9411	66.6021	29.4469	2
	2013	35.0605	31.2867	7.7628	65.5724	27.5756	2
	2015	33.7081	29.4649	5.9379	60.8531	29.5511	3
	2016	31.1530	28.8857	5.6622	60.5373	22.5915	2
国有强相对控股公司	2011	34.6124	29.8701	12.2300	62.1758	27.4967	4
	2013	34.3110	30.4860	7.4047	64.0029	27.3169	3

续　表

所有制类型	年　份	总体指数	分　项　指　数				总体指数排名
			人力资本	关系网络能力	社会责任能力	战略领导能力	
国有强相对控股公司	2015	33.3573	28.6551	5.8896	60.7460	29.1427	4
	2016	30.3902	28.3908	5.2671	60.0931	21.1870	4
国有弱相对控股公司	2011	33.5773	30.0183	13.4119	59.8940	25.4746	5
	2013	33.8378	29.2576	7.5459	64.1803	26.4809	5
	2015	33.1390	28.6846	6.9366	59.4309	28.9628	5
	2016	29.6304	27.3618	5.9226	59.9737	19.3089	5
国有参股公司	2011	36.0996	32.0099	14.5207	65.3461	26.7294	3
	2013	34.2035	28.8689	8.4327	66.3176	25.6172	4
	2015	34.8026	29.1045	7.3125	62.3859	31.1083	1
	2016	31.3177	28.2294	6.7668	63.0821	20.8444	1
无国有股份公司	2011	36.6351	31.9971	12.2375	67.8597	27.5576	1
	2013	35.3275	28.4158	9.1546	69.9090	25.9994	1
	2015	34.6094	27.6232	7.3950	62.3959	31.4610	2
	2016	30.7497	27.1487	6.0173	63.1887	20.1673	3
Panel B　按照国有控股公司和非国有控股公司分类							
国有控股公司	2011	34.8450	30.2017	12.5250	62.6886	27.3994	2
	2013	34.4258	30.4028	7.5642	64.5760	27.1650	2
	2015	33.3979	28.8968	6.1942	60.4118	29.2106	2
	2016	30.3274	28.1751	5.5772	60.1620	20.9150	2
非国有控股公司	2011	36.4528	32.0015	13.0145	67.0043	27.2757	1
	2013	35.0540	28.5261	8.9789	69.0349	25.9064	1
	2015	34.6808	28.1705	7.3645	62.3922	31.3307	1
	2016	30.9724	27.5724	6.3111	63.1469	20.4327	1

从表 13-5 Panel A 可以看出：

第一，从企业家能力总体指数看，四个年度中，国有绝对控股公司、国有强相对控股公司和无国有股份公司连续下降；国有弱相对控股公司 2013 年上升，然后连续下降；国有参股公司先下降后略微上升又下降。2016 年企业家能力总体指数每类公司都是下降的，下降幅度最大的是无国有股份公司，下降了 3.8597 分。

第二，从人力资本分项指数看，四个年度中，国有绝对控股公司和国有强相对控股公司 2013 年上升，此后连续下降；国有弱相对控股公司和无国有股份公司连续下降；国有参股公司先降后升又降。与总体指数相似,2016年人力资本分项指数每类公司都是下降的,但是各所有制上市公司下降幅度不大,下降幅度最大的是国有弱相对控股公司,下降了1.3228分。

第三,从关系网络能力分项指数看,四个年度中五类所有制上市公司都是连续下降的,但是2016年下降幅度不大,都在1.5分以内,下降幅度最大的是无国有股份公司,下降幅度为1.3777分。

第四,从社会责任能力分项指数看,四个年度中,国有绝对控股公司连续下降;国有强相对控股公司2013年上升,此后连续下降;国有弱相对控股公司、国有参股公司和无国有股份公司先升后降又略有上升。值得说明的是,2015年社会责任能力分项指数下降幅度比较大,下降幅度最大的是无国有股份公司,下降幅度达7.5131分;2016年五类所有制上市公司变化都不大,无论下降的公司,还是上升的公司,变化幅度都在1分以内。

第五,从战略领导能力分项指数看,四个年度中五类所有制上市公司除了国有弱相对控股公司先上升后下降,其余四类均是先下降后上升再下降。2015年各类所有制公司上升幅度比较大,上升幅度最大的是国有参股公司,达5.4911分;2016年下降幅度更大,这也是导致2016年企业家能力总体指数下降的重要因素,其中下降幅度最大的是无国有股份公司,高达11.2937分。

图13-4显示了五类所有制上市公司企业家能力总体指数的变化。从总体指数排名看,除了国有弱相对控股公司一直排在最后以外,其他四类所有制上市公司排名都有变化。国有绝对控股公司2015年排名第三,其他三个年份排名第二;国有强相对控股公司2013年排名第三,其他三个年份排名第四;国有参股公司从2011年的第三降到2013年的第四,又在2015年跃居第一,并且2016年依然保持第一的位置;无国有股份公司曾在2011年和2013年位居第一,2015年退居第二,2016年又退至第三。

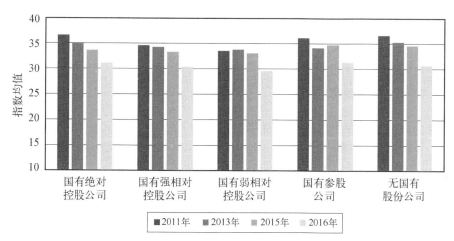

图13-4　2011~2016年不同所有制上市公司企业家能力总体指数均值比较

从表13-5 Panel B可以看出,国有控股公司和非国有控股公司四个年度企业家能力总体指数都是连续下降。纵向看,2016年下降幅度最大,国有控股公司下降了3.0705分,非国有控股公司下降了 3.7084 分;横向看,2013 年非国有控股公司下降幅度比国有控股公司大,2015 年国有控股公司下降幅度比非国有控股公司大,2016 年非国有控股公司下降幅度比国有控股公司大。

从四个分项指数上看,国有控股公司在人力资本和社会责任能力两个分项指数上,2013 年上升,此后连续下降;在关系网络能力分项指数上连续下降;在战略领导能力分项指数上先下降后上升又下降,2016 年下降幅度比较大,比 2015 年下降了 8.2956 分,这也是导致 2016 年国有控股公司企业家能力总体指数下降的重要原因。非国有控股公司在人力资本和关系网络能力两个分项指数上连续下降;在社会责任能力分项指数上是先升后降又升,这三个分项指标 2015 年较 2013 年都是下降的,这点与国有控股公司的表现相同,其中降幅最大的是社会责任能力分项指数,下降了 6.6427 分;2016 年人力资本和关系网络能力两个分项指数依然都是下降的,但是降幅不大,社会责任能力分项指数有小幅上升;在战略领导能力分项指数上是先下降后上升又下降,2013 年下降幅度不大,2015 年上升幅度较大,上升了 5.4243 分,2016 年下降幅度也很大,下降了 10.8980 分,这同样也是导致 2016 年非国有控股公司企业家能力总体指数下降的不可忽视的因素。

从总体指数排名看,四个年度均是非国有控股公司排名在国有控股公司之前,两者的差异在 0.6~1.7 分之间。

13.5　分上市板块企业家能力指数的年度比较

用各板块上市公司企业家能力指数,以及人力资本、关系网络能力、社会责任能力和战略领导能力四个分项指数的平均值来代表各板块上市公司企业家能力情况,分别比较不同板块 2011 年、2013 年、2015 年与 2016 年企业家能力指数的差异,结果见表 13-6。

表 13-6　2011~2016 年不同板块上市公司企业家能力指数均值比较

上市板块	年　份	总体指数	分　项　指　数				总体指数排名
			人力资本	关系网络能力	社会责任能力	战略领导能力	
深市主板（不含中小企业板）	2011	32.4615	29.6929	13.0458	58.6690	23.5082	4
	2013	34.0280	31.2929	7.0513	62.5215	27.3226	4
	2015	32.9063	30.5303	5.3433	58.4831	28.6676	4
	2016	29.8434	29.8130	5.6354	59.8213	18.5951	4
深市中小企业板	2011	38.6635	30.2065	15.5903	71.2896	30.2729	1
	2013	35.5365	26.4512	9.0651	72.7881	25.6435	1
	2015	35.5398	26.9912	8.3124	64.9633	32.1059	1
	2016	31.6198	26.9406	7.5184	63.8994	21.5447	1

续　表

上市板块	年　份	总体指数	分　项　指　数				总体指数排名
			人力资本	关系网络能力	社会责任能力	战略领导能力	
深市创业板	2011	37.5760	36.3633	10.0835	73.9613	23.6763	2
	2013	35.4176	27.8615	11.2732	70.4787	25.0179	2
	2015	35.1933	28.9903	8.0556	63.0370	31.4313	2
	2016	31.4976	28.4793	6.6556	64.8749	19.8171	2
沪市主板	2011	35.2654	31.6598	11.3264	62.8061	28.2592	3
	2013	34.4077	30.9134	7.5433	64.2635	27.0349	3
	2015	33.3593	28.3376	6.1291	60.0389	29.8088	3
	2016	30.1346	27.2172	4.8742	60.4005	21.1612	3

从表 13-6 可以看出:

第一,从企业家能力总体指数看,四个年度中,深市主板(不含中小企业板)2013 年上升,此后连续下降;深市中小企业板基本上是连续下降,只是 2015 年有极微小上升;深市创业板和沪市主板都是连续下降。相比 2015 年,2016 年四个板块都有明显的下降,其中深市中小企业板下降幅度最大,下降 3.9200 分。

第二,从人力资本分项指数看,四个年度中,深市主板(不含中小企业板)2013 年上升,此后连续下降;深市中小企业板和深市创业板总体呈下降趋势,只是 2015 年有微小上升;沪市主板是连续下降。相比 2015 年,2016 年四个板块都是下降的,下降幅度最大的是沪市主板,降幅为 1.1204 分。

第三,从关系网络能力分项指数看,四个年度中,深市中小企业板和沪市主板都是连续下降;深市主板(不含中小企业板)前三个年度连续下降,2016 年略微上升,深市创业板则是 2013 年上升,此后连续下降。相比 2015 年,2016 年下降的三个板块中,下降幅度从高到低依次是深市创业板、沪市主板和深市中小企业板;深市创业板 2016 年下降幅度最大,下降 1.4000 分。

第四,从社会责任能力分项指数看,四个年度中,深市主板(不含中小企业板)和沪市主板都是先升后降又升;深市中小企业板 2013 年上升,此后连续下降;深市创业板则是前三个年度下降,2016 年上升。相比 2015 年,2016 年上升的三个板块中,上升幅度从高到低依次是深市创业板、深市主板(不含中小企业板)和沪市主板;深市创业板 2016 年上升幅度最大,上升了 1.8379 分。

第五,从战略领导能力分项指数看,四个年度中,深市主板(不含中小企业板)是 2013 年上升,此后连续下降;深市中小企业板和沪市主板都是先升后降又下降,深市创业板则是先连续上升再下降。相比 2015 年,2016 年四个板块都是下降的;2016 年下降幅度从高到低依次为深市创业板、深市中小企业板、深市主板(不含中小企业板)和沪市主板。深市创业板 2016 年下降幅度最大,下降了 11.6142 分。

　　图 13-5 显示了四个板块四个年度中的企业家能力总体指数变化情况。从排名中可以看到,在四个年度中,不同上市板块的企业家能力总体指数排名没有变化,由大到小依次保持为深市中小企业板、深市创业板、沪市主板和深市主板(不含中小企业板)。

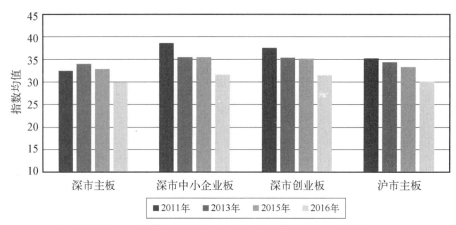

注:深市中小企业板是深市主板的一部分,但本图中深市主板不含中小企业板。

图 13-5　2011～2016 年不同板块上市公司企业家能力总体指数均值比较

13.6　本　章　小　结

　　本章从总体、地区、行业、所有制和上市板块五个角度分别比较了 2011 年、2013 年、2015 年和 2016 年中国上市公司的企业家能力水平,主要结论如下:

　　第一,从总体看,在四次评价中,企业家能力总体指数连续下降。从四个分项指数看,人力资本和关系网络能力两个分项指数连续下降;社会责任能力分项指数在 2013 年上升,但2015 年下降,2016 年又略微上升;战略领导能力分项指数在 2013 年下降,但 2015 年上升,2016 年又有所下降。2016 年变化幅度最大的是战略领导能力分项指数,下降 9.9063 分,这与经济下行压力不无关系。

　　第二,从地区看,企业家能力总体指数四个年度中,东部连续下降,中部、西部和东北三个地区 2013 年上升,此后连续下降,2016 年处于最低水平。从人力资本分项指数看,东部、西部和东北四年连续下降,中部地区则是先降后小幅上升又下降,总体呈下降态势;从关系网络能力分项指数看,四个地区都是连续下降;从社会责任能力分项指数看,东部和西部地区是先升再降又升,中部和东北地区则是 2013 年上升,此后连续下降;从战略领导能力分项指数看,四个年度中除了东部是先降后升再降以外,其他三个地区都是 2011 年至 2015 年连续上升,2016 年下降,其中 2015 年中部地区上升幅度最大。

　　第三,从行业看,四个年度中,2016 年企业家能力总体指数除了金融业小幅上升外,其他 9 个行业都出现下降,其中有 5 个行业四个年度连续下降。从人力资本分项指数看,2016 年除了农、林、牧、渔业和金融业上升外,其他 8 个行业都出现下降,其中有 6 个行业四个年度连续下降;从关系网络能力分项指数看,2016 年有 3 个行业上升,其他 7 个行业都出现下降,其中 6 个行业四个年度连续下降;从社会责任能力分项指数看,2016 年有 6 个行业上升,有 2 个行业四个年度连续下降;从战略领导能力分项指数看,2016 年全部 10 个行业都出现下降,其中金融业四个年度连续下降。

第四,从所有制看,国有控股公司和非国有控股公司四个年度企业家能力总体指数都是连续下降,其中 2016 年下降幅度最大。从四个分项指数上看,国有控股公司在人力资本和社会责任能力两个分项指数上,2013 年上升,此后连续下降;在关系网络能力分项指数上连续下降;在战略领导能力分项指数上先下降后上升又下降,2016 年下降幅度较大。非国有控股公司在人力资本和关系网络能力两个分项指数上连续下降;在社会责任能力分项指数上是先升后降又升;在战略领导能力分项指数上是先下降后上升又下降,2016 年下降幅度很大。不论是国有控股公司还是非国有控股公司,战略领导能力的大幅下降,是导致 2016 年两类公司企业家能力总体指数下降的重要因素。

第五,从上市板块看,四个年度中,在总体指数上,深市主板(不含中小企业板)2013 年上升,此后连续下降;深市中小企业板基本上是连续下降,只是 2015 年有极微小上升;深市创业板和沪市主板都是连续下降;相比 2015 年,2016 年四个板块都有明显的下降。在四个分项指数上,下降多于上升,总体上呈下降趋势。四个年度的排名没有变化,由大到小均为深市中小企业板、深市创业板、沪市主板和深市主板(不含中小企业板)。

中国公司治理分类
指数报告No.16
（2017）

Report on China
Classified Corporate
Governance Index
No.16（2017）

第五编
财务治理指数

第 14 章

财务治理总体指数排名及比较

根据第 1 章确定的财务治理指数评价方法,以及我们评估获得的 2016 年度 2840 家样本上市公司指数数据,本章将对这些公司的财务治理指数进行排名分析,然后分别从地区、行业及上市板块三个角度进行比较分析。

14.1 财务治理指数总体分布及排名

基于上市公司 2016 年的公开数据,根据第 1 章构建的财务治理指标体系和指数计算方法,我们对 2840 家上市公司的财务治理指数进行了计算,得到 2016 年中国上市公司财务治理指数的总体排名情况(详见附带光盘附表Ⅳ-1 和Ⅳ-2)。

14.1.1 财务治理指数总体分布

在 2840 家上市公司中,财务治理指数最大值为 75.0944,最小值为 22.8370,平均值为 53.5234,中位值为 53.9013,标准差为 7.3190。整体而言,全部样本的绝对差距较大,最大值高出最小值 52.2574,详见表 14-1。

表 14-1　2016 年上市公司财务治理指数总体情况

项　目	平 均 值	中 位 值	最 大 值	最 小 值	标 准 差	偏度系数	峰度系数
数　值	53.5234	53.9013	75.0944	22.8370	7.3190	−0.3802	0.3179

为进一步了解财务治理指数在各个得分区间的分布情况,我们将财务治理指数在有分布的区域按 5 分一个区间划分为[0,20)、[20,25)、[25,30)、[30,35)、[35,40)、[40,45)、[45,50)、[50,55)、[55,60)、[60,65)、[65,70)、[70,75)、[75,80)以及[80,100]共 14 个区间(其中[0,20)和[80,100]为合并区间),每个得分区间的企业数目和所占比重参见表 14-2 和图 14-1。

由表 14-2 可知,财务治理指数分值主要集中在[45,65)区间,共有公司 2368 家,占全部样本的 83.38%。值得关注的是,只有 557 家上市公司的财务治理指数分值高于 60 分,占

表 14 - 2   2016 年上市公司财务治理指数区间分布

指 数 区 间	公 司 数 目	占 比(%)	累计占比(%)
[0, 20)	0	0.00	0.00
[20, 25)	2	0.07	0.07
[25, 30)	11	0.39	0.46
[30, 35)	16	0.56	1.02
[35, 40)	84	2.96	3.98
[40, 45)	239	8.42	12.39
[45, 50)	491	17.29	29.68
[50, 55)	768	27.04	56.73
[55, 60)	672	23.66	80.39
[60, 65)	437	15.39	95.77
[65, 70)	107	3.77	99.54
[70, 75)	12	0.42	99.96
[75, 80)	1	0.04	100.00
[80, 100]	0	0.00	100.00
总 计	2840	100.00	—

比为 19.61%。相比 2015 年,2016 年上市公司财务治理指数的及格率上升 3.49 个百分点 (2015 年及格率为 16.12%[①]),这反映了 2016 年中国上市公司财务治理水平取得了一定的进步。

图 14 - 1 直观地反映了 2016 年上市公司财务治理指数的分布。可以看出,2016 年上市公司财务治理指数的区间分布相对比较集中,财务治理指数及格的只有右侧的一小部分,整

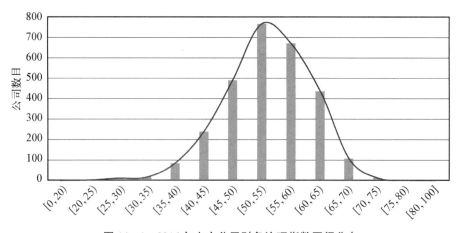

图 14 - 1   2016 年上市公司财务治理指数区间分布

①   由于自本年度起,对负分项有所调整(扣减),故 2015 年的及格率由原来的 16.72% 调整为 16.12%。

体财务治理水平并不高。从表 14 - 1 可知，上市公司财务治理指数的偏度系数为 -0.3802，峰度系数为 0.3179，财务治理指数整体分布基本满足正态分布，指数分布为负偏态，分布曲线较标准正态分布稍微陡峭。

14.1.2　财务治理指数前后 100 名

表 14 - 3 给出了 2840 家上市公司中排名前 100 家和后 100 家公司的财务治理指数的基本统计数据。可以看出，前 100 名公司的财务治理指数均值为 67.7514，较 2015 年上升 0.7053 分；而后 100 名公司的财务治理指数均值为 35.5264，比 2015 年减少 1.1591，得分相当不理想。从标准差来看，在上述两类样本中，前 100 名公司得分的差异较后 100 名要小，反映后 100 名公司的财务治理指数的离散程度大于前 100 家公司。

表 14 - 3　2016 年上市公司财务治理指数前后 100 名情况

	平均值	中位值	最大值	最小值	标准差
前 100 名	67.7514	67.0370	75.0944	65.4176	2.0461
后 100 名	35.5264	36.8744	39.4504	22.8370	3.9500
总　体	**53.5234**	**53.9013**	**75.0944**	**22.8370**	**7.3190**

我们对 2840 家上市公司的财务治理指数从大到小降序排列，财务治理指数越高，说明上市公司财务治理水平越高。表 14 - 4 是财务治理指数排名前 100 的上市公司情况。

表 14 - 4　2016 年上市公司财务治理指数排名（前 100 名）

排名	代码	公司简称	指数值	排名	代码	公司简称	指数值
1	002700	新疆浩源	75.0944	13	002283	天润曲轴	70.3169
2	002225	濮耐股份	74.5033	14	603979	金诚信	69.9809
3	002060	粤水电	72.5458	15	600548	深高速	69.9027
4	300217	东方电热	72.5441	16	300119	瑞普生物	69.8463
5	002106	莱宝高科	71.8400	17	300269	联建光电	69.8106
6	601390	中国中铁	71.8241	18	002666	德联集团	69.7965
7	000039	中集集团	71.4772	19	002344	海宁皮城	69.7682
8	002103	广博股份	71.3289	20	300092	科新机电	69.6637
9	300224	正海磁材	70.9969	21	300177	中海达	69.1160
10	002096	南岭民爆	70.9362	22	002215	诺普信	68.9331
11	600837	海通证券	70.4678	23	000979	中弘股份	68.9100
12	002463	沪电股份	70.4069	24	002003	伟星股份	68.8803

排　名	代　码	公司简称	指 数 值	排　名	代　码	公司简称	指 数 值
25	002587	奥拓电子	68.8496	56	300274	阳光电源	66.8264
26	000916	华北高速	68.8148	57	600998	九州通	66.7662
27	601238	广汽集团	68.7727	58	002641	永高股份	66.7638
28	300253	卫宁健康	68.5873	59	000797	中国武夷	66.7600
29	000936	华西股份	68.3662	60	300049	福瑞股份	66.7506
30	601588	北辰实业	68.2731	61	300196	长海股份	66.7403
31	603456	九洲药业	68.2299	62	600256	广汇能源	66.7399
32	000859	国风塑业	68.1645	63	300365	恒华科技	66.7350
33	300375	鹏翎股份	68.0265	64	600668	尖峰集团	66.7340
34	002156	通富微电	67.9197	65	000528	柳　工	66.6740
35	601088	中国神华	67.8299	66	600561	江西长运	66.6707
36	000713	丰乐种业	67.7861	67	002066	瑞泰科技	66.6366
37	300100	双林股份	67.7173	68	601186	中国铁建	66.5874
38	300328	宜安科技	67.6879	69	600036	招商银行	66.5706
39	002580	圣阳股份	67.6691	70	300451	创业软件	66.5363
40	300334	津膜科技	67.6319	71	300204	舒泰神	66.5325
41	000973	佛塑科技	67.5515	72	000156	华数传媒	66.4391
42	600383	金地集团	67.5120	73	000848	承德露露	66.4090
43	601766	中国中车	67.4768	74	000430	张家界	66.3987
44	300383	光环新网	67.4656	75	000070	特发信息	66.3940
45	000999	华润三九	67.2696	76	000810	创维数字	66.3443
46	002752	昇兴股份	67.1772	77	300128	锦富技术	66.2414
47	000006	深振业 A	67.1219	78	300193	佳士科技	66.2101
48	300188	美亚柏科	67.1144	79	000625	长安汽车	66.2044
49	002111	威海广泰	67.0916	80	002601	龙蟒佰利	66.1949
50	300240	飞力达	67.0572	81	601166	兴业银行	66.1904
51	000555	神州信息	67.0169	82	600660	福耀玻璃	66.0839
52	002342	巨力索具	67.0015	83	000557	西部创业	66.0832
53	002130	沃尔核材	66.9522	84	002311	海大集团	66.0002
54	002258	利尔化学	66.9435	85	600211	西藏药业	65.9811
55	000656	金科股份	66.8364	86	000883	湖北能源	65.9656

排 名	代 码	公司简称	指 数 值	排 名	代 码	公司简称	指 数 值
87	601996	丰林集团	65.9225	94	300222	科大智能	65.5711
88	000823	超声电子	65.6965	95	000089	深圳机场	65.4971
89	300015	爱尔眼科	65.6667	96	600477	杭萧钢构	65.4772
90	000938	紫光股份	65.6516	97	000762	西藏矿业	65.4578
91	002649	博彦科技	65.6512	98	000429	粤高速A	65.4423
92	300129	泰胜风能	65.6387	99	600250	南纺股份	65.4419
93	300305	裕兴股份	65.6350	100	600629	华建集团	65.4176

由表 14-4 可以看出,得分最高的是新疆浩源,为 75.0944,濮耐股份和粤水电分列第二和第三。有 12 家公司连续两年出现在前 100 名中,他们是中国中铁、深高速、奥拓电子、通富微电、中国神华、深振业 A、利尔化学、九州通、柳工、招商银行、湖北能源和超声电子。[①] 有 2 家公司连续三年出现在前 100 名中,分别是中国中铁和中国神华。

结合附带光盘附表Ⅳ-1 和Ⅳ-2,从地区分布来看,前 100 名中,东部、中部、西部各有 75 家、12 家和 13 家,分别占各地区上市公司总数的 3.97%、3.00%、3.20%。值得注意的是,其中前 10 名有 7 家来自东部地区,前 100 名当中没有一家来自东北地区,可见地区差异十分明显。从行业来看,制造业 58 家,信息传输、软件和信息技术服务业 7 家,交通运输、仓储和邮政业 7 家,房地产业 6 家,分别占所在行业上市公司总数的 3.27%、3.95%、8.05% 和 4.76%。从所有制看,前 100 名企业中,国有控股公司居多,有 41 家,占全部国有控股公司的 3.98%;非国有控股公司 59 家,占全部非国有控股公司的 3.26%。41 家国有控股公司中,央企控股的上市公司 13 家,占全部央企控股上市公司的 3.64%;地方国企控股的上市公司 28 家,占全部地方国企控股上市公司的 4.17%。从上市板块来看,深市主板(不含中小企业板)、深市中小企业板、深市创业板和沪市主板分别有 11 家、38 家、3 家和 48 家,分别占所在板块全部上市公司数的 2.36%、4.85%、0.60% 和 4.42%。

从以上比例可以看到,财务治理指数最高的前 100 名在地区、行业和控股类型中的分布,并不能完全说明某个地区、行业和控股类型表现更好,因为各地区、行业和控股类型的上市公司数量不同。比如,制造业进入前 100 名的公司数多于交通运输、仓储和邮政业,但后者进入前 100 名的占比更高,无疑交通运输、仓储和邮政业表现更好。

图 14-2 为前 100 名上市公司财务治理指数分布情况。从图 14-2 可以看出,排在前五名的指数值下降很快,之后下降趋势逐步平缓。最高分 75.0944,最低分 65.4176,绝对差距 9.6768。

表 14-5 给出了财务治理指数排名后 100 名公司的得分情况。

---

① 2015 年上市公司财务治理指数排名(前 100 名),参见《中国公司治理分类指数报告 No.15(2016)》,第 251~252 页。

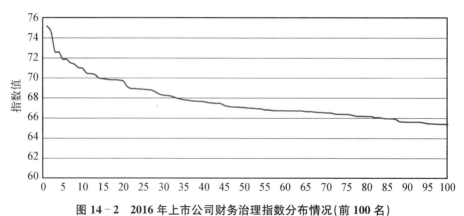

图 14 - 2　2016 年上市公司财务治理指数分布情况(前 100 名)

表 14 - 5　2016 年上市公司财务治理指数排名(后 100 名)

排 名	代 码	公司简称	指 数 值	排 名	代 码	公司简称	指 数 值
2741	600467	好当家	39.4504	2763	603025	大豪科技	38.5353
2742	603598	引力传媒	39.4469	2764	600375	华菱星马	38.5071
2743	600546	山煤国际	39.4440	2765	000809	铁岭新城	38.4967
2744	600705	中航资本	39.4082	2766	603969	银龙股份	38.4187
2745	600818	中路股份	39.3649	2767	600227	赤天化	38.3285
2746	600230	沧州大化	39.3495	2768	600260	凯乐科技	38.3081
2747	603085	天成自控	39.1422	2769	600126	杭钢股份	38.2835
2748	600498	烽火通信	39.1332	2770	600817	*ST 宏盛	38.2318
2749	600959	江苏有线	39.1102	2771	600432	*ST 吉恩	38.1362
2750	600757	长江传媒	39.0819	2772	002435	长江润发	38.0973
2751	002622	融钰集团	39.0145	2773	002608	*ST 舜船	38.0293
2752	603167	渤海轮渡	39.0081	2774	600167	联美控股	37.9741
2753	600545	新疆城建	38.9286	2775	000651	格力电器	37.9144
2754	600742	一汽富维	38.8895	2776	000982	中银绒业	37.9031
2755	600129	太极集团	38.8721	2777	603696	安记食品	37.8805
2756	600389	江山股份	38.8145	2778	600303	曙光股份	37.7124
2757	603008	喜临门	38.8035	2779	600403	*ST 大有	37.6939
2758	600744	华银电力	38.7433	2780	600820	隧道股份	37.6137
2759	600247	ST 成城	38.7234	2781	600971	恒源煤电	37.6087
2760	002408	齐翔腾达	38.6887	2782	600722	金牛化工	37.6073
2761	600767	运盛医疗	38.6532	2783	600614	鹏起科技	37.5439
2762	600061	国投安信	38.5996	2784	600112	天成控股	37.1409

排 名	代 码	公司简称	指 数 值	排 名	代 码	公司简称	指 数 值
2785	002633	申科股份	37.1405	2813	600747	大连控股	34.5205
2786	600170	上海建工	37.1227	2814	002231	奥维通信	34.3398
2787	601010	文峰股份	37.0825	2815	603601	再升科技	34.1513
2788	000613	*ST 东海 A	36.9214	2816	600868	梅雁吉祥	33.7084
2789	603118	共进股份	36.9165	2817	002473	圣莱达	33.6798
2790	600266	北京城建	36.8815	2818	600696	*ST 匹凸	32.7241
2791	600712	南宁百货	36.8673	2819	600201	生物股份	32.6373
2792	000403	ST 生化	36.7991	2820	603111	康尼机电	32.6068
2793	600652	游久游戏	36.7720	2821	600676	交运股份	32.4842
2794	600311	荣华实业	36.7413	2822	600890	中房股份	32.0554
2795	600225	*ST 松江	36.5943	2823	600877	中国嘉陵	31.5600
2796	600540	新赛股份	36.5772	2824	600654	中安消	31.5600
2797	600339	*ST 油工	36.5678	2825	603318	派思股份	31.5313
2798	600707	彩虹股份	36.5671	2826	000611	*ST 天首	31.4058
2799	300464	星徽精密	36.3620	2827	002306	中科云网	31.1171
2800	000668	荣丰控股	36.3286	2828	600421	仰帆控股	29.7446
2801	000033	*ST 新都	36.2502	2829	600275	武昌鱼	29.3031
2802	600710	*ST 常林	36.1886	2830	600091	ST 明科	28.6543
2803	600319	亚星化学	36.0981	2831	600009	上海机场	28.5277
2804	600530	交大昂立	35.8319	2832	600228	*ST 昌九	27.7920
2805	600571	信雅达	35.7654	2833	600301	ST 南化	27.7670
2806	600423	柳化股份	35.7155	2834	600556	ST 慧球	27.5347
2807	600732	*ST 新梅	35.5961	2835	600145	*ST 新亿	27.0468
2808	002569	步森股份	35.5782	2836	600234	ST 山水	26.1864
2809	600086	东方金钰	35.4843	2837	601519	大智慧	26.0671
2810	600306	*ST 商城	35.0942	2838	600870	厦华电子	25.8773
2811	000410	沈阳机床	35.0023	2839	600733	S*ST 前锋	24.9637
2812	600399	抚顺特钢	34.7773	2840	600725	ST 云维	22.8370

从表 14-5 可以看出，最后 100 名公司中，有 23 家公司为 ST 公司，占到全部 ST 公司的 44.59%。这类公司的财务治理水平总体上非常低下。财务指数最低的三名分别是 ST 云维（600725）、S*ST 前锋（600733）和厦华电子（600870），全部为沪市主板上市公司。

　　从地区分布看,财务治理指数最后100名上市公司中,东部有50家、西部有22家、中部和东北各有14家,分别占所在地区全部上市公司总数的2.65%、5.42%、3.5%和9.52%,可见东北上市公司地区占比最高,相对表现最差。从行业分布来看,制造业有54家,房地产业有8家,信息传输、软件和信息技术服务业以及批发和零售业各有7家,分别占所在行业全部上市公司总数的3.04%、6.40%、3.95%和4.73%,从后100名上市公司的行业相对占比来看,房地产业以及批发和零售业表现较差。从控股类型看,国有控股公司有43家,非国有控股公司有57家,分别占两类上市公司总数的4.18%和3.15%,从相对值(比例)角度,国有控股公司表现较差。在国有控股公司中,央企有11家,占全部央企上市公司的3.08%;地方国企有32家,占全部地方国企上市公司的4.76%,从相对值(比例)角度,地方国企控股的上市公司表现较差。

　　图14-3为最后100名上市公司财务治理指数分布情况(按倒数排列,即指数最后一位作为倒数第一位)。可以看出,最后100名上市公司财务治理指数分布在22~40分,最高分39.4504,最低分22.8370,绝对差距16.6134分。绝大多数上市公司财务治理水平处于32~40分之间,最后5名上市公司的财务治理指数变化较为陡峭(左端),此后趋向平缓,这表明财务治理指数排名越靠后,其财务治理水平下降的幅度也越大。

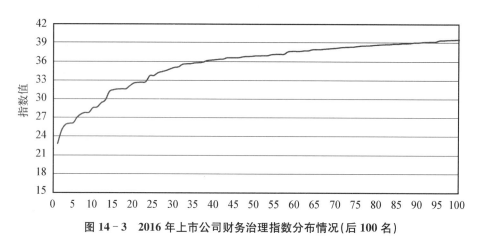

图14-3　2016年上市公司财务治理指数分布情况(后100名)

14.2　分地区财务治理指数比较

　　根据东部、中部、西部和东北四大地区的划分,来比较四个地区上市公司财务治理指数情况,结果参见表14-6。

　　由表14-6可见,各地区上市公司财务治理指数均值由大到小分别为东部(54.0767)、中部(53.0566)、西部(52.4414)和东北(50.6792)。各地区之间财务治理指数存在一定的差异。东部地区上市公司所占比重最高,为66.44%,财务治理指数均值高于其他三个地区,东北地区与其他三个地区相比,存在较明显的差距。

表 14 - 6　2016 年不同地区上市公司财务治理指数排名及比较

排名	地　区	公司数目	平 均 值	中 位 值	最 大 值	最 小 值	标 准 差
1	东部	1887	54.0767	54.4122	72.5458	25.8773	7.0917
2	中部	400	53.0566	53.2793	74.5033	26.1864	7.3113
3	西部	406	52.4414	52.7696	75.0944	22.8370	8.0067
4	东北	147	50.6792	51.4685	64.6954	31.5313	7.2175
总　体		2840	53.5234	53.9013	75.0944	22.8370	7.3190

　　图 14 - 4 对四个地区财务治理指数差异的体现更加直观。可以明显看到,只有东部地区的财务治理指数均值高于总体均值;无疑,东部地区上市公司对整体市场财务治理水平的提高起到了支撑作用。就标准差而言,各地区之间的财务治理水平变异程度差别不大。其中,西部地区上市公司财务治理指数标准差稍高,为 8.0067,表明这一地区各上市公司之间的财务治理水平差别相对较大。

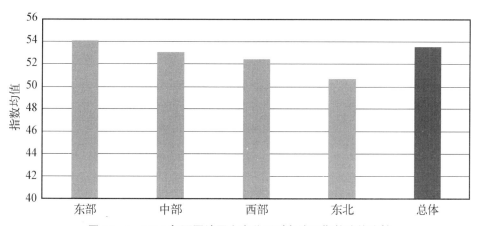

图 14 - 4　2016 年不同地区上市公司财务治理指数均值比较

14.3　分行业财务治理指数比较

　　以各行业上市公司财务治理指数的平均值来代表各个行业的上市公司财务治理指数,然后将各行业的上市公司财务治理指数按照从高到低的顺序进行排名,排名结果见表 14 - 7。

　　从表 14 - 7 可以看出,在 18 个行业中,有 10 个行业的上市公司财务治理指数均值高于总体均值,这 10 个行业的最大均值与总体均值的绝对差距是 2.1877;另外 8 个行业的上市公司财务治理指数均值低于总体均值,总体均值与这 8 个行业的最小均值的绝对差距是6.4578。显然,财务治理指数的高分区行业的内部差距小于低分区行业。上市公司财务治

表 14 - 7   2016 年不同行业上市公司财务治理指数排名及比较

排名	行 业 名 称	公司数目	平均值	中位值	最大值	最小值	标准差
1	金融业(J)	57	55.7111	56.0880	70.4678	38.5996	7.2861
2	水利、环境和公共设施管理业(N)	33	55.0095	56.3180	66.3987	38.4967	6.8381
3	文化、体育和娱乐业(R)	41	54.5302	53.8259	66.4391	39.0819	6.5034
4	交通运输、仓储和邮政业(G)	87	54.3192	54.7877	69.9027	28.5277	7.5755
5	建筑业(E)	77	54.2788	53.4963	72.5458	37.1227	7.7363
6	科学研究和技术服务业(M)	23	54.2613	54.8523	65.4176	41.9499	6.9411
7	信息传输、软件和信息技术服务业(I)	177	53.9917	54.1343	68.5873	26.0671	7.5641
8	卫生和社会工作(Q)	7	53.7651	53.5713	65.6667	44.7029	6.5307
9	电力、热力、燃气及水生产和供应业(D)	96	53.7206	54.2626	75.0944	33.7084	7.0998
10	制造业(C)	1775	53.5459	54.0445	74.5033	22.8370	7.1982
11	租赁和商务服务业(L)	40	53.4474	53.7697	69.8106	39.4469	6.6146
12	房地产业(K)	125	53.3262	53.9931	68.9100	24.9637	8.5876
13	采矿业(B)	73	52.5758	53.0662	69.9809	36.5678	8.2459
14	农、林、牧、渔业(A)	44	52.3723	52.1491	67.7861	36.5772	6.6729
15	综合(S)	23	52.2414	52.5246	62.8447	43.0495	5.9371
16	批发和零售业(F)	148	51.8932	52.3975	66.7662	34.5205	6.9096
17	教育(P)	3	49.0068	49.7369	54.2105	43.0729	5.6046
18	住宿和餐饮业(H)	11	47.0656	45.5250	64.1557	31.1171	10.9551
	总 体	2840	53.5234	53.9013	75.0944	22.8370	7.3190

理水平最好的 3 个行业是金融业(J)(55.7111),水利、环境和公共设施管理业(N)(55.0095),文化、体育和娱乐业(R)(54.5302)。财务治理水平最差的 3 个行业是住宿和餐饮业(H)(47.0656),教育(P)(49.0068),批发和零售业(F)(51.8932)。但需要注意的是,教育行业(P)只有 3 家上市公司,难以反映该行业财务治理的实际平均水平。

图 14 - 5 进一步显示了行业间上市公司财务治理水平的差别。可以看出,各行业上市公司财务治理指数主要集中在[52,56]这一范围内,各行业财务治理水平整体而言波动不大。

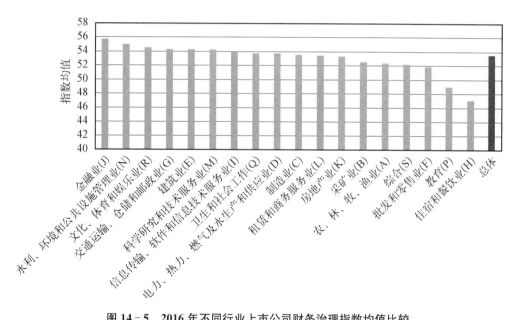

图 14 - 5　2016 年不同行业上市公司财务治理指数均值比较

14.4　分上市板块财务治理指数比较

根据沪市主板、深市主板(不含中小企业板)、深市中小企业板、深市创业板四个上市板块的划分,比较不同上市板块的上市公司财务治理指数,结果参见表 14 - 8。

表 14 - 8　2016 年不同板块上市公司财务治理指数排名及比较

排名	上 市 板 块	公司数目	平均值	中位值	最大值	最小值	标准差
1	深市创业板	504	55.8157	55.7016	72.5441	36.3620	6.4351
2	深市中小企业板	784	55.0697	55.2139	75.0944	31.1171	6.4081
3	深市主板(不含中小企业板)	466	54.6437	54.6930	71.4772	31.4058	6.9437
4	沪市主板	1086	50.8625	51.0607	71.8241	22.8370	7.6729
	总　体	2840	53.5234	53.9013	75.0944	22.8370	7.3190

由表 14 - 8 可知,深市创业板和深市中小企业板上市公司的财务治理水平要好于深市主板(不含中小企业板)和沪市主板上市公司。而沪市主板上市公司的财务治理水平在所有板块中最差,且明显低于其他板块。

图 14 - 6 更直观地反映了不同板块上市公司财务治理指数的差异。可以看到,深市创业板、深市中小企业板和深市主板(不含中小企业板)上市公司财务治理指数均值都高于总体均值,而只有沪市主板上市公司财务治理指数均值低于总体均值,这说明沪市上市公司财

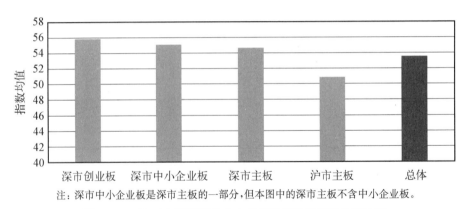

注:深市中小企业板是深市主板的一部分,但本图中的深市主板不含中小企业板。

图 14 - 6　2016 年不同板块上市公司财务治理指数均值比较

务治理水平与深市上市公司相比有一定差距。

14.5　本 章 小 结

本章从总体、地区分布、行业属性以及上市板块等多角度全面评价了 2016 年中国上市公司财务治理水平。主要结论如下:

(1)总体看,2840 家上市公司样本中,财务治理指数最大值为 75.0944,最小值为 22.8370,平均值为 53.5234,标准差为 7.3190。大部分公司的财务治理指数分布在[45,65)区间,占全部样本的 83.38%。其中只有 557 家上市公司的财务治理指数分值高于 60 分,占比为 19.61%,相比于 2015 年,及格率小幅上升。

(2)从地区看,东部地区上市公司财务治理指数均值最高,为 54.0767;最低的是东北地区,财务治理指数均值为 50.6792。东北地区与其他三个地区相比,存在较明显的差距。

(3)从行业看,在 18 个行业中,上市公司财务治理水平最好的三个行业是金融业(J)(55.7111),水利、环境和公共设施管理业(N)(55.0095),文化、体育和娱乐业(R)(54.5302);上市公司财务治理水平最差的 3 个行业是住宿和餐饮业(H)(47.0656),教育(P)(49.0068),批发和零售业(F)(51.8932)。各行业间差距总体上不大。需要说明的是,教育行业(P)只有 3 家上市公司,难以反映该行业财务治理的实际平均水平。

(4)从上市板块来看,财务治理指数均值从大到小依次是:深市创业板(55.8157)、深市中小企业板(55.0697)、深市主板(不含中小企业板)(54.6437)和沪市主板(50.8625)。深市上市公司财务治理水平总体上好于沪市上市公司。

第 15 章
财务治理分项指数排名及比较

第 14 章从总体上对中国上市公司财务治理指数作了排名,并从地区、行业以及上市板块等三个角度进行了比较分析。本章按照对财务治理指数四个维度的划分,把财务治理指数分解为财权配置、财务控制、财务监督和财务激励四个分项指数,对这四个分项指数进行排名和比较分析。

15.1 财务治理分项指数总体情况

本报告选取 2016 年沪深两市 2840 家上市公司作为评价对象。财务治理分项指数按照财务治理指标体系中的四个一级指标来划分。2016 年中国上市公司财务治理四个分项指数的描述性统计结果参见表 15-1。

表 15-1 2016 年上市公司财务治理分项指数描述性统计结果

分 项 指 数	公司数目	平均值	中位值	最大值	最小值	标准差
财权配置	2840	41.2217	38.9305	73.0652	3.8889	12.0401
财务控制	2840	70.5093	71.6783	96.8875	7.0761	11.8430
财务监督	2840	73.2240	68.7500	100.0000	12.5000	16.4017
财务激励	2840	29.1386	25.1092	67.9131	0.0000	12.7850

从表 15-1 可以看出,财务治理四个分项指数中,财务监督分项指数均值最大,财务激励分项指数均值最小,财务控制分项指数和财权配置分项指数居中。财务监督和财务控制分项指数均值都达到 70 分以上,而财权配置和财务激励指数均值距离及格线甚远,这说明中国上市公司财务监督和财务控制水平相对于财权配置和财务激励水平表现更好,也间接说明后两个指标水平还有很大的提升空间。

图 15-1 更直观地反映了财务治理四个分项指数的差异。可以看到,四个分项指数的平均值和中位值的排序近似,财务监督分项指数的均值最高,而财务控制分项指数的中位值最高,财务激励分项指数的均值和中位值都是最低的。

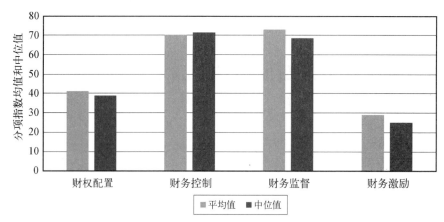

图 15 - 1　2016 年上市公司财务治理分项指数比较

15.2　财权配置分项指数排名及比较

财权配置分项指数主要考察企业的各利益相关者是否能够行使好自己的财务决策权。本报告的财权配置分项指数包括 9 个二级指标,分别从股东、董事会、执行层三个角度评价财务决策权的配置情况。本节主要是对财权配置分项指数排名的各种情况进行比较分析。

15.2.1　财权配置分项指数总体分布

基于 2840 家上市公司财权配置的各项指标,我们得到了每家上市公司的财权配置分项指数。以 10 分为间隔,可以将财权配置分项指数划分为 9 个得分区间(公司数目为 0 的相邻区间合并),各得分区间的分布情况参见表 15 - 2。

表 15 - 2　2016 年上市公司财权配置分项指数区间分布

指 数 区 间	公 司 数 目	占　比(%)	累计占比(%)
[0, 10)	7	0.25	0.25
[10, 20)	106	3.73	3.98
[20, 30)	454	15.99	19.96
[30, 40)	938	33.03	52.99
[40, 50)	809	28.49	81.48
[50, 60)	385	13.56	95.04
[60, 70)	100	3.52	98.56
[70, 80)	41	1.44	100.00
[80, 100]	0	0.00	100.00
总　计	2840	100.00	—

图 15-2 更直观地显示了财权配置分项指数的区间分布情况。

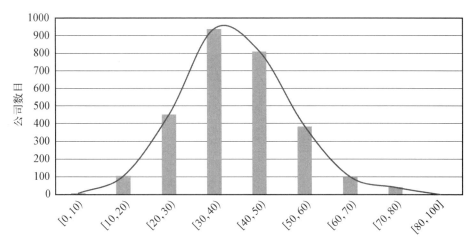

图 15-2　2016 年上市公司财权配置分项指数区间分布

表 15-2 和图 15-2 显示,2016 年上市公司财权配置分项指数在除了[80,100]以外的各个区间均有分布。70 分以上的上市公司有 41 家,占比 1.44%;30 分以下(不含 30 分)的上市公司共 567 家,占比 19.96%;大多数上市公司都集中在[20,60)区间,共有 2586 家公司,占比 91.06%。[30,40)区间的公司数目最多,有 938 家,占比 33.03%,其次为区间[40,50),有 809 家,占比 28.49%。60 分以上的上市公司仅有 141 家,及格率仅为 4.96%。

15.2.2　分地区财权配置分项指数比较

按照东部、中部、西部和东北四个地区的划分标准,我们统计了四个地区上市公司的财权配置分项指数,并按照均值从高到低降序排列,结果参见表 15-3。

表 15-3　2016 年不同地区上市公司财权配置分项指数排名及比较

排　名	地　　区	公司数目	平 均 值	中 位 值	最 大 值	最 小 值	标 准 差
1	西部	406	42.9788	42.7778	72.1382	15.0000	11.7796
2	中部	400	42.8824	41.1123	72.8486	11.1111	12.6407
3	东北	147	41.4111	39.9137	70.5556	4.3554	11.8983
4	东部	1887	40.4768	38.3323	73.0652	3.8889	11.9100
总　体		2840	41.2217	38.9305	73.0652	3.8889	12.0401

从表 15-3 可以看出,四个地区财权配置分项指数均值从高到低依次为西部、中部、东北和东部,均值最大值与最小值之间的绝对差距为 2.5020 分,差距并不大。

图 15-3 更直观地反映了四个地区上市公司财权配置分项指数均值的差异。可以看到,除了东部地区的上市公司财权配置分项指数均值低于总体均值外,其他三个地区的上市公司财权配置分项指数均值均高于总体均值。

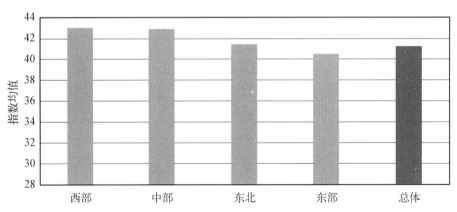

图 15 - 3　2016 年不同地区上市公司财权配置分项指数均值比较

15.2.3　分行业财权配置分项指数比较

根据中国证监会 2012 年修订的《上市公司行业分类指引》,我们对 18 个行业的上市公司财权配置分项指数进行了比较,并按均值大小从高到低降序排列,结果参见表 15 - 4。

表 15 - 4　2016 年不同行业上市公司财权配置分项指数排名及比较

排名	行　　业	公司数目	平均值	中位值	最大值	最小值	标准差
1	交通运输、仓储和邮政业(G)	87	46.0027	48.3333	70.7934	15.0000	11.9295
2	采矿业(B)	73	44.7274	48.3333	70.8328	15.2787	11.8732
3	建筑业(E)	77	44.2997	42.5742	72.8486	26.1111	12.8136
4	房地产业(K)	125	43.0907	43.8709	70.9151	15.0000	11.0527
5	电力、热力、燃气及水生产和供应业(D)	96	42.9737	40.9137	71.9667	11.1111	11.6332
6	住宿和餐饮业(H)	11	42.4816	38.6200	70.5556	26.1111	13.4601
7	文化、体育和娱乐业(R)	41	41.6635	38.7529	60.7799	15.1565	10.5833
8	水利、环境和公共设施管理业(N)	33	41.4772	48.3333	66.6667	20.5556	10.6787
9	科学研究和技术服务业(M)	23	41.4610	37.2222	61.3383	20.9804	11.1096
10	批发和零售业(F)	148	41.2758	38.9396	70.5556	4.3554	12.2934
11	综合(S)	23	41.1376	41.5845	60.2159	16.4760	11.2716
12	制造业(C)	1775	40.9548	38.8899	73.0652	3.8889	12.1757
13	卫生和社会工作(Q)	7	40.7624	37.2222	60.2682	15.0000	15.3813
14	金融业(J)	57	39.9407	37.6440	60.3092	15.0043	10.8970
15	租赁和商务服务业(L)	40	38.4302	37.2737	59.6427	15.0000	11.8106

续　表

排名	行　　业	公司数目	平均值	中位值	最大值	最小值	标准差
16	信息传输、软件和信息技术服务业(I)	177	38.1654	37.2222	70.5556	10.3374	10.9139
17	农、林、牧、渔业(A)	44	38.0457	38.6579	59.7153	6.5140	12.1316
18	教育(P)	3	34.3742	37.2222	38.5649	27.3356	6.1325
总　体		2840	41.2217	38.9305	73.0652	3.8889	12.0401

从表 15-4 可以看出，18 个行业中，财权配置分项指数均值的最大值和最小值之间的绝对差距是 11.6285 分。财权配置分项指数均值高于总体均值的有 10 个行业，这 10 个行业的最大均值与总体均值之间的绝对差距为 4.7810 分；低于总体均值的有 8 个行业，总体均值与这 8 个行业的最小均值的绝对差距为 6.8475 分。显然前 10 个行业内部的差距显著小于后 8 个行业。上市公司财权配置分项指数均值排名前三位的行业分别是交通运输、仓储和邮政业(G)，采矿业(B)和建筑业(E)，排名最后三位的行业分别是教育(P)，农、林、牧、渔业(A)和信息传输、软件和信息技术服务业(I)。需要注意的是，教育行业(P)只有 3 家上市公司，难以反映该行业的实际平均水平。

图 15-4 更直观地反映了不同行业上市公司财权配置分项指数的差异。可以看到，除了排名第一位的交通运输、仓储和邮政业(G)上市公司财权配置分项指数均值明显高于其他行业，排名最后一位的教育行业(P)上市公司财权配置分项指数均值明显低于其他行业外，其他行业上市公司财权配置分项指数均值呈阶梯状分布，相对差距比较均匀。

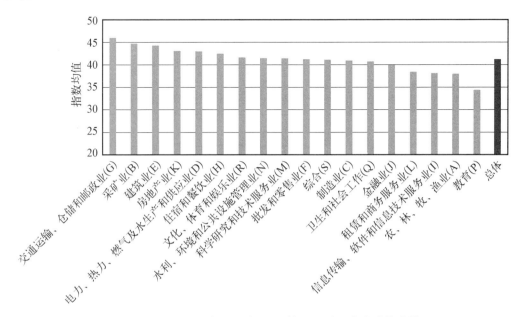

图 15-4　2016 不同行业上市公司财权配置分项指数均值比较

15.2.4　分上市板块财权配置分项指数比较

　　上市板块划分为深市主板(不含中小企业板)、沪市主板、深市中小企业板和深市创业板。不同板块上市公司财权配置分项指数的比较参见表 15-5,表中按均值大小进行了排序。

表 15-5　2016 年不同板块上市公司财权配置分项指数排名及比较

排名	上 市 板 块	公司数目	平均值	中位值	最大值	最小值	标准差
1	深市主板(不含中小企业板)	466	43.2707	47.6289	73.0652	11.9548	11.8559
2	沪市主板	1086	42.3180	39.8585	72.1382	4.3554	12.2025
3	深市创业板	504	39.7167	37.3747	70.9288	5.6260	11.2080
4	深市中小企业板	784	39.4526	37.7798	72.8980	3.8889	12.0976
	总　　体	**2840**	**41.2217**	**38.9305**	**73.0652**	**3.8889**	**12.0401**

　　从表 15-5 可以看出,财权配置分项指数均值从高到低依次为深市主板(不含中小企业板)、沪市主板、深市创业板和深市中小企业板。其中,最高的深市主板(不含中小企业板)上市公司财权配置分项指数均值和最低的深市中小企业板相差 3.8181 分。

　　图 15-5 更直观地反映了不同板块上市公司财权配置分项指数的差异。可以看到,深市主板(不含中小企业板)和沪市主板上市公司财权配置分项指数均值高于总体均值,深市创业板和深市中小企业板上市公司财权配置分项指数均值均低于总体均值。

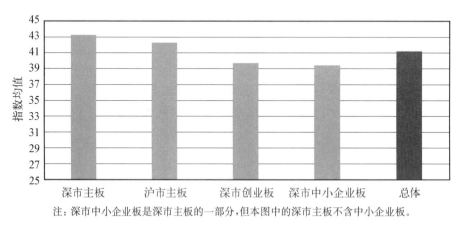

注:深市中小企业板是深市主板的一部分,但本图中的深市主板不含中小企业板。

图 15-5　2016 年不同板块上市公司财权配置分项指数均值比较

15.3　财务控制分项指数排名及比较

　　财务控制分项指数包含三方面的内容:一是对上市公司内部控制体系和风险控制体系

建设的评估;二是对董事会风险委员会设立的评估;三是对上市公司财务风险状况的评估。
财务控制分项指数由 8 个二级指标构成。本节主要对财务控制分项指数排名的各种情况进
行比较分析。

15.3.1　财务控制分项指数总体分布

基于 2840 家上市公司财务控制的各项指标,我们得到了每家上市公司的财务控制分项
指数。以 10 分为间隔,可以将财务控制分项指数划分为 10 个得分区间,各得分区间的分布
情况参见表 15-6。

表 15-6　2016 年上市公司财务控制分项指数区间分布

指 数 区 间	公 司 数 目	占　比(%)	累计占比(%)
[0, 10)	1	0.04	0.04
[10, 20)	2	0.07	0.11
[20, 30)	6	0.21	0.32
[30, 40)	26	0.92	1.23
[40, 50)	130	4.58	5.81
[50, 60)	605	21.30	27.11
[60, 70)	246	8.66	35.77
[70, 80)	1038	36.55	72.32
[80, 90)	754	26.55	98.87
[90, 100]	32	1.13	100.00
总　　计	2840	100.00	—

图 15-6 更直观地显示了财务控制分项指数的区间分布情况。

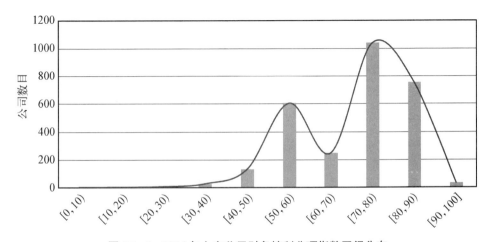

图 15-6　2016 年上市公司财务控制分项指数区间分布

表 15－6 和图 15－6 显示,2016 年上市公司财务控制分项指数共有 10 个得分区间。财务控制分项指数主要分布在[50,90)区间,总计有 2643 家公司,占比高达 93.06％。财务控制分项指数在 60 分以上的上市公司共 2070 家,及格率为 72.89％。

15.3.2　分地区财务控制分项指数比较

比较四个地区上市公司财务控制分项指数,并按均值大小进行排序,参见表 15－7。

表 15－7　2016 年不同地区上市公司财务控制分项指数排名及比较

排 名	地　区	公司数目	平均值	中位值	最大值	最小值	标准差
1	东部	1887	71.3229	71.7353	96.8875	18.0186	11.4342
2	中部	400	70.2286	71.6925	90.9082	21.6544	11.3580
3	西部	406	68.1501	71.3893	90.8134	7.0761	13.0085
4	东北	147	67.3442	69.8031	96.6372	33.3703	13.4958
总　体		2840	70.5093	71.6783	96.8875	7.0761	11.8430

从表 15－7 可以看出,四个地区上市公司财务控制分项指数均值从高到低依次为东部、中部、西部和东北。最大均值和最小均值之间的绝对差距为 3.9787 分。

图 15－7 更直观地反映了四个地区上市公司财务控制分项指数均值的差异。可以看到,只有东部地区上市公司财务控制分项指数均值超过总体均值,其他三个地区的财务控制分项指数均值都低于总体均值。总的来说,地区间差异较小。

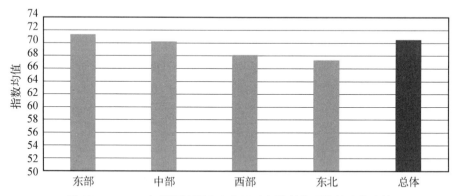

图 15－7　2016 年不同地区上市公司财务控制分项指数均值比较

15.3.3　分行业财务控制分项指数比较

2016 年 18 个行业上市公司财务控制分项指数比较参见表 15－8,表中按均值大小进行了排序。

从表 15－8 可以看出,18 个行业中,财务控制分项指数均值的最大值和最小值之间的绝对差距为 21.5874 分,差距较大。有 8 个行业的上市公司财务控制分项指数均值高于总体

表 15-8　2016 年不同行业上市公司财务控制分项指数排名及比较

排名	行　　业	公司数目	平均值	中位值	最大值	最小值	标准差
1	金融业(J)	57	79.0492	78.3869	96.5320	51.4485	9.9906
2	建筑业(E)	77	72.2280	71.5764	90.6132	46.7931	10.3561
3	科学研究和技术服务业(M)	23	71.9294	71.6459	84.5632	46.6739	10.9509
4	农、林、牧、渔业(A)	44	71.5614	71.7222	90.4078	21.5865	13.4874
5	租赁和商务服务业(L)	40	71.4298	71.7189	84.3004	46.3620	10.8343
6	信息传输、软件和信息技术服务业(I)	177	71.2074	71.7649	90.2122	18.0186	11.9514
7	水利、环境和公共设施管理业(N)	33	71.0954	71.5585	84.6367	33.7289	12.8146
8	制造业(C)	1775	71.0868	71.7196	96.8875	7.0761	11.4018
9	卫生和社会工作(Q)	7	69.1012	71.9064	84.1017	53.3950	10.0805
10	文化、体育和娱乐业(R)	41	68.9940	71.5345	84.4989	40.5938	11.6396
11	电力、热力、燃气及水生产和供应业(D)	96	68.7831	65.9895	90.4717	46.8760	10.5605
12	批发和零售业(F)	148	67.7222	71.2696	89.7638	33.3703	12.5357
13	采矿业(B)	73	67.4037	71.1532	90.4910	34.5143	13.0660
14	房地产业(K)	125	67.2531	71.2085	90.9193	20.2713	14.5437
15	综合(S)	23	66.7459	71.3753	84.2448	40.8624	10.7884
16	交通运输、仓储和邮政业(G)	87	66.2921	70.4255	90.8596	40.2793	11.9508
17	住宿和餐饮业(H)	11	59.0194	59.5613	84.0398	34.1154	15.8968
18	教育(P)	3	57.4618	59.1119	65.7216	47.5521	9.1965
	总　体	2840	70.5093	71.6783	96.8875	7.0761	11.8430

均值,这 8 个行业的行业最大均值与总体均值之间的绝对差距为 8.5399 分;有 10 个行业低于总体均值,总体均值与这 10 个行业的最小均值之间的绝对差距为 13.0475 分。显然前 8 个行业内部的差距显著小于后 10 个行业。上市公司财务控制分项指数均值排名前三位的行业分别为金融业(J)、建筑业(E),以及科学研究和技术服务业(M),排名最后三位的行业分别为教育(P)、住宿和餐饮业(H),以及交通运输、仓储和邮政业(G)。需要注意的是,教育行业(P)只有 3 家上市公司,难以反映该行业的实际平均水平。

　　图 15-8 更直观地反映了不同行业上市公司财务控制分项指数均值的差异。可以看到,有 8 个行业的上市公司财务控制分项指数均值高于 70 分,其中金融业(J)排在首位,大幅领先于排名第二的建筑业(E)(高出 6.8212 分)。此外,从第二名建筑业(E)到第 16 名交通运输、仓储和邮政业(G)的财务控制分项指数均值变化幅度较小,该区间内最大值和最小

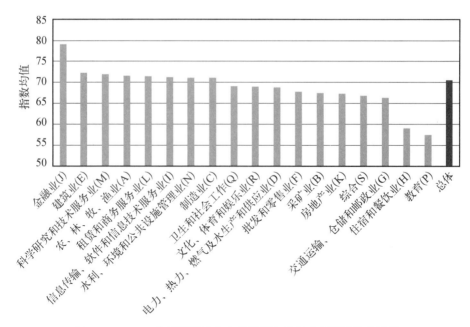

图 15‑8　2016 年不同行业上市公司财务控制分项指数均值比较

值的绝对差距仅为 5.9359 分。排名末两位的教育业(P)、住宿和餐饮业(H)的财务控制分项指数均值与其他行业的差距较大,两者得分均低于 60 分。

15.3.4　分上市板块财务控制分项指数比较

2016 年不同板块上司公司财务控制分项指数的比较参见表 15‑9,表中按均值大小进行了排序。

表 15‑9　2016 年不同板块上市公司财务控制分项指数排名及比较

排名	上 市 板 块	公司数目	平 均 值	中 位 值	最 大 值	最 小 值	标 准 差
1	深市中小企业板	784	75.8259	72.2445	96.8875	34.2571	8.8318
2	深市创业板	504	74.7528	71.9129	90.2730	46.9313	8.8027
3	深市主板(不含中小企业板)	466	74.4964	71.9972	96.6372	33.7289	10.3454
4	沪市主板	1086	62.9909	59.8354	96.5320	7.0761	11.6927
	总　体	2840	70.5093	71.6783	96.8875	7.0761	11.8430

从表 15‑9 可以看出,上市公司财务控制分项指数均值从高到低依次为深市中小企业板、深市创业板、深市主板(不含中小企业板)和沪市主板。沪市主板上市公司财务控制水平最差,均值为 62.9909 分,大大低于排名最高的深市中小企业板,比后者低 12.8350 分。

图 15‑9 更直观地反映了不同板块上市公司财务控制分项指数均值的差异。可以看到,沪市主板上市公司财务控制分项指数均值大大低于总体均值,其余三个板块的上市公司财务控制分项指数均值差距较小,且都高于总体均值。

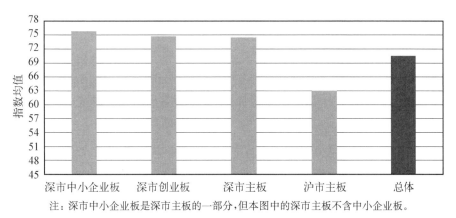

注：深市中小企业板是深市主板的一部分，但本图中的深市主板不含中小企业板。

图 15－9　2016 年不同板块上市公司财务控制分项指数均值比较

15.4　财务监督分项指数排名及比较

财务监督分项指数主要考察企业各个职能部门及其他利益相关者对财务权力执行过程的监督，包括企业的内部监督机制（审计委员会）以及外部监督机制（外部审计师）。本报告中财务监督分项指数包括 8 个二级指标，分别对上市公司内部监督机制、外部监督机制以及财务信息披露质量的运行状况进行评价。本节主要对财务监督分项指数排名的各种情况进行比较分析。

15.4.1　财务监督分项指数总体分布

基于 2840 家上市公司财务监督的各项指标，我们得到了每家上市公司的财务监督分项指数。以 10 分为间隔，可以将财务监督分项指数划分为 10 个得分区间，各得分区间的分布情况参见表 15－10。

表 15－10　2016 年上市公司财务监督分项指数区间分布

指　数　区　间	公　司　数　目	占　　比（％）	累计占比（％）
[0，10)	0	0.00	0.00
[10，20)	3	0.11	0.11
[20，30)	19	0.67	0.77
[30，40)	85	2.99	3.77
[40，50)	135	4.75	8.52
[50，60)	176	6.20	14.72
[60，70)	1163	40.95	55.67
[70，80)	101	3.56	59.23

续　表

指 数 区 间	公 司 数 目	占　比(%)	累计占比(%)
[80，90)	528	18.59	77.82
[90，100]	630	22.18	100.00
总　计	2840	100.00	—

图 15-10 更直观地显示了财务监督分项指数的区间分布情况。

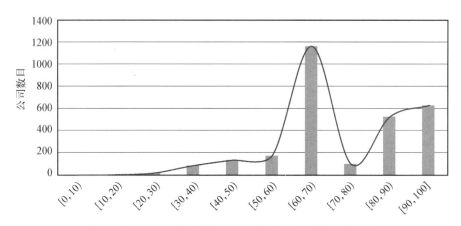

图 15-10　2016 年上市公司财务监督分项指数区间分布

表 15-10 和图 15-10 显示,2016 年上市公司财务监督分项指数共有 10 个得分区间。财务监督分项指数主要集中在[60，70)和[80，100]区间,共有 2321 家公司,占比为 81.73%。分布最多的是[60，70)区间,有 1163 家公司,占比 40.95%。财务监督分项指数在 60 分以上的上市公司共 2422 家,及格率为 85.28%。由此可见,上市公司财务监督分项指数得分普遍较高。

15.4.2　分地区财务监督分项指数比较

从东部、中部、西部和东北四个地区的划分来看,上市公司财务监督分项指数均值从高到低依次为东部、中部、西部和东北。最高的东部与最低的东北之间的绝对差距为7.5406 分,具体比较结果参见表 15-11。

表 15-11　2016 年不同地区上市公司财务监督分项指数排名及比较

排 名	地 区	公司数目	平 均 值	中 位 值	最 大 值	最 小 值	标 准 差
1	东部	1887	74.6324	68.7500	100.0000	18.7500	15.7616
2	中部	400	71.2656	68.7500	100.0000	12.5000	16.9025
3	西部	406	70.8282	68.7500	100.0000	18.7500	17.5959
4	东北	147	67.0918	68.7500	100.0000	25.0000	17.0980
总　体		2840	73.2240	68.7500	100.0000	12.5000	16.4017

　　图 15 – 11 更直观地反映了四个地区上市公司财务监督分项指数均值的差异。可以看出,只有东部地区上市公司的财务监督分项指数均值高于总体均值,其他三个地区都低于总体均值。

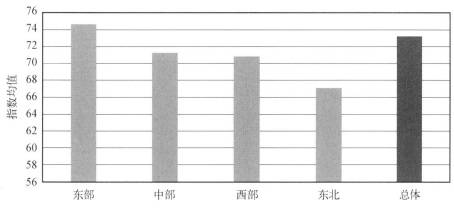

图 15 – 11　2016 年不同地区上市公司财务监督分项指数均值比较

15.4.3　分行业财务监督分项指数比较

　　2016 年 18 个行业上市公司财务监督分项指数的比较参见表 15 – 12,表中按均值大小进行了排序。

表 15 – 12　2016 年不同行业上市公司财务监督分项指数排名及比较

排名	行　　业	公司数目	平均值	中位值	最大值	最小值	标准差
1	交通运输、仓储和邮政业(G)	87	77.9454	81.2500	100.0000	31.2500	15.7434
2	电力、热力、燃气及水生产和供应业(D)	96	76.7578	81.2500	93.7500	25.0000	15.6468
3	水利、环境和公共设施管理业(N)	33	76.1364	68.7500	93.7500	43.7500	14.2740
4	文化、体育和娱乐业(R)	41	75.9146	68.7500	93.7500	25.0000	16.9190
5	金融业(J)	57	75.4386	75.0000	100.0000	25.0000	17.7902
6	信息传输、软件和信息技术服务业(I)	177	75.0000	68.7500	100.0000	18.7500	16.7890
7	房地产业(K)	125	74.0000	68.7500	100.0000	31.2500	16.9573
8	科学研究和技术服务业(M)	23	73.3696	68.7500	93.7500	43.7500	15.3345
9	建筑业(E)	77	73.0519	68.7500	100.0000	25.0000	17.5393
10	批发和零售业(F)	148	72.8041	68.7500	100.0000	25.0000	16.8443
11	制造业(C)	1775	72.7746	68.7500	100.0000	12.5000	16.2261
12	采矿业(B)	73	72.0034	68.7500	100.0000	18.7500	18.1055

续　表

排名	行　　业	公司数目	平均值	中位值	最大值	最小值	标准差
13	卫生和社会工作(Q)	7	71.4286	68.7500	93.7500	56.2500	12.4254
14	租赁和商务服务业(L)	40	70.9375	68.7500	100.0000	37.5000	15.7955
15	综合(S)	23	70.9239	68.7500	93.7500	43.7500	15.3797
16	教育(P)	3	70.8333	62.5000	87.5000	62.5000	14.4338
17	农、林、牧、渔业(A)	44	67.1875	68.7500	93.7500	25.0000	14.1450
18	住宿和餐饮业(H)	11	63.6364	62.5000	93.7500	25.0000	20.6946
	总　　体	2840	73.2240	68.7500	100.0000	12.5000	16.4017

由表 15-12 可知,18 个行业中,排名第一的交通运输、仓储和邮政业(G)和排名最后一位的住宿和餐饮业(H)的均值绝对差距为 14.3090 分,行业间差距较大。有 8 个行业上市公司财务监督分项指数均值高于总体均值,这 8 个行业的行业最大均值与总体均值之间的绝对差距为 4.7214 分;另外 10 个行业低于总体均值,总体均值与这 10 个行业的最小均值之间的绝对差距为 9.5876 分。显然前 8 个行业的内部差距小于后 10 个行业。上市公司财务监督分项指数均值排名中,交通运输、仓储和邮政业(G)以 77.9454 分排名第一,电力、热力、燃气及水生产和供应业(D)以及水利、环境和公共设施管理业(N)排名第二、第三位。排在后三位的分别是住宿和餐饮业(H),农、林、牧、渔业(A),教育(P)。需要注意的是,教育行业(P)只有 3 家上市公司,难以反映该行业的实际平均水平。

图 15-12 更直观地反映了不同行业上市公司财务监督分项指数均值的差异。可以看到,不同行业上市公司财务监督分项指数均值呈阶梯状分布,排名前 16 位的上市公司财务

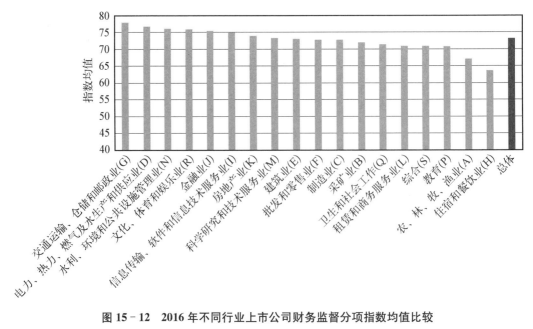

图 15-12　2016 年不同行业上市公司财务监督分项指数均值比较

监督分项指数变化幅度较小,排名后两位的住宿和餐饮业(H)以及农、林、牧、渔业(A)上市公司财务监督分项指数均值明显低于其他行业。

15.4.4 分上市板块财务监督分项指数比较

2016年不同板块上市公司财务监督分项指数的比较参见表15-13,表中按均值大小进行了排序。

表 15-13　2016 年不同板块上市公司财务监督分项指数排名及比较

排名	上 市 板 块	公司数目	平均值	中位值	最大值	最小值	标准差
1	深市创业板	504	77.5918	81.2500	93.7500	25.0000	14.9249
2	深市中小企业板	784	73.7245	68.7500	93.7500	25.0000	15.0916
3	深市主板(不含中小企业板)	466	71.5531	68.7500	100.000	25.0000	16.1095
4	沪市主板	1086	71.5527	68.7500	100.0000	12.5000	17.6640
	总 体	2840	73.2240	68.7500	100.0000	12.5000	16.4017

从表15-13可以看出,上市公司财务监督分项指数均值从高到低依次为深市创业板、深市中小企业板、深市主板(不含中小企业板)和沪市主板。

图15-13更直观地反映了不同板块上市公司财务监督分项指数均值的差异。可以看到,深市创业板和深市中小企业板的上市公司财务监督分项指数均值高于总体均值,深市主板(不含中小企业板)和沪市主板则低于总体均值。深市创业板在财务监督方面的表现明显好于其他三个板块,沪市主板表现最差。

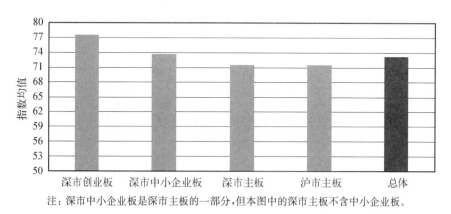

注:深市中小企业板是深市主板的一部分,但本图中的深市主板不含中小企业板。

图 15-13　2016 年不同板块上市公司财务监督分项指数均值比较

15.5 财务激励分项指数排名及比较

财务激励分项指数主要考察企业是否具有足够有效的财务激励机制。本报告中财务激励分项指数包括 6 个二级指标,分别评价上市公司对股东、高管以及员工的激励情况。本节就财务激励分项指数从不同角度进行比较和分析。

15.5.1　财务激励分项指数总体分布

基于 2840 家上市公司财务监督的各项指标,我们得到了每家上市公司的财务激励分项指数。以 10 分为间隔,可以将财务激励分项指数划分为 8 个得分区间(公司数目为 0 的相邻区间合并),各得分区间的分布情况参见表 15 - 14。

表 15 - 14　2016 年上市公司财务激励分项指数区间分布

指 数 区 间	公 司 数 目	占　比(%)	累计占比(%)
[0, 10)	389	13.70	13.70
[10, 20)	197	6.94	20.63
[20, 30)	1030	36.27	56.90
[30, 40)	281	9.89	66.80
[40, 50)	772	27.18	93.98
[50, 60)	164	5.77	99.75
[60, 70)	7	0.25	100.00
[70, 100]	0	0.00	100.00
总　计	2840	100.00	—

图 15 - 14 更直观地显示了财务激励分项指数的区间分布情况。

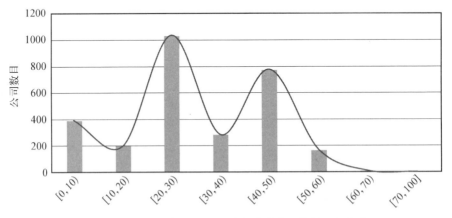

图 15 - 14　2016 年上市公司财务激励分项指数区间分布

从表 15 - 14 和图 15 - 14 可以看出,财务激励分项指数主要分布在[20,30)和[40,50)两个区间,共有 1802 家公司,占比 63.45%,其中在[20,30)区间的公司最多,共 1030家,占比 36.27%。财务激励分项指数在 60 分以上的上市公司共 7 家,及格率仅为 0.25%;有 20 家上市公司财务激励分项指数为 0 分。

15.5.2　分地区财务激励分项指数比较

将上市公司按照东部、中部、西部和东北四个地区划分,不同地区上市公司财务激励分项指数的比较参见表 15 - 15,表中按均值大小进行了排序。

表 15 - 15　2016 年不同地区上市公司财务激励分项指数排名及比较

排　名	地　　区	公司数目	平均值	中位值	最大值	最小值	标准差
1	东部	1887	29.8747	25.1347	67.9131	0.0000	12.7368
2	中部	400	27.8498	25.0814	66.8911	0.0000	12.7885
3	西部	406	27.8085	25.0877	54.2064	0.0000	12.8750
4	东北	147	26.8695	25.0588	58.3333	0.0000	12.4261
总　体		**2840**	**29.1386**	**25.1092**	**67.9131**	**0.0000**	**12.7850**

由表 15 - 15 可知,财务激励分项指数均值从高到低依次为东部、中部、西部和东北。东部上市公司财务激励分项指数均值最高,为 29.8747 分;其次是中部地区,为 27.8498 分;西部地区排名第三,为 27.8085 分;东北地区财务激励分项指数均值最低,为 26.8695 分。最高与最低地区的绝对差距为 3.0052 分,差距不大,但整体偏低。

图 15 - 15 更直观地反映了不同地区上市公司财务激励分项指数均值的差异。可以看出,不同地区上市公司财务激励分项指数均值的差别不大,只有东部上市公司的财务激励分项指数均值高于总体均值,其他三个地区的财务激励分项指数均值都低于总体均值。

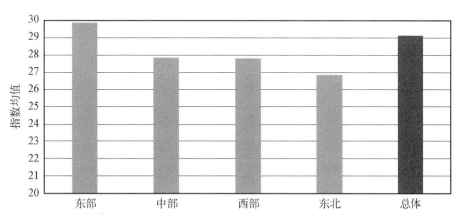

图 15 - 15　2016 年不同地区上市公司财务激励分项指数均值比较

15.5.3　分行业财务激励分项指数比较

2016 年 18 个行业上市公司财务激励分项指数的比较参见表 15 - 16,表中按均值大小进行了排序。

表 15 - 16   2016 年不同行业上市公司财务激励分项指数排名及比较

排名	行 业	公司数目	平均值	中位值	最大值	最小值	标准差
1	卫生和社会工作(Q)	7	33.7683	41.6667	41.7544	8.3333	12.7845
2	教育(P)	3	33.3577	25.0557	50.0000	25.0173	14.4127
3	租赁和商务服务业(L)	40	32.9921	33.4868	58.4227	0.0704	14.8502
4	农、林、牧、渔业(A)	44	32.6948	29.4748	66.6939	8.3333	11.9413
5	信息传输、软件和信息技术服务业(I)	177	31.5942	25.2982	66.6964	8.3333	12.5468
6	文化、体育和娱乐业(R)	41	31.5486	25.1221	50.0093	8.3333	12.0029
7	水利、环境和公共设施管理业(N)	33	31.3289	33.3333	50.0612	8.3333	11.3455
8	科学研究和技术服务业(M)	23	30.2852	33.3333	50.1092	8.3333	15.7805
9	综合(S)	23	30.1581	25.0622	50.0000	8.3916	11.2588
10	制造业(C)	1775	29.3672	25.1367	67.9131	0.0000	12.7354
11	房地产业(K)	125	28.9607	25.0719	58.3964	0.0000	13.5901
12	金融业(J)	57	28.4161	33.3358	54.2064	8.3333	12.5814
13	建筑业(E)	77	27.5356	25.0631	58.3442	0.0309	13.3053
14	交通运输、仓储和邮政业(G)	87	27.0364	25.0697	50.1064	8.3333	11.7170
15	电力、热力、燃气及水生产和供应业(D)	96	26.3679	25.0719	50.0747	0.0000	12.7479
16	采矿业(B)	73	26.1685	25.0336	50.0635	0.0000	13.2653
17	批发和零售业(F)	148	25.7707	25.0366	58.3333	0.0227	11.4728
18	住宿和餐饮业(H)	11	23.1251	16.6667	45.7143	0.0549	16.7978
总 体		**2840**	**29.1386**	**25.1092**	**67.9131**	**0.0000**	**12.7850**

从表 15 - 16 中可以看出,18 个行业中,行业最大均值与最小均值的绝对差距为10.6432 分,差距较大。有 10 个行业的上市公司财务激励分项指数均值高于总体均值,这10 个行业的行业最大均值与总体均值之间的绝对差距为 4.6297 分;8 个行业低于总体均值,总体均值与这 8 个行业的最小均值之间的绝对差距为 6.0135 分。显然,后 8 个行业内部的差距大于前 10 个行业。卫生和社会工作(Q)以 33.7683 分排名第一,教育(P)、租赁和商务服务业(L)分列第二、第三位。需要注意的是,教育行业(P)只有 3 家上市公司,难以反映该行业的实际平均水平。排名后三位的行业分别是住宿和餐饮业(H)、批发和零售业(F)、采矿业(B)。

图 15 - 16 更直观地反映了不同行业上市公司财务激励分项指数均值的差异。可以看出,财务激励分项指数均值按从大到小的顺序整体上呈平缓的梯形分布,住宿和餐饮业(H)上市公司财务激励分项指数均值得分最低,且与其他行业差距较大。

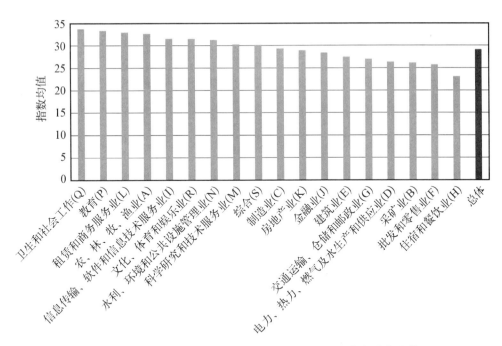

图 15‑16　2016 年不同行业上市公司财务激励分项指数均值比较

15.5.4　分上市板块财务激励分项指数比较

2016 年不同板块上市公司财务激励分项指数的比较参见表 15‑17,表中按均值大小进行了排序。

表 15‑17　2016 年不同板块上市公司财务激励分项指数排名及比较

排名	上 市 板 块	公司数目	平均值	中位值	最大值	最小值	标准差
1	深市中小企业板	784	31.2759	25.7270	67.9131	0.0000	12.5392
2	深市创业板	504	31.2017	27.5105	66.7252	0.0688	12.8261
3	深市主板(不含中小企业板)	466	29.2544	25.1137	58.4036	0.0000	12.9665
4	沪市主板	1086	26.5884	25.0622	58.4605	0.0000	12.4144
	总　体	**2840**	**29.1386**	**25.1092**	**67.9131**	**0.0000**	**12.7850**

从表 15‑17 可知,财务激励分项指数均值从高到低依次为深市中小企业板、深市创业板、深市主板(不含中小企业板)和沪市主板。最大值和最小值之间的绝对差距为 4.6875 分。

图 15‑17 更直观地反映了不同板块上市公司财务激励分项指数均值的差异。可以看出,深市三个板块的上市公司财务激励分项指数均值都高于沪市主板,尤其是深市中小企业板和深市创业板的财务激励水平,较大程度地高于沪市主板。

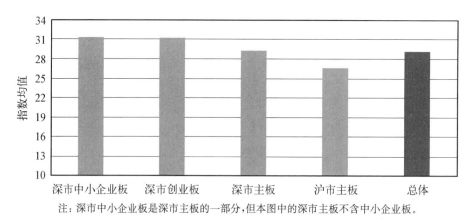

注：深市中小企业板是深市主板的一部分,但本图中的深市主板不含中小企业板。

图 15-17　2016 年不同板块上市公司财务激励分项指数均值比较

15.6　本 章 小 结

本章从指数区间分布以及地区、行业、上市板块等四个角度,对财务治理指数的四个维度,即财权配置、财务控制、财务监督和财务激励进行了全面分析。主要结论如下:

(1) 财务治理四个分项指数中,财务监督分项指数均值最大,财务激励分项指数均值最小。财务监督和财务控制分项指数均值都达到 70 分以上,而财权配置和财务激励指数均值距离及格线还甚远。财权配置分项指数主要集中在[20,60)区间,占比 91.06%;财务控制分项指数主要分布在[50,90)区间,占比高达 93.06%;财务监督分项指数主要分布在[60,70)和[80,100]区间,占比为 81.73%;财务激励分项指数主要分布在[20,30)和[40,50)两个区间,占比 63.45%。从及格率来看,财务监督分项指数及格率最高,为 85.28%;其次为财务控制分项指数,为 72.89%;而财权配置和财务激励两个分项指数及格率非常低,分别为 4.96% 和 0.25%。

(2) 从地区来看,财权配置分项指数均值从高到低依次为西部、中部、东北和东部。财务控制、财务监督和财务激励三个分项指数均值从高到低依次都是东部、中部、西部、东北。总体来看,东部地区上市公司在除财权配置之外的三个分项上都表现相对较好,而东北则在四个分项指数上表现相对较差。四个地区在财务控制和财务监督两个分项指数上的差别相对较大,在财权配置和财务激励两个分项指数上的差别相对较小。需要指出的是,四个地区在财务激励分项指数上的得分都非常低。

(3) 从行业来看,上市公司财权配置分项指数均值排名前三位的行业分别是交通运输、仓储和邮政业(G),采矿业(B)和建筑业(E);财务控制分项指数均值排名前三位的行业为金融业(J)、建筑业(E),以及科学研究和技术服务业(M);财务监督分项指数均值排名前三位的行业分别是交通运输、仓储和邮政业(G),电力、热力、燃气及水生产和供应业(D),以及水利、环境和公共设施管理业(N);财务激励分项指数均值排名前三位的行业为卫生和社会工作(Q)、教育(P)与租赁和商务服务业(L)。需要注意的是,教育行业(P)只有 3 家上市公司,难以反映该行业的实际平均水平。四个分项指数中,各个行业之间的差距都很大,行业最大均值与最小均值的差距都超过了 10 分,尤其是财务控制分项指数,行业最大均值与最小均值的差距超过了 20 分。

　　(4) 从上市板块来看,深市中小企业板上市公司在财务控制和财务激励方面的表现好于其他三个板块;深市创业板的财务控制、财务监督和财务激励三个分项指数均值都高于深市主板(不含中小企业板)和沪市主板;深市主板(不含中小企业板)在财权配置方面表现最好;沪市主板除财权配置分项指数外,在其他三个分项指数上的表现均不理想;四个上市板块在财务激励方面得分都不高,总体均值只有 29.1386 分。

第 16 章

财务治理指数的所有制比较

根据第 1 章的控股或所有制类型划分,本章对 2016 年 2840 家样本上市公司的财务治理指数及四个分项指数从所有制角度进行比较分析,以了解国有控股公司和非国有控股公司在财务治理方面存在的异同。

16.1 财务治理指数总体的所有制比较

16.1.1 财务治理总体指数比较

不同的所有制会对上市公司财务治理产生影响,表 16 - 1 比较了不同所有制上市公司的财务治理指数,并按照均值从高到低的顺序进行了排序。

表 16 - 1 2016 年不同所有制上市公司财务治理指数排名及比较

排名	所有制类型	公司数目	平均值	中位值	最大值	最小值	标准差
1	国有参股公司	710	54.5714	54.8632	75.0944	25.8773	7.1326
2	国有绝对控股公司	250	54.4177	54.7623	71.8241	28.5277	6.8047
3	无国有股份公司	1101	53.1548	53.6482	72.5441	26.0671	7.1873
4	国有强相对控股公司	443	53.1303	53.7339	72.5458	22.8370	7.5481
5	国有弱相对控股公司	336	52.3695	53.1067	71.8400	27.7670	7.8850
总 体		**2840**	**53.5234**	**53.9013**	**75.0944**	**22.8370**	**7.3190**

从表 16 - 1 可以看出,国有参股公司的财务治理指数均值最高,为 54.5714,其后分别是国有绝对控股公司(54.4177)、无国有股份公司(53.1548)和国有强相对控股公司(53.1303),国有弱相对控股公司的财务治理指数均值最低,为 52.3695。最大值与最小值的绝对差距为 2.2019,差距不太大。财务治理指数中位值从高到低的排序与均值排序结果略有差别,无国有股份公司和国有强相对控股公司颠倒了顺序,其他三类公司的排序没有变

化。从标准差看,国有弱相对控股公司的标准差最大,国有绝对控股公司的标准差最小,五类公司的标准差差异不大,反映了五类公司财务治理指数的离散程度相近。

图 16-1 更直观地反映了不同所有制上市公司财务治理指数的差异。可以看出,国有参股公司和国有绝对控股公司的财务治理指数均值高于总体均值,无国有股份公司、国有强相对控股公司和国有弱相对控股公司的财务治理指数均值低于总体均值。

如果按照第一大股东中的国有股份比例从大到小排列,可以看出,随着第一大股东中的国有持股比例的降低,财务治理指数的变化略呈"S"形状,这可能意味着,在中国目前情况下,股权适度集中对财务治理有一定益处,国有参股由于在不同投资者之间产生了一定的制衡,对于财务治理也具有一定的作用。这一点与中小投资者权益保护指数类似。

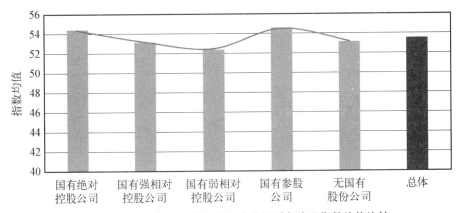

图 16-1 2016 年不同所有制上市公司财务治理指数均值比较

我们进一步将国有绝对控股公司、国有强相对控股公司和国有弱相对控股公司归类为国有控股公司,将国有参股公司和无国有股份公司归类为非国有控股公司,表 16-2 比较了国有控股公司和非国有控股公司的财务治理指数,并按照均值大小进行了排序。

表 16-2 2016 年国有控股和非国有控股上市公司财务治理指数排名及比较

排名	所有制类型	公司数目	平均值	中位值	最大值	最小值	标准差
1	非国有控股公司	1811	53.7102	54.0626	75.0944	25.8773	7.1972
2	国有控股公司	1029	53.1947	53.7159	72.5458	22.8370	7.5207
总 体		2840	53.5234	53.9013	75.0944	22.8370	7.3190

从表 16-2 可以看出,2016 年上市公司中,国有控股上市公司 1029 家,财务治理指数最大值 72.5458,最小值 22.8370,均值 53.1947,中位值 53.7159,标准差 7.5207。非国有控股上市公司 1811 家,最大值 75.0944,最小值 25.8773,均值 53.7102,中位值 54.0626,标准差 7.1972。从 2016 年上市公司财务治理指数的平均值和中位值来看,非国有控股公司均高于国有控股公司,其中国有控股公司财务治理指数均值与非国有控股公司财务治理指数均值的绝对差距为 0.5155,总体差距不大。就标准差反映的离散程度看,国有控股公司的离散程

度稍高。

根据实际控制人的性质,我们还可以将国有控股上市公司进一步区分为最终控制人为中央企业的国有控股公司(或称"中央企业控股公司")和最终控制人为地方国有企业的国有控股公司(或称"地方国企控股公司")。表 16-3 比较了两类国有企业与民资股东控股公司(即非国有控股公司)的财务治理指数。

表 16-3　2016 年不同最终控制人上市公司财务治理指数排名及比较

排名	最终控制人	公司数目	平均值	中位值	最大值	最小值	标准差
1	中央国有企业	357	53.9165	54.3621	71.8400	31.5600	7.0741
2	民资股东	1811	53.7102	54.0626	75.0944	25.8773	7.1972
3	地方国有企业	672	52.8112	53.5242	72.5458	22.8370	7.7252
总　体		2840	53.5234	53.9013	75.0944	22.8370	7.3190

从表 16-3 可以看出,中央企业控股公司的财务治理指数均值和中位值都高于地方国企控股公司,同时也高于非国有控股公司,但差距不是很大;地方国企控股公司的财务治理指数均值和中位值都低于非国有控股公司。

16.1.2　财务治理分项指数总体比较

财务治理指数包括财权配置、财务控制、财务监督和财务激励四个分项指数,表 16-4 对五类所有制上市公司的四个财务治理分项指数进行了比较。

表 16-4　2016 年不同所有制上市公司财务治理分项指数均值比较

所有制类型	财权配置	财务控制	财务监督	财务激励
国有绝对控股公司	45.5535	68.3606	78.0000	25.7568
国有强相对控股公司	44.1244	68.3274	72.8837	27.1859
国有弱相对控股公司	43.0366	69.0926	69.8289	27.5198
国有参股公司	40.1255	72.7376	74.3310	31.0914
无国有股份公司	39.2231	70.8705	72.5988	29.9268
总　体	41.2217	70.5093	73.2240	29.1386

从表 16-4 可以看出,五类所有制上市公司的四个财务治理分项指数存在一定差异。财权配置分项指数从高到低依次是国有绝对控股公司、国有强相对控股公司、国有弱相对控股公司、国有参股公司和无国有股份公司;财务控制分项指数从高到低依次为国有参股公司、无国有股份公司、国有弱相对控股公司、国有绝对控股公司和国有强相对控股公司;财务监督分项指数从高到低依次为国有绝对控股公司、国有参股公司、国有强相对控股公司、无

国有股份公司和国有弱相对控股公司;财务激励分项指数从高到低依次为国有参股公司、无
国有股份公司、国有弱相对控股公司、国有强相对控股公司和国有绝对控股公司。

图 16-2 更直观地反映了不同所有制上市公司财务治理四个分项指数的差异。

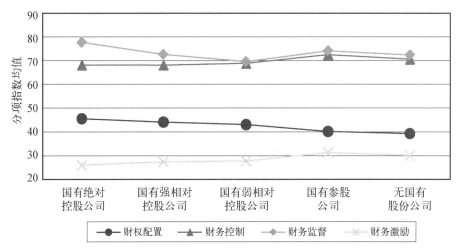

图 16-2　2016 年不同所有制上市公司财务治理分项指数均值比较

由图 16-2 可以看出,五类所有制上市公司中,四个分项指数中最高的都是财务监督分
项指数,财务激励分项指数普遍偏低。随着第一大股东中的国有股比例的降低,财权配置分
项指数呈逐渐降低趋势,说明就这个分项指数而言,适度较高的国有股比例对于提高公司财
权配置水平是比较有效的。相反,随着第一大股东中的国有股比例的降低,财务控制和财务
激励两个分项指数却总体上呈上升趋势,说明较高的国有股权比例并不利于财务控制和财
务激励水平的提高。在财务监督分项指数上,国有绝对控股公司最高,其次是国有参股公
司,这一方面说明来自国有大股东的监督力度较大,另一方面,国有参股的非国有控股公司,
可能因不同投资者的制衡而强化了监督。总体看,财权配置分项指数,三类国有控股上市公
司好于两类非国有控股公司;而财务控制和财务激励两个分项指数,则是两类非国有控股公
司好于三类国有控股公司。财务监督分项指数,并不能直观反映国有控股公司和非国有控
股公司孰好孰劣,还需要具体分析。

我们进一步将国有绝对控股公司、国有强相对控股公司和国有弱相对控股公司合并,视
为国有控股公司,将国有参股公司和无国有股份公司合并,视为非国有控股公司,两者的比
较见表 16-5。可以看出,除财权配置分项指数国有控股公司较大幅度高于非国有控股公司

表 16-5　2016 年国有控股与非国有控股上市公司财务治理分项指数均值比较

所有制类型	财权配置	财务控制	财务监督	财务激励
国有控股公司	44.1164	68.5853	73.1293	26.9477
非国有控股公司	39.5769	71.6025	73.2779	30.3834
总　体	**41.2217**	**70.5093**	**73.2240**	**29.1386**

外,其他三个分项指数均是国有控股公司低于非国有控股公司,尤其是在财务激励分项指数上,非国有控股公司比国有控股公司高出较多。

图 16-3 更直观地反映了国有控股公司与非国有控股公司财务治理四个分项指数的差异。可以发现,国有控股公司的财权配置分项指数明显好于非国有控股公司;非国有控股公司的财务控制和财务激励两个分项指数均明显好于国有控股公司;两类公司的财务监督分项指数则非常接近。

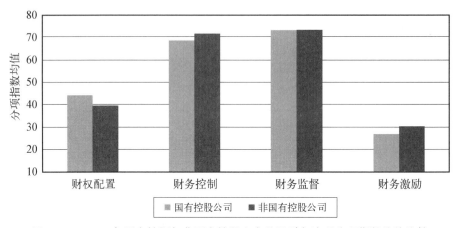

图 16-3　2016 年国有控股与非国有控股上市公司财务治理分项指数均值比较

根据实际控制人的类型,我们将国有控股上市公司进一步划分为中央企业控股公司和地方国企控股公司,两类国有控股公司与非国有控股公司在财务治理四个分项指数均值上的比较参见表 16-6。可以看出,中央企业控股公司在财权配置、财务控制、财务监督和财务激励四个分项指数上都高于地方国企控股公司;在财权配置分项指数上,两类国有控股公司都高于非国有控股公司;在财务控制和财务激励两个分项指数上,两类国有控股公司都低于非国有控股公司;在财务监督分项指数上,中央企业控股公司高于非国有控股公司,地方国企控股公司低于非国有控股公司。

表 16-6　2016 年不同最终控制人上市公司财务治理分项指数均值比较

最终控制人	财权配置	财务控制	财务监督	财务激励
中央国有企业	44.7172	69.7966	73.5469	27.6051
地方国有企业	43.7973	67.9418	72.9074	26.5985
民资股东	39.5769	71.6025	73.2779	30.3834
总　体	**41.2217**	**70.5093**	**73.2240**	**29.1386**

图 16-4 更直观地反映了中央企业控股公司和地方国企控股公司在财务治理四个分项指数上的差异。可以发现,在财务治理四个分项指数上,中央企业控股公司都高于地方国企控股公司,但两者之间的差距在四个分项指数上都不明显。

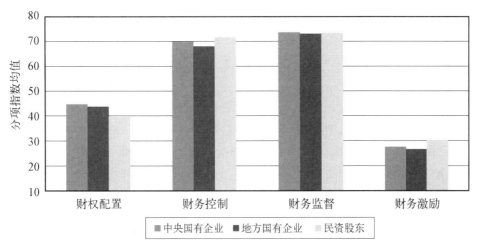

图 16 - 4　2016 年不同最终控制人上市公司财务治理分项指数均值比较

16.2　分地区财务治理指数的所有制比较

16.2.1　分地区财务治理总体指数比较

按照国家统计局四个地区的划分,我们统计了四个地区国有控股与非国有控股上市公司的财务治理指数,参见表 16 - 7。

表 16 - 7　2016 年不同地区国有控股与非国有控股上市公司财务治理指数比较

地区	所有制类型	公司数目	平均值	中位值	最大值	最小值	标准差
东部	国有控股公司	579	53.8719	54.5133	72.5458	28.5277	7.5015
	非国有控股公司	1308	54.1674	54.3652	72.5441	25.8773	6.9035
	总　体	1887	54.0767	54.4122	72.5458	25.8773	7.0917
中部	国有控股公司	187	52.5928	52.6614	70.9362	27.7920	7.2236
	非国有控股公司	213	53.4638	53.7020	74.5033	26.1864	7.3803
	总　体	400	53.0566	53.2793	74.5033	26.1864	7.3113
西部	国有控股公司	196	52.7256	53.5977	66.9435	22.8370	7.9095
	非国有控股公司	210	52.1762	51.9295	75.0944	27.0468	8.1063
	总　体	406	52.4414	52.7696	75.0944	22.8370	8.0067
东北	国有控股公司	67	50.3946	50.6891	64.3243	34.7773	6.5281
	非国有控股公司	80	50.9175	51.9208	64.6954	31.5313	7.7809
	总　体	147	50.6792	51.4685	64.6954	31.5313	7.2175

从表 16-7 可以看出,中部和东北两个地区国有控股公司的财务治理指数均值和中位值都低于非国有控股公司;西部地区国有控股公司的财务治理指数均值和中位值都高于非国有控股公司;在东部地区,国有控股公司的财务治理指数均值低于非国有控股公司,但中位值高于非国有控股公司。

图 16-5 直观地反映了四个地区不同所有制上市公司财务治理指数均值的差异。可以看出,除西部地区之外,东部、中部和东北三个地区的非国有控股公司财务治理指数均值都高于国有控股公司。国有控股公司的财务治理指数均值从高到低是东部、西部、中部和东北,非国有控股公司财务治理指数均值从高到低是东部、中部、西部和东北;不论是国有控股公司还是非国有控股公司,东部上市公司财务治理的表现相对最好,而东北上市公司财务治理的表现则相对较差。

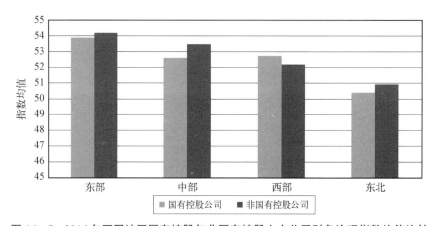

图 16-5   2016 年不同地区国有控股与非国有控股上市公司财务治理指数均值比较

16.2.2   分地区财务治理分项指数比较

接下来,我们对四个地区国有控股与非国有控股上市公司的财务治理分项指数均值进行比较分析,参见表 16-8。

表 16-8   2016 年不同地区国有控股与非国有控股上市公司财务治理分项指数均值比较

地区	所有制类型	财权配置	财务控制	财务监督	财务激励
东部	国有控股公司	43.4232	69.4273	75.1295	27.5075
	非国有控股公司	39.1725	72.1621	74.4123	30.9226
	总　体	40.4768	71.3229	74.6324	29.8747
中部	国有控股公司	45.0666	68.3966	71.3235	25.5845
	非国有控股公司	40.9648	71.8370	71.2148	29.8386
	总　体	42.8824	70.2286	71.2656	27.8498
西部	国有控股公司	45.1127	67.4054	70.8865	27.4979
	非国有控股公司	40.9872	68.8452	70.7738	28.0984
	总　体	42.9788	68.1501	70.8282	27.8085

地区	所有制类型	财权配置	财务控制	财务监督	财务激励
	国有控股公司	44.5407	65.2876	67.4440	24.3059
东北	非国有控股公司	38.7901	69.0666	66.7969	29.0165
	总　体	41.4111	67.3442	67.0918	26.8695

由表 16－8 可以看出,四个地区中,财权配置和财务监督两个分项指数均为国有控股公司高于非国有控股公司,而财务控制和财务激励两个分项指数均为国有控股公司低于非国有控股公司。

为了便于比较,我们计算出四个地区非国有控股公司财务治理四个分项指数均值与对应的国有控股公司财务治理四个分项指数均值的差值,由此可以反映四个地区两类所有制上市公司财务治理四个分项指数的差异,如图 16－6 所示。

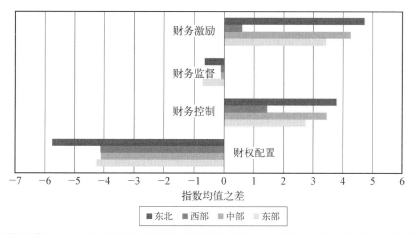

注:指数均值之差=非国有控股公司财务治理分项指数均值-国有控股公司财务治理分项指数均值。

图 16－6　2016 年不同地区国有控股与非国有控股公司财务治理分项指数均值之差值比较

由图 16－6 可以看出,在财权配置和财务监督两个分项指数上,四个地区均为国有控股公司高于非国有控股公司,但程度不同,在财权配置分项指数上的差异程度较大,在财务监督分项指数上的差异程度较小;在财务控制和财务激励两个分项指数上,四个地区均为国有控股公司低于非国有控股公司。

16.3　分行业财务治理指数的所有制比较

16.3.1　分行业财务治理总体指数比较

这里,我们选择上市公司较多且具有代表性的六个行业,分别是制造业(C),电力、热力、燃气及水生产和供应业(D),交通运输、仓储和邮政业(G),信息传输、软件和信息技术服务业(I),金融业(J)和房地产业(K),上述六个行业财务治理指数比较参见表 16 - 9。

表 16 - 9　2016 年不同行业国有控股与非国有控股上市公司财务治理指数比较

行　业	所有制类型	公司数目	平均值	中位值	最大值	最小值	标准差
制造业(C)	国有控股公司	504	52.7257	53.4698	71.8400	22.8370	7.4899
	非国有控股公司	1271	53.8711	54.2676	74.5033	25.8773	7.0558
	总　体	1775	53.5459	54.0445	74.5033	22.8370	7.1982
电力、热力、燃气及水生产和供应业(D)	国有控股公司	80	53.7381	53.9536	65.9656	38.0293	6.3419
	非国有控股公司	16	53.6332	56.1913	75.0944	33.7084	10.3641
	总　体	96	53.7206	54.2626	75.0944	33.7084	7.0998
交通运输、仓储和邮政业(G)	国有控股公司	67	54.5900	54.9699	69.9027	28.5277	8.0103
	非国有控股公司	20	53.4118	53.4112	67.0572	44.2038	5.9787
	总　体	87	54.3192	54.7877	69.9027	28.5277	7.5755
信息传输、软件和信息技术服务业(I)	国有控股公司	31	53.2644	53.1080	63.4344	39.1102	6.7893
	非国有控股公司	146	54.1457	54.1376	68.5873	26.0671	7.7316
	总　体	177	53.9917	54.1343	68.5873	26.0671	7.5642
金融业(J)	国有控股公司	40	56.7476	56.1476	70.4678	38.5996	7.4255
	非国有控股公司	17	53.2723	55.4107	61.7833	40.1799	6.5115
	总　体	57	55.7111	56.0880	70.4678	38.5996	7.2861
房地产业(K)	国有控股公司	61	53.3204	54.7361	68.2731	24.9637	8.6157
	非国有控股公司	64	53.3316	53.0784	68.9100	32.0554	8.6288
	总　体	125	53.3262	53.9931	68.9100	24.9637	8.5876

从表 16 - 9 可以看出,电力、热力、燃气及水生产和供应业(D),交通运输、仓储和邮政业(G),金融业(J)这三个代表性行业的国有控股公司财务治理指数均值都高于非国有控股公司;其他三个代表性行业的国有控股公司财务治理指数均值都低于非国有控股公司。这大体可以说明,垄断程度较高的行业,国有控股公司的财务治理水平好于非国有控股公司;而竞争程度较高的行业,则是非国有控股公司好于国有控股公司。

图 16 - 7 更直观地反映了六个行业国有控股公司与非国有控股公司财务治理指数的差异。可以看出,电力、热力、燃气及水生产和供应业(D),交通运输、仓储和邮政业(G),金融业(J)这三个代表性行业国有控股公司财务治理指数均值都高于非国有控股公司;制造业(C),信息传输、软件和信息技术服务业(I),这两个代表性行业的国有控股公司财务治理指数均值都低于非国有控股公司;房地产业(K)国有控股公司与非国有控股公司财务治理指数均值基本持平。六个行业中,国有控股公司财务治理指数均值最高的是金融业(J),最低的是制造业(C);非国有控股公司财务治理指数均值最高的是信息传输、软件和信息技术服

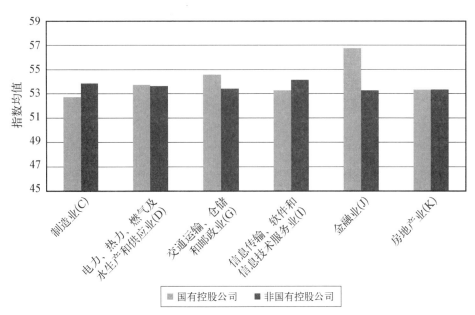

图 16 - 7　2016 年不同行业国有控股与非国有控股上市公司财务治理指数均值比较

务业(I),最低的是金融业(J)。

16.3.2　分行业财务治理分项指数比较

表 16 - 10 对六个行业国有控股与非国有控股上市公司财务治理四个分项指数进行了比较。

表 16 - 10　2016 年不同行业国有控股与非国有控股上市公司财务治理分项指数均值比较

行　业	所有制类型	财权配置	财务控制	财务监督	财务激励
制造业(C)	国有控股公司	44.1122	68.8772	71.1806	26.7329
	非国有控股公司	39.7029	71.9630	73.4068	30.4118
	总　体	40.9548	70.0868	72.7746	29.3672
电力、热力、燃气及水生产和供应业(D)	国有控股公司	43.7274	67.1578	77.4219	26.6454
	非国有控股公司	39.2052	76.9098	73.4375	24.9803
	总　体	42.9737	68.7831	76.7578	26.3679
交通运输、仓储和邮政业(G)	国有控股公司	47.2056	66.1420	79.1045	25.9080
	非国有控股公司	41.9730	66.7951	74.0625	30.8165
	总　体	46.0027	66.2921	77.9454	27.0364
信息传输、软件和信息技术服务业(I)	国有控股公司	42.9544	66.4908	72.5806	31.0398
	非国有控股公司	37.1485	72.2088	75.5137	31.7120
	总　体	38.1654	71.2074	75.0000	31.5942

续　表

行　业	所有制类型	财权配置	财务控制	财务监督	财务激励
金融业(J)	国有控股公司	39.9838	80.6522	76.5625	29.7921
	非国有控股公司	39.8395	75.2774	72.7941	25.1783
	总　体	39.9407	79.0492	75.4386	28.4161
房地产业(K)	国有控股公司	43.1333	66.3562	75.3074	28.4847
	非国有控股公司	43.0501	68.1081	72.7539	29.4144
	总　体	43.0907	67.2531	74.0000	28.9607

　　由表 16-10 可以看出,在财权配置分项指数上,六个行业都是国有控股公司高于非国有控股公司;在财务控制分项指数上,除了金融业(J)外,其他五个行业都是非国有控股公司高于国有控股公司;在财务监督分项指数上,除了制造业(C),信息传输、软件和信息技术服务业(I)两个行业是非国有控股公司高于国有控股公司外,其他四个行业都是国有控股公司高于非国有控股公司;在财务激励分项指数上,除电力、热力、燃气及水生产和供应业(D)和金融业(J)是国有控股公司高于非国有控股公司,其他四个行业都是非国有控股公司高于国有控股公司。

　　为了便于比较,我们计算出六个行业非国有控股公司财务治理四个分项指数均值与对应的国有控股公司财务治理四个分项指数均值的差值,由此可以反映六个行业的两类所有制上市公司在财务治理四个分项指数上的差异,参见图 16-8。

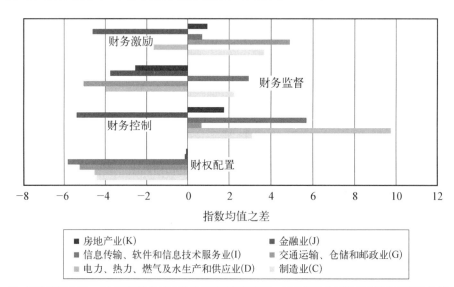

注:指数均值之差＝非国有控股公司财务治理分项指数均值－国有控股公司财务治理分项指数均值。

图 16-8　2016 年不同行业国有控股与非国有控股公司财务治理分项指数均值之差值比较

　　由图 16-8 可以看出,在财权配置分项指数上,信息传输、软件和信息技术服务业(I),交通运输、仓储和邮政业(G),电力、热力、燃气及水生产和供应业(D)和制造业(C)四个行业的国有控股公司的表现比较突出;在财务控制分项指数上,金融业(J)国有控股公司的财务治理比较突出,而信息传输、软件和信息技术服务业(I),电力、热力、燃气及水生产和供应业(D),制造业(C)三个行业非国有控股公司的表现比较突出;在财务监督分项指数上,交通运输、仓储和邮政业(G),电力、热力、燃气及水生产和供应业(D),金融业(J),房地产业(K)四个行业的国有控股公司的表现比较突出,而信息传输、软件和信息技术服务业(I),制造业(C)两个行业的非国有控股公司的表现较为突出;在财务激励分项指数上,电力、热力、燃气及水生产和供应业(D),金融业(J)两个行业的国有控股公司的表现比较突出,而交通运输、仓储和邮政业(G),制造业(C)两个行业的非国有控股公司的财务治理表现较好。

16.4　本 章 小 结

本章从所有制角度对 2016 年沪深两市 2840 家上市公司财务治理指数及四个分项指数进行了统计和分析,主要结论如下:

关于财务治理总体指数:(1)随着第一大股东中的国有持股比例的降低,财务治理指数的变化略呈"S"形状,这可能意味着,在中国目前情况下,股权适度集中对财务治理有一定益处,国有参股由于在不同投资者之间产生了一定的制衡,对于财务治理也具有一定的作用。(2)总体上,非国有控股公司的财务治理水平略高于国有控股公司;中央企业控股公司的财务治理水平好于地方国企控股公司,也好于非国有控股公司,但地方国企控股公司的财务治理水平低于非国有控股公司。(3)从地区看,除西部外,东部、中部和东北三个地区的非国有控股公司财务治理指数均值都高于国有控股公司,不论是国有控股公司还是非国有控股公司,东北地区财务治理水平都是最差的。(4)从行业看,六个代表性行业中,垄断程度较高的行业,国有控股公司的财务治理水平好于非国有控股公司;而竞争程度较高的行业,则是非国有控股公司好于国有控股公司。

关于财务治理分项指数:(1)随着第一大股东中的国有股比例的降低,财权配置分项指数呈逐渐降低趋势,说明适度较高的国有股权比例有利于财权配置水平的提高;财务控制和财务激励两个分项指数总体上呈上升趋势,说明较高的国有股权比例不利于财务控制和财务激励水平的提高;在财务监督分项指数上,国有绝对控股公司和国有参股公司的表现较好,说明来自国有大股东的监督力度较大,不同投资者的制衡也强化了监督。(2)中央企业控股公司的四个分项指数都高于地方国企控股公司,但两者的差距并不明显;两类国有控股公司的财权配置分项指数都高于非国有控股公司,但财务控制和财务激励两个分项指数则都低于非国有控股公司;中央企业控股公司的财务监督分项指数高于非国有控股公司,地方国企控股公司的财务监督分项指数则低于非国有控股公司。(3)从地区看,四个地区在财权配置和财务监督两个分项指数上,都是国有控股公司优于非国有控股公司;在财务控制和财务激励两个分项指数上,则是国有控股公司低于非国有控股公司。(4)从行业看,六个行业的财权配置分项指数都是国有控股公司高于非国有控股公司;在财务控制分项指数上,除了金融业外,其他五个行业都是非国有控股公司高于国有控股公司;在财务监督分项指数上,除了制造业,信息传输、软件和信息技术服务业两个行业外,其他四个行业都是国有控股公司高于非国有控股公司;在财务激励分项指数上,除电力、热力、燃气及水生产和供应业,金融业两个行业外,其他四个行业都是非国有控股公司高于国有控股公司。

第 17 章
财务治理指数的年度比较(2010～2016)

2011～2016 年,我们对 2010 年、2012 年、2014 年和 2015 年度的中国上市公司财务治理水平进行了四次测度,今年是第五次测度。本章将从总体、地区、行业和所有制等多个角度,比较分析五个年度中国上市公司财务治理水平,以便了解财务治理水平是否有所提高以及提高的程度,以期对财务治理的完善有所启示。

17.1 财务治理指数总体的年度比较

对 2010 年、2012 年、2014 年、2015 年和 2016 年五个年度财务治理的评价,样本公司数分别是 1722 家、2314 家、2514 家、2655 家和 2840 家,基本上是对全部上市公司的评价。比较五个年度样本上市公司的财务治理指数,以及财权配置分项指数、财务控制分项指数、财务监督分项指数和财务激励分项指数,结果见表 17 - 1。

表 17 - 1　2010～2016 年上市公司财务治理指数均值比较

年　份	样 本 量	总体指数	分 项 指 数			
			财权配置	财务控制	财务监督	财务激励
2010	1722	53.5458	51.2195	55.3971	75.8711	31.6957
2012	2314	57.6130	50.0502	56.6335	76.1884	47.5799
2014	2514	52.7871	41.1152	45.2939	72.3846	52.3548
2015	2655	53.1157	41.1131	66.2514	75.8498	29.2487
2016	2840	53.5234	41.2217	70.5093	73.2240	29.1386

由表 17 - 1 可知,2016 年上市公司财务治理指数均值为 53.5234 分,比 2010 年低 0.0224 分,比 2012 年低 4.0896 分,但相比 2014 年和 2015 年则有所提升,高出 2014 年 0.7363 分,高出 2015 年 0.4077 分。其中,财权配置分项指数与 2014 年和 2015 年相比略有提升,差距微小,仍大大低于 2010 年和 2012 年;财务控制分项指数高于前四个年度;财务监

督分项指数略高于 2014 年,但低于另外三个年度;财务激励分项指数略低于 2015 年,但大大低于 2010 年、2012 年和 2014 年三个年度。

图 17-1 更加直观地描绘了五个年度的上市公司财务治理指数变化情况。可以看出,财务治理总体指数先是在 2012 年较大幅度上升,2014 年又较大幅度下降,之后两个年度小幅回升;财权配置分项指数在 2010 年和 2012 年较高,此后三个年度基本稳定在 41 分略高的水平;财务控制分项指数在 2014 年出现较大幅度下降,在 2015 年和 2016 年连续回升;财务监督分项指数在 2014 年出现较大幅度下降,在 2015 年有所回升,2016 年又有所下降;财务激励分项指数则在前三个年度上升后,2015 年出现大幅度下降,2016 年继续下降,创下五个年度的最低得分。

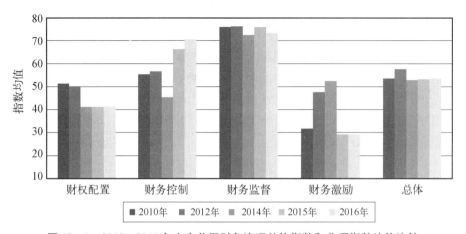

图 17-1　2010~2016 年上市公司财务治理总体指数和分项指数均值比较

为了弄清楚导致财务治理分项指数波动的来源,表 17-2 比较了 2010 年、2012 年、2014 年、2015 年与 2016 年中国上市公司财务治理指数的具体指标。

表 17-2　2010~2016 年上市公司财务治理指数具体指标比较

一级指标	二　级　指　标	2010 年	2012 年	2014 年	2015 年	2016 年
财权配置(FA)	1. 关联交易是否提交(临时)股东大会讨论通过	0.6115	0.4620	0.4029	0.2026	0.2437
	2. 独立董事薪酬和高管股票期权是否通过(临时)股东大会	0.8595	0.5890	0.5282	0.6652	0.6986
	3. 两权分离度	0.5889	0.8520	0.4724	0.0365	0.0447
	4. 董事会是否提出清晰的财务目标	0.4071	0.4576	0.3130	0.3017	0.2961
	5. 内部董事与外部董事是否有明确的沟通交流制度	0.1829	0.0078	0.0072	0.0087	0.0035
	6. 独立董事比例	0.0546	0.0549	0.0314	0.3503	0.3582
	7. 独立董事中是否有财务或会计方面的专家	0.7962	0.8885	0.9021	0.8964	0.8570

续　表

一级指标	二　级　指　标	2010 年	2012 年	2014 年	2015 年	2016 年
财权配置(FA)	8. 董事长和总经理是否两职分离	0.8252	0.7597	0.5382	0.7510	0.7225
	9. CFO 是否具有高级职称或相关资格认证	0.2840	0.4330	0.5048	0.4878	0.4856
财务控制(FC)	10. 董事会或股东大会是否定期评估内部控制	0.7375	0.7904	0.8441	0.9605	0.9688
	11. 各专门委员会是否在内部控制中起作用	0.6702	0.4391	0.3934	0.4392	0.4845
	12. 董事会或股东大会是否披露具体内部控制措施	0.7697	0.6806	0.6354	0.6793	0.7118
	13. 风险控制委员会设置情况如何	0.0250	0.0283	0.0199	0.0218	0.0243
	14. 公司财务弹性	0.5035	0.5000	0.5326	0.4202	0.7362
	15. 公司对外部资金依赖程度	0.5099	0.4983	0.4833	0.9942	0.9993
	16. 是否披露可预见的财务风险因素	0.3972	0.6854	0.7486	0.8166	0.7680
	17. 是否 ST	−0.0906	−0.0009	−0.0095	−0.0158	−0.0261
财务监督(FS)	18. 审计委员会设置情况如何	0.5256	0.4613	0.4606	0.4812	0.4627
	19. 外部审计是否出具标准无保留意见	0.9413	0.9576	0.9614	0.9665	0.9630
	20. 公司网站是否披露当年财务报告	0.4605	0.4430	0.5883	0.5420	0.5106
	21. 公司网站是否披露过去连续三年财务报告	0.3717	0.3850	0.4797	0.3857	0.4025
	22. 公司是否披露公司发展前景的相关信息	0.9419	0.9762	0.9968	0.9974	0.9989
	23. 公司是否披露关联方交易状况	0.9582	0.9771	0.9340	0.9529	0.9482
	24. 当公司会计政策发生变化时,是否作出解释	0.9228	0.9648	0.5656	0.9473	0.8502
	25. 公司是否因违规而被证监会、证交所等部门公开批评、谴责或行政处罚	−0.0261	−0.0004	−0.0557	−0.1024	−0.1391
财务激励(FI)	26. 现金分红				0.0047	0.0047
	27. 股票股利分配				0.0105	0.0216
	28. 高管薪酬支付是否合理	0.5006	0.4996	0.5099	0.4998	0.4982
	29. 薪酬委员会设置情况如何	0.5476	0.5579	0.5394	0.5405	0.5241
	30. 公司是否采用股票期权激励政策	0.0139	0.0804	0.1249	0.0719	0.0849
	31. 员工报酬增长率是否不低于公司营业收入增长率	0.4907	0.7131	0.6368	0.6275	0.6148

注:(1)自 2016 年评价开始,原指标 26 被分解为两个指标,即"26. 现金分红"和"27. 股票股利分配",而且由原来的 0/1 变量修改为实际数值,"现金分红"指标使用近三年现金分红占净利润的比例的标准化数据;股利分配则采用股利分配额标准化后的数据。这两个指标由于与之前三个年度不具有可比性,故只列出近两年的数据。

　　由表 17－2 可知,五个年度中,在财权配置分项指数的 9 个二级指标中,指标"1. 关联交易是否提交(临时)股东大会讨论通过"前四个年度连续下降,2016 年略有回升,得分很低,反映关联交易决策的规范化亟需改善;指标"2. 独立董事薪酬和高管股票期权是否通过(临时)股东大会"前三个年度下降,之后两个年度上升,反映独立董事薪酬和高管股票期权的决策越来越尊重股东意见,但仍需改进;指标"3. 两权分离度"在 2012 年上升,然后在 2014 年和 2015 年连续下降,2016 年略有回升,得分很低,表明最终控制人对公司存在过度控制问题;指标"4. 董事会是否提出清晰的财务目标"在 2012 年提升,此后连续下降,得分很低,表明董事会在财务目标的决策上还缺乏有效的论证;指标"5. 内部董事与外部董事是否有明确的沟通交流制度"除了 2015 年略有回升外,总体呈下降态势,且得分很低,反映董事会的决策机制存在严重问题;指标"6. 独立董事比例"近两个年度基本保持稳定,维持在 35% 左右的水平,这个水平基本上刚刚满足中国证监会规定的 1/3 的最低比例;指标"7. 独立董事中是否有财务或会计方面的专家"前三个年度上升,此后两个年度连续下降,但仍保持在 85% 以上的较高水平,不过仍需改进;指标"8. 董事长和总经理是否两职分离"前三个年度下降,2015 年回升,2016 年又有所下降,2016 年两职分离的公司占 72%,仍需提高;指标"9. CFO 是否具有高级职称或相关资格认证"前三个年度上升,2015 年略有下降,近两个年度基本保持在 48% 的水平,水平不高。

　　在财务控制分项指数的 8 个二级指标中,指标"10. 董事会或股东大会是否定期评估内部控制"连续上升,表明内部控制评估不断加强;指标"11. 各专门委员会是否在内部控制中起作用"前三个年度下降,2015 年和 2016 年连续回升,但还很不理想;指标"12. 董事会或股东大会是否披露具体内部控制措施"前三个年度下降,2015 年和 2016 年连续回升,表明在内部控制信息披露上,取得较大进步;指标"13. 风险控制委员会设置情况如何"五个年度一直保持在很低水平,基本上处于空白状态;指标"14. 公司财务弹性"处于波动中,但 2016 年达到较高水平;指标"15. 公司对外部资金依赖程度"前三个年度变化不大,处于较低水平,但近两年进步很大,两个指标的变化意味着财务风险防控在加强;指标"16. 是否披露可预见的财务风险因素"前四个年度一直上升,2016 年有所下降,但仍处于较高的水平;指标"17. 是否 ST"总体上趋于好转,意味着监管力度在加强。

　　在财务监督分项指数的 8 个二级指标中,指标"18. 审计委员会设置情况如何"五个年度总体变化不大,处于较低水平;指标"19. 外部审计是否出具标准无保留意见"五个年度一直处于很高水平,但也有可能意味着外部审计的不独立;指标"20. 公司网站是否披露当年财务报告"和指标"21. 公司网站是否披露过去连续三年财务报告"五个年度一直处于偏低水平,进步不明显,意味着公司网站不能及时向投资者披露财务信息;指标"22. 公司是否披露公司发展前景的相关信息"和指标"23. 公司是否披露关联方交易状况"五个年度一直处于很高水平,尤其是前一个指标,意味着好消息基本上都会披露,包括不违规的关联方交易;指标"24. 当公司会计政策发生变化时,是否作出解释"五个年度波动较大,2014 年有较大幅度下降,2015 年则较大幅度上升,2016 年又有所下降,还需要进一步加强会计政策变化的解释;指标"25. 公司是否因违规而被证监会、证交所等部门公开批评、谴责或行政处罚"五个年度基本上呈强化趋势。

在财务激励分项指数的 6 个二级指标中,指标"26. 现金分红"和指标"27. 股票股利分配"近两年都处于极低水平,尤其是前者,意味着投资者难以获得现金回报;指标"28. 高管薪酬支付是否合理"中规中矩,五个年度变化不大,总体上看高管薪酬与业绩的关联度还不大;指标"29. 薪酬委员会设置情况如何"五个年度变化不大,处于偏低水平,2016 年最低,表明薪酬委员会的作用尚未得到有效发挥;指标"30. 公司是否采用股票期权激励政策"前三个年度上升,2015 年下降,2016 年有所回升,总体处于很低水平,意味着股票期权激励还处于起步阶段;指标"31. 员工报酬增长率是否不低于公司营业收入增长率"2012 年上升,然后三个年度连续下降,处于偏低水平,2016 年有近 40％的公司的员工报酬增长率低于公司营业收入增长率。

17.2　分地区财务治理指数的年度比较

为体现不同地区上市公司财务治理情况,我们统计了各地区上市公司财务治理指数,以及财权配置、财务控制、财务监督和财务激励四个分项指数的平均值,用来比较不同地区 2010 年、2012 年、2014 年、2015 年和 2016 年财务治理的差异,结果见表 17-3。

表 17-3　2010～2016 年不同地区上市公司财务治理指数均值比较

地　区	年　份	总体指数	分　项　指　数				总体指数排名
			财权配置	财务控制	财务监督	财务激励	
东部	2010	54.2146	51.1283	56.4676	77.4541	31.8085	1
	2012	58.3986	48.9966	57.2510	77.5151	49.8318	1
	2014	53.3793	40.6038	45.1748	73.8298	53.9088	1
	2015	53.6273	40.4942	67.0381	77.5093	29.4675	1
	2016	54.0767	40.4768	71.3229	74.6324	29.8747	1
中部	2010	53.2077	52.7984	54.8148	73.7731	31.4444	2
	2012	57.0858	52.3318	54.7187	74.9110	46.3818	2
	2014	52.0075	42.7339	45.1805	70.0613	50.0545	2
	2015	52.4275	42.1399	65.1865	73.5983	28.7853	2
	2016	53.0566	42.8824	70.2286	71.2656	27.8498	2
西部	2010	52.1861	50.6011	52.8689	74.1598	31.1148	3
	2012	55.4520	51.8691	55.6736	73.1988	41.0663	4
	2014	51.6890	42.2169	46.1749	69.6209	48.7432	3
	2015	52.2594	42.9271	64.7037	72.3890	29.0176	3
	2016	52.4414	42.9788	68.1501	70.8282	27.8085	3

续　表

地　区	年　份	总体指数	分　项　指　数				总体指数排名
			财权配置	财务控制	财务监督	财务激励	
东北	2010	51.9042	49.9508	53.8164	71.0177	32.8319	4
	2012	55.8248	51.0780	57.3077	72.4519	42.4615	3
	2014	50.6834	39.9672	44.6691	68.6121	49.4853	4
	2015	50.9549	41.1104	63.5670	70.7306	28.4115	4
	2016	50.6792	41.4111	67.3442	67.0918	26.8695	4

由表 17-3 可以看出,第一,从财务治理总体指数看,五个年度中,东部、中部和西部三个地区都是 2012 年上升,2014 年下降,此后两个年度连续上升;东北地区是 2012 年上升,2014 年下降,2015 年略有回升,2016 年又略有下降,2016 年指数均值是五个年度最低。第二,从财权配置分项指数看,东部地区五个年度连续下降;中部地区前四年连续下降,2016 年略有上升;西部和东北则是 2012 年上升,2014 年下降,2015 年和 2016 年连续回升,但并没有回升到 2012 年的最好水平。第三,从财务控制分项指数看,东部、西部和东北三个地区都是 2012 年上升,2014 年下降,2015 年和 2016 年连续回升;中部地区在前三个年度持续下降,后两个年度持续上升;四个地区 2016 年上升幅度都很大,达到了五个年度中的最高水平。其中,中部地区财务控制分项指数 2016 年上升幅度最大,比最高时的 2015 年度还上升了 5.0421 分。第四,从财务监督分项指数看,东部、中部和东北三个地区均是 2012 年上升,2014 年下降,2015 年又上升,2016 年又下降的反复态势;西部地区则是前三个年度连续下降,2015 年上升,2016 年又有所下降。第五,从财务激励分项指数看,五个年度中,四个地区在前三个年度连续上升后,均在 2015 年出现大幅度的下滑,其中中部、西部和东北地区在 2015 年和 2016 年持续下滑,东部地区则在 2016 年略有回升。

图 17-2 显示了四个地区财务治理总体指数的变化。从总体指数排名看,东部和中部

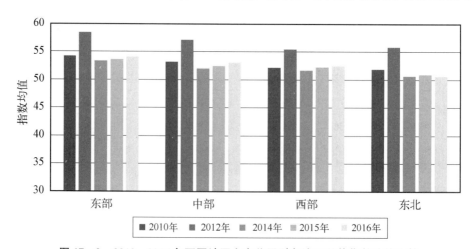

图 17-2　2010~2016 年不同地区上市公司财务治理总体指数均值比较

五个年度都位居第一和第二;西部除了 2012 年位居第四外,其他四个年度都位居第三;东北除了 2012 年位居第三外,其他四个年度都位居第四。总体看,东部上市公司财务治理水平最高,东北较差。

17.3　分行业财务治理指数的年度比较

用各行业上市公司财务治理总体指数,以及财权配置、财务控制、财务监督和财务激励四个分项指数的平均值来代表各行业上市公司财务治理情况,分别比较不同行业 2010～2016 年五个年度的财务治理水平的差异,结果参见表 17 - 4。

表 17 - 4　2010～2016 年不同行业上市公司财务治理指数均值比较

行　业	年　份	总体指数	分　项　指　数			
			财权配置	财务控制	财务监督	财务激励
农、林、牧、渔业(A)	2010	49.2926	47.2868	50.8721	72.9651	26.0465
	2012	55.1089	48.6302	52.4306	74.6528	44.7222
	2014	49.1032	37.1629	44.2188	68.2813	46.7500
	2015	50.4630	37.7224	66.2174	72.4702	25.4420
	2016	52.3723	38.0457	71.5614	67.1875	32.6948
采矿业(B)	2010	57.3014	54.1667	62.6953	78.9063	33.4375
	2012	57.2542	53.6879	58.7719	76.2061	40.3509
	2014	54.6737	47.1914	52.0833	72.4638	46.9565
	2015	54.6107	47.5247	64.4930	75.5137	30.9114
	2016	52.5758	44.7274	67.4037	72.0034	26.1685
制造业(C)	2010	52.7870	51.0008	54.5460	74.9391	30.6621
	2012	57.3196	48.8504	56.1136	74.9829	49.3315
	2014	52.8116	40.7191	44.7772	71.8396	53.9106
	2015	52.9852	40.7726	66.7037	75.0935	29.3711
	2016	53.5459	40.9548	71.0868	72.7746	29.3672
电力、热力、燃气及水生产和供应业(D)	2010	54.3403	51.7361	55.6641	77.1484	32.8125
	2012	58.9678	53.9231	59.3344	77.6786	44.9351
	2014	55.0902	43.5469	53.5061	74.1616	49.1463
	2015	54.8764	42.2115	63.9149	78.5815	34.7977
	2016	53.7206	42.9737	68.7831	76.7578	26.3679

续 表

行 业	年 份	总体指数	分 项 指 数			
			财权配置	财务控制	财务监督	财务激励
建筑业(E)	2010	55.0878	58.0247	56.9444	73.4375	31.9444
	2012	60.8051	55.4524	58.5938	78.4598	50.7143
	2014	53.6685	45.0528	46.9697	73.8636	48.7879
	2015	53.9492	43.7992	65.9048	78.3451	27.7478
	2016	54.2788	44.2997	72.2280	73.0519	27.5356
批发和零售业(F)	2010	54.1386	51.1820	54.3883	76.1968	34.7872
	2012	57.5062	53.1666	60.8750	75.2500	40.7333
	2014	52.5888	41.2445	49.2030	70.8473	49.0604
	2015	53.2726	42.1279	64.1261	76.6156	30.2206
	2016	51.8932	41.2758	67.7222	72.8041	25.7707
交通运输、仓储和邮政业(G)	2010	58.2463	55.2239	62.2201	81.0634	34.4776
	2012	61.7665	56.6762	59.5779	82.6299	48.1818
	2014	55.1145	43.7452	50.5401	77.1605	49.0124
	2015	56.0587	45.3165	63.6881	81.9444	33.2857
	2016	54.3192	46.0027	66.2921	77.9454	27.0364
住宿和餐饮业(H)	2012	55.9314	49.1423	59.3750	71.8750	43.3333
	2014	46.6029	40.5026	43.7500	58.5227	43.6364
	2015	46.6809	34.8243	58.2862	62.5000	31.1130
	2016	47.0656	42.4816	59.0194	63.6364	23.1251
信息传输、软件和信息技术服务业(I)	2010	52.4614	48.0193	53.4783	76.5217	31.8261
	2012	55.8042	46.1252	48.5767	78.7129	49.8020
	2014	50.3246	38.2759	34.7481	72.5280	55.7463
	2015	52.8880	36.2358	69.5188	79.0086	26.7888
	2016	53.9917	38.1654	71.2074	75.0000	31.5942
金融业(J)	2010	62.1850	57.9365	69.6429	86.1607	35.0000
	2012	62.6992	50.4308	69.9695	87.9573	42.4390
	2014	53.9330	36.4297	56.5407	81.8314	40.9302
	2015	53.3176	42.8806	74.4261	77.1684	18.7953
	2016	55.7111	39.9407	79.0492	75.4386	28.4161

续　表

行　　业	年　份	总体指数	分　项　指　数			
			财权配置	财务控制	财务监督	财务激励
房地产业(K)	2010	55.1687	51.7460	54.8214	76.9643	37.1429
	2012	58.1007	52.8870	58.7148	78.8292	41.9718
	2014	52.1633	42.6305	44.0341	73.5795	48.4091
	2015	51.9559	43.4657	61.1955	75.6063	27.5561
	2016	53.3262	43.0907	67.2531	74.0000	28.9607
租赁和商务服务业(L)	2012	58.0943	49.0440	57.4405	80.6548	45.2381
	2014	54.7657	41.2503	46.0938	78.3854	53.3333
	2015	53.6921	37.3458	68.6568	76.2019	32.5638
	2016	53.4474	38.4302	71.4298	70.9375	32.9921
科学研究和技术服务业(M)	2012	56.3698	44.9235	52.0833	72.9167	55.5556
	2014	53.9702	38.7218	38.0682	77.2727	61.8182
	2015	54.4614	40.4106	68.3486	78.4722	30.6143
	2016	54.2613	41.4610	71.9294	73.3696	30.2852
水利、环境和公共设施管理业(N)	2012	54.2085	46.6709	48.3696	77.4457	44.3478
	2014	52.5266	40.4909	43.5096	71.8750	54.2308
	2015	53.1966	42.9241	67.5955	76.4583	25.8086
	2016	55.0095	41.4772	71.0954	76.1364	31.3289
卫生和社会工作(Q)	2012	56.9318	50.2272	45.8333	75.0000	56.6667
	2014	50.8067	43.2269	32.8125	67.1875	60.0000
	2015	51.9037	38.9519	68.1866	73.7500	26.7263
	2016	53.7651	40.7624	69.1012	71.4286	33.7683
文化、体育和娱乐业(R)	2012	59.3099	52.9273	55.6250	82.1875	46.5000
	2014	52.2369	39.8095	43.5345	76.2931	49.3103
	2015	52.9619	38.3229	64.9135	78.4722	30.1391
	2016	54.5302	41.6635	68.9940	75.9146	31.5486
综合(S)	2012	54.1662	55.3579	48.0114	73.2955	40.0000
	2014	51.9079	47.0067	42.4479	69.0104	49.1667
	2015	51.4724	41.1287	62.7573	72.2500	29.7538
	2016	52.2414	41.1376	66.7459	70.9239	30.1581

　　注:(1)由于教育行业(P)在2012～2015年只有1家上市公司,2016年也只有3家上市公司,可比性不强,故没有纳入比较;(2)由于《中国上市公司财务治理指数报告2011》使用的是《上市公司行业分类(2001年)》,而之后的报告使用的是《上市公司行业分类(2012年)》,2个行业分类标准存在差异,所以10个行业有五个年度的数据,7个行业有四个年度的数据。

从表 17-4 可以看出:

第一,从财务治理总体指数看,五个或四个年度中,有 15 个行业的上市公司财务治理指数均值在 2012 年达到最高水平。相比 2015 年,有 11 个行业在 2016 年不同程度地回升,其中上升幅度最大的行业是金融业(J),上升了 2.3935 分,但除了水利、环境和公共设施管理业(N)都没有回升到 2012 年的最高水平。采矿业(B)是唯一一个五个年度连续下降的行业,相比 2015 年,2016 年下降 2.0349 分。

第二,从财权配置分项指数看,五个或四个年度中,相比 2012 年,2014 年 17 个行业都出现较大幅度的下降,其中下降幅度最大的 3 个行业分别是金融业(J),文化、体育和娱乐业(R),交通运输、仓储和邮政业(G),分别下降 14.0011 分、13.1178 分和 12.9310 分。相比 2014 年,2015 年 17 个行业有升有降,幅度大多不是很大;相比 2015 年,2016 年有 12 个行业出现回升,上升幅度最大的 2 个行业是住宿和餐饮业(H),文化、体育和娱乐业(R),分别上升 7.6573 分和 3.3406 分,其他 10 个行业上升幅度都不算大;有 5 个行业出现下降,下降幅度最大的 2 个行业是金融业(J)和采矿业(B),分别下降 2.9399 分和 2.7973 分,其他 3 个行业下降幅度不大。

第三,从财务控制分项指数看,五个或四个年度中,相比 2012 年,2014 年 17 个行业都出现较大幅度的下降,其中下降幅度最大的 3 个行业分别是住宿和餐饮业(H),房地产业(K),科学研究和技术服务业(M),分别下降 15.6250 分、14.6807 分和 14.0151 分;但相比 2014 年,17 个行业 2015 年和 2016 年都连续上升,尤其是 2015 年上升幅度都很大。2015 年上升幅度最大的 3 个行业是卫生和社会工作(Q),信息传输、软件和信息技术服务业(I),科学研究和技术服务业(M),分别上升 35.3741 分、34.7707 分和 30.2804 分;2016 年上升幅度最大的 3 个行业是建筑业(E),房地产业(K),农、林、牧、渔业(A),分别上升 6.3232 分、6.0576 分和 5.3440 分。

第四,从财务监督分项指数看,五个或四个年度中,相比 2012 年,2014 年除了科学研究和技术服务业(M)上升外,其他 16 个行业都出现较大幅度的下降,下降幅度最大的 3 个行业是住宿和餐饮业(H),卫生和社会工作(Q),农、林、牧、渔业(A),分别下降 13.3523 分、7.8125 分和 6.3715 分;相比 2014 年,2015 年除了租赁和商务服务业(L)和金融业(J)下降外,其他 15 个行业都出现上升,上升幅度最大的 3 个行业是卫生和社会工作(Q),信息传输、软件和信息技术服务业(I),批发和零售业(F),分别上升 6.5625 分、6.4806 分和 5.7683 分;相比 2015 年,2016 年除了住宿和餐饮业(H)略有上升外,其他 16 个行业都有所下降,下降幅度最大的 3 个行业是建筑业(E),农、林、牧、渔业(A),租赁和商务服务业(L),分别下降 5.2932 分、5.2827 分和 5.2644 分。

第五,从财务激励分项指数看,五个或四个年度中,相比 2010 年,可比的 10 个行业全部上升,其中建筑业(E),农、林、牧、渔业(A),制造业(C)上升幅度都在 18 分以上;相比 2012 年,2014 年除了建筑业(E)和金融业(J)略有下降外,其他 15 个行业继续上升,上升幅度最大的 3 个行业是水利、环境和公共设施管理业(N),综合(S),批发和零售业(F),分别上升 9.8830 分、9.1667 分和 8.3271 分;但是,相比 2014 年,2015 年所有 17 个行业都出现大幅度下滑,下滑幅度都在 12 分以上,其中卫生和社会工作(Q)、科学研究和技术服务业(M)下降幅度超过 30 分;相比 2015 年,2016 年有 8 个行业继续下滑,另外 9 个行业回升,回升幅度最大的是金融业(J),上升 9.6208 分,下降幅度最大的是电力、热力、燃气及水生产和供应业(D),下降 8.4298 分。

　　图 17-3 显示了 17 个行业财务治理总体指数的变化。从总体指数排名看,2010 年排名前三位的行业是金融业(J),交通运输、仓储和邮政业(G),采矿业(B);2012 年排名前三位的行业是金融业(J),交通运输、仓储和邮政业(G),建筑业(E);2014 年排名前三位的行业是交通运输、仓储和邮政业(G),电力、热力、燃气及水生产和供应业(D),租赁和商务服务业(L);2015 年排名前三位的行业是交通运输、仓储和邮政业(G),电力、热力、燃气及水生产和供应业(D),采矿业(B);2016 年排名前三位的行业是金融业(J),水利、环境和公共设施管理业(N),文化、体育和娱乐业(R)。各年度 17 个行业的排名不尽相同。

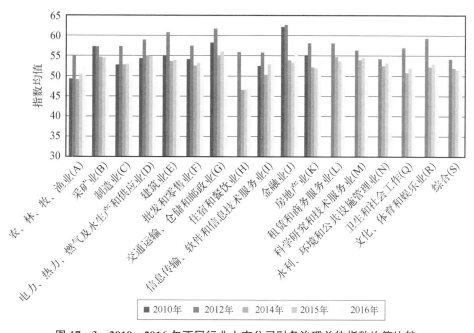

图 17-3　2010～2016 年不同行业上市公司财务治理总体指数均值比较

17.4　分所有制财务治理指数的年度比较

　　按照五类所有制公司的划分,用各所有制上市公司财务治理总体指数,以及财权配置、财务控制、财务监督和财务激励四个分项指数的平均值来代表各所有制上市公司财务治理情况,分别比较 2010～2016 年五个年度不同所有制上市公司的财务治理水平的差异,结果参见表 17-5 Panel A。另外,进一步将样本按照国有控股公司和非国有控股公司分类,统计信息见表 17-5 Panel B。

表 17－5　2010～2016 年不同所有制上市公司财务治理指数均值比较

所有制类型	年　份	总体指数	分　项　指　数				总体指数排名
			财权配置	财务控制	财务监督	财务激励	
Panel A　按照五类所有制公司分类							
国有绝对控股公司	2010	56.9361	56.2882	58.0586	78.8919	34.5055	1
	2012	60.2658	56.1718	62.4774	79.5516	42.8623	1
	2014	55.8363	45.9251	51.4310	77.3359	48.6532	1
	2015	55.6342	45.3314	65.2675	79.4703	32.4673	1
	2016	54.4177	45.5535	68.3606	78.0000	25.7568	2
国有强相对控股公司	2010	54.0436	53.3522	54.8513	76.4695	31.5014	2
	2012	59.9686	54.3536	62.0605	78.4342	45.0260	2
	2014	54.1256	43.3430	50.1044	73.0310	50.0239	2
	2015	54.3197	44.0420	63.8879	76.9003	32.4487	2
	2016	53.1303	44.1244	68.3274	72.8837	27.1859	4
国有弱相对控股公司	2010	52.7225	51.5832	53.1736	74.5790	31.5544	4
	2012	57.7006	52.9208	58.7662	75.7711	43.3442	3
	2014	52.3055	42.0644	47.4743	70.8476	48.8356	3
	2015	52.4671	41.7287	64.2727	73.3055	30.5617	4
	2016	52.3695	43.0366	69.0926	69.8289	27.5198	5
国有参股公司	2010	52.1170	47.8697	54.3546	74.7650	31.4787	5
	2012	56.0275	46.5483	54.4527	75.0000	48.1088	5
	2014	52.0085	39.1030	45.3973	70.8979	52.6357	4
	2015	52.8823	40.3522	66.7156	76.2334	28.2280	3
	2016	54.5714	40.1255	72.7376	74.3310	31.0914	1
无国有股份公司	2010	52.8073	49.4929	56.0144	75.1860	30.5357	3
	2012	56.5175	47.0559	52.9753	74.9349	51.1042	4
	2014	51.8716	39.4525	41.2589	71.7437	55.0313	5
	2015	52.1901	38.9159	67.8273	74.8360	27.1811	5
	2016	53.1548	39.2231	70.8705	72.5988	29.9268	3
Panel B　按照国有控股公司和非国有控股公司分类							
国有控股公司	2010	54.6964	53.9140	55.5250	76.8315	32.5153	1
	2012	59.3317	54.4161	61.1312	77.9055	43.8740	1
	2014	54.1024	43.7334	49.7334	73.6669	49.2758	1
	2015	54.1845	43.7716	64.3925	76.6435	31.9302	1
	2016	53.1947	44.1164	68.5853	73.1293	26.9477	2

所有制类型	年　份	总体指数	分　项　指　数				总体指数排名
			财权配置	财务控制	财务监督	财务激励	
非国有控股公司	2010	52.5023	48.7757	55.2810	75.0000	30.9524	2
	2012	56.3770	46.9103	53.3990	75.9536	50.2452	2
	2014	51.9068	39.3627	42.3224	71.5264	54.4157	2
	2015	52.4458	39.4466	67.4166	75.3523	27.5679	2
	2016	53.7102	39.5769	71.6025	73.2779	30.3834	1

从表 17 - 5 Panel A 可以看出：

第一,从财务治理总体指数看,五个年度中,国有绝对控股公司在 2012 年上升后一直持续下降;国有强相对控股公司和国有弱相对控股公司是 2012 年较大幅度上升,2014 年又较大幅度下降,2015 年小幅回升,2016 年又小幅下降,处于波动之中;国有参股公司和无国有股份公司是 2012 年较大幅度上升,2014 年较大幅度下降,此后两个年度连续上升。2012 年,五类所有制公司财务治理指数在五个年度中处于最高水平。

第二,从财权配置分项指数看,五个年度中,国有绝对控股公司和无国有股份公司在前四个年度连续下降,2016 年略有回升;国有强相对控股公司在 2012 年上升,2014 年大幅下降 11.0106 分,此后两个年度连续小幅上升;国有弱相对控股公司在 2012 年有所上升后,2014 年大幅下降 10.8564 分,2015 年继续小幅下滑,2016 年略有回升;国有参股公司在经历了连续两个年度的下降后,在 2015 年略有上升,2016 年又略有下降。2016 年五类公司的升降幅度都不是非常明显,升幅最大的国有弱相对控股公司,仅高出 2015 年 1.3079 分;2016 年只有国有参股公司略微下降,比 2015 年下降 0.2267 分。

第三,从财务控制分项指数看,五个年度中,前三个年度三类国有控股公司和国有参股公司都是 2012 年上升,2014 年大幅下降,此后两个年度连续上升,尤其是 2015 年上升幅度较大,都上升 13 分以上,其中国有参股公司上升 21.3183 分;无国有股份公司前三个年度连续下降,2015 年大幅回升 26.5684 分,2016 年又上升 3.0432 分。2016 年五类公司的指数均值全部达到了五年中的最高水平,指数均值最高的是国有参股公司,为 72.7376 分,比2015 年高出 6.0220 分。

第四,从财务监督分项指数看,五个年度中,三类国有控股公司和国有参股公司都是2012 年小幅上升,2014 年较大幅度下降,2015 年又较大幅度上升,2016 年又下降,处于不稳定变化中;无国有股份公司连续下降两个年度后,2015 年回升,2016 年又下降。相比2015 年,2016 年度下降幅度最大的是国有强相对控股公司,下降了 4.0166 分。

第五,从财务激励分项指数看,五类公司都是前三个年度连续上升,尤其是 2012 年上升幅度较大,2015 年则大幅下降,而 2016 年,三类国有控股公司继续下降,两类非国有控股公司则略有回升。相比 2015 年,2016 年度上升幅度最大的是国有参股公司,上升了2.8634 分;下降幅度最大的是国有绝对控股公司,下降了 6.7105 分。

图 17 - 4 显示了五类所有制公司财务治理总体指数的变化。从总体指数排名看,前四个年度位居第一和第二的是国有绝对控股公司和国有强相对控股公司,2016 年位居第一和第二的是国有参股公司和国有绝对控股公司。2010 年和 2012 年排名最后的都是国有参股公司,2014 年和 2015 年排名最后的都是无国有股份公司,2016 年排名最后的是国有弱相对控股公司。

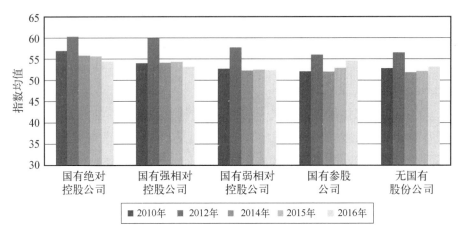

图 17 - 4　2010～2016 年不同所有制上市公司财务治理总体指数均值比较

从表 17 - 5 Panel B 可以看出,第一,国有控股公司和非国有控股公司前四个年度财务治理总体指数都是在 2012 年明显上升,2014 年出现回落,2015 年又略有回升,但到了 2016 年,出现了不同的情况,国有控股公司小幅下降,非国有控股公司继续回升,但回升幅度不大;前四个年度,国有控股公司财务治理指数均值都大于非国有控股公司,但 2016 年被非国有控股公司反超。第二,在财权配置分项指数上,国有控股公司在 2012 年小幅上升,2014 年大幅下降,此后连续两个年度小幅上升;非国有控股公司则是连续下降两个年度后,又连续两个年度小幅上升。第三,在财务控制分项指数上,国有控股公司在 2012 年明显上升,2014 年大幅回落,此后两个年度连续上升,其中 2015 年上升幅度达 14.6591 分;非国有控股公司则是连续下降两个年度,其中 2014 年下降幅度达 11.0766 分,此后连续上升两个年度,其中 2015 年上升达 25.0942 分。第四,在财务监督分项指数上,国有控股公司和非国有控股公司同步呈现上升与下降交替出现的态势。第五,在财务激励分项指数上,国有控股公司在前三个年度较大幅度上升,此后在 2015 年出现大幅下滑,下降达 17.3456 分,2016 年继续下滑;非国有控股公司在 2012 年上升 19.2928 分,在 2014 年进一步小幅上升,而在 2015 年则大幅下降 26.8478 分,在 2016 年有所上升,波动很大。

17.5　分上市板块财务治理指数的年度比较

根据四个上市板块的划分,用各板块上市公司财务治理指数,以及财权配置、财务控制、财务监督和财务激励四个分项指数的平均值来代表各板块上市公司财务治理情况,分别比较不同板块 2010～2016 年财务治理的差异,结果见表 17-6。

表 17-6　2010～2016 年不同板块上市公司财务治理指数均值比较

上市板块	年份	总体指数	分项指数				总体指数排名
			财权配置	财务控制	财务监督	财务激励	
深市主板(不含中小企业板)	2010	53.4545	48.3660	57.5844	73.3796	34.4880	3
	2012	55.9850	48.4134	58.2314	75.3590	41.9362	3
	2014	50.9725	38.6493	47.5241	69.6868	48.0300	3
	2015	53.4103	40.7794	66.7587	74.4903	31.6127	2
	2016	54.6437	43.2707	74.4964	71.5531	29.2544	3
深市中小企业板	2010	53.8240	53.3458	59.0336	76.8382	26.0784	2
	2012	59.9762	47.2867	62.3549	74.5356	55.7276	1
	2014	54.7218	37.7500	49.7045	72.8790	58.5536	1
	2015	53.9587	39.4652	71.0613	76.3441	28.9643	1
	2016	55.0697	39.4526	75.8259	73.7245	31.2759	2
深市创业板	2010	60.3307	61.9586	66.9492	81.5678	30.8475	1
	2012	52.3863	44.6296	35.2758	76.5792	53.0605	4
	2014	47.8391	39.7698	23.4664	72.1306	55.9895	4
	2015	53.3254	37.8095	71.5965	77.8037	26.0919	3
	2016	55.8157	39.7167	74.7528	77.5918	31.2017	1
沪市主板	2010	53.0055	51.1216	51.8743	76.4168	32.6092	4
	2012	58.3843	54.4969	58.3288	77.6581	43.0534	2
	2014	54.1904	45.4155	49.5719	73.4391	48.3351	2
	2015	52.2759	43.8618	60.2507	75.2888	29.7022	4
	2016	50.8625	42.3180	62.9909	71.5527	26.5884	4

从表 17-6 可以看出:

第一,从财务治理总体指数看,五个年度中,深市主板(不含中小企业板)2012 年上升,2014 年下降,后两年连续回升;深市中小企业板在 2012 年上升后连续两年下降,2016 年略有回升;深市创业板在前三个年度连续下降,后两年连续回升;沪市主板在 2012 年上升之后连续三年下降。总体看,相比于 2015 年,深市主板(不含中小企业板)、深市中小企业板和深市创业板在 2016 年出现上升,其中上升幅度最大的是深市创业板,上升了 2.4903 分;沪市主板 2016 年下降了 1.4134 分。

第二,从财权配置分项指数看,五个年度中,深市主板(不含中小企业板)2012 年略有上升,2014 年较大幅度下降,此后连续两个年度上升;深市中小企业板在连续下降两个年度后,2015 年上升,2016 年又微降;深市创业板连续下降三个年度,2016 年出现回升;沪市主板 2012 年上升后持续三年下降。相比 2015 年,上升幅度最大的是深市主板(不含中小企业板),上升了 2.4913 分;下降幅度最大的是沪市主板,下降了 1.5438 分。

第三,从财务控制分项指数看,五个年度中,深市主板(不含中小企业板)、深市中小企业板、沪市主板都是 2012 年上升,2014 年较大幅度下降,后两年持续上升,尤其是 2015 年上升幅度很大,上升幅度最大的是深市中小企业板,上升 21.3568 分;深市创业板则在前三个年度连续下降,后两个年度持续上升,尤其是 2015 年,大幅上升 48.1301 分。相比 2015 年,2016 年四个板块财务控制分项指数都是上升的,且指数均值都高于前四个年度。

第四,从财务监督分项指数看,五个年度中,深市主板(不含中小企业板)和沪市主板都是 2012 年上升,2014 年下降,2015 年上升,2016 年又下降,波动较大;深市中小企业板和深市创业板则都是前三个年度连续下降,2015 年回升,2016 年又略有下降。总体看,与 2015 年相比,四个板块在 2016 年都是下降的,降幅最大的沪市主板,降低了 3.7361 分。

第五,从财务激励分项指数看,五个年度中,四个板块都是在前三个年度连续上升,2015 年大幅下降,到了 2016 年出现了不同情况,深市主板(不含中小企业板)和沪市主板继续下降,深市中小企业板和深市创业板则出现回升,但回升幅度不大。相比 2015 年,2016 年上升幅度最大的是深市创业板,上升了 5.1098 分;下降幅度最大的是沪市主板,下降了 3.1138 分。

图 17-5 显示了四个板块五个年度财务治理总体指数变化情况。可以看到,深市创业板五个年度中变化起伏最大,2010 年曾排名第一,但 2012 年和 2014 年则都是排名最后,2015 年排名上升一位,2016 年又跃升至第一名,这反映出创业板上市公司的不稳定性;深市中小企业板在 2012 年、2014 年和 2015 年都是排名第一,2010 年和 2016 年都是排名第二;深市主板(不含中小企业板)有四个年度排在第三,一个年度排在第二;沪市主板有三个年度排在最后一位,有两个年度排在第二。

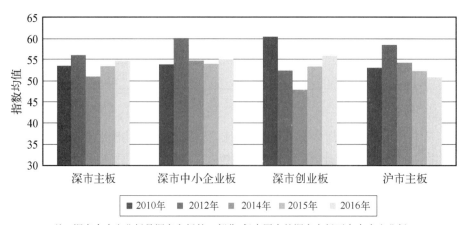

注:深市中小企业板是深市主板的一部分,但本图中的深市主板不含中小企业板。

图 17-5   2010~2016 年不同板块上市公司财务治理总体指数均值比较

17.6　本章小结

本章从总体、地区、行业、所有制类型和上市板块五个角度比较了 2010～2016 年中国上市公司的财务治理水平,主要结论如下:

第一,财务治理总体指数先是在 2012 年较大幅度上升,2014 年又较大幅度下降,之后两个年度小幅回升;财权配置分项指数在 2010 年和 2012 年较高,此后三个年度基本稳定在 41 分略高的水平;财务控制分项指数在 2014 年出现较大幅度的下降,在 2015 年和 2016 年连续回升;财务监督分项指数在 2014 年出现较大幅度下降,2015 年有所回升,2016 年又有所下降;财务激励分项指数则在前三个年度的上升后,2015 年大幅度下降,2016 年继续下降,创下五个年度的最低得分。

第二,从地区看,从财务治理总体指数看,五个年度中,东部、中部和西部三个地区都是 2012 年上升,2014 年下降,此后两个年度连续上升;东北地区则是下降和上升交替出现,2016 年指数是五个年度最低。从财权配置分项指数看,东部地区五个年度连续下降,其他三个地区上升和下降交替出现。从财务控制分项指数看,四个地区 2016 年上升幅度都很大,达到了五个年度中的最高水平。从财务监督分项指数看,四个地区都是上升和下降交替出现。从财务激励分项指数看,四个地区都在前三个年度连续上升后,在 2015 年出现大幅度的下滑,2016 年与 2015 年相差不大。

第三,从行业看,从财务治理总体指数看,五个或四个年度中,有 15 个行业的上市公司财务治理指数均值在 2012 年达到最高水平;相比 2015 年,有 11 个行业在 2016 年程度不同地回升,但大多没有回升到 2012 年的最高水平;采矿业(B)是唯一一个五个年度连续下降的行业。从四个分项指数看,基本上都是上升和下降无规律性交替出现。

第四,从所有制看,国有控股公司和非国有控股公司前四个年度财务治理总体指数都是在 2012 年明显上升,2014 年出现回落,2015 年又略有回升,2016 年国有控股公司小幅下降,非国有控股公司继续回升,但回升幅度不大;2016 年国有控股公司财务治理指数小于非国有控股公司;前四个年度,国有控股公司财务治理指数均值都大于非国有控股公司,但 2016 年被非国有控股公司反超。四个分项指数上,两类公司呈现不规则的变化。

第五,从上市板块看,从财务治理总体指数看,深市主板(不含中小企业板)2012 年上升,2014 年下降,后两年连续回升;深市中小企业板在 2012 年上升后连续两年下降,2016 年略有回升;深市创业板在前三个年度连续下降,后两年连续回升;沪市主板在 2012 年上升之后连续三年下降。总体看,相比于 2015 年,深市主板(不含中小企业板)、深市中小企业板和深市创业板在 2016 年出现上升。在四个分项指数上,同样呈现不规则变化。

中国公司治理分类
指数报告No.16
（2017）

Report on China
Classified Corporate
Governance Index
No.16（2017）

第六编
自愿性信息
披露指数

第 18 章

自愿性信息披露总体指数排名及比较

根据本报告第 1 章自愿性信息披露指数评价方法,以及我们评估获得的 2016 年度 2840 家样本上市公司指数数据,本章对这些上市公司的自愿性信息披露指数进行总体排名和分析,然后分别从地区、行业和上市板块等三个角度进行比较分析。

18.1 自愿性信息披露指数总体分布及排名

基于上市公司和监管机构发布的各类公开数据,我们对 2840 家上市公司自愿性信息披露指数进行了计算,据此可以得到中国上市公司自愿性信息披露指数的总体排名情况(详见附带光盘附表 V-1 和 V-2)。

18.1.1 自愿性信息披露指数总体分布

2016 年上市公司自愿性信息披露指数的总体情况参见表 18-1。

表 18-1 2016 年上市公司自愿性信息披露指数总体情况

项 目	公司数目	平均值	中位值	最大值	最小值	标准差	偏度系数	峰度系数
数 值	2840	50.2542	50.8681	77.2569	20.3125	9.5574	−0.2488	−0.3678

从表 18-1 可以看出,总体上,2016 年中国上市公司自愿性信息披露水平普遍偏低。自愿性信息披露指数最大值为 77.2569,最小值为 20.3125,平均值为 50.2542,中位值为 50.8681,标准差为 9.5574。整体而言,全部样本的绝对差距较大,最大值高出最小值 56.9444。

为了进一步了解上市公司自愿性信息披露指数的具体分布,我们将自愿性信息披露指数按 5 分为一个间隔,区分为 14 个区间。由于 20 分以下和 80 分以上的公司数为 0,可以把[0,20)和[80,100]各作为一个区间,各区间公司数目分布和所占比重参见表 18-2。

表 18‐2   2016 年上市公司自愿性信息披露指数区间分布

指 数 区 间	公 司 数 目	占 比(%)	累计占比(%)
[0，20)	0	0.00	0.00
[20，25)	14	0.49	0.49
[25，30)	42	1.48	1.97
[30，35)	123	4.33	6.30
[35，40)	285	10.04	16.34
[40，45)	387	13.63	29.96
[45，50)	447	15.74	45.70
[50，55)	547	19.26	64.96
[55，60)	554	19.51	84.47
[60，65)	305	10.74	95.21
[65，70)	115	4.05	99.26
[70，75)	17	0.60	99.86
[75，80)	4	0.14	100.00
[80，100]	0	0.00	100.00
总　计	2840	100.00	—

图 18‐1 更直观地显示了 2016 年上市公司自愿性信息披露指数分布情况。从表 18‐1 可知,上市公司自愿性信息披露指数的偏度系数为－0.2488,基本符合正态分布,为负偏态分布。

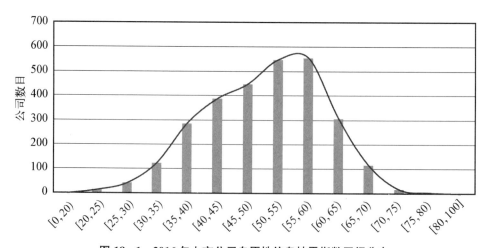

图 18‐1   2016 年上市公司自愿性信息披露指数区间分布

由表18-2和图18-1可知,2016年中国上市公司自愿性信息披露指数分布相对比较集中。绝大多数上市公司自愿性信息披露指数分值在[35,65)这个区间,有公司2525家,占比为88.91%。其中,自愿性信息披露指数达到及格线(60分)的有441家,占样本上市公司总数的15.53%,相比2015年(超过60分的公司占比为1.09%),提高了14.44个百分点,增长幅度较大。可能的重要原因是2016年加大了监督力度,加之经济下行压力较大,企业迫切需要利益相关者的支持,尤其是投资者的支持,从下一章的分项指数可以看出,2016年自愿性信息披露指数的提升主要来自利益相关者信息披露提升的贡献。

但是,结合之前年度的评价结果[①],不难得出,中国上市公司披露信息的意愿仍是非常低的,除非对公司信息披露有强制性要求。

18.1.2　自愿性信息披露指数前后100名

表18-3给出了2840家上市公司中排名前100家和最后100家公司的自愿性信息披露指数的基本统计数据。可以看出,前100名公司的自愿性信息披露指数均值为68.7691,较2015年上升10.0885分;而最后100名公司的自愿性信息披露指数均值为28.8351,较2015年上升7.4232分。前后100名公司的自愿性信息披露指数比2015年提升幅度都较大。从标准差来看,在上述两类样本中,前后100名公司各自内部的差异都不大。

表18-3　2016年上市公司自愿性信息披露指数前后100名情况

	平均值	中位值	最大值	最小值	标准差
前100名	68.7691	68.0556	77.2569	65.9722	2.5259
后100名	28.8351	29.7743	32.4653	20.3125	3.0308
总　体	**50.2543**	**50.8681**	**77.2569**	**20.3125**	**9.5573**

我们对2840家上市公司的自愿性信息披露指数从大到小降序排列,指数越高,说明上市公司自愿性信息披露水平越高。表18-4是自愿性信息披露指数排名前100的上市公司情况。

表18-4　2016年上市公司自愿性信息披露指数排名(前100名)

排　名	代　码	公司简称	指　数　值	排　名	代　码	公司简称	指　数　值
1	000401	冀东水泥	77.2569	4	300296	利亚德	75.1736
2	000090	天健集团	76.5625	5	000425	徐工机械	74.4792
3	000856	冀东装备	75.8681	6	000939	凯迪生态	73.0903

[①]　在对2009和2011两个年度的评估中,既有自愿性信息披露,也有强制性信息披露,自愿性信息披露水平和强制性信息披露水平存在巨大反差,前者大大低于后者。参见高明华等:《中国上市公司信息披露指数报告2010》和《中国上市公司信息披露指数报告2012》,经济科学出版社2010年版和2012年版。

排 名	代 码	公司简称	指 数 值	排 名	代 码	公司简称	指 数 值
7	000070	特发信息	72.7431	39	002056	横店东磁	68.7500
7	000555	神州信息	72.7431	39	002310	东方园林	68.7500
7	002106	莱宝高科	72.7431	41	000635	英力特	68.5764
7	002456	欧菲光	72.7431	42	002709	天赐材料	68.4028
11	002217	合力泰	72.3958	42	300497	富祥股份	68.4028
12	002170	芭田股份	72.2222	44	000046	泛海控股	68.2292
12	300215	电科院	72.2222	44	002252	上海莱士	68.2292
14	000607	华媒控股	72.0486	44	002385	大北农	68.2292
15	000792	盐湖股份	71.7014	44	002503	搜于特	68.2292
15	000858	五粮液	71.7014	48	000031	中粮地产	68.0556
17	002110	三钢闽光	71.3542	48	000403	ST生化	68.0556
18	002129	中环股份	71.0069	48	000552	靖远煤电	68.0556
19	300303	聚飞光电	70.8333	48	000560	昆百大A	68.0556
20	601111	中国国航	70.6597	48	000620	新华联	68.0556
21	000993	闽东电力	70.4861	48	002105	信隆健康	68.0556
22	000538	云南白药	69.7917	48	002567	唐人神	68.0556
22	000732	泰禾集团	69.7917	48	300218	安利股份	68.0556
22	000960	锡业股份	69.7917	56	300280	南通锻压	67.8819
25	000011	深物业A	69.6181	56	300462	华铭智能	67.8819
25	000078	海王生物	69.6181	58	000736	中房地产	67.7083
25	000557	西部创业	69.6181	58	000963	华东医药	67.7083
25	000806	银河生物	69.6181	58	002068	黑猫股份	67.7083
25	002144	宏达高科	69.6181	58	300162	雷曼股份	67.7083
25	002597	金禾实业	69.6181	62	300200	高盟新材	67.5347
31	000860	顺鑫农业	69.4444	62	300387	富邦股份	67.5347
32	000831	*ST五稀	69.2708	62	300441	鲍斯股份	67.5347
32	002672	东江环保	69.2708	62	300448	浩云科技	67.5347
32	300328	宜安科技	69.2708	66	002529	海源机械	67.3611
35	002212	南洋股份	69.0972	67	000833	贵糖股份	67.1875
35	002750	龙津药业	69.0972	67	002294	信立泰	67.1875
35	300383	光环新网	69.0972	69	000735	罗牛山	67.0139
38	002233	塔牌集团	68.9236	69	000937	冀中能源	67.0139

续　表

排　名	代　码	公司简称	指　数　值	排　名	代　码	公司简称	指　数　值
69	002079	苏州固锝	67.0139	86	002531	天顺风能	66.3194
69	002396	星网锐捷	67.0139	88	002375	亚厦股份	66.1458
69	002438	江苏神通	67.0139	88	002479	富春环保	66.1458
69	002745	木林森	67.0139	88	002493	荣盛石化	66.1458
69	300249	依米康	67.0139	88	002511	中顺洁柔	66.1458
69	300498	温氏股份	67.0139	88	002654	万润科技	66.1458
69	600115	东方航空	67.0139	88	300064	豫金刚石	66.1458
78	001896	豫能控股	66.8403	88	300265	通光线缆	66.1458
78	300085	银之杰	66.8403	95	000536	华映科技	65.9722
80	000400	许继电气	66.6667	95	000651	格力电器	65.9722
80	002140	东华科技	66.6667	95	002030	达安基因	65.9722
82	000971	高升控股	66.4931	95	002049	紫光国芯	65.9722
82	002466	天齐锂业	66.4931	95	002624	完美世界	65.9722
82	002596	海南瑞泽	66.4931	95	300292	吴通控股	65.9722
82	300421	力星股份	66.4931	95	300432	富临精工	65.9722
86	002197	证通电子	66.3194	95	603555	贵人鸟	65.9722

注：因存在指数值相同的公司，故前 100 家公司实际是 102 家公司。

从表 18-4 可以看出，2016 年中国上市公司自愿性信息披露指数前三名是冀东水泥（77.2569）、天健集团（76.5625）和冀东装备（75.8681），分数都超过了 60 分，并且超过较多。有 21 家公司连续出现在 2015 和 2016 两个年度的前 100 名中，分别是天健集团、利亚德、徐工机械、电科院、盐湖股份、五粮液、闽东电力、泰禾集团、宏达高科、南洋股份、塔牌集团、天赐材料、泛海控股、搜于特、中粮地产、唐人神、安利股份、信立泰、苏州固锝、银之杰、海南瑞泽。[①] 有 3 家公司连续出现在 2013 年、2015 年和 2016 年的前 100 名中，分别是盐湖股份、苏州固锝和海南瑞泽。

结合附带光盘附表Ⅴ-1 和Ⅴ-2，从地区看，前 100 名（实为前 102 名）公司中，东部、中部、西部各有 73 家、14 家和 15 家，分别占所在地区上市公司总数的 3.87%、3.50%、3.69%，东北地区没有公司进入前 100 名。从相对值（占比）看，东部上市公司自愿性信息披露水平是较高的。从行业看，制造业，信息传输、软件和信息技术服务业，房地产业，建筑业和电力、热力、燃气及水生产和供应业分别有 70 家、6 家、6 家、4 家和 4 家，分别占所在行业全部上市公司数的 3.94%、3.39%、4.80%、5.19% 和 4.17%。从相对值看，建筑业上市公司自愿性信息披露较好。从控股类型看,国有控股公司有 35 家,非国有控股公司有 67 家,分别占同类公司总数的 3.40% 和 3.70%。从相对值看,非国有控股公司自愿性信息披露好于国有控股公司。在 35 家国有控股公司中,中央企业控股的公司有 11 家,地方国企控股的公司有 24 家,分别占全部央企控股和地方国企控股上市公司总数的 3.08% 和 3.57%。从相对值看,地方国有企业控股的上市公司自愿性信息披露表现较好。从上市板块来看,深市主板(不含中小企业板)、深市中小企业板、深市创业板和沪市主板分别有 37 家、40 家、22 家和 3 家,分别占所在板块全部上市公司数的 7.94%、5.10%、4.37% 和 0.28%。从相对值看,深市主板(不含中小企业板)上市公司自愿性信息披露表现较好。

图 18‑2 为前 100 名上市公司自愿性信息披露指数分布情况。可以看出,前 100 名(实为前 102 名)上市公司自愿性信息披露指数分布不是很平坦,说明有一定的差异,最高分 77.2569,最低分 65.9722,绝对差距 11.2847,绝大多数分布在 70 分以下。

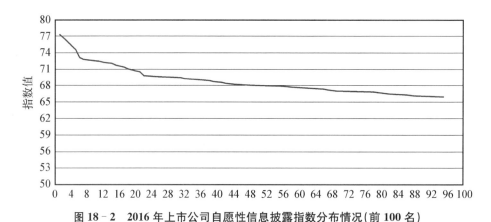

图 18‑2　2016 年上市公司自愿性信息披露指数分布情况(前 100 名)

表 18‑5 为自愿性信息披露指数排名后 100 的上市公司情况。

表 18‑5　2016 年上市公司自愿性信息披露指数排名(后 100 名)

排　名	代　码	公司简称	指 数 值	排　名	代　码	公司简称	指 数 值
2737	600168	武汉控股	32.4653	2742	600513	联环药业	32.2917
2737	600169	太原重工	32.4653	2742	600854	春兰股份	32.2917
2737	600280	中央商场	32.4653	2742	603636	南威软件	32.2917
2737	600760	中航黑豹	32.4653	2749	600180	瑞茂通	32.1181
2737	601689	拓普集团	32.4653	2749	600234	ST 山水	32.1181
2742	600136	当代明诚	32.2917	2749	600649	城投控股	32.1181
2742	600241	时代万恒	32.2917	2752	600128	弘业股份	31.9444
2742	600275	武昌鱼	32.2917	2752	600353	旭光股份	31.9444
2742	600301	ST 南化	32.2917	2752	600552	凯盛科技	31.9444

排　名	代　码	公司简称	指 数 值	排　名	代　码	公司简称	指 数 值
2755	600197	伊力特	31.7708	2785	601113	华鼎股份	29.8611
2755	600303	曙光股份	31.7708	2785	601116	三江购物	29.8611
2755	600657	信达地产	31.7708	2785	601218	吉鑫科技	29.8611
2755	601028	玉龙股份	31.7708	2785	601801	皖新传媒	29.8611
2759	600211	西藏药业	31.5972	2785	603198	迎驾贡酒	29.8611
2760	600139	西部资源	31.4236	2785	603308	应流股份	29.8611
2760	600212	江泉实业	31.4236	2791	600237	铜峰电子	29.6875
2760	600311	荣华实业	31.4236	2791	603518	维格娜丝	29.6875
2760	601106	中国一重	31.4236	2793	600306	*ST 商城	29.5139
2764	600300	维维股份	31.2500	2794	600960	渤海活塞	29.3403
2764	600689	上海三毛	31.2500	2794	603118	共进股份	29.3403
2764	600110	诺德股份	31.2500	2796	600483	福能股份	29.1667
2764	600527	江南高纤	31.2500	2796	600588	用友网络	29.1667
2768	600213	亚星客车	31.0764	2798	600145	*ST 新亿	28.9931
2768	600747	大连控股	31.0764	2799	600753	东方银星	28.8194
2768	600890	中房股份	31.0764	2799	603027	千禾味业	28.8194
2771	600742	一汽富维	30.9028	2801	600165	新日恒力	28.6458
2771	601010	文峰股份	30.9028	2801	603311	金海环境	28.6458
2771	603989	艾华集团	30.9028	2803	603002	宏昌电子	28.4722
2774	600203	福日电子	30.7292	2803	603806	福斯特	28.4722
2774	600638	新黄浦	30.7292	2803	603838	四通股份	28.4722
2774	600818	中路股份	30.7292	2803	603866	桃李面包	28.4722
2774	600822	上海物贸	30.7292	2807	603399	新华龙	28.2986
2778	600992	贵绳股份	30.5556	2808	600961	株冶集团	28.1250
2778	600993	马应龙	30.5556	2808	600571	信雅达	28.1250
2778	603729	龙韵股份	30.5556	2810	600358	国旅联合	27.9514
2781	603789	星光农机	30.3819	2811	600283	钱江水利	27.4306
2782	600982	宁波热电	30.2083	2812	600131	岷江水电	27.2569
2782	603601	再升科技	30.2083	2812	600370	三房巷	27.2569
2784	600506	香梨股份	30.0347	2812	600817	*ST 宏盛	27.2569

续　表

排　名	代　码	公司简称	指数值	排　名	代　码	公司简称	指数值
2812	603600	永艺股份	27.2569	2827	600091	ST明科	24.4792
2816	600232	金鹰股份	27.0833	2827	603598	引力传媒	24.4792
2816	603889	新澳股份	27.0833	2830	603085	天成自控	23.9583
2818	600193	创兴资源	26.5625	2830	603268	松发股份	23.9583
2818	603800	道森股份	26.5625	2830	603726	朗迪集团	23.9583
2820	600861	北京城乡	26.0417	2833	600769	祥龙电业	23.7847
2820	603520	司太立	26.0417	2834	600130	波导股份	23.2639
2822	601798	蓝科高新	25.8681	2835	601799	星宇股份	22.7431
2822	603222	济民制药	25.8681	2836	600083	博信股份	22.3958
2822	603678	火炬电子	25.8681	2837	600838	上海九百	21.8750
2825	603808	歌力思	25.5208	2838	600774	汉商集团	21.5278
2826	600199	金种子酒	25.1736	2839	603558	健盛集团	21.3542
2827	600082	海泰发展	24.4792	2840	600217	中再资环	20.3125

注:因存在指数值相同的公司,故后100家公司实际是104家公司。

由表18-5可以看到,自愿性信息披露指数最后三名上市公司是中再资环(20.3125)、健盛集团(21.3542)、汉商集团(21.5278)。

结合附带光盘附表V-1和V-2,从地区看,后100名(实为104家)中,东部、中部、西部和东北分别有61家,17家,17家和9家,分别占所在地区全部上市公司数的3.23%、4.25%、4.19%和6.12%。从相对值(占比)看,东北地区上市公司自愿性信息披露表现较差。从行业看,制造业,批发和零售业,电力、热力、燃气及水生产和供应业,房地产业,信息传输、软件和信息技术服务业分别有65家、15家、5家、5家和3家,分别占所在行业全部上市公司数的3.66%、10.14%、5.21%、4.00%和1.69%。从相对值看,批发和零售业上市公司自愿性信息披露较差。从控股类型看,国有控股公司有35家,非国有控股公司有69家,分别占同类上市公司总数的3.40%和3.81%。从相对值看,非国有控股公司自愿性信息披露表现较差。在35家国有控股公司中,中央企业控股的公司有10家,地方国企控股的公司有25家,分别占同类上市公司总数的2.80%和3.72%,从相对值看,地方国企控股上市公司的自愿性信息披露表现较差。从上市板块看,后100家上市公司全部属于沪市主板,反映出沪市主板上市公司自愿性信息披露的表现较差。

图18-3展示了后100名上市公司自愿性信息披露指数的分布情况(按倒数排列,即指数最后一位作为倒数第一位)。可以看出,后100名上市公司自愿性信息披露指数分布

比较平坦,最高分 32.4653,最低分 20.3125,绝对差距 12.1528,30 分以下部分下降较快。

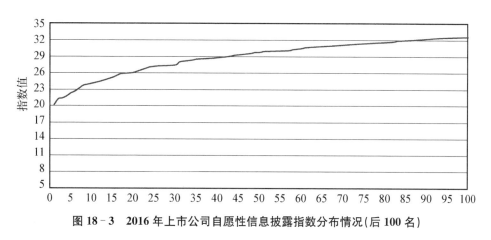

图 18-3　2016 年上市公司自愿性信息披露指数分布情况(后 100 名)

18.2　分地区自愿性信息披露指数比较

按照东部、中部、西部、东北的地区划分,对各地区上市公司的自愿性信息披露指数进行比较,结果参见表 18-6。

表 18-6　2016 年不同地区上市公司自愿性信息披露指数排名及比较

排 名	地　区	公司数目	平 均 值	中 位 值	最 大 值	最 小 值	标 准 差
1	东部	1887	50.5258	51.2153	77.2569	21.3542	9.5262
2	中部	400	50.4774	51.7361	73.0903	21.5278	9.5163
3	西部	406	49.8918	50.5208	71.7014	20.3125	9.7267
4	东北	147	47.1608	47.7431	65.4514	28.2986	9.1051
总　体		2840	50.2542	50.8681	77.2569	20.3125	9.5574

由表 18-6 可见,各地区上市公司自愿性信息披露指数平均值由大到小分别为东部、中部、西部和东北。东部和中部上市公司自愿性信息披露指数均值分别为 50.5258 和 50.4774,高于总体指数均值。西部和东北地区上市公司自愿性信息披露指数均值都低于总体均值。

图 18-4 展示了不同地区上市公司自愿性信息披露指数分布。可以看出,东部、中部和西部地区的上市公司自愿性信息披露指数均值差异较小,东北地区的上市公司自愿性信息披露指数明显低于其他三个地区。

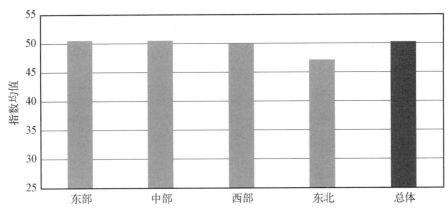

图 18-4　2016 年不同地区上市公司自愿性信息披露指数均值比较

18.3　分行业自愿性信息披露指数比较

用各个行业内的上市公司自愿性信息披露指数的平均值来代表各个行业的上市公司自愿性信息披露指数,然后将各行业的上市公司自愿性信息披露指数均值按照从高到低的顺序进行排名,结果见表 18-7。

表 18-7　2016 年不同行业上市公司自愿性信息披露指数排名及比较

排名	行　　业	公司数目	平均值	中位值	最大值	最小值	标准差
1	卫生和社会工作(Q)	7	53.0506	56.2500	59.7222	43.4028	6.9667
2	信息传输、软件和信息技术服务业(I)	177	52.4051	52.7778	72.7431	28.1250	8.6205
3	科学研究和技术服务业(M)	23	52.1890	50.5208	72.2222	35.5903	8.7290
4	建筑业(E)	77	51.8331	50.5208	76.5625	23.7847	9.5726
5	制造业(C)	1775	50.7704	51.9097	77.2569	20.3125	9.5912
6	农、林、牧、渔业(A)	44	50.5563	50.4340	67.0139	30.0347	10.0767
7	水利、环境和公共设施管理业(N)	33	50.3262	50.5208	64.4097	33.3333	8.9968
8	住宿和餐饮业(H)	11	49.6212	49.4792	59.8958	37.1528	7.3677
9	租赁和商务服务业(L)	40	49.4488	50.6076	65.4514	24.4792	10.6756
10	交通运输、仓储和邮政业(G)	87	49.3774	49.4792	70.6597	33.5069	8.6566
11	文化、体育和娱乐业(R)	41	49.2420	49.8264	72.0486	29.8611	9.1807
12	房地产业(K)	125	49.1722	49.3056	69.7917	27.2569	9.7496
13	金融业(J)	57	49.1350	49.6528	64.7569	36.4583	7.2856

续　表

排名	行　　业	公司数目	平 均 值	中 位 值	最 大 值	最 小 值	标 准 差
14	采矿业(B)	73	48.6706	47.7431	68.0556	31.4236	8.0157
15	电力、热力、燃气及水生产和供应业(D)	96	47.7792	47.8299	73.0903	27.2569	9.9295
16	批发和零售业(F)	148	45.9542	45.8333	69.6181	21.5278	10.1168
17	综合(S)	23	44.8973	44.4444	59.7222	24.4792	9.6942
18	教育(P)	3	40.3935	39.9306	45.6597	35.5903	5.0507
总　体		**2840**	**50.2542**	**50.8681**	**77.2569**	**20.3125**	**9.5574**

从表 18-7 可以看出,在 18 个行业中,有 7 个行业的自愿性信息披露指数均值高于总体均值,这 7 个行业的行业最大均值与总体均值之间的绝对差距为 2.7964;其他 11 个行业的自愿性信息披露指数均值低于总体均值,总体均值与这 11 个行业的最小均值之间的绝对差距为 9.8607。显然,后 11 个行业上市公司自愿性信息披露的内部差距远大于前 7 个行业。上市公司自愿性信息披露水平最好的三个行业是卫生和社会工作(Q)(53.0506),信息传输、软件和信息技术服务业(I)(52.4051),科学研究和技术服务业(M)(52.1890);自愿性信息披露水平最差的三个行业是教育(P)(40.3935),综合(S)(44.8973),批发和零售业(F)(45.9542)。需要注意的是,教育行业(P)只有 3 家上市公司,难以反映该行业自愿性信息披露的实际平均水平。

图 18-5 进一步显示了行业间上市公司自愿性信息披露水平的差别。可以看出,各行业上市公司自愿性信息披露指数均值集中在[40,55]这一范围内,信息披露水平整体而言较为稳定,但排名最后一位的教育行业相对较差。

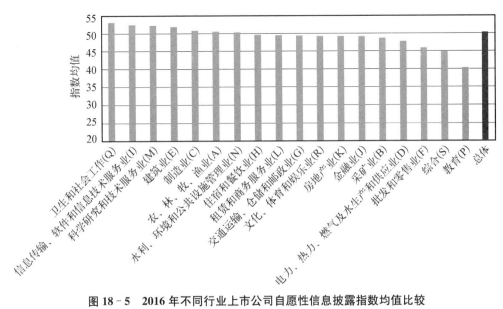

图 18-5　2016 年不同行业上市公司自愿性信息披露指数均值比较

18.4　分上市板块自愿性信息披露指数比较

中国上市板块可以划分为深市主板(不含中小企业板)、深市中小企业板、深市创业板和沪市主板,对这四个板块的上市公司自愿性信息披露指数进行比较分析,结果参见表18－8。

表18－8　2016年不同板块上市公司自愿性信息披露指数排名及比较

排名	上 市 板 块	公司数目	平 均 值	中 位 值	最 大 值	最 小 值	标 准 差
1	深市中小企业板	784	55.4747	55.9028	72.7431	34.3750	6.5850
2	深市主板(不含中小企业板)	466	55.1700	55.1215	77.2569	32.9861	7.7038
3	深市创业板	504	54.4505	54.9479	75.1736	35.5903	6.7898
4	沪市主板	1086	42.4286	42.0139	70.6597	20.3125	7.8333
总　　体		2840	50.2542	50.8681	77.2569	20.3125	9.5574

由表18－8可知,不同板块的上市公司自愿性信息披露指数存在一定差异。深市中小企业板上市公司的自愿性信息披露指数均值最高,为55.4747。最低的是沪市主板,自愿性信息披露指数均值为42.4289,远远低于其他三个上市板块上市公司的自愿性信息披露水平。概括地看,沪市主板上市公司自愿性信息披露水平远低于深市上市公司,这需要引起沪市和监管机构注意。

图18－6更直观地反映了不同板块上市公司自愿性信息披露指数的差异。

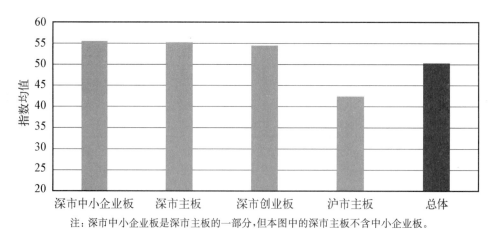

注:深市中小企业板是深市主板的一部分,但本图中的深市主板不含中小企业板。

图18－6　2016年不同板块上市公司自愿性信息披露指数均值比较

18.5　本章小结

本章分别从总体、地区、行业及上市板块等方面对 2016 年上市公司自愿性信息披露指数进行了比较与分析,主要结论如下:

(1) 从总体看,2016 年上市公司自愿性信息披露指数最大值为 77.2569,最小值为 20.3125,平均值为 50.2542,总体水平偏低。88.91% 的上市公司自愿性信息披露指数分值集中在[35,65)这个区间。超过 60 分的有 441 家,占样本上市公司总数的 15.53%。

(2) 从地区看,上市公司自愿性信息披露指数均值由大到小依次为东部(50.5258)、中部(50.4774)、西部(49.8918)和东北(47.1608)。东北明显低于其他三个地区。

(3) 从行业看,上市公司自愿性信息披露水平最好的三个行业是卫生和社会工作(Q)(53.0506),信息传输、软件和信息技术服务业(I)(52.4051),科学研究和技术服务业(M)(52.1890);自愿性信息披露水平最差的三个行业是教育(P)(40.3935),综合(S)(44.8973),批发和零售业(F)(45.9542)。不同行业有一定差距。

(4) 从上市板块看,上市公司自愿性信息披露指数均值从高到低依次是深市中小企业板、深市主板(不含中小企业板)、深市创业板、沪市主板。沪市主板上市公司自愿性信息披露水平远低于深市上市公司。

第 19 章

自愿性信息披露分项指数排名及比较

第 18 章从总体上对中国上市公司自愿性信息披露指数作了排名,并从地区、行业、上市板块等方面进行了比较分析。本章按照对自愿性信息披露指数四个维度的划分,把自愿性信息披露指数分解为治理结构自愿性信息披露、治理效率自愿性信息披露、利益相关者自愿性信息披露、风险控制自愿性信息披露四个分项指数,对这四个分项指数进行排名和比较分析。

19.1　自愿性信息披露分项指数总体情况

2016 年中国上市公司自愿性信息披露四个分项指数的描述性统计参见表 19-1。

表 19-1　2016 年上市公司自愿性信息披露分项指数描述性统计结果

分 项 指 数	公司数目	平 均 值	中 位 值	最 大 值	最 小 值	标 准 差
治理结构	2840	43.4771	43.7500	100.0000	6.2500	15.6913
治理效率	2840	45.6294	43.7500	81.2500	12.5000	10.7066
利益相关者	2840	64.9266	66.6667	100.0000	0.0000	21.5009
风险控制	2840	46.9836	44.4444	88.8889	5.5556	12.3980

从表 19-1 可以看出,2016 年上市公司自愿性信息披露四个分项指数中,除利益相关者分项指数外,其他分项指数的平均值都没有超过 60 分。利益相关者自愿性信息披露分项指数均值最高,平均值为 64.9266 分;治理结构自愿性信息披露分项指数最小,为 43.4771 分。利益相关者分项指数比其他三个分项指数高出很多,但仍然处于偏低水平。从标准差来看,四个分项指数的标准差都比较大,说明上市公司在每个分项指数上的差异都比较大,其中利益相关者分项指数的标准差要远高于其他三项,说明各上市公司之间在利益相关者自愿性信息披露方面的差异大于其他三个分项指数。

图 19-1 可以更直观地反映出四个分项指数均值和中位值的情况。可以看出,四个分

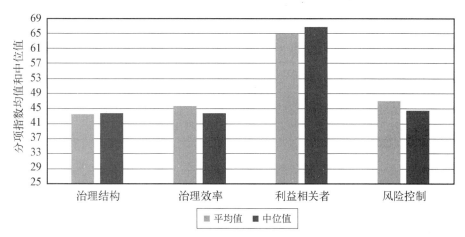

图 19-1　2016 年上市公司自愿性信息披露分项指数比较

项指数的平均值和中位值的排序基本相同,治理结构和治理效率两个分项指数的中位值相同。

　　需要注意的是,由于各分项指数指标的数量和赋值不同,四个分项指数的可比性有限。例如,利益相关者自愿性信息披露分项指数高于其他三个分项指数,但这并不足以说明上市公司的利益相关者权益(尤其是投资者权益)保护是到位的,因为信息披露并不是利益相关者权益保护的全部,况且本报告的自愿性信息披露并未涉及真实性和及时性问题。

19.2　自愿性信息披露治理结构分项指数排名及比较

　　治理结构方面的自愿性信息披露侧重从董事会构成、董事学历信息、董事任职经历、专门委员会构成、监事会成员、监事会构成、高管层任职经历、高管层学历信息等八个方面来评价。本节主要对自愿性信息披露治理结构分项指数进行比较分析。

19.2.1　治理结构分项指数总体分布

　　通过对 2840 家上市公司治理结构方面的自愿性信息披露进行评价,我们得出了每家上市公司自愿性信息披露治理结构分项指数,并进行了排名。按照每 10 分一个区间,可以将自愿性信息披露治理结构分项指数划分为 10 个区间段,每个区间段的公司数目和所占比重参见表 19-2。

表 19-2　2016 年上市公司自愿性信息披露治理结构分项指数区间分布

指 数 区 间	公 司 数 目	占　比(%)	累计占比(%)
[0, 10)	1	0.04	0.04
[10, 20)	318	11.20	11.23

指　数　区　间	公　司　数　目	占　　比(％)	累计占比(％)
[20, 30)	288	10.14	21.37
[30, 40)	465	16.37	37.75
[40, 50)	521	18.35	56.09
[50, 60)	842	29.65	85.74
[60, 70)	238	8.38	94.12
[70, 80)	129	4.54	98.66
[80, 90)	36	1.27	99.93
[90, 100]	2	0.07	100.00
总　　计	2840	100	—

图 19-2 更直观地显示了自愿性信息披露治理结构分项指数的区间分布情况。

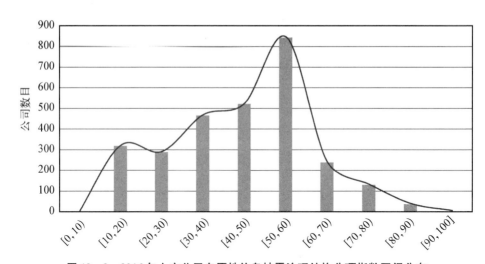

图 19-2　2016 年上市公司自愿性信息披露治理结构分项指数区间分布

从表 19-2 和图 19-2 可以看出,2016 年上市公司自愿性信息披露治理结构分项指数分布较为分散,分布很不规则。其中得分在[30,60)区间的公司最多,为 1828 家,占全部样本的 64.37％。低于 60 分的公司有 2435 家,占全部样本的 85.74％,说明绝大多数上市公司在治理结构方面的自愿性信息披露水平较差。

19.2.2　分地区治理结构分项指数比较

以各地区上市公司自愿性信息披露治理结构分项指数的平均值来代表各个地区的上市公司自愿性信息披露治理结构分项指数,按照东部、中部、西部和东北四个地区对上市公司自愿性信息披露治理结构分项指数进行排序比较,结果参见表 19-3。

表 19 - 3　2016 年不同地区上市公司自愿性信息披露治理结构分项指数排名及比较

排　名	地　区	公司数目	平均值	中位值	最大值	最小值	标准差
1	东部	1887	43.9918	43.7500	100.0000	12.5000	15.7246
2	中部	400	42.9844	43.7500	87.5000	6.2500	15.6038
3	西部	406	42.9033	43.7500	81.2500	12.5000	15.9497
4	东北	147	39.7959	43.7500	75.0000	12.5000	14.2800
总　体		**2840**	**43.4771**	**43.7500**	**100.0000**	**6.2500**	**15.6913**

图 19 - 3 更直观地显示了不同地区上市公司自愿性信息披露治理结构分项指数的差异。

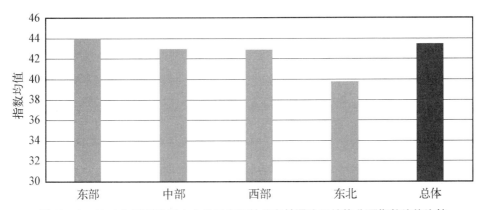

图 19 - 3　2016 年不同地区上市公司自愿性信息披露治理结构分项指数均值比较

从表 19 - 3 和图 19 - 3 可以看出,不同地区上市公司自愿性信息披露治理结构分项指数之间的绝对差异较大。东部地区上市公司自愿性信息披露治理结构分项指数均值最高,为 43.9918 分;其次是中部地区,自愿性信息披露治理结构分项指数均值为 42.9844 分;西部地区上市公司自愿性信息披露治理结构分项指数均值为 42.9033 分,位居第三,但与中部地区比较接近;东北地区上市公司自愿性信息披露治理结构分项指数均值最低,为 39.7959 分,远低于其他三个地区。东部地区上市公司自愿性信息披露治理结构分项指数均值高于总体均值。四个地区上市公司自愿性信息披露治理结构分项指数的标准差都比较大,说明各地区上市公司自愿性信息披露治理结构分项指数的内部差距较大。

19.2.3　分行业治理结构分项指数比较

用各个行业内的上市公司自愿性信息披露治理结构分项指数的平均值来代表各个行业的上市公司自愿性信息披露治理结构分项指数,然后把各个行业的上市公司自愿性信息披露治理结构分项指数均值按照由高到低的顺序进行排名,结果参见表 19 - 4。

表 19‑4　2016 年不同行业上市公司自愿性信息披露治理结构分项指数排名及比较

排名	行　业	公司数目	平均值	中位值	最大值	最小值	标准差
1	金融业(J)	57	56.9079	56.2500	100.0000	18.7500	20.1031
2	科学研究和技术服务业(M)	23	51.0870	50.0000	81.2500	25.0000	15.1522
3	信息传输、软件和信息技术服务业(I)	177	47.5989	50.0000	87.5000	12.5000	15.1188
4	建筑业(E)	77	44.3994	43.7500	81.2500	18.7500	13.9969
5	文化、体育和娱乐业(R)	41	44.0549	43.7500	81.2500	12.5000	14.7208
6	制造业(C)	1775	43.9049	43.7500	87.5000	12.5000	15.3817
7	住宿和餐饮业(H)	11	43.7500	43.7500	68.7500	18.7500	13.9754
8	水利、环境和公共设施管理业(N)	33	42.4242	43.7500	62.5000	12.5000	13.6893
9	卫生和社会工作(Q)	7	41.0714	43.7500	56.2500	18.7500	12.4254
10	农、林、牧、渔业(A)	44	40.9091	43.7500	81.2500	12.5000	15.5129
11	采矿业(B)	73	40.8390	43.7500	81.2500	6.2500	16.2073
12	交通运输、仓储和邮政业(G)	87	40.8046	43.7500	81.2500	12.5000	17.1253
13	房地产业(K)	125	40.8000	43.7500	75.0000	12.5000	14.8831
14	租赁和商务服务业(L)	40	40.1563	43.7500	68.7500	18.7500	14.4952
15	电力、热力、燃气及水生产和供应业(D)	96	38.8021	40.6250	75.0000	12.5000	15.3875
16	批发和零售业(F)	148	38.5980	37.5000	81.2500	12.5000	15.1999
17	综合(S)	23	32.3370	25.0000	62.5000	12.5000	15.1522
18	教育(P)	3	29.1667	25.0000	43.7500	18.7500	13.0104
总　体		**2840**	**43.4771**	**43.7500**	**100.0000**	**6.2500**	**15.6913**

由表 19‑4 可知,在 18 个行业中,有 7 个行业的上市公司自愿性信息披露治理结构分项指数均值高于总体均值,这 7 个行业的最大均值与总体均值之间的绝对差距为 13.4308 分,差距较大的原因是排名第一的金融业远高于其他行业,其与第二位的均值差距就高达 5.8209 分;其他 11 个行业的自愿性信息披露治理结构分项指数均值低于总体均值,总体均值与这 11 个行业的最小均值之间的绝对差距为 14.3104 分。显然,前 7 个行业内部的差距小于后 11 个行业。排名最高的金融业的自愿性信息披露治理结构分项指数均值与排名最低的教育行业的指数均值相差 27.7412 分,相差很大。自愿性信息披露治理结构分项指数均值排名前三位的行业分别为金融业(J),科学研究和技术服务业(M),信息传输、软件和信息技术服务业(I);而教育(P)、综合(S)、批发和零售业(F)则排名最后三位。需要注意的是,教育行业(P)只有 3 家上市公司,难以反映该行业的实际平均水平。

图 19-4 更直观地体现了不同行业上市公司自愿性信息披露治理结构分项指数均值的差异。可以看到,各个行业上市公司自愿性信息披露治理结构分项指数均值基本上集中在[30,50]区间,只有金融业(J)、科学研究和技术服务业(M)以及排在最后一名的教育行业(P)除外。除了排名前两位和最后两位的四个行业外,其他行业的自愿性信息披露治理结构分项指数均值自大到小的变化比较平缓。

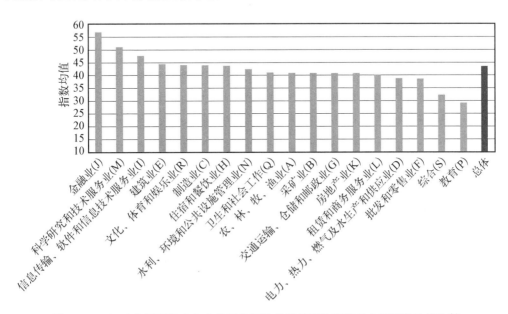

图 19-4　2016 年不同行业上市公司自愿性信息披露治理结构分项指数均值比较

19.2.4　分上市板块治理结构分项指数比较

按照深市主板(不含中小企业板)、深市中小企业板、深市创业板和沪市主板四个上市板块的分类,对这四个板块上市公司的自愿性信息披露治理结构分项指数进行比较分析,结果参见表 19-5。

表 19-5　2016 年不同板块上市公司自愿性信息披露治理结构分项指数排名及比较

排名	上 市 板 块	公司数目	平均值	中位值	最大值	最小值	标准差
1	深市创业板	504	51.9593	50.0000	87.5000	18.7500	12.9049
2	深市中小企业板	784	48.3179	50.0000	87.5000	12.5000	12.1236
3	深市主板(不含中小企业板)	466	47.0359	50.0000	87.5000	6.2500	13.9489
4	沪市主板	1086	34.5189	31.2500	100.0000	12.5000	15.5391
	总　体	2840	43.4771	43.7500	100.0000	6.2500	15.6913

由表 19-5 可以看出,自愿性信息披露治理结构分项指数均值最大的是深市创业板,为51.9593 分,均值最低的是沪市主板,为 34.5189 分,最大均值与最小均值之间的绝对差距高

达 17.4405 分,主要是均值最低的沪市主板与其他三个板块的差距太大。从标准差来看,四个板块的标准差都比较大,都超过了 12,最大的是沪市主板,其波动幅度较大。

图 19-5 更为直观地显示了四个板块上市公司自愿性信息披露治理结构分项指数的情况。可以看到,深市创业板、深市中小企业板和深市主板(不含中小企业板)三个板块的上市公司自愿性信息披露治理结构分项指数均值与沪市主板形成了明显差距。

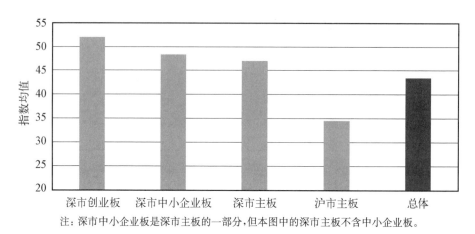

注:深市中小企业板是深市主板的一部分,但本图中的深市主板不含中小企业板。

图 19-5 2016 年不同板块上市公司自愿性信息披露治理结构分项指数均值比较

19.3 自愿性信息披露治理效率分项指数排名及比较

治理效率方面的自愿性信息披露侧重从股东大会(包括临时股东大会)股东出席率、股东大会(包括临时股东大会)投票机制的说明、董事考评制度及结果的说明、《董事会议事规则》的说明、董事会召开方式的说明、独立董事履职说明、高管薪酬的结构及额度、高管层关系网络能力等八个方面来评价。本节对治理效率分项指数进行比较分析。

19.3.1 治理效率分项指数总体分布

通过对 2840 家上市公司自愿性信息披露治理效率分项指数进行评价,我们得出了每家上市公司自愿性信息披露治理效率分项指数,并进行了排名。按照每 10 分一个区间,可以将上市公司自愿性信息披露治理效率分项指数划分为 10 个区间段,每个区间段的公司数目和所占比重参见表 19-6。

表 19-6 2016 年上市公司自愿性信息披露治理效率分项指数区间分布

指 数 区 间	公 司 数 目	占　比(%)	累计占比(%)
[0, 10)	0	0.00	0.00
[10, 20)	5	0.18	0.18

续　表

指 数 区 间	公 司 数 目	占　比(%)	累计占比(%)
[20，30)	158	5.56	5.74
[30，40)	687	24.19	29.93
[40，50)	817	28.77	58.70
[50，60)	888	31.27	89.96
[60，70)	256	9.01	98.98
[70，80)	27	0.95	99.93
[80，90)	2	0.07	100.00
[90，100]	0	0.00	100.00
总　计	2840	100.00	—

图 19-6 更直观地显示了自愿性信息披露治理效率分项指数的区间分布情况。

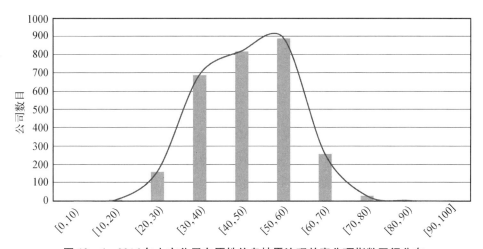

图 19-6　2016 年上市公司自愿性信息披露治理效率分项指数区间分布

从表 19-6 和图 19-6 可以看出,2016 年上市公司自愿性信息披露治理效率分项指数分布较为集中。其中得分在[30,60)区间的公司最多,为 2392 家,占总样本的 84.23%。低于 60 分的公司为 2555 家,占总样本的 89.96%;超过 60 分的公司有 285 家,占总样本的10.04%,说明绝大多数上市公司在治理效率方面的自愿性信息披露水平较差。

19.3.2　分地区治理效率分项指数比较

按照东部、中部、西部和东北四个地区的划分,用各地区上市公司自愿性信息披露治理效率分项指数的平均值来代表各个地区的上市公司自愿性信息披露治理效率分项指数,然后把各个地区的上市公司自愿性信息披露治理效率分项指数按照由高到低的顺序进行排名,结果参见表 19-7。

表 19-7 2016 年不同地区上市公司自愿性信息披露治理效率分项指数排名及比较

排名	地 区	公司数目	平均值	中位值	最大值	最小值	标准差
1	东部	1887	45.8963	43.7500	81.2500	12.5000	10.6881
2	中部	400	45.3906	43.7500	81.2500	18.7500	11.1393
3	西部	406	45.3202	43.7500	75.0000	12.5000	10.3860
4	东北	147	43.7075	43.7500	68.7500	25.0000	10.4863
总 体		2840	45.6294	43.7500	81.2500	12.5000	10.7066

图 19-7 更直观地显示了不同地区上市公司自愿性信息披露治理效率分项指数的差异。

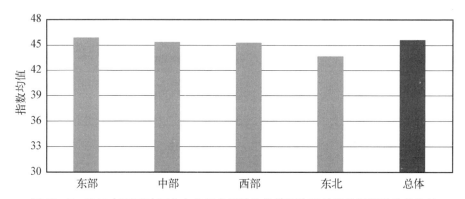

图 19-7 2016 年不同地区上市公司自愿性信息披露治理效率分项指数均值比较

由表 19-7 和图 19-7 可以看出,不同地区上市公司自愿性信息披露治理效率分项指数均值之间的差距不大。东部地区治理效率分项指数均值最高,但也仅为 45.8963 分;其次是中部地区,为 45.3906 分;排在第三位的是西部地区,均值为 45.3202 分;东北地区治理效率分项指数均值最低,为 43.7075 分。从标准差上来看,四个地区的标准差比较接近,说明各地区的治理效率分项指数内部差异性相近。

19.3.3 分行业治理效率分项指数比较

用各个行业内的上市公司自愿性信息披露治理效率分项指数的平均值来代表各个行业的上市公司自愿性信息披露治理效率分项指数,然后把各个行业的上市公司自愿性信息披露治理效率分项指数按照由高到低的顺序进行排名,结果参见表 19-8。

表 19-8 2016 年不同行业上市公司自愿性信息披露治理效率分项指数排名及比较

排名	行 业	公司数目	平均值	中位值	最大值	最小值	标准差
1	水利、环境和公共设施管理业(N)	33	48.8636	50.0000	68.7500	25.0000	11.7400
2	农、林、牧、渔业(A)	44	48.4375	46.8750	62.5000	25.0000	10.6241

排名	行　　业	公司数目	平均值	中位值	最大值	最小值	标准差
3	科学研究和技术服务业(M)	23	47.2826	43.7500	75.0000	25.0000	11.2793
4	住宿和餐饮业(H)	11	47.1591	43.7500	62.5000	37.5000	8.0834
5	信息传输、软件和信息技术服务业(I)	177	47.0339	43.7500	75.0000	25.0000	10.1057
6	文化、体育和娱乐业(R)	41	46.9512	43.7500	68.7500	25.0000	10.9261
7	租赁和商务服务业(L)	40	46.8750	43.7500	68.7500	25.0000	10.5915
8	建筑业(E)	77	46.5909	43.7500	75.0000	25.0000	11.8040
9	金融业(J)	57	46.1623	43.7500	75.0000	25.0000	11.1900
10	制造业(C)	1775	45.8873	43.7500	81.2500	12.5000	10.6484
11	房地产业(K)	125	45.0000	43.7500	75.0000	18.7500	10.7670
12	电力、热力、燃气及水生产和供应业(D)	96	44.2708	43.7500	75.0000	25.0000	10.7936
13	卫生和社会工作(Q)	7	43.7500	43.7500	56.2500	25.0000	10.2062
14	交通运输、仓储和邮政业(G)	87	43.6782	43.7500	68.7500	18.7500	10.8878
15	批发和零售业(F)	148	42.6098	43.7500	75.0000	12.5000	10.8140
16	采矿业(B)	73	42.1233	43.7500	62.5000	25.0000	9.4916
17	教育(P)	3	41.6667	43.7500	50.0000	31.2500	9.5470
18	综合(S)	23	41.5761	37.5000	62.5000	25.0000	9.5362
	总　　体	2840	45.6294	43.7500	81.2500	12.5000	10.7066

由表 19-8 可以看出,18 个行业中,有 10 个行业的上市公司自愿性信息披露治理效率分项指数均值高于总体均值,这 10 个行业的行业最大均值与总体均值之间的绝对差距达到 3.2342 分;其他 8 个行业的上市公司自愿性信息披露治理效率分项指数均值低于总体均值,总体均值与这 8 个行业的最小均值之间的绝对差距为 4.0533 分。显然,后 8 个行业内部的差距大于前 10 个行业。上市公司自愿性信息披露治理效率分项指数均值排名前三位的行业分别为水利、环境和公共设施管理业(N),农、林、牧、渔业(A),科学研究和技术服务业(M);而综合(S)、教育(P)和采矿业(B)则排名最后三位。需要注意的是,教育行业(P)只有 3 家上市公司,难以反映该行业的实际平均水平。

图 19-8 更直观地体现了不同行业上市公司自愿性信息披露治理效率分项指数均值的差异。可以看到,各个行业上市公司自愿性信息披露治理效率分项指数均值主要集中在区间[40,50],行业之间的差距不是很大,分布比较平稳。

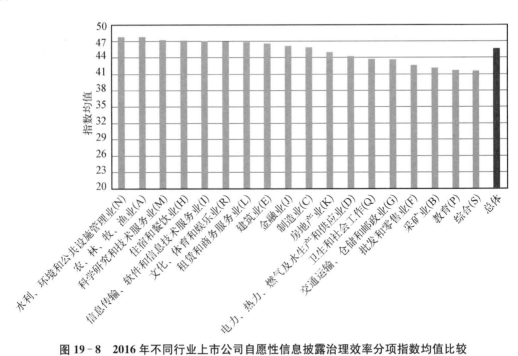

图 19-8   2016 年不同行业上市公司自愿性信息披露治理效率分项指数均值比较

19.3.4   分上市板块治理效率分项指数比较

按照深市主板(不含中小企业板)、深市中小企业板、深市创业板和沪市主板四个上市板块的分类,对这四个板块上市公司的自愿性信息披露治理效率分项指数进行比较分析,结果参见表 19-9。

表 19-9   2016 年不同板块上市公司自愿性信息披露治理效率分项指数排名及比较

排名	上 市 板 块	公司数目	平均值	中位值	最大值	最小值	标准差
1	深市创业板	504	50.1736	50.0000	75.0000	25.0000	8.5966
2	深市中小企业板	784	49.9841	50.0000	75.0000	25.0000	8.6043
3	深市主板(不含中小企业板)	466	48.7393	50.0000	81.2500	25.0000	10.3006
4	沪市主板	1086	39.0424	37.5000	75.0000	12.5000	9.7931
	总 体	2840	45.6294	43.7500	81.2500	12.5000	10.7066

由表 19-9 可以看出,自愿性信息披露治理效率分项指数均值最大的是深市创业板,为 50.1736 分,比总体均值高出 4.5442 分;治理效率分项指数均值最低的是沪市主板,为 39.0424 分,比总体均值低 6.5870 分。四个上市板块中,只有沪市主板没有超过总体均值。从标准差来看,四个板块中最大的是深市主板(不含中小企业板),说明深市主板(不含中小企业板)内部差异较大。

图 19-9 更直观地显示了四个板块上市公司自愿性信息披露治理效率分项指数的情况。可以看到,沪市主板上市公司的自愿性信息披露治理效率分项指数很低,而深市创业板

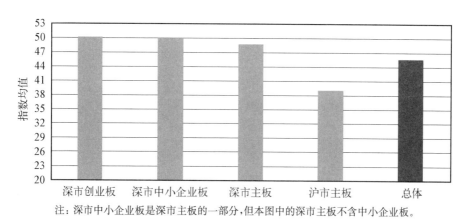

注：深市中小企业板是深市主板的一部分，但本图中的深市主板不含中小企业板。

图 19 - 9　2016 年不同板块上市公司自愿性信息披露治理效率分项指数均值比较

和深市中小企业板则比较突出。

19.4　自愿性信息披露利益相关者分项指数排名及比较

利益相关者方面的自愿性信息披露侧重从投资者关系建设情况说明、社会责任、债权人情况、债务人情况、供应商情况、客户情况等六个方面来评价。本节主要对利益相关者分项指数排名的各种情况进行比较和分析。

19.4.1　利益相关者分项指数总体分布

通过对 2840 家上市公司在利益相关者方面的自愿性信息披露进行评价，我们得出每家上市公司自愿性信息披露利益相关者分项指数，并进行了排名。按照每 10 分一个区间，可以将上市公司自愿性信息披露利益相关者分项指数划分为 10 个区间段，每个区间段的公司数目和所占比重参见表 19 - 10。

表 19 - 10　2016 年上市公司自愿性信息披露利益相关者分项指数区间分布

指 数 区 间	公 司 数 目	占 　比（%）	累计占比（%）
[0，10)	37	1.30	1.30
[10，20)	36	1.27	2.57
[20，30)	52	1.83	4.40
[30，40)	173	6.09	10.49
[40，50)	302	10.63	21.13
[50，60)	686	24.15	45.28
[60，70)	267	9.40	54.68
[70，80)	446	15.70	70.39

续　表

指 数 区 间	公 司 数 目	占　比(%)	累计占比(%)
[80, 90)	318	11.20	81.58
[90, 100]	523	18.42	100.00
总　计	2840	100.00	—

图 19-10 更直观地显示了自愿性信息披露利益相关者分项指数的区间分布情况。

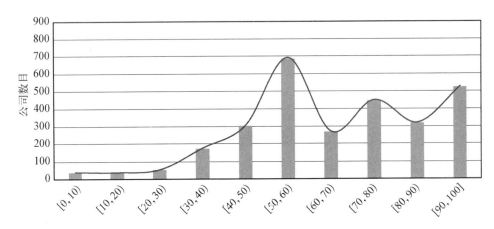

图 19-10　2016 年上市公司自愿性信息披露利益相关者分项指数区间分布

由表 19-10 和图 19-10 可以看出,自愿性信息披露利益相关者分项指数的分布比较分散,其中分布在[50,60)、[70,80)和[90,100]三个区间的公司数相对比较多,有公司1655 家,占全部样本的 58.27%。自愿性信息披露利益相关者分项指数超过 60 分的公司有1554 家,占全部样本的 54.72%。相对于自愿性信息披露的其他三个分项指数,利益相关者分项指数较高。如前所述,这并不说明上市公司的利益相关者权益保护(尤其是投资者权益保护)是到位的,因为信息披露并不是利益相关者权益保护的全部。

19.4.2　分地区利益相关者分项指数比较

按照东部、中部、西部和东北四大地区的划分,用各地区上市公司自愿性信息披露利益相关者分项指数的平均值来代表各个地区的上市公司自愿性信息披露利益相关者分项指数,然后把各个地区的上市公司自愿性信息披露利益相关者分项指数按照由高到低的顺序进行排名,结果参见表 19-11。

表 19-11　2016 年不同地区上市公司自愿性信息披露利益相关者分项指数排名及比较

排 名	地　区	公司数目	平均值	中位值	最大值	最小值	标准差
1	中部	400	66.1042	66.6667	100.0000	8.3333	19.8731
2	东部	1887	65.1298	66.6667	100.0000	0.0000	21.4261

续　表

排　名	地　区	公司数目	平均值	中位值	最大值	最小值	标准差
3	西部	406	64.4499	66.6667	100.0000	0.0000	22.6777
4	东北	147	60.4308	58.3333	100.0000	8.3333	22.9743
总　体		2840	64.9266	66.6667	100.0000	0.0000	21.5009

图 19-11 更直观地显示了不同地区上市公司自愿性信息披露利益相关者分项指数的差异。

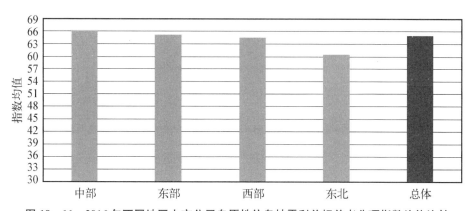

图 19-11　2016 年不同地区上市公司自愿性信息披露利益相关者分项指数均值比较

由表 19-11 和图 19-11 可以看出,中部地区上市公司自愿性信息披露利益相关者分项指数均值最高,为 66.1042;东北地区上市公司自愿性信息披露利益相关者分项指数均值最低,为 60.4308;最高与最低之间的绝对差距为 5.6733,存在一定差距;中部、东部和西部三个地区的自愿性信息披露利益相关者分项指数相对较高,且差距不大,东北则相对较低。从标准差来看,四个地区的标准差都比较大,说明四个地区自愿性信息披露利益相关者分项指数内部差异较大。

19.4.3　分行业利益相关者分项指数比较

用各个行业内的上市公司自愿性信息披露利益相关者分项指数的平均值来代表各个行业的上市公司自愿性信息披露利益相关者分项指数,然后把各个行业的上市公司自愿性信息披露利益相关者分项指数按照由高到低的顺序进行排名,具体排名结果见表 19-12。

表 19-12　2016 年不同行业上市公司自愿性信息披露利益相关者分项指数排名及比较

排名	行　　业	公司数目	平均值	中位值	最大值	最小值	标准差
1	卫生和社会工作(Q)	7	79.7619	83.3333	100.0000	50.0000	17.2516
2	住宿和餐饮业(H)	11	69.6970	75.0000	91.6667	41.6667	17.9787

排名	行　　业	公司数目	平 均 值	中 位 值	最 大 值	最 小 值	标 准 差
3	信息传输、软件和信息技术服务业(I)	177	68.7853	75.0000	100.0000	16.6667	19.4783
4	水利、环境和公共设施管理业(N)	33	67.4242	66.6667	100.0000	25.0000	20.6622
5	科学研究和技术服务业(M)	23	66.6667	66.6667	91.6667	41.6667	16.4762
6	制造业(C)	1775	66.1408	66.6667	100.0000	0.0000	21.1997
7	建筑业(E)	77	65.0433	66.6667	100.0000	16.6667	20.3694
8	交通运输、仓储和邮政业(G)	87	64.5594	66.6667	100.0000	25.0000	19.3657
9	农、林、牧、渔业(A)	44	64.3939	66.6667	100.0000	8.3333	24.0023
10	采矿业(B)	73	63.9269	58.3333	100.0000	8.3333	21.0202
11	租赁和商务服务业(L)	40	63.5417	66.6667	100.0000	8.3333	25.9223
12	房地产业(K)	125	62.4000	58.3333	100.0000	0.0000	22.4161
13	综合(S)	23	61.9565	58.3333	91.6667	25.0000	19.4343
14	电力、热力、燃气及水生产和供应业(D)	96	61.1111	50.0000	100.0000	8.3333	23.1530
15	文化、体育和娱乐业(R)	41	59.3496	58.3333	100.0000	16.6667	22.6074
16	批发和零售业(F)	148	58.5023	58.3333	100.0000	8.3333	23.2366
17	教育(P)	3	50.0000	41.6667	66.6667	41.6667	14.4338
18	金融业(J)	57	47.9532	50.0000	91.6667	8.3333	19.3701
总　体		2840	64.9266	66.6667	100.0000	0.0000	21.5009

由表 19-12 可知,18 个行业中,有 7 个行业的上市公司自愿性信息披露利益相关者分项指数均值高于总体均值,这 7 个行业的行业最大均值与总体均值之间的绝对差距为14.8353;其他 11 个行业的上市公司自愿性信息披露利益相关者分项指数均值低于总体均值,总体均值与这 11 个行业的最小均值之间的绝对差距为 16.9734。后 11 个行业内部的差距大于前 7 个行业。排名前三名的行业是卫生和社会工作(Q),住宿和餐饮业(H),信息传输、软件和信息技术服务业(I);排名后三名的行业是金融业(J),教育(P),批发和零售业(F)。需要注意的是,教育行业(P)只有 3 家上市公司,难以反映该行业的实际平均水平。

图 19-12 更直观地显示了不同行业上市公司自愿性信息披露利益相关者分项指数均值的差异。可以看到,排名第一的卫生和社会工作(Q)与排名第二的住宿和餐饮业(H)之间差距较大,排名后两位的金融业(J)和教育(P)与其他行业也有较大的差距,其他各个行业上市公司自愿性信息披露利益相关者分项指数的变化相对比较平缓。

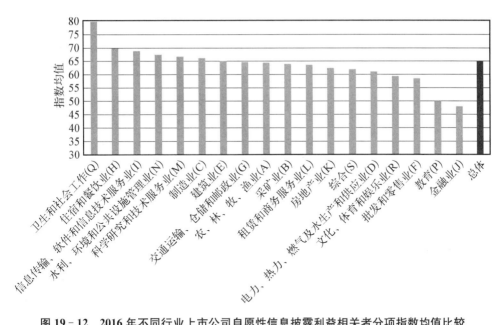

图 19‑12 2016 年不同行业上市公司自愿性信息披露利益相关者分项指数均值比较

19.4.4 分上市板块利益相关者分项指数比较

按照深市主板(不含中小企业板)、深市中小企业板、深市创业板和沪市主板四个上市板块的分类,对这四个板块上市公司的自愿性信息披露利益相关者分项指数进行比较分析,结果参见表 19‑13。

表 19‑13 2016 年不同板块上市公司自愿性信息披露利益相关者分项指数排名及比较

排名	上 市 板 块	公司数目	平均值	中位值	最大值	最小值	标准差
1	深市主板(不含中小企业板)	466	77.0386	83.3333	100.0000	16.6667	18.6944
2	深市中小企业板	784	75.6590	75.0000	100.0000	16.6667	15.8066
3	深市创业板	504	69.3618	75.0000	100.0000	33.3333	17.3815
4	沪市主板	1086	49.9233	50.0000	100.0000	0.0000	18.9420
	总 体	2840	64.9266	66.6667	100.0000	0.0000	21.5009

由表 19‑13 可以看到,深市主板(不含中小企业板)、深市中小企业板和深市创业板上市公司自愿性信息披露利益相关者分项指数均值明显地高于总体均值,而沪市主板则远低于总体均值。其中,深市主板(不含中小企业板)上市公司自愿性信息披露利益相关者分项指数均值最高,为 77.0386;沪市主板上市公司自愿性信息披露利益相关者分项指数最低,为 49.9233,远低于其他三个板块,也远远低于总体均值。

图 19‑13 更直观地显示了不同板块上市公司自愿性信息披露利益相关者分项指数的差异。可以看到,深市主板(不含中小企业板)、深市中小企业板和深市创业板的自愿性信息

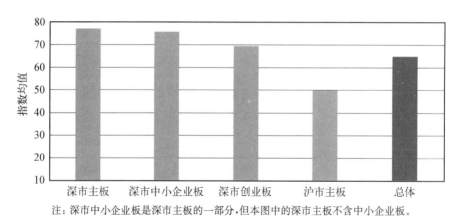

注：深市中小企业板是深市主板的一部分,但本图中的深市主板不含中小企业板。

图 19‒13   2016 年不同板块上市公司自愿性信息披露利益相关者分项指数均值比较

披露利益相关者分项指数与沪市主板的差距非常明显。

19.5   自愿性信息披露风险控制分项指数排名及比较

风险控制方面的自愿性信息披露侧重从企业发展战略目标、盈利能力分析、营运能力分析、偿债能力分析、发展能力分析、对现聘会计师事务所的说明、宏观形势对公司业绩影响的分析、行业地位分析、竞争对手分析等九个方面来评价。本节对风险控制分项指数进行比较分析。

19.5.1   风险控制分项指数总体分布

通过对 2840 家上市公司在风险控制方面的自愿性信息披露进行评价,我们得出了每家上市公司的自愿性信息披露风险控制分项指数,并进行了排名。按照每 10 分一个区间,可以将上市公司自愿性信息披露风险控制分项指数划分为 10 个区间段,每个区间段的公司数目和所占比重参见表 19‒14。

表 19‒14   2016 年上市公司自愿性信息披露风险控制分项指数区间分布

指 数 区 间	公 司 数 目	占　比(%)	累计占比(%)
[0, 10)	2	0.07	0.07
[10, 20)	34	1.20	1.27
[20, 30)	178	6.27	7.54
[30, 40)	524	18.45	25.99
[40, 50)	839	29.54	55.53
[50, 60)	949	33.42	88.94
[60, 70)	276	9.72	98.66

指数区间	公司数目	占　比(%)	累计占比(%)
[70,80)	35	1.23	99.89
[80,90)	3	0.11	100.00
[90,100]	0	0.00	100.00
总　计	2840	100.00	—

图 19-14 更直观地显示了自愿性信息披露风险控制分项指数的区间分布情况。

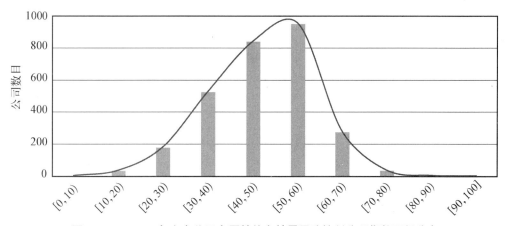

图 19-14　2016 年上市公司自愿性信息披露风险控制分项指数区间分布

从表 19-14 和图 19-14 可以看出,2016 年上市公司自愿性信息披露风险控制分项指数分布较为集中。其中[30,60)区间的上市公司最多,有 2312 家,占总样本的 81.41%。超过 60 分的公司仅 314 家,占总样本的 11.06%,说明绝大多数上市公司在风险控制方面的自愿性信息披露方面水平很低。

19.5.2　分地区风险控制分项指数比较

按照东部、中部、西部和东北四个地区的划分,用各地区上市公司自愿性信息披露风险控制分项指数的平均值来代表各个地区上市公司自愿性信息披露风险控制分项指数,然后把各个地区上市公司自愿性信息披露风险控制分项指数按照由高到低的顺序进行排名,结果参见表 19-15。

表 19-15　2016 年不同地区上市公司自愿性信息披露风险控制分项指数排名及比较

排　名	地　区	公司数目	平均值	中位值	最大值	最小值	标准差
1	中部	400	47.4306	44.4444	77.7778	5.5556	12.6645
2	东部	1887	47.0853	44.4444	88.8889	11.1111	12.3132

续　表

排名	地 区	公司数目	平均值	中位值	最大值	最小值	标准差
3	西部	406	46.8938	44.4444	77.7778	5.5556	12.5054
4	东北	147	44.7090	44.4444	66.6667	11.1111	12.3429
总　体		2840	46.9836	44.4444	88.8889	5.5556	12.3980

图 19-15 可以更直观地看出四个地区上市公司自愿性信息披露风险控制分项指数的差异。

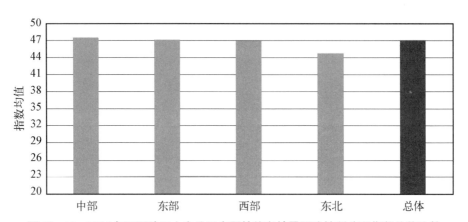

图 19-15　2016 年不同地区上市公司自愿性信息披露风险控制分项指数均值比较

由表 19-15 和图 19-15 可以看出,中部地区上市公司自愿性信息披露风险控制分项指数均值最高,为 47.4306;其后是东部地区(47.0853)和西部地区(46.8938);东北上市公司自愿性信息披露风险控制分项指数均值最低,为 44.7090。四个地区中,中部和东部地区的风险控制分项指数均值超过了总体均值,其他两个地区均未超过总体均值。总体看,四个地区的上市公司自愿性信息披露风险控制分项指数均值差别不大。

19.5.3　分行业风险控制分项指数比较

用各个行业上市公司自愿性信息披露风险控制分项指数的平均值来代表各个行业的上市公司自愿性信息披露风险控制分项指数,然后把各个行业的上市公司自愿性信息披露风险控制分项指数按照由高到低的顺序进行排名,结果参见表 19-16。

表 19-16　2016 年不同行业上市公司自愿性信息披露风险控制分项指数排名及比较

排名	行　业	公司数目	平均值	中位值	最大值	最小值	标准差
1	建筑业(E)	77	51.2987	55.5556	66.6667	22.2222	12.2214
2	房地产业(K)	125	48.4889	50.0000	77.7778	22.2222	12.9211
3	农、林、牧、渔业(A)	44	48.4849	55.5556	55.5556	22.2222	10.5385

排名	行　　业	公司数目	平 均 值	中位值	最大值	最小值	标准差
4	交通运输、仓储和邮政业(G)	87	48.4674	50.0000	72.2222	16.6667	12.4136
5	采矿业(B)	73	47.7930	44.4444	77.7778	16.6667	13.7256
6	卫生和社会工作(Q)	7	47.6190	44.4444	55.5556	33.3333	8.3992
7	租赁和商务服务业(L)	40	47.2222	44.4444	77.7778	22.2222	12.2623
8	制造业(C)	1775	47.1487	44.4444	88.8889	5.5556	12.4879
9	电力、热力、燃气及水生产和供应业(D)	96	46.9329	44.4444	77.7778	16.6667	12.5881
10	文化、体育和娱乐业(R)	41	46.6125	44.4444	66.6667	16.6667	11.2408
11	信息传输、软件和信息技术服务业(I)	177	46.2021	44.4444	66.6667	16.6667	10.5300
12	金融业(J)	57	45.5166	44.4444	66.6667	11.1111	12.2636
13	批发和零售业(F)	148	44.1066	44.4444	66.6667	11.1111	12.3841
14	科学研究和技术服务业(M)	23	43.7198	44.4444	66.6667	22.2222	11.8805
15	综合(S)	23	43.7198	44.4444	66.6667	11.1111	14.8226
16	水利、环境和公共设施管理业(N)	33	42.5926	44.4444	66.6667	16.6667	11.0821
17	教育(P)	3	40.7407	44.4444	55.5556	22.2222	16.9725
18	住宿和餐饮业(H)	11	37.8788	33.3333	55.5556	22.2222	10.1890
总　体		2840	46.9836	44.4444	88.8889	5.5556	12.3980

由表 19-16 可以看出,18 个行业中,有 8 个行业的上市公司自愿性信息披露风险控制分项指数均值高于总体均值,这 8 个行业的行业最大均值与总体均值之间的绝对差距为 4.3151;其他 10 个行业的上市公司自愿性信息披露风险控制分项指数均值低于总体均值,总体均值与这 10 个行业的最小均值之间的绝对差距为 9.1048。显然前 8 个行业的内部差距小于后 10 个行业的内部差距。上市公司自愿性信息披露风险控制分项指数排名前三位的行业分别为建筑业(E),房地产业(K),农、林、牧、渔业(A);而住宿和餐饮业(H),教育(P),水利、环境和公共设施管理业(N)则排名最后三位。需要注意的是,教育行业(P)只有 3 家上市公司,难以反映该行业的实际平均水平。

图 19-16 更直观地体现了不同行业上市公司自愿性信息披露风险控制分项指数均值的差异。可以看到,除排名第一的建筑业(E),以及排名后两位的住宿和餐饮业(H)、教育(P)与其他行业有一定的差距外,中间部分比较平缓。

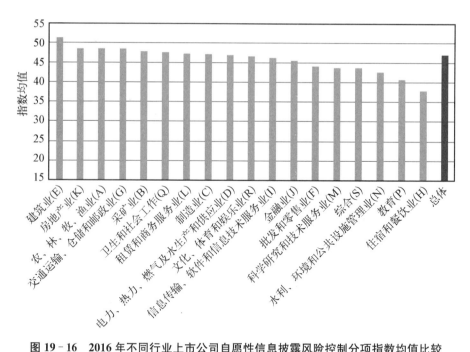

图 19‑16　2016 年不同行业上市公司自愿性信息披露风险控制分项指数均值比较

19.5.4　分上市板块风险控制分项指数比较

　　按照深市主板(不含中小企业板)、深市中小企业板、深市创业板和沪市主板四个上市板块的分类,对这四个板块上市公司的自愿性信息披露风险控制分项指数进行比较分析,结果参见表 19‑17。

表 19‑17　2016 年不同板块上市公司自愿性信息披露风险控制分项指数排名及比较

排名	上 市 板 块	公司数目	平均值	中位值	最大值	最小值	标准差
1	深市中小企业板	784	47.9379	44.4444	88.8889	11.1111	11.8510
2	深市主板(不含中小企业板)	466	47.8660	44.4444	77.7778	5.5556	12.7059
3	深市创业板	504	46.3073	44.4444	77.7778	11.1111	11.2656
4	沪市主板	1086	46.2298	44.4444	88.8889	5.5556	13.0783
	总　体	2840	46.9836	44.4444	88.8889	5.5556	12.3980

　　图 19‑17 更直观地显示了不同板块上市公司自愿性信息披露风险控制分项指数的情况。

　　由表 19‑17 和图 19‑17 可以看出,自愿性信息披露风险控制分项指数均值最大的是深市中小企业板,为 47.9379;均值最低的是沪市主板,为 46.2298。深市中小企业板和深市主板(不含中小企业板)上市公司自愿性信息披露风险控制分项指数均值略高于总体均值。从标准差看,最大的是沪市主板,反映其波动幅度相对较大;最低的是深市创业板,但相对于其他三个板块,差别不大。

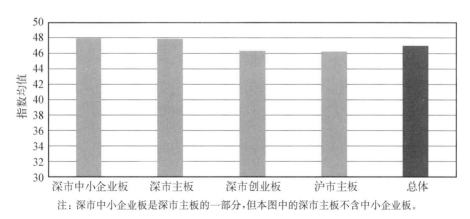

注：深市中小企业板是深市主板的一部分，但本图中的深市主板不含中小企业板。

图 19‑17　2016 年不同板块上市公司自愿性信息披露风险控制分项指数均值比较

19.6　本 章 小 结

本章从指数总体分布，以及地区、行业和上市板块四个方面，对自愿性信息披露的四个分项指数，即治理结构、治理效率、利益相关者、风险控制进行了全面的分析，通过分析我们发现：

（1）从自愿性信息披露四个分项指数比较看，利益相关者分项指数均值最高，治理结构分项指数均值最低。从指数分布区间看，治理结构分项指数的分布相对比较分散，其中分布在[30，60)区间的公司最多，占全部样本的 64.37%；治理效率分项指数的分布比较集中，其中在[30，60)区间的公司数最多，占全部样本的 84.23%；利益相关者分项指数的分布相对比较分散，其中分布在[50，60)、[70，80)和[90，100]三个区间的公司数相对比较多，占全部样本的 58.27%；风险控制分项指数的分布比较集中，其中分布在[30，60)区间的公司数最多，占全部样本的 81.41%。四个分项指数的均值只有利益相关者分项指数超过 60 分，其他三个分项指数均值相差不大。这说明，治理结构、治理效率和风险控制方面的自愿性披露还很差。

（2）从地区来看，自愿性信息披露治理结构和治理效率两个分项指数的均值从高到低依次都是东部、中部、西部和东北地区；利益相关者和风险控制两个分项指数的均值从高到低依次都是中部、东部、西部和东北地区。总体看，在四个分项指数中，东北都位居最后一位。

（3）从行业来看，自愿性信息披露治理结构分项指数均值最高的前三名是金融业(J)，科学研究和技术服务业(M)，信息传输、软件和信息技术服务业(I)；治理效率分项指数均值最高的前三名是水利、环境和公共设施管理业(N)，农、林、牧、渔业(A)，科学研究和技术服务业(M)；利益相关者分项指数均值最高的前三名是卫生和社会工作(Q)，住宿和餐饮业(H)，信息传输、软件和信息技术服务业(I)；风险控制分项指数均值最高的前三名是建筑业(E)，房地产业(K)，农、林、牧、渔业(A)。总体看，信息传输、软件和信息技术服务业(I)在治理结构和利益相关者方面的自愿性信息披露表现较好;农、林、牧、渔业(A)在治理效率和风险控制两个方面的自愿性信息披露表现较好;科学研究和技术服务业(M)在治理结构和治理效率两个方面的自愿性信息披露表现较好。

(4) 从上市板块看,自愿性信息披露治理结构和治理效率两个分项指数的均值从高到低依次都是深市创业板、深市中小企业板、深市主板(不含中小企业板)、沪市主板;利益相关者分项指数均值从高到低依次是深市主板(不含中小企业板)、深市中小企业板、深市创业板和沪市主板;风险控制分项指数均值从高到低依次是深市中小企业板、深市主板(不含中小企业板)、深市创业板和沪市主板。总体看,沪市主板在自愿性信息披露的四个分项指数上都是最差的。

第 20 章

自愿性信息披露指数的所有制比较

根据第 1 章的控股或所有制类型划分,本章对 2016 年 2840 家样本上市公司的自愿性信息披露指数及四个分项指数从所有制角度进行比较分析,以了解国有控股公司和非国有控股公司在自愿性信息披露方面存在的异同。`

20.1 自愿性信息披露指数总体的所有制比较

20.1.1 自愿性信息披露总体指数比较

不同的所有制会对上市公司自愿性信息披露产生影响,表 20 - 1 比较了不同所有制上市公司总体的自愿性信息披露指数,并按照均值从高到低的顺序进行了排名。

表 20 - 1　2016 年不同所有制上市公司自愿性信息披露指数排名及比较

排名	所有制类型	公司数目	平均值	中位值	最大值	最小值	标准差
1	国有参股公司	710	52.0457	53.1250	75.1736	22.7431	8.9082
2	无国有股份公司	1101	50.5953	52.2569	72.3958	21.3542	9.5499
3	国有弱相对控股公司	336	48.7754	49.1319	76.5625	20.3125	10.5917
4	国有绝对控股公司	250	48.6653	47.7431	71.3542	25.8681	9.0766
5	国有强相对控股公司	443	48.5535	47.7431	77.2569	25.1736	9.4642
总　体		2840	50.2542	50.8681	77.2569	20.3125	9.5574

从表 20 - 1 可以看出,五类所有制公司的自愿性信息披露指数均值具有一定的差异,最大均值和最小均值之差为 3.4922,都没有达到及格水平。国有参股公司的自愿性信息披露指数均值最高,为 52.0457,其后是无国有股份公司(50.5953)、国有弱相对控股公司(48.7754)和国有绝对控股公司(48.6653),国有强相对控股公司的自愿性信息披露指数均值最低,为 48.5535。国有参股公司的自愿性信息披露指数中位值是最高的,国有绝对控股

公司和国有强相对控股公司的自愿性信息披露指数的中位值相同,是最低的。从标准差来看,国有参股公司最低,国有弱相对控股公司最高,反映不同国有参股公司的自愿性信息披露指数之间的差距较小。

图 20-1 按照第一大股东中的国有股份比例从大到小进行了排序,从而更直观地反映了不同所有制上市公司自愿性信息披露指数均值的差异。可以发现,五类所有制公司自愿性信息披露水平有所差别,国有参股公司、无国有股份公司的自愿性信息披露指数高于总体均值,国有绝对控股公司、国有强相对控股公司和国有弱相对控股公司的自愿性信息披露指数则低于总体均值。从总体趋势看,随着第一大股东中国有股东持股比例的降低,自愿性信息披露指数逐渐上升,即上市公司的国有持股比例越大,自愿性信息披露指数越趋于减小,这说明适度降低国有股东的股权集中度可能是提高公司自愿性信息披露水平的比较有效的方式。无国有股份公司的自愿性信息披露水平低于国有参股公司,说明拥有适量的国有股权要比完全没有国有股权更有可能提高公司的自愿性信息披露水平。

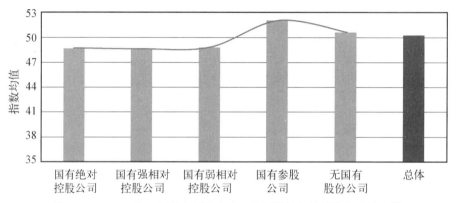

图 20-1　2016 年不同所有制上市公司自愿性信息披露指数均值比较

我们进一步将国有参股公司和无国有股份公司归类为非国有控股公司,将国有绝对控股公司、国有强相对控股公司和国有弱相对控股公司归类为国有控股公司,表 20-2 比较了非国有控股公司和国有控股公司自愿性信息披露指数的差异。

表 20-2　2016 年国有控股与非国有控股上市公司自愿性信息披露指数排名及比较

排名	控 股 类 型	公司数目	平 均 值	中 位 值	最 大 值	最 小 值	标 准 差
1	非国有控股公司	1811	51.1639	52.6042	75.1736	21.3542	9.3280
2	国有控股公司	1029	48.6531	48.2639	77.2569	20.3125	9.7486
	总　体	2840	50.2542	50.8681	77.2569	20.3125	9.5574

从表 20-2 可知,非国有控股公司与国有控股公司的自愿性信息披露指数总体均值差距不太大,两者相差 2.5108 分。非国有控股公司自愿性信息披露指数均值高于总体均值,而国有控股公司自愿性信息披露指数均值则低于总体均值。自愿性信息披露指数的最大值和最小值都来自国有控股公司。

根据实际控制人的性质,我们还可以将国有控股上市公司进一步区分为最终控制人为中央国有企业的国有控股上市公司(中央企业控股公司)和最终控制人为地方国有企业的国有控股上市公司(地方国企控股公司),表 20-3 对两类国有控股公司与最终控制人为民资股东的非国有控股公司进行了比较,并按照均值从高到低的顺序进行了排序。可以发现,中央企业控股公司有 357 家,其自愿性信息披露指数均值为 48.8630,地方国企控股公司有 672 家,其自愿性信息披露指数均值为 48.5416;两者之间差距仅为 0.3214 分,差距并不明显,两类国有控股公司自愿性信息披露指数均值都低于非国有控股公司。自愿性信息披露指数的最大值和最小值都来自地方国企控股公司。

表 20-3　2016 年不同最终控制人上市公司自愿性信息披露指数排名及比较

排名	最终控制人	公司数目	平 均 值	中 位 值	最 大 值	最 小 值	标 准 差
1	民资股东	1811	51.1639	52.6042	75.1736	21.3542	9.3280
2	中央国有企业	357	48.8630	48.9583	72.7431	25.8681	9.4066
3	地方国有企业	672	48.5416	47.5694	77.2569	20.3125	9.9305
总　体		2840	50.2542	50.8681	77.2569	20.3125	9.5574

20.1.2　自愿性信息披露分项指数总体比较

自愿性信息披露指数包括治理结构、治理效率、利益相关者和风险控制四个分项指数,表 20-4 对五类所有制上市公司的四个自愿性信息披露分项指数进行了比较。

表 20-4　2016 年不同所有制上市公司自愿性信息披露分项指数均值比较

所有制类型	治理结构	治理效率	利益相关者	风险控制
国有绝对控股公司	40.6000	42.3500	63.4000	48.3111
国有强相对控股公司	40.4769	43.9616	62.7351	47.0404
国有弱相对控股公司	41.3876	44.4382	62.6984	46.5774
国有参股公司	44.9296	47.2007	68.6268	47.4257
无国有股份公司	45.0386	46.3953	64.4490	46.4981
总　体	43.4771	45.6294	64.9266	46.9836

从表 20-4 可以看出,五类所有制公司的四个分项指数的平均值除利益相关者分项指数以外均未达到及格水平,且存在大小不等的差异。治理结构分项指数从高到低依次为无国有股份公司、国有参股公司、国有弱相对控股公司、国有绝对控股公司和国有强相对控股公司;治理效率分项指数从高到低依次为国有参股公司、无国有股份公司、国有弱相对控股公司、国有强相对控股公司和国有绝对控股公司;利益相关者分项指数从高到低依次为国有参股公司、无国有股份公司、国有绝对控股公司、国有强相对控股公司和国有弱相对控股公司;风险控制分项指数从高到低依次为国有绝对控股公司、国有参股公司、国有强相对控股

公司、国有弱相对控股公司和无国有股份公司。在四个分项指数中,总体上,治理结构方面的自愿性信息披露水平最低,利益相关者方面的自愿性信息披露水平远高于其他三种分项指数,达到了及格水准,这意味着,在 2015 年股灾后监管加强、投资者投资热情减弱,以及其他利益相关者对企业发展持观望态度的形势下,企业对利益相关者信息披露的重视程度提高,以求获取利益相关者的支持,尤其是谋求吸引投资者的更多投资。

图 20-2 更直观地反映了不同所有制上市公司自愿性信息披露四个分项指数均值的差异。可以发现,从总体上看,随着第一大股东中国有股比例的降低,治理结构和治理效率两个分项指数呈现上升趋势;利益相关者分项指数呈现先下降、后上升、再下降的“S”形状;风险控制分项指数基本呈下降趋势。对于治理效率和利益相关者两个分项指数,无国有股份公司都低于国有参股公司,但都高于三类国有控股公司;对于治理结构分项指数,则是无国有股份公司都高于其他四类所有制公司;对于风险控制分项指数,国有绝对控股公司明显是占优的,但国有参股公司也表现不错。整体看,适度降低作为第一大股东的国有股股东的持股比例,对于促进各维度自愿性信息披露可能有积极的影响。

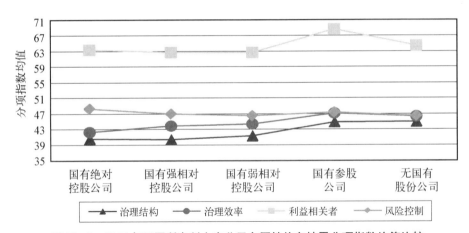

图 20-2　2016 年不同所有制上市公司自愿性信息披露分项指数均值比较

我们进一步将国有绝对控股公司、国有强相对控股公司和国有弱相对控股公司归类为国有控股公司,将国有参股公司和无国有股份公司归类为非国有控股公司,两类所有制上市公司自愿性信息披露分项指数均值的比较参见表 20-5。可以看出,在治理结构、治理效率和利益相关者三个分项指数上,非国有控股公司都较大幅度高于国有控股公司,治理结构分项指数高出最多,差距为 4.1517 分。在风险控制分项指数上,非国有控股公司略低于国有

表 20-5　2016 年国有控股与非国有控股上市公司自愿性信息披露分项指数均值比较

所有制类型	治理结构	治理效率	利益相关者	风险控制
国有控股公司	40.8042	43.7257	62.8847	47.1979
非国有控股公司	44.9559	46.7111	66.0869	46.8618
总　体	43.4771	45.6294	64.9266	46.9836

控股公司,两者比较接近。这可能说明,相对于非国有控股公司,国有控股公司更偏重风险控制方面的信息披露。

图 20 - 3 更直观地反映了国有控股公司和非国有控股公司自愿性信息披露四个分项指数均值的上述差异。可以看到,在治理结构、治理效率和利益相关者三个分项指数上,非国有控股公司自愿性信息披露的相对优势是很明显的。

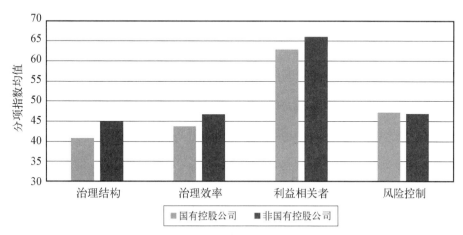

图 20 - 3　2016 年国有控股与非国有控股上市公司自愿性信息披露分项指数均值比较

根据实际控制人类型,再来比较中央企业控股公司和地方国企控股公司,以及两者与非国有控股公司的差别,三者的比较参见表 20 - 6。可以看出,中央企业控股公司与地方国企控股公司在自愿性信息披露四个分项指数上各有所长。在治理结构和利益相关者两个分项指数上,中央企业控股公司高于地方国企控股公司;在治理效率分项指数上,则是地方国企控股公司高于中央企业控股公司;而在风险控制分项指数上,两者相差很小。

表 20 - 6　2016 年不同最终控制人上市公司自愿性信息披露分项指数均值比较

最终控制人	治理结构	治理效率	利益相关者	风险控制
中央国有企业	41.6492	42.4895	64.2390	47.0744
地方国有企业	40.3553	44.3824	62.1652	47.2636
民资股东	44.9959	46.7111	66.0869	46.8618
总　体	**43.4771**	**45.6294**	**64.9266**	**46.9836**

图 20 - 4 更直观地反映了不同最终控制人类型上市公司自愿性信息披露四个分项指数均值的差异。可以发现,两类国有控股公司与非国有控股公司的自愿性信息披露分项指数有所差异。其中在治理结构和利益相关者两个分项指数上,中央企业控股公司大于地方国企控股公司,但明显小于非国有控股公司;在治理效率分项指数上,地方国企控股公司高于中央企业控股公司,但小于非国有控股公司;在风险控制分项指数上,中央企业控股公司略低于地方国企控股公司,但都略高于非国有控股公司,三者相差不大。

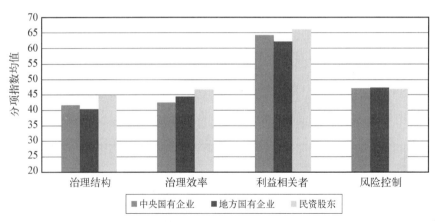

图 20-4 2016 年不同最终控制人上市公司自愿性信息披露分项指数均值比较

20.2 分地区自愿性信息披露指数的所有制比较

20.2.1 分地区自愿性信息披露总体指数比较

按照四个地区的划分标准,我们进一步统计了不同地区国有控股和非国有控股上市公司的自愿性信息披露指数,参见表 20-7。

表 20-7 2016 年不同地区国有控股与非国有控股上市公司自愿性信息披露指数比较

地区	所有制类型	公司数目	平均值	中位值	最大值	最小值	标准差
东部	国有控股公司	579	48.4522	48.0903	77.2569	21.8750	9.7111
	非国有控股公司	1308	51.4437	52.7778	75.1736	21.3542	9.3004
	总 体	1887	50.5258	51.2153	77.2569	21.3542	9.5262
中部	国有控股公司	187	49.0595	48.0903	69.2708	21.5278	9.7152
	非国有控股公司	213	51.7223	53.4722	73.0903	28.8194	9.1815
	总 体	400	50.4774	51.7361	73.0903	21.5278	9.5163
西部	国有控股公司	196	49.8308	49.9132	71.7014	20.3125	10.1087
	非国有控股公司	210	49.9487	50.7813	69.6181	24.4792	9.3800
	总 体	406	49.8918	50.5208	71.7014	20.3125	9.7267
东北	国有控股公司	67	45.8100	46.5278	64.4097	30.9028	8.5611
	非国有控股公司	80	48.2921	48.3507	65.4514	28.2986	9.4412
	总 体	147	47.1608	47.7431	65.4514	28.2986	9.1051

从表 20-7 可以看出,四个地区国有控股上市公司的自愿性信息披露指数均值都低于非国有控股上市公司,其中东部、中部和东北国有控股公司和非国有控股公司的差异相对比

较大。

图 20 - 5 直观地反映了四个地区国有控股上市公司与非国有控股上市公司自愿性信息披露指数均值的差异。可以看出,在国有控股公司自愿性信息披露上,西部最好,其后依次是中部和东部,东北最差。在非国有控股公司自愿性信息披露上,中部最好,其后依次是东部和西部,东北仍是最差。

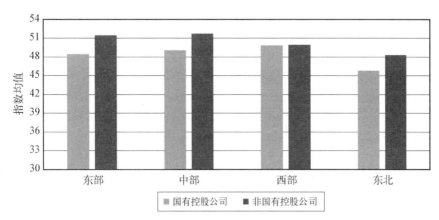

图 20 - 5　2016 年不同地区国有控股与非国有控股上市公司自愿性信息披露指数均值比较

20.2.2　分地区自愿性信息披露分项指数比较

接下来,我们对四个地区国有控股与非国有控股上市公司的自愿性信息披露分项指数均值进行比较分析,参见表 20 - 8。

表 20 - 8　2016 年不同地区国有控股与非国有控股上市公司自愿性信息披露分项指数均值比较

地　区	所有制类型	治理结构	治理效率	利益相关者	风险控制
东部	国有控股公司	40.8571	43.5341	61.8739	47.5437
	非国有控股公司	45.3794	46.9419	66.5711	46.8824
	总　体	43.9918	45.8963	65.1298	47.0853
中部	国有控股公司	41.2767	43.4492	65.1070	46.4052
	非国有控股公司	44.4836	47.0951	66.9797	48.3307
	总　体	42.9844	45.3906	66.1042	47.4306
西部	国有控股公司	41.5816	45.3125	64.8384	47.5907
	非国有控股公司	44.1369	45.3274	64.0873	46.2434
	总　体	42.9033	45.3202	64.4499	46.8938
东北	国有控股公司	36.7537	41.5112	59.7015	45.2736
	非国有控股公司	42.3438	45.5469	61.0417	44.2361
	总　体	39.7959	43.7075	60.4308	44.7090

由表 20-8 可以看出,四个地区两类所有制上市公司自愿性信息披露在每个分项指数上并没有一致的排序。对于国有控股公司来说,西部在治理结构、治理效率和风险控制三个分项指数均值上都位居第一,表现相对较好;而中部在利益相关者分项指数均值上位居第一。对于非国有控股公司来说,中部在治理效率、利益相关者和风险控制三个分项指数均值上都拔得头筹,在治理结构分项指数均值上排在第二;东部只在治理结构分项指数均值上获得第一,其他都位列第二。东北的国有控股公司在四个分项指数均值上都排在末尾,非国有控股公司除治理效率分项指数排在倒数第二位外,其他三个分项指数均值也都居末尾,表现相对比较差。

为了便于比较,我们计算出四个地区非国有控股公司自愿性信息披露四个分项指数均值与对应的国有控股公司自愿性信息披露四个分项指数均值的差值,由此可以反映四个地区两类所有制上市公司自愿性信息披露四个分项指数的差异,如图 20-6 所示。可以看出,在治理结构和治理效率两个分项指数上,四个地区都是非国有控股公司优于国有控股公司;在利益相关者分项指数上,除西部地区国有控股公司好于非国有控股公司外,其他三个地区均是非国有控股公司优于国有控股公司;在风险控制分项指数上,除中部地区非国有控股公司好于国有控股公司外,其他三个地区都是国有控股公司优于非国有控股公司。总体看,在治理结构、治理效率和利益相关者分项指数上,非国有控股公司表现更为突出;而在风险控制分项指数上,国有控股公司表现较为突出。

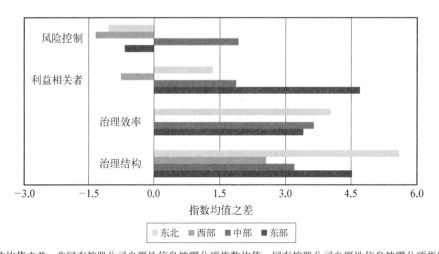

注:指数均值之差=非国有控股公司自愿性信息披露分项指数均值−国有控股公司自愿性信息披露分项指数均值。

图 20-6　2016 年不同地区国有控股与非国有控股上市公司自愿性信息披露分项指数均值之差值比较

20.3　分行业自愿性信息披露指数的所有制比较

20.3.1　分行业自愿性信息披露总体指数比较

由于上市公司涉及 18 个行业,各行业上市公司数目不等。这里,我们选择上市公司较多且有较强代表性的六个行业：制造业（C），电力、热力、燃气及水生产和供应业（D），交通运输、仓储和邮政业（G），信息传输、软件和信息技术服务业（I），金融业（J）和房地产业（K），上述六个行业自愿性信息披露指数比较参见表 20 - 9。

表 20 - 9　2016 年不同行业国有控股与非国有控股上市公司自愿性信息披露指数比较

行　业	所有制类型	公司数目	平均值	中位值	最大值	最小值	标准差
制造业（C）	国有控股公司	504	49.4134	48.9583	77.2569	20.3125	10.1042
	非国有控股公司	1271	51.3086	52.9514	75.1736	21.3542	9.3296
	总　体	1775	50.7704	51.9097	77.2569	20.3125	9.5912
电力、热力、燃气及水生产和供应业（D）	国有控股公司	80	47.1246	47.4826	70.4861	27.2569	9.6181
	非国有控股公司	16	51.0525	48.4375	73.0903	34.2014	11.1139
	总　体	96	47.7792	47.8299	73.0903	27.2569	9.9296
交通运输、仓储和邮政业（G）	国有控股公司	67	49.4533	50.1736	70.6597	33.5069	8.8182
	非国有控股公司	20	49.1233	48.0035	64.0625	35.2431	8.3060
	总　体	87	49.3774	49.4792	70.6597	33.5069	8.6566
信息传输、软件和信息技术服务业（I）	国有控股公司	31	48.4823	47.7431	65.2778	35.2431	7.8533
	非国有控股公司	146	53.2380	54.8611	72.7431	28.1250	8.5704
	总　体	177	52.4051	52.7778	72.7431	28.1250	8.6205
金融业（J）	国有控股公司	40	49.5269	49.8264	64.7569	37.3264	7.3020
	非国有控股公司	17	48.2128	46.8750	57.2917	36.4583	7.3843
	总　体	57	49.1350	49.6528	64.7569	36.4583	7.2857
房地产业（K）	国有控股公司	61	47.9394	47.0486	69.6181	30.7292	9.5942
	非国有控股公司	64	50.3472	50.2604	69.7917	27.2569	9.8262
	总　体	125	49.1722	49.3056	69.7917	27.2569	9.7496

从表 20 - 9 可以看出，六个代表性行业中，除金融业（J）和交通运输、仓储和邮政业（G）外，其余四个行业的国有控股公司自愿性信息披露指数均值都低于非国有控股公司，说明大部分行业非国有控股公司的自愿性信息披露水平都好于国有控股公司。

图 20 - 7 更直观地反映了六个行业国有控股公司与非国有控股公司自愿性信息披露指数均值的差异。可以看到，六个行业中，国有控股公司自愿性信息披露指数均值最高的是金融业（J），其后依次是交通运输、仓储和邮政业（G），制造业（C），信息传输、软件和信息技术服务业（I），房地产业（K），最低的是电力、热力、燃气及水生产和供应业（D）。非国有控股公司自愿性信息披露指数均值最高的是信息传输、软件和信息技术服务业（I），其后依次是制造业（C），电力、热力、燃气及水生产和供应业（D），房地产业（K），交通运输、仓储和邮政业（G），金融业（J）。

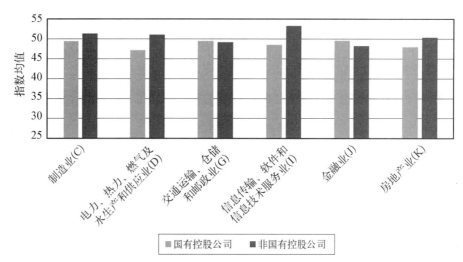

图 20-7 2016 年不同行业国有控股与非国有控股上市公司自愿性信息披露指数均值比较

20.3.2 分行业自愿性信息披露分项指数比较

接下来,我们对六个行业国有控股与非国有控股上市公司的自愿性信息披露分项指数进行比较,参见表 20-10。

表 20-10 2016 年不同行业国有控股与非国有控股上市公司自愿性信息披露分项指数均值比较

行　业	所有制类型	治理结构	治理效率	利益相关者	风险控制
制造业(C)	国有控股公司	40.7614	43.3780	65.5754	47.9387
	非国有控股公司	45.1515	46.8824	66.3651	46.8354
	总　体	43.9049	45.8873	66.1408	47.1487
电力、热力、燃气及水生产和供应业(D)	国有控股公司	38.2031	42.6563	61.2500	46.3889
	非国有控股公司	41.7969	52.3438	60.4167	49.6528
	总　体	38.8021	44.2708	61.1111	46.9329
交通运输、仓储和邮政业(G)	国有控股公司	41.8843	44.4030	63.1841	48.3416
	非国有控股公司	37.1875	41.2500	69.1667	48.8889
	总　体	40.8046	43.6782	64.5594	48.4674
信息传输、软件和信息技术服务业(I)	国有控股公司	39.1129	44.1532	67.4731	43.1900
	非国有控股公司	49.4007	47.6455	69.0639	46.8417
	总　体	47.5989	47.0339	68.7853	46.2021
金融业(J)	国有控股公司	60.7813	46.5625	43.9583	46.8056
	非国有控股公司	47.7941	45.2206	57.3529	42.4837
	总　体	56.9079	46.1623	47.9532	45.5166

续　表

行　　业	所有制类型	治理结构	治理效率	利益相关者	风险控制
房地产业(K)	国有控股公司	38.8320	43.9549	59.4262	49.5446
	非国有控股公司	42.6758	45.9961	65.2344	47.4826
	总　　体	40.8000	45.0000	62.4000	48.4889

可以看出,与地区一样,不同行业两类所有制上市公司自愿性信息披露分项指数排序也不一致。在自愿性信息披露四个分项指数上,对于国有控股公司来说,在治理结构和治理效率两个分项指数上,金融业(J)表现较好;在利益相关者分项指数上,信息传输、软件和信息技术服务业(I)表现较好;在风险控制分项指数上,房地产业(K)表现较好。对于非国有控股公司来说,在治理效率和风险控制两个分项指数上,电力、热力、燃气及水生产和供应业(D)表现较好;在治理结构分项指数上,信息传输、软件和信息技术服务业(I)表现较好;在利益相关者分项指数上,交通运输、仓储和邮政业(G)和信息传输、软件和信息技术服务业(I)表现较好,两个行业相差无几。

为了便于比较,我们计算了六个代表性行业非国有控股公司自愿性信息披露四个分项指数均值与对应的国有控股公司自愿性信息披露四个分项指数均值的差值,由此可以反映这六个代表性行业两类所有制上市公司自愿性信息披露四个分项指数的差异,如图20-8所示。可以看出,在治理结构和治理效率两个分项指数上,除金融业(J)和交通运输、仓储和邮政业(G)国有控股公司优于非国有控股公司外,其他四个行业的非国有控股公司都优于国有控股公司;在利益相关者分项指数上,除电力、热力、燃气及水生产和供应业(D)行业国有控股公司优于非国有控股公司外,其他五个行业均是非国有控股公司好于国有控股公司;在风险控制分项指数上,信息传输、软件和信息技术服务业(I),交通运输、仓储和邮政业(G),电力、热力、燃气及水生产和供应业(D)三个行业的非国有控股公司优于国有控股公司,其他

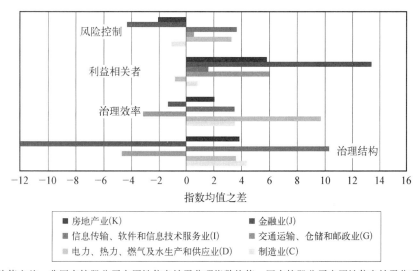

注:指数均值之差=非国有控股公司自愿性信息披露分项指数均值-国有控股公司自愿性信息披露分项指数均值。

图 20-8　2016 年不同行业国有控股与非国有控股上市公司自愿性信息披露分项指数均值之差值比较

三个行业的国有控股公司优于非国有控股公司。总体看,在六个代表性行业中,非国有控股公司有较多的自愿性信息披露分项指数好于或略好于国有控股公司,尤其是在利益相关者分项指数上,非国有控股公司的表现更为突出。

20.4 本 章 小 结

本章对 2016 年沪深两市非国有控股公司与国有控股公司的自愿性信息披露指数及四个分项指数进行了统计和比较分析,结论如下:

关于自愿性信息披露总体指数:(1)从总体趋势看,随着第一大股东中国有股东持股比例的降低,自愿性信息披露指数趋于上升,这说明,适度降低国有股东的股权集中度可能是提高公司自愿性信息披露水平的比较有效的方式。(2)无国有股份公司的自愿性信息披露水平低于国有参股公司,说明拥有适量的国有股权要比完全没有国有股权更有可能提高公司的自愿性信息披露水平。(3)非国有控股公司自愿性信息披露水平总体上优于国有控股公司。(4)最终控制人是中央企业的国有控股上市公司的自愿性信息披露水平与最终控制人是地方国企的国有控股上市公司相差不大,前者略优于后者,但都低于非国有控股公司。(5)从地区看,四个地区的非国有控股公司自愿性信息披露水平都好于国有控股公司。(6)从行业看,六个代表性行业中,除金融业(J)和交通运输、仓储和邮政业(G)外,其余四个行业的国有控股公司自愿性信息披露指数均值都低于非国有控股公司。

关于自愿性信息披露分项指数:(1)从总体上看,随着第一大股东中国有股比例的降低,治理结构、治理效率两个分项指数呈现上升趋势,利益相关者分项指数呈现先下降、后上升、再下降的"S"形状,而风险控制分项指数则基本呈下降趋势。整体看,适度降低作为第一大股东的国有股股东持股比例,对于促进各维度自愿性信息披露可能有积极的影响。(2)在治理结构、治理效率和利益相关者三个分项指数上,非国有控股公司都较大幅度高于国有控股公司;在风险控制分项指数上,非国有控股公司略低于国有控股公司。(3)在治理结构和利益相关者两个分项指数上,最终控制人为中央企业的国有控股上市公司大于最终控制人为地方国企的国有控股上市公司,但明显小于非国有控股公司;在治理效率分项指数上,最终控制人为地方国企的国有控股上市公司高于最终控制人为中央企业的国有控股上市公司,但小于非国有控股公司;在风险控制分项指数上,中央企业控股公司略低于地方国企控股公司,但都略高于非国有控股公司,三者相差不大。(4)从地区看,在治理结构和治理效率两个分项指数上,四个地区都是非国有控股公司优于国有控股公司;在利益相关者分项指数上,除西部地区国有控股公司好于非国有控股公司外,其他三个地区均是非国有控股公司优于国有控股公司;在风险控制分项指数上,除中部地区非国有控股公司好于国有控股公司外,其他三个地区都是国有控股公司优于非国有控股公司。(5)从行业看,在六个代表性行业中,非国有控股公司有较多的自愿性信息披露分项指数好于或略好于国有控股公司,尤其是在利益相关者分项指数上,非国有控股公司的表现更为突出。

第 21 章
自愿性信息披露指数的年度比较(2013~2016)

2014 年和 2016 年,我们对 2013 年和 2015 年的中国上市公司自愿性信息披露水平进行了两次测度,[①]2017 年是第三次测度。本章将从总体、地区、行业、所有制(控股类型)和上市板块等五个角度,比较分析三个年度中国上市公司自愿性信息披露水平,以便了解自愿性信息披露质量是否有所改进以及改进程度,以期对自愿性信息披露的完善有所启示。

21.1 自愿性信息披露指数总体的年度比较

2013 年,样本上市公司共 2464 家;2015 年,样本上市公司增加至 2655 家;2016 年,样本上市公司又增加至 2840 家。比较 2013 年、2015 年和 2016 年样本上市公司的自愿性信息披露指数,以及治理结构分项指数、治理效率分项指数、利益相关者分项指数和风险控制分项指数,结果参见表 21 - 1。

表 21 - 1 2013~2016 年上市公司自愿性信息披露指数均值比较

年 份	样 本 量	总体指数	分 项 指 数			
			治理结构	治理效率	利益相关者	风险控制
2013	2464	41.6970	34.8189	30.0502	66.3758	35.5429
2015	2655	41.0242	41.7420	41.3724	41.9240	39.0584
2016	2840	50.2543	43.4771	45.6338	64.9266	46.9797

由表 21 - 1 可知,2013 年,上市公司自愿性信息披露指数均值为 41.6970 分,2015 年为 41.0242 分,2016 年为 50.2543 分,与 2013 年和 2015 年上市公司自愿性信息披露指数相比,2016 年中国上市公司自愿性信息披露总体指数分别提高 8.5573 分和 9.2301 分。从四个分项指数看,相比 2015 年,治理结构、治理效率、利益相关者和风险控制分别提高

---

① 2010 年和 2012 年,我们也曾对 2009 年和 2011 年的上市公司信息披露水平进行测度,但这两次测度时,自愿性信息披露只是作为信息披露指数的一个维度,还有三个维度分别是强制性、真实性和及时性。由于这两次衡量自愿性信息披露水平的指标数量与 2014 年开始的专门针对自愿性信息披露指数的测度指标数量有很大差异,所以没有纳入年度比较。

1.7351分、4.2614分、23.0026分和7.9213分,其中利益相关者方面的自愿性信息披露呈现"跳跃式"提升,不过仍低于2013年的66.3758分。这表明,由于经济下行压力以及监管力度加大,上市公司试图通过向利益相关者提供更多的信息,来谋求获取更多投资以及维持稳定的战略合作关系。

　　图21-1更加直观地描绘了三个年度自愿性信息披露指数的变化情况。可以看出,2016年上市公司自愿性信息披露总体均值较大幅度高于2013年和2015年,但仍未达到及格水准,这说明企业虽然更加重视自愿性信息披露,但仍然任重而道远。从分项指数看,治理结构、治理效率、风险控制分项指数都呈逐年上升的趋势;利益相关者分项指数提升幅度最大,不仅达到及格水准,而且接近2013年曾达到的最高水平,这是2016年上市公司自愿性信息披露指数较大幅度提升的主要原因。

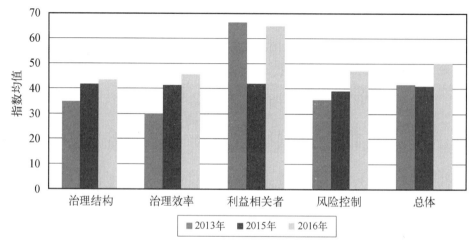

图21-1　2013～2016年上市公司自愿性信息披露总体指数和分项指数均值比较

　　为了便于弄清导致自愿性信息披露分项指数波动的来源,表21-2比较了2013年、2015年和2016年中国上市公司自愿性信息披露指数的具体指标。

表21-2　2013～2016年上市公司自愿性信息披露指数具体指标比较

一级指标	二　级　指　标	2013年	2015年	2016年
治理结构 (GS)	1. 董事会构成	0.0791	0.9906	0.9919
	2. 董事学历	0.5645	0.5644	0.5924
	3. 董事任职经历(不含兼职、社会称号等)	0.2415	0.1431	0.1275
	4. 专门委员会构成	0.4718	0.5269	0.5058
	5. 监事会构成	0.0345	0.0249	0.0278
	6. 监事学历	0.4984	0.2876	0.3460
	7. 高管层学历	0.3235	0.6060	0.6400
	8. 高管层任职经历(不低于三年)(不含兼职、社会称号)	0.5722	0.1959	0.2468

续　表

一级指标	二　级　指　标	2013 年	2015 年	2016 年
治理效率 (GE)	9. 股东大会(包括临时股东大会)股东出席率	0.0408	0.5367	0.6194
	10. 股东大会(包括临时股东大会)投票机制的说明	0.0633	0.0520	0.2537
	11. 董事考评制度及结果的说明	0.1295	0.1392	0.1435
	12.《董事会议事规则》的说明	0.3421	0.3153	0.3320
	13. 董事会召开方式的说明	0.4087	0.9729	0.9778
	14. 独立董事同意、质疑或否决董事会某项决议的说明	0.8782	0.9616	0.9937
	15. 高管薪酬结构及额度	0.0313	0.0286	0.0486
	16. 高管层关系网络	0.5101	0.3036	0.2820
利益 相关者 (SH)	17. 投资者关系建设情况的说明	0.6173	0.4729	0.4801
	18. 社会责任	0.4675	0.5089	0.5426
	19. 债权人情况	0.5649	0.0644	0.7588
	20. 债务人情况	0.9383	0.1665	0.7898
	21. 供应商情况	0.5223	0.6418	0.6595
	22. 客户情况	0.8722	0.6610	0.6648
风险 控制 (RC)	23. 企业发展战略目标	0.2541	0.0162	0.0201
	24. 盈利能力分析	0.2703	0.1503	0.7004
	25. 营运能力分析	0.0130	0.0173	0.0225
	26. 偿债能力分析	0.0333	0.0331	0.2074
	27. 发展能力分析	0.7537	0.8151	0.7912
	28. 关于现聘会计师事务所的说明	0.7025	0.9646	0.9518
	29. 宏观形势对公司业绩影响的分析	0.8989	0.9326	0.9394
	30. 行业地位(或市场份额)分析	0.2188	0.5379	0.5465
	31. 竞争对手分析	0.0544	0.0478	0.0489

由表 21-2 可知,三个年度中,在治理结构分项指数的 8 个二级指标中,有 2 个指标连续上升,1 个指标连续下降,4 个指标先降后升,1 个指标先升后降。指标"1. 董事会构成"和"7. 高管层学历"连续上升,表明上市公司越来越愿意披露董事会构成和高管层学历方面的信息;指标"3. 董事任职经历(不含兼职、社会称号等)"连续下降,表明上市公司有意或无意地试图隐瞒董事的个人经历,这不利于建立董事的诚信体系;另外 5 个指标中除了"4. 专门委员会构成"2016 年有所下降外,其他 4 个指标 2016 年都有所上升,这意味着上市公司对董事学历、监事会构成、监事学历、高管任职经历等方面的信息披露都得到加强。

在治理效率分项指数的 8 个二级指标中,有 4 个指标连续上升,1 个指标连续下降,3 个指标先降后升。"9. 股东大会(包括临时股东大会)股东出席率"、"11. 董事考评制度及结果的说明"、"13. 董事会召开方式的说明"、"14. 独立董事同意、质疑或否决董事会某项决议的说明"四个指标三年连续上升,尤其是"9. 股东大会(包括临时股东大会)股东出席率"上升幅度较大,说明上市公司对股东大会的重视程度,以及董事会决策监督的有效性在连年提高;指标"16. 高管层关系网络"连续下降,这与近几年的强力反腐不无关系,关系网络开始变得或隐或现;指标"10. 股东大会(包括临时股东大会)投票机制的说明"、"12.《董事会议事规则》的说明"和"15. 高管薪酬结构及额度"都是先降后升,表明投资者对股东大会投票机制、董事会议事规则和高管薪酬结构等方面的信息也日益关注。

在利益相关者分项指数的 6 个二级指标中,有 2 个指标连续上升,4 个指标先降后升,2016 年全部指标都有所上升,其中 2016 年上升幅度较大的是"19. 债权人情况"和"20. 债务人情况"。正如前面所述,这与经济下行压力,以及监管力度加大背景下,上市公司试图通过向利益相关者提供更多的信息,来谋求获取更多投资,以及维持稳定的战略合作关系有密切关系。

在风险控制分项指数的 9 个二级指标中,有 3 个指标连续上升,4 个指标先降后升,2 个指标先升后降。其中 2016 年指标"24. 盈利能力分析"和"26. 偿债能力分析"有较大程度的上升,这意味着上市公司更愿意披露更多的好消息;指标"27. 发展能力分析"2016 年有所下降,这说明对于目标性指标,如果不甚明确,则上市公司多采取不披露策略;指标"28. 关于现聘会计师事务所的说明"2016 年也有所下降,这意味上市公司对于会计师事务所的变更相对比较敏感。

21.2　分地区自愿性信息披露指数的年度比较

用各地区上市公司自愿性信息披露总体指数,以及治理结构分项指数、治理效率分项指数、利益相关者分项指数和风险控制分项指数的平均值来代表各地区上市公司自愿性信息披露情况,分别比较不同地区 2013 年、2015 年和 2016 年自愿性信息披露水平的差异,结果见表 21-3。

表 21-3　2013~2016 年不同地区上市公司自愿性信息披露指数均值比较

地 区	年 份	总体指数	分 项 指 数				总体指数排名
			治理结构	治理效率	利益相关者	风险控制	
东部	2013	41.8026	35.4570	29.9633	65.9129	35.8772	2
	2015	41.6715	42.3365	42.0331	42.8469	39.4695	1
	2016	50.5260	43.9918	45.9029	65.1298	47.0794	1
中部	2013	42.0024	34.9174	30.7507	67.6309	34.7107	1
	2015	40.5480	41.0950	41.1280	40.8751	39.0941	2
	2016	50.4774	42.9844	45.3906	66.1042	47.4306	2

续　表

地　区	年　份	总体指数	分　项　指　数				总体指数排名
			治理结构	治理效率	利益相关者	风险控制	
西部	2013	41.5980	33.6710	29.8592	67.6053	35.2564	3
	2015	39.9074	40.8616	39.6704	41.3403	37.7575	3
	2016	49.8918	42.9033	45.3202	64.4499	46.8938	3
东北	2013	39.8748	30.0373	29.7108	65.1741	34.5771	4
	2015	37.3252	38.5123	38.4683	34.9178	37.4022	4
	2016	47.1608	39.7959	43.7075	60.4308	44.7090	4

　　根据表 21-3,从自愿性信息披露总体指数看,三个年度中四个地区的指数都是先下降后上升。排序方面,东部和中部在三年占据着第一和第二的位置,其中东部在近两年都占据第一;西部和东北的排名没有发生过变化,分别排在第三和第四。

　　从四个分项指数看,在治理结构分项指数上,四个地区都是逐年提高;排序没有发生变化,从高到低都是东部、中部、西部和东北。在治理效率分项指数上,四个地区都是逐年提高;排序方面,2015 年和 2016 年东部位居第一,2013 年中部位居第一;西部和东北的排名没有发生过变化,三年都分列第三和第四。在利益相关者分项指数上,四个地区都是先降后升;排序方面,东部由 2015 年的第一下降到 2016 年的第二;中部 2016 年上升为第一;西部由 2013 年和 2015 年的第二下降到 2016 年的第三;东北排名没有发生变化,三个年度都是第四。在风险控制分项指数上,四个地区都是逐年提高;排序出现部分变化,中部由 2013 年的第三升到 2015 年的第二,又在 2016 年升到第一;东部在 2016 年降到第二;西部 2013 年为第二,2015 年和 2016 年两年都为第三;东北排名没有发生变化,三个年度都是第四。

　　图 21-2 更直观地显示了四个地区自愿性信息披露总体指数的变化。可以看出,四个地区总体指数都是先降后升,且 2016 年上升幅度较大。

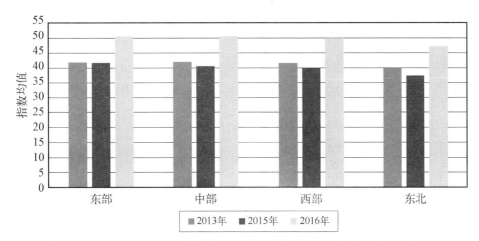

图 21-2　2013～2016 年不同地区上市公司自愿性信息披露总体指数均值比较

21.3　分行业自愿性信息披露指数的年度比较

用各行业上市公司自愿性信息披露总体指数，以及治理结构分项指数、治理效率分项指数、利益相关者分项指数和风险控制分项指数的平均值来代表各行业上市公司自愿性信息披露情况，分别比较不同行业 2013 年、2015 年和 2016 年自愿性信息披露水平的差异，结果参见表 21-4。

表 21-4　2013~2016 年不同行业上市公司自愿性信息披露指数均值比较

行　　业	年　份	总体指数	分　项　指　数			
			治理结构	治理效率	利益相关者	风险控制
农、林、牧、渔业(A)	2013	42.3923	35.0962	31.4103	67.7350	35.3276
	2015	39.8975	39.2857	39.8810	42.0635	38.3598
	2016	50.5563	40.9091	48.4375	64.3939	48.4848
采矿业(B)	2013	41.1038	34.8485	30.1136	68.8131	30.6397
	2015	39.7760	40.9247	38.2706	41.3242	38.5845
	2016	48.6706	40.8390	42.1233	63.9269	47.7930
制造业(C)	2013	42.2785	35.4407	28.8908	67.9729	36.8096
	2015	41.8253	42.0342	42.0567	43.9095	39.3009
	2016	50.7706	43.9049	45.8944	66.1408	47.1424
电力、热力、燃气及水生产和供应业(D)	2013	41.3986	28.9557	33.2279	72.4684	30.9423
	2015	37.0065	36.8680	38.0618	35.5805	37.5156
	2016	47.7792	38.8021	44.2708	61.1111	46.9329
建筑业(E)	2013	43.8575	35.9127	34.6230	71.5609	33.3333
	2015	42.4907	42.7817	42.5176	43.8967	40.7668
	2016	51.8331	44.3994	46.5909	65.0433	51.2987
批发和零售业(F)	2013	39.3583	28.0428	32.2780	63.2675	33.8450
	2015	36.5434	35.5017	37.5425	34.2404	38.8889
	2016	45.9542	38.5980	42.6098	58.5023	44.1066
交通运输、仓储和邮政业(G)	2013	40.6076	34.2188	36.0938	60.3125	31.8056
	2015	39.3218	40.8179	40.5093	35.6996	40.2606
	2016	49.3774	40.8046	43.6782	64.5594	48.4674
住宿和餐饮业(H)	2013	39.9016	37.5000	26.0417	64.5833	31.4815
	2015	40.5303	44.3182	39.7727	43.1818	34.8485
	2016	49.6212	43.7500	47.1591	69.6970	37.8788

续　表

行　　业	年　份	总体指数	分　项　指　数			
			治理结构	治理效率	利益相关者	风险控制
信息传输、软件和信息技术服务业(I)	2013	39.8430	38.7195	25.1016	59.6884	35.8627
	2015	42.9143	45.6466	43.5776	42.8161	39.6168
	2016	52.4051	47.5989	47.0339	68.7853	46.2021
金融业(J)	2013	45.5265	60.3198	42.0058	39.7287	40.0517
	2015	45.0078	59.0561	42.8571	33.3333	44.7846
	2016	49.1350	56.9079	46.1623	47.9532	45.5166
房地产业(K)	2013	39.4110	27.9851	32.9758	65.6716	31.0116
	2015	37.6153	39.2258	38.8060	38.4328	33.9967
	2016	49.1722	40.8000	45.0000	62.4000	48.4889
租赁和商务服务业(L)	2013	39.6660	34.2262	30.6548	63.0952	30.6878
	2015	41.0791	38.4615	44.2308	42.9487	38.6752
	2016	49.4488	40.1563	46.8750	63.5417	47.2222
科学研究和技术服务业(M)	2013	40.1910	36.4583	25.0000	54.8611	44.4444
	2015	44.5216	49.6528	44.7917	39.8148	43.8272
	2016	52.1890	51.0870	47.2826	66.6667	43.7198
水利、环境和公共设施管理业(N)	2013	41.9071	38.7019	29.5673	63.4615	35.8974
	2015	43.4491	45.0000	45.0000	42.5000	41.2963
	2016	50.3262	42.4242	48.8636	67.4242	42.5926
卫生和社会工作(Q)	2013	38.5995	31.2500	25.0000	61.1111	37.0370
	2015	39.1667	38.7500	41.2500	43.3333	33.3333
	2016	53.0506	41.0714	43.7500	79.7619	47.6190
文化、体育和娱乐业(R)	2013	39.9089	35.4167	33.5938	57.2917	33.3333
	2015	39.0818	43.0556	37.5000	37.5000	38.2716
	2016	49.2420	44.0549	46.9512	59.3496	46.6125
综合(S)	2013	39.0625	22.0109	35.3261	68.4783	30.4348
	2015	32.9722	32.0000	36.0000	29.6667	34.2222
	2016	44.8973	32.3370	41.5761	61.9565	43.7198

注：由于教育(P)在2013年和2015年只有1家上市公司,2016年也只有3家上市公司,难以反映该行业的实际平均水平,故在比较时将其剔除。

从表21-4可以看出,从自愿性信息披露总体指数看,三个年度中6个行业逐年上升,其余11个行业先降后升,说明2016年上市公司自愿性信息披露情况有所改善,但均值都未超过60分。相对于2015年,2016年提升幅度超过10分的行业有农、林、牧、渔业(A),电力、热力、燃气及水生产和供应业(D)，交通运输、仓储和邮政业(G)，房地产业(K)，卫生和社会工作(Q)，文化、体育和娱乐业(R)，综合(S)，提升幅度最大的卫生和社会工作(Q)，达到13.8839分。在排名上，2013年和2015年曾排名第一的金融业(J)，在2016年下滑至第13位。

从自愿性信息披露分项指数看，在治理结构分项指数上，有12个行业逐年上升，4个行业先升后降，只有金融业(J)逐年下降；在治理效率分项指数上，所有17个行业都是逐年上升；在利益相关者分项指数上，所有17个行业都是先降后升；在风险控制分项指数上，有15个行业逐年上升，只有卫生和社会工作(Q)先降后升，而科学研究和技术服务业(M)则是逐年下降。

图21-3显示了17个行业自愿性信息披露总体指数的变化。可以看出，2016年所有行业的上市公司自愿性信息披露水平都有提升，但2015年有部分行业出现下降。

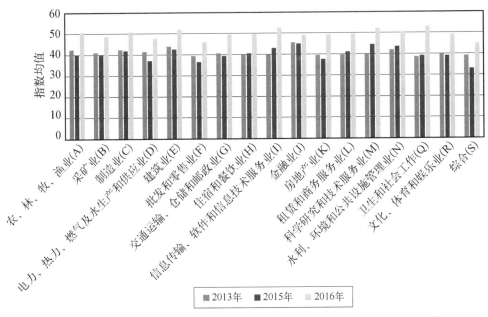

图21-3　2013～2016年不同行业上市公司自愿性信息披露总体指数均值比较

21.4　分所有制自愿性信息披露指数的年度比较

按照五种所有制或控股类型的划分，用各所有制上市公司自愿性信息披露总体指数，以及治理结构分项指数、治理效率分项指数、利益相关者分项指数和风险控制分项指数的平均值来代表各所有制类型上市公司自愿性信息披露情况，分别比较2013年、2015年与2016年不同所有制上市公司的自愿性信息披露水平的差异，结果参见表21-5 Panel A。另外，进一步将样本按照国有控股公司和非国有控股公司分类，统计信息见表21-5 Panel B。

表 21‑5　2013～2016 年不同所有制上市公司自愿性信息披露指数均值比较

所有制类型	年份	总体指数	分项指数				总体指数排名
			治理结构	治理效率	利益相关者	风险控制	
Panel A　按照五类所有制公司分类							
国有绝对控股公司	2013	41.3881	32.4962	33.3206	66.5389	33.1970	3
	2015	38.3369	38.6229	37.6059	37.6836	39.4350	5
	2016	48.6653	40.6000	42.3500	63.4000	48.3111	4
国有强相对控股公司	2013	41.3686	32.2945	32.9178	66.5993	33.6628	4
	2015	38.7039	39.6819	38.9077	36.9745	39.2517	4
	2016	48.5535	40.4769	43.9616	62.7351	47.0404	5
国有弱相对控股公司	2013	40.7636	30.9702	32.6959	65.5162	33.8723	5
	2015	38.7734	38.0502	38.6884	39.7594	38.5954	3
	2016	48.7765	41.3876	44.4754	62.6984	46.5443	3
国有参股公司	2013	42.2503	34.9275	30.2832	67.6335	36.1572	1
	2015	42.6392	43.0556	43.0348	45.3013	39.1653	1
	2016	52.0457	44.9296	47.2007	68.6268	47.4257	1
无国有股份公司	2013	41.9365	37.1812	27.4791	66.0583	37.0273	2
	2015	42.4706	43.7743	43.2823	43.8938	38.9321	2
	2016	50.5953	45.0386	46.3953	64.4490	46.4981	2
Panel B　按照国有控股公司和非国有控股公司分类							
国有控股公司	2013	41.2072	31.9948	32.9922	66.2781	33.5636	2
	2015	38.6174	38.9235	38.4714	37.9521	39.1224	2
	2016	48.6535	40.8042	43.7379	62.8847	47.1871	2
非国有控股公司	2013	42.0123	36.6369	28.1563	66.4387	36.8171	1
	2015	42.5329	43.5087	43.1909	44.4138	39.0182	1
	2016	51.1639	44.9559	46.7111	66.0869	46.8618	1

从表 21‑5 Panel A 可以看出:

第一,从自愿性信息披露总体指数看,2016 年五种所有制上市公司的自愿性信息披露水平相较于 2015 年和 2013 年均有了一定的提高。相比 2015 年,2016 年上升幅度较大的是国有绝对控股公司和国有弱相对控股公司,分别上升 10.3284 分和 10.0031 分。国有参股公司和无国有股份公司的排名在三个年度中一直相对稳定,始终分列第一位和第二位;国有弱相对控股公司在 2013 年排名第五位,而在 2015 年和 2016 年都是排在第三位;国有强相对控股公司在 2013 年和 2015 年排名第四位,在 2016 年下降到第五位;国有绝对控股公司在 2013 年排在第三位,在 2015 年下降到第五位,在 2016 年又升到第四位。

第二,在治理结构、治理效率和风险控制三个自愿性信息披露分项指数上,五种所有制公司均是逐年上升。相比 2015 年,2016 年在治理结构和治理效率方面上升幅度最大的都是国有弱相对控股公司,分别上升 3.3374 分和 5.7870 分;在风险控制方面上升幅度最大的是国有绝对控股公司,上升 8.8761 分。这说明各所有制公司对治理结构、治理效率和风险控制方面的相关披露进一步好转,但距离及格水平仍有较大差距。

第三,在利益相关者自愿性信息披露分项指数上,五种所有制公司均是先降后升,且幅度较大。相比 2015 年,2016 年上升幅度最大的是国有强相对控股公司,上升 25.7606 分;国有绝对控股公司上升幅度与国有强相对控股公司接近,上升幅度也达 25.7164 分。但除了国有参股公司外,其余四种所有制公司还都未达到 2013 年的最高水平,说明在经历了 2015 年利益相关者分项指数大幅度下滑后,2016 年虽大幅反弹,但仍需进一步提高。

从表 21-5 Panel B 可以看出,国有控股公司三个年度的自愿性信息披露总体指数先下降后上升,非国有控股公司则是逐年上升。但相比 2015 年,2016 年国有控股公司上升 10.0361 分,大于非国有控股公司的上升幅度 8.6310 分。排名方面,三年来国有控股公司自愿性信息披露总体指数都低于非国有控股公司,说明在自愿性信息披露方面,非国有控股公司要好于国有控股公司。

从四个分项指数看,国有控股公司和非国有控股公司在治理结构、治理效率和风险控制三个分项指数上都是逐年上升。相比 2015 年,2016 年在四个分项指数上,都是国有控股公司上升幅度大于非国有控股公司,上升幅度最大的是利益相关者分项指数,国有控股公司和非国有控股公司分别上升 24.9326 分和 21.6731 分。但除了风险控制分项指数外,其他三个分项指数,仍是非国有控股公司大于国有控股公司。

图 21-4 更加直观地描绘了五类所有制公司自愿性信息披露总体指数的变化。可以看出,相比前两个年度,2016 年五类所有制公司自愿性信息披露都有较大幅度的提升。

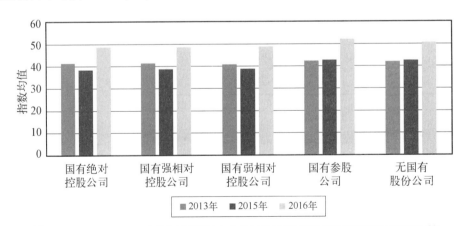

图 21-4　2013~2016 年不同所有制上市公司自愿性信息披露总体指数均值比较

21.5 分上市板块自愿性信息披露指数的年度比较

按照四个上市板块的划分,用各板块上市公司自愿性信息披露总体指数,以及治理结构、治理效率、利益相关者和风险控制四个分项指数的平均值来代表各板块上市公司自愿性信息披露情况,分别比较不同板块 2013 年、2015 年和 2016 年自愿性信息披露水平的差异,结果见表 21-6。

表 21-6 2013～2016 年不同板块上市公司自愿性信息披露指数均值比较

上市板块	年份	总体指数	分 项 指 数				总体指数排名
			治理结构	治理效率	利益相关者	风险控制	
深市主板(不含中小企业板)	2013	43.3158	37.2591	25.8565	75.9101	34.2375	2
	2015	45.2823	46.1239	43.2135	54.8104	36.9814	2
	2016	55.1700	47.0359	48.7393	77.0386	47.8660	2
深市中小企业板	2013	47.0895	40.8256	28.9319	76.0105	42.5900	1
	2015	47.1809	47.0934	47.6563	53.9203	40.0537	1
	2016	55.4747	48.3179	49.9841	75.6590	47.9379	1
深市创业板	2013	37.0677	41.6197	19.4366	51.0329	36.1815	4
	2015	45.0501	49.7079	45.2249	46.1449	39.1225	3
	2016	54.4505	51.9593	50.1736	69.3618	46.3073	3
沪市主板	2013	38.6228	26.5675	36.9687	60.2551	30.7002	3
	2015	32.8748	32.4668	34.3105	25.4671	39.2549	4
	2016	42.4289	34.5189	39.0539	49.9233	46.2196	4

根据表 21-6,从自愿性信息披露总体指数看,除沪市主板上市公司自愿性信息披露指数先降后升外,深市主板(不含中小企业板)、深市中小企业板和深市创业板均是逐年上升。相比 2015 年,2016 年各板块上市公司自愿性信息披露指数都有较大幅度提升,但上升幅度相差不大,上升幅度最大的是深市主板(不含中小企业板),上升 9.8877 分。排名方面,深市中小企业板和深市主板(不含中小企业板)始终分列第一和第二位,深市创业板除在 2013 年排名第四外,2015 年和 2016 年都是排在第三位,而沪市主板在近两年都位居末尾,且与前三名差距较大,这说明沪市在自愿性信息披露方面不如深市,还亟待加强。

从自愿性信息披露分项指数看,在治理结构分项指数中,四个板块都在逐年上升;相比 2015 年,2016 年上升幅度较大的是深市创业板和沪市主板,分别上升 2.2514 分和 2.0521 分;三个年度的排序没有发生变化,都是深市创业板位居第一。在治理效率分项指数上,除沪市主板先降后升外,其他三个板块都在逐年上升;相比 2015 年,2016 年上升幅度较大的是深市主板(不含中小企业板)和深市创业板,分别上升 5.5258 分和 4.9487 分;在排名上,深市主板(不含中小企业板)始终排名第三,沪市主板在 2015 年由 2013 年的第一位下降到第四位,且在 2016 年也排在第四,深市创业板在 2016 年上升到第一位。在利益相关者分项指数上,四个板块都是先下降后上升;相比 2015 年,2016 年四个板块上市公司自愿性信息披露利益相关者分项指数都有大幅度上升,都上升 20 分以上,但除深市主板(不含中小企业板)和深市创业板外,其他两个板块仍未达到 2013 年的最高水平;2016 年的排名与2015 年相同,深市主板(不含中小企业板)排在第一,沪市主板排在第四。在风险控制分项指数上,除深市中小企业板先降后升外,其他三个板块都在逐年上升;相比 2015 年,2016 年上升幅度最大的是深市主板(不含中小企业板),上升 10.8846 分,其他三个板块上升都在7 分上下;在排名上,深市中小企业板在三个年度都位居第一位。

图 21‐5 更加直观地显示了三个年度四个板块上市公司自愿性信息披露总体指数的变化情况。可以看到,相比 2015 年,2016 年四个板块上市公司自愿性信息披露指数都有较大幅度提升;深市三个板块三个年度都是逐年上升;总体上,深市上市公司自愿性信息披露水平好于沪市主板。

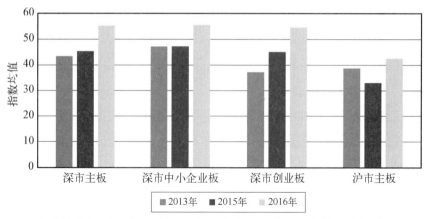

注:深市中小企业板是深市主板的一部分,但本图中的深市主板不含中小企业板。

图 21‐5　2013～2016 年不同板块上市公司自愿性信息披露总体指数均值比较

21.6　本 章 小 结

本章从总体、地区、行业、所有制(控股)类型和上市板块等角度分别比较了 2013 年、2015 年和 2016 年中国上市公司的自愿性信息披露指数的变化,主要结论如下:

(1)从总体看,2016 年上市公司自愿性信息披露总体均值较大幅度高于 2013 年和2015 年,但仍未达到及格水准,这说明企业虽然更加重视自愿性信息披露,但仍然任重而道远。从分项指数看,治理结构、治理效率、风险控制分项指数都呈逐年上升的趋势;利益相关者分项指数提升幅度最大,不仅达到及格水准,而且接近 2013 年曾达到的最高水平,这是 2016 年上市公司自愿性信息披露指数较大幅度提升的主要原因。

(2) 从地区看,就自愿性信息披露总体指数而言,三个年度中四个地区都是先下降后上升,东部在近两年都占据第一的位置。就四个分项指数而言,在治理结构、治理效率和风险控制三个分项指数上,四个地区都是逐年提高;排序方面,三个年度除了东北始终位居第四外,其他三个地区都有一定的变化。在利益相关者分项指数上,四个地区都是先降后升;排序方面,三个年度除了东北始终位居第四外,其他三个地区都有一定变化。

(3) 从行业看,就自愿性信息披露总体指数而言,2015 年部分行业出现下降,但 2016 年所有 17 个行业都有提升。就自愿性信息披露分项指数而言,在治理结构分项指数上,有 12 个行业逐年上升,4 个行业先升后降,只有金融业(J)逐年下降;在治理效率分项指数上,所有 17 个行业都是逐年上升;在利益相关者分项指数上,所有 17 个行业都是先降后升;在风险控制分项指数上,有 15 个行业逐年上升,只有卫生和社会工作(Q)先降后升,而科学研究和技术服务业(M)则是逐年下降。

(4) 从所有制(控股)类型看,2013 年、2015 年和 2016 年国有参股公司都排名第一,且 2016 年的优势更为明显;无国有股份公司都排名第二;其他三类所有制公司的排名有所变化;国有控股公司三个年度的自愿性信息披露总体指数先下降后上升,非国有控股公司则是逐年上升;排名方面,三个年度国有控股公司自愿性信息披露总体指数都低于非国有控股公司。

(5) 从上市板块看,相比 2015 年,2016 年四个板块上市公司自愿性信息披露指数都有较大幅度提升;深市三个板块三个年度都是逐年上升;总体上,深市上市公司自愿性信息披露水平好于沪市主板上市公司。

中国公司治理分类
指数报告No.16
（2017）

Report on China
Classified Corporate
Governance Index
No.16（2017）

第七编
高管薪酬指数

第 22 章
高管薪酬指数排名及比较

根据第 1 章确定的高管薪酬指数评价方法,以及我们评估获得的 2016 年度 2829 家样本上市公司指数数据,首先对这 2829 家公司的高管薪酬指数进行排名和比较,然后分别从地区、行业和上市板块三个角度依次进行分析和比较,最后对这些上市公司的高管薪酬绝对值进行总体描述。需要说明的是,由于总样本量与前面各编略有差别,关于地区、行业、控股(所有制)类型、上市板块等方面的样本量统计均以 2829 家总样本量为基准。

22.1　高管薪酬指数总体分布及排名

根据第 1 章确定的高管薪酬指数评价方法,我们对 2829 家上市公司高管薪酬指数进行了测算,并以降序方式进行了排名(详见附带光盘附表Ⅵ-1、Ⅵ-2)。然后,我们对高管薪酬指数的总体情况进行了统计,并根据四分之一分位法确定了高管薪酬激励过度、激励适中和激励不足的指数区间。最后,我们对激励过度、激励适中和激励不足的前 100 名公司进行了排名。

22.1.1　高管薪酬指数总体分布

2016 年上市公司高管薪酬指数的总体分布参见表 22-1。

表 22-1　2016 年上市公司高管薪酬指数总体分布

	公司数目	平 均 值	中 位 值	最 大 值	最 小 值	标 准 差
激励过度	707	1265.8065	331.7604	33265.4072	170.9639	2765.0301
激励适中	1415	79.7638	71.8308	170.7870	28.4548	38.3716
激励不足	707	13.6885	13.3716	28.4274	0.0489	8.3122
总　　体	2829	359.6567	71.8308	33265.4072	0.0489	1477.7672

从表 22-1 可以看出,2016 年上市公司高管薪酬指数最大值为 33265.4072,最小值为

0.0489,平均值为 359.6567,中位值为 71.8308,标准差为 1477.7672。高管薪酬指数在 170.9639 以上的属于薪酬激励过度,高管薪酬指数在 28.4548 至 170.7870 之间的属于薪酬激励适中,高管薪酬指数在 28.4274 以下的属于薪酬激励不足。在 2829 家上市公司中,激励过度的上市公司有 707 家,激励适中的上市公司有 1415 家,激励不足的上市公司有 707 家。激励过度的上市公司高管薪酬指数标准差很大,表明激励过度的 707 家上市公司高管薪酬指数离散程度很大。激励适中和激励不足的上市公司高管薪酬指数相对比较集中,特别是薪酬激励不足的上市公司高管薪酬指数更为集中。

22.1.2　高管薪酬指数排名

表 22-2 列示了高管薪酬激励过度前 100 名公司,这些公司的高管薪酬指数越大,则表明其薪酬激励越是过度。由于本报告对高管薪酬指数采取从大到小的降序排列,排序为 1～100 的公司即为薪酬激励过度前 100 名公司。

表 22-2　2016 年上市公司高管薪酬指数排名(激励过度前 100 名)

排名	代码	公司简称	指数值	排名	代码	公司简称	指数值
1	300253	卫宁健康	33265.4072	20	300326	凯利泰	9660.2192
2	600730	中国高科	23985.0321	21	002090	金智科技	9111.4486
3	300059	东方财富	21342.4607	22	300331	苏大维格	8568.9935
4	300097	智云股份	15409.2770	23	300271	华宇软件	8413.5097
5	300113	顺网科技	13588.8796	24	300263	隆华节能	8216.8093
6	300299	富春股份	13363.7234	25	300285	国瓷材料	7531.2841
7	000712	锦龙股份	13093.7575	26	002227	奥特迅	7440.8406
8	600890	中房股份	13074.2897	27	600620	天宸股份	7436.0953
9	300017	网宿科技	12808.9521	28	000668	荣丰控股	7334.7191
10	000566	海南海药	12462.6196	29	300075	数字政通	7191.0838
11	300168	万达信息	12223.0739	30	002252	上海莱士	7169.6413
12	300250	初灵信息	11350.2147	31	300347	泰格医药	6901.2741
13	300328	宜安科技	11141.0609	32	600149	廊坊发展	6813.6102
14	300107	建新股份	10833.4425	33	300130	新国都	6701.6284
15	000697	炼石有色	10421.2305	34	300201	海伦哲	6696.8816
16	300011	鼎汉技术	10383.2713	35	300281	金明精机	6614.3137
17	300124	汇川技术	10272.9295	36	600883	博闻科技	6449.7098
18	300052	中青宝	9991.6741	37	600733	S*ST 前锋	6232.0645
19	300034	钢研高纳	9754.4319	38	300095	华伍股份	5994.0551

续　表

排 名	代 码	公司简称	指 数 值	排 名	代 码	公司简称	指 数 值
39	002528	英飞拓	5860.1310	70	002283	天润曲轴	3199.3590
40	600695	绿庭投资	5813.3208	71	002587	奥拓电子	3168.0878
41	002230	科大讯飞	5798.5255	72	300379	东方通	3119.9010
42	000809	铁岭新城	5546.7484	73	002003	伟星股份	3090.0694
43	600817	*ST 宏盛	5519.4809	74	300244	迪安诊断	3026.2749
44	300300	汉鼎宇佑	5411.9369	75	000007	全新好	3012.8242
45	300306	远方光电	5333.9074	76	300221	银禧科技	2994.4313
46	300296	利亚德	5222.8281	77	300284	苏交科	2856.7032
47	002458	益生股份	4888.3446	78	300364	中文在线	2825.9249
48	002583	海能达	4884.9541	79	300136	信维通信	2780.5048
49	600234	ST 山水	4722.2975	80	002168	深圳惠程	2768.2799
50	002139	拓邦股份	4705.4351	81	300346	南大光电	2751.1430
51	300104	乐视网	4506.4836	82	300061	康耐特	2729.4539
52	300218	安利股份	4498.4922	83	300100	双林股份	2659.0019
53	002224	三力士	4481.0166	84	600804	鹏博士	2641.2104
54	600753	东方银星	4309.3481	85	300115	长盈精密	2607.1103
55	002397	梦洁股份	4293.0481	86	002389	南洋科技	2571.5010
56	300267	尔康制药	3964.4188	87	300219	鸿利智汇	2510.4688
57	300369	绿盟科技	3959.9189	88	600275	武昌鱼	2500.9276
58	300268	万福生科	3930.9670	89	002577	雷柏科技	2464.2662
59	000613	*ST 东海 A	3926.2632	90	600696	*ST 匹凸	2319.0015
60	300015	爱尔眼科	3804.0736	91	002055	得润电子	2309.9472
61	002450	康得新	3758.5152	92	300133	华策影视	2289.2382
62	300028	金亚科技	3752.5586	93	300145	中金环境	2259.2144
63	000567	海德股份	3644.8960	94	000611	*ST 天首	2250.9678
64	300027	华谊兄弟	3434.8996	95	300122	智飞生物	2115.2446
65	600728	佳都科技	3432.4933	96	002014	永新股份	2110.4465
66	600867	通化东宝	3427.0612	97	000585	东北电气	2102.3010
67	300232	洲明科技	3415.6204	98	300274	阳光电源	2090.7624
68	300182	捷成股份	3396.1529	99	300197	铁汉生态	2078.3759
69	000818	方大化工	3226.0849	100	002008	大族激光	2049.3722

　　在激励过度前 100 家公司中,ST 公司有 6 家,在所有 74 家 ST 公司中的占比为 8.11%,这个比例已经很高,更何况作为 ST 公司却激励过度,很有必要引起注意。结合附带光盘附表Ⅵ-1、Ⅵ-2,从地区看,东部、中部、西部和东北各有 75 家、13 家、8 家和 4 家,分别占所在地区上市公司总数的 3.99%、3.26%、1.98% 和 2.74%,从相对值(占比)看,东部上市公司高管激励过度问题较为突出;从行业看,制造业有 58 家,信息传输、软件和信息技术服务业有 17 家,房地产业有 7 家,分别占所在行业上市公司总数的 3.28%、9.60% 和 5.60%,从相对值(占比)看,信息传输、软件和信息技术服务业上市公司高管激励过度问题较为突出;从控股类型看,非国有控股公司有 93 家,国有控股公司有 7 家,分别占同类型公司总数的 5.15% 和 0.68%,从相对值(占比)看,激励过度主要体现在非国有控股公司中;从上市板块看,深市主板(不含中小企业板)、深市中小企业板、深市创业板和沪市主板各有 11 家、20 家、54 家和 15 家,分别占各板块上市公司总数的 2.38%、2.55%、10.78% 和 1.39%,从相对值(占比)看,深市创业板上市公司高管激励过度问题较为突出。

　　图 22-1 显示了激励过度前 100 名公司高管薪酬指数的分布情况。可以看出,激励过度前 100 家公司的高管薪酬指数差异很大,最高值为 33265.4072,最低值为 2049.3722,前面 10 家的高管薪酬指数和后面 90 家的高管薪酬指数差距很大。

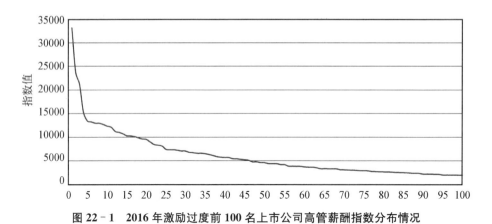

图 22-1　2016 年激励过度前 100 名上市公司高管薪酬指数分布情况

　　表 22-3 列示了高管薪酬激励适中前 100 名公司,这些公司的高管薪酬指数越接近 100,则表明其薪酬激励越是适中。

表 22-3　2016 年上市公司高管薪酬指数排名(激励适中前 100 名)

排　名	代　码	公司简称	指　数　值	排　名	代　码	公司简称	指　数　值
1062	300336	新文化	106.2033	1067	002519	银河电子	105.5417
1063	000045	深纺织 A	106.0454	1068	300356	光一科技	105.4925
1064	300303	聚飞光电	105.9709	1069	300384	三联虹普	105.4869
1065	002279	久其软件	105.8548	1070	000667	美好置业	105.3229
1066	603108	润达医疗	105.7322	1071	000920	南方汇通	105.0901

排　名	代　码	公司简称	指 数 值	排　名	代　码	公司简称	指 数 值
1072	601016	节能风电	104.9475	1103	600533	栖霞建设	101.5636
1073	600848	上海临港	104.8922	1104	300003	乐普医疗	101.5411
1074	600366	宁波韵升	104.8468	1105	002437	誉衡药业	101.4175
1075	600658	电子城	104.6639	1106	300315	掌趣科技	101.3383
1076	000156	华数传媒	104.5190	1107	002173	*ST 创疗	101.2488
1077	300119	瑞普生物	104.3804	1108	600806	*ST 昆机	101.1513
1078	002635	安洁科技	104.3499	1109	000518	四环生物	100.8549
1079	000948	南天信息	104.2333	1110	603979	金诚信	100.7999
1080	600847	万里股份	104.1387	1111	002632	道明光学	100.5772
1081	002263	大东南	104.0184	1112	300241	瑞丰光电	100.5542
1082	600814	杭州解百	103.9717	1113	600067	冠城大通	100.5498
1083	603328	依顿电子	103.6855	1114	000777	中核科技	100.5470
1084	600834	申通地铁	103.6479	1115	600539	狮头股份	100.4046
1085	002076	雪莱特	103.6252	1116	000661	长春高新	100.2603
1086	600715	文投控股	103.5904	1117	300360	炬华科技	99.9737
1087	000936	华西股份	103.5487	1118	600379	宝光股份	99.6997
1088	300342	天银机电	103.3433	1119	002770	科迪乳业	99.5600
1089	600351	亚宝药业	102.8251	1120	600750	江中药业	99.4273
1090	300507	苏奥传感	102.7557	1121	300066	三川智慧	99.4115
1091	002388	新亚制程	102.6891	1122	600768	宁波富邦	99.4029
1092	300421	力星股份	102.6034	1123	600529	山东药玻	99.2620
1093	600798	宁波海运	102.5716	1124	002359	齐星铁塔	99.1838
1094	603936	博敏电子	102.5612	1125	002599	盛通股份	99.1504
1095	000836	鑫茂科技	102.5172	1126	300283	温州宏丰	99.0499
1096	002034	美欣达	102.1279	1127	300172	中电环保	98.5754
1097	600486	扬农化工	102.0939	1128	002291	星期六	98.5512
1098	601069	西部黄金	102.0517	1129	601872	招商轮船	98.5167
1099	600738	兰州民百	102.0475	1130	600367	红星发展	98.4671
1100	300222	科大智能	101.6150	1131	002191	劲嘉股份	98.3390
1101	002289	*ST 宇顺	101.5728	1132	600566	济川药业	97.9129
1102	300110	华仁药业	101.5701	1133	600771	广誉远	97.8637

排　名	代　码	公司简称	指 数 值	排　名	代　码	公司简称	指 数 值
1134	002123	梦网荣信	97.7882	1148	601788	光大证券	95.0323
1135	002181	粤传媒	97.3720	1149	002579	中京电子	95.0196
1136	000828	东莞控股	96.8486	1150	002474	榕基软件	95.0137
1137	601139	深圳燃气	96.7681	1151	002645	华宏科技	94.8413
1138	603456	九洲药业	96.7265	1152	300257	开山股份	94.7669
1139	000628	高新发展	96.3474	1153	002305	南国置业	94.6953
1140	002407	多氟多	96.3402	1154	002449	国星光电	94.6390
1141	600874	创业环保	96.2395	1155	000037	深南电 A	94.6285
1142	002205	国统股份	96.2259	1156	300204	舒泰神	94.6122
1143	300307	慈星股份	96.1835	1157	601608	中信重工	94.5522
1144	600622	嘉宝集团	95.9823	1158	002288	超华科技	94.2132
1145	300413	快乐购	95.5829	1159	603300	华铁科技	94.1112
1146	002376	新北洋	95.5213	1160	600332	白云山	94.0548
1147	600131	岷江水电	95.4950	1161	300282	汇冠股份	93.9539

在激励最适中前 100 家公司中,炬华科技(300360)高管薪酬指数为 99.9737,最接近 100,激励最适中。结合附带光盘附表Ⅵ-1、Ⅵ-2,从地区看,东部、中部、西部和东北各有 73 家、10 家、13 家和 4 家,分别占所在地区上市公司总数的 3.89%、2.51%、3.21%和 2.74%,从相对值(占比)看,东部上市公司高管激励更适中一些;从行业看,制造业有 64 家,房地产业有 7 家,电力、热力、燃气及水生产和供应业与信息传输、软件和信息技术服务业都有 5 家,分别占所在行业上市公司总数的 3.62%、5.60%、5.32%和 2.82%,从相对值(占比)看,房地产业高管激励更适中一些;从所有制看,国有控股公司有 39 家,非国有控股公司有 61 家,分别占同类型公司总数的 3.81%和 3.38%,从相对值(占比)看,国有控股公司高管激励适中的情况更多一些;从上市板块看,深市主板(不含中小企业板)、深市中小企业板、深市创业板和沪市主板各有 13 家、27 家、22 家和 38 家,分别占各板块上市公司总数的 2.81%、3.45%、4.39%和 3.51%,从相对值(占比)看,深市创业板上市公司的高管激励更适中一些。

图 22-2 显示了激励适中前 100 名上市公司的高管薪酬指数的分布情况。可以看出,激励适中前 100 名上市公司的高管薪酬指数集中在 93~107 之间,分布比较均匀。

表 22-4 列示了高管薪酬激励不足前 100 名公司,这些公司的高管薪酬指数越小,则表明其薪酬激励越是不足。排序为 2730~2829 的公司为薪酬激励不足前 100 名公司。

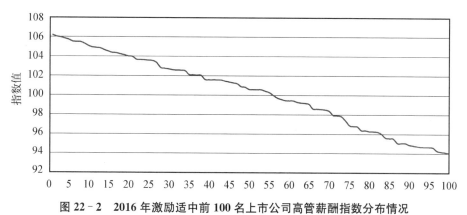

图 22 - 2 2016 年激励适中前 100 名上市公司高管薪酬指数分布情况

表 22 - 4 2016 年上市公司高管薪酬指数排名(激励不足前 100 名)

排 名	代 码	公司简称	指 数 值	排 名	代 码	公司简称	指 数 值
2730	600547	山东黄金	3.4682	2752	600755	厦门国贸	2.7483
2731	000778	新兴铸管	3.4316	2753	600871	石化油服	2.7363
2732	601318	中国平安	3.3909	2754	600519	贵州茅台	2.7333
2733	600875	东方电气	3.3878	2755	601998	中信银行	2.6826
2734	000959	首钢股份	3.3550	2756	000625	长安汽车	2.6727
2735	601991	大唐发电	3.3110	2757	601111	中国国航	2.6686
2736	601992	金隅股份	3.2955	2758	601601	中国太保	2.6636
2737	600827	百联股份	3.2781	2759	000876	新希望	2.5757
2738	000564	供销大集	3.2571	2760	601727	上海电气	2.5362
2739	600126	杭钢股份	3.2332	2761	600736	苏州高新	2.4885
2740	600093	禾嘉股份	3.1928	2762	600782	新钢股份	2.4843
2741	000066	中国长城	3.1822	2763	300226	上海钢联	2.4700
2742	002157	正邦科技	3.1406	2764	601699	潞安环能	2.4579
2743	600153	建发股份	3.1115	2765	600115	东方航空	2.4557
2744	000701	厦门信达	3.0916	2766	600998	九州通	2.4473
2745	600297	广汇汽车	3.0454	2767	600000	浦发银行	2.4250
2746	600795	国电电力	3.0376	2768	600027	华电国际	2.3976
2747	600057	象屿股份	3.0048	2769	600623	华谊集团	2.3936
2748	600900	长江电力	2.9846	2770	600029	南方航空	2.3747
2749	601225	陕西煤业	2.9685	2771	600691	阳煤化工	2.2279
2750	600528	中铁工业	2.9660	2772	600096	云天化	2.1949
2751	600489	中金黄金	2.8374	2773	600688	上海石化	2.1744

排　名	代　码	公司简称	指数值	排　名	代　码	公司简称	指数值
2774	000825	太钢不锈	2.1475	2802	600170	上海建工	1.3469
2775	601898	中煤能源	2.1178	2803	601600	中国铝业	1.2235
2776	600704	物产中大	2.1130	2804	600710	*ST 常林	1.2223
2777	000898	鞍钢股份	1.9591	2805	601166	兴业银行	1.2168
2778	600068	葛洲坝	1.9522	2806	601088	中国神华	1.1685
2779	601258	庞大集团	1.9389	2807	600339	*ST 油工	1.0141
2780	600741	华域汽车	1.9320	2808	600188	兖州煤业	0.9790
2781	000878	云南铜业	1.9285	2809	600546	山煤国际	0.9295
2782	601117	中国化学	1.9237	2810	000630	铜陵有色	0.8083
2783	600808	马钢股份	1.9027	2811	601669	中国电建	0.7836
2784	600121	郑州煤电	1.8781	2812	601328	交通银行	0.7445
2785	600291	西水股份	1.7978	2813	601618	中国中冶	0.6905
2786	601006	大秦铁路	1.7848	2814	600362	江西铜业	0.6622
2787	600019	宝钢股份	1.7744	2815	601766	中国中车	0.6295
2788	002210	飞马国际	1.7742	2816	601628	中国人寿	0.5877
2789	600839	四川长虹	1.7299	2817	601800	中国交建	0.5706
2790	600569	安阳钢铁	1.7288	2818	601988	中国银行	0.4866
2791	002024	苏宁云商	1.7280	2819	600104	上汽集团	0.3766
2792	000761	本钢板材	1.7258	2820	601939	建设银行	0.3482
2793	600022	山东钢铁	1.6865	2821	601668	中国建筑	0.3339
2794	000626	远大控股	1.6240	2822	601288	农业银行	0.2609
2795	000932	华菱钢铁	1.5898	2823	601390	中国中铁	0.2594
2796	000709	河钢股份	1.5772	2824	002352	顺丰控股	0.2393
2797	000960	锡业股份	1.5570	2825	601186	中国铁建	0.2271
2798	600011	华能国际	1.5252	2826	601398	工商银行	0.1780
2799	600751	天海投资	1.4526	2827	601857	中国石油	0.1222
2800	600010	包钢股份	1.3924	2828	600028	中国石化	0.0822
2801	601989	中国重工	1.3905	2829	600050	中国联通	0.0489

　　结合附带光盘附表Ⅵ-1、Ⅵ-2,在激励最不足 100 家公司中,从地区看,东部、中部、西部和东北各有 65 家、16 家、15 家和 4 家,分别占所在地区上市公司总数的 3.46%、4.01%、3.70%和 2.74%,从相对值(占比)看,中部上市公司高管激励不足的问题较为突出。从行业

看,制造业有 37 家,批发和零售业有 13 家,金融业和采矿业都有 12 家,分别占所在行业上市公司总数的 2.09％、8.78％、21.43％和 16.44％,从相对值(占比)看,金融业和采矿业上市公司高管激励不足的问题较为突出。从所有制看,国有控股公司有 85 家,非国有控股公司有 15 家,分别占同类型公司总数的 8.30％和 0.83％,从相对值(占比)看,国有控股公司高管激励不足的问题较为突出;在激励不足的 85 家国有控股公司中,央企控股公司有 45 家,地方国企控股公司有 40 家,分别占同类型公司总数的 12.68％和 5.98％,从相对值(占比)看,央企控股公司高管激励不足问题更突出一些。但需要注意的是,这里我们没有考虑一些国有企业因政府赋予的垄断资源而带来的绩效问题,从而可能高估公司高管的贡献,导致评估结果出现激励不足。从上市板块看,深市主板(不含中小企业板)、深市中小企业板、深市创业板和沪市主板各有 16 家、4 家、1 家和 79 家,分别占各板块上市公司总数的 3.46％、0.51％、0.20％和 7.30％,从相对值(占比)看,沪市主板上市公司高管激励不足的问题较为突出。

图 22-3 为激励不足前 100 名的上市公司高管薪酬指数的分布情况(按倒数排列,即指数最后一位作为倒数第一位)。可以看出,激励不足前 100 名上市公司高管薪酬指数在 3.5 以下,最小值接近 0,分布比较均匀。

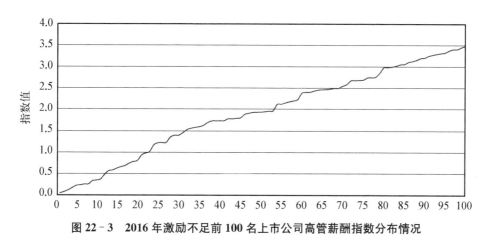

图 22-3 2016 年激励不足前 100 名上市公司高管薪酬指数分布情况

22.2 分地区高管薪酬指数比较

按照东部、中部、西部和东北的地区划分,本节对不同地区的高管薪酬指数进行比较。表 22-5 列示了 2016 年四个地区的上市公司高管薪酬指数。

从表 22-5 可以看出,以均值排列,各地区高管薪酬指数由大到小依次为东部、东北、中部和西部,各地区上市公司高管薪酬指数均值存在较大差异;以中位值排列,各地区高管薪酬指数由大到小的次序为东部、西部、中部和东北,最后两个地区的高管薪酬指数中位值相差不大;从标准差来看,东部上市公司的高管薪酬指数离散程度最大,其次是东北和中部,西部上市公司高管薪酬指数离散程度最小。

表 22－5　2016 年不同地区上市公司高管薪酬指数比较

地　　区	公司数目	平 均 值	中 位 值	最 大 值	最 小 值	标 准 差
东　　部	1879	414.8467	79.0463	33265.4072	0.0489	1687.0225
东　　北	146	304.9070	49.0466	15409.2770	1.7258	1403.4964
中　　部	399	256.2834	50.3221	8216.8093	0.2393	833.4232
西　　部	405	225.1812	66.1010	10421.2305	1.0141	788.3499
总　　体	2829	359.6567	71.8308	33265.4072	0.0489	1477.7672

如第 1 章所述,我们按照四分之一分位法将高管薪酬指数划分为激励过度、激励适中和激励不足三个区间。表 22－6 列示了 2016 年不同地区上市公司高管薪酬激励情况。

表 22－6　2016 年不同地区上市公司高管薪酬激励情况比较

地　　区	公司数目	其　　　　　中		
		激励适中	激励过度	激励不足
东　　部	1879	978(52.05%)	502(26.72%)	399(21.23%)
东　　北	146	69(47.26%)	31(21.23%)	46(31.51%)
西　　部	405	191(47.16%)	95(23.46%)	119(29.38%)
中　　部	399	177(44.36%)	79(19.80%)	143(35.84%)
总　　体	2829	1415(50.02%)	707(24.99%)	707(24.99%)

注:括号中的数字为某地区上市公司中不同激励类型公司数与该地区公司总数的比例。

从表 22－6 可以看出,各地区上市公司高管薪酬激励情况存在一定差异。

东部地区高管薪酬激励适中的公司所占比重最大,为 52.05%,其次为东北和西部,这两个地区上市公司高管薪酬激励适中的比重依次为 47.26% 和 47.16%,中部地区高管薪酬激励适中的上市公司所占比重最小,但比重也达到 44.36%。四个地区中,东部激励适中的公司比例超过了 50% 的标准比例,其他三个地区激励适中的比例则低于 50% 的标准比例。与 2015 年评价结果[①]相比,西部和东北激励适中的比例出现了下滑,东部和中部激励适中的公司比例则有所上升。

东部地区高管薪酬激励过度的上市公司所占比重最大,其次为西部和东北,中部地区高管薪酬激励过度的上市公司所占比重最小。只有东部地区薪酬激励过度的公司所占比重高于 25% 的标准比例,而中部、西部和东北地区薪酬激励过度的公司所占比重都低于 25% 的标准比例。与 2015 年相比,东部和中部激励过度的公司比例出现下降,西部和东北激励过度的公司比例则有所上升。

中部地区高管薪酬激励不足的公司所占比重最大,其次为东北和西部,东部地区高管薪酬激励不足的公司所占比重最小。中部地区薪酬激励不足的公司高达 35.84%,东北地区的比例为 31.51%,西部地区薪酬激励不足的公司为 29.38%,只有东部地区的比例低于 25%

---

① 参见《中国公司治理分类指数报告 No.15(2016)》,第 380 页。

的标准比例,为 21.23%。相比 2015 年,2016 年中部和西部激励不足的公司比例略有上升。

　　总体来说,东部地区薪酬激励适中和薪酬激励过度的公司所占比重较大,中部和东北地区薪酬激励不足的问题较为突出。

　　图 22-4 更直观地展现了东部、中部、西部、东北四个地区上市公司高管薪酬激励过度、激励适中和激励不足的情况。图中纵坐标列示的地区顺序由下到上,依次对应的是薪酬激励适中比例由高到低,东部薪酬激励适中比例最高,中部薪酬激励适中比例最低。

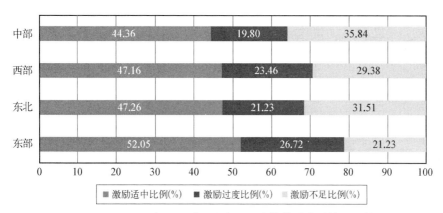

图 22-4　2016 年不同地区上市公司高管薪酬激励情况比较

22.3　分行业高管薪酬指数比较

　　表 22-7 按高管薪酬指数均值由大到小列示了 2016 年不同行业上市公司高管薪酬指数。可以看到,上市公司高管薪酬指数均值最高的三个行业是卫生和社会工作(Q),信息传输、软件和信息技术服务业(I),住宿和餐饮业(H);最低的三个行业是电力、热力、燃气及水生产和供应业(D),交通运输、仓储和邮政业(G),教育(P)。最高的卫生和社会工作(Q)上市公司高管薪酬指数均值是最低的电力、热力、燃气及水生产和供应业(D)的 29.28 倍,差距很大。需要注意的是,教育行业(P)只有 3 家上市公司,难以反映该行业上市公司高管薪酬与其业绩的平均吻合程度。

表 22-7　2016 年不同行业上市公司高管薪酬指数比较

行　　业	公司数目	平 均 值	中 位 值	最 大 值	最 小 值	标 准 差
卫生和社会工作(Q)	7	2029.2878	331.7424	6901.2741	32.1055	2662.9587
信息传输、软件和信息技术服务业(I)	177	1143.6432	154.8629	33265.4072	0.0489	3689.3516
住宿和餐饮业(H)	11	1039.3874	180.8001	3926.2632	10.0930	1384.9318
综合(S)	23	916.0773	137.7341	7436.0953	21.7262	1999.8289

续 表

行　　业	公司数目	平 均 值	中 位 值	最 大 值	最 小 值	标 准 差
房地产业(K)	125	616.3250	75.4361	23985.0321	2.4885	2614.7658
科学研究和技术服务业(M)	23	557.3540	221.4400	2856.7032	27.6654	691.4595
金融业(J)	56	466.4813	52.5860	13093.7575	0.1780	1888.8105
水利、环境和公共设施管理业(N)	33	388.3273	117.9418	5546.7484	10.4695	981.5410
文化、体育和娱乐业(R)	41	324.2049	85.6792	3434.8996	7.2952	754.3137
制造业(C)	1767	309.1775	76.6927	15409.2770	0.3766	1107.3476
农、林、牧、渔业(A)	44	272.7219	56.7954	4888.3446	6.5554	766.2906
采矿业(B)	73	263.3551	24.8956	10421.2305	0.0822	1229.4848
建筑业(E)	77	160.9116	32.7625	2078.3759	0.2271	371.8341
租赁和商务服务业(L)	40	135.1087	71.7759	1084.6937	1.7742	214.3530
批发和零售业(F)	148	115.5500	25.3400	4309.3481	0.9295	404.1112
教育(P)	3	91.4133	74.3880	137.2514	62.6006	40.1320
交通运输、仓储和邮政业(G)	87	80.6773	36.4568	602.4675	0.2393	111.7400
电力、热力、燃气及水生产和供应业(D)	94	69.3149	42.6705	533.0830	1.5252	88.2695
总　　体	2829	359.6567	71.8308	33265.4072	0.0489	1477.7672

图 22-5 直观地显示了不同行业上市公司高管薪酬指数的差异。

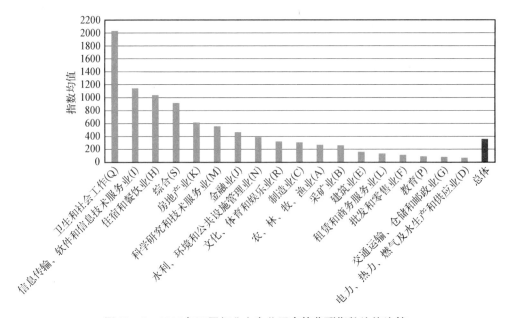

图 22-5　2016 年不同行业上市公司高管薪酬指数均值比较

从图 22－5 可以看出,在 18 个行业中,卫生和社会工作行业(Q)的上市公司高管薪酬指数尤为突兀,比其他行业高出许多。高管薪酬指数总体均值为 359.6567,18 个行业中高管薪酬指数均值高于总体均值的有 8 个,低于总体均值的有 10 个。

从标准差来看,信息传输、软件和信息技术服务业(I)上市公司高管薪酬指数离散程度最大,标准差达 3689.3516,教育(P)上市公司高管薪酬指数离散程度最小,标准差为40.1320,但教育行业(P)只有 3 家上市公司,代表性不足。总体看,不同行业上市公司高管薪酬指数离散程度差别很大。

表 22－8 按激励适中的公司比例由高到低列示了 2016 年不同行业上市公司高管薪酬激励情况。

表 22－8　2016 年不同行业上市公司高管激励情况比较

行　　业	公司数目	其　　中		
		激励适中	激励过度	激励不足
文化、体育和娱乐业(R)	41	27(65.86%)	7(17.07%)	7(17.07%)
租赁和商务服务业(L)	40	23(57.50%)	7(17.50%)	10(25.00%)
综合(S)	23	13(56.52%)	9(39.13%)	1(4.35%)
水利、环境和公共设施管理业(N)	33	18(54.55%)	13(39.39%)	2(6.06%)
制造业(C)	1767	938(53.08%)	446(25.24%)	383(21.68%)
电力、热力、燃气及水生产和供应业(D)	94	48(51.06%)	7(7.45%)	39(41.49%)
房地产业(K)	125	63(50.40%)	32(25.60%)	30(24.00%)
农、林、牧、渔业(A)	44	22(50.00%)	12(27.27%)	10(22.73%)
交通运输、仓储和邮政业(G)	87	43(49.43%)	10(11.49%)	34(39.08%)
信息传输、软件和信息技术服务业(I)	177	86(48.59%)	80(45.20%)	11(6.21%)
住宿和餐饮业(H)	11	4(36.36%)	6(54.55%)	1(9.09%)
科学研究和技术服务业(M)	23	8(34.78%)	14(60.87%)	1(4.35%)
批发和零售业(F)	148	50(33.78%)	16(10.81%)	82(55.41%)
建筑业(E)	77	26(33.77%)	15(19.48%)	36(46.75%)
采矿业(B)	73	23(31.51%)	13(17.81%)	37(50.68%)
金融业(J)	56	17(30.36%)	16(28.57%)	23(41.07%)
总　　体	2829	1415(50.02%)	707(24.99%)	707(24.99%)

注:由于卫生和社会工作(Q)、教育(P)两个行业的上市公司数过少,故没有纳入比较。括号中的数字为某行业上市公司中不同激励类型公司数与该行业公司总数的比例。

从表 22－8 可以看出,剔除样本量过少的卫生和社会工作(Q)、教育(P)两个行业后,则激励适中比例最高的前三个行业为文化、体育和娱乐业(R),租赁和商务服务业(L),综合(S);激励过度比例最高的前三个行业为科学研究和技术服务业(M),住宿和餐饮业(H),信息传输、软件和信息技术服务业(I);激励不足比例最高的前三个行业为批发和零售业(F),采矿业(B),建筑业(E)。

高管薪酬激励适中比例最高的行业是文化、体育和娱乐业(R),比例为 65.86%,最低的是金融业(J),比例是 30.36%;高管薪酬激励适中比例超过 50%(含 50%)和低于 50%标准比例的行业都是 8 个。高管薪酬激励过度比例最高的行业是科学研究和技术服务业(M),比例为 60.87%,最低的是电力、热力、燃气及水生产和供应业(D),比例为 7.45%;薪酬激励过度比例超过 25%标准比例的行业有 9 个,低于 25%标准比例的行业有 7 个。高管薪酬激励不足比例最高的行业是批发和零售业(F),比例为 55.41%,最低的是综合(S)以及科学研究和技术服务业(M),比例均为 4.35%;薪酬激励不足比例超过 25%(含 25%)标准比例的行业有 7 个,低于 25%标准比例的行业有 9 个。

进一步观察,我们发现,金融业(J)、建筑业(E)和采矿业(B)上市公司高管薪酬激励不足问题很突出,但这些行业高管薪酬激励过度问题也比较明显,这意味着这些行业高管薪酬激励存在两极分化问题;信息传输、软件和信息技术服务业(I)上市公司高管薪酬激励适中比例和激励过度比例相差不大,两项接近于 50%,这意味着薪酬激励适中比例高的行业并不代表该行业上市公司高管薪酬激励都是合理的。

图 22-6 更直观地展示了 2016 年 16 个行业上市公司高管薪酬激励情况的不同。图中纵坐标列示的行业顺序由下到上,依次对应的是薪酬激励适中比例由高到低,文化、体育和娱乐业(R)薪酬激励适中比例最高,金融业(J)薪酬激励适中比例最低。

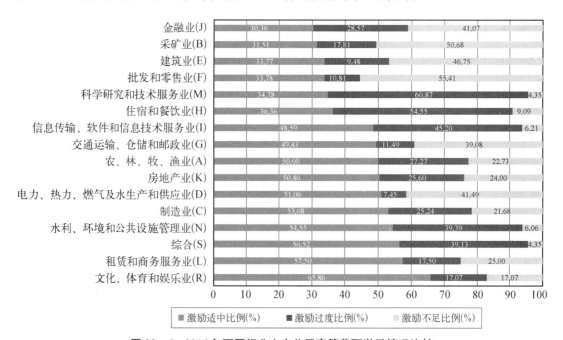

图 22-6 2016 年不同行业上市公司高管薪酬激励情况比较

22.4 分上市板块高管薪酬指数比较

根据上市公司四个板块的划分,不同板块上市公司高管薪酬指数情况如表 22-9 所示。

表 22-9 2016 年不同板块上市公司高管薪酬指数比较

上 市 板 块	公司数目	平 均 值	中 位 值	最 大 值	最 小 值	标 准 差
深市创业板	501	964.6859	179.4144	33265.4072	2.4700	2767.8931
深市主板(不含中小企业板)	463	262.8120	51.3772	13093.7575	0.8083	1118.8143
深市中小企业板	783	254.9374	79.9008	9111.4486	0.2393	761.1318
沪市主板	1082	196.7313	43.7901	23985.0321	0.0489	1003.5904
总 体	2829	359.6567	71.8308	33265.4072	0.0489	1477.7672

表 22-9 按照高管薪酬指数平均值由高到低进行排列,可以看出,深市创业板高管薪酬指数均值最高,为 964.6859,其后依次是深市主板(不含中小企业板)和深市中小企业板,沪市主板高管薪酬指数均值最低,为 196.7313。深市创业板的中位值排序与平均值相同。从标准差来看,深市创业板的离散程度最高,其后依次是深市主板(不含中小企业板)、沪市主板和深市中小企业板,不同板块上市公司高管薪酬指数离散程度存在较大差距。

表 22-10 按激励适中比例由高到低列示了 2016 年不同板块上市公司高管薪酬激励情况。

表 22-10 2016 年不同板块上市公司高管薪酬激励情况比较

上 市 板 块	公司数目	其 中		
		激励适中	激励过度	激励不足
深市中小企业板	783	473(60.41%)	187(23.88%)	123(15.71%)
深市主板(不含中小企业板)	463	237(51.19%)	77(16.63%)	149(32.18%)
深市创业板	501	232(46.31%)	255(50.90%)	14(2.79%)
沪市主板	1082	473(43.72%)	188(17.37%)	421(38.91%)
总 体	2829	1415(50.02%)	707(24.99%)	707(24.99%)

注:括号中的数字为某板块上市公司中不同激励类型公司数与该板块公司总数的比例。

由表 22-10 可以看出,深市中小企业板激励适中的比例最高,为 60.41%,其后依次是深市主板(不含中小企业板)和深市创业板,沪市主板的比例最低,为 43.72%,后两者的比例相差不大。深市创业板激励过度的比例最高,为 50.90%,明显高于其他三个板块,深市中小企业板和沪市主板分列第二、三位,深市主板(不含中小企业板)最低,为 16.63%。沪市主板激励不足的比例最高,为38.91%,其后依次是深市主板(不含中小企业板)和深市中小企业板,深市创业板激励不足的比例最低,仅为2.79%,远低于其他三个板块。

总体而言,深市中小企业板上市公司高管薪酬激励最为适中,而深市创业板则有较多的上市公司高管薪酬存在激励过度问题。

图22-7更直观地显示了2016年不同板块上市公司高管薪酬激励的差异。图中纵坐标列示的板块顺序由下到上,依次对应的是薪酬激励适中比例由高到低,深市中小企业板上市公司薪酬激励适中比例最高,深市创业板上市公司薪酬激励过度比例最高。

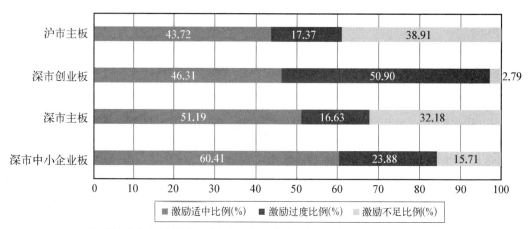

注:深市中小企业板是深市主板的一部分,但本图中的深市主板不含中小企业板。

图22-7 2016年不同板块上市公司高管薪酬激励情况比较

22.5 高管薪酬绝对值比较

我们选取2829家上市公司2016年年度报告披露的薪酬最高的前三位高管的平均薪酬(其中股票期权折算成现金薪酬)来代表上市公司高管薪酬的总体情况,以万元作为计数单位,按照降序排列,2829家公司高管薪酬排名参见本报告光盘附表Ⅵ-3。2016年2829家上市公司高管薪酬绝对值总体情况如表22-11所示。

表22-11 2016年上市公司高管薪酬绝对值总体情况 单位:万元

项 目	公司数目	平 均 值	中 位 值	最 大 值	最 小 值	标 准 差
数 值	2829	296.76	57.17	44949.18	4.00	1611.09

在2829家上市公司中,2016年度高管薪酬最高额为44949.18万元,最低额为4.00万元,最大值和最小值之间的差距非常大;中位值为57.17万元,均值为296.76万元,标准差为1611.09,表明上市公司高管薪酬的离散程度很大。表22-12列示了2016年上市公司高管薪酬最高的前10名。

表 22‑12　2016 年上市公司高管薪酬最高前 10 名

代码	简　称	省份	地区	行　业	所有制类型	薪酬均值（万元）	薪酬指数	激励区间
300104	乐视网	北京	东部	信息传输、软件和信息技术服务业	国有参股公司	44949.18	4506.4836	激励过度
000333	美的集团	广东	东部	制造业	国有参股公司	32067.83	443.7328	激励过度
300017	网宿科技	上海	东部	信息传输、软件和信息技术服务业	无国有股份公司	25880.05	12808.9521	激励过度
002183	怡亚通	广东	东部	租赁和商务服务业	无国有股份公司	21223.59	806.5051	激励过度
300124	汇川技术	广东	东部	制造业	国有参股公司	17084.86	10272.9295	激励过度
002450	康得新	江苏	东部	制造业	国有参股公司	15768.05	3758.5152	激励过度
300253	卫宁健康	上海	东部	信息传输、软件和信息技术服务业	国有参股公司	14427.37	33265.4072	激励过度
000671	阳光城	福建	东部	房地产业	国有参股公司	12398.54	1392.2842	激励过度
300059	东方财富	上海	东部	信息传输、软件和信息技术服务业	国有参股公司	11667.00	21342.4607	激励过度
300168	万达信息	上海	东部	信息传输、软件和信息技术服务业	国有参股公司	11524.90	12223.0739	激励过度

注：高管平均薪酬是指薪酬最高的前三位高管的平均薪酬，下同。

从表 22‑12 可以看出，2016 年排名前 10 位的上市公司薪酬最高的前三位高管的平均薪酬都超过 1 亿，其中超过 2 亿的公司有 4 家，分别是乐视网（300104）、美的集团（000333）、网宿科技（300017）和怡亚通（002183）。从地区看，这 10 家公司都集中在东部地区；从行业看，信息传输、软件和信息技术服务业有 5 家，制造业有 3 家，还有 1 家房地产业的公司和 1 家租赁和商务服务业的公司；从控股类型看，10 家都属于非国有控股公司，其中 2 家为无国有股份公司，8 家为国有参股公司；从激励情况看，10 家企业高管薪酬全部为激励过度。

2016 年上市公司高管薪酬最低的前 10 家公司参见表 22‑13。

表 22‑13　2016 年上市公司高管薪酬最低前 10 名

代码	简　称	省份	地区	行　业	所有制类型	薪酬均值（万元）	薪酬指数	激励区间
600736	苏州高新	江苏	东部	房地产业	国有强相对控股公司	6.31	2.4885	激励不足
002352	顺丰控股	安徽	中部	交通运输、仓储和邮政业	国有参股公司	6.25	0.2393	激励不足
600050	中国联通	上海	东部	信息传输、软件和信息技术服务业	国有绝对控股公司	6.10	0.0489	激励不足
002435	长江润发	江苏	东部	制造业	无国有股份公司	6.03	6.2710	激励不足

代码	简 称	省份	地区	行 业	所有制类型	薪酬均值（万元）	薪酬指数	激励区间
600766	园城黄金	山东	东部	采矿业	无国有股份公司	5.67	1148.1550	激励过度
002072	凯瑞德	山东	东部	制造业	国有参股公司	5.20	340.2508	激励过度
000691	ST 亚太	甘肃	西部	房地产业	无国有股份公司	5.13	244.2995	激励过度
600556	ST 慧球	广西	西部	信息传输、软件和信息技术服务业	无国有股份公司	4.13	194.0273	激励过度
600722	金牛化工	河北	东部	制造业	国有弱相对控股公司	4.10	13.3827	激励不足
600145	*ST 新亿	新疆	西部	制造业	无国有股份公司	4.00	693.2713	激励过度

从表 22－13 可以看出,在 2016 年高管薪酬最低的 10 家公司中,薪酬最高的前三位高管的平均薪酬都在 6.31 万元以下。在这些公司中,有 3 家为 ST 公司;从地区看,东部 6 家,西部 3 家,中部 1 家;从行业看,制造业 4 家,信息传输、软件和信息技术服务业 2 家,房地产业 2 家,交通运输、仓储和邮政业以及采矿业各有 1 家;从控股类型看,国有控股公司 3 家,非国有控股公司 7 家;从激励情况看,有 5 家公司高管薪酬激励过度,5 家公司高管薪酬激励不足。

结合表 22－12 和表 22－13,我们可以看出,上市公司高管薪酬差异悬殊。排名前 10 名的上市公司呈现出薪酬绝对值高且全部激励过度的局面,而排名最后 10 名的上市公司则呈现出薪酬绝对值低但激励过度和激励不足并存的情形,这也反映出衡量高管薪酬合理与否要结合公司业绩,即应该考虑相对薪酬。

为了进一步验证高管薪酬绝对值大小与高管薪酬所属激励区间的关系,并了解上市公司高管薪酬的总体分布,我们将高管薪酬以万元为单位划分为 8 个区间,统计了不同区间的公司数目和具体激励情况,详见表 22－14。

表 22－14　2016 年上市公司高管薪酬总体分布和激励情况

薪酬区间（万元）	公司数目	其 中		
		激励适中	激励过度	激励不足
≥10000	13	0(0.00%)	13(100.00%)	0(0.00%)
[5000, 10000)	24	1(4.17%)	23(95.83%)	0(0.00%)
[1000, 5000)	83	4(4.82%)	78(93.98%)	1(1.20%)
[500, 1000)	41	8(19.51%)	27(65.85%)	6(14.64%)
[100, 500)	491	232(47.25%)	134(27.29%)	125(25.46%)
[50, 100)	993	509(51.26%)	213(21.45%)	271(27.29%)
[10, 50)	1159	656(56.60%)	212(18.29%)	291(25.11%)
<10	25	5(20.00%)	7(28.00%)	13(52.00%)

注:括号中的数字为某区间上市公司中不同激励类型公司数与该区间公司总数的比例。

图 22-8 更直观地反映了上市公司不同薪酬区间的激励情况。

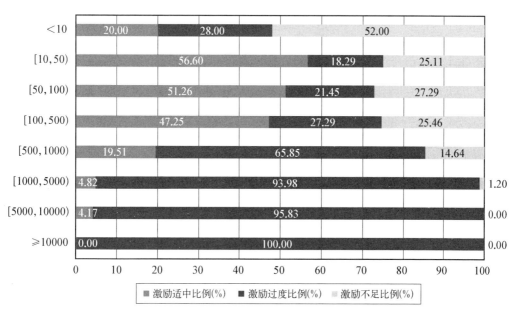

图 22-8　2016 年上市公司高管薪酬各区间激励情况比较

从表 22-14 和图 22-8 可以看出,薪酬最高的前三位高管的平均薪酬在 10000 万元及以上的上市公司中,只有激励过度,没有激励适中和激励不足;[5000 万,10000 万)区间段只有激励适中和激励过度,没有激励不足。除此以外其他各个薪酬区间段都同时存在激励适中、激励过度和激励不足,因此薪酬绝对值的高低并不能代表激励程度的高低。在各区间中,[10 万,50 万)和[50 万,100 万)这两个区间段的薪酬激励适中比例超过了 50%,分别为 56.60% 和 51.26%。

在薪酬在 500 万元(含 500 万元)到 10000 万元三个区间段的上市公司中,激励过度比例都超过了 65%,其中[5000 万,10000 万)和[1000 万,5000 万)两个区间段甚至超过了 90%。显然薪酬在 500 万以上的上市公司中,薪酬激励过度的公司是比较多的。薪酬在 10 万元(含 10 万元)到 100 万元两个区间段的上市公司中,激励适中比例在各自的区间段内都是最高的,都超过了 50% 的标准比例,并且这两个区间段的激励过度的比例都不高,说明该区间是目前中国上市公司高管薪酬激励相对适中的范围,同时也反映出中国上市公司的绩效还不甚理想。薪酬在 100 万元(含 100 万元)到 500 万元的上市公司中,激励适中的比例为 47.25%,接近 50% 的标准比例;该区间薪酬激励过度比例达到 27.29%,超过 25% 的标准比例,说明这个区间也存在不少激励过度问题。

图 22-9 进一步反映了 2016 年上市公司高管薪酬绝对值分布情况。

从图 22-9 可以看出,在 2829 家上市公司中,薪酬最高的前三位高管的平均薪酬等于或超过 10000 万的有 13 家,10 万以下的公司有 25 家。薪酬在 10 万元(含 10 万元)至 50 万元区间的公司最多,有 1159 家,其次是在 50 万元(含 50 万元)至 100 万元区间的公司,有 993 家。总体上,中国上市公司高管薪酬还不是很高,这与目前的激励制度不到位是有密切关系的。

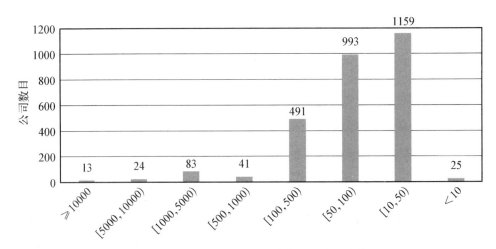

图 22 - 9　2016 年上市公司高管薪酬总体分布情况

接下来我们从地区、行业、上市板块三个角度来进一步分析高管薪酬的差异。

首先来分析不同地区上市公司高管薪酬的差异。表 22 - 15 比较了不同地区上市公司高管薪酬,并按薪酬平均值从高到低进行了排序。

表 22 - 15　2016 年不同地区上市公司高管薪酬比较　　　　单位:万元

地　区	公司数目	平均值	中位值	最大值	最小值	标准差
东　部	1879	371.81	63.83	44949.18	4.10	1916.07
中　部	399	187.20	45.70	8748.80	6.25	758.01
东　北	146	137.21	46.76	4215.32	9.77	530.41
西　部	405	114.02	46.37	10620.94	4.00	596.14
总　体	2829	296.76	57.17	44949.18	4.00	1611.09

从表 22 - 15 可以看出,东部地区上市公司薪酬最高前三位高管的平均薪酬的均值最大,其次是中部,东北排名第三,最后是西部,可见上市公司高管薪酬有明显的地区差异。从标准差来看,四个地区的标准差都很大,离散程度都很高,其中东部地区上市公司高管薪酬离散程度最大,标准差达 1916.07,明显高于另外三个地区,四个地区的上市公司高管薪酬离散程度差别较大。四个地区中,只有东部上市公司高管薪酬高于总体均值(296.76 万元),其他三个地区都低于总体均值。

其次分析不同行业上市公司高管薪酬的差异。表 22 - 16 比较了不同行业上市公司高管薪酬,并按薪酬平均值从高到低的顺序进行了排序。

从表 22 - 16 可以看出,上市公司薪酬最高的前三位高管的平均薪酬具有明显的行业差异。18 个行业中,6 个行业的上市公司高管薪酬高于总体均值,另外 12 个行业低于总体均值。薪酬最高的三个行业是卫生和社会工作(Q)、信息传输、软件和信息技术服务业(I)、租赁和商务服务业(L);薪酬最低的三个行业是教育(P)、采矿业(B)、电力、热力、燃气及水生

表 22‑16　2016 年不同行业上市公司高管薪酬比较　　　　　单位：万元

行　　　业	公司数目	平 均 值	中 位 值	最 大 值	最 小 值	标 准 差
卫生和社会工作(Q)	7	2299.06	128.77	6914.86	18.91	2945.45
信息传输、软件和信息技术服务业(I)	177	1087.41	65.46	44949.18	4.13	4416.94
租赁和商务服务业(L)	40	618.21	69.84	21223.59	20.48	3342.32
科学研究和技术服务业(M)	23	506.27	76.75	5453.50	9.36	1246.76
房地产业(K)	125	405.83	100.00	12398.54	5.13	1552.05
文化、体育和娱乐业(R)	41	340.46	59.38	5468.16	15.33	1093.07
水利、环境和公共设施管理业(N)	33	296.46	47.73	6138.88	16.45	1099.74
金融业(J)	56	286.20	183.56	1097.75	13.67	244.13
制造业(C)	1767	247.16	53.80	32067.83	4.00	1248.09
建筑业(E)	77	222.57	63.39	4318.98	10.03	662.00
综合(S)	23	191.83	59.25	2939.33	17.75	600.18
农、林、牧、渔业(A)	44	145.97	38.81	3578.69	12.00	538.24
批发和零售业(F)	148	144.87	68.72	3330.83	14.71	384.67
住宿和餐饮业(H)	11	89.48	53.20	420.94	22.70	112.38
交通运输、仓储和邮政业(G)	87	74.87	54.98	527.25	6.25	70.10
电力、热力、燃气及水生产和供应业(D)	94	63.81	52.41	374.14	14.84	47.71
采矿业(B)	73	58.88	47.24	298.78	5.67	44.39
教育(P)	3	54.57	44.17	86.67	32.87	28.37
总　　体	2829	296.76	57.17	44949.18	4.00	1611.09

产和供应业(D)。从标准差来看，各行业的标准差较大，离散程度较大，其中信息传输、软件和信息技术服务业(I)上市公司高管薪酬离散程度最大，标准差达 4416.94，教育(P)上市公司高管薪酬离散程度最小，标准差为 28.37，不同行业的上市公司高管薪酬离散程度存在较大差异。需要注意的是，教育行业(P)只有 3 家上市公司，代表性不足。

最后考察不同板块上市公司的高管薪酬。表 22‑17 对不同板块上市公司高管薪酬进行了比较。

表 22‑17　2016 年不同板块上市公司高管薪酬比较　　　　　单位：万元

上 市 板 块	公司数目	平均值	中位值	最大值	最小值	标准差
深市创业板	501	678.04	51.91	44949.18	9.48	2890.68
深市中小企业板	783	271.23	56.67	21223.59	5.20	1226.39

上 市 板 块	公司数目	平均值	中位值	最大值	最小值	标准差
深市主板(不含中小企业板)	463	260.46	56.60	32067.83	5.13	1743.10
沪市主板	1082	154.23	59.54	10620.94	4.00	670.87
总 体	2829	296.76	57.17	44949.18	4.00	1611.09

从表 22－17 可以看出,不同板块上市公司薪酬最高的前三位高管的平均薪酬存在较大差别,其中深市创业板高管平均薪酬最高,为 678.04 万元,其后依次是深市中小企业板、深市主板(不含中小企业板)和沪市主板。从标准差来看,各板块的离散程度较大,其中深市创业板的离散程度远远高于其他三个板块。四个板块中,只有深市创业板上市公司高管薪酬均值高于总体均值,其他三个板块上市公司高管薪酬均值低于总体均值。

22.6　本章小结

本章对 2829 家上市公司高管薪酬指数,从地区、行业、上市板块这三个角度进行了对比分析,并对高管薪酬绝对值进行了比较分析。主要结论如下:

(1)从总体看,2016 年上市公司高管薪酬指数最大值为 33265.4072,最小值为 0.0489,平均值为 359.6567,中位值为 71.8308,标准差为 1477.7672。高管薪酬指数在 170.9639 以上的属于薪酬激励过度,高管薪酬指数在 28.4548 至 170.7870 之间的属于薪酬激励适中,高管薪酬指数在 28.4274 以下的属于薪酬激励不足。

(2)从地区来看,各地区上市公司高管薪酬指数均值存在较大差异,由大到小依次为东部、东北、中部和西部。从薪酬激励看,各地区上市公司高管薪酬激励存在一定差异,但差异不大。东部地区薪酬激励适中和激励过度都较高,中部和东北地区薪酬激励偏不足。

(3)从行业来看,上市公司高管薪酬指数均值最高的三个行业是卫生和社会工作(Q)、信息传输、软件和信息技术服务业(I),住宿和餐饮业(H);最低的三个行业是电力、热力、燃气及水生产和供应业(D),交通运输、仓储和邮政业(G),教育(P)。从薪酬激励看,金融业(J)、建筑业(E)和采矿业(B)上市公司高管薪酬激励不足问题很突出,但这些行业高管薪酬激励过度问题也比较明显,这意味着这些行业高管薪酬激励存在两极分化问题;信息传输、软件和信息技术服务业(I)上市公司高管薪酬激励适中比例和激励过度比例相差不大,两项都接近于 50%,这意味着薪酬激励适中比例高的行业并不代表该行业上市公司高管薪酬激励一定是合理的。

(4)从上市板块来看,上市公司高管薪酬指数均值从大到小依次是深市创业板、深市主板(不含中小企业板)、深市中小企业板和沪市主板。从薪酬激励看,深市中小企业板上市公司高管薪酬激励最为适中,而深市创业板则有较多的上市公司高管薪酬存在激励过度问题。

（5）从高管薪酬绝对值与高管薪酬指数的比较来看，上市公司高管薪酬差异显著，在薪酬绝对值处于 500 万以上的范围里，薪酬绝对值高的上市公司普遍存在激励过度问题；在薪酬绝对值所处的其他区间范围里，激励过度问题同样存在，而薪酬绝对值相对低的公司则不一定激励不足。因此，衡量高管薪酬合理与否要结合公司绩效，即应该考虑相对薪酬。

第 23 章
高管薪酬指数的所有制比较

本报告对高管薪酬的评价是在企业经营业绩的基础上对高管薪酬进行比较研究,即用指数形式来反映高管薪酬相对于企业绩效的合理程度。国有经济和非国有经济是中国经济的两个组成部分,[①]但两者具有各自鲜明的特点,对高管薪酬指数有着重要的、但却不同的影响。那么,国有企业与非国有企业的高管薪酬水平有何差异?两类所有制企业的高管薪酬激励是否符合企业绩效?本章将从所有制角度对 2829 家上市公司的高管薪酬的合理性进行比较分析。

23.1 高管薪酬指数总体的所有制比较

本报告按所有制或控股类型,将上市公司分为国有绝对控股公司、国有强相对控股公司、国有弱相对控股公司、国有参股公司和无国有股份公司,本章将对这五类所有制上市公司的高管薪酬指数和绝对值进行比较分析。

23.1.1 高管薪酬指数和绝对值的总体比较

表 23-1 比较了 2016 年不同所有制上市公司的高管薪酬指数与高管薪酬绝对值,并按照均值从高到低的顺序进行了排序。

从表 23-1 可以看出,就高管薪酬指数而言,国有参股公司的高管薪酬指数均值最高,为 541.2150,其后依次是无国有股份公司、国有弱相对控股公司、国有强相对控股公司,高管薪酬指数均值最低的是国有绝对控股公司,为 56.4452。国有强相对控股公司和国有弱相对控股公司的高管薪酬指数均值分别是 127.5857 和 213.7196。国有强相对控股公司相较于其他四类所有制上市公司,更接近 100,即其高管的平均激励程度相对更为适中。高管薪酬

---

① 根据财政部公布的数据,2016 年中国国内生产总值(GDP)为 74.41 万亿元,同比增长 6.7%,而 2016 年国有企业营业总收入为 45.90 万亿元,同比增长 2.6%,占 2016 年全国 GDP 的比例为 61.69%,比 2015 年的 67.19%下降 5.50 个百分点,这反映出 2016 年非国有企业营业总收入是有较大幅度增长的。参见《中华人民共和国 2016 年国民经济和社会发展统计公报》(http://news.xinhuanet.com/fortune/2017-03/01/c_1120546295.htm);《2016 年 1~12 月全国国有及国有控股企业经济运行情况》(http://www.sasac.gov.cn/n2588035/n2588330/n2588370/c3778802/content.html)。

表 23–1　2016 年不同所有制上市公司高管薪酬指数和绝对值比较

排名	所有制类型	公司数目	平均值	中位值	最大值	最小值	标准差
高管薪酬指数							
1	国有参股公司	708	541.2150	82.5229	33265.4072	0.2393	2166.6041
2	无国有股份公司	1097	448.9516	107.1606	15409.2770	1.4526	1329.9407
3	国有弱相对控股公司	335	213.7196	46.3688	23985.0321	0.7445	1404.8391
4	国有强相对控股公司	440	127.5857	37.1631	9754.4319	0.1780	621.2556
5	国有绝对控股公司	249	56.4452	21.1268	1404.6595	0.0489	127.5458
	总　体	2829	359.6567	71.8308	33265.4072	0.0489	1477.7672
高管薪酬绝对值（单位：万元）							
1	国有参股公司	708	500.0646	61.5600	44949.1762	5.2000	2600.3202
2	无国有股份公司	1097	310.8179	54.6667	25880.0525	4.0000	1372.3682
3	国有强相对控股公司	440	153.2698	57.7950	9921.6142	6.3133	724.9224
4	国有弱相对控股公司	335	136.7604	54.0600	8748.8023	4.0967	560.8148
5	国有绝对控股公司	249	125.6182	61.2833	9945.7560	6.0967	652.3034
	总　体	2829	296.7640	57.1667	44949.1762	4.0000	1611.0889

指数中位值从高到低依次是无国有股份公司、国有参股公司、国有弱相对控股公司、国有强相对控股公司和国有绝对控股公司。从标准差来看，2016 年国有参股公司的标准差明显高于其他四类所有制上市公司，为 2166.6041，离散程度最高。无国有股份公司和国有弱相对控股公司的标准差比较接近，分别为 1329.9407 和 1404.8391，离散程度都较高。而国有绝对控股公司的标准差最小，仅为 127.5458。2016 年不同所有制的上市公司高管薪酬指数离散程度呈现明显的两极分化，而且两极内部之间的差别也都很大。

就高管薪酬绝对值而言，不同所有制的上市公司，其高管薪酬绝对值存在较大差异。国有参股公司高管薪酬均值最高，其后分别为无国有股份公司、国有强相对控股公司、国有弱相对控股公司，国有绝对控股公司的高管薪酬均值最低。三类国有控股公司的高管薪酬均值相差不大。从标准差来看，国有参股公司高管薪酬离散程度最大，无国有股份公司高管薪酬离散程度较大，国有强相对控股公司、国有绝对控股公司、国有弱相对控股公司高管薪酬标准差相对小一些。不同所有制上市公司高管薪酬绝对值离散程度存在较大差异。

图 23–1 更直观地反映了不同所有制上市公司高管薪酬指数均值的差异。可以发现，不同所有制上市公司的高管薪酬指数均值相差很大。两类非国有控股公司的高管薪酬指数均值显著高于三类国有控股公司，并且两类非国有控股公司的高管薪酬指数均值高于总体均值，三类国有控股公司的高管薪酬指数均值远低于总体均值。

特别需要关注的是，随着国有股股份比例的提高，上市公司高管薪酬指数均值逐渐降低，也就是说，国有股份比例越高，其高管薪酬激励相对于企业绩效来说就越低。但也需要

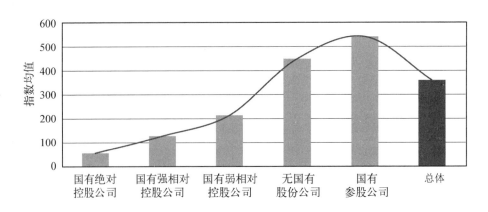

图 23 - 1   2016 年不同所有制上市公司高管薪酬指数均值比较

注意的是,高管薪酬指数低,尽管从数字上看表明薪酬激励不足,但从客观角度,应该考虑企业业绩是否都是或主要是由高管贡献带来的,因为现实中,不少国有企业还有很强的垄断性质,很多业绩是由垄断特别是政府赋予的垄断资源(包括无形的垄断资源,如特殊政策)产生的。

我们进一步将国有绝对控股公司、国有强相对控股公司和国有弱相对控股公司归类为国有控股公司,将国有参股公司和无国有股份公司归类为非国有控股公司,表 23 - 2 比较了2016 年国有控股公司和非国有控股公司的高管薪酬指数和高管薪酬绝对值,并按照均值从高到低的顺序进行了排序。

表 23 - 2   2016 年国有控股与非国有控股上市公司高管薪酬指数和绝对值比较

排名	所有制类型	公司数目	平均值	中位值	最大值	最小值	标准差
高管薪酬指数							
1	非国有控股公司	1805	485.1414	99.1504	33265.4072	0.2393	1707.7145
2	国有控股公司	1024	138.4654	35.8495	23985.0321	0.0489	904.1384
总　体		2829	359.6567	71.8308	33265.4072	0.0489	1477.7672
高管薪酬绝对值(单位:万元)							
1	非国有控股公司	1805	385.0487	57.3200	44949.1762	4.0000	1950.0566
2	国有控股公司	1024	141.1449	56.6967	9945.7560	4.0967	656.8702
总　体		2829	296.7640	57.1667	44949.1762	4.0000	1611.0889

从表 23 - 2 可以看出,就高管薪酬指数而言,国有控股上市公司有 1024 家,高管薪酬指数最大值为 23985.0321,最小值为 0.0489,平均值为 138.4654,中位值为 35.8495,标准差为 904.1384;非国有控股上市公司有 1805 家,最大值为 33265.4072,最小值为 0.2393,平均值为 485.1414,中位值为 99.1504,标准差为 1707.7145。从 2016 年上市公司高管薪酬指数的平均值和中位值来看,非国有控股公司都远高于国有控股公司,其中非国有控股公司高管薪酬指数均值是国有控股公司高管薪酬指数均值的 3.50 倍,尽管比

2015 年的 6.07 倍①有较大幅度缩小,但两者差距仍较大。就离散程度而言,非国有控股公司高管薪酬指数的离散程度更高。就高管薪酬绝对值而言,非国有控股公司高管薪酬的平均值、中位值、最大值、标准差都高于国有控股公司,只有最小值小于国有控股公司。可以看出,无论是高管薪酬指数,还是高管薪酬绝对值,非国有控股公司明显高于国有控股公司,反映了非国有控股公司存在较多的激励过度问题,而国有控股公司高管激励存在较多的不足问题,也反映了中国上市公司高管薪酬与绩效的对应程度存在很大的差异。

根据实际控制人的性质,我们还可以将国有控股上市公司进一步区分为最终控制人为中央企业的国有控股上市公司(中央企业控股公司)和最终控制人为地方国有企业的国有控股上市公司(地方国企控股公司)。表 23-3 比较了 2016 年这两类企业和非国有控股公司(最终控制人为民资股东)的高管薪酬指数和高管薪酬绝对值,并按照均值从高到低的顺序进行了排序。

表 23-3 2016 年不同最终控制人上市公司高管薪酬指数和绝对值比较

排名	最终控制人	公司数目	平均值	中位值	最大值	最小值	标准差
高管薪酬指数							
1	民资股东	1805	485.1414	99.1504	33265.4072	0.2393	1707.7145
2	中央国有企业	355	179.8030	36.0741	23985.0321	0.0489	1377.7883
3	地方国有企业	669	116.5299	35.8358	6813.6102	0.3766	494.4922
	总体	2829	359.6567	71.8308	33265.4072	0.0489	1477.7672
高管薪酬绝对值(单位:万元)							
1	民资股东	1805	385.0487	57.3200	44949.1762	4.0000	1950.0566
2	中央国有企业	355	186.9608	67.6367	9921.6142	6.0967	801.2854
3	地方国有企业	669	116.8330	52.7067	9945.7560	4.0967	564.6435
	总体	2829	296.7640	57.1667	44949.1762	4.0000	1611.0889

从表 23-3 可以看出,中央企业控股公司的高管薪酬指数高于地方国企控股公司,前者的高管薪酬绝对值均值也高于后者。这意味着,中央企业控股公司的高管薪酬激励高于地方国企控股公司。另外,不论是高管薪酬指数还是高管薪酬绝对值,中央企业控股公司和地方国企控股公司都远低于非国有控股公司。

23.1.2 高管薪酬激励区间的总体比较

根据本报告使用的四分之一分位法,我们将高管薪酬指数划分为激励过度、激励适中和激励不足三个区间。表 23-4 列示了不同所有制上市公司的高管薪酬指数和绝对值情况,并分别按照激励适中的比例和高管薪酬绝对值从高到低的顺序进行了排序。

① 参见《中国公司治理分类指数报告 No.15(2016)》,第 397 页。

表 23－4　2016 年不同所有制上市公司高管薪酬激励情况比较

所有制类型	公司数目	其中		
		激励适中	激励过度	激励不足
高管薪酬指数				
国有参股公司	708	377(53.25%)	209(29.52%)	122(17.23%)
无国有股份公司	1097	581(52.96%)	380(34.64%)	136(12.40%)
国有弱相对控股公司	335	167(49.85%)	48(14.33%)	120(35.82%)
国有强相对控股公司	440	202(45.91%)	53(12.05%)	185(42.04%)
国有绝对控股公司	249	88(35.34%)	17(6.83%)	144(57.83%)
高管薪酬绝对值均值(单位：万元)				
国有强相对控股公司	440	122.6675	555.7110	71.3903
国有参股公司	708	91.0026	1475.7457	92.6799
国有弱相对控股公司	335	86.2421	421.4731	93.1800
国有绝对控股公司	249	81.1322	817.8010	71.0881
无国有股份公司	1097	65.8522	775.4837	58.9944

注：括号中的数字为某类所有制上市公司中不同激励类型公司数与该类所有制公司总数的比例。

　　根据表 23-4，从高管薪酬指数来看，国有参股公司高管薪酬激励适中的比例最高，为 53.25%；其后依次为无国有股份公司、国有弱相对控股公司、国有强相对控股公司，这四类所有制上市公司高管薪酬激励适中的比例都超过了 45%，国有参股公司与无国有股份公司高管薪酬激励适中比例很接近；国有绝对控股公司高管薪酬激励适中的比例最低，为 35.34%，远低于 50% 的标准比例(按四分之一分位法)。无国有股份公司高管薪酬激励过度的比例最高，为 34.64%，远高于 25% 的标准比例；国有参股公司高管薪酬激励过度的比例紧随其后，两者相差不大；其后依次是国有弱相对控股公司、国有强相对控股公司和国有绝对控股公司，这三类公司高管薪酬激励过度的比例都远低于 25% 的标准比例。国有绝对控股公司高管薪酬激励不足的比例最高，为 57.83%，远高于 25% 的标准比例；其后依次是国有强相对控股公司和国有弱相对控股公司，也都超过 25% 的标准比例；国有参股公司和无国有股份公司高管薪酬激励不足的比例分列第四和第五，都远低于 25% 的标准比例。

　　图 23-2 更直观地展示了 2016 年不同所有制上市公司高管薪酬激励情况的差异。图中纵坐标列示的所有制顺序由下到上，依次对应的是薪酬激励适中比例由高到低，国有参股公司高管薪酬激励适中比例最高，国有绝对控股公司高管薪酬激励适中比例最低。

　　从高管薪酬绝对值来看，在激励适中区间，国有强相对控股公司高管薪酬均值最高，为 122.6675 万元，其后依次是国有参股公司、国有弱相对控股公司和国有绝对控股公司，这三者高管薪酬均值比较接近，最低是无国有控股公司，高管薪酬均值为 65.8522 万元；在激励

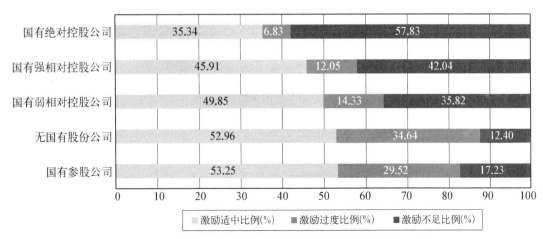

图 23‑2　2016 年不同所有制上市公司高管薪酬激励情况比较

过度区间,国有参股公司高管薪酬均值最高,为 1475.7457 万元,其后依次是国有绝对控股公司、无国有控股公司和国有强相对控股公司,最低是国有弱相对控股公司,为 421.4731 万元;在激励不足区间,国有弱相对控股公司高管薪酬均值最高,为 93.1800 万元,其后依次是国有参股公司、国有强相对控股公司和国有绝对控股公司,国有弱相对控股公司和国有参股公司高管薪酬均值很接近,国有强相对控股公司和国有绝对控股公司高管薪酬均值也很接近,最低是无国有股份公司,为 58.9944 万元。

图 23‑3 更直观地展示了 2016 年不同所有制上市公司不同激励区间的高管薪酬均值的差异。可以看到,五类所有制上市公司存在于每个激励区间。其中,在激励适中区间,国有强相对控股公司的高管薪酬均值最高;在激励过度区间,国有参股公司的高管薪酬均值最高;在激励不足区间,国有弱相对控股公司的高管薪酬均值最高。

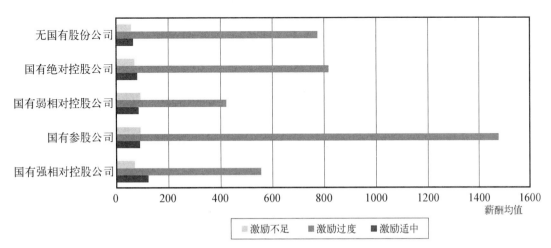

图 23‑3　2016 年不同所有制上市公司不同激励区间高管薪酬均值比较(单位:万元)

我们进一步把五种所有制类型归类为国有控股公司和非国有控股公司两种类型,表 23‑5 列示了两种类型上市公司的高管薪酬指数和绝对值情况。

表 23-5　2016 年国有控股与非国有控股上市公司高管薪酬激励情况比较

所有制类型	公司数目	其　　中		
		激励适中	激励过度	激励不足
高管薪酬指数				
国有控股公司	1024	457(44.63%)	118(11.52%)	449(43.85%)
非国有控股公司	1805	958(53.08%)	589(32.63%)	258(14.29%)
高管薪酬绝对值均值(单位：万元)				
国有控股公司	1024	101.3586	538.8645	77.1169
非国有控股公司	1805	75.7496	1023.9638	74.9232

注：括号中的数字为某类所有制上市公司中不同激励类型公司数与该类所有制公司总数的比例。

由表 23-5 可以看出,从高管薪酬指数角度比较,非国有控股公司高管薪酬激励适中比例较高,为 53.08%,大于国有控股公司高管薪酬激励适中比例(44.63%),但只是略高于 50% 的标准比例;非国有控股公司薪酬激励过度的比例也较高,为 32.63%,远高于国有控股公司高管薪酬激励过度的比例(11.52%)和 25% 的标准比例;国有控股公司薪酬激励不足比例较高,为 43.85%,远高于非国有控股公司薪酬激励不足的比例(14.29%)和 25% 的标准比例。可以看出,非国有控股公司的高管薪酬激励问题主要表现为激励过度,而国有控股公司的高管薪酬激励不足问题较为突出。

从高管薪酬绝对值角度比较,在激励适中区间,国有控股公司高管薪酬均值比非国有控股公司高出 25.6090 万元;在激励过度区间,非国有控股公司高管薪酬均值比国有控股公司高出 485.0993 万元;在激励不足区间,国有控股公司高管薪酬均值比非国有控股公司高出 2.1937 万元。可以看出,非国有控股公司高管薪酬存在两极分化现象,即离散程度很高。

再把国有控股上市公司按最终控制人分为中央企业控股公司和地方国企控股公司,表 23-6 列示了两种类型国有控股上市公司和民资控股公司(非国有控股公司)的高管薪酬激励比较情况。

表 23-6　2016 年不同最终控制人上市公司高管薪酬激励情况比较

所有制类型	公司数目	其　　中		
		激励适中	激励过度	激励不足
高管薪酬指数				
中央国有企业	355	157(44.23%)	44(12.39%)	154(43.38%)
地方国有企业	669	300(44.84%)	74(11.06%)	295(44.10%)
民资股东	1805	958(53.08%)	589(32.63%)	258(14.29%)

续　表

所有制类型	公司数目	其　　中		
		激励适中	激励过度	激励不足
高管薪酬绝对值均值(单位:万元)				
中央国有企业	355	141.9546	667.8166	95.4565
地方国有企业	669	80.1134	462.1902	67.5431
民资股东	1805	75.7496	1023.9638	74.9232

注:括号中的数字为某类所有制上市公司中不同激励类型公司数与该类所有制公司总数的比例。

由表 23-6,从高管薪酬指数角度分析,中央企业控股公司高管薪酬激励适中的比例为 44.23%,地方国企控股公司高管薪酬激励适中的比例为 44.84%,两者相差不多,都低于 50% 的标准比例;两类企业高管激励过度和激励不足的比例也相差不大,但激励过度的比例远低于 25% 的标准比例,而激励不足的比例则远高于 25% 的标准比例。另外,两类国有控股公司高管激励适中和激励过度的比例都远低于非国有控股公司,而激励不足的比例却远高于非国有控股公司。这意味着,两类国有控股公司在有近一半的公司激励适中的同时,也有相当多的公司存在激励不足问题。

从高管薪酬绝对值角度分析,在三个激励区间,中央企业控股公司高管薪酬均值都高于地方国企控股公司,而且存在较大差距;在激励适中区间,中央企业控股公司和地方国企控股公司高管薪酬均值都高于非国有控股公司;在激励不足区间,中央企业控股公司高管薪酬均值高于非国有控股公司,但地方国企控股公司高管薪酬均值则低于非国有控股公司;在激励过度区间,中央企业控股公司和地方国企控股公司高管薪酬均值都远低于非国有控股公司。显然,中央企业控股公司高管薪酬并非最低,地方国企控股公司高管薪酬相对比较低。

23.2　分地区高管薪酬指数的所有制比较

按照东部、中部、西部和东北的地区划分,我们对不同地区不同所有制上市公司的高管薪酬指数和绝对值进行比较。

23.2.1　分地区高管薪酬指数和绝对值的比较

四个不同地区不同所有制上市公司的高管薪酬指数和绝对值的描述性统计参见表 23-7。

根据表 23-7,从高管薪酬指数来看,四个地区国有控股公司的高管薪酬指数均值和中位值都远低于非国有控股公司,说明各地区国有控股公司高管薪酬存在较多的激励不足问题,而非国有控股公司高管薪酬则存在较多的激励过度问题。

表 23-7 2016 年不同地区国有控股与非国有控股上市公司高管薪酬指数和绝对值比较

地区	所有制类型	公司数目	平均值	中位值	最大值	最小值	标准差
高管薪酬指数							
东部	国有控股公司	576	159.8501	36.9672	23985.0321	0.0489	1125.8166
	非国有控股公司	1303	527.5697	102.1279	33265.4072	1.4526	1871.8694
	总　体	1879	414.8467	79.0463	33265.4072	0.0489	1687.0225
中部	国有控股公司	187	103.3111	28.2876	5798.5255	0.6622	444.9333
	非国有控股公司	212	391.2165	80.3472	8216.8093	0.2393	1047.2059
	总　体	399	256.2834	50.3221	8216.8093	0.2393	833.4232
西部	国有控股公司	195	106.7379	41.2047	6232.0645	1.0141	453.0882
	非国有控股公司	210	335.1642	116.0845	10421.2305	1.7978	992.7544
	总　体	405	225.1812	66.1010	10421.2305	1.0141	788.3499
东北	国有控股公司	66	145.1800	27.1396	5546.7484	1.7258	680.8964
	非国有控股公司	80	436.6818	69.9601	15409.2770	3.0454	1787.4847
	总　体	146	304.9070	49.0466	15409.2770	1.7258	1403.4964
高管薪酬绝对值(单位:万元)							
东部	国有控股公司	576	190.6704	70.6800	9945.7560	4.0967	792.2300
	非国有控股公司	1303	451.8908	60.6533	44949.1762	5.2000	2235.4790
	总　体	1879	371.8147	63.8333	44949.1762	4.0967	1916.0652
中部	国有控股公司	187	107.1665	43.1233	8748.8023	8.0667	639.3573
	非国有控股公司	212	257.7990	48.3450	6914.8554	6.2500	844.2616
	总　体	399	187.2018	45.7000	8748.8023	6.2500	758.0111
西部	国有控股公司	195	54.3820	43.2600	536.9577	7.4667	62.7972
	非国有控股公司	210	169.4031	49.7435	10620.9351	4.0000	822.7371
	总　体	405	114.0225	46.3700	10620.9351	4.0000	596.1387
东北	国有控股公司	66	61.5396	50.9683	419.2267	9.7667	55.9756
	非国有控股公司	80	199.6398	43.9983	4215.3168	10.8000	710.6763
	总　体	146	137.2110	46.7550	4215.3168	9.7667	530.4077

从高管薪酬绝对值来看,四个地区的国有控股公司高管薪酬均值都远低于非国有控股公司,但东部和东北国有控股公司高管薪酬的中位值却高于非国有控股公司,而中部和西部国有控股公司高管薪酬的中位值则低于非国有控股公司。

图 23-4 直观地反映了四个地区不同所有制上市公司高管薪酬指数均值的差异。可以看到,四个地区的非国有控股公司高管薪酬指数均值都高于总体均值,国有控股公司高管薪

酬指数均值则都低于总体均值。东部和东北地区非国有控股公司高管薪酬指数均值高于中部和西部地区。东部地区非国有控股公司高管薪酬指数均值最大,而西部地区非国有控股公司高管薪酬指数均值最小;东部地区国有控股公司高管薪酬指数均值最大,中部地区国有控股公司高管薪酬指数均值最小。

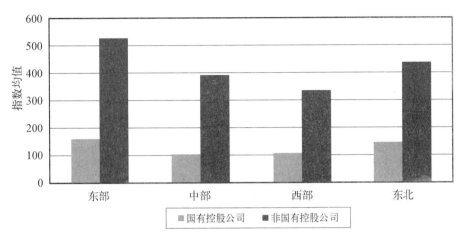

图 23‐4　2016 年不同地区国有控股与非国有控股上市公司高管薪酬指数均值比较

　　为了更准确地判断四个地区国有控股与非国有控股上市公司高管薪酬指数的差异,我们将两种类型上市公司高管薪酬指数均值的倍数计算出来,如表 23‐8 所示。

表 23‐8　2016 年不同地区国有控股与非国有控股上市公司高管薪酬指数均值的倍数

	东　部	中　部	西　部	东　北
国有控股公司高管薪酬指数均值(1)	159.8501	103.3111	106.7379	145.1800
非国有控股公司高管薪酬指数均值(2)	527.5697	391.2165	335.1642	436.6818
(2)/(1)	3.3004	3.7868	3.1401	3.0079

　　由表 23‐8 可知,四个地区非国有控股公司高管薪酬指数均值都是国有控股公司高管薪酬指数均值的 3 倍多。比值最高的是中部地区,中部地区非国有控股公司高管薪酬指数均值是国有控股公司高管薪酬指数均值的 3.79 倍;最小的是东北地区,两者之间的倍数刚超过 3 倍;西部地区是 3.14 倍;东部地区为 3.30 倍。西部和东北两个地区国有控股公司与非国有控股公司高管薪酬指数均值的倍数差异不大。

23.2.2　分地区高管薪酬激励区间的比较

　　表 23‐9 列示了四个地区国有控股公司与非国有控股公司的高管薪酬激励情况。

　　由表 23‐9 可以看出,从高管薪酬指数角度比较,东部、中部、东北地区国有控股公司高管薪酬激励适中比例均低于非国有控股公司,只有西部地区国有控股公司高管薪酬激励适中比例略高于非国有控股公司,但四个地区国有控股公司薪酬激励适中比例都低于 50% 的

表 23 - 9　2016 年不同地区国有控股与非国有控股上市公司高管薪酬激励情况比较

地　区	所有制类型	公司数目	其　　中		
			激励适中	激励过度	激励不足
高管薪酬指数					
东部	国有控股公司	576	268(46.53%)	68(11.80%)	240(41.67%)
	非国有控股公司	1303	710(54.49%)	434(33.31%)	159(12.20%)
中部	国有控股公司	187	71(37.97%)	21(11.23%)	95(50.80%)
	非国有控股公司	212	106(50.00%)	58(27.36%)	48(22.64%)
西部	国有控股公司	195	93(47.69%)	22(11.28%)	80(41.03%)
	非国有控股公司	210	98(46.67%)	73(34.76%)	39(18.57%)
东北	国有控股公司	66	25(37.88%)	7(10.61%)	34(51.51%)
	非国有控股公司	80	44(55.00%)	24(30.00%)	12(15.00%)
高管薪酬绝对值均值(单位：万元)					
东部	国有控股公司	576	133.9099	737.1326	99.2220
	非国有控股公司	1303	79.1350	1195.9645	85.4043
中部	国有控股公司	187	58.5896	524.9692	51.1150
	非国有控股公司	212	64.5776	784.7851	47.7212
西部	国有控股公司	195	48.9681	93.2748	49.9800
	非国有控股公司	210	73.7372	353.3248	65.5303
东北	国有控股公司	66	68.7659	54.9414	57.5847
	非国有控股公司	80	52.5182	531.4913	75.3831

注：括号中的数字为某地区某类所有制上市公司中不同激励类型公司数与该地区该类所有制公司总数的比例。

标准比例,尤其是东北和中部更低;四个地区国有控股公司高管薪酬激励过度比例均低于非国有控股公司,前者都远低于 25% 的标准比例,后者都远高于 25% 的标准比例;四个地区国有控股公司高管薪酬激励不足比例均高于非国有控股公司,也都远高于 25% 的标准比例。各地区国有控股公司和非国有控股公司高管薪酬激励适中的比例差距较小,而激励过度与激励不足比例相差则较大,但相比 2015 年,这两类公司薪酬过度的比例相差的倍数减小了。[1] 例如,中部地区非国有控股公司高管薪酬激励过度比例(27.36%)是国有控股公司高管薪酬激励过度比例(11.23%)的 2.44 倍,远小于 2015 年的 6.71 倍;东部地区非国有控股公司高管薪酬激励过度比例(33.31%)是国有控股公司高管薪酬激励过度比例(11.80%)的 2.82 倍,也小于 2015 年的 4.82 倍,其他两个地区的比例也在 3 倍左右。

　　从高管薪酬绝对值角度比较,在激励适中区间,东部和东北两个地区国有控股公司高管

---

① 2015 年数据参见《中国公司治理分类指数报告 No.15(2016)》,第 404 页。

薪酬均值都高于非国有控股公司,而中部和西部两个地区国有控股公司高管薪酬均值则低于非国有控股公司;在激励过度区间,四个地区国有控股公司高管薪酬均值都大幅度或较大幅度低于非国有控股公司;在激励不足区间,东部和中部两个地区国有控股公司高管薪酬均值大于非国有控股公司,而西部和东北两个地区则是国有控股公司高管薪酬均值低于非国有控股公司。

23.3　分行业高管薪酬指数的所有制比较

同前面各章一样,我们选择上市公司数目较多且具有代表性的六个行业,即制造业(C),电力、热力、燃气及水生产和供应业(D),交通运输、仓储和邮政业(G),信息传输、软件和信息技术服务业(I),金融业(J),房地产业(K),对这六个行业的上市公司高管薪酬激励进行比较分析。

23.3.1　分行业高管薪酬指数和绝对值的比较

表 23-10 列示了各行业上市公司高管薪酬指数和绝对值的描述性统计结果。

表 23-10　2016 年不同行业国有控股与非国有控股上市公司高管薪酬指数和绝对值比较

行　业	所有制类型	公司数目	平 均 值	中 位 值	最 大 值	最 小 值	标 准 差
			高管薪酬指数				
制造业(C)	国有控股公司	501	99.4133	36.0741	9754.4319	0.3766	463.0344
	非国有控股公司	1266	392.1884	94.9304	15409.2770	2.5757	1266.0148
	总　体	1767	309.1775	76.6927	15409.2770	0.3766	1107.3476
电力、热力、燃气及水生产和供应业(D)	国有控股公司	79	54.7890	37.1146	367.1655	1.5252	58.8835
	非国有控股公司	15	145.8184	79.3449	533.0830	15.9745	158.0466
	总　体	94	69.3149	42.6705	533.0830	1.5252	88.2695
交通运输、仓储和邮政业(G)	国有控股公司	67	65.2624	31.7023	422.2193	1.7848	88.7058
	非国有控股公司	20	132.3173	76.5818	602.4675	0.2393	159.8011
	总　体	87	80.6773	36.4568	602.4675	0.2393	111.7400
信息传输、软件和信息技术服务业(I)	国有控股公司	31	310.5712	71.6316	5798.5255	0.0489	1034.1242
	非国有控股公司	146	1320.5283	171.2720	33265.4072	2.4700	4014.9949
	总　体	177	1143.6432	154.8629	33265.4072	0.0489	3689.3516
金融业(J)	国有控股公司	39	99.6647	38.4753	606.8162	0.1780	149.9353
	非国有控股公司	17	1308.0018	142.6752	13093.7575	1.7978	3336.1441
	总　体	56	466.4813	52.5860	13093.7575	0.1780	1888.8105

续　表

行　业	所有制类型	公司数目	平　均　值	中　位　值	最　大　值	最　小　值	标　准　差
房地产业 (K)	国有控股公司	61	566.1947	68.1363	23985.0321	2.4885	3149.3485
	非国有控股公司	64	664.1053	88.8645	13074.2897	5.1627	2001.5266
	总　体	125	616.3250	75.4361	23985.0321	2.4885	2614.7658
高管薪酬绝对值(单位：万元)							
制造业(C)	国有控股公司	501	144.6021	54.3400	9945.7560	4.0967	732.9100
	非国有控股公司	1266	287.7497	53.6167	32067.8263	4.0000	1398.7635
	总　体	1767	247.1629	53.8000	32067.8263	4.0000	1248.0917
电力、热力、 燃气及水生 产和供应业 (D)	国有控股公司	79	61.3343	51.4067	374.1440	16.6567	43.0297
	非国有控股公司	15	76.8720	60.6667	281.0000	14.8400	67.7500
	总　体	94	63.8138	52.4067	374.1440	14.8400	47.7139
交通运输、 仓储和邮政 业(G)	国有控股公司	67	68.1628	52.7400	269.7133	16.0500	45.2030
	非国有控股公司	20	97.3278	55.6817	527.2519	6.2500	120.2286
	总　体	87	74.8674	54.9800	527.2519	6.2500	70.0998
信息传输、 软件和信息 技术服务业 (I)	国有控股公司	31	420.5873	74.7567	8748.8023	6.0967	1576.1298
	非国有控股公司	146	1228.9990	62.1433	44949.1762	4.1333	4801.1602
	总　体	177	1087.4128	65.4567	44949.1762	4.1333	4416.9430
金融业(J)	国有控股公司	39	275.3127	187.4533	1068.8233	37.1667	217.1602
	非国有控股公司	17	311.1733	170.0667	1097.7500	13.6667	303.1883
	总　体	56	286.1990	183.5567	1097.7500	13.6667	244.1319
房地产业 (K)	国有控股公司	61	258.3876	72.0900	8591.5898	6.3133	1094.6863
	非国有控股公司	64	546.3705	119.3217	12398.5439	5.1333	1886.4990
	总　体	125	405.8348	100.0000	12398.5439	5.1333	1552.0533

　　由表 23-10 可以看出,从高管薪酬指数角度分析,六个代表性行业国有控股公司高管薪酬指数均值都远低于非国有控股公司,尤其是金融业差距非常大,只是房地产行业两类公司的高管薪酬指数均值的差距小一些。这说明各行业国有控股公司高管薪酬存在较多的激励不足问题,而非国有控股公司高管薪酬则存在较多的激励过度问题。

　　从高管薪酬绝对值角度分析,六个行业国有控股公司高管薪酬均值都低于非国有控股公司,这与薪酬指数的表现相同。差距最大的行业是信息传输、软件和信息技术服务业(I),非国有控股公司高管薪酬均值是国有控股公司的 2.92 倍,绝对差距达到 808.4117 万元。尽管两类公司有如此大的差距,但该行业国有控股公司高管薪酬的绝对值却并不低,其均值除了比房地产非国有控股公司低之外,高于其他行业的国有控股公司和非国有控股公司,也高于房地产业的国有控股公司;差距最小的是电力、热力、燃气及水生产和供应业(D),非国有控股公司高管薪酬均值只是国有控股公司的 1.25 倍,而且两类公司高管薪酬均值都没有达到 80 万元。另外,交通运输、仓储和邮政业(G)与电力、热力、燃气及水生产和供应业(D)有些接近。

图 23-5 直观地反映了六个代表性行业中不同所有制上市公司高管薪酬指数均值的差异。

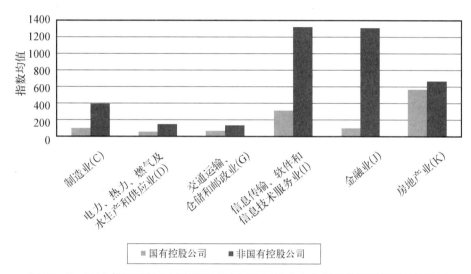

图 23-5　2016 年不同行业国有控股与非国有控股上市公司高管薪酬指数均值比较

由图 23-5 可见,在六个行业中,信息传输、软件和信息技术服务业(I)非国有控股公司的高管薪酬指数均值最大,金融业(J)紧随其后,与信息传输、软件和信息技术服务业(I)非常接近,这两个行业明显高于其他四个行业;房地产业(K)国有控股公司的高管薪酬指数均值最大,信息传输、软件和信息技术服务业(I)次之,这两个行业明显高于其他四个行业;制造业(C),电力、热力、燃气及水生产和供应业(D),交通运输、仓储和邮政业(G),金融业(J)国有控股公司的高管薪酬指数均值都在 100 分以内,其中电力、热力、燃气及水生产和供应业(D)国有控股公司的高管薪酬指数均值最小,为 54.7890 分。

进一步比较六个行业国有控股与非国有控股上市公司高管薪酬指数均值的倍数,参见表 23-11。

由表 23-11 可知,金融业(J)非国有控股公司高管薪酬指数均值是国有控股公司的 13.1240 倍,在六个行业中差距最大,相比 2015 年的 5.0410 倍[①],提高幅度很大,反映了金融业非国有控股公司高管的薪酬相对于其绩效上升幅度很大。但从其高达 3336.1441 的标准差,可知金融业非国有控股公司高管薪酬指数两极差异很大,最大的高管薪酬指数均值为 13093.7575,使得非国有控股公司高管薪酬指数均值显著增大。比较金融业(J)非国有控股

---

① 参见《中国公司治理分类指数报告 No.15(2016)》,第 407 页。

表 23‐11   2016 年不同行业国有控股与非国有控股上市公司高管薪酬指数均值的倍数

	制造业 (C)	电力、热力、燃气及水生产和供应业(D)	交通运输、仓储和邮政业(G)	信息传输、软件和信息技术服务业(I)	金融业 (J)	房地产业(K)
国有控股公司高管薪酬指数均值(1)	99.4133	54.7890	65.2624	310.5712	99.6647	566.1947
非国有控股公司高管薪酬指数均值(2)	392.1884	145.8184	132.3173	1320.5283	1308.0018	664.1053
(2)/(1)	3.9450	2.6615	2.0275	4.2519	13.1240	1.1729

公司和国有控股公司高管薪酬绝对值,两者相差却不是很大。2015 年电力、热力、燃气及水生产和供应业(D)非国有控股公司高管薪酬指数均值是国有控股公司的 7.7243 倍[1],而 2016 年则降为 2.6615 倍,降幅明显,反映该行业非国有控股公司高管的薪酬与其绩效趋于吻合。该行业国有控股公司薪酬最高的前三位高管的平均薪酬是 61.3343 万元,非国有控股公司薪酬最高的前三位高管的平均薪酬是 76.8720 万元,两者相差不算大。房地产业(K)非国有控股公司高管薪酬指数均值是国有控股公司高管薪酬指数均值的 1.1729 倍,在六个行业中差距最小,一个可能的原因是房地产业高管薪酬普遍较高。2016 年,房地产业(K)上市公司薪酬最高的前三位高管的平均薪酬是 405.8348 万元,是全部样本公司薪酬最高的前三位高管的平均薪酬 296.7640 万元的 1.37 倍。其中,房地产业(K)国有控股公司薪酬最高的前三位高管的平均薪酬是 258.3876 万元,非国有控股公司薪酬最高的前三位高管的平均薪酬则是 546.3705 万元,后者是前者的 2.11 倍,差距较大。

23.3.2   分行业高管薪酬激励区间的比较

表 23‐12 列示了六个行业国有控股和非国有控股上市公司的高管薪酬激励情况。

表 23‐12   2016 年不同行业国有控股与非国有控股上市公司高管薪酬激励情况比较

行　业	所有制类型	公司数目	其　　中		
			激励适中	激励过度	激励不足
高管薪酬指数					
制造业(C)	国有控股公司	501	222(44.31%)	60(11.98%)	219(43.71%)
	非国有控股公司	1266	716(56.56%)	386(30.49%)	164(12.95%)
电力、热力、燃气及水生产和供应业(D)	国有控股公司	79	41(51.90%)	3(3.80%)	35(44.30%)
	非国有控股公司	15	7(46.66%)	4(26.67%)	4(26.67%)
交通运输、仓储和邮政业(G)	国有控股公司	67	31(46.27%)	6(8.95%)	30(44.78%)
	非国有控股公司	20	12(60.00%)	4(20.00%)	4(20.00%)

---

[1]　参见《中国公司治理分类指数报告 No.15(2016)》,第 407 页。

续　表

行　业	所有制类型	公司数目	其　　中		
			激励适中	激励过度	激励不足
信息传输、软件和信息技术服务业(I)	国有控股公司	31	17(54.84％)	7(22.58％)	7(22.58％)
	非国有控股公司	146	69(47.26％)	73(50.00％)	4(2.74％)
金融业(J)	国有控股公司	39	13(33.33％)	8(20.51％)	18(46.16％)
	非国有控股公司	17	4(23.53％)	8(47.06％)	5(29.41％)
房地产业(K)	国有控股公司	61	35(57.38％)	8(13.11％)	18(29.51％)
	非国有控股公司	64	28(43.75％)	24(37.50％)	12(18.75％)
高管薪酬绝对值均值（单位：万元）					
制造业(C)	国有控股公司	501	75.2146	673.2440	70.1067
	非国有控股公司	1266	70.4149	787.3974	60.6014
电力、热力、燃气及水生产和供应业(D)	国有控股公司	79	63.0900	62.1689	59.2062
	非国有控股公司	15	94.4495	93.2481	29.7352
交通运输、仓储和邮政业(G)	国有控股公司	67	62.0292	86.6144	70.8106
	非国有控股公司	20	78.1909	175.5021	76.5638
信息传输、软件和信息技术服务业(I)	国有控股公司	31	101.1385	1551.4533	65.5252
	非国有控股公司	146	63.2256	2396.4163	33.2242
金融业(J)	国有控股公司	39	371.1451	340.7729	177.0070
	非国有控股公司	17	101.5175	356.4204	406.5027
房地产业(K)	国有控股公司	61	335.1543	161.2388	152.2963
	非国有控股公司	64	223.6842	1107.3201	177.4058

注：括号中的数字为某行业某类所有制上市公司中不同激励类型公司数与该行业该类所有制公司总数的比例。

从表 23-12 可以看出，从高管薪酬指数角度比较，制造业(C)，交通运输、仓储和邮政业(G)的国有控股公司高管薪酬激励适中比例低于非国有控股公司，都略低于 50％的标准比例；电力、热力、燃气及水生产和供应业(D)，信息传输、软件和信息技术服务业(I)，金融业(J)，房地产业(K)的国有控股公司高管薪酬激励适中比例高于非国有控股公司，除了金融业，都高于 50％的标准比例，金融业国有控股公司高管薪酬激励适中的比例远低于 50％的标准比例，只有 33.33％。六个行业国有控股公司高管薪酬激励过度比例都远低于非国有控股公司，都低于或远低于 25％的标准比例；六个行业国有控股公司高管薪酬激励不足比例都高于非国有控股公司，除了信息传输、软件和信息技术服务业(I)外，都高于或远高于 25％的标准比例。

从高管薪酬绝对值角度比较，在激励适中区间，制造业(C)，信息传输、软件和信息技术服务业(I)，金融业(J)，房地产业(K)四个行业的国有控股公司高管薪酬均值都高于非国有控股公司,其中,金融业国有控股公司高管薪酬高出非国有控股公司 269.6276 万元,超过金额远超其他三个行业;另外两个行业则是非国有控股公司高管薪酬高于国有控股公司。在激励过度区间,六个行业的国有控股公司高管薪酬均值都低于或远低于非国有控股公司,其中信息传输、软件和信息技术服务业(I)非国有控股公司高管薪酬高出国有控股公司 844.9630 万元,房地产业(K)非国有控股公司高管薪酬高出非国有控股公司 946.0813 万元,但房地产业(K)国有控股公司和非国有控股公司高管薪酬的绝对额都远低于信息传输、软件和信息技术服务业(I)。在激励不足区间,制造业(C)、电力、热力、燃气及水生产和供应业(D),信息传输、软件和信息技术服务业(I)三个行业的国有控股公司高管薪酬均值高于非国有控股公司,其他三个行业则相反。需要注意的是,在激励过度区间,电力、热力、燃气及水生产和供应业(D)的国有控股公司高管薪酬均值是 62.1689 万元,低于同类公司激励适中区间的 63.0900 万元;该行业激励过度区间非国有控股上市公司高管薪酬均值是 93.2481 万元,低于同类公司激励适中区间的 94.4495 万元,这与人们印象中激励过度区间的高管薪酬一般最高似乎不相符。其实,这不难理解,因为本报告的高管薪酬指数是基于企业业绩计算出来的。高管薪酬不高,却激励过度,实际反映了这些企业的业绩比较低下。

23.4 本 章 小 结

本章从所有制层面对 2829 家上市公司的高管薪酬指数和绝对值进行了统计和比较分析,主要结论如下:

(1) 从总体看,不论是高管薪酬指数还是绝对值,非国有控股公司都高于国有控股公司。随着国有股比例的提高,上市公司高管薪酬指数均值逐渐降低,就是说,国有股份比例越高,其高管薪酬相对于企业绩效来说就越低。但需要注意的是,高管薪酬指数低,并不一定意味着薪酬激励不足,还需要考虑垄断特别是政府赋予的垄断资源的影响。

从高管薪酬指数看,国有参股公司的高管薪酬指数均值最高(2015 年是无国有股份公司的高管薪酬指数均值最高);国有强相对控股公司的薪酬激励程度相对更为适中(2015 年是国有强相对控股公司和国有弱相对控股公司的高管薪酬激励程度相对更为适中)。从上市公司高管薪酬指数的平均值和中位值来看,非国有控股公司都远高于国有控股公司,但两者的差异程度比 2015 年大幅缩小。就标准差来看,国有参股公司高管薪酬指数的离散程度最高。

从高管薪酬激励区间看,国有参股公司高管薪酬激励适中的比例最高,但与无国有股份公司高管薪酬激励适中比例很接近,国有绝对控股公司高管薪酬激励适中的比例最低;无国有股份公司高管薪酬激励过度的比例最高,两类非国有控股公司高管薪酬激励过度的比例都远超 25% 的标准比例;国有绝对控股公司高管薪酬激励不足的比例最高,三类国有控股公司高管薪酬激励不足的比例都超过或远超 25% 的标准比例。

从高管薪酬绝对值看,国有参股公司高管薪酬最高,与 2015 年相比没有变化。在激励适中区间,国有强相对控股公司高管薪酬均值最高,最低是无国有股份公司;在激励过度区间,国有参股公司高管薪酬均值最高,最低是国有弱相对控股公司;在激励不足区间,国有弱相对控股公司高管薪酬均值最高,最低是无国有股份公司。

（2）从地区看,从高管薪酬指数比较,四个地区国有控股公司的高管薪酬指数均值和中位值都远低于非国有控股公司;东部非国有控股公司高管薪酬指数均值最大,西部非国有控股公司高管薪酬指数均值最小;东部国有控股公司高管薪酬指数均值最大,中部国有控股公司高管薪酬指数均值最小。

从激励区间比较,东部、中部、东北地区国有控股公司高管薪酬激励适中比例都低于非国有控股公司,四个地区国有控股公司薪酬激励适中比例都低于50％的标准比例;四个地区国有控股公司高管薪酬激励过度比例均低于非国有控股公司,前者都远低于25％的标准比例,后者都远高于25％的标准比例;四个地区国有控股公司高管薪酬激励不足比例均高于非国有控股公司,也都远高于25％的标准比例。各地区国有控股公司和非国有控股公司高管薪酬激励适中的比例差距较小,而激励过度与激励不足比例相差则较大,但相比2015年,这两类公司薪酬过度的比例相差的倍数减小了。

从高管薪酬绝对值角度比较,在激励适中区间,东部和东北两个地区国有控股公司高管薪酬均值都高于非国有控股公司,而中部和西部两个地区则相反;在激励过度区间,四个地区国有控股公司高管薪酬均值都大幅度或较大幅度低于非国有控股公司;在激励不足区间,东部和中部两个地区国有控股公司高管薪酬均值大于非国有控股公司,而西部和东北两个地区则相反。

（3）从行业看,六个代表性行业国有控股公司高管薪酬指数均值和绝对值均值都远低于非国有控股公司,其中金融业两类公司高管薪酬指数均值差距最大,信息传输、软件和信息技术服务业两类公司高管薪酬绝对值均值差距最大。在不同的激励区间,六个行业国有控股公司和非国有控股公司的高管薪酬有不尽相同的表现。其中在激励过度区间,六个行业的国有控股公司高管薪酬均值都低于非国有控股公司。需要注意的是,在房地产业,出现了激励过度区间高管薪酬不高的现象,这实际反映了这些企业的业绩比较低下。

第 24 章

高管薪酬及指数的年度比较(2012～2016)

2010 年、2011 年、2013 年和 2016 年,我们对 2009 年、2010 年、2012 年和 2015 年四个年度中国上市公司高管薪酬合理化水平进行了四次测度,今年是第五次测度。本章将从总体、地区、行业、所有制四个角度,并结合四分之一分位法所划分的激励适中、激励过度和激励不足三个激励区间,来比较分析 2012 年、2015 年和 2016 年三个年度中国上市公司高管薪酬合理化程度和绝对水平,以便了解高管薪酬合理化水平的变化情况,以期对高管薪酬有更加完善的认识。需要注意的是,在比较三个年度高管薪酬绝对额时,不考虑通货膨胀因素。

24.1　高管薪酬的年度比较

2012 年,样本上市公司共 2310 家;2015 年,样本上市公司增加至 2632 家;2016 年,样本上市公司增加至 2829 家。本节将从总体、地区、行业和所有制这四个角度,来比较 2012 年、2015 年和 2016 年样本上市公司高管薪酬的变化情况。

24.1.1　高管薪酬总体的年度比较

表 24-1 列示了 2012 年度、2015 年度和 2016 年度高管薪酬的变化情况。

表 24-1　2012～2016 年上市公司高管薪酬比较　　　　　　单位:万元

年　份	样本量	平均值	中位值	最大值	最小值	标准差
2012	2310	63.61	46.73	1458.33	3.40	68.56
2015	2632	353.08	56.31	21279.59	0.28	1248.15
2016	2829	296.76	57.17	44949.18	4.00	1611.09
四年增幅		233.15	10.44	43490.85	0.60	—
年均增长率(%)		46.97	5.17	135.62	4.15	—
比上年增幅		−56.32	0.86	23669.59	3.72	—
比上年增长率(%)		−15.95	1.53	111.23	1328.57	—

注:(1)薪酬增幅误差源于四舍五入;(2)"比上年增幅"和"比上年增长率"均指 2016 年与 2015 年的比较。

从表 24‑1 可以看出,2012 年上市公司高管薪酬均值为 63.61 万元,2016 年增长为 296.76 万元,高管薪酬年均增长率为 46.97%,增长率很高。从最大值来看,2012 年上市公司高管薪酬最大值为 1458.33 万元,而 2016 年则为 44949.18 万元,年均增长 135.62%,增长率非常高。从最小值来看,2012 年上市公司高管薪酬最小值为 3.40 万元,2016 年为 4.00 万元,年均增长 4.15%。可以看出,上市公司高管薪酬出现两极化态势。与 2015 年相比,2016 年上市公司高管薪酬均值减少 56.32 万元,下降 15.95%;但最大值和最小值增幅明显,结合 2016 年标准差显著高于 2015 年,说明 2016 年不同公司高管薪酬差距加大。从高管薪酬指数均值看,2012 年、2015 年和 2016 年分别是 130.4863、312.7365 和 359.6567,呈不断上升趋势,而 2016 年的高管薪酬均值下降幅度较大,这无疑说明,高管薪酬激励的下降带来了更大幅度的公司业绩的下降。当然,高管薪酬激励下降并不是公司业绩下降的唯一原因。

24.1.2　分地区高管薪酬的年度比较

依然按照东部、中部、西部和东北四个地区的划分,我们对 2012 年、2015 年和 2016 年上市公司高管薪酬的变化情况进行比较,如表 24‑2 所示。

表 24‑2　2012～2016 年不同地区上市公司高管薪酬比较　　　　单位: 万元

地　区	年　份	平　均　值	中　位　值	最　大　值	最　小　值	标　准　差
东部	2012	69.70	52.00	1458.33	3.40	73.77
	2015	421.68	63.67	21279.59	0.28	1369.85
	2016	371.81	63.83	44949.18	4.10	1916.07
	四年增幅	302.11	11.83	43490.85	0.70	—
	年均增长率(%)	51.97	5.26	135.62	4.79	—
	比上年增幅	−49.87	0.16	23669.59	3.82	—
	比上年增长率(%)	−11.83	0.25	111.23	1364.29	—
中部	2012	53.41	39.71	776.49	4.40	65.64
	2015	300.38	46.74	15886.32	5.90	1174.36
	2016	187.20	45.70	8748.80	6.25	758.01
	四年增幅	133.79	5.99	7972.31	1.85	—
	年均增长率(%)	36.83	3.57	83.21	9.17	—
	比上年增幅	−113.18	−1.04	−7137.52	0.35	—
	比上年增长率(%)	−37.68	−2.23	−44.93	5.93	—
西部	2012	50.03	37.65	475.92	3.75	45.51
	2015	168.43	42.45	11516.72	2.85	775.46
	2016	114.02	46.37	10620.94	4.00	596.14

续　表

地　区	年　份	平　均　值	中　位　值	最　大　值	最　小　值	标　准　差
西部	四年增幅	63.99	8.72	10145.02	0.25	—
	年均增长率(%)	22.87	5.35	117.35	1.63	—
	比上年增幅	−54.41	3.92	−895.78	1.15	—
	比上年增长率(%)	−32.30	9.23	−7.78	40.35	—
东北	2012	57.54	41.20	318.63	5.57	55.77
	2015	145.06	45.07	8165.55	4.55	709.29
	2016	137.21	46.76	4215.32	9.77	530.41
	四年增幅	79.67	5.56	3896.69	4.20	—
	年均增长率(%)	24.27	3.22	90.72	15.08	—
	比上年增幅	−7.85	1.69	−3950.23	5.22	—
	比上年增长率(%)	−5.41	3.75	−48.38	114.73	—

注:(1)薪酬增幅误差源于四舍五入;(2)"比上年增幅"和"比上年增长率"均指 2016 年与 2015 年的比较。

从表 24-2 可以看出,2012～2016 年,四个地区上市公司高管薪酬均值总体都呈现上涨态势,而且年均增长率都超过了 20%。东部地区高管薪酬均值年均增长率最高,达到 51.97%;排名第二的中部地区年均增长率为 36.83%;东北地区排名第三,年均增长率为 24.27%;西部地区年均增长率最低,为 22.87%。

图 24-1 更为直观地显示了四个地区 2012～2016 年上市公司高管薪酬均值四年增幅和年均增长率的比较结果。很明显,四个地区上市公司高管薪酬都有所增长,增长幅度和年均增长率从高到低依次都是东部、中部、东北和西部。

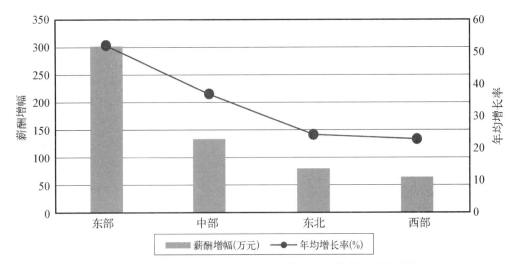

图 24-1　2012～2016 年不同地区上市公司高管薪酬均值比较

　　与 2015 年相比,2016 年四个地区的上市公司高管薪酬均值都下降;中部地区降幅最大,减少 113.18 万元,下降 37.68％;西部次之,下降 32.30％;东部和东北地区降幅不大,分别下降 11.83％和 5.41％。

　　图 24‑2 显示了四个地区 2015 年和 2016 年上市公司高管薪酬均值的比较结果。很明显,四个地区上市公司高管薪酬均值都出现下降,降低幅度和增长率从高到低依次都是中部、西部、东部和东北。

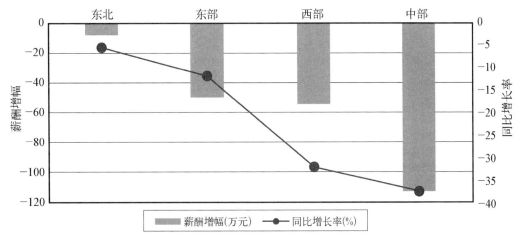

图 24‑2　2015 年和 2016 年不同地区上市公司高管薪酬均值比较

24.1.3　分行业高管薪酬的年度比较

　　各行业在不同年度的经营状况不一,高管薪酬也会受到影响,我们比较了 2012 年、2015 年和 2016 年上市公司高管薪酬在不同行业的变化情况,如表 24‑3 所示。

表 24‑3　2012~2016 年不同行业上市公司高管薪酬比较　　　　　单位:万元

行　业	年　份	平 均 值	中 位 值	最 大 值	最 小 值	标 准 差
农、林、牧、渔 业(A)	2012	40.39	36.58	115.82	10.40	26.77
	2015	92.25	36.23	1496.30	10.89	243.77
	2016	145.97	38.81	3578.69	12.00	538.24
	四年增幅	105.58	2.23	3462.87	1.60	—
	年均增长率(％)	37.88	1.49	135.77	3.64	—
	比上年增幅	53.72	2.58	2082.39	1.11	—
	比上年增长率(％)	58.23	7.12	139.17	10.19	—
采矿业(B)	2012	77.63	61.05	606.52	6.67	85.07
	2015	59.80	50.14	322.98	7.33	46.71
	2016	58.88	47.24	298.78	5.67	44.39

行 业	年 份	平均值	中位值	最大值	最小值	标准差
采矿业(B)	四年增幅	−18.75	−13.81	−307.74	−1.00	—
	年均增长率(%)	−6.68	−6.21	−16.22	−3.98	—
	比上年增幅	−0.92	−2.90	−24.20	−1.66	—
	比上年增长率(%)	−1.54	−5.78	−7.49	−22.65	—
制造业(C)	2012	55.25	42.55	776.49	4.06	52.23
	2015	317.41	52.69	15886.32	4.00	1086.28
	2016	247.16	53.80	32067.83	4.00	1248.09
	四年增幅	191.91	11.25	31291.34	−0.06	—
	年均增长率(%)	45.43	6.04	153.50	−0.37	—
	比上年增幅	−70.25	1.11	16181.51	0.00	—
	比上年增长率(%)	−22.13	2.11	101.86	0.00	—
电力、热力、燃气及水生产和供应业(D)	2012	52.34	46.60	184.38	13.53	24.93
	2015	92.59	51.29	1593.43	14.84	215.34
	2016	63.81	52.41	374.14	14.84	47.71
	四年增幅	11.47	5.81	189.76	1.31	—
	年均增长率(%)	5.08	2.98	19.35	2.34	—
	比上年增幅	−28.78	1.12	−1219.29	0.00	—
	比上年增长率(%)	−31.08	2.18	−76.52	0.00	—
建筑业(E)	2012	64.99	57.59	250.00	10.33	43.99
	2015	327.19	59.78	7122.32	5.90	964.08
	2016	222.57	63.39	4318.98	10.03	662.00
	四年增幅	157.58	5.80	4068.98	−0.30	—
	年均增长率(%)	36.04	2.43	103.87	−0.73	—
	比上年增幅	−104.62	3.61	−2803.34	4.13	—
	比上年增长率(%)	−31.98	6.04	−39.36	70.00	—
批发和零售业(F)	2012	71.47	55.29	318.63	3.40	59.00
	2015	169.04	63.42	5374.04	9.00	545.75
	2016	144.87	68.72	3330.83	14.71	384.67
	四年增幅	73.40	13.43	3012.20	11.31	—
	年均增长率(%)	19.32	5.59	79.81	44.22	—
	比上年增幅	−24.17	5.30	−2043.21	5.71	—
	比上年增长率(%)	−14.30	8.36	−38.02	63.44	—

行　业	年　份	平 均 值	中 位 值	最 大 值	最 小 值	标 准 差
交通运输、仓储和邮政业(G)	2012	66.22	59.97	242.03	21.35	37.78
	2015	148.22	53.90	4369.24	20.47	533.33
	2016	74.87	54.98	527.25	6.25	70.10
	四年增幅	8.65	−4.99	285.22	−15.10	—
	年均增长率(%)	3.12	−2.15	21.49	−26.44	—
	比上年增幅	−73.35	1.08	−3841.99	−14.22	—
	比上年增长率(%)	−49.49	2.00	−87.93	−69.47	—
住宿和餐饮业(H)	2012	57.95	46.76	145.59	17.34	36.45
	2015	55.54	65.88	97.80	24.22	23.60
	2016	89.48	53.20	420.94	22.70	112.38
	四年增幅	31.53	6.44	275.35	5.36	—
	年均增长率(%)	11.47	3.28	30.40	6.97	—
	比上年增幅	33.94	−12.68	323.14	−1.52	—
	比上年增长率(%)	61.11	−19.25	330.41	−6.28	—
信息传输、软件和信息技术服务业(I)	2012	60.10	52.24	442.27	12.00	52.11
	2015	1241.85	81.00	14571.50	19.31	2585.70
	2016	1087.41	65.46	44949.18	4.13	4416.94
	四年增幅	1027.31	13.22	44506.91	−7.87	—
	年均增长率(%)	106.24	5.80	217.51	−23.41	—
	比上年增幅	−154.44	−15.54	30377.68	−15.18	—
	比上年增长率(%)	−12.44	−19.19	208.47	−78.61	—
金融业(J)	2012	232.95	212.83	701.33	37.80	135.01
	2015	297.09	244.06	1060.12	57.28	214.47
	2016	286.20	183.56	1097.75	13.67	244.13
	四年增幅	53.25	−29.27	396.42	−24.13	—
	年均增长率(%)	5.28	−3.63	11.85	−22.45	—
	比上年增幅	−10.89	−60.50	37.63	−43.61	—
	比上年增长率(%)	−3.67	−24.79	3.55	−76.13	—
房地产业(K)	2012	101.75	66.30	1458.33	6.33	144.63
	2015	600.92	73.43	21279.59	0.28	2395.45
	2016	405.83	100.00	12398.54	5.13	1552.05
	四年增幅	304.08	33.70	10940.21	−1.20	—

行 业	年 份	平均值	中位值	最大值	最小值	标准差
房地产业(K)	年均增长率(%)	41.32	10.82	70.76	−5.12	—
	比上年增幅	−195.09	26.57	−8881.05	4.85	—
	比上年增长率(%)	−32.47	36.18	−41.74	1732.14	—
租赁和商务服务业(L)	2012	71.85	60.76	287.33	33.98	55.34
	2015	363.28	71.69	3974.03	28.03	865.35
	2016	618.21	69.84	21223.59	20.48	3342.32
	四年增幅	546.36	9.08	20936.26	−13.50	—
	年均增长率(%)	71.27	3.54	193.16	−11.89	—
	比上年增幅	254.93	−1.85	17249.56	−7.55	—
	比上年增长率(%)	70.17	−2.58	434.06	−26.94	—
科学研究和技术服务业(M)	2012	67.43	75.80	95.77	31.08	24.16
	2015	426.29	88.61	2849.15	23.29	830.41
	2016	506.27	76.75	5453.50	9.36	1246.76
	四年增幅	438.84	0.95	5357.73	−21.72	—
	年均增长率(%)	65.53	0.31	174.70	−25.92	—
	比上年增幅	79.98	−11.86	2604.35	−13.93	—
	比上年增长率(%)	18.76	−13.38	91.41	−59.81	—
水利、环境和公共设施管理业(N)	2012	42.44	36.55	116.71	17.82	22.39
	2015	292.36	49.46	3458.73	16.64	719.79
	2016	296.46	47.73	6138.88	16.45	1099.74
	四年增幅	254.02	11.18	6022.17	−1.37	—
	年均增长率(%)	62.57	6.90	169.31	−1.98	—
	比上年增幅	4.10	−1.73	2680.15	−0.19	—
	比上年增长率(%)	1.40	−3.50	77.49	−1.14	—
卫生和社会工作(Q)	2012	60.33	48.67	92.33	40.00	28.05
	2015	1625.62	1369.83	3734.27	28.55	1876.52
	2016	2299.06	128.77	6914.86	18.91	2945.45
	四年增幅	2238.73	80.10	6822.53	−21.09	—
	年均增长率(%)	148.46	27.54	194.18	−17.08	—
	比上年增幅	673.44	−1241.06	3180.59	−9.64	—
	比上年增长率(%)	41.43	−90.60	85.17	−33.77	—

续　表

行　　业	年　　份	平 均 值	中 位 值	最 大 值	最 小 值	标 准 差
文化、体育和娱乐业(R)	2012	73.75	63.13	201.55	28.42	43.72
	2015	459.99	65.88	7489.67	22.82	1515.39
	2016	340.46	59.38	5468.16	15.33	1093.07
	四年增幅	266.71	−3.75	5266.61	−13.09	—
	年均增长率(%)	46.58	−1.52	128.23	−14.30	—
	比上年增幅	−119.53	−6.50	−2021.51	−7.49	—
	比上年增长率(%)	−25.99	−9.87	−26.99	−32.82	—
综合(S)	2012	57.60	59.34	125.35	16.57	32.34
	2015	243.41	61.23	3474.06	2.85	718.00
	2016	191.83	59.25	2939.33	17.75	600.18
	四年增幅	134.23	−0.09	2813.98	1.18	—
	年均增长率(%)	35.09	−0.04	120.05	1.73	—
	比上年增幅	−51.58	−1.98	−534.73	14.90	—
	比上年增长率(%)	−21.19	−3.23	−15.39	522.81	—

注：(1) 薪酬增幅误差源于四舍五入；(2) "比上年增幅"和"比上年增长率"均指 2016 年与 2015 年的比较；(3) 由于教育行业(P)2012 年和 2015 年只有 1 家上市公司，2016 年也只有 3 家上市公司，代表性不足，故没有纳入比较。

从表 24-3 可以看出，2012～2016 年，绝大部分行业的上市公司高管薪酬均值都有较大幅度增长。其中卫生和社会工作(Q)，信息传输、软件和信息技术服务业(I)两个行业的薪酬增幅和年均增长率都位列前两位，薪酬增幅分别为 2238.73 万元和 1027.31 万元，年均增长率分别为 148.46% 和 106.24%，不论是薪酬增幅还是年均增长率，都远超其他行业。只有采矿业(B)上市公司高管薪酬均值是下降的，降幅为 18.75 万元，下降 6.68%。

图 24-3 更直观地描绘了不同行业 2012～2016 年上市公司高管薪酬均值四年增幅和年均增长率的变化情况，可以看出，增幅最大的三个行业分别是卫生和社会工作(Q)，信息传输、软件和信息技术服务业(I)，租赁和商务服务业(L)；增幅最小的三个行业分别是采矿业(B)，交通运输、仓储和邮政业(G)，电力、热力、燃气及水生产和供应业(D)。

与 2015 年相比，2016 年有 6 个行业的上市公司高管薪酬均值上升，包括卫生和社会工作(Q)，租赁和商务服务业(L)，科学研究和技术服务业(M)，农、林、牧、渔业(A)，住宿和餐饮业(H)，水利、环境和公共设施管理业(N)。增幅最大的是卫生和社会工作(Q)，达到 673.44 万元，增长率为 41.43%；增长率最高的是租赁和商务服务业(L)，达到 70.17%，高管薪酬均值达到 618.21 万元，位居各行业第三；增幅和增长率最小的是水利、环境和公共设施管理业(N)，增幅和增长率分别为 4.10 万元和 1.40%。其余 11 个行业的上市公司高管薪酬均值出现下降，降幅最大的是房地产业(K)，降幅为 195.09 万元，下降 32.47%；下降速度最大的是交通运输、仓储和邮政业(G)，下降 49.49%。

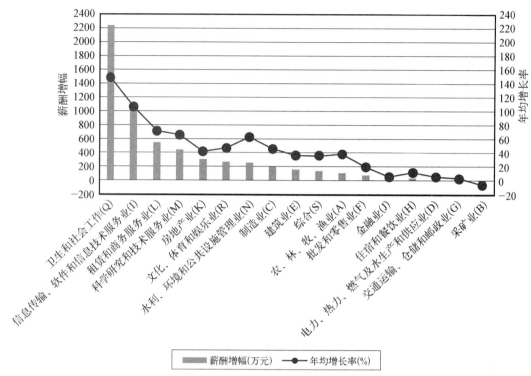

图 24-3 2012~2016 年不同行业上市公司高管薪酬均值比较

图 24-4 描绘了不同行业 2015 年和 2016 年上市公司高管薪酬增幅和年均增长率的变化情况,可以看出,17 个行业的高管薪酬增幅和年均增长率不都是一致的。

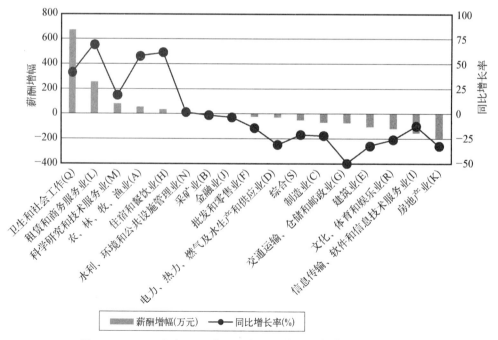

图 24-4 2015 年和 2016 年不同行业上市公司高管薪酬均值比较

24.1.4　分所有制高管薪酬的年度比较

不同的所有制会对上市公司高管薪酬产生影响。表 24 - 4 比较了 2012 年、2015 年和 2016 年不同所有制上市公司高管薪酬的变化情况。

表 24 - 4　2012～2016 年不同所有制上市公司高管薪酬比较　　　单位：万元

所有制类型	年　份	平均值	中位值	最大值	最小值	标准差
国有绝对控股公司	2012	64.55	55.79	275.74	7.42	42.10
	2015	138.22	58.51	7122.32	4.55	583.28
	2016	125.62	61.28	9945.76	6.10	652.30
	四年增幅	61.07	5.49	9670.02	−1.32	—
	年均增长率(%)	18.11	2.37	145.07	−4.78	—
	比上年增幅	−12.60	2.77	2823.44	1.55	—
	比上年增长率(%)	−9.12	4.73	39.64	34.07	—
国有强相对控股公司	2012	66.31	48.35	569.40	5.57	60.60
	2015	132.18	52.90	14117.13	6.30	737.81
	2016	153.27	57.80	9921.61	6.31	724.92
	四年增幅	86.96	9.45	9352.21	0.74	—
	年均增长率(%)	23.30	4.56	104.31	3.17	—
	比上年增幅	21.09	4.90	−4195.52	0.01	—
	比上年增长率(%)	15.96	9.26	−29.72	0.16	—
国有弱相对控股公司	2012	75.16	47.72	1458.33	6.00	109.49
	2015	163.65	55.31	10742.96	7.63	830.60
	2016	136.76	54.06	8748.80	4.10	560.81
	四年增幅	61.60	6.34	7290.47	−1.90	—
	年均增长率(%)	16.14	3.17	56.50	−9.08	—
	比上年增幅	−26.89	−1.25	−1994.16	−3.53	—
	比上年增长率(%)	−16.43	−2.26	−18.56	−46.26	—
国有参股公司	2012	64.58	46.52	530.00	3.40	65.45
	2015	550.26	63.96	15265.87	4.67	1622.66
	2016	500.06	61.56	44949.18	5.20	2600.32
	四年增幅	435.48	15.04	44419.18	1.80	—
	年均增长率(%)	66.81	7.25	203.47	11.21	—
	比上年增幅	−50.20	−2.40	29683.31	0.53	—
	比上年增长率(%)	−9.12	−3.75	194.44	11.35	—

续 表

所有制类型	年 份	平 均 值	中 位 值	最 大 值	最 小 值	标 准 差
无国有股份公司	2012	58.17	43.68	776.49	3.75	61.17
	2015	446.83	54.38	21279.59	0.28	1371.92
	2016	310.82	54.67	25880.05	4.00	1372.37
	四年增幅	252.65	10.99	25103.56	0.25	—
	年均增长率(%)	52.04	5.77	140.27	1.63	—
	比上年增幅	−136.01	0.29	4600.46	3.72	—
	比上年增长率(%)	−30.44	0.53	21.62	1328.57	—

注：(1) 薪酬增幅误差源于四舍五入；(2) "比上年增幅"和"比上年增长率"均指 2016 年与 2015 年的比较。

由表 24-4 可知，2012～2016 年，五类所有制上市公司高管薪酬都处于增长态势。其中，国有参股公司高管薪酬均值增幅和年均增长率都是最高的，分别为 435.48 万元和 66.81%；其次是无国有股份公司，薪酬均值增幅和年均增长率分别为 252.65 万元和 52.04%，这两类公司高管薪酬均值增幅和年均增长率都远超其他三类公司。高管薪酬均值增幅最低的是国有绝对控股公司，为 61.07 万元，年均增长 18.11%；年均增长率最低的是国有弱相对控股公司，为 16.14%，增幅为 61.60 万元。

图 24-5 更加直观地描绘了 2012～2016 年不同所有制上市公司高管薪酬均值和年均增长率的变化情况。可以看出，三类国有控股公司的高管薪酬增幅相差不大，这与对国有企业的限薪不无关系。

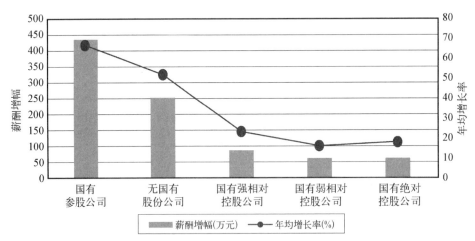

图 24-5 2012～2016 年不同所有制上市公司高管薪酬均值比较

与 2015 年相比，2016 年只有国有强相对控股公司高管薪酬均值增长，增幅为 21.09 万元，增长率为 15.96%；其余四类所有制上市公司高管薪酬都出现下降，降幅最大的是无国有股份公司，达到 136.01 万元，下降 30.44%，降低程度也是最大的。

图 24-6 描绘了 2015 年和 2016 年不同所有制上市公司高管薪酬均值和年均增长率的

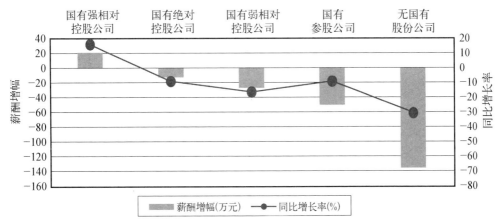

图 24-6　2015 年和 2016 年不同所有制上市公司高管薪酬均值比较

变化情况。可以看出,除了国有强相对控股公司高管薪酬均值出现上升外,其他四类公司都出现程度不同的下降,其中无国有股份公司高管薪酬均值下降幅度明显高于其他三类公司。

我们进一步将国有绝对控股公司、国有强相对控股公司和国有弱相对控股公司归类为国有控股公司,将国有参股公司和无国有股份公司归类为非国有控股公司,表 24-5 比较了2012～2016 年国有控股公司和非国有控股公司高管薪酬的变化情况。

表 24-5　2012～2016 年国有控股与非国有控股上市公司高管薪酬比较　　　单位:万元

所有制类型	年　份	平　均　值	中　位　值	最　大　值	最　小　值	标　准　差
国有控股公司	2012	68.61	51.67	1458.33	45.57	75.97
	2015	142.69	55.36	14117.13	4.55	724.95
	2016	141.14	56.70	9945.76	4.10	656.87
	四年增幅	72.53	5.03	8487.43	-41.47	—
	年均增长率(%)	19.76	2.35	61.60	-45.23	—
	比上年增幅	-1.55	1.34	-4171.37	-0.45	—
	比上年增长率(%)	-1.09	2.42	-29.55	-9.89	—
非国有控股公司	2012	60.01	44.57	776.49	3.40	62.47
	2015	485.15	57.11	21279.59	0.28	1470.15
	2016	385.05	57.32	44949.18	4.00	1950.06
	四年增幅	325.04	12.75	44172.69	0.60	—
	年均增长率(%)	59.16	6.49	175.83	4.15	—
	比上年增幅	-100.10	0.21	23669.59	3.72	—
	比上年增长率(%)	-20.63	0.37	111.23	1328.57	—

注:(1)薪酬增幅误差源于四舍五入;(2)"比上年增幅"和"比上年增长率"均指 2016 年与 2015 年的比较。

从表 24-5 可以看出,2012～2016 年,非国有控股公司高管薪酬不论是增幅还是年均增长率都显著高于国有控股公司。从平均值来看,四年中国有控股公司高管薪酬均值增长了72.53万元,年均增长19.76％;而非国有控股公司高管薪酬均值则增长325.04万元,年均增长59.16％。2012年,国有控股公司高管薪酬的最大值远大于非国有控股公司,但2016年,国有控股公司高管薪酬的最大值则远小于非国有控股公司。与2015年相比,2016年国有控股公司和非国有控股公司高管薪酬均值都出现下降,非国有控股公司降幅大于国有控股公司,达到100.10万元,下降20.63％;国有控股公司降幅为1.55万元,下降1.09％,只是轻微降低。从最小值看,2016年非国有控股公司与国有控股公司非常接近。这意味着,非国有控股公司高管薪酬的公司间差距比较大。相比2015年,尽管2016年非国有控股公司高管薪酬均值下降幅度较大,但仍然远高于国有控股公司,是国有控股公司的2.73倍。

24.2　高管薪酬指数的年度比较

本节将从总体、地区、行业和所有制这四个角度,来比较2012年、2015年和2016年样本上市公司高管薪酬指数的变化情况。

24.2.1　高管薪酬指数总体的年度比较

表24-6列示了2012年、2015年和2016年高管薪酬指数的变化情况。

表24-6　2012～2016年上市公司高管薪酬指数比较

年　份	样本量	平均值	中位值	最大值	最小值	标准差
2012	2310	130.49	55.90	9915.94	0.08	388.89
2015	2632	312.74	45.86	36435.07	0.04	1273.12
2016	2829	359.66	71.83	33265.41	0.05	1477.77
四年增幅		229.17	15.93	23349.47	−0.03	—
年均增长率(％)		28.85	6.47	35.34	−11.09	—
比上年增幅		46.92	25.97	−3169.66	0.01	—
比上年增长率(％)		15.00	56.63	−8.70	25.00	—

注:(1)薪酬指数增幅误差源于四舍五入;(2)"比上年增幅"和"比上年增长率"均指2016年与2015年的比较。

从表24-6可以看出,2012年上市公司高管薪酬指数均值为130.49分,2015年增长为312.74分,2016年进一步增长为359.66分,呈不断增长趋势,年均增长率为28.85％。从最大值来看,2012年上市公司高管薪酬指数最大值为9915.94分,而2016年则为33265.41分,年均增长35.34％。从最小值来看,2012年上市公司高管薪酬指数最小值为0.08,2016年为0.05,年均下降0.03％。与2015年相比,2016年上市公司高管薪酬指数均值增加46.92分,增长15.00％;但最大值下降,降幅为8.70％。

24.2.2　分地区高管薪酬指数的年度比较

按照东部、中部、西部和东北四个地区的划分,我们对 2012 年、2015 年和 2016 年上市公司高管薪酬指数的变化情况进行比较,如表 24-7 所示。

表 24-7　2012~2016 年不同地区上市公司高管薪酬指数比较

地　区	年　份	平　均　值	中　位　值	最　大　值	最　小　值	标　准　差
东部	2012	141.95	62.52	9915.94	0.08	447.87
	2015	349.09	51.47	27041.71	0.04	1211.27
	2016	414.85	79.05	33265.41	0.05	1687.02
	四年增幅	272.90	16.53	23349.47	−0.03	—
	年均增长率(%)	30.75	6.04	35.34	−11.09	—
	比上年增幅	65.76	27.58	6223.70	0.01	—
	比上年增长率(%)	18.84	53.58	23.02	25.00	—
中部	2012	92.76	38.16	2874.93	0.54	208.83
	2015	312.31	33.57	36435.07	0.36	1965.00
	2016	256.28	50.32	8216.81	0.24	833.42
	四年增幅	163.52	12.16	5341.88	−0.30	—
	年均增长率(%)	28.93	7.16	30.02	−18.35	—
	比上年增幅	−56.03	16.75	−28218.26	−0.12	—
	比上年增长率(%)	−17.94	49.90	−77.45	−33.33	—
西部	2012	126.19	52.33	3120.32	0.50	299.88
	2015	204.42	37.77	10109.06	0.39	778.48
	2016	225.18	66.10	10421.23	1.01	788.35
	四年增幅	98.99	13.77	7300.91	0.51	—
	年均增长率(%)	15.58	6.01	35.19	19.22	—
	比上年增幅	20.76	28.33	312.17	0.62	—
	比上年增长率(%)	10.16	75.01	3.09	158.97	—
东北	2012	112.43	56.13	1424.01	0.72	188.43
	2015	157.29	32.40	3785.35	0.45	511.68
	2016	304.91	49.05	15409.28	1.73	1403.50
	四年增幅	192.48	−7.08	13985.27	1.01	—
	年均增长率(%)	28.33	−3.31	81.37	24.50	—
	比上年增幅	147.62	16.65	11623.93	1.28	—
	比上年增长率(%)	93.85	51.39	307.08	284.44	—

注:(1) 薪酬指数增幅误差源于四舍五入;(2) "比上年增幅"和"比上年增长率"均指 2016 年与 2015 年的比较。

　　从表 24－7 可以看出,2012～2016 年,四个地区上市公司高管薪酬指数均值总体都呈现上涨态势,而且年均增长率都超过了 15%。东部地区高管薪酬指数均值年均增长率最高,达到 30.75%;排名第二的中部地区年均增长率为 28.93%;东北地区排名第三,年均增长率为 28.33%;西部地区年均增长率最低,为 15.58%。

　　图 24－7 更为直观地显示了四个地区 2012～2016 年上市公司高管薪酬指数均值四年增幅和年均增长率的比较结果。很明显,四个地区上市公司高管薪酬指数都有所增长,增长幅度从高到低依次是东部、东北、中部和西部,年均增长率从高到低依次是东部、中部、东北和西部。

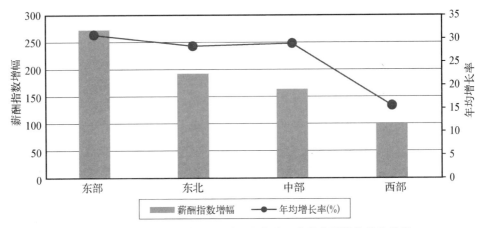

图 24－7　2012～2016 年不同地区上市公司高管薪酬指数均值比较

　　与 2015 年相比,2016 年中部地区的上市公司高管薪酬指数均值下降,减少 56.03 分,下降 17.94%;其他三个地区的上市公司高管薪酬指数均值都上升;东北地区升幅最大,上升 147.62 分,提高 93.85%;东部和西部升幅较小,分别提高 18.84% 和 10.16%。

　　图 24－8 显示了四个地区 2015 年和 2016 年上市公司高管薪酬指数均值的比较结果。很明显,一个地区下降,三个地区上升,增加幅度和增长率从高到低依次都是东北、东部、西部和中部。

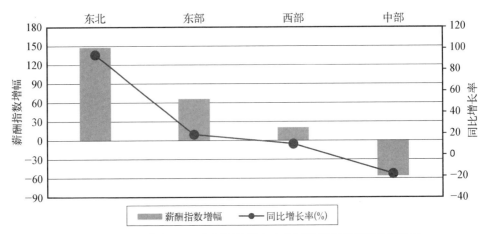

图 24－8　2015 年和 2016 年不同地区上市公司高管薪酬指数均值比较

24.2.3　分行业高管薪酬指数的年度比较

各行业在不同年度的经营状况不一,高管薪酬指数也会受到影响,我们比较了 2012 年、2015 年和 2016 年上市公司高管薪酬指数在不同行业的变化情况,如表 24-8 所示。

表 24-8　2012～2016 年不同行业上市公司高管薪酬指数比较

行　业	年　份	平均值	中位值	最大值	最小值	标准差
农、林、牧、渔业(A)	2012	94.69	71.93	367.25	5.54	87.54
	2015	149.75	38.67	3100.01	6.20	478.38
	2016	272.72	56.80	4888.34	6.56	766.29
	四年增幅	178.03	−15.13	4521.09	1.02	—
	年均增长率(%)	30.27	−5.73	91.01	4.32	—
	比上年增幅	122.97	18.13	1788.33	0.36	—
	比上年增长率(%)	82.12	46.88	57.69	5.81	—
采矿业(B)	2012	86.06	18.65	1093.37	0.08	191.12
	2015	107.70	16.81	1681.71	0.04	281.19
	2016	263.36	24.90	10421.23	0.08	1229.48
	四年增幅	177.30	6.25	9327.86	0.00	—
	年均增长率(%)	32.26	7.49	75.71	0.00	—
	比上年增幅	155.66	8.09	8739.52	0.04	—
	比上年增长率(%)	144.53	48.13	519.68	100.00	—
制造业(C)	2012	108.59	56.89	5002.34	0.46	250.43
	2015	286.62	49.39	36435.07	0.36	1223.93
	2016	309.18	76.69	15409.28	0.38	1107.35
	四年增幅	200.59	19.80	10406.94	−0.08	—
	年均增长率(%)	29.90	7.75	32.48	−4.66	—
	比上年增幅	22.56	27.30	−21025.79	0.02	—
	比上年增长率(%)	7.87	55.27	−57.71	5.56	—
电力、热力、燃气及水生产和供应业(D)	2012	77.13	32.63	1592.90	1.15	186.79
	2015	65.06	24.26	2092.35	0.89	226.91
	2016	69.31	42.67	533.08	1.53	88.27
	四年增幅	−7.82	10.04	−1059.82	0.38	—
	年均增长率(%)	−2.64	6.94	−23.94	7.40	—
	比上年增幅	4.25	18.41	−1559.27	0.64	—
	比上年增长率(%)	6.53	75.89	−74.52	71.91	—

行　业	年　份	平　均　值	中　位　值	最　大　值	最　小　值	标　准　差
建筑业(E)	2012	38.78	28.37	207.01	0.27	39.91
	2015	102.80	16.69	1118.61	0.18	234.76
	2016	160.91	32.76	2078.38	0.23	371.83
	四年增幅	122.13	4.39	1871.37	−0.04	—
	年均增长率(%)	42.72	3.66	78.01	−3.93	—
	比上年增幅	58.11	16.07	959.77	0.05	—
	比上年增长率(%)	56.53	96.29	85.80	27.78	—
批发和零售业(F)	2012	74.44	23.77	1426.80	0.16	176.37
	2015	80.49	14.18	2284.88	0.25	249.32
	2016	115.55	25.34	4309.35	0.93	404.11
	四年增幅	41.11	1.57	2882.55	0.77	—
	年均增长率(%)	11.62	1.61	31.83	55.27	—
	比上年增幅	35.06	11.16	2024.47	0.68	—
	比上年增长率(%)	43.56	78.70	88.60	272.00	—
交通运输、仓储和邮政业(G)	2012	83.04	42.66	356.15	1.67	94.90
	2015	75.91	30.92	1626.96	0.91	199.27
	2016	80.68	36.46	602.47	0.24	111.74
	四年增幅	−2.36	−6.20	246.32	−1.43	—
	年均增长率(%)	−0.72	−3.85	14.04	−38.43	—
	比上年增幅	4.77	5.54	−1024.49	−0.67	—
	比上年增长率(%)	6.28	17.92	−62.97	−73.63	—
住宿和餐饮业(H)	2012	440.45	129.89	1898.26	28.23	626.64
	2015	429.10	120.41	2426.54	17.05	731.76
	2016	1039.39	180.80	3926.26	10.09	1384.93
	四年增幅	598.94	50.91	2028.00	−18.14	—
	年均增长率(%)	23.94	8.62	19.92	−22.68	—
	比上年增幅	610.29	60.39	1499.72	−6.96	—
	比上年增长率(%)	142.23	50.15	61.80	−40.82	—
信息传输、软件和信息技术服务业(I)	2012	232.35	169.83	3120.32	0.17	346.30
	2015	1434.90	158.08	27041.71	0.18	3082.57
	2016	1143.64	154.86	33265.41	0.05	3689.35

行　业	年　份	平均值	中位值	最大值	最小值	标准差
信息传输、软件和信息技术服务业(I)	四年增幅	911.29	−14.97	30145.09	−0.12	—
	年均增长率(%)	48.95	−2.28	80.70	−26.36	—
	比上年增幅	−291.26	−3.22	6223.70	−0.13	—
	比上年增长率(%)	−20.30	−2.04	23.02	−72.22	—
金融业(J)	2012	135.37	66.92	531.35	0.35	156.37
	2015	68.05	19.49	856.58	0.14	137.00
	2016	466.48	52.59	13093.76	0.18	1888.81
	四年增幅	331.11	−14.33	12562.41	−0.17	—
	年均增长率(%)	36.25	−5.85	122.80	−15.32	—
	比上年增幅	398.43	33.10	12237.18	0.04	—
	比上年增长率(%)	585.50	169.83	1428.61	28.57	—
房地产业(K)	2012	323.97	88.12	7838.23	6.32	896.59
	2015	276.46	51.64	4117.54	3.10	665.84
	2016	616.32	75.44	23985.03	2.49	2614.77
	四年增幅	292.35	−12.68	16146.80	−3.83	—
	年均增长率(%)	17.44	−3.81	32.26	−20.77	—
	比上年增幅	339.86	23.80	19867.49	−0.61	—
	比上年增长率(%)	122.93	46.09	482.51	−19.68	—
租赁和商务服务业(L)	2012	92.42	39.26	480.99	4.00	131.29
	2015	290.32	42.04	5579.22	1.72	1090.39
	2016	135.11	71.78	1084.69	1.77	214.35
	四年增幅	42.69	32.52	603.70	−2.23	—
	年均增长率(%)	9.96	16.28	22.54	−18.44	—
	比上年增幅	−155.21	29.74	−4494.53	0.05	—
	比上年增长率(%)	−53.46	70.74	−80.56	2.91	—
科学研究和技术服务业(M)	2012	231.02	126.89	483.28	29.71	170.83
	2015	382.75	164.83	3194.56	22.07	746.13
	2016	557.35	221.44	2856.70	27.67	691.46
	四年增幅	326.33	94.55	2373.42	−2.04	—
	年均增长率(%)	24.63	14.94	55.93	−1.76	—
	比上年增幅	174.60	56.61	−337.86	5.60	—
	比上年增长率(%)	45.62	34.34	−10.58	25.37	—

续 表

行 业	年 份	平均值	中位值	最大值	最小值	标准差
水利、环境和公共设施管理业(N)	2012	150.40	116.86	447.86	9.03	124.70
	2015	270.40	88.55	2630.57	5.80	512.74
	2016	388.33	117.94	5546.75	10.47	981.54
	四年增幅	237.93	1.08	5098.89	1.44	—
	年均增长率(%)	26.76	0.23	87.60	3.77	—
	比上年增幅	117.93	29.39	2916.18	4.67	—
	比上年增长率(%)	43.61	33.19	110.86	80.52	—
卫生和社会工作(Q)	2012	193.76	118.85	420.36	42.07	199.96
	2015	1266.44	761.88	3506.78	35.21	1639.78
	2016	2029.29	331.74	6901.27	32.11	2662.96
	四年增幅	1835.53	212.89	6480.91	−9.96	—
	年均增长率(%)	79.90	29.26	101.29	−6.53	—
	比上年增幅	762.85	−430.14	3394.49	−3.10	—
	比上年增长率(%)	60.24	−56.46	96.80	−8.80	—
文化、体育和娱乐业(R)	2012	112.00	84.90	638.19	13.25	143.42
	2015	332.79	59.00	3528.67	7.36	798.76
	2016	324.20	85.68	3434.90	7.30	754.31
	四年增幅	212.20	0.78	2796.71	−5.95	—
	年均增长率(%)	30.44	0.23	52.31	−13.85	—
	比上年增幅	−8.59	26.68	−93.77	−0.06	—
	比上年增长率(%)	−2.58	45.22	−2.66	−0.82	—
综合(S)	2012	850.70	118.05	9915.94	30.66	2171.55
	2015	553.81	79.88	6529.89	11.63	1329.50
	2016	916.08	137.73	7436.10	21.73	1999.83
	四年增幅	65.38	19.68	−2479.84	−8.93	—
	年均增长率(%)	1.87	3.93	−6.94	−8.25	—
	比上年增幅	362.27	57.85	906.21	10.10	—
	比上年增长率(%)	65.41	72.42	13.88	86.84	—

注：(1) 薪酬指数增幅误差源于四舍五入；(2) "比上年增幅"和"比上年增长率"均指 2016 年与 2015 年的比较；(3) 由于教育行业(P)2012 年和 2015 年只有 1 家上市公司,2016 年也只有 3 家上市公司,代表性不足,故没有纳入比较。

　　从表 24-8 可以看出,2012～2016 年,17 个行业中,有 15 个行业的上市公司高管薪酬指数均值都是增长的,其中卫生和社会工作(Q),信息传输、软件和信息技术服务业(I)两个行业的高管薪酬指数均值增幅和年均增长率都位列前两位,高管薪酬指数增幅分别为 1835.53 分和 911.29 分,年均增长率分别为 79.90％和 48.95％,不论是薪酬指数增幅还是年均增长率,都远超其他行业。只有电力、热力、燃气及水生产和供应业(D),交通运输、仓储和邮政业(G)两个行业的上市公司高管薪酬指数均值是下降的,降幅分别为 7.82 分和 2.36 分,分别下降 2.64％和 0.72％,降幅不大。

　　图 24-9 更直观地描绘了不同行业 2012～2016 年上市公司高管薪酬指数均值增幅和年均增长率的变化情况,可以看出,增幅最大的三个行业分别是卫生和社会工作(Q),信息传输、软件和信息技术服务业(I),住宿和餐饮业(H);增幅最小的三个行业分别是电力、热力、燃气及水生产和供应业(D),交通运输、仓储和邮政业(G),批发和零售业(F)。

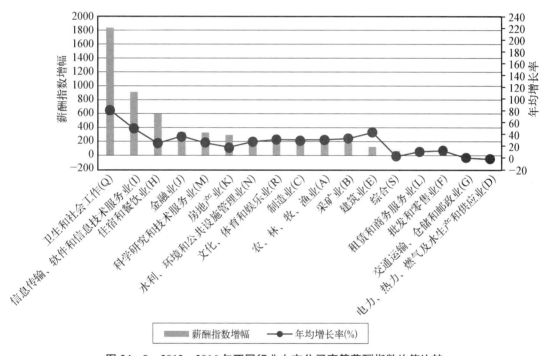

图 24-9　2012～2016 年不同行业上市公司高管薪酬指数均值比较

　　与 2015 年相比,2016 年有 14 个行业的上市公司高管薪酬指数均值上升,卫生和社会工作(Q),住宿和餐饮业(H),金融业(J),综合(S),房地产业(K)增幅明显;增幅最大的是卫生和社会工作(Q),达到 762.85 分,增长率为 60.24％;增长率最高的是金融业(J),达到 585.50％,高管薪酬指数均值达到 466.48 分,位居各行业第三;增幅最小的是电力、热力、燃气及水生产和供应业(D),增幅为 4.25 分;增长率最低的是交通运输、仓储和邮政业(G),增长率为 6.28％;其他 3 个行业的上市公司高管薪酬均值出现下降,降幅最大的是信息传输、软件和信息技术服务业(I),降幅为 291.26 分,下降 20.30％;下降速度最大的是租赁和商务服务业(L),下降 53.46％。

　　图 24-10 描绘了不同行业 2015 年和 2016 年上市公司高管薪酬指数均值增幅和同比增长率的变化情况,可以看出,17 个行业的高管薪酬指数增幅和同比增长率不都是一致的。

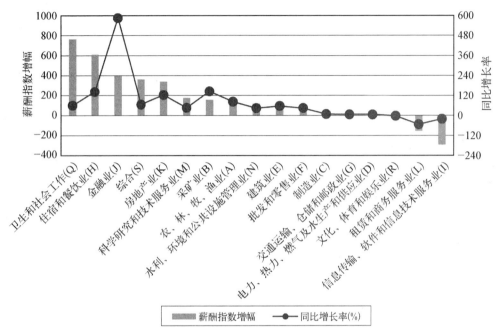

图 24-10　2015 年和 2016 年不同行业上市公司高管薪酬指数均值比较

24.2.4　分所有制高管薪酬指数的年度比较

　　不同的所有制会对上市公司高管薪酬指数产生影响。表 24-9 比较了 2012 年、2015 年和 2016 年不同所有制上市公司高管薪酬指数的变化情况。

表 24-9　2012～2016 年不同所有制上市公司高管薪酬指数比较

所有制类型	年　份	平均值	中位值	最大值	最小值	标准差
国有绝对控股公司	2012	40.71	19.11	459.90	0.08	58.83
	2015	32.34	13.31	685.65	0.04	67.12
	2016	56.45	21.13	1404.66	0.05	127.55
	四年增幅	15.74	2.02	944.76	-0.03	—
	年均增长率(%)	8.52	2.54	32.20	-11.09	—
	比上年增幅	24.11	7.82	719.01	0.01	—
	比上年增长率(%)	74.55	58.75	104.87	25.00	—
国有强相对控股公司	2012	56.65	29.92	1050.79	0.35	86.49
	2015	67.90	22.71	2917.43	0.14	251.74
	2016	127.59	37.16	9754.43	0.18	621.26

续　表

所有制类型	年　份	平 均 值	中 位 值	最 大 值	最 小 值	标 准 差
国有强相对控股公司	四年增幅	70.94	7.24	8703.64	−0.17	—
	年均增长率(%)	22.51	5.57	74.55	−15.32	—
	比上年增幅	59.69	14.45	6837.00	0.04	—
	比上年增长率(%)	87.91	63.63	234.35	28.57	—
国有弱相对控股公司	2012	117.52	47.09	7838.23	1.18	476.85
	2015	133.47	30.06	6529.89	0.64	602.15
	2016	213.72	46.37	23985.03	0.74	1404.84
	四年增幅	96.20	−0.72	16146.80	−0.44	—
	年均增长率(%)	16.13	−0.38	32.26	−11.01	—
	比上年增幅	80.25	16.31	17455.14	0.10	—
	比上年增长率(%)	60.13	54.26	267.31	15.63	—
国有参股公司	2012	177.91	70.16	4069.49	0.16	410.85
	2015	443.43	71.21	27041.71	0.25	1594.97
	2016	541.22	82.52	33265.41	0.24	2166.60
	四年增幅	363.31	12.36	29195.92	0.08	—
	年均增长率(%)	32.07	4.14	69.09	10.67	—
	比上年增幅	97.79	11.31	6223.70	−0.01	—
	比上年增长率(%)	22.05	15.88	23.02	−4.00	—
无国有股份公司	2012	170.98	85.07	9915.94	1.39	461.96
	2015	471.89	76.31	36435.07	1.08	1573.27
	2016	448.95	107.16	15409.28	1.45	1329.94
	四年增幅	277.97	22.09	5493.34	0.06	—
	年均增长率(%)	27.30	5.94	11.65	1.06	—
	比上年增幅	−22.94	30.85	−21025.79	0.37	—
	比上年增长率(%)	−4.86	40.43	−57.71	34.26	—

注:(1)薪酬指数增幅误差源于四舍五入;(2)"比上年增幅"和"比上年增长率"均指 2016 年与 2015 年的比较。

由表 24 - 9 可知,2012~2016 年,五类所有制上市公司高管薪酬指数均值总体都处于增长态势。其中,国有参股公司高管薪酬指数均值增幅和年均增长率都是最高的,分别为 363.31 分和 32.07%;其次是无国有股份公司,薪酬指数均值增幅和年均增长率分别为 277.97 分和 27.30%,这两类公司高管薪酬指数均值增幅和年均增长率都超过其他三类公司。高管薪酬指数均值增幅和年均增长率最低的是国有绝对控股公司,增幅为 15.74 分,年均增长 8.52％。

图 24-11 更加直观地描绘了 2012～2016 年不同所有制上市公司高管薪酬指数均值和年均增长率的变化情况。可以看出,三类国有控股公司的高管薪酬指数增幅相差不是很大。

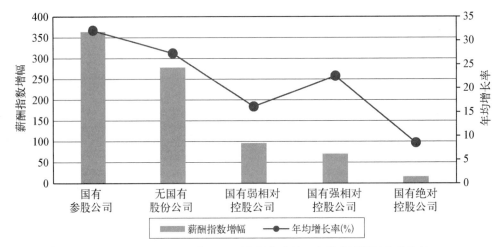

图 24-11　2012～2016 年不同所有制上市公司高管薪酬指数均值比较

与 2015 年相比,2016 年只有无国有股份公司高管薪酬指数均值下降,降幅为 22.94 分,下降 4.86％;其余四类所有制上市公司高管薪酬指数均值都出现上升,增幅最大的是国有参股公司,达到 97.79 分;增长率最高的是国有强相对控股公司,增长 87.91％。

图 24-12 描绘了 2015 年和 2016 年不同所有制上市公司高管薪酬指数均值和同比增长率的变化情况。可以看出,国有参股公司高管薪酬指数均值上升幅度明显高于其他四类公司。

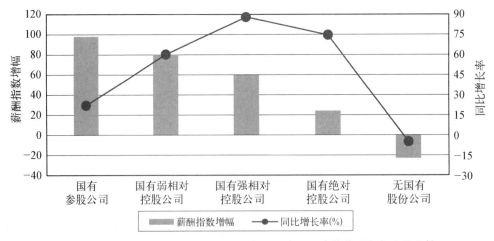

图 24-12　2015 年和 2016 年不同所有制上市公司高管薪酬指数均值比较

我们进一步将国有绝对控股公司、国有强相对控股公司和国有弱相对控股公司归类为国有控股公司,将国有参股公司和无国有股份公司归类为非国有控股公司,表 24-10 比较了 2012～2016 年国有控股公司和非国有控股公司高管薪酬的变化情况。

表 24 - 10　2012～2016 年国有控股和非国有控股上市公司高管薪酬指数比较

所有制类型	年　份	平　均　值	中　位　值	最　大　值	最　小　值	标　准　差
国有控股公司	2012	71.38	30.50	7838.23	0.08	277.23
	2015	75.99	21.81	6529.89	0.04	362.11
	2016	138.47	35.85	23985.03	0.05	904.14
	四年增幅	67.09	5.35	16146.80	−0.03	—
	年均增长率(%)	18.02	4.12	32.26	−11.09	—
	比上年增幅	62.48	14.04	17455.14	0.01	—
	比上年增长率(%)	82.22	64.37	267.31	25.00	—
非国有控股公司	2012	172.97	80.35	9915.94	0.16	447.74
	2015	461.35	74.80	36435.07	0.25	1580.91
	2016	485.14	99.15	33265.41	0.24	1707.71
	四年增幅	312.17	18.80	23349.47	0.08	—
	年均增长率(%)	29.41	5.40	35.34	10.67	—
	比上年增幅	23.79	24.35	−3169.66	−0.01	—
	比上年增长率(%)	5.16	32.55	−8.70	−4.00	—

注：(1) 薪酬指数增幅误差源于四舍五入；(2)"比上年增幅"和"比上年增长率"均指 2016 年与 2015 年的比较。

从表 24 - 10 可以看出,2012～2016 年,非国有控股公司高管薪酬指数均值不论是增幅还是年均增长率都显著高于国有控股公司。从平均值来看,四年中国有控股公司高管薪酬指数均值增长了 67.09 分,年均增长 18.02%;而非国有控股公司高管薪酬指数均值则增长了 312.17 分,年均增长 29.41%。2012～2016 年,国有控股公司高管薪酬指数的最大值都远小于非国有控股公司。与 2015 年相比,2016 年国有控股公司和非国有控股公司高管薪酬指数均值都出现上升,国有控股公司增幅大于非国有控股公司,达到 62.48 分,增长 82.22%,非国有控股公司增幅为 23.79 分,增长 5.16%,只是轻微上升。从最小值看,非国有控股公司与国有控股公司比较接近。这意味着,非国有控股公司高管薪酬指数的公司间差距比较大。

24.3　激励适中区间高管薪酬的年度比较

24.3.1　激励适中区间高管薪酬总体的年度比较

表 24 - 11 列示了 2012～2016 年激励适中区间上市公司高管薪酬的变化情况。

表 24-11　2012～2016 年激励适中区间上市公司高管薪酬比较　　　单位：万元

年　份	样本量	激励适中比例(%)	平均值	中位值	最大值	最小值	标准差
2012	1156	50.04	61.73	45.83	1458.33	3.75	7.20
2015	1313	49.89	94.74	49.81	692.62	4.67	320.18
2016	1415	50.02	84.02	53.33	8591.59	7.47	254.51
四年增幅		—	22.29	7.50	7133.26	3.72	—
年均增长率(%)		—	8.01	3.86	55.80	18.80	—
比上年增幅		—	−10.72	3.52	7898.97	2.80	—
比上年增长率(%)		—	−11.32	7.07	1140.45	59.96	—

注：(1) 薪酬增幅误差源于四舍五入；(2) 本表中激励适中比例是指激励适中公司数与样本公司总数的比例；(3) "比上年增幅"和"比上年增长率"均指 2016 年与 2015 年的比较。

从表 24-11 可以看出，2012～2016 年，在激励适中区间，上市公司高管薪酬均值增加 22.29 万元，年均增长率为 8.01%；最大值增加 7133.26 万元，年均增长率为 55.80%。与 2015 年相比，2016 年处于激励适中区间的高管薪酬均值减少 10.72 万元，下降 11.32%。

24.3.2　分地区激励适中区间高管薪酬的年度比较

表 24-12 列示了 2012～2016 年度不同地区激励适中区间高管薪酬的变化情况。

表 24-12　2012～2016 年激励适中区间不同地区上市公司高管薪酬比较　　　单位：万元

地区	年　份	激励适中比例(%)	平均值	中位值	最大值	最小值	标准差
东部	2012	65.92	67.47	50.92	1458.33	5.20	78.72
	2015	67.48	106.70	53.41	6926.22	4.67	379.92
	2016	69.12	94.14	56.96	8591.59	9.90	302.31
	四年增幅	—	26.67	6.04	7133.26	4.70	—
	年均增长率(%)	—	8.68	2.84	55.80	17.46	—
	比上年增幅	—	−12.56	3.55	1665.37	5.23	—
	比上年增长率(%)	—	−11.77	6.65	24.04	111.99	—
中部	2012	14.01	50.26	38.50	776.49	6.00	65.51
	2015	12.23	86.87	46.93	1808.46	8.67	163.78
	2016	12.51	62.18	46.97	287.64	8.67	48.75
	四年增幅		11.92	8.47	−488.85	2.67	—
	年均增长率(%)		5.46	5.10	−21.98	9.64	—
	比上年增幅		−24.69	0.04	−1520.82	0.00	—
	比上年增长率(%)		−28.42	0.09	−84.09	0.00	—

续　表

地区	年　份	激励适中比例(%)	平均值	中位值	最大值	最小值	标准差
西部	2012	14.62	47.76	36.33	475.92	3.75	45.26
	2015	15.05	62.24	41.33	694.29	6.00	89.13
	2016	13.50	61.68	43.39	813.65	7.47	83.57
	四年增幅	—	13.92	7.06	337.73	3.72	—
	年均增长率(%)	—	6.60	4.54	14.35	18.80	—
	比上年增幅	—	−0.56	2.06	119.36	1.47	—
	比上年增长率(%)	—	−0.90	4.98	17.19	24.50	—
东北	2012	5.45	59.23	40.54	318.63	7.48	55.37
	2015	5.24	50.94	39.36	359.32	7.36	48.77
	2016	4.87	58.41	43.33	419.23	10.80	58.56
	四年增幅	—	−0.82	2.79	100.60	3.32	—
	年均增长率(%)	—	−0.35	1.68	7.10	9.62	—
	比上年增幅	—	7.47	3.97	59.91	3.44	—
	比上年增长率(%)	—	14.66	10.09	16.67	46.74	—

注:(1)薪酬增幅误差源于四舍五入;(2)本表中激励适中比例是指各地区激励适中公司数与激励适中公司总数的比例;(3)"比上年增幅"和"比上年增长率"均指 2016 年与 2015 年的比较。

从表 24-12 可以看出,2012～2016 年,在激励适中区间,东部、西部和中部地区上市公司高管薪酬均值都是增长的,增长幅度相差不大,年均增长率分别为 8.68%、6.60% 和 5.46%;只有东北地区上市公司高管薪酬降低,年均下降 0.35%;东部、西部和东北地区上市公司高管薪酬的最大值都有增加,其中东部地区 2016 年比 2012 年增加了 7133.26 万元,增加最多;东北地区 2016 年比 2012 年增加 100.60 万元,增加最少;中部地区上市公司高管薪酬的最大值降低,减少 488.85 万元。

图 24-13 更直观地显示了激励适中区间四个地区 2012～2016 年上市公司高管薪酬均值和年均增长率的变化情况。可以看出,四个地区中,东北地区上市公司高管薪酬是负增长,其他三个地区上市公司高管薪酬是正增长。

与 2015 年相比,在激励适中区间,2016 年中部、东部和西部地区上市公司高管薪酬均值都是减少的。薪酬减少幅度最大的是中部地区,为 24.69 万元,下降速度也是最大的,下降 28.42%;西部地区减少幅度最小,为 0.56 万元,下降速度也最小,为 0.9%;只有东北地区上市公司高管薪酬均值增加,增幅为 7.47 万元,提高 14.66%。

图 24-14 显示了激励适中区间四个地区 2015 年和 2016 年两个年度上市公司高管薪酬均值和同比增长率的变化情况。可以看出,四个地区中,东北地区上市公司高管薪酬是正增长,其他三个地区上市公司高管薪酬是负增长。

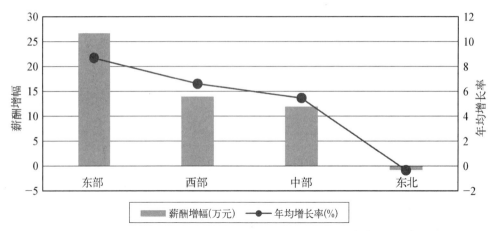

图 24-13 2012~2016 年激励适中区间不同地区上市公司高管薪酬均值比较

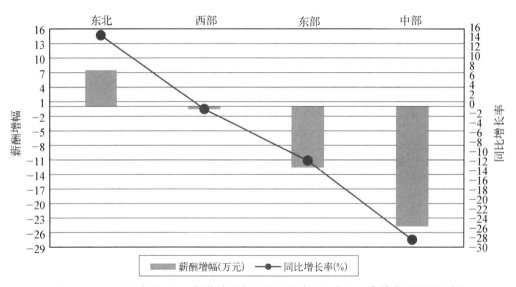

图 24-14 2015 年和 2016 年激励适中区间不同地区上市公司高管薪酬均值比较

24.3.3 分行业激励适中区间高管薪酬的年度比较

表 24-13 列示了 2012~2016 年度不同行业处于激励适中区间上市公司高管薪酬的变化情况。

表 24-13 2012~2016 年激励适中区间不同行业上市公司高管薪酬比较　　单位：万元

行　业	年　份	激励适中比例（%）	平 均 值	中 位 值	最 大 值	最 小 值	标 准 差
农、林、牧、渔业（A）	2012	1.90	41.52	36.83	115.82	11.20	27.30
	2015	1.90	44.56	36.00	148.84	11.32	34.44
	2016	1.55	36.47	33.59	117.00	12.84	22.43

行 业	年 份	激励适中比例(%)	平 均 值	中 位 值	最 大 值	最 小 值	标 准 差
农、林、牧、渔业(A)	四年增幅	—	−5.05	−3.24	1.18	1.64	—
	年均增长率(%)	—	−3.19	−2.28	0.25	3.48	—
	比上年增幅	—	−8.09	−2.41	−31.84	1.52	—
	比上年增长率(%)	—	−18.16	−6.69	−21.39	13.43	—
采矿业(B)	2012	1.21	43.36	34.26	128.08	6.67	350.12
	2015	1.60	53.52	50.98	108.48	13.56	25.17
	2016	1.63	58.58	54.00	180.33	11.76	37.43
	四年增幅	—	15.22	19.74	52.25	5.09	—
	年均增长率(%)	—	7.81	12.05	8.93	15.23	—
	比上年增幅	—	5.06	3.02	71.85	−1.80	—
	比上年增长率(%)	—	9.45	5.92	66.23	−13.27	—
制造业(C)	2012	68.34	54.31	42.64	776.49	5.20	50.10
	2015	67.48	85.47	47.35	5878.62	4.67	295.37
	2016	66.29	71.55	50.17	2362.15	7.47	113.75
	四年增幅	—	17.24	7.53	1585.66	2.27	—
	年均增长率(%)	—	7.14	4.15	32.07	9.48	—
	比上年增幅	—	−13.92	2.82	−3516.47	2.80	—
	比上年增长率(%)	—	−16.29	5.96	−59.82	59.96	—
电力、热力、燃气及水生产和供应业(D)	2012	2.85	45.44	43.77	109.43	13.53	18.57
	2015	3.50	50.29	47.23	115.18	14.84	20.74
	2016	3.39	67.66	50.08	374.14	20.33	61.33
	四年增幅	—	22.22	6.31	264.71	6.80	—
	年均增长率(%)	—	10.46	3.42	35.98	10.72	—
	比上年增幅	—	17.37	2.85	258.96	5.49	—
	比上年增长率(%)	—	34.54	6.03	224.83	36.99	—
建筑业(E)	2012	2.68	72.36	61.53	250.00	18.55	51.15
	2015	1.83	68.09	55.78	190.00	18.95	43.71
	2016	1.84	67.27	60.92	188.73	31.21	33.84
	四年增幅	—	−5.09	−0.61	−61.27	12.66	—
	年均增长率(%)	—	−1.81	−0.25	−6.79	13.89	—
	比上年增幅	—	−0.82	5.14	−1.27	12.26	—
	比上年增长率(%)	—	−1.20	9.21	−0.67	64.70	—

行　业	年　份	激励适中比例(%)	平 均 值	中 位 值	最 大 值	最 小 值	标 准 差
批发和零售业(F)	2012	4.76	67.78	55.00	318.63	3.75	60.88
	2015	3.88	122.94	60.33	1800.03	10.37	258.61
	2016	3.53	102.28	70.55	970.75	14.71	135.02
	四年增幅	—	34.50	15.55	652.12	10.96	—
	年均增长率(%)	—	10.83	6.42	32.12	40.73	—
	比上年增幅	—	-20.66	10.22	-829.28	4.34	—
	比上年增长率(%)	—	-16.80	16.94	-46.07	41.85	—
交通运输、仓储和邮政业(G)	2012	2.85	65.82	60.35	145.08	28.10	25.79
	2015	2.89	65.54	49.95	238.30	20.47	42.21
	2016	3.04	66.54	50.22	300.18	16.05	55.88
	四年增幅	—	0.72	-10.13	155.10	-12.05	—
	年均增长率(%)	—	0.27	-4.49	19.93	-13.07	—
	比上年增幅	—	1.00	0.27	61.88	-4.42	—
	比上年增长率(%)	—	1.53	0.54	25.97	-21.59	—
住宿和餐饮业(H)	2012	0.52	52.53	46.76	102.50	17.34	31.49
	2015	0.38	50.89	65.88	70.76	24.22	22.94
	2016	0.28	138.09	54.36	420.94	22.70	190.18
	四年增幅	—	85.56	7.60	318.44	5.36	—
	年均增长率(%)	—	27.33	3.84	42.36	6.97	—
	比上年增幅	—	87.20	-11.52	350.18	-1.52	—
	比上年增长率(%)	—	171.35	-17.49	494.88	-6.28	—
信息传输、软件和信息技术服务业(I)	2012	3.20	59.24	54.81	283.70	13.79	45.16
	2015	4.27	99.78	58.07	1192.64	19.31	180.19
	2016	6.08	70.72	56.50	419.23	19.31	58.75
	四年增幅	—	11.48	1.69	135.53	5.52	—
	年均增长率(%)	—	4.53	0.76	10.25	8.78	—
	比上年增幅	—	-29.06	-1.57	-773.41	0.00	—
	比上年增长率(%)	—	-29.12	-2.70	-64.85	0.00	—
金融业(J)	2012	0.69	310.57	250.24	701.33	37.80	209.35
	2015	1.37	344.11	380.29	579.94	107.20	151.98
	2016	1.20	307.70	330.37	1068.82	13.67	259.68
	四年增幅	—	-2.87	80.13	367.49	-24.13	—

行　业	年　份	激励适中比例(%)	平 均 值	中 位 值	最 大 值	最 小 值	标 准 差
金融业(J)	年均增长率(%)	—	−0.23	7.19	11.11	−22.45	—
	比上年增幅	—	−36.41	−49.92	488.88	−93.53	—
	比上年增长率(%)	—	−10.58	−13.13	84.30	−87.25	—
房地产业(K)	2012	6.57	119.24	8.00	1458.33	6.33	178.23
	2015	5.18	217.61	75.47	6926.22	7.80	833.22
	2016	4.45	285.61	97.75	8591.59	25.35	1080.36
	四年增幅	—	166.37	89.75	7133.26	19.02	—
	年均增长率(%)	—	24.41	86.96	55.80	41.46	—
	比上年增幅	—	68.00	22.28	1665.37	17.55	—
	比上年增长率(%)	—	31.25	29.52	24.04	225.00	—
租赁和商务服务业(L)	2012	1.12	79.23	54.68	287.33	36.07	68.53
	2015	1.14	201.48	72.54	1592.39	31.00	393.23
	2016	1.63	100.93	71.72	336.33	20.48	87.65
	四年增幅	—	21.70	17.04	49.00	−15.59	—
	年均增长率(%)	—	6.24	7.02	4.02	−13.19	—
	比上年增幅	—	−100.55	−0.82	−1256.06	−10.52	—
	比上年增长率(%)	—	−49.91	−1.13	−78.88	−33.94	—
科学研究和技术服务业(M)	2012	0.26	72.31	90.09	95.77	3.11	35.82
	2015	0.61	78.69	74.57	180.15	23.29	48.44
	2016	0.57	57.19	62.61	89.46	11.86	26.66
	四年增幅	—	−15.12	−27.48	−6.31	8.75	—
	年均增长率(%)	—	−5.70	−8.70	−1.69	39.74	—
	比上年增幅	—	−21.50	−11.96	−90.69	−11.43	—
	比上年增长率(%)	—	−27.32	−16.04	−50.34	−49.08	—
水利、环境和公共设施管理业(N)	2012	0.95	35.06	31.27	62.92	17.82	13.83
	2015	1.37	45.22	40.25	130.73	16.64	27.20
	2016	1.27	40.74	38.28	77.61	16.45	16.12
	四年增幅	—	5.68	7.01	14.69	−1.37	—
	年均增长率(%)	—	3.83	5.19	5.39	−1.98	—
	比上年增幅	—	−4.48	−1.97	−53.12	−0.19	—
	比上年增长率(%)	—	−9.91	−4.89	−40.63	−1.14	—

续　表

行　业	年　份	激励适中比例(%)	平 均 值	中 位 值	最 大 值	最 小 值	标准差
卫生和社会工作(Q)	2012	0.17	44.33	44.33	48.67	40.00	6.13
	2015	0.15	43.82	43.82	59.09	28.55	21.60
	2016	0.21	36.06	25.59	63.67	18.91	24.14
	四年增幅	—	−8.27	−18.74	15.00	−21.09	—
	年均增长率(%)	—	−5.03	−12.83	6.95	−17.08	—
	比上年增幅	—	−7.76	−18.23	4.58	−9.64	—
	比上年增长率(%)	—	−17.71	−41.60	7.75	−33.77	—
文化、体育和娱乐业(R)	2012	0.87	72.87	62.75	201.55	33.67	48.14
	2015	1.45	87.32	62.09	320.78	22.82	80.95
	2016	1.91	85.44	57.67	681.90	15.33	124.49
	四年增幅	—	12.57	−5.08	480.35	−18.34	—
	年均增长率(%)	—	4.06	−2.09	35.62	−17.86	—
	比上年增幅	—	−1.88	−4.42	361.12	−7.49	—
	比上年增长率(%)	—	−2.15	−7.12	112.58	−32.82	—
综合(S)	2012	0.95	68.39	62.61	125.35	16.57	36.47
	2015	0.91	51.35	52.95	95.52	11.40	27.55
	2016	0.92	54.08	54.35	83.08	17.75	20.27
	四年增幅	—	−14.31	−8.26	−42.27	1.18	—
	年均增长率(%)	—	−5.70	−3.48	−9.77	1.73	—
	比上年增幅	—	2.73	1.40	−12.44	6.35	—
	比上年增长率(%)	—	5.32	2.64	−13.02	55.70	—

注：(1) 薪酬增幅误差源于四舍五入；(2) 本表中激励适中比例是指各行业激励适中公司数与激励适中公司总数的比例；(3) "比上年增幅"和"比上年增长率"均指 2016 年与 2015 年的比较；(4) 因教育行业(P)在 2012 年和 2015 年只有 1 家上市公司，2016 年也只有 3 家上市公司，代表性不足，故没有纳入比较。

　　从表 24 - 13 可以看出，2012～2016 年，在激励适中区间，在 17 个行业中，有 11 个行业上市公司高管薪酬正增长，6 个行业高管薪酬负增长。房地产业(K)上市公司高管薪酬均值增幅是最高的，达 166.37 万元，增长率也达到了 24.41%，仅次于年均增长率最高的住宿和餐饮业(H)(27.33%)；科学研究和技术服务业(M)上市公司高管薪酬均值降幅最大，下降 15.12 万元，年均下降 5.70%，与综合类(S)并列年均下降率最高。

　　图 24 - 15 更直观地描绘了 2012～2016 年激励适中区间 17 个行业上市公司高管薪酬均值增幅和年均增长率的情况。可以看出，高管薪酬均值增幅最大的前三个行业依次是房地产业(K)、住宿和餐饮业(H)、批发和零售业(F)；降幅最大的三个行业依次是科学研究和技术服务业(M)、综合(S)、卫生和社会工作(Q)。

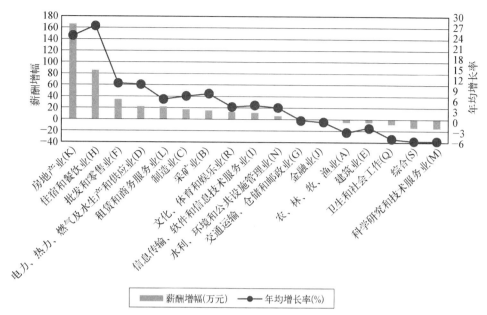

图 24 - 15　2012～2016 年激励适中区间不同行业上市公司高管薪酬均值比较

与 2015 年相比,在激励适中区间,2016 年有 11 个行业高管薪酬负增长,有 6 个行业高管薪酬正增长。薪酬增幅最大的是住宿和餐饮业(H),增加 87.20 万元,增长率也是最高的,为 171.35%,显著高于其他行业;薪酬降低最多的是租赁和商务服务业(L),降低100.55 万元,下降 49.91%。

图 24 - 16 描绘了 2015 年和 2016 年激励适中区间 17 个行业上市公司高管薪酬均值增

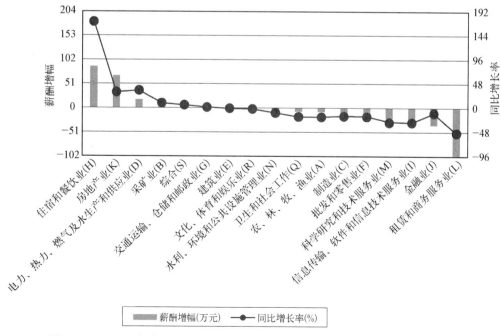

图 24 - 16　2015 年和 2016 年激励适中区间不同行业上市公司高管薪酬均值比较

幅和同比增长率的情况。可以看出,高管薪酬均值增幅最大的前三个行业依次是住宿和餐饮业(H),房地产业(K),电力、热力、燃气及水生产和供应业(D);降幅最大的三个行业依次是租赁和商务服务业(L),金融业(J),信息传输、软件和信息技术服务业(I)。

24.3.4　分所有制激励适中区间高管薪酬的年度比较

表 24-14 列示了 2012～2016 年处于激励适中区间不同所有制上市公司高管薪酬的变化情况。

表 24-14　2012～2016 年激励适中区间不同所有制上市公司高管薪酬比较　单位:万元

所有制类型	年　份	激励适中比例(%)	平均值	中位值	最大值	最小值	标准差
国有绝对控股公司	2012	8.56	63.89	55.24	267.55	13.13	38.31
	2015	8.68	123.44	56.49	5067.36	11.32	473.30
	2016	6.22	81.13	63.40	420.94	11.76	76.51
	四年增幅	—	17.24	8.16	153.39	−1.37	—
	年均增长率(%)	—	6.15	3.50	12.00	−2.72	—
	比上年增幅	—	−42.31	6.91	−4646.42	0.44	—
	比上年增长率(%)	—	−34.28	12.23	−91.69	3.89	—
国有强相对控股公司	2012	16.00	57.96	46.41	434.17	8.08	47.80
	2015	17.14	78.68	50.97	862.93	11.50	102.91
	2016	14.28	122.67	56.19	8591.59	12.84	605.47
	四年增幅	—	64.71	9.78	8157.42	4.76	—
	年均增长率(%)	—	20.62	4.90	110.91	12.28	—
	比上年增幅	—	43.99	5.22	7728.66	1.34	—
	比上年增长率(%)	—	55.91	10.24	895.63	11.65	—
国有弱相对控股公司	2012	14.01	78.01	47.00	1458.33	6.00	132.04
	2015	12.03	160.98	54.97	6926.22	8.67	717.21
	2016	11.80	86.24	52.82	1068.82	7.47	112.66
	四年增幅	—	8.23	5.82	−389.51	1.47	—
	年均增长率(%)	—	2.54	2.96	−7.47	5.63	—
	比上年增幅	—	−74.74	−2.15	−5857.40	−1.20	—
	比上年增长率(%)	—	−46.43	−3.91	−84.57	−13.84	—
国有参股公司	2012	18.77	61.87	45.91	475.92	5.20	58.06
	2015	22.85	93.39	53.95	1265.14	4.67	147.88
	2016	26.64	91.00	57.53	1567.12	8.67	143.90

续　表

所有制类型	年　份	激励适中比例(%)	平均值	中位值	最大值	最小值	标准差
国有参股公司	四年增幅	—	29.13	11.62	1091.20	3.47	—
	年均增长率(%)	—	10.13	5.80	34.71	13.63	—
	比上年增幅	—	−2.39	3.58	301.98	4.00	—
	比上年增长率(%)	—	−2.56	6.64	23.87	85.65	—
无国有股份公司	2012	42.65	57.29	43.91	776.49	3.75	61.58
	2015	39.30	75.90	44.57	2878.13	7.36	189.45
	2016	41.06	65.85	48.71	2362.15	9.48	109.81
	四年增幅	—	8.56	4.80	1585.66	5.73	—
	年均增长率(%)	—	3.54	2.63	32.07	26.09	—
	比上年增幅	—	−10.05	4.14	−515.98	2.12	—
	比上年增长率(%)	—	−13.24	9.29	−17.93	28.80	—

注：(1)薪酬增幅误差源于四舍五入；(2)本表中激励适中比例是指各所有制激励适中公司数与激励适中公司总数的比例；(3)"比上年增幅"和"比上年增长率"均指 2016 年与 2015 年的比较。

从表 24-14 可以看出,2012～2016 年,在激励适中区间,五类所有制上市公司高管薪酬总体都处于上升趋势。其中,国有强相对控股公司高管薪酬均值增幅最高,为 64.71 万元,年均增长率也最高,为 20.62%;其次是国有参股公司,高管薪酬均值增幅为 29.13 万元,年均增长 10.13%;国有弱相对控股公司高管薪酬均值增幅最小,为 8.23 万元,年均增长 2.54%。

图 24-17 更加直观地描绘了 2012～2016 年激励适中区间五类所有制公司高管薪酬均值增幅和年均增长率的变化。可以看出,总体上看,在激励适中区间,国有强相对公司高管薪酬均值的增幅显著大于另外四类公司。

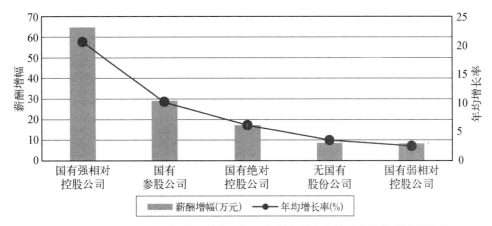

图 24-17　2012～2016 年激励适中区间不同所有制上市公司高管薪酬均值比较

与 2015 年相比,在激励适中区间,除国有强相对控股公司高管薪酬均值增长(增幅为 43.99 万元,增长 55.91%)外,其他四类所有制公司高管薪酬均值都出现下降,下降幅度最大的是国有弱相对控股公司,降幅为 74.74 万元,下降 46.43%;下降幅度最小的是国有参股公司,降幅为 2.39 万元,下降 2.56%。

图 24-18 描绘了 2015 年和 2016 年激励适中区间五类所有制公司高管薪酬均值增幅和年均增长率的变化。可以看出,总体上看,在激励适中区间,只有国有强相对控股公司高管薪酬均值的增幅是正增长的,其他四类公司薪酬均值的增幅都是负增长的。

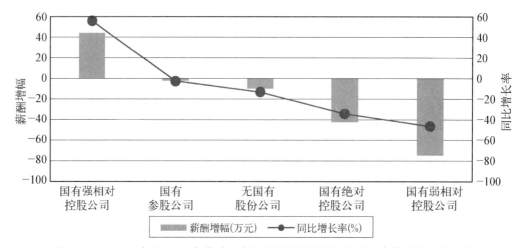

图 24-18 2015 年和 2016 年激励适中区间不同所有制上市公司高管薪酬均值比较

我们进一步将国有绝对控股公司、国有强相对控股公司和国有弱相对控股公司归类为国有控股公司,将国有参股公司和无国有股份公司归类为非国有控股公司,表 24-15 比较了 2012~2016 年激励适中区间国有控股公司和非国有控股公司高管薪酬变化情况。

表 24-15 2012~2016 年激励适中区间国有控股与非国有控股上市公司高管薪酬比较

单位:万元

所有制类型	年 份	平 均 值	中 位 值	最 大 值	最 小 值	标 准 差
国有控股公司	2012	66.56	48.15	1458.33	6.00	87.50
	2015	115.11	52.32	6926.22	8.67	468.97
	2016	101.36	54.82	8591.59	7.47	409.50
	四年增幅	34.80	6.67	7133.26	1.47	—
	年均增长率(%)	11.09	3.30	55.80	5.63	—
	比上年增幅	−13.75	2.50	1665.37	−1.20	—
	比上年增长率(%)	−11.95	4.78	24.04	−13.84	—
非国有控股公司	2012	58.69	44.16	776.49	3.75	60.52
	2015	82.33	47.95	2878.13	4.67	175.43

续　表

所有制类型	年　份	平　均　值	中　位　值	最　大　值	最　小　值	标　准　差
非国有控股公司	2016	75.75	51.22	2362.15	8.67	124.88
	四年增幅	17.06	7.06	1585.66	4.92	—
	年均增长率(%)	6.59	3.78	32.07	23.31	—
	比上年增幅	−6.58	3.27	−515.98	4.00	—
	比上年增长率(%)	−7.99	6.82	−17.93	85.65	—

注：(1) 薪酬增幅误差源于四舍五入；(2) 本表中激励适中比例是指各所有制激励适中公司数与激励适中公司总数的比例；(3) "比上年增幅"和"比上年增长率"均指2016年与2015年的比较。

从表24-15可以看出，2012～2016年，处于激励适中区间的两类所有制公司高管薪酬总体都是增长的，且国有控股公司高管薪酬均值增幅和年均增长率都高于非国有控股公司；但与2015年相比，2016年处于激励适中区间的两类所有制公司高管薪酬都是降低的，但国有控股公司高管薪酬均值降幅和下降速度都更大一些。

24.4　激励过度区间高管薪酬的年度比较

24.4.1　激励过度区间高管薪酬总体的年度比较

表24-16列示了2012～2016年度处于激励过度区间上市公司高管薪酬的总体变化情况。

表24-16　2012～2016年激励过度区间上市公司高管薪酬比较　　单位：万元

年　份	样本量	激励过度比例(%)	平均值	中位值	最大值	最小值	标准差
2012	577	24.98	62.98	47.26	569.40	4.06	57.16
2015	659	25.04	1140.29	178.58	21279.59	2.85	2261.56
2016	707	24.99	943.00	75.18	44949.18	4.00	3114.80
四年增幅			880.02	27.92	44379.78	−0.06	—
年均增长率(%)			96.71	12.31	198.08	−0.37	—
比上年增幅			−197.29	−103.40	23669.59	1.15	—
比上年增长率(%)			−17.30	−57.90	111.23	40.35	—

注：(1) 薪酬增幅误差源于四舍五入；(2) 本表中激励过度比例是指激励过度公司数与样本公司总数的比例；(3) "比上年增幅"和"比上年增长率"均指2016年与2015年的比较。

从表24-16可以看出，2012～2016年，在激励过度区间，上市公司高管薪酬均值增加880.02万元，年均增长率为96.71%；从最大值看，2016年处于激励过度区间的上市公司高管薪酬是 2012 年的 78.94 倍。与 2015 年相比，2016 年处于激励过度区间的上市公司高管薪酬均值减少 197.29 万元，下降 17.30%。

24.4.2　分地区激励过度区间高管薪酬的年度比较

表 24-17 列示了 2012～2016 年激励过度区间不同地区上市公司高管薪酬的变化情况。

表 24-17　2012～2016 年激励过度区间不同地区上市公司高管薪酬比较　　单位：万元

地区	年　份	激励过度比例(%)	平均值	中位值	最大值	最小值	标准差
东部	2012	69.67	64.21	49.76	444.27	5.29	51.57
	2015	72.46	1267.85	288.77	21279.59	7.33	2355.16
	2016	71.00	1133.81	83.92	44949.18	5.20	3575.00
	四年增幅	—	1069.60	34.16	44504.91	−0.09	—
	年均增长率(%)	—	104.99	13.96	217.15	−0.43	—
	比上年增幅	—	−134.04	−204.85	23669.59	−2.13	—
	比上年增长率(%)	—	−10.57	−70.94	111.23	−29.06	—
中部	2012	11.26	61.49	34.78	569.40	4.40	83.88
	2015	12.37	1097.49	197.92	15886.32	5.90	2305.12
	2016	11.17	715.72	58.87	8748.80	10.40	1603.48
	四年增幅	—	654.23	24.09	8179.40	6.00	—
	年均增长率(%)	—	84.71	14.06	97.99	23.99	—
	比上年增幅	—	−381.77	−139.05	−7137.52	4.50	—
	比上年增长率(%)	—	−34.79	−70.26	−44.93	76.27	—
西部	2012	13.00	59.84	44.76	300.85	4.06	57.49
	2015	11.64	590.02	63.96	11516.72	2.85	1639.12
	2016	13.44	293.10	58.25	10620.94	4.00	1211.15
	四年增幅	—	233.26	13.49	10320.09	−0.06	—
	年均增长率(%)	—	48.77	6.81	143.75	−0.37	—
	比上年增幅	—	−296.92	−5.71	−895.78	1.15	—
	比上年增长率(%)	—	−50.32	−8.93	−7.78	40.35	—
东北	2012	6.07	58.38	38.34	296.19	9.60	58.99
	2015	3.53	592.61	81.78	8165.55	15.74	1659.68
	2016	4.38	423.88	47.33	4215.32	14.07	1113.86
	四年增幅	—	365.50	8.99	3919.13	4.47	—

续　表

地区	年　份	激励过度比例(%)	平均值	中位值	最大值	最小值	标准差
东北	年均增长率(%)	—	64.15	5.41	94.23	10.03	—
	比上年增幅	—	−168.73	−34.45	−3950.23	−1.67	—
	比上年增长率(%)	—	−28.47	−42.13	−48.38	−10.61	—

注：(1)薪酬增幅误差源于四舍五入；(2)本表中激励过度比例是指各地区激励过度公司数与激励过度公司总数的比例；(3)"比上年增幅"和"比上年增长率"均指 2016 年与 2015 年的比较。

从表 24 - 17 可以看出，2012～2016 年，在激励过度区间，四个地区上市公司高管薪酬均值都大幅上升，增幅都高于 200 万元，年均增长率都高于 45%。其中东部地区上市公司高管薪酬均值增加最多，为 1069.60 万元，年均增长率也最高，达到 104.99%，明显高于其他三个地区。

图 24 - 19 更直观地显示了 2012～2016 年激励过度区间四个地区上市公司高管薪酬均值的差异。可以看到，东部地区高管薪酬均值增幅和年均增长率最高，其次为中部地区，第三是东北地区，西部地区增幅和年均增长率最低。而且，东部和中部上市公司高管薪酬均值的增幅都超过了 600 万元，远远大于东北和西部。

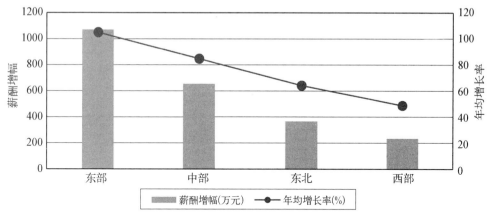

图 24 - 19　2012～2016 年激励过度区间不同地区上市公司高管薪酬均值比较

与 2015 年相比，2016 年激励过度区间四个地区上市公司高管薪酬均值都是负增长，中部地区降幅最大，为 381.77 万元，下降 34.79%。图 24 - 20 显示了 2015 年和 2016 年激励过度区间四个地区上市公司高管薪酬均值的差异，可以看到四个地区高管薪酬降幅都超过了 100 万元。

24.4.3　分行业激励过度区间高管薪酬的年度比较

表 24 - 18 列示了 2012～2016 年激励过度区间不同行业上市公司高管薪酬的变化情况。

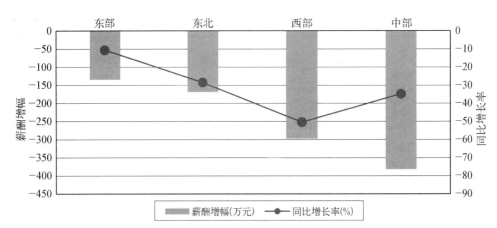

图 24-20 2015 年和 2016 年激励过度区间不同地区上市公司高管薪酬均值比较

表 24-18 2012～2016 年激励过度区间不同行业上市公司高管薪酬比较 单位：万元

行　业	年　份	激励过度比例(%)	平　均　值	中　位　值	最　大　值	最　小　值	标　准　差
农、林、牧、渔业(A)	2012	1.21	46.63	52.76	93.85	10.40	29.37
	2015	1.21	315.10	45.99	1496.30	10.89	522.62
	2016	1.70	424.63	92.19	3578.69	12.00	1006.50
	四年增幅	—	378.00	39.43	3484.84	1.60	—
	年均增长率(%)	—	73.71	14.97	148.50	3.64	—
	比上年增幅	—	109.53	46.20	2082.39	1.11	—
	比上年增长率(%)	—	34.76	100.46	139.17	10.19	—
采矿业(B)	2012	1.73	93.41	70.79	299.93	39.88	75.10
	2015	2.12	76.47	59.64	189.72	7.33	61.34
	2016	1.84	69.95	59.92	171.55	5.67	47.29
	四年增幅	—	−23.46	−10.87	−128.38	−34.21	—
	年均增长率(%)	—	−6.98	−4.08	−13.04	−38.59	—
	比上年增幅	—	−6.52	0.28	−18.17	−1.66	—
	比上年增长率(%)	—	−8.53	0.47	−9.58	−22.65	—
制造业(C)	2012	58.23	54.23	42.55	303.16	4.06	42.10
	2015	62.52	1041.01	265.65	15886.32	4.00	1965.80
	2016	63.08	772.04	70.11	32067.83	4.00	2404.43
	四年增幅	—	717.81	27.56	31764.67	−0.06	—
	年均增长率(%)	—	94.25	13.30	220.70	−0.37	—
	比上年增幅	—	−268.97	−195.54	16181.51	0.00	—
	比上年增长率(%)	—	−25.84	−73.61	101.86	0.00	—

续　表

行　业	年　份	激励过度比例(%)	平均值	中位值	最大值	最小值	标准差
电力、热力、燃气及水生产和供应业(D)	2012	1.91	63.70	51.57	184.38	20.78	45.06
	2015	1.06	551.38	119.02	1593.43	47.00	638.22
	2016	0.99	79.93	60.67	166.03	39.74	43.61
	四年增幅	—	16.23	9.10	−18.35	18.96	—
	年均增长率(%)	—	5.84	4.15	−2.59	17.60	—
	比上年增幅	—	−471.45	−58.35	−1427.40	−7.26	—
	比上年增长率(%)	—	−85.50	−49.03	−89.58	−15.45	—
批发和零售业(F)	2012	3.64	67.49	49.61	300.85	11.11	67.83
	2015	2.43	771.26	91.36	5374.04	13.54	1483.79
	2016	2.26	591.50	66.10	3330.83	23.15	1065.02
	四年增幅	—	524.01	16.49	3029.98	12.04	—
	年均增长率(%)	—	72.06	7.44	82.41	20.15	—
	比上年增幅	—	−179.76	−25.26	−2043.21	9.61	—
	比上年增长率(%)	—	−23.31	−27.65	−38.02	70.97	—
交通运输、仓储和邮政业(G)	2012	3.12	61.08	56.31	152.53	21.35	31.46
	2015	1.52	709.11	62.93	4369.24	26.91	1442.41
	2016	1.41	122.17	62.48	527.25	29.62	150.58
	四年增幅	—	61.09	6.17	374.72	8.27	—
	年均增长率(%)	—	18.92	2.63	36.35	8.53	—
	比上年增幅	—	−586.94	−0.45	−3841.99	2.71	—
	比上年增长率(%)	—	−82.77	−0.72	−87.93	10.07	—
信息传输、软件和信息技术服务业(I)	2012	10.57	61.84	51.84	444.27	12.00	57.06
	2015	12.14	2144.45	829.78	14571.50	22.77	3181.54
	2016	11.32	2322.48	91.43	44949.18	4.13	6375.04
	四年增幅	—	2260.64	39.59	44504.91	−7.87	—
	年均增长率(%)	—	147.55	15.24	217.15	−23.41	—
	比上年增幅	—	178.03	−738.35	30377.68	−18.64	—
	比上年增长率(%)	—	8.30	−88.98	208.47	−81.86	—
金融业(J)	2012	2.95	191.96	200.36	296.21	91.21	70.85
	2015	1.06	362.87	345.75	795.43	130.74	247.49
	2016	2.26	348.60	350.52	811.98	61.21	231.07

行　业	年　份	激励过度比例(％)	平　均　值	中　位　值	最　大　值	最　小　值	标　准　差
金融业(J)	四年增幅	—	156.64	150.16	515.77	−30.00	—
	年均增长率(％)	—	16.09	15.01	28.67	−9.49	—
	比上年增幅	—	−14.27	4.77	16.55	−69.53	—
	比上年增长率(％)	—	−3.93	1.38	2.08	−53.18	—
房地产业(K)	2012	9.01	80.49	53.98	569.40	6.43	93.53
	2015	6.22	1509.43	75.00	21279.59	9.00	4048.28
	2016	4.53	870.80	99.37	12398.54	5.13	2637.46
	四年增幅	—	790.31	45.39	11829.14	−1.30	—
	年均增长率(％)		81.36	16.48	116.02	−5.49	—
	比上年增幅	—	−638.63	24.37	−8881.05	−3.87	—
	比上年增长率(％)	—	−42.31	32.49	−41.74	−43.00	—
租赁和商务服务业(L)	2012	0.69	50.50	51.36	64.95	34.33	14.71
	2015	0.46	1971.19	1882.55	3974.03	56.99	1960.02
	2016	0.99	3091.34	62.31	21223.59	49.74	7995.59
	四年增幅	—	3040.84	10.95	21158.64	15.41	—
	年均增长率(％)	—	179.71	4.95	325.17	9.71	—
	比上年增幅		1120.15	−1820.24	17249.56	−7.25	—
	比上年增长率(％)		56.83	−96.69	434.06	−12.72	—
科学研究和技术服务业(M)	2012	1.04	64.99	75.23	83.89	35.30	19.99
	2015	1.52	704.38	117.05	2849.15	64.75	1052.33
	2016	1.98	798.37	93.52	5453.50	27.48	1547.64
	四年增幅	—	733.38	18.29	5369.61	−7.82	—
	年均增长率(％)	—	87.21	5.59	183.95	−6.07	—
	比上年增幅		93.99	−23.53	2604.35	−37.27	—
	比上年增长率(％)	—	13.34	−20.10	91.41	−57.56	—
水利、环境和公共设施管理业(N)	2012	1.91	43.06	36.55	70.15	20.67	17.32
	2015	1.67	709.78	72.24	3458.73	18.93	1094.33
	2016	1.84	677.36	67.28	6138.88	21.00	1721.64
	四年增幅		634.30	30.73	6068.73	0.33	—
	年均增长率(％)	—	99.15	16.48	205.85	0.40	—
	比上年增幅	—	−32.42	−4.96	2680.15	2.07	—
	比上年增长率(％)	—	−4.57	−6.87	77.49	10.94	—

行　业	年　份	激励过度比例(%)	平 均 值	中位值	最 大 值	最 小 值	标 准 差
文化、体育和娱乐业(R)	2012	0.87	83.42	83.02	158.61	28.42	53.60
	2015	1.52	1447.99	102.66	7489.67	32.90	2723.07
	2016	0.99	1604.13	145.84	5468.16	37.10	2377.09
	四年增幅	—	1520.71	62.82	5309.55	8.68	—
	年均增长率(%)	—	109.41	15.13	142.31	6.89	—
	比上年增幅	—	156.14	43.18	−2021.51	4.20	—
	比上年增长率(%)	—	10.78	42.06	−26.99	12.77	—
综合(S)	2012	1.73	45.73	46.00	77.93	17.33	23.39
	2015	1.82	453.26	76.97	3474.06	2.85	1015.68
	2016	1.27	408.83	83.91	2939.33	28.57	950.21
	四年增幅	—	363.10	37.91	2861.40	11.24	—
	年均增长率(%)	—	72.92	16.22	147.82	13.31	—
	比上年增幅	—	−44.43	6.94	−534.73	25.72	—
	比上年增长率(%)	—	−9.80	9.02	−15.39	902.46	—

注：(1) 薪酬增幅误差源于四舍五入；(2) 本表中激励过度比例是指各行业激励过度公司数与激励过度公司总数的比例；(3) "比上年增幅"和"比上年增长率"均指 2016 年与 2015 年的比较；(4) 剔除了没有进入激励过度区间和只有 1 家公司进入该区间而可比性差的行业。

从表 24 - 18 可以看出,2012～2016 年,在激励过度区间,不同行业上市公司高管薪酬均值变化的差异性非常明显。在可比较的 14 个行业中,有 13 个行业正增长,1 个行业负增长;有 3 个行业上市公司高管薪酬均值的年均增长率超过 100%。高管薪酬均值增幅最大和年均增长率最高的行业是租赁和商务服务业(L),增幅达 3040.84 万元,年均增长达 179.71%。只有采矿业(B)是负增长,降幅为 23.46 万元,年均下降 6.98%。

图 24 - 21 更直观地反映了 2012～2016 年激励过度区间不同行业上市公司高管薪酬均值的变化情况。可以看到,高管薪酬均值增幅最大的前三个行业分别是租赁和商务服务业(L),信息传输、软件和信息技术服务业(I),文化、体育和娱乐业(R);增幅最小的三个行业分别是采矿业(B)、电力、热力、燃气及水生产和供应业(D)、交通运输、仓储和邮政业(G)。

与 2015 年相比,2016 年激励过度区间有 5 个行业上市公司高管薪酬均值正增长,增幅最大的是租赁和商务服务业(L),达 1120.15 万元,提高 56.83%;9 个行业上市公司高管薪酬均值负增长,降幅最大的是房地产业(K),达 638.63 万元,下降 42.31%。

图 24 - 22 反映了 2015 年和 2016 年激励过度区间不同行业上市公司高管薪酬均值的变化情况。可以看到,高管薪酬均值增幅最大的前三个行业分别是租赁和商务服务业(L),信息传输、软件和信息技术服务业(I),文化、体育和娱乐业(R);降幅最大的三个行业分别是房地产业(K)、交通运输、仓储和邮政业(G)、电力、热力、燃气及水生产和供应业(D)。

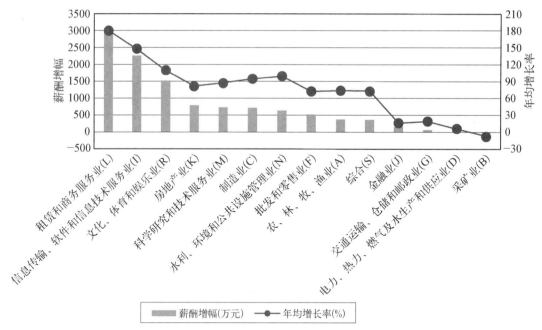

图 24‑21 2012～2016 年激励过度区间不同行业上市公司高管薪酬均值比较

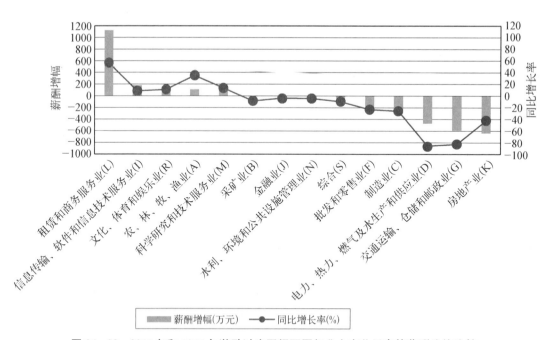

图 24‑22 2015 年和 2016 年激励过度区间不同行业上市公司高管薪酬均值比较

24.4.4 分所有制激励过度区间高管薪酬的年度比较

表 24‑19 列示了 2012～2016 年激励过度区间不同所有制上市公司的高管薪酬变化情况。

表 24-19 2012～2016 年激励过度区间不同所有制上市公司高管薪酬比较 单位：万元

所有制类型	年 份	激励过度比例(%)	平均值	中位值	最大值	最小值	标准差
国有绝对控股公司	2012	4.16	81.78	66.08	249.25	10.63	63.69
	2015	1.82	686.65	81.83	4369.24	26.91	1341.06
	2016	2.40	817.80	67.86	9945.76	16.43	2447.42
	四年增幅	—	736.02	1.78	9696.51	5.80	—
	年均增长率(%)	—	77.83	0.67	151.33	11.50	—
	比上年增幅	—	131.15	−13.97	5576.52	−10.48	—
	比上年增长率(%)	—	19.10	−17.07	127.63	−38.94	—
国有强相对控股公司	2012	7.11	83.97	53.36	569.40	11.33	91.88
	2015	5.01	863.52	71.70	14117.13	11.40	2607.71
	2016	7.50	555.71	68.57	9921.61	15.20	1678.24
	四年增幅	—	471.74	15.21	9352.21	3.87	—
	年均增长率(%)	—	60.39	6.47	104.31	7.62	—
	比上年增幅	—	−307.81	−3.13	−4195.52	3.80	—
	比上年增长率(%)	—	−35.65	−4.37	−29.72	33.33	—
国有弱相对控股公司	2012	10.05	72.29	57.50	299.93	9.60	59.04
	2015	4.55	429.57	50.03	10742.96	14.81	1949.21
	2016	6.79	421.47	66.64	8748.80	12.80	1432.94
	四年增幅	—	349.18	9.14	8448.87	3.20	—
	年均增长率(%)	—	55.39	3.76	132.40	7.46	—
	比上年增幅	—	−8.10	16.61	−1994.16	−2.01	—
	比上年增长率(%)	—	−1.89	33.20	−18.56	−13.57	—
国有参股公司	2012	20.45	60.59	47.58	296.21	4.06	51.36
	2015	31.72	1403.48	353.52	15265.87	5.90	2530.95
	2016	29.56	1475.75	77.45	44949.18	5.20	4645.32
	四年增幅	—	1415.16	29.87	44652.97	1.14	—
	年均增长率(%)	—	122.15	12.95	250.98	6.38	—
	比上年增幅	—	72.27	−276.07	29683.31	−0.70	—
	比上年增长率(%)	—	5.15	−78.09	194.44	−11.86	—
无国有股份公司	2012	58.23	58.32	44.11	444.27	5.29	51.95
	2015	56.90	1089.33	239.92	21279.59	2.85	2100.35
	2016	53.75	775.48	79.84	25880.05	4.00	2257.27

续　表

所有制类型	年　份	激励过度比例(%)	平均值	中位值	最大值	最小值	标准差
无国有股份公司	四年增幅	—	717.16	35.73	25435.78	−1.29	—
	年均增长率(%)	—	90.96	15.99	176.27	−6.75	—
	比上年增幅	—	−313.85	−160.08	4600.46	1.15	—
	比上年增长率(%)	—	−28.81	−66.72	21.62	40.35	—

　　注:(1)薪酬增幅误差源于四舍五入;(2)本表中激励过度比例是指各所有制激励过度公司数与激励过度公司总数的比例;(3)"比上年增幅"和"比上年增长率"均指 2016 年与 2015 年的比较。

　　从表 24-19 可以看出,2012～2016 年,在激励过度区间,五类所有制上市公司高管薪酬均值都大幅增长,增幅最高的是国有参股公司,增幅达 1415.16 万元,年均增长率也是最高的,达 122.15%;国有弱相对控股公司高管薪酬均值增幅最低,但也达到 349.18 万元,年均增长率为 55.39%。

　　图 24-23 更加直观地描绘了 2012～2016 年激励过度区间五类所有制上市公司高管薪酬均值的变化情况。可以看到,国有参股公司高管薪酬均值增幅明显高于其他四类所有制上市公司。

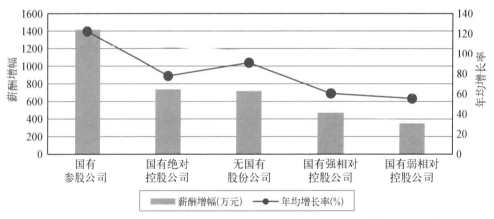

图 24-23　2012～2016 年激励过度区间不同所有制上市公司高管薪酬均值比较

　　与 2015 年相比,在激励过度区间,2016 年国有绝对控股公司和国有参股公司高管薪酬均值正增长,其他三类公司高管薪酬均值负增长。图 24-24 描绘了 2015 年和 2016 年激励过度区间五类所有制上市公司高管薪酬均值的变化情况。可以看到,国有强相对控股公司和无国有股份公司高管薪酬均值下降幅度最大。

　　我们进一步将国有绝对控股公司、国有强相对控股公司和国有弱相对控股公司归类为国有控股公司,将国有参股公司和无国有股份公司归类为非国有控股公司,表 24-20 比较了 2012～2016 年激励过度区间国有控股公司和非国有控股公司高管薪酬的变化情况。

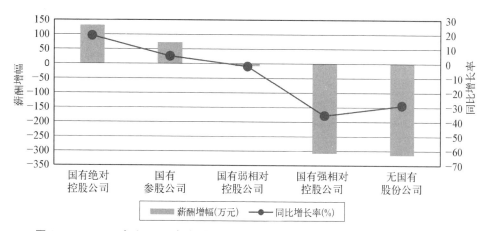

图 24‐24 2015 年和 2016 年激励过度区间不同所有制上市公司高管薪酬均值比较

表 24‐20 2012～2016 年激励过度区间国有控股和非国有控股上市公司高管薪酬比较

单位：万元

所有制类型	年 份	平 均 值	中 位 值	最 大 值	最 小 值	标 准 差
国有控股公司	2012	78.04	57.36	569.40	9.60	72.05
	2015	661.64	67.10	14117.13	11.40	2176.47
	2016	538.86	67.60	9945.76	12.80	1706.70
	四年增幅	460.82	10.24	9376.36	3.20	—
	年均增长率(%)	62.10	4.19	104.43	7.46	—
	比上年增幅	−122.78	0.50	−4171.37	1.40	—
	比上年增长率(%)	−18.56	0.75	−29.55	12.28	—
非国有控股公司	2012	58.91	44.68	444.27	4.06	51.75
	2015	1201.76	261.59	21279.59	2.85	2266.74
	2016	1023.96	79.35	44949.18	4.00	3321.15
	四年增幅	965.05	34.67	44504.91	−0.06	—
	年均增长率(%)	104.18	15.44	217.15	−0.37	—
	比上年增幅	−177.80	−182.24	23669.59	1.15	—
	比上年增长率(%)	−14.79	−69.67	111.23	40.35	—

注：(1) 薪酬增幅误差源于四舍五入；(2) 本表中激励过度比例是指各所有制激励过度公司数与激励过度公司总数的比例；(3)"比上年增幅"和"比上年增长率"均指 2016 年与 2015 年的比较。

从表 24‐20 可以看出,2012～2016 年,在激励过度区间,两类公司高管薪酬均值都是正增长,非国有控股公司高管薪酬均值增幅显著高于国有控股公司,前者高出后者 504.23 万元。与 2015 年相比,2016 年两类公司高管薪酬均值都是负增长,非国有控股公司高管薪酬降幅高于国有控股公司,前者比后者多下降 55.02 万元;国有控股公司高管薪酬的最大值降低,而非国有控股公司高管薪酬的最大值则大幅增加。

24.5 激励不足区间高管薪酬的年度比较

24.5.1 激励不足区间高管薪酬总体的年度比较

表 24 - 21 列示了 2012~2016 年激励不足区间上市公司高管薪酬的变化情况。

表 24 - 21　2012~2016 年激励不足区间上市公司高管薪酬比较　　单位：万元

年　份	样本量	激励不足比例(%)	平均值	中位值	最大值	最小值	标准差
2012	577	24.98	67.99	48.70	606.52	3.40	71.37
2015	660	25.08	81.01	52.76	7122.32	0.28	286.20
2016	707	24.99	76.32	55.64	1097.75	4.10	88.46
四年增幅		—	8.33	6.94	491.23	0.70	—
年均增长率(%)		—	2.93	3.39	15.99	4.79	—
比上年增幅		—	−4.69	2.88	−6024.57	3.82	—
比上年增长率(%)		—	−5.79	5.46	−84.59	1364.29	—

注：(1) 薪酬增幅误差源于四舍五入；(2) 本表中激励不足比例是指激励不足公司数与样本公司总数的比例；(3) "比上年增幅"和"比上年增长率"均指 2016 年与 2015 年的比较。

从表 24 - 21 可以看出，2012~2016 年，激励不足区间的上市公司高管薪酬均值增加了 8.33 万元，年均增长 2.93%；最大值增幅达到 491.23 万元，年均增长达到 15.99%；最小值从 3.40 万元增长到 4.10 万元，增幅不大。与 2015 年相比，2016 年激励不足区间上市公司高管薪酬均值下降 4.69 万元，下降 5.79%；最大值下降 6024.57 万元，下降 84.59%。

24.5.2 分地区激励不足区间高管薪酬的年度比较

表 24 - 22 列示了 2012~2016 年激励不足区间不同地区上市公司高管薪酬的变化情况。

表 24 - 22　2012~2016 年激励不足区间不同地区上市公司高管薪酬比较　　单位：万元

地区	年　份	激励不足比例(%)	平均值	中位值	最大值	最小值	标准差
东部	2012	55.63	81.85	60.94	606.52	3.40	83.49
	2015	57.12	104.20	63.53	7122.32	0.28	375.30
	2016	56.44	93.72	65.67	1097.75	4.10	107.19
	四年增幅	—	11.87	4.73	491.23	0.70	—

续　表

地区	年　份	激励不足 比例(%)	平 均 值	中 位 值	最 大 值	最 小 值	标 准 差
东部	年均增长率(%)	—	3.44	1.89	15.99	4.79	—
	比上年增幅	—	−10.48	2.14	−6024.57	3.82	—
	比上年增长率(%)	—	−10.06	3.37	−84.59	1364.29	—
中部	2012	21.32	53.30	43.15	530.00	6.99	54.08
	2015	19.55	47.79	40.30	243.51	6.83	33.86
	2016	20.23	49.98	38.42	236.67	6.25	36.42
	四年增幅	—	−3.32	−4.73	−293.33	−0.74	—
	年均增长率(%)	—	−1.59	−2.86	−18.25	−2.76	—
	比上年增幅	—	2.19	−1.88	−6.84	−0.58	
	比上年增长率(%)	—	4.58	−4.67	−2.81	−8.49	
西部	2012	17.68	46.57	38.02	203.83	5.67	33.94
	2015	16.36	51.80	38.35	488.02	11.20	52.77
	2016	16.83	55.08	41.63	536.96	8.49	56.42
	四年增幅	—	8.51	3.61	333.13	2.82	—
	年均增长率(%)	—	4.29	2.29	27.40	10.62	—
	比上年增幅	—	3.28	3.28	48.94	−2.71	—
	比上年增长率(%)	—	6.33	8.55	10.03	−24.20	—
东北	2012	5.37	53.14	47.47	312.33	5.57	54.44
	2015	6.97	52.73	41.20	275.59	4.55	47.28
	2016	6.51	62.23	51.09	232.66	9.77	48.24
	四年增幅		9.09	3.62	−79.67	4.20	—
	年均增长率(%)		4.03	1.85	−7.10	15.08	—
	比上年增幅		9.50	9.89	−42.93	5.22	—
	比上年增长率(%)		18.02	24.00	−15.58	114.73	—

注：(1) 薪酬增幅误差源于四舍五入；(2) 本表中激励不足比例是指各地区激励不足公司数与激励不足公司总数的比例；(3)"比上年增幅"和"比上年增长率"均指 2016 年与 2015 年的比较。

　　从表 24 - 22 可以看出,2012～2016 年,在激励不足区间,东部、东北和西部地区上市公司高管薪酬均值都是增长的,增幅分别是 11.87 万元、9.09 万元和 8.51 万元,年均增长率分别为 3.44%、4.03% 和 4.29%,增长幅度都不大;中部地区上市公司高管薪酬均值则出现下降,降幅是 3.32 万元,年均降低率是 1.59%,降低幅度不大。

　　图 24 - 25 更直观地反映了 2012～2016 年激励不足区间四个地区上市公司高管薪酬均

值的变化情况。可以看出,处于激励不足区间的四个地区上市公司高管薪酬均值变化的差异比较明显。

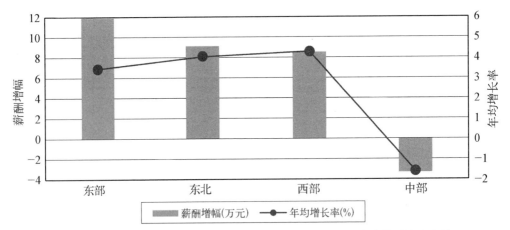

图 24‐25　2012～2016 年激励不足区间不同地区上市公司高管薪酬均值比较

与 2015 年相比,2016 年激励不足区间东北、西部和中部地区上市公司高管薪酬都有增长。东北地区增幅最大,达到 9.50 万元,增长率也最高,达到 18.02％;东部地区上市公司高管薪酬均值降低,下降 10.48 万元。

图 24‐26 反映了 2015 年和 2016 年激励不足区间四个地区上市公司高管薪酬均值的变化情况。可以看出,处于激励不足区间的四个地区上市公司高管薪酬均值变化的差异比较明显。

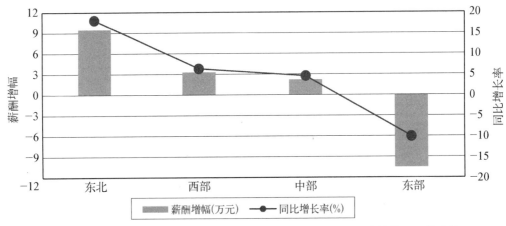

图 24‐26　2015 年和 2016 年激励不足区间不同地区上市公司高管薪酬均值比较

24.5.3　分行业激励不足区间高管薪酬的年度比较

表 24‐23 列示了 2012～2016 年激励不足区间不同行业上市公司高管薪酬的变化情况。

表 24‐23　2012～2016 年激励不足区间不同行业上市公司高管薪酬比较　　单位：万元

行　业	年　份	激励不足比例(%)	平均值	中位值	最大值	最小值	标准差
农、林、牧、渔业(A)	2012	1.21	30.60	20.53	80.67	12.40	23.41
	2015	1.36	26.60	16.02	67.80	11.20	19.34
	2016	1.41	52.50	43.61	176.80	13.86	47.29
	四年增幅	—	21.90	23.08	96.13	1.46	—
	年均增长率(%)	—	14.45	20.73	21.67	2.82	—
	比上年增幅	—	25.90	27.59	109.00	2.66	—
	比上年增长率(%)	—	97.37	172.22	160.77	23.75	—
采矿业(B)	2012	5.72	87.39	61.59	606.52	35.20	99.45
	2015	5.61	57.06	46.08	322.98	17.04	49.55
	2016	5.23	55.18	44.42	298.78	8.07	47.75
	四年增幅	—	−32.21	−17.17	−307.74	−27.13	—
	年均增长率(%)	—	−10.86	−7.85	−16.22	−30.80	—
	比上年增幅	—	−1.88	−1.66	−24.20	−8.97	—
	比上年增长率(%)	—	−3.29	−3.60	−7.49	−52.64	—
制造业(C)	2012	58.58	58.44	41.99	589.73	5.57	64.72
	2015	54.39	59.42	43.77	504.01	4.55	60.85
	2016	54.17	66.04	50.33	570.50	4.10	68.49
	四年增幅	—	7.60	8.34	−19.23	−1.47	—
	年均增长率(%)	—	3.10	4.63	−0.83	−7.37	—
	比上年增幅	—	6.62	6.56	66.49	−0.45	—
	比上年增长率(%)	—	11.14	14.99	13.19	−9.89	—
电力、热力、燃气及水生产和供应业(D)	2012	5.72	55.45	50.09	102.97	29.12	19.84
	2015	5.45	57.45	60.82	107.74	17.06	22.20
	2016	5.52	56.18	58.33	95.85	14.84	22.20
	四年增幅	—	0.73	8.24	−7.12	−14.28	—
	年均增长率(%)	—	0.33	3.88	−1.78	−15.51	—
	比上年增幅	—	−1.27	−2.49	−11.89	−2.22	—
	比上年增长率(%)	—	−2.21	−4.09	−11.04	−13.01	—
建筑业(E)	2012	4.16	57.74	57.59	147.12	10.93	30.92
	2015	5.45	257.96	58.79	7122.32	10.67	1177.09
	2016	5.09	66.92	62.90	200.00	10.03	38.64

行 业	年 份	激励不足比例(%)	平均值	中位值	最大值	最小值	标准差
建筑业(E)	四年增幅	—	9.18	5.31	52.88	−0.90	—
	年均增长率(%)	—	3.76	2.23	7.98	−2.13	—
	比上年增幅	—	−191.04	4.11	−6922.32	−0.64	—
	比上年增长率(%)	—	−74.06	6.99	−97.19	−6.00	—
批发和零售业(F)	2012	12.82	75.35	59.74	312.33	3.40	55.44
	2015	11.97	76.83	61.59	275.59	9.00	55.12
	2016	11.60	83.70	68.06	237.76	17.33	56.14
	四年增幅	—	8.35	8.32	−74.57	13.93	—
	年均增长率(%)	—	2.66	3.31	−6.59	50.26	—
	比上年增幅	—	6.87	6.47	−37.83	8.33	—
	比上年增长率(%)	—	8.94	10.50	−13.73	92.56	—
交通运输、仓储和邮政业(G)	2012	4.51	70.29	51.82	242.03	24.29	52.71
	2015	4.85	71.12	55.13	258.49	22.40	52.13
	2016	4.81	71.49	60.19	188.31	6.25	43.23
	四年增幅	—	1.20	8.37	−53.72	−18.04	—
	年均增长率(%)	—	0.42	3.81	6.08	−28.78	—
	比上年增幅	—	0.37	5.06	−70.18	−16.15	—
	比上年增长率(%)	—	0.52	9.18	−27.15	−72.10	—
信息传输、软件和信息技术服务业(I)	2012	0.52	35.25	25.60	57.17	22.98	19.03
	2015	1.06	63.06	63.73	120.80	22.53	32.02
	2016	1.56	53.78	46.33	195.38	6.10	52.34
	四年增幅	—	18.53	20.73	138.21	−16.88	—
	年均增长率(%)	—	11.14	15.99	35.97	−28.22	—
	比上年增幅	—	−9.28	−17.40	74.58	−16.43	—
	比上年增长率(%)	—	−14.72	−27.30	61.74	−72.92	—
金融业(J)	2012	2.77	237.69	212.79	522.19	79.17	132.90
	2015	3.64	242.63	141.93	1060.12	57.28	238.33
	2016	3.25	226.90	146.83	1097.75	25.00	238.09
	四年增幅	—	−10.79	−65.96	575.56	−54.17	—
	年均增长率(%)	—	−1.15	−8.86	20.41	−25.04	—
	比上年增幅	—	−15.73	4.90	37.63	−32.28	—
	比上年增长率(%)	—	−6.48	3.45	3.55	−56.35	—

续 表

行 业	年 份	激励不足比例(%)	平 均 值	中 位 值	最 大 值	最 小 值	标 准 差
房地产业 (K)	2012	2.43	85.80	63.25	252.33	24.06	73.60
	2015	3.48	114.70	66.67	579.94	0.28	130.73
	2016	4.24	162.34	100.33	925.17	6.31	193.43
	四年增幅	—	76.54	37.08	672.84	−17.75	—
	年均增长率(%)	—	17.28	12.23	38.38	−28.44	—
	比上年增幅	—	47.64	33.66	345.23	6.03	—
	比上年增长率(%)	—	41.53	50.49	59.53	2153.57	—
租赁和商务 服务业(L)	2012	0.69	69.21	78.78	85.32	33.98	23.73
	2015	1.21	63.69	68.66	111.83	28.03	28.41
	2016	1.41	76.76	55.02	162.57	22.78	54.34
	四年增幅	—	7.55	−23.76	77.25	−11.20	—
	年均增长率(%)	—	2.62	−8.58	17.49	−9.51	—
	比上年增幅	—	13.07	−13.64	50.74	−5.25	—
	比上年增长率(%)	—	20.52	−19.87	45.37	−18.73	—
文化、体育 和娱乐业 (R)	2012	0.69	63.86	64.55	83.75	42.56	19.93
	2015	1.06	60.11	66.67	76.14	39.73	14.61
	2016	0.99	60.43	52.70	91.41	35.00	21.01
	四年增幅	—	−3.43	−11.85	7.66	−7.56	—
	年均增长率(%)	—	−1.37	−4.94	2.21	−4.77	—
	比上年增幅	—	0.32	−13.97	15.27	−4.73	—
	比上年增长率(%)	—	0.53	−20.95	20.06	−11.91	—

注:(1)薪酬增幅误差源于四舍五入;(2)本表中激励不足比例是指各行业激励不足公司数与激励不足公司总数的比例;(3)"比上年增幅"和"比上年增长率"均指 2016 年与 2015 年的比较;(4)剔除了没有进入激励不足区间和只有 1 家公司进入该区间而可比性差的行业。

由表 24-23 可以看到,2012～2016 年,在激励不足区间,在 12 个可比较的行业中,有 9 个行业上市公司高管薪酬均值是增长的,有 3 个行业是下降的。其中房地产业(K)上市公司高管薪酬均值的增长最为明显,增幅为 76.54 万元,年均增长 17.28%;而采矿业(B)上市公司的高管薪酬均值则明显下降,降幅为 32.21 万元,年均下降 10.86%。

图 24-27 更直观地描绘了 2012～2016 年激励不足区间不同行业上市公司高管薪酬均值的变化情况。可以看到,增幅最大的三个行业分别是房地产业(K),农、林、牧、渔业(A),信息传输、软件和信息技术服务业(I);降幅最大的三个行业分别是采矿业(B),金融业(J),文化、体育和娱乐业(R)。

与 2015 年相比,2016 年有 7 个行业上市公司高管薪酬均值出现增长,除了房地产业

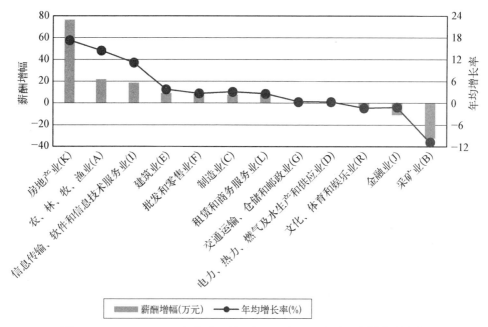

图 24-27　2012～2016 年激励不足区间不同行业上市公司高管薪酬比较

(K)增长幅度显著,其余 6 个行业增长幅度都不大;有 5 个行业下降,建筑业(E)降低幅度最大,达到 191.04 万元,下降 74.06%,其余 4 个行业下降幅度不大。

　　图 24-28 描绘了 2015 年和 2016 年激励不足区间不同行业上市公司高管薪酬均值的变化情况。可以看到,除了建筑业(E)上市公司高管薪酬均值大幅下降外,其他行业变动幅度都不大。

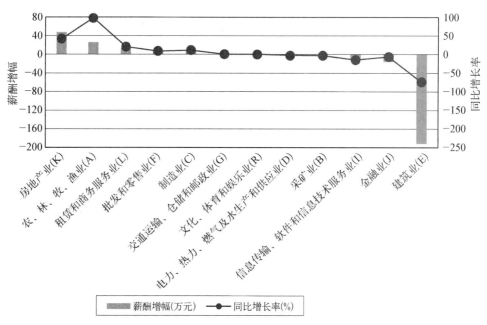

图 24-28　2015 年和 2016 年激励不足区间不同行业上市公司高管薪酬比较

24.5.4　分所有制激励不足区间高管薪酬的年度比较

表 24-24 列示了 2012～2016 年激励不足区间不同所有制上市公司高管薪酬的变化情况。

表 24-24　2012～2016 年激励不足区间不同所有制上市公司高管薪酬比较　　单位:万元

所有制类型	年　份	激励不足比例(%)	平均值	中位值	最大值	最小值	标准差
国有绝对控股公司	2012	26.52	62.28	54.42	27.57	7.42	39.94
	2015	25.00	108.55	58.51	7122.32	4.55	550.98
	2016	20.37	71.09	59.50	466.51	6.10	54.82
	四年增幅	—	8.81	5.08	438.94	−1.32	—
	年均增长率(%)	—	3.36	2.26	102.82	−4.78	—
	比上年增幅	—	−37.46	0.99	−6655.81	1.55	—
	比上年增长率(%)	—	−34.51	1.69	−93.45	34.07	—
国有强相对控股公司	2012	27.38	71.50	51.54	421.33	5.57	62.77
	2015	27.73	66.08	55.32	306.25	6.30	49.72
	2016	26.17	71.39	59.43	387.84	6.31	54.31
	四年增幅	—	−0.11	7.89	−33.49	0.74	—
	年均增长率(%)	—	−0.04	3.63	−2.05	3.17	—
	比上年增幅	—	5.31	4.11	81.59	0.01	—
	比上年增长率(%)	—	8.04	7.43	26.64	0.16	—
国有弱相对控股公司	2012	14.90	71.70	47.42	606.52	6.57	87.28
	2015	14.39	84.11	55.86	560.80	7.63	96.89
	2016	16.97	93.18	53.28	925.17	4.10	126.02
	四年增幅	—	21.48	5.86	318.65	−2.47	—
	年均增长率(%)	—	6.77	2.96	11.13	−11.12	—
	比上年增幅	—	9.07	−2.58	364.37	−3.53	—
	比上年增长率(%)	—	10.78	−4.62	64.97	−46.26	—
国有参股公司	2012	8.84	85.31	50.89	530.00	3.40	108.35
	2015	13.64	91.82	55.13	1060.12	9.42	147.70
	2016	17.25	92.68	59.01	1097.75	6.25	127.98
	四年增幅	—	7.37	8.12	567.75	2.85	—
	年均增长率(%)	—	2.09	3.77	19.97	16.44	—
	比上年增幅	—	0.86	3.88	37.63	−3.17	—
	比上年增长率(%)	—	0.94	7.04	3.55	−33.65	—

续　表

所有制类型	年　　份	激励不足比例(%)	平 均 值	中 位 值	最 大 值	最 小 值	标 准 差
无国有股份公司	2012	22.36	61.12	40.00	589.73	6.40	79.51
	2015	19.24	56.79	38.53	488.02	0.28	72.76
	2016	19.24	58.99	42.68	531.67	6.03	64.65
	四年增幅	—	−2.13	2.68	−58.06	−0.37	—
	年均增长率(%)	—	−0.88	1.63	−2.56	−1.48	—
	比上年增幅	—	2.20	4.15	43.65	5.75	—
	比上年增长率(%)	—	3.87	10.77	8.94	2053.57	—

注：(1)薪酬增幅误差源于四舍五入；(2)本表中激励不足比例是指各所有制激励不足公司数与激励不足公司总数的比例；(3)"比上年增幅"和"比上年增长率"均指2016年与2015年的比较。

从表24-24可以看出，2012~2016年，在激励不足区间，国有弱相对控股公司、国有绝对控股公司和国有参股公司的高管薪酬均值是增加的，增幅最高的是国有弱相对控股公司，增加21.48万元，年均增长6.77%；国有强相对控股公司和无国有股份公司的高管薪酬均值则是降低的，降幅最大的是无国有股份公司，减少2.13万元，年均降低0.88%。

图24-29更加直观地描绘了2012~2016年激励不足区间不同所有制上市公司高管薪酬均值的变化情况。

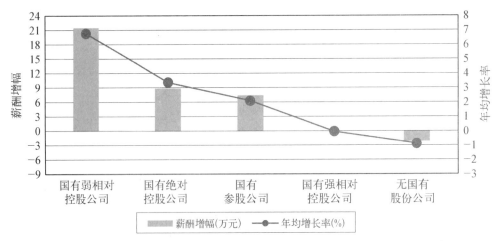

图24-29　2012~2016年激励不足区间不同所有制上市公司高管薪酬均值比较

相比2015年，2016年激励不足区间国有绝对控股公司的高管薪酬均值大幅下降，达到37.46万元，下降34.51%，其他四类所有制公司则略有增加，其中增幅最大的是国有弱相对控股公司，增加9.07万元，增长10.78%。图24-30描绘了2015年和2016年激励不足区间不同所有制上市公司高管薪酬均值的变化情况。

我们进一步将国有绝对控股公司、国有强相对控股公司和国有弱相对控股公司归类为

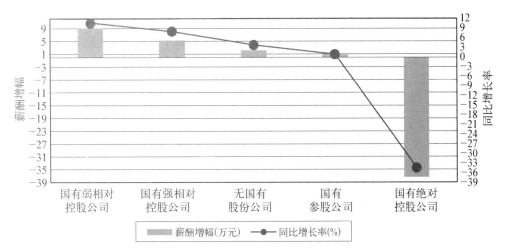

图 24‑30　2015 年和 2016 年激励不足区间不同所有制上市公司高管薪酬均值比较

国有控股公司,将国有参股公司和无国有股份公司归类为非国有控股公司,表 24‑25 比较了 2012～2016 年激励不足区间国有控股公司和非国有控股公司高管薪酬的变化情况。

表 24‑25　2012～2016 年激励不足区间国有控股和非国有控股上市公司高管薪酬比较

单位:万元

所有制类型	年　份	平　均　值	中　位　值	最　大　值	最　小　值	标　准　差
国有控股公司	2012	67.99	52.28	606.52	5.57	61.89
	2015	85.76	57.07	7122.32	4.55	340.60
	2016	77.12	57.85	925.17	4.10	80.52
	四年增幅	9.13	5.57	318.65	−1.47	—
	年均增长率(%)	3.20	2.56	11.13	−7.37	—
	比上年增幅	−8.64	0.78	−6197.15	−0.45	—
	比上年增长率(%)	−10.07	1.37	−87.01	−9.89	—
非国有控股公司	2012	67.97	44.71	589.73	3.40	88.99
	2015	71.32	43.33	1060.12	0.28	111.25
	2016	74.92	50.49	1097.75	6.03	100.95
	四年增幅	6.95	5.78	508.02	2.63	—
	年均增长率(%)	2.46	3.09	16.81	15.40	—
	比上年增幅	3.60	7.16	37.63	5.75	—
	比上年增长率(%)	5.05	16.52	3.55	2053.57	—

注:(1) 薪酬增幅误差源于四舍五入;(2) 本表中激励不足比例是指各所有制激励不足公司数与激励不足公司总数的比例;(3) "比上年增幅"和"比上年增长率"均指 2016 年与 2015 年的比较。

　　从表 24‑25 可以看出,2012～2016 年,在激励不足区间,国有控股公司和非国有控股公司的高管薪酬均值都是上升的,但前者增幅大于后者,分别是 9.13 万元和 6.95 万元,年均增长率分别是 3.20%和 2.46%。比较 2015 年和 2016 年两个年度,国有控股公司高管薪酬均值是下降的,降低 8.64 万元,下降 10.07%;非国有控股公司高管薪酬均值是上升的,增加 3.60 万元,增长 5.05%。

24.6　本 章 小 结

本章基于激励适中、激励过度和激励不足三种高管薪酬激励类型的划分,从总体、地区、行业、所有制四个角度,比较了 2012~2016 年中国上市公司高管薪酬及指数的变化情况,主要结论如下:

(1) 从高管薪酬总体来看,2012~2016 年,中国上市公司高管薪酬显著增长,年均增长率为 46.97%;相比 2015 年,2016 年上市公司高管薪酬明显下降,下降 15.95%;结合高管薪酬指数均值连续上升,说明高管薪酬激励的下降带来了更大幅度的公司业绩下降。从地区看,2012~2016 年,四个地区上市公司高管薪酬均值都呈现上涨趋势,而且年均增长率都超过了 20%;相比 2015 年,2016 年四个地区上市公司高管薪酬均值都出现下降。从行业看,2012~2016 年,绝大多数行业上市公司高管薪酬均值都有增长,只有 1 个行业下降;相比 2015 年,2016 年各行业上市公司高管薪酬均值有增有降,11 个行业下降,6 个行业增长。从所有制看,2012~2016 年,非国有控股公司高管薪酬均值不论是增幅还是年均增长率都显著高于国有控股公司;相比 2015 年,2016 年国有控股公司和非国有控股公司高管薪酬均值都出现下降,非国有控股公司降幅远超国有控股公司。

(2) 从高管薪酬指数总体来看,2012~2016 年,中国上市公司高管薪酬指数均值显著增长,年均增长率为 28.85%;相比 2015 年,2016 年上市公司高管薪酬指数均值增长 15.00%。从地区看,2012~2016 年,四个地区上市公司高管薪酬指数均值总体都呈现上涨趋势,而且年均增长率都超过了 15%;相比 2015 年,2016 年除了中部地区上市公司高管薪酬指数均值下降,其他三个地区上市公司高管薪酬指数均值都出现上升。从行业看,2012~2016 年,有 15 个行业的上市公司高管薪酬指数均值都有增长,只有 2 个行业下降;相比 2015 年,2016 年有 14 个行业的上市公司高管薪酬指数均值上升,3 个行业下降。从所有制看,2012~2016 年,非国有控股公司高管薪酬指数均值不论是增幅还是年均增长率都显著高于国有控股公司;相比 2015 年,2016 年国有控股公司和非国有控股公司高管薪酬指数均值都出现上升,国有控股公司增幅远超非国有控股公司。

(3) 在激励适中区间,从总体看,2012~2016 年,上市公司高管薪酬均值年均增长 8.01%;相比 2015 年,2016 年上市公司高管薪酬均值下降 11.32%。从地区看,2012~ 2016 年,东部、西部和中部上市公司高管薪酬均值都是增的,但增长幅度相差不大,只有东北地区上市公司高管薪酬均值降低;相比 2015 年,2016 年东部、西部和中部地区上市公司高管薪酬均值都是减少的,只有东北地区上市公司高管薪酬均值增加。从行业看,2012~

2016 年,17 个行业中,有 11 个行业上市公司高管薪酬正增长,6 个行业负增长;相比 2015 年,2016 年有 11 个行业高管薪酬负增长,6 个行业高管薪酬正增长。从所有制看,2012～2016 年,国有控股公司高管薪酬均值增幅和年均增长率都高于非国有控股公司;相比 2015 年,2016 年两类所有制公司高管薪酬都是降低的,国有控股公司高管薪酬均值降幅和下降速度都高于非国有控股公司。

(4) 在激励过度区间,从总体看,2012～2016 年,上市公司高管薪酬均值年均增长 96.71％;相比 2015 年,2016 年上市公司高管薪酬均值下降 17.30％。从地区看,2012～2016 年,四个地区上市公司高管薪酬均值增幅都高于 200 万元;相比 2015 年,2016 年四个地区上市公司高管薪酬均值都是负增长。从行业看,2012～2016 年,在可比较的 14 个行业中,有 13 个行业上市公司高管薪酬均值正增长,1 个行业负增长,其中有 3 个行业上市公司高管薪酬均值的年均增长率超过 100％;相比 2015 年,2016 年有 5 个行业上市公司高管薪酬均值正增长,9 个行业上市公司高管薪酬均值负增长。从所有制看,2012～2016 年,国有控股公司和非国有控股公司高管薪酬均值都是正增长,非国有控股公司高管薪酬均值增幅显著高于国有控股公司;相比 2015 年,2016 年两类公司高管薪酬均值都是负增长,非国有控股公司高管薪酬均值降幅高于国有控股公司。

(5) 在激励不足区间,从总体看,2012～2016 年,上市公司高管薪酬均值年均增长 2.93％;相比 2015 年,2016 年上市公司高管薪酬均值下降 5.79％。从地区看,2012～2016 年,东部、东北和西部地区上市公司高管薪酬均值正增长,中部地区上市公司高管薪酬均值负增长;相比 2015 年,2016 年东北、西部和中部地区上市公司高管薪酬均值正增长,东部地区上市公司高管薪酬均值负增长。从行业看,2012～2016 年,在 12 个可比较的行业中,有 9 个行业上市公司高管薪酬均值增长,有 3 个行业下降;相比 2015 年,2016 年有 7 个行业上市公司高管薪酬均值出现增长,有 5 个行业下降。从所有制看,2012～2016 年,国有控股公司和非国有控股公司的高管薪酬均值都是上升的,前者增幅大于后者;相比 2015 年,国有控股公司高管薪酬均值是下降的,非国有控股公司高管薪酬均值是上升的。

中国公司治理分类
指数报告No.16
（2017）

Report on China
Classified Corporate
Governance Index
No.16（2017）

第八编
政策建议

第 25 章

完善公司治理的政策建议：强化制衡机制

公司治理对中国来说是舶来品，但却是被证实了的、行之有效的市场经济条件下企业可持续稳定发展的基本原则。中国企业要提升竞争力，既需要全球化的、国际公司治理的前沿视野，掌握公司治理的本质和精髓，也要从中国公司治理实际出发，聚焦当前中国企业公司治理的深层次问题，围绕国家关于依法治国的战略部署，深化各类企业的公司治理改革和创新。

25.1　公司治理的本质是什么

公司治理是以股东为核心的各利益相关者之间相互制衡关系的总称，其实质是各利益相关者在权利安排、利益分配及责任机制方面的契约关系。制衡机制以及作为其基础的契约关系是公司治理的本质所在。

"制衡"之"制"意为制约，"制衡"之"衡"意为平衡。公司治理中涉及很多利益相关者，他们的权利、利益和责任需要达到平衡，才能保持企业的长效发展；而平衡都是通过不同利益主体的相互作用和相互制约才能形成，而不是通过一方对另一方的强制来实现。换言之，相互作用和相互制约形成的平衡只能是契约的产物。

目前国内不论是学术界还是实践和政策制定部门，在对公司治理的理解上存在着很多偏颇。尤其突出的便是重"结构"轻"机制"，"完善公司法人治理结构"已经成为人们的"口头禅"，甚至在政策文件中也是这样表述的，似乎结构健全了，公司治理就可以有效了。其实，公司治理结构只是组织机构问题，包括股东大会、董事会（含独立董事）、监事会和执行层等方面的公司治理机构设置。从机构设置的全面性看，中国已不差于西方发达国家，甚至有过之而无不及，但其作用效果却严重落后于西方发达国家。

表 25-1 汇总了前面各章统计分析的六类公司治理指数，由此充分反映了中国上市公司尴尬的公司治理现状。由表中可见，在中国上市公司中，中小投资者权益保护指数、董事会治理指数、企业家能力指数、财务治理指数和自愿性信息披露指数，处于 30 分至 58 分之间，总体水平普遍不高。除了财务治理指数外，总体上国有控股公司的治理水平低于非国有

控股公司,而且近两年来,非国有控股公司逐渐都超越了国有控股公司。从高管薪酬指数看,非国有控股公司的激励水平大大高于国有控股公司。

表 25-1　中国上市公司治理分类指数

	年　度	总 体 指 数	国有控股公司	非国有控股公司
中小投资者权益保护指数	2014	43.17	43.91	42.67
	2015	45.78	45.06	46.23
	2016	47.70	47.64	47.73
董事会治理指数	2012	51.85	52.34	51.49
	2014	50.27	50.74	49.95
	2015	50.26	50.08	50.37
	2016	50.77	50.16	51.12
企业家能力指数	2011	35.71	34.85	36.45
	2013	34.81	34.43	35.05
	2015	34.19	33.40	34.68
	2016	30.74	30.33	30.97
财务治理指数	2010	53.55	54.70	52.50
	2012	57.61	59.33	56.38
	2014	52.79	54.10	51.91
	2015	53.12	54.18	52.45
	2016	53.52	53.19	53.71
自愿性信息披露指数	2013	41.70	41.21	42.01
	2015	41.02	38.62	42.53
	2016	50.25	48.65	51.16
高管薪酬指数	2012	130.49	71.38	172.97
	2015	312.74	75.99	461.35
	2016	359.66	138.47	485.14

　　注:表中六类指数中,中小投资者权益保护指数、董事会治理指数、企业家能力指数、财务治理指数和自愿性信息披露指数这五类指数采取百分制,分值越高,说明水平越高。而高管薪酬指数不是百分制,它反映高管的薪酬与其贡献的吻合度,越接近 100 分,吻合度越高。高管薪酬指数越高,反映薪酬激励越是过度;高管薪酬指数越低,反映高管薪酬激励越是不足。

　　资料来源:北京师范大学公司治理与企业发展研究中心"中国公司治理分类指数数据库"。

　　进一步以董事会治理指数为例。我们把董事会治理指数分为四个维度(分项),其中董事会结构和独立董事独立性两个分项指数主要反映董事会形式上的治理，即主要反映董事会结构的健全程度；而董事会行为和董事激励与约束两个分项指数主要反映董事会实质上的治理，即主要反映董事会治理机制的健全程度。我们比较分析了公司绩效存在显著差异的 ST 公司和非 ST 公司的董事会治理四个分项指数（参见表 25－2），结果发现，ST 公司在董事会结构和独立董事独立性两个分项指数上的表现不差于或接近于非 ST 公司，甚至好于非 ST 公司，而在董事会行为和董事激励与约束两个分项指数上，ST 公司则明显低于非 ST 公司，这充分反映出当前中国上市公司董事会形式治理和实质治理的反差，即结构健全不等于机制健全，结构健全了，并不等于公司治理就自动有效了。

表 25－2　中国上市公司中 ST 公司与非 ST 公司董事会治理分项指数比较

	年　　度	总体指数	ST 公司	非 ST 公司
董事会结构	2012	49.70	49.95	49.68
	2014	49.06	48.42	49.07
	2015	40.28	41.31	40.26
	2016	40.50	40.33	40.51
独立董事独立性	2012	58.81	60.65	58.72
	2014	57.10	62.08	57.01
	2015	60.57	61.34	60.56
	2016	59.38	60.52	59.35
董事会行为	2012	47.43	39.04	47.83
	2014	42.66	39.79	42.71
	2015	48.61	43.97	48.68
	2016	51.09	44.34	51.27
董事激励与约束	2012	51.88	46.78	52.12
	2014	52.53	49.12	52.59
	2015	52.12	47.75	52.19
	2016	52.12	44.29	52.33

资料来源：北京师范大学公司治理与企业发展研究中心"中国公司治理分类指数数据库"之"董事会治理指数数据库（2013/2015/2016/2017）"。

表 25－1 和表 25－2 的数据表明，中国公司治理仍处于偏低水平。上市公司尚且如此，非上市公司的治理情况则可能更令人担忧。最重要的原因是我们没有真正认识到公司治理的真谛是契约，而契约是建立在利益主体法律地位平等基础上的，不是靠行政强制力来实现的。回归公司治理本质，关键不是靠公司治理结构的健全，而是依赖于公司治理机制的健全。当然，也必须强调，公司治理结构是公司治理机制有效性的基础。

25.2　公司治理的动力机制：权利制衡

在公司治理结构中，关键是股东大会、董事会和经理层。他们之间的关系不是纵向等级关系，而是彼此制衡关系。董事会由股东大会选举产生，总经理由董事会选聘产生。就前者来说，董事会并不能仅由某个或某类股东(如大股东)所左右，中小股东在股东大会中的权利必须得到尊重，这就要求通过中小股东保护制度，以形成中小股东对大股东的足够制衡，比如中小股东累积投票、单独计票、提请召开股东大会、提案权、集体诉讼和索赔等权利。就后者来说，董事会任何成员都不能随意干涉以总经理为首的经理层的日常决策事务，原因就在于他们之间是契约关系。

25.2.1　股东之间的权利制衡

中国目前现实中，股东大会选举董事会更多的是走形式。对于国有控股公司来说，则基本上是国资委或组织部门提出人选，然后再通过股东大会"选举"，而这种"选举"几乎没有落选的可能性。在这种情况下，股东大会选举董事的动力大大减弱，尤其是小股东，通过股东大会表达自己诉求以及选择自己的代理人成为一种难以实现的奢求。

表25-3反映了中国上市公司中小股东权利行使的情况。由表中可见，在中小股东召集临时股东大会、提案、累积投票、诉讼等几项权利上，中小股东的权利落实极不到位。其中，股东诉讼比例很低，并不意味着股东权利就得到了保护，而是因为保护中小股东的法律缺失，以及维权成本极高所致。这组数据，反映出中国中小股东保护的制度机制还很不健全，大股东的强势地位使得股东之间的相互制衡几近于无。

表 25-3　中国上市公司中小股东权利行使的四个代表性指标

	年　份	总体比例	国有控股公司	非国有控股公司
有中小股东提请召集临时股东大会的公司比例(%)	2014	0.40	0.50	0.33
	2015	0.26	0.29	0.25
	2016	0.14	0.19	0.11
有中小股东提案的公司比例(%)	2014	0.36	0.40	0.33
	2015	0.08	0.00	0.12
	2016	0.42	0.19	0.55
有中小股东累积投票的公司比例(%)	2010	12.20	9.04	15.06
	2014	20.13	20.44	19.92
	2015	7.53	8.70	6.80
	2016	26.27	28.18	25.18

	年　份	总 体 比 例	国有控股公司	非国有控股公司
有中小股东诉讼的公司比例(%)	2014	4.02	5.06	3.32
	2015	5.35	6.35	4.72
	2016	2.04	1.94	2.10

资料来源：北京师范大学公司治理与企业发展研究中心"中国公司治理分类指数数据库"之"中小投资者权益保护指数数据库(2013/2015/2016/2017)"。

以累积投票为例。累积投票是保证中小投资者代表进入董事会，保证他们参与公司决策与监督，实现股权制衡的重要机制。很多国有控股上市公司，由于国有股一股独大，加之政府支持，使得国有大股东侵害民资中小股东的现象屡见不鲜，这导致中小股东不仅难以参与决策，也缺少对董事会监督的动力，更难以通过董事会对经营者进行约束，因为他们基本没有可能进入作为决策和监督机构的董事会。从表 25-3 可以看出，2015 年中小投资者累积投票比例曾出现"断崖式"下降，这对于试图进入国企参与混合所有制改革的民企来说，无疑是非常负面的一个信号，因为这意味着实现混合所有制企业中各类股东平等还只是停留在口头或文件中，而没有真正落到实处。值得欣慰的是，2016 年，由于加大了对上市公司的监管力度，累积投票比例得到大幅度提升。但需要警惕的是，中国累积投票的形式化现象仍然比较突出。

再以防止国资流失为例。这是国有大股东一再强调的，从纯粹的经济主体角度，股东防止自己投入的资本流失，是没有问题的。引起争议的是，代表国有股东的是政府，而政府作为公众利益的代表，应该强调所有股东权利的平等保护，而不是只强调一方权利的保护，因为只强调保护一方，就容易侵害到其他利益相关方，对于国有控股的混合所有制企业来说，其他利益相关方就是中小股东。

党的十八届三中全会指出，要不断增强国有经济的活力、控制力和影响力。这句话在现实中产生了不少误解，不少民营企业家据此认为，国企发展混合所有制就是新一轮的国进民退，因为民资进入既有国企，只能做中小股东，对国有大股东形不成制衡，最终结果只能是被国资所控制，从而造成民资的权益得不到保护，这成为民资参与国企混改的最大担忧。一些政府和国企负责人也有同样的认识，认为如果国资不能控制民资，就会导致国资流失，而"国资流失"这顶帽子是任何国企负责人都承担不起的。这成为国企负责人混改动力不足的最重要的原因。

因此，国企发展混合所有制，不能强调国资对民资的控制，只能强调国资和民资的平等。可以说，国企混改成功的关键就是国有大股东和其他股东的权利平等和相互制衡，进而才能形成国资和民资的合力，否则民资非但不愿意进入，而且还会影响企业活力。

25.2.2　董事会和经理层的权利制衡

中国公司中董事会治理存在的一个突出问题是董事会和经营层的职能混同。在中国绝大部分公司中,董事长被确定为公司的法人代表,被视作公司的"一把手",是董事会和总经理的领导者,董事长的权力要高于总经理。如前所述,公司治理的真谛是契约,契约的真谛是各利益主体在法律地位平等基础上的谈判,公司治理正是基于这种契约来规范的。换言之,公司治理层是没有"一把手"概念的,"一把手"概念仅存在于经营层。根据《公司法》,董事长由董事会选举产生,外部董事或独立董事也可以担任董事长。而董事会是一个会议体,董事的权力是平等的,董事长并非一定是公司的法人代表,他(她)仅仅是"董事会的发言人"或"董事会召集人",并不是凌驾于其他董事和总经理之上的领导者。董事长的职权具有组织、协调、代表的性质,且限于董事会的职责范围内,向总经理授权进行企业正常经营管理工作的是董事会而不是董事长。

董事长成为"一把手",其本质是把董事长职能置于与总经理职能等同的位置,不同的只是前者是"一把手",后者是"二把手",于是,董事长作为董事会成员所承担的监督角色与经营者作为被监督的角色一体化了,在两个职务为同一人的情况下,这种一体化更加突出。更重要的是,把董事长确定为"一把手"意味着董事长变成了高管,由此使企业面临潜在的治理风险:一是使以总经理为首的经理层失去了独立性,经理层动力受挫,潜能难以充分发挥,这从表25-1企业家(总经理)能力指数严重偏低可以看出;二是总经理成为"二把手",非独立性使得总经理想方设法要成为董事长,矛盾由此产生;三是由于日常决策失误责任由总经理承担,但决策又往往是董事长干预或参与所致,同样激发矛盾;四是董事长"一把手"地位,可能使其独断专行,增加董事长犯罪风险;五是总经理为了谋求董事长职位,可能会铤而走险,增加总经理犯罪风险;六是如果董事长来自国有大股东(这是普遍的情况),因其是"一把手",那就很可能把大股东的意志强加于民资股东,这无疑会破坏公司治埋层的契约关系和法律权利平等原则。

另外,董事会自身的职权也经常被"架空",表现在选择经理人方面,董事会难以真正通过经理人市场选聘总经理。根据我们的统计,中国上市公司中总经理由市场选聘的比例一直处于较低水平。2013~2016年,总经理由市场选聘的比例总体呈下降态势,从2013年的12.17%下降到2016年的9.44%。其中国有控股公司总经理由市场选聘的比例由2013年的12.56%下降到2016年的6.22%,下降明显,并且远低于非国有控股公司(参见图25-1)。

对于国有控股公司来说,很多总经理的市场选聘也基本上是形式上的,并非都是由董事会独立选聘,更多的是国资监管机构和组织部门主导选聘,就此看来,真正由董事会独立选聘总经理的比例是更低的。国资监管机构和组织部门主导选聘总经理一般有三个来源:一是从政府中选派;二是从公司内部选拔,一般由某一副手接任;三是将其他国企的经营者调任该公司。由于国企的经营者拥有行政级别和行政待遇,因此基本上不存在从民营企业家中选聘的问题。实际上,民企中不乏优秀的企业家,像欧洲一些国家(如法国),优秀的民营企业家是可以成为国企经营者的。

董事会依法选聘经理层属于其行使决策权的范畴,进一步说,经理层的选择是公司这个独立主体的经济行为,而不是政府的行政行为。简单地套用党政领导干部选拔模式,助长了国企负责人热衷于追逐"官本位"隐形政治福利的思想。因此,必须改变传统的政府对企业

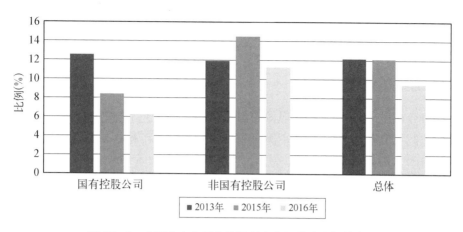

图 25‑1　中国上市公司中总经理由市场选聘比例的变化

资料来源：根据北京师范大学公司治理与企业发展研究中心"中国公司治理分类指数数据库"之"企业家能力指数数据库（2014/2016/2017）"绘制。

负责人特别是董事长与总经理的"同纸任命"方式，形成政府依法监督企业、出资人推荐董事、董事会依法聘任经理人的分层选拔任用方式。

国企高管（以总经理为代表）的薪酬也不是董事会与高管谈判的结果，这是高管权益被"架空"的又一重要表现，这导致高管薪酬激励力度偏低，并成为影响高管能力发挥的重要因素。近几年，对于国企高管，普遍采取了一刀切式的降薪政策，不仅使动力不足问题更加突出，而且人才流失也开始凸显。我们在考虑高管贡献的基础上，计算了中国上市公司高管薪酬指数（即高管薪酬与其贡献的吻合度）（参见图 25‑2）。可以看到，2012～2016 年，中国上市公司高管薪酬指数（激励力度）是逐渐上升的，但是，国有控股公司高管薪酬指数却大大低于非国有控股公司。相对于 2012 年，2015 年国有控股公司高管薪酬指数只是略微提升，而非国有控股公司高管薪酬指数则是大幅提升。尽管 2016 年国有控股公司高管薪酬指数也有较大幅度的提升，但仍远远低于非国有控股公司，这恐怕是国企人才流失的重要原因。更

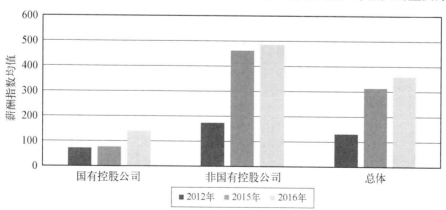

图 25‑2　中国上市公司高管薪酬指数的变化

资料来源：根据北京师范大学公司治理与企业发展研究中心"中国公司治理分类指数数据库"之"高管薪酬指数数据库（2013/2016/2017）"绘制。

需要警惕的是,相比 2015 年,2016 年高管薪酬指数上升是在高管薪酬绝对额下降的背景下发生的,这无疑意味着,高管薪酬下降带来了更大幅度的公司业绩下降。

25.2.3　控制权争夺

控制权争夺在任何国家都存在,但像中国惨烈的控制权争夺,在发达国家却是不可想象的。中国的控制权争夺,恰恰反映了不同股东权利的不平等和资本市场的不成熟。

成熟的资本市场意味着法规的健全。成熟资本市场的本质是各方利益主体都能得到同等尊重,各方的合法利益都能得到平等保护,任何一方利益主体对自身利益的追求都不能建立在损害其他主体利益的基础上,否则将会遭到非常严厉的处罚,包括民事处罚、刑事处罚和行政处罚。

目前中国资本市场透明度还很低,法律制度也不健全,董事会和经理层独立性很差,造成每个利益主体时时处于因可能被控制而使自身权益难以保障的恐惧中,从而必然导致董事会席位的惨烈争夺,甚至导致企业控制权易主,企业频发动荡,严重影响企业的正常经营和发展。

图 25-3 反映了中国上市公司中小投资者知情权、决策与监督权、收益权和维权环境四个分项指数的变化。可以看出,四个分项指数都处于 60 分以下的低水平上,尤其是决策与监督权以及收益权水平更低。这意味着,相对于大股东,中小股东的权益很难得到保障,这必然促使有能力的股东尽可能挤进前几大股东行列,以期在董事会中占有一席或几席位置,依靠自身能力来维护自身权益。

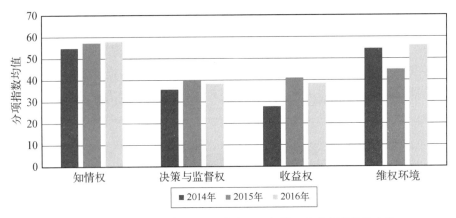

图 25-3　中国上市公司中小投资者权益保护四个分项指数的变化

资料来源:根据北京师范大学公司治理与企业发展研究中心"中国公司治理分类指数数据库"之"中小投资者权益保护指数数据库(2013/2016/2017)"绘制。

中国资本市场不成熟的重要表现是不透明,不透明就难言公正。在市场不透明的情况下,违规和欺骗行为难以被发现,监督难以发挥作用,不同利益主体会互相猜忌,从而难以形成共识。中国资本市场法规体系不健全的重要表现是缺乏中小投资者的集体诉讼,以及违规和欺骗行为的成本过低(远低于收益),由此必然纵容大股东和内部经营者的不良行为甚至违法行为，缺乏约束的权力必然产生对权力的滥用。董事会不独立，使得董事会不能代表全体股东和整个公司而行事，而往往成为大股东的"橡皮图章"；经理层不独立，使经理层潜能得不到充分发挥。在以上情况下，人们就会笃信：权益只能靠自己来维护，而维护权益只能靠掌握控制权。

因此，建立透明的市场体系（包括资本市场和经理人市场等）和具有强大威慑力的法规体系，以及对应的公司治理规范，在中国已经相当迫切。唯有如此，各方利益主体才不会因追逐控制权而尔虞我诈，才不会产生因不掌握控制权而可能导致自身权益受损的担忧，才能为企业发展尤其是长期发展而尽心尽责。在这种完善的市场和法律环境下，大股东不必担心失去大股东地位，因为即使失去大股东地位，也不会损失权益；独立董事不用担心因自身的独立的、负责任的行为而遭受威胁；内部经营层也不会妄想因掌握控制权而可以为所欲为，而必须发挥自己的最大潜能。他们应该只有一个担忧，那就是，如果由于自己不尽职、乱作为或违规而导致企业受损，那么他们将被市场淘汰或者被法律严厉惩处。换言之，要通过完善市场和法律，让不尽职、乱作为或违规的行为者承担远超其对应收益的巨大成本。

25.3　公司治理的约束机制：责任制衡

如前所述，公司治理的真谛是契约，这就决定了利益相关方不仅要实现权利制衡，还要实现责任制衡。责任制衡可以从两个方面解释：一方面，责任是对称的，你对我负责，我也对你负责。比如总经理要向董事会负责，董事会也要向总经理负责。总经理向董事会负责容易理解，因为总经理是由董事会聘任的。董事会向总经理负责似乎不好理解，其实也不难，即董事会不能越权，随意干预总经理的日常决策，如果越权了，产生了不良后果，就要承担相应的责任。另一方面，在权利清晰的前提下，每一利益相关方都要对自己的行为独立承担责任。比如，在董事会和总经理职权明确且到位的情况下，董事会和总经理都要对自己的违规、失误、错误行为独立承担责任。

2017 年 5 月，国务院办公厅发布《关于进一步完善国有企业法人治理结构的指导意见》，《意见》开宗明义："当前，多数国有企业已初步建立现代企业制度，但从实践情况看，现代企业制度仍不完善，部分企业尚未形成有效的法人治理结构，权责不清、约束不够、缺乏制衡等问题较为突出，一些董事会形同虚设，未能发挥应有作用。"如何解决这些问题？《意见》指出，要"健全各司其职、各负其责、协调运转、有效制衡的国有企业法人治理结构"。

问责制是公司治理的重要问题。目前，国企也在加强党管干部原则，但由于党管干部原则和公司治理原则的问责机制并不一样，由此产生的问题考验着人们的智慧。如董事会的问责机制是通过相应的制度安排对失职的董事个人追究责任，而如果某个董事是代表党委会进入董事会的，其表态代表党委意见，一旦有错，将如何问责？对党委的问责很难，如何才能实现两者的统一？

　　显然,如何实现"各负其责"并不是轻而易举的。目前的制度安排并没有提出具体解决对策;相反,在某种程度上,一些制度安排还进一步模糊了责任界限。

25.3.1　出资人对企业的监督责任

　　对于国企,中国目前存在比较严重的监督主体(部门)泛化现象,多主体监督导致监督变成过度干预、监督无效或低效,也使企业疲于应对,难以专心于企业经营,而监督者却不用对监督的错误、失误和低效承担责任。按目前政策文件统计,有多达 15 个政府机构对国企有监督权,职权重叠、搭便车、互相推诿、各自为政等问题突出。而且,监督形式以行政化监督为主,由于行政处罚可以讨价还价,从而滋生企业负责人的"关系摆平"心理。相反,法律监督严重缺位,这包括:(1) 法律缺失,无法可依;(2) 执法不力,有法不依;(3) 处罚过轻,无威慑力。经济监督(即激励)也很不到位,从而导致非正常获利,甚至走向犯罪。

　　出资人监督是依据法律制度,通过经济手段对代理人进行监督。但在国企中,由于出资人代表掌握行政权力,而行政权力强大,行使行政权力简单、成本低,从而在行使权利时就容易"僭越",即以"权力"代替"权利",背离市场原则,对企业正常经营产生严重不良后果。因此,出资人监督必须回归"权利",且与其他出资人的权利是平等的。为避免监督重叠,无人负责,出资人(代表)必须唯一。对于经营性国有资本来说,必须集中统一监督,并明确监督的负面清单,不能随意扩大监督职权。

25.3.2　决策主体的个体责任

　　目前参与国企决策的主体众多,包括国有大股东(国资委)、党委会、董事会等,却无具体人对决策错误和失误负责,也就难以追究责任。其中,国资委作为国务院的特设机构,被视为国有资本的出资人代表。作为出资人代表,其享有法定的对国有资本的监督权,这是毋庸置疑的。但国资委在行使监督职能时,考虑较多的是符合规定,以合规为行为准则,而不是承担风险,因而国资委往往表现出"超股东"的行为,把选择董事、考核董事、任免企业负责人等权力,甚至企业业务决策权,都掌握在手中,而它又不可能对企业的经营失败承担责任。即使承担责任,责任也难以落实到个人,因为国资委是一个机构。

　　即使在董事会内部,也找不出明确的责任人,更无法明确责任的大小。在西方发达国家,如美国,通过董事会备忘录制度,把董事会的集体责任转换为董事的个体责任。美国的董事会备忘录是一种严格的责任制度,它要求清晰、客观地记载每个董事在董事会上的发言、投票、决策的可行性分析报告等事项,并要求每个董事对记载事项确认无误后签字,签字的目的就是要承担决策失误和错误的责任。这种责任包括民事、刑事和行政三种并存的责任,而且每种责任的强度都足以使董事决策时不敢有丝毫懈怠。尽管美国对董事有免责条款,但免责条款非常苛刻,不仅自己要证明对公司和股东尽到了审慎决策的责任,更必须有其他方面的客观证明。但是,中国迄今没有建立起健全的董事会备忘录制度。根据我们的统计,中国上市公司中有董事会备忘录的公司占比一直处于很低水平(参见图 25-4),其中国有控股公司在 2012~2015 年期间还呈下降趋势,从 2012 年的 5.89% 下降到 2015 年的

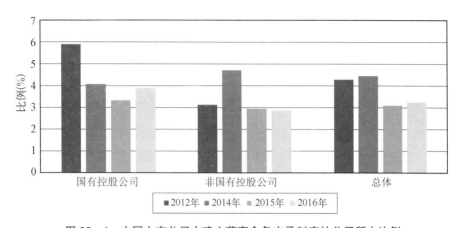

图 25‑4　中国上市公司中建立董事会备忘录制度的公司所占比例

资料来源：根据北京师范大学公司治理与企业发展研究中心"中国公司治理分类指数数据库"之"董事会治理指数数据库（2013/2015/2016/2017）"绘制。

3.32％,2016 年只是略有回升。不难看出,微不足道的责任,势必导致董事决策的随意性,尤其是独立董事,行权时的"附和性"普遍存在。

基于中国目前的实际,可以把董事会备忘录制度扩大到参与决策的每一个主体,包括党委会的每个成员。要使每个参与决策的个体认识到,决策违规、犯错和失误的责任很大,从而促使他们谨慎决策,决策前要"做功课"。

25.3.3　自我约束机制

在西方发达国家,决策主体尤其是经理人的自我约束被视为责任机制的重要方面。自我约束的作用要远大于外部约束,因为外部约束是被动的,而自我约束是主动的。但是,自我约束不会自动实现。实现自我约束必须具备三个条件：一是责任者"犯错"被惩罚的力度足够大,这里的"犯错"不仅包括违规违法,还包括决策和监督失误甚至错误;二是责任一定要明晰到个人,且能够明确责任大小;三是要有足够的激励力度。惩罚力度大和责任清晰,会使责任者犯错和违规的成本极大提高;激励力度大,则会使当事者做不好的损失增大。对于自我约束来说,上述三个方面缺一不可。

另外,职业经理人市场也会促进决策主体的自我约束。决策主体,包括高管和独立董事,要更多地来自职业经理人市场,市场必须透明,这样的市场具有信号传导和惩戒作用,由此,能够使决策主体切实感到,做好了有利于他们的职业发展,身价会上涨,甚至大涨;而做不好,则不利于他们的职业发展,身价会大跌,甚至不得不终身退出经理人市场,包括被禁入。要少从高校、研究机构和退休的公务员中聘请独董,因为他们不能受经理人市场约束,干不好退出,对他们的职业生涯没有任何影响。

显然,如果这样的自我约束机制建立起来,一是可以大大提高决策的科学性和效率;二是可以大大降低外部监督的成本和监督无效、低效的问题,一正一反,这对于实现企业长期良性发展具有重要和深远的意义。

25.4　中国联通混改案例分析

2017 年 8 月 20 日,中国联通正式公布混改方案。联通混改方案引起来自资本市场和学界的热烈讨论。一个最为核心的问题在于:究竟应当如何看待以及期待联通的混改?

中国联通在关于混改方案的公告中明确表示:"拟建立健全协调运转、有效制衡的混合所有制企业公司治理机制。"但是,这样的目标,应该如何实现?

无疑,联通混改具有"开局"意义,这主要表现在民资持股比例的提升方面。但联通混改是否具有突破性意义,能否成为其他国企改革的范本,则需要看下一步改革中的具体措施。从联通公布的方案中的国资和民资的基本格局,以及公司治理的普遍现状看,混改的深入程度以及最终的效果,还需要进一步观察。

联通混改是否触及体制机制?这需要重点回答以下几个问题:(1)国有大股东持股比例能否实质性降低?(2)董事会中的同股同权和民资话语权能否实质性落实?(3)公司高管(职业经理人)能否实质性从市场上选聘,尤其是总经理?(4)公司高管薪酬能否实质性实现市场化?

这些问题都是公司治理的核心问题,这意味着,国企混改要改的不是简单的股权比例,而是公司治理,国企混改如果不与公司治理结合起来,就不算成功,也不可能成功。

25.4.1　国有大股东持股比例是否实质性降低

本次联通混改,共有十余家社会资本入局,加上员工持股计划,最终中国联通持股从之前的 67.3% 降到 36.67%。从单一股东看,第一大股东持股比例下降幅度之大,确实使人感觉具有突破性。但从国有控股的基本面看,则没有实质性变化,即原先联通集团持有的股份,通过定增和转股形式,主要转给了中国人寿和中国诚通旗下的国企结构调整基金,三者合计持股比例达到 53%,这个比例依然是出于国有控股甚至绝对控股的考虑。在面临重大决策的时候,可以做到步调一致。

何谓混合所有制?混合所有制一定是不同性质的资本的结合,即所谓"异质结合",这种结合可以"繁衍后代",可以不断成长和壮大。对于国企混改来说,多家国企在同一企业中持股,是"同质结合",实属同一主体,即政府是共同的控制人。这种"同质结合"是不可能"繁衍后代"和健康成长的。具体到中国联通的混改,持股 53% 意味着它仍是一家"国有绝对控股企业",而非"国有相对控股企业",因此,从性质上没有大的突破。公司治理的核心是不同性质资本的相互制衡,如果一方很强,另一方很弱,制衡的效果就难以真正形成。因此,要在最大程度上提高混改的效果,国资的比例可以再进一步下降,这种下降不是单一国有股东持股比例的下降,而是全部国有股东持股比例的下降,由此,民资才可能与国资保持平等和互动,也才能共同维护混合后"企业家庭"的和谐和长效发展。

25.4.2　董事会中的同股同权和民资话语权能否实质性落实

联通混改方案对于"同股同权"有着明确的表述，即"坚持同股同权，依法保护各类股东产权，让参与进来的国有资本和非国有资本有话语权，按照章程依法行使决策权"。其实，同股同权在形式上非常容易实现，但要真正实现却并非易事。同股同权，体现在董事会席位安排上，就是按照股权来分配，这看起来很公平，但中小股东的意见能不能得到采纳，在中国目前不够成熟的资本市场以及不够完善的法律环境下，还不太容易实现。一股独大的问题在中国的公司治理中依然普遍存在。

在 2017 年 8 月 16 日的中期业绩记者会上，中国联通董事长王晓初表示，混改后中国联通 A 股上市公司在董事会结构上将发生改变，其中民企战略投资者将有 3 个董事席位，政府代表有 3 人，联通集团有 2 人，国企战略投资者有 1 人。这样加起来是 9 个席位。按照中国目前的规定，需要配备 1/3 的独立董事，那么董事会最终的规模可能要达到 14 人。

对于这样的董事会结构，一是规模过大，而规模庞大的董事会可能导致低效率，甚至无效率，而市场机会稍纵即逝，需要及时把握，容不得推诿和拖延。发达国家通常都主张一个"小而精"的董事会，即人数少，但专业精干，有责任心。当然，这需要制度（尤其是法律制度）和透明的经理人市场来支撑。二是同股同权和民资话语权难以实质上到位。国资席位 6 人，按惯例，独立董事又基本上由大股东来选择，结果可能就是，国资在董事会中有绝对的发言权。民资董事即使被赋予话语权，即使把同股同权写进公司章程中，也基本上是"镜中花，水中月"，美但不真实。换言之，民资的建议或提案可能难以"落地"，即使一个方案要求 2/3 同意才能通过，民资的话语权也仍可能落空。图 25－5 显示了中国上市公司中小投资者决策与监督权分项指数的基本情况，可以看出，不论是国有控股公司还是非国有控股公司，该项指数都非常低，而且 2016 年比 2015 年还有所降低，都未超过 40 分。如果这样的情况成为常态，作为投入"真金白银"的民资（中小股东），其参与国企混改的动力会大幅"缩水"；具体到中国联通，如果不能从实质上落实民资的话语权，即决策与监督权，则不仅难以成为

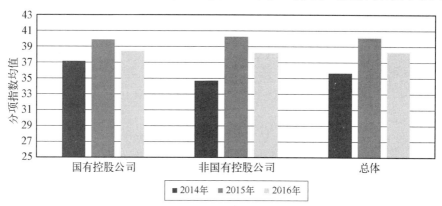

图 25－5　中国上市公司中小投资者决策与监督权分项指数

资料来源：根据北京师范大学公司治理与企业发展研究中心"中国公司治理分类指数数据库"之"中小投资者权益保护指数数据库（2013/2015/2016/2017）"绘制。

其他国企改革的范本,甚至可能成为阻碍,因为被侵权的"担忧"和"恐惧"没有消除。

在英美发达国家,成熟公司的股权是高度分散的,董事会中基本没有股东代表,多数都是独立董事,加上一到两位执行董事。执行董事通常就是总经理或者再加上另外一位高管。独立董事的特点是:不代表某一个股东,而是代表整个公司和全体股东的利益进行独立决策和监督。在这种董事会结构中,独立董事的独立性对于董事会的科学决策具有决定性。独立董事一般由高管选择,高管选择独立董事并不意味着他们就代表高管的利益。原因在于,西方发达国家拥有一个透明、成熟和高度职业化的职业经理人市场,在这种环境下,经理人的所作所为高度透明,从而必须高度重视自身的职业声誉,尽职尽责,由此才能在市场上立足,并获得应有的丰厚回报。

同时,英美发达国家的独立董事多为其他公司的现任高管,而不像中国这样更多地来自高校、科研机构,以及退休的公务员。现任高管重视声誉,只有做得成功了,才会被聘为独立董事。如果独立董事做得失败了,意味着其能力和声誉的下降,就可能在经理人市场难以立足,其担任的其他公司高管职务就可能保不住,更难以获得高薪酬。这就形成了良好的信号传导机制,这种机制使得同时作为公司经理人和其他公司独立董事的高管人员必须尽好自己的责任。这其实是一种自我约束,尽管独立董事并不拿薪酬,最多只拿少量的津贴和车马费,但这并不影响其尽职尽责。在这样的机制设计下,每个或每类股东并不会为了在董事会中谋取席位而展开"厮杀",不会像中国目前这样总是存在激烈的控制权争夺。由于中国关于平等保护各类出资人权益的法律制度严重缺失(如中小股东集体诉讼和集体索赔),也没有建立起透明的经理人市场,投资者就只能通过"挤进"董事会,依靠自己的能力来维护自己的权益,这在国内是普遍现象。

25.4.3　公司高管(职业经理人)能否实质性从市场上选聘

联通混改方案提到,要"探索经理层市场化选聘机制和市场化管理机制"。这看起来很美好,但能否实现,还需要观察。对于一个企业来说,经理层的市场化选聘非常重要。尤其是,能不能选出一个有能力的核心高管更是至关重要。这里的核心高管就是总经理。按照以往的惯例,通常都是主管机构(组织部门或国资委)委派,或党委会推荐,董事会决策基本上只是走程序。如果本次联通混改中,社会资本方能够推荐一个有能力而又忠诚的总经理人选,董事会能够接受,国有大股东也能接受,那就是很大的突破。但到目前为止国企的高管选择中,这个"局"仍没有破,只是在一些副职上,会通过社会化选聘而来,核心高管完全放开由市场选聘,则基本上还不存在。

在发达国家和成熟的公司治理环境下,总经理是高度独立的,其能力发挥的空间非常大。在欧洲一些国家(如法国),成功的民营企业家可以到国有控股企业中担任总经理;在英美国家,总经理的地位是高于董事长的。中国对公司治理存在一个很大的误解,即认为董事长是公司的"一把手"。事实上,董事长只是股东大会和董事会的召集人和协调人,通过召集董事会来负责战略决策的制定;以总经理为首的职业经理层负责日常决策,他们必须有能力随时"捕捉"住现时的和潜在的市场机会,他们对企业发展发挥着更重要的作用。换句话说,董事长"搭台"，总经理"唱戏"，这样才能把更多的优秀经理人才吸引进来。为发挥总经理的作用，董事会（不是董事长）必须向总经理授予充分的权力。这个授权有多大？可以这样说，总经理只要遵纪守法，只要遵从董事会的战略决策，其经营权是可以无限大的。这类似于数学上的"既定约束条件下求极值"，这样才能发挥总经理的最大潜能。

我国的现实是，总经理很难独立，总经理受制于董事长，董事长事实上担任的主要不是董事会和股东大会召集人的角色，而是总经理的角色，这与规范的公司治理迥异，这导致总经理的被动地位，也使其难以发挥作用。根据本报告提供的中国企业家（总经理）能力指数，中国企业家能力指数自 2011 年以来一直下行，且处于 30～36 分的低水平。因此，如何通过经理人市场，选择出具有潜能又忠诚的总经理，对于公司发展至关重要。这样的企业家，未必一定要从国资系统中选择或任命，因为选择面窄、局限性大。如果中国能够尽快建立一个成熟的职业经理人市场（从技术上来看并不困难），并冲破既有的用人观念，就可以有更多的高能力且忠诚的企业家涌现出来。

25.4.4　公司高管薪酬能否实质性实现市场化

市场化选择企业家很重要，但要使其发挥作用，还必须配以市场化的薪酬激励机制。激励与约束是对称的，对于企业家，一方面要建立责任机制，要使责任者"犯错"（包括违法、违规、决策错误和失误）被惩罚的力度足够大，同时要把责任明确到个人，而不能总讲集体责任，因为集体责任往往意味着无人承担责任；另一方面，要有足够的激励力度，要使当事者做不好的损失很大，而做好的收益很大。国际上很多知名公司的 CEO，年薪都在数千万美元的级别，因为杰出的企业家为公司创造的价值，远远高于公司给予的薪酬。

根据本报告提供的中国高管薪酬指数，中国近几年国企高管的薪酬指数一直在上升，但是他们的薪酬绝对额却在下降。为什么会有如此反差？高管薪酬指数反映的是高管薪酬与公司业绩的吻合度，薪酬指数上升，而薪酬绝对额下降，这反映了一个严峻的问题，即由于近几年国企高管的普遍降薪，导致了公司业绩的更大幅度的下滑。这话反过来说，就是高管薪酬激励的适度增长，会带来公司业绩的更大幅度增长。这需要引起政府和企业的高度重视。

25.5　乐视财务危机案例分析

2017 年，持续近半年的乐视资金链危机，最终以贾跃亭黯然离场、孙宏斌入主董事会成为董事长而告一段落。

乐视危机的直接原因是"欠债"，既包括拖欠供应商的应付款项和金融机构的贷款，也包括挪用控股子公司的资金，甚至还包括对员工的欠薪，可能还有其他。在供应商催债、子公司诉讼、金融机构收紧杠杆等多重压力下，乐视终于不堪重负，倒下了。

直接原因是诱发因素，更进一步的原因是公司战略决策的失败，而战略决策失败从根本上说则是公司治理的失败。

25.5.1 利益相关方权益未受尊重

乐视资金困局反映出乐视严重忽视利益相关方的权益。供应商、作为债权人的金融机构、子公司等作为乐视的利益相关方,本应得到乐视应有的尊重和回报,但乐视似乎对此不以为然。这种情况,并非乐视独有,在我国具有相当的普遍性。

在乐视以及很多企业中,供应商、银行、控股子公司、员工等重要的利益相关方,很少有能够参与实际的公司治理的。由于各利益相关方均不能参与公司治理,加之上市融资成本低,来钱容易,使得企业决策者可以随性所为,偏离主业,决策时不作可行性研究,决策的科学性很差,从而大大增加了企业经营的风险。

就乐视来说,其"蒙眼狂奔",妄言"七大生态一个都不能少",这无疑是一种盲目扩张的发展战略。"七大生态"的发展,没有强大的现金流支持是难以为继的。事实也证明,乐视的现金流远不能支撑其庞大的七大生态产业发展。乐视横跨互联网及云、内容、体育、大屏、手机、汽车以及互联网金融七大行业,有的行业,如手机、汽车等,与其主营业务(影视相关产业)并无紧密的关联性,但却占用了大量资金,严重影响主营业务的发展,其潜在的巨大风险随时都可能爆发。2002年,雅虎从好莱坞聘请了一位CEO,该CEO把好莱坞的音乐和影视业务嵌入到雅虎,但自己却不做影视业务,结果取得了很大成功。同样道理,乐视的主营业务是影视相关产业,它可以把它的一些业务嵌到手机或汽车上,而不是自己做手机和汽车,因为这两块都很"烧钱",尤其是汽车。毫无疑问,如果没有足够的现金流,维持"七大生态"正常运作的资金链就会很脆弱。一旦银行不再贷款,一旦投资者不再投资,一旦供应商催债,这个链条就很容易断裂,而一旦断裂就可能是连锁反应,乐视危机的发生正是这样的连锁反应的结果。

股权质押是乐视向金融机构贷款时经常采用的方式。股权质押能够换来贷款,从而能够获得企业发展的资金支持,这是它的好处,但并非没有风险,尤其是中国资本市场发育尚不健全的环境下,风险就更大。众所周知,股权质押有一个预警线和平仓线,如果达到预警线,金融机构就会要求抵押贷款者补仓;如果达到平仓线,金融机构就可能出售被质押的股权,出售达到一定程度,公司控制权就可能丧失。乐视之所以有那么多的股权质押获取资金,一方面说明投资者对乐视的投资信心已经不足;另一方面,一旦掌握较多股权的决策者的股权被金融机构抛售,其控制权就可能转移。

25.5.2 财务治理混乱

乐视资金困局还反映了其财务治理的混乱。2012年、2014年、2015年和2016年,乐视网的财务治理指数分别是47.99分、44.93分、38.08分和55.95分,前三个年度连续下降,2016年尽管有所上升,但仍处于偏低水平。在财权配置、财务监督、财务控制和财务激励四个维度中,财权配置更是处于较低水平,四个年度分别是44.44分、22.22分、26.11分和48.33分。财权配置反映的是各财务主体(利益相关方)的财务权利的配置,反映着利益相关者财务权益的受保护程度。可以看到,乐视网的财务治理,不论是总体水平,还是其中的财权配置水平，都比较低，这组数据也反映出乐视资金链的薄弱和高风险。尽管 2016 年乐视对利益相关方权益的关注有所加强，但为时已晚，资金危机已经来临。

乐视资金困局源于它的摊子铺得太大和财务治理混乱，而这些都涉及乐视董事会决策的科学性以及决策中对利益相关方权益是否足够尊重的问题。不妨再来看看乐视网的董事会治理水平。2012 年、2014 年、2015 年和 2016 年，乐视网的董事会治理指数分别为 37.54 分、45.06 分、44.35 分和 49.46 分；在董事会结构、独立董事独立性、董事会行为、董事激励与约束四个维度中，前三项都很低，2015 年前三项分别只有 31.27 分、55.00 分和 35.58 分；而在 2016 年，四项都较低，分别是 50.00 分、45.00 分、58.40 分和 44.44 分。不难看出，2016 年，尽管乐视董事会决策的有效性有所好转，但决策权仍是高度集中的和高风险的。

从世界经验来看，一个企业的发展，开始是产业的专业化，然后是多元化，然后又回到专业化，这是一个否定之否定的发展路径。企业要可持续发展，依赖的不是产业的多元化，而是专业化，比如华为的成功在很大程度上就得益于它的专业化。乐视资金困局甚至于贾跃亭的出局，意味着其盲目扩张战略的失败，而这种失败从根本上说，是乐视公司治理的失败。尽管贾跃亭曾笼络了很多人才，但是没有充分发挥他们的作用。

乐视不是个案，这类企业还有很多。优化董事会科学决策机制，尊重利益相关方的权益，避免盲目扩张，是中国企业未来发展必须要引起高度重视的问题。公司治理，需要利益相关方的共同参与，需要发挥利益相关方的共同智慧，需要加强利益相关方的相互制衡，唯有如此，企业家能力才能得到充分发挥，也才能发挥到位。

25.6　本　章　小　结

公司治理是依法治国在企业中的体现。公司治理的本质是利益相关者之间的制衡机制以及作为其基础的契约关系。目前中国企业的公司治理存在比较突出的"重结构、轻机制"问题，因此，认识公司治理的本质，建立健全制衡机制，对于中国企业的长效发展至关重要。制衡机制主要包括权利制衡和责任制衡。权利制衡，一是表现在不同股东之间的权利平等；二是表现在董事会和经理层之间的权界清晰，董事会和经理层都必须具有独立性。股东权利不平等以及董事会和经理层不独立，势必引发惨烈的控制权争夺。责任制衡，一是表现在利益相关者之间责任的对称性，不能彼此越权行事；二是表现在通过权利清晰，保证各利益相关方都要对自己的行为独立承担责任；三是表现在决策主体的自我约束机制，这可以大幅提高决策的科学性和效率，降低外部监督的成本和监督无效、低效问题。

联通是中央企业中第一家混改企业，但是否触及混合所有制的灵魂？这需要重点回答以下几个问题：(1)国有大股东持股比例能否实质性降低？(2)董事会中的同股同权和民资话语权能否实质性落实？(3)公司高管(职业经理人)能否实质性从市场上选聘，尤其是总经理？(4)公司高管薪酬能否实质性实现市场化？这些问题需要在联通混改后续推动中进一步观察。

乐视资金困局是财务治理失败的一个重要案例,其核心问题是缺乏来自利益相关方的制衡,导致董事会决策权高度集中并处于高风险中。优化董事会科学决策机制,尊重利益相关方的权益,避免盲目扩张,是中国企业未来发展必须要引起高度重视的问题。

目前,相对于西方发达国家完备的公司治理法律规则体系,中国公司治理的相关法律则不同程度地面临着"立、改、废、释"。在当前,健全法律规则,应该成为完善国有企业法人治理的题中要义。

附 录

中国公司治理分类指数报告系列

[1]《中国上市公司高管薪酬指数报告 2009》,经济科学出版社,2010 年 2 月;

[2]《中国上市公司信息披露指数报告 2010》,经济科学出版社,2010 年 12 月;

[3]《中国上市公司高管薪酬指数报告 2011》,"十二五"国家重点图书,经济科学出版社,
2011 年 11 月;

[4]《中国上市公司财务治理指数报告 2011》,"十二五"国家重点图书,经济科学出版社,
2011 年 11 月;

[5]《中国上市公司信息披露指数报告 2012》,"十二五"国家重点图书,经济科学出版社,
2012 年 12 月;

[6]《中国上市公司企业家能力指数报告 2012》,"十二五"国家重点图书,经济科学出版社,
2012 年 12 月;

[7]《中国上市公司高管薪酬指数报告 2013》,"十二五"国家重点图书,经济科学出版社,
2013 年 12 月;

[8]《中国上市公司财务治理指数报告 2013》,"十二五"国家重点图书,经济科学出版社,
2013 年 12 月;

[9]《中国上市公司董事会治理指数报告 2013》,"十二五"国家重点图书,经济科学出版社,
2013 年 12 月;

[10]《中国上市公司自愿性信息披露指数报告 2014》,"十二五"国家重点图书,经济科学出
版社,2014 年 11 月;

[11]《中国上市公司企业家能力指数报告 2014》,"十二五"国家重点图书,经济科学出版社,
2014 年 11 月;

[12]《中国上市公司财务治理指数报告 2015》,"十二五"国家重点图书,经济科学出版社,
2015 年 11 月;

[13]《中国上市公司董事会治理指数报告 2015》,"十二五"国家重点图书,经济科学出版社,
2015 年 11 月;

[14]《中国上市公司中小投资者权益保护指数报告 2015》,"十二五"国家重点图书,经济科
学出版社,2015 年 11 月;

[15]《中国公司治理分类指数报告 No.15(2016)》,东方出版中心,2016 年 12 月。

后　记

　　自 2007 年开始,我们开发"中国公司治理分类指数"已历经 11 个年头。中间经历了 2007 年和 2008 年因初次开发经验不足而导致数据库丢失的失败,有首部《中国上市公司高管薪酬指数报告 No.1(2008)》因不成熟和时间错失而未能出版的遗憾,有每年研究人员和数据采集人员更替(研究力量以在校博士生和硕士生为主,数据采集人员以硕士生和高年级本科生为主)以及上市公司规模大幅扩张导致工作量加大而产生的焦虑,有缺少稳定的数据库系统专业开发人员导致数据库系统不稳定而产生的彷徨,有每年公司治理论坛的各种程序问题而产生的不安……各种痛苦,难以言表。但我们还是快乐着,坚持着,因为我们每年都有收获:当我们每年看到指数报告正式出版的时候,当我们看到研究成果得到社会认可的时候,当我们看到研究团队使用自己开发的数据库在国内外重要期刊发表论文的时候,当我们看到指数数据被政府和企业采用的时候,当看到那么多人在支持和期待我们的时候……有各种各样的喜悦,我们不能不坚持。

　　本报告得到了如下基金项目的支持:国家社会科学基金重大项目"发展混合所有制经济研究"(批准号 14ZDA025);国家社会科学基金重点项目"深入推进国有经济战略性调整研究"(批准号 12AZD059);北京师范大学双一流建设支持项目。本报告是这三个项目的阶段性成果,是"中国公司治理分类指数报告系列"的第 16 部报告,也是第二次集 6 类指数(中小投资者权益保护指数、董事会治理指数、企业家能力指数、财务治理指数、自愿性信息披露指数和高管薪酬指数)之大成的一部公司治理指数报告,从中可以多维度、全景式了解中国上市公司的治理水平。

　　本报告是集体智慧的结晶。由我设计研究框架,基本思路、指标体系和数据库构架,通过研究团队深入讨论确定。然后开发数据库、采集和录入数据、撰写初稿。由于把原先每类指数报告单独出版的 6 类公司治理指数整合在一部报告中,受篇幅所限,已进行多年的对指数的有效性检验部分(经多年检验,我们的 6 类指数是可靠的和客观的,无需再重复)以及文献综述部分予以删除,排名部分则由光盘代替,主要保留指标体系说明、数据统计分析和政策建议部分。基于多年的已相对成熟的研究范式,参与开发和研究的人员有所减少,基本上是我的已毕业和仍在读的博士生和硕士生。但由于上市公司数量的大幅增加,数据采集和录入人员则随之增多,他们主要是北京师范大学经济与工商管理学院的研究生,还吸收了数位优秀的高年级本科生。

初稿撰写具体分工如下：导论,高明华；第 1 章,高明华、曹向东；第 2、3 章,高婷；第 4、5 章,国伊宁；第 6、7 章,张惠琳；第 8、9 章,彭圣；第 10 章,赵旋；第 11、22 章,王得文；第 12、13 章,万真真；第 14、15 章,程恒森；第 16、17 章,任辉；第 18、19 章,王健忠；第 20、21 章,王远东；第 23、24 章,曹向东；第 25 章,高明华；数据库开发,于学德。为保证质量,每完成一章,则由两人一组彼此核实,以便把统计方面可能存在的差错降至最低。

中国公司治理分类指数报告的评价对象是全部上市公司。上市公司数目每年递增,本年度评价的上市公司数目已经达到 2840 家,占到全部上市公司的 93.67%,只剔除了上市时间短而年报信息不全的公司。由于同时开发 6 类指数,数据又全部是第一手资料,且均是手工采集和整理,并录入数据库系统,可以想象,数据量和工作量都非常庞大,每年数据采集和录入的持续时间都在半年以上。以下同学为此作出了很大贡献：

数据试录入：曹向东、张惠琳、赵旋、王健忠、国伊宁、彭圣、高婷。试录入人员必须是之前参与过数据采集和录入的有经验人员。在试录入过程中,试录入人员彼此核查,以保证把问题发现在正式录入之前。

数据录入(按工作量多少排序)：万真真、程恒森、胡晓玲、王丽莹、林涵倩、黎瑞枫、薛鹏辉、杨蕤、高婷、丁文杰、彭圣、王远东、杨博星、朱沛青、陈娟、王重云、崔妍、张成、王得文、李禹桥、吴美典子、李妍姝、王健忠、郭秋婕、管旭、张惠琳、步朗、孙芳、杨镇恺、王小龙、赵旋、贾丽静、曹向东、龙琳、陆萍、李珏颖、吴丹萍、国伊宁、王佳蕊、徐楚妍。

数据核实(按工作量多少排序)：曹向东、王得文、张惠琳、万真真、国伊宁、高婷、彭圣、王健忠、赵旋、王远东。

特别要指出的是,曹向东博士作为数据采集及培训的“总指挥”,在数据录入培训、核实和协调等工作中付出了大量心血；张惠琳作为 2016 年数据采集及培训的“总指挥”,一方面起到了传帮带的作用,另一方面对今年数据库建设的贡献也很多；赵旋作为 2015 年数据采集及培训的“总指挥”,完美移交了高管薪酬指数数据库的建设方法,并提出了不少好的建议。

初稿完成后,由我进行修改、补充、完善并定稿。由于数据量庞大,且同时开发 6 类指数,还有不同维度、不同行业、不同所有制、不同上市板块、不同年度的比较,稍有不慎就会出错,因此,统计分析需要高度的细心和耐心,我几乎对每个数字都作了核实,每天工作都几乎超过 16 小时,有时甚至是通宵,用了整整一个月,修改和补充完善工作才终于完成。其实,为了保证每年 12 月 10 日前后的指数报告发布和讨论会(“中国公司治理论坛”),并给出版社较充分的出版时间,每年的 9 月中下旬和 10 月上中旬,我都要“闭关”,专心于每年报告的修改和补充完善,这种高强度工作已经延续了 9 年。对此,要感谢家人对我这段时间不管家事、不陪他们外出度假(每年正赶上国庆长假)的理解！不过,今年的工作提了前了近一个月,“十一”假期可以休息,也算幸事。

在研究过程中,研究团队就数据采集、录入、数据库开发、写作思路,甚至后续的数据运用,都多次进行深入讨论,每周二晚是雷打不动的讨论时间,同时通过邮件、微信反复进行沟通和校正,几易其稿才最终定稿。实际上,每一章都不是单独某一个人的贡献,而是包含着整个团队的辛劳、智慧和思想,研究团队的团结和协作精神使我非常欣慰和感动!

中国出版集团东方出版中心副总编辑祝新刚先生、郑纳新先生,经济与管理编辑部主任鲁培康先生,一直关心本报告的出版。几年前,他们专门到北京找我,希望我的著作能够在东方出版中心出版,并打造公司治理品牌图书。2016 年初,他们编辑出版了我主编的"公司治理与国企改革研究丛书"(8 部),出版后获得了不错的社会反响。"中国公司治理分类指数报告系列"原在经济科学出版社出版,2015 年底与该出版社的 5 年合同结束后,基于东方出版中心对该系列报告的高度关注和热情邀请,2016 年遂转移到该出版社。在他们的推荐下,本系列报告继之前在经济科学出版社出版时被列入"十二五"国家重点图书(12 本)之后,本年度又增列为"十三五"国家重点图书。非常感谢他们对"中国公司治理分类指数报告系列"的大力支持!

北京师范大学经济与工商管理学院、北京师范大学公司治理与企业发展研究中心各位同仁对本研究给予了大力支持,在此也谨表谢意!

感谢北京师范大学经济与工商管理学院院长赖德胜教授、党委书记孙志军教授、副书记葛玉良老师、副院长张平淡教授和崔学刚教授,以及原党委书记沈越教授对本报告系列的支持!

感谢新华社中国财富传媒集团中国财富研究院对本项目的关心和支持!

另外,为保证数据采集和录入能够按时完成,课题组借用了经济与工商管理学院实验室,用于每天晚上的集体采集和录入,实验室主任孙运传教授做了许多协调工作,实验室沈岩老师不惜牺牲晚上休息时间,每天加班保证了实验室设备的有效使用,在此也深表感谢!

"中国公司治理分类指数报告系列"已历经近 11 年,出版了 6 类 16 部报告(包括本书)。长期以来,该系列报告已经形成了自己的特色和研究范式,这些特色和研究范式的形成,与之前参与过该项研究的同仁的贡献是分不开的。值此本报告出版之际,特向他们表示衷心的感谢!他们是(排名不分先后):张平淡、蔡卫星、杜雯翠、朱松、吕兆德、孙运传、赵峰、李欲晓、曾诚、曾广录、张海燕、肖松、焦豪、张会丽、杨丹、方芳、葛伟、任缙、苏然、谭玥宁、万峰、柯希嘉、于换军、黄晓丰、原玉杰、赵璐、崔磊、郑飞、柴俊超、王慧、孙银英、张文艳、刘常魁、包璐璐、张艳楠、贾鑫、唐小凤、谭世杰、张瑶、宋盼盼、张祚禄、付亚伟、李国文、杨一新、刘敏佳、曹沥方等。还要感谢近 11 年来不同时段参与过数据采集、录入和数据库开发的老师和同学。参与过该项研究的多位同事和博士,都已经成长为教授、副教授和业务骨干,对他们的成长,我由衷地表示祝贺!

此外,还要感谢每年为了主办"中国公司治理论坛"而奔波的诸君,包括李国文、范智展、刘志民、徐丽、靳伟、杨裴、陈显龙等(人员太多,恕不能一一列举)。当然,更要感谢为"中国公司治理论坛"慷慨解囊的企业家们。

　　本报告作为对中国上市公司治理水平的全景式、多维度和客观性的评估,作了诸多尝试性工作。如果通过本报告的评估,能够对中国公司治理水平的提高有所裨益,将是对我们的极大鼓励。当然,本报告纰漏甚至错误难以避免,希望广大读者批评指正,并电邮至 mhgao@bnu.edu.cn。

北京师范大学公司治理与企业发展研究中心

北京师范大学经济与工商管理学院

高明华

2017 年 9 月 15 日

图书在版编目(CIP)数据

中国公司治理分类指数报告.No.16,2017/高明华
等著.—上海：东方出版中心,2018.1
ISBN 978-7-5473-1216-2

Ⅰ.①中… Ⅱ.①高… Ⅲ.①上市公司—企业管理—
研究报告—中国—2017 Ⅳ.①F279.246

中国版本图书馆 CIP 数据核字(2017)第 280216 号

策　　划　鲁培康
责任编辑　曹雪敏
　　　　　程　静
封面设计　久品轩

中国公司治理分类指数报告 No.16(2017)

出版发行：东方出版中心
地　　址：上海市仙霞路 345 号
电　　话：(021)62417400
邮政编码：200336
经　　销：全国新华书店
印　　刷：上海天地海印刷设计有限公司
开　　本：787×1092 毫米　1/16
字　　数：747 千字
印　　张：33.25
版　　次：2018 年 1 月第 1 版第 1 次印刷
ISBN 978-7-5473-1216-2
定　　价：98.00 元
